北京师范大学刑事法律科学研究院
中国刑法学研究会 组织编写

中国刑法学研究会推荐教材

LAW

现代刑事法学系列教材

刑事证据法学

（第三版）

主　编　王　超
撰稿人　（以撰写章节先后为序）
王　超　史立梅　孟　军
印　波　杨　雄　雷小政
何　挺　肖　萍　廖　明

中国人民大学出版社
·北京·

作者简介

王超 男，河南省罗山县人。1997 年毕业于华东政法学院，获法学学士学位。1997 年 8 月至 2000 年 9 月在山东省青岛市人民检察院从事反贪、公诉工作。2003 年毕业于华东政法学院，获法学硕士学位。2006 年毕业于中国人民大学，获法学博士学位。现为北京师范大学刑事法律科学研究院证据法研究所所长、教授、博士研究生导师，兼任华东政法大学教授、北京市人民检察院检察改革与发展研究中心高级研究员，曾经挂职担任北京市石景山区人民检察院副检察长。主要从事诉讼法学、证据法学、司法制度、反腐败研究。曾在《中外法学》《政法论坛》《比较法研究》《法学评论》《法商研究》《现代法学》《法学》等刊物发表学术论文 100 余篇。独著《中国刑事证据法学研究的启蒙与转型》《排除非法证据的乌托邦》《刑事审级制度的多维视角》《刑事上诉制度的功能与构造》《警察作证制度研究》《刑事诉讼法学习小词典》，合著《21 世纪的中国检察制度研究》《刑事司法环境研究》《刑事证据的定量分析》《未成年人犯罪诉讼程序研究》《刑事诉讼言词证据：程序与规则》《〈联合国反腐败公约〉在中国的贯彻》等，共计 20 余部。主持国家社会科学基金、教育部、司法部等课题 10 余项。

史立梅 女，法学博士，北京师范大学法学院、刑事法律科学研究院教授。美国天普大学访问学者（2009—2010 年）、英国伦敦政治经济学院访问学者（2013 年 7 月－8 月）、德国马普外国刑法与国际刑法研究所访问学者（2015 年 10 月－11 月）。曾挂职担任北京市人民检察院第二分院二审监督处副处长，现挂职担任北京市海淀区人民检察院检察长助理、北京市房山区人民检察院副检察长。主要从事刑事诉讼法学、证据法学、司法制度研究。曾于《政法论坛》《环球法律评论》等刊物发表学术论文 80 余篇，出版个人专著《程序正义与刑事证据法》《国际刑事司法中的程序与正义——国际刑事法院诉讼程序专题研究》，主编、合著学术著作、教材 20 余部。曾荣获全国检察基础理论研究优秀成果奖二等奖、全国中青年刑事诉讼法学优秀科研成果专著类二等奖、北京师范大学励耘学术奖二等奖、京师英才奖二等奖。

孟　军 男，内蒙古呼和浩特人。2006 年毕业于中国人民大学法学院，获法学博士学位。现为北京师范人学法学院副教授。韩国国立江原大学访问学者（2019年3月—8月）。主要专业研究领域为：刑事诉讼法学、证据法学、司法制度教学与研究。曾在《法学杂志》《国家检察官学院学报》《山东社会科学》等刊物发表学术论文50余篇，出版个人专著《犯罪嫌疑人权利救济研究——以刑事侦查为视角》《艰难的正义：美国15个刑事司法大案评析》，主编、合著学术著作、教材50余部。主持和参与司法部、教育部等课题多项。参与撰写著作8部，发表论文50余篇。代表性著作有《刑事诉讼法学综述》（合著）、《刑事诉讼法学案例教程》（合著）、《方兴未艾的中国诊所法律教育》（合编）以及《法律能还你清白吗——美国刑事司法实证研究》（合译），代表性论文有《我国宪法中刑事诉讼制度的规范分析》《死刑执行救济程序研究》《国际人权公约与我国刑事诉讼法的修改和完善》等。

印　波　男，江苏淮阴人。2005年与2007年毕业于中南大学法学院，分别获法学学士与硕士学位，2011年毕业于英国阿伯丁大学法学院，获博士学位。现为北京师范大学刑事法律科学研究院副教授。目前的研究兴趣主要在刑事诉讼法学、证据法学、司法制度、经济刑法、比较法学、法理学和法律社会学、法律职业伦理、科研诚信与学术规范等领域。曾于《中国法学》、《法学》、《法律科学》、《国际法与比较法季刊》（ICLQ）、《社会与法律研究贝拿勒斯法学杂志》（SLS）、《当代中国研究》、《法学杂志》（JCC）等中英文刊物发表学术论文60余篇，独著《刑事诉讼行为瑕疵的程序性后果：一项统一、科学的理论》（获得第二届高铭暄刑事法学优秀学术成果奖（青年教师专著类）一等奖）、《法槌下的正义：审判中心视野下两大法系辩审关系探析》（获得“董必武青年法学成果奖”提名奖）。

杨　雄　男，湖北随州人。法学博士，北京师范大学刑事法律科学研究院副教授。美国纽约大学法学院访问学者（2013—2014年）。曾借调到全国人大常委会法制工作委员会刑法室工作，挂职担任北京市房山区人民检察院检察长助理。主要从事刑事诉讼法学、证据法学、司法制度研究。曾于《政法论坛》等刊物发表学术论文数十篇。出版专著《刑事强制措施的正当性基础》、译著《审判的历史》，合著、参编学术著作、教材10余部。曾荣获全国中青年刑事诉讼法学优秀科研成果论文类一等奖、专著类三等奖，北京师范大学第十三届青年教师教学基本功比赛一等奖。

雷小政　男，1980年出生于湖南省临武县。北京师范大学刑事法律科学研究院副教授，中国政法大学诉讼法学博士，中国人民大学法学院博士后，荷兰马斯特里斯特大学、美国维拉司法研究所访问学者。兼任中国行为法学会理事、中国政法大学法律应用中心研究员、中国政法大学刑事法律援助中心研究员等。代表性专著：《刑事诉讼法学方法论·导论》（北京大学出版社2009年版）、《法律生长与实证研究》（北京大学出版社2009年版）、《民生与民声：刑事法的返璞归真》（法律出版社2012年版）。曾荣获2011年中国法学会第三届中青年刑事诉讼法学优秀科研成果奖、2012年度最高人民检察院优秀科研成果奖。

何　挺　男，浙江宁波人。1998年至2008年就读于中国政法大学，获法学博士学位。现为北京师范大学刑事法律科学研究院教授、博士研究生导师，北京师范大学未成年人检察研究中心执行主任。美国维拉司法研究所、英国伦敦政治经济学院和台湾政治大学法学院访问学者。主要从事刑事诉讼法学和未成年人司法研究。在《中国法学》《法学研究》等期刊发表论文、译文100余篇。出版著作《现代刑事纠纷及其解决》（独著）、《刑事司法改革中的实验研究》（独著）、《外国刑事司法实证研究》（编译）和《失败启示录——刑事司法改革的美国故事》（译著），合著、参编著作及教材30余部。主持国家社会科学基金、司法部等项目等10余项。获得钱端升法学研究成果奖、中国法学优秀成果奖、全国检察基础理论研究优秀成果奖、北京师范大学彭年杰出青年教师奖等奖励。

肖　萍　女，北京人。北京师范大学法学院副教授，日本国立一桥大学法学硕士、法学博士。主要研究领域为刑事诉讼法学、证据法学和中日比较法学。在中外学术刊物上发表论文20余篇，合著、参编学术著作、教材10余部。其中，代表性论著《日本における刑事手続上の身体拘束と出入国管理法制の関係》[连载于日本《一桥法学》，第6卷第1号（2007年3月）、第6卷第2号（2007年7月）、第6卷第3号（2007年11月），共计10万余字] 荣获首届高铭暄刑事法学优秀学术成果奖（青年教师论文类）一等奖（2010年8月）。参与最高人民检察院重点课题"检察制度比较研究"的最终成果《检察制度比较研究》（合著，法律出版社2010年3月版）荣获北京市第十二届哲学社会科学优秀成果奖二等奖（2012年10月）。

廖　明　男，湖北鄂州人。北京师范大学刑事法律科学研究院副教授，法学博士。曾挂职担任北京市人民检察院第二分院未成年人案件检察处副处长，曾受聘担任国际救助儿童会（英国）未成年人司法项目顾问。兼任《法学家茶座》副主编、中国人民大学证据学研究所研究员、中国人民大学反腐败法治研究中心研究员、北京师范大学法学院企业合规治理研究中心副主任、中国政法大学司法改革研究中心研究员、中国人民公安大学网络空间安全与法治协同创新中心特聘研究员、北京中周法律应用研究院理事暨企业合规与风险防控中心主任等。主持或参加国家社会科学基金、最高人民检察院、教育部、司法部、中国法学会、北京市法学会等国家级、省部级课题多项。主要研究领域为：刑事诉讼法学、国家监察法学、证据学、少年司法。

前　言

在现代刑事诉讼中，由于奉行证据裁判主义，案件事实需要由刑事证据加以证明，因此，理论界普遍将刑事证据制度作为刑事诉讼的基础和核心。尽管刑事证据制度如此重要，但是我国刑事证据立法一直比较滞后。一方面，立法机关没有制定单独的刑事证据法，而是在制定刑事诉讼法时以专章的形式规定刑事证据制度。另一方面，在刑事诉讼法中，与刑事证据制度直接相关的法律条文不仅在数量上非常有限，而且在内容上非常粗疏。在1979年第五届全国人民代表大会第二次会议通过第一部刑事诉讼法典之后，虽然我国刑事证据立法实现了零的突破，但是在立法机关秉承宜粗不宜细、宁简勿繁的立法指导思想的情况下，这部刑事诉讼法典在证据这一章关于刑事证据的规定只有区区7个条文。而且，这7个条文只是对证据的概念、种类、取证原则、证人作证等几个少数问题作出了比较粗疏的规定，而一系列能够反映现代法治理念和刑事诉讼规律的刑事证据制度都付之阙如，对诸如不被强迫自证其罪原则、非法证据排除规则、传闻证据规则、证明对象、证明责任、刑事推定等都缺乏规定。尽管第八届全国人民代表大会第四次会议于1996年对1979年《刑事诉讼法》进行了较大规模的修改，但是立法机关主要是集中解决了当时迫切需要解决的一些问题，如收容审查、免予起诉、侦查管辖、庭审走过场等，而在刑事证据制度方面只是做了细微的调整，基本沿袭了1979年《刑事诉讼法》的规定，仍然没有解决刑事证据立法严重滞后的问题。实践证明，滞后的刑事证据立法不仅无法满足刑事司法改革的需要，而且给刑事司法带来一系列问题。在这种背景下，为了系统解释散见在《刑事诉讼法》及其司法解释中规定的刑事证据制度，为刑事证据立法提供有益的理论参考，北京师范大学刑事法律科学研究院证据法研究所于2007年组织专家学者编写了国内第一部以《刑事证据法学》为名的证据法学教材，并将其纳入中国人民大学出版社组织编写的现代刑事法学系列教材之中。

为了进一步完善刑事诉讼程序和刑事证据制度，根据中央关于深化司法体制和工作机制改革的总体部署，经过广泛深入调查研究，最高人民法院、最高人民检察院、公安部、国家安全部和司法部于2010年6月13日联合制定了《关于办理死刑案件审查判断证据若干问题的规定》《关于办理刑事案件排除非法证据若干问题的规定》，从而拉开了我国刑事证据制度改革的大幕。为了解决刑事证据立法匮乏所带来的诸多难题，同时吸收刑事证据制度改革取得的成果和积累的经验，第十一届全国人民代表大会第五次会议于2012年3月14日通过《关于修改〈中华人民共和国刑事诉讼法〉的决定》，对刑事证据制度部分作了较大幅度的修改。2012年的《刑事诉讼法》不仅首次从立法层面对非法证据排除规则作出了较为系统的规定，而且增加了三种证据种类，明确了控方的举证责任和证据确实、充分的条件，完善了证人保护制度，新增了不得强迫自证其罪原则、侦查人员出庭作证制度、证人作证补偿制度、证人拒绝作证制裁制度、强制证人出庭作证制度等。2012年年底，公安部、最高人民检察院和最高人民法院分别颁布的《公安机关办理刑事案件程序规定》《人民检察院刑事诉讼规则（试行）》《关于适用〈中华人民共和国刑事诉讼法〉的解释》，以及最高人民法院、最高人民检察院、公安部、国家安全部、司法部、全国人大常委会法制工作委员会等六部委联合发布的《关于实施刑事诉讼法若干问题的规定》对刑事诉讼法规定的刑事证据制度作出了更加详细的规定。为了充分反映以上刑事证据制度改革成果，深刻揭示刑事证据理论与实践中存在的各种问题，吸收理论界的最新研究成果，北京师范大学刑事法律科学研究院刑事诉讼法研究所和证据法研究所对第一版的《刑事证据法学》进行了全面的修改与完善。

长期以来，尽管滞后的刑事证据立法无法满足司法实践和司法改革的迫切需要，但却为刑事证据法学研究提供了广阔空间。围绕我国刑事证据立法与司法存在的各种问题，理论界在研究和借鉴西方发达国家证据法学理论与制度的基础上，对我国如何构建一套完善的刑事证据法学理论体系以及刑事证据规则等问题进行了广泛而深入的研究。从某种程度上讲，伴随着大量关于刑事证据的专著、教材、论文的不断涌现，我国刑事证据法学研究已形成繁荣的学术景象，并成为诉讼法学乃至整个法学领域中的一个亮点。但令人遗憾的是，迄今为止我国对于传统刑事证据法学理论的反思尚未结束，理论界对于如何继承与发扬传统的刑事证据法学理论以及如何借鉴域外刑事证据法学理论仍然存在明显分歧。而在缺乏科学研究方法训练的情况下，大多数研究者的视角总是停留在如何通过借鉴国外经验来改革我国刑事证据制度这个层面上，很少考虑如何通过理论创新来推动刑事证据法学知识的增长。尤其是在理论界长期以来纠缠于证据学与证据法学之间、游离于法学与自然科学之间以及徘徊于证据法学与程序法学之间的情况下，理论界不仅对许多最基本的刑事证据法学概念与理论都存在广泛争议，而且尚未形成权威的、科学的并且得到普遍认同的刑事证据法学理论体系。

与此同时，自党的十八大以来随着改革进程的不断加快，我国刑事诉讼制度和刑事证据制度取得了进一步发展。一是2018年十三届全国人大一次会议通过的《中华人民共和国监察法》和第十三届全国人民代表大会常务委员会第六次会议对2012年《刑事诉讼法》的修改，将深刻地影响着我国刑事证据制度的适用与改革。二是最高人民法院、最高人民检察院、公安部围绕2018年修订的《刑事诉讼法》分别制定的《关于适用〈中华人民共和国刑事诉讼法〉的解释》《人民检察院刑事诉讼规则》《公安机关办理刑事案件程序规定》，对刑事证据立法作出了最新的解释。三是为了解决非法证据排除规则在司法实践中存在的各种问题，最高人民法院和最高人民检察院等通过新的司法解释对非法证据排除规则作出了更加全面而系统的规定，如最高人民法院、最高人民检察院、公安部、国家安全部、司法部于2017年6月20日联合印发的《关于办理刑事案件严格排除非法证据若干问题的规定》，以及最高人民法院于2017年11月27日印发的《人民法院办理刑事案件排除非法证据规程（试行）》等。

为了深入贯彻落实习近平法治思想，深刻体现习近平总书记在哲学社会科学工作座谈会上关于“构建具有自身特质的学科体系、学术体系、话语体系”的重要讲话精神，充分反映我国刑事诉讼法、刑事证据法及其相关司法解释的最新发展变化，继续探索我国刑事证据立法与司法存在的各种问题，进一步吸收我国刑事证据法学研究的最新成果，为刑事证据制度的进一步改革提供智力支持，推动刑事证据法学这门学科的独立化进程，我们本着证据法学与证据学、程序法学相区分的理念，按照相对纯粹的刑事证据法学理论体系对中国人民大学出版社于2015年出版的第二版《刑事证据法学》作出全面而系统的修改与完善。

本书撰稿人分工如下（以撰写章节先后为序）：

王　超：第一章、第五章、第十三章；

史立梅：第二章、第十一章；

孟　军：第三章、第四章；

印　波：第六章；

杨　雄：第七章、第八章；

雷小政：第九章；

何　挺：第十章；

肖　萍：第十二章；

廖　明：第十四章、第十五章。

全书由王超教授统一修改定稿。尽管各位撰稿人付出了艰苦的努力，但是书中的谬误之处在所难免，敬请读者批评指正，以便在以后修订时加以改正和完善。（主编电子邮件：wangchao@bnu. edu. cn）

本书第三版的出版，得到了中国人民大学出版社及其编辑的鼎力支持，在此深表谢忱。

王　超

2022年6月

目　录

第一编　总　论

第二编 刑事证据论

第三编 刑事证明论

第一编

总论

第一章 刑事证据法学概述

内容导读

刑事证据法学的学科定位、研究思路与方法深刻影响和制约着刑事证据法学的研究对象和理论体系。在理论界长期以来纠缠于证据学与证据法学之间、游离于法学与自然科学之间以及徘徊于证据法学与程序法学之间的情况下，不仅刑事证据法学的研究对象五花八门，而且尚未形成公认的、权威的刑事证据法学理论体系。为了科学构建我国刑事证据法学理论体系和正确界定刑事证据法学的研究对象，理论界亟待在厘清证据法学与证据学、程序法学之间关系的基础上回归刑事证据法的本质，构建相对纯粹的刑事证据法学。在研究思路狭窄、研究方法陈旧的情况下，理论界的研究视角往往停留在如何通过借鉴国外经验来改革我国刑事证据制度这个层面上，从而导致大量刑事证据法学研究成果几乎都是西方概念和逻辑的再现或者演绎。为了推动我国刑事证据法学研究的理论创新，理论界亟待通过研究思路的转型促进刑事证据法学的知识增长，通过研究方法的转型实现刑事证据法学的精确解释。

第一节 刑事证据法学的学科定位与研究对象

长期以来，理论界往往习惯于分析证据法学的研究对象而疏于研究证据法学的学科定位问题。但实际上，证据法学的学科定位是研究证据法学首先应当予以界定和明确的一个问题。这是因为，证据法学的不同学科定位决定了不同的研究对象，甚至是不同的理论体系。有鉴于此，本书首先对刑事证据法学的学科定位与研究对象加以分析。

一、刑事证据法学的学科定位

刑事证据法学的学科定位问题直接影响和制约着刑事证据法学的研究对象和理论体系。

目前，我国难以形成成熟的刑事证据法学理论体系，与理论界对于证据法学的模糊定位具有较大关系。下面将在反思证据法学模糊性定位的基础上分析刑事证据法学的独立性和双重属性，以及刑事证据法学与相关学科之间的关系。

（一）理论界对于证据法学的模糊性定位

一方面，纠缠于证据学与证据法学之间，或者游离于法学与自然科学之间。毫无疑问，在人类社会生活中，像证据法学一样，有很多学科或者场合需要运用证据来证明一定的事实，或者说恢复事实的原貌。例如，历史学需要通过各种历史文献资料揭示某个历史事件或者再现某个历史人物，考古学需要通过分析历史遗留的痕迹或者物品来再现人类历史的发展过程，新闻记者需要通过采访、调查等手段客观地报道某件新闻，等等。从一般意义上讲，凡是各种以证据来查明或者再现某些事实的学科似乎都可以称为证据学。在我国传统刑事证据法学中，理论界正是在这个意义上来理解和研究证据法的。一个明显的例证就是，在1996年修改《刑事诉讼法》之前，在研究刑事证据制度的教材或者专著中，理论界大都倾向于采用“证据学”这个称谓，而很少使用“证据法学”这个概念。在1996年全国人大修改《刑事诉讼法》以后，虽然越来越多的学者采用“证据法学”这个称谓，但是受辩证唯物主义认识论的习惯性影响，理论界仍然普遍认为证据制度应当以如何发现案件事实真相为己任，证据法学理论需要研究办案人员如何收集证据、审查证据、判断证据，使办案人员的主观认识符合客观事实，并在这个基础上对案件作出相应的处理。在这种背景之下，办案人员如何收集、固定、保全、审查、判断证据等内容大都仍然被纳入刑事证据法学的研究对象，而如何取证问题也顺理成章地成为刑事诉讼证明的重要组成部分；一些如何保障发现案件事实真相的科学知识尤其是自然科学的知识，如侦查学、逻辑学、概率论、统计学、法医学、鉴定学、心理学、精神病学、信息论、数学等都成为学者们的研究对象。尤其值得注意的是，在纠缠于证据学与证据法学之间或者游离于法学与自然科学之间的情况下，理论界在潜移默化中不知不觉地削弱了证据法学的法学属性或者诉讼证据制度的法律属性。或许正是由于我国证据法学的研究范围过于宽泛，有意或者无意地混淆了证据法学与证据学之间的界限，有的学者甚至开始怀疑我国的证据法学究竟是不是一门法学。①

另一方面，徘徊于证据法学与程序法学之间。毋庸置疑，刑事证据制度与刑事诉讼程序之间具有天然的紧密联系。甚至从某种程度上讲，刑事证据问题是刑事诉讼的核心问题；刑事诉讼的整个过程基本上就是收集证据、运用证据、审查判断证据、认定证据的过程。在这种情况下，理论界在研究刑事证据法学的过程中有时很难明确区分证据法学与程序法学之间的界限，从而加剧我国刑事证据法学理论体系的混乱或者模糊状态。在近年来出版的证据法学教科书中，大多数学者主张证据法学属于程序法学，或者将证据法学视为诉讼法学的重要组成部分。而在理论界徘徊于证据法学与程序法学之间的情况下，在现行证据法学教材之中，有关诉讼程序的内容可以说是随处可见。例如，许多证据法学教材在研究各个具体的证据种类时，除了从一般原理上分析证据的收集、固定、保全程序外，还总是不厌其烦地探讨现行法律如何规定收集该证据的诉讼程序问题，如讯问程序、询问程序、勘验检查程序、录音录像程序、鉴定程序等。再如，许多证据法学教科书在探讨刑事诉讼证明的环节时，通常将取证或者收集证据作为刑事诉讼证明的第一个环节。在这种情况下，

---

① 参见易延友：《证据学是一门法学吗》，载《政法论坛》，2005（3）；吴丹红：《面对中国的证据法学——兼评易延友〈证据学是一门法学吗〉》，载《政法论坛》，2006（2）。

刑事诉讼法规定的各种证据调查方法和程序理所当然地成为刑事证据法学理论体系的重要组成部分。而在部分学者坚持狭义诉讼证明理论的情况下，又往往排斥将取证问题作为刑事诉讼证明的理论范畴，而将刑事诉讼证明的环节仅仅局限于举证、质证和认证。显而易见，在我国迟迟无法单独制定刑事证据法的情况下，证据问题与程序问题纠缠不清的研究思路不仅影响我国刑事证据法学的独立品格，而且对我国刑事证据法学理论体系的科学建构产生一定的障碍。

（二）刑事证据法学的独立性

或许是由于我国缺乏独立的证据法典，有关证据制度的内容散见于刑事诉讼法、民事诉讼法和行政诉讼法之中，理论界普遍理所当然地将证据法作为诉讼法的一个重要组成部分，而证据法学亦被理所当然地当作诉讼法学的一个分支。就连全国法学专业课程、学位设置、师资力量配备、学术研究机构设置等，也按照证据法从属于诉讼法、证据法学从属于诉讼法学的思路来进行安排。尽管证据法与诉讼法之间以及证据法学与诉讼法学之间具有唇齿相依的关系，但是从证据法的规范内容与证据法学的研究对象来看，我们并不能因此而否认证据法与证据法学的独立品格。实际上，不断强化证据法与证据法学的独立性已经成为我国法治建设、法学教育和法学研究的发展趋势。就证据法立法而言，越来越多的学者呼吁立法机关制定单独的刑事证据法典、民事证据法典或者行政证据法典，甚至是制定统一的证据法典。就证据法学教育来说，尽管证据法学仍然从属于诉讼法学，但是已经发展成为独立的一个研究方向。在个别高等学校，证据法学甚至发展成为与诉讼法学并列的法学二级学科硕士点和博士点。从证据法学研究来看，不仅专门的证据法学教材不断涌现，而且独立设置的证据法学研究机构在不断增多。

基于刑事证据法具有不同于刑事诉讼法的调整对象和规范内容，刑事证据法学具有不同于刑事诉讼法学的研究对象和理论体系，再加上为了改变刑事证据法学的模糊定位，理论界亟待改变刑事证据法学这门学科附庸于刑事诉讼法学的现状，在构建独立的证据法学学科的基础上，将刑事证据法学视为证据法学的一个独立分支，而不是刑事诉讼法学的重要组成部分。提升刑事证据法学的独立学科属性，不仅是由刑事证据法学自身性质所决定的，而且是提升我国刑事证据法学研究水平、促进刑事证据立法的客观需要。而加强刑事证据法学的独立性，不仅需要立法机关制定独立的刑事证据法，而且需要教育主管部门和高等学校将刑事证据法学作为独立于刑事诉讼法学的研究方向和研究生学位，以及需要理论界在厘清证据学与证据法学、区分刑事证据法学与刑事诉讼法学的基础上将刑事证据法学作为独立的部门法学来研究，构建独立的刑事证据法学理论体系。

（三）刑事证据法学的双重属性

在我国法理学中，理论界根据不同的规定内容一般将法律分为实体法与程序法两个基本种类。实体法是以确认权利和义务以及职权和责任为主要内容的法律，如宪法、刑法、民法、行政法、商法等。而程序法是以规定和保证权利与职权得以实现或行使，以及义务和责任得以履行的有关程序为主要内容的法律，如刑事诉讼法、民事诉讼法、行政诉讼法等。或许是因为我国迄今为止没有制定专门的刑事证据法，有关刑事证据的内容散见在刑事诉讼法典各个章节之中，许多学者想当然地将刑事证据法视为刑事诉讼法的重要组成部分，刑事证据法学也被相应地作为刑事诉讼法学的重要内容。

尽管刑事诉讼法学与刑事证据法学具有非常紧密的联系，但是我们并不能因此不假思索地将刑事证据法学视为刑事诉讼法学的重要组成部分。这是因为，从比较理想的或者比较系统的刑事证据法的调整对象和规范内容来看，刑事证据法既不是单纯的实体法范畴，也不应该从属于程序法或诉讼法，而是应当具有实体法与程序法的双重属性。进一步而言，刑事证据法既具有实体性的内容，又具有程序性的内容。所谓实体性的内容，主要是指刑事证据法规范刑事证据和刑事证明方面的证据规则。规范刑事证据的证据规则既包括规范证据能力方面的证据规则，又包括规范证明力方面的证据规则。而规范刑事证明的证据规则主要包括证明主体、证明客体、证明责任、证明标准等。所谓程序性的内容，主要是指刑事证据法规范刑事证据运用过程方面的证据规则，它包括庭前规则和庭审规则两个部分。庭前规则主要解决刑事证据的开示与资格审查问题。其中，刑事证据的资格审查构成一套完整的程序性裁判机制，即排除证据的申请、受理、听证与裁定。庭审运用规则主要是解决如何运用证据证明、辨明和查明案件事实问题，其内容主要包括举证规则、质证规则和认证规则。刑事证据法的双重属性不仅决定了我国很有必要在刑事诉讼法之外制定单独的刑事证据法典，而且意味着我们不能再按照传统的思路想当然地认为刑事证据法学从属于刑事诉讼法学，亟待在刑事诉讼法学之外构建独立的刑事证据法学学科，将刑事证据法学视为兼具实体法学和程序法学双重属性的独立部门法学。

（四）刑事证据法学与相关学科的关系

在厘清了刑事证据法学的学科定位之后，有必要分析刑事证据法学与相关学科之间的关系。这不仅有助于我们进一步理解刑事证据法学的学科定位，而且有助于在区分刑事证据法学与相关学科界限的基础上更好地开展刑事证据法学研究。下面简要地分析刑事证据法学与刑事诉讼法学、民事证据法学、行政证据法学、刑事侦查学、法医学、物证检验学等相关学科之间的关系。

首先，刑事证据法学与刑事诉讼法学之间的关系。根据前面的分析，在制定证据法之后，证据法成为与诉讼法、实体法既相互独立又紧密联系的一个部门法律体系。从诉讼法、证据法与实体法之间的关系来看，尽管诉讼法和证据法具有独立的价值目标，不能简单地被视为实体法的实施工具，但是诉讼法、证据法对于实体法的实施具有显而易见的保障作用。而在保障实体法实施的过程中，诉讼法与证据法犹如马车上的两个轮子，既相互独立，又彼此相连。从证据法与诉讼法、实体法之间的关系来看，刑事证据法学与刑事诉讼法学之间既具有紧密的联系，又相互独立。一方面，尽管刑事诉讼法学和刑事证据法学具有不同的研究对象和理论体系，但是这两个学科归根结底都是研究如何解决犯罪嫌疑人、被告人的定罪量刑问题，只不过刑事诉讼法学侧重于研究定罪量刑的程序问题，而刑事证据法学侧重于研究定罪量刑的证据问题而已。而且，刑事诉讼程序与刑事证据之间的相辅相成关系决定了刑事证据法学与刑事诉讼法学之间紧密相连，具有诸多相同的理论基础和价值基础。毕竟，在整个刑事诉讼中，刑事证据的收集与运用始终不能脱离刑事诉讼程序而孤立存在，而刑事司法机关、诉讼当事人的诉讼活动也始终依赖于刑事证据。另一方面，尽管从刑事证据法学的产生与发展来看，刑事证据法学脱胎于刑事诉讼法学，但是刑事证据法学因为具有不同于刑事诉讼法学的研究对象和理论体系而具有自身特色和较强的独立性。

其次，刑事证据法学与民事证据法学、行政证据法学之间的关系。刑事证据法学、民事证据法学、行政证据法学作为证据法学的三大基本分支学科，显然具有紧密的联系。这不仅在于刑事证据法学同民事证据法学、行政证据法学遵循许多共同的诉讼法学或者证据法学的理论基础或者基本理念，如程序公正、诉讼效率、公正与效率之间的关系、实体公正与程序公正之间的关系等，而且在于它们采用一系列相同或者相似的研究对象或者基本概念，如证据的证据能力或者可采性、证据的证明力、证据的法定种类、证据的理论分类、证据规则、证明对象、证明责任、证明标准等。尽管刑事证据法学与民事证据法学、行政证据法学同属于证据法学的范畴，但是它们因为刑事证据法与民事证据法、行政证据法以及刑事诉讼法与民事诉讼法、行政诉讼法之间的显著分野而存在明显区别。以刑事证据法学与民事证据法学为例。同民事诉讼相比，刑事诉讼的最大特点在于它是国家以社会整体利益的名义对公民个人发动的一场纷争。为了防止刑事司法权力的滥用和平衡被追诉方天然的弱势地位，刑事证据法学的重要出发点就是如何通过刑事证据制度来规范、限制刑事司法权力和保障被追诉人的人权，如遵循无罪推定原则和疑罪从无原则、实行不被强迫自证其罪特权、针对非法侦查行为设置的非法证据排除规则、控方永远承担证明被告人有罪的证明责任、为有罪判决设置最高的证明标准等。而由于民事诉讼只是涉及平等主体之间的法律纠纷，因此，民事证据法学的重要出发点就是通过民事证据制度实现双方当事人之间的公平游戏，坚持当事人处分原则，而不可能像刑事证据法学那样考虑如何防止公权力滥用或者保障一方当事人的人权问题。

最后，刑事证据法学与刑事侦查学、法医学、物证检验学之间的关系。刑事侦查学是专门研究侦查机关如何利用各种侦查手段发现证据、收集证据、查获犯罪嫌疑人的一门科学。法医学是专门研究法医如何利用各种医学或者技术手段为侦查犯罪刑事侦查、法院审判等提供科学证据的一门科学。物证检验学是专门研究技术人员如何各种技术手段为刑事侦查、法院审判等提供证据线索或者科学证据的一门科学。刑事证据法学同刑事侦查学、法医学、物证检验学的最大共同点在于都需要研究各种刑事诉讼活动所需要的刑事证据。而基于不同的学科属性，刑事证据法学同刑事侦查学、法医学、物证检验学存在显著差异。刑事证据法学属于部门法学学科，它对刑事证据的研究强调法律的规范作用，因而侧重于通过法律规定的各种证据规则来限制发现、收集刑事证据的手段或者程序。而刑事侦查学、法医学、物证检验学是跨越社会科学、自然科学两大学科门类的交叉学科。尽管刑事侦查学、法医学和物证检验学也会涉及刑事证据的法律规范问题，但是它们作为非法学学科，更加强调非法学的社会科学知识尤其是自然科学的知识在发现、收集刑事证据过程中的运用。在越来越强调程序法治的背景下，刑事证据法学的研究成果可以为刑事侦查学、法医学和物证检验学提供一定的理论根据或者理论指导。而在现代刑事司法越来越离不开科学技术手段的情况下，随着现代科学技术的不断发展，刑事侦查学、法医学和物证检验学的研究成果在一定程度上影响到刑事证据制度的科学建构，进而推动刑事证据法学的不断发展和完善。

二、刑事证据法学的研究对象

每门学科都有自己的特定研究对象。如何理解和界定刑事证据法学的研究对象，对于如何构建刑事证据法学的理论体系具有至关重要的影响。甚至可以说，具有什么样的刑事证据法学研究对象，就具有什么样的刑事证据法学理论体系。这是因为，不同的研究对象决定了刑事证据法学的不同研究内容。下面在简要分析证据法学研究对象的理论分歧的基础上明确界定刑事证据法学的主要研究对象。

（一）证据法学研究对象的理论分歧

从新中国成立到1996年全国人大修改刑事诉讼法之前，理论界对于刑事证据法学研究对象的界定主要集中在刑事证据、刑事证据制度、刑事证据司法实践、刑事证据理论等几个方面。对于刑事证据的各种法律规范及其司法实践，理论界普遍认为它们属于刑事证据法学的研究对象。但是，对于刑事证据和刑事证据理论是否可以作为刑事证据法学的研究对象，理论界则存在明显分歧。而在1996年全国人大修改刑事诉讼法以后，理论界论述相对较多的证据法学研究对象包括与证据和证据运用有关的法律规范①，与证据和证据运用有关的司法实践，以及古今中外的证据理论。除了这三个方面的研究对象以外，许多学者认为证据法学还应当具有其他研究对象，如证据取得的方法与规律、证据运用的方法与规律、诉讼证明的方法与规律、其他学科中对证据和证据运用有影响的重要成果等。可以说，除了证据理论、证据制度与司法实践得到大多证据法学教材的认可以外，理论界对于刑事证据法学研究对象的认识和理解可谓五花八门。我国之所以尚未形成较为成熟的刑事证据法学理论体系，一个重要的原因在于理论界对于刑事证据法学这门学科的研究对象尚未达成广泛的共识。例如，如果研究者们将证据法学的研究对象仅仅局限于我国的证据法律规范，那么他们在设置刑事证据法学或者证据法学的理论体系时就会尽量避免讨论国外的证据制度或者理论。再如，如果研究者们将证据法学的研究对象仅仅局限于证据制度，那么他们在构建刑事证据法学或者证据法学的理论体系时就会重点解读古今中外的各种证据法律规范，而会忽略对古今中外证据理论的探讨。

自新中国成立以来，理论界之所以对证据法学或者刑事证据法学的研究对象存在较大分歧，主要原因有两个。一是在理论界习惯于从事注释法学研究方法的情况下，我国刑事证据法学研究因为立法滞后从而导致缺乏足够丰富的注释对象而陷入比较凌乱的状态之中。从刑法学、民法学、刑事诉讼法学、民事诉讼法学等许多相对比较成熟的部门法学学科体系的研究经验来看，如果某一个部门法的立法比较系统或者完善，那么这个部门法学的研究对象和学科体系就会因为存在一个相对稳定的制度体系而比较容易确立起来。这是因为，受注释法学研究方法的影响，我国理论界在界定部门法学的研究对象或者设置部门法学的学科体系时往往对立法具有较强的依赖性。反而言之，如果立法比较滞后甚至没有立法，那么相应的部门法学往往难以形成较为稳定的研究对象或者理论体系。长期以来，在我国刑事证据立法比较匮乏、滞后和凌乱的情况下，理论界无法根据体系化的刑事证据法律规范从事相对稳定的注释法学研究，从而导致我国刑事证据法学成为一种比较自由、开放的研究体系，不同的学者往往根据自己的偏好、水平、学术背景或者资料掌握等情况，自由自在地取舍刑事证据法学的研究内容。而在随意确定研究对象的情况下，理论界很难构建相对统一而又成熟的刑事证据法学理论体系。

二是在对证据法学的学科定位比较模糊的情况下，理论界对于刑事证据法学研究内容的取舍充满了随意性和不确定性。例如，在广义刑事证明观的视野下，取证是刑事证明不可或缺的一个环节，而在狭义刑事证明观看来，刑事证明只能局限于举证、质证和认证，而不包括取证在内。再如，根据大证据学的思维，证据法学作为部门证据学的范畴，只是

---

① 值得说明的是，有不少学者在概括证据法学的研究对象时不是直接采用与证据和证据运用有关的法律规范这个概念，而是采用与这个概念的内涵与外延基本相同的证据立法、证据制度、证据规则、证明规则等术语。但是，也有部分教材将法律规范和证据立法或者证据制度并列加以使用。

由基础证据学和部门证据学组合而成的大证据学的一个分支，受大证据学的指导。受这种思维的影响，凡是对收集证据和证据运用具有影响的理论知识都被纳入刑事证据法学的研究对象之中，而不管这种理论知识同刑事证据立法是否具有紧密的联系。尤其是在纠缠于证据学与证据法学之间或者徘徊于证据法学与程序法学之间的情况下，几乎所有与证据有关的理论知识或者法律制度都被纳入刑事证据法学的研究对象之中，从而导致我国刑事证据法学学科的法学属性受到较大削弱。而反对大证据学思维的学者却认为没有必要在法律事务的范围之外去构建大证据学。

（二）刑事证据法学研究对象的界定

基于以上分析，我国刑事证据法学研究对象的科学界定不仅需要加快刑事证据立法的进程，以便通过系统的、完善的刑事证据法律规范为刑事证据法学研究提供稳定的参照物，而且需要理论界走出大证据学的思维误区，在回归刑事证据的法律属性和刑事证据法学的法学学科属性的基础上，构建相对独立和纯粹的刑事证据法学。进一步而言，刑事证据法学是专门研究在刑事诉讼中如何规范发现和证明犯罪事实的手段或者程序的一门法学学科，它包括三个方面的研究对象。

首先是与刑事证据有关的法律规范。与刑事证据有关的法律规范是刑事证据法学之中最基本的研究对象。理论界结合刑事证据法学理论，通过注释法学研究方法既可以准确解释刑事证据制度的内在法理和基本含义，又可以深刻反思刑事证据制度存在的各种问题。就目前而言，与刑事证据有关的法律规范主要包括刑事诉讼法之中关于刑事证据方面的各种规定，全国人大及其常委会、最高人民法院、最高人民检察院就这些规定分别作出的立法解释、司法解释，以及公安部制定的《公安机关办理刑事案件程序规定》之中有关刑事证据方面的规定。在其他法律法规之中，如果含有刑事证据制度或者刑事证据规则方面的规定，也属于刑事证据法学的研究对象。从长远来看，由立法机关制定的证据法典或者刑事证据法典属于最主要和最基础的刑事证据法学研究对象。

其次是与刑事证据有关的司法实践。与刑事证据有关的法律规范是刑事证据法学之中相对静止的研究对象。相对于刑事证据法律规范而言，与刑事证据有关的司法实践是刑事证据法学之中相对动态的研究对象。正如美国联邦最高法院大法官霍姆斯所指出的那样，法律的生命在于经验，而不在于逻辑。尽管与刑事证据有关的法律规范是立法界、理论界、实务界等在借鉴国外成熟经验、深刻总结国内实践的基础上形成的，但是刑事证据法律规范能否满足刑事司法实务工作的需要，还需要经过司法实践的检验。理论界深入研究与刑事证据有关的司法实践，既可以总结刑事证据制度的经验教训，又可以发现刑事证据制度存在的各种问题。这不仅有助于理论界提升刑事证据法学的理论研究水平，而且有助于解决刑事证据制度在实践存在的问题，以及促进刑事证据制度的不断完善。如果离开了与刑事证据有关的司法实践，那么刑事证据法学研究就会因为陷入纯粹的逻辑思辨之中而缺乏足够的说服力。

最后是古今中外的刑事证据理论。刑事证据法学不仅需要研究刑事证据制度及其司法实践，而且很有必要研究古今中外的刑事证据理论。刑事证据理论是古今中外的研究者对刑事证据制度及其司法实践的法理阐释和理论升华，是理论界研究刑事证据制度及其司法实践的心得体会和智慧结晶。将古今中外的刑事证据理论纳入刑事证据法学的研究对象之中，深入研究古今中外的刑事证据理论，不仅有助于我们更好地发现、分析和解释我国刑事证据制度及其司法实践存在的各种问题，而且有助于发现我国刑事证据法学研究存在的不足之处，拓展我国刑事证据法学研究的深度与广度，在博采众家之长的基础上不断提升我国刑事证据法学研究的水平，从而更好地促进我国刑事证据法学的学科建设。

第二节　刑事证据法学的理论体系

受注释法学研究方法的影响，我国理论界在设置部门法学的学科体系时往往对立法具有较强的依赖性。从刑法学、民法学、刑事诉讼法学、民事诉讼法学等许多相对比较成熟的部门法学学科体系的研究经验来看，如果某一个部门法的立法比较系统或者完善，那么这个部门法学的学科体系就会因为存在一个相对稳定的制度体系而比较容易建立起来。反而言之，如果立法比较滞后甚至没有立法，那么相应的部门法学的学科体系也往往难以形成。一个突出的例证就是，尽管随着许多学者对传统刑事证据法学的不断反思，我国刑事证据法学的理论体系日臻完善起来，但是长期以来，在我国刑事证据立法比较匮乏、滞后和凌乱的情况下，我国刑事证据法学理论体系仍然处于比较混乱的状态之中，迄今为止我国仍然没有真正形成权威的、科学的并且能够得到理论界普遍认可的刑事证据法学理论体系。[①] 这意味着科学构建我国刑事证据法学理论体系是我国刑事证据法学这门学科亟待解决的一个重要课题。下面简要分析我国刑事证据法学理论体系的建构思路与基本设想。

一、刑事证据法学理论体系的建构思路

尽管在现代学科体系之中并不存在我国学者所宣扬的“大证据学”这门学科，但是理论界有意或者无意地从这个意义上来看待证据法学。再加上认识论的影响，许多学者时不时地将哲学问题嵌入证据法学领域，将证据法学问题演变成哲学问题来研究。这是我国长期以来难以形成成熟的刑事证据法学理论体系的一个重要原因。从这个角度而言，我国要想构建科学的刑事证据法学理论体系，首先需要走出认识论和大证据学的思维误区。

（一）从哲学论坛到法学论坛

我国刑事证据法学研究研究中的一大误区莫过于许多学者沿着传统证据法学的老路，动辄打着辩证唯物主义认识论的大旗来研究证据法学问题，将认识论作为证据法学的根本指导思想或者理论基础。根据马克思主义经典哲学，理论界普遍认为辩证唯物主义认识论揭示了人类认识自然、社会的一般规律，是指导人类认识活动的科学理论，而运用诉讼证据的活动是一种认识活动，因此，证据法学的理论基础是认识论。否则，就是以个性否定共性，以特殊规律否定一般规律。表面看来，这种观点似乎具有不可辩驳性。然而仔细推敲，这种论证方式未必贴切。从哲学的一般原理来看，认识活动和运用诉讼证据的活动的确是共性与个性的关系，认识活动的一般规律也应当适用于证据制度之中。但是，运用诉讼证据的活动终究是一个形而下的法学问题，而不是一个形而上的哲学问题。从本质上讲，

---

① 参见王超：《中国刑事证据法学理论体系的科学建构》，载《法学评论》，2013（1）；王超：《中国刑事证据法学研究的回顾与转型升级》，载《法学评论》，2019（3）。

哲学问题中的认识论是人类认识活动规律的高度抽象，它强调的是各种认识活动的共同规律，而无法完全顾及各个具体种类的认识活动的特殊规律。而运用诉讼证据的活动作为人类认识活动中的一种，应当首先关注自己的特殊规律，而大可不必照搬照抄人类认识活动的一般规律。也就是说，尽管诉讼活动在哲学上可以视为认识活动，但是诉讼活动在诉讼法学或者证据法学意义上首先是以解决纠纷为目标的司法活动，而不同于哲学意义上的认识活动。可以说，哲学和诉讼法学或者证据法学在研究对象和研究目标上的差异决定了作为哲学意义的认识活动的规律与作为法律意义的认识活动的规律不可能互相交换，更不能动辄以哲学意义上的所谓共性规律来替代法律意义上的所谓个性规律。在刑事诉讼活动中，如果动辄以哲学上的所谓一般认识规律来替代诉讼法学或者证据法学上的特殊规律，或者过于强调以共性或者哲学意义上的认识规律作为大前提来演绎推理个性或者诉讼法学或者证据法学意义上的司法规律，那么势必影响诉讼制度或者证据制度的独特个性。相反，强调诉讼法学或者证据法学的个性或者特殊规律并不影响在哲学上归纳总结人类所有认识活动的共性或者一般规律。

实际上，随意地将哲学问题嵌入证据法学领域，将证据法学问题演变成哲学问题来研究，不仅容易将本来属于法学论坛的刑事证据法学研究演变成为哲学论坛，还导致许多研究者对刑事证据法学理论做出了违反诉讼法学基本常识的理解和评价①，尤其是使本来属于法学和社会科学的刑事证据法学沦为哲学或者自然科学意义上的证据学，进而妨碍了我国刑事证据法学理论体系的科学构建。

尤其值得一提的是，尽管从哲学的一般原理出发将辩证唯物主义认识论作为证据法学的一个理论基础的确具有理论上的某种优势，但是这种观点在推论过程中实际上忽略了一个根本问题，那就是研究证据法学理论基础的实际意义。显而易见，如果一种理论不能为证据制度提供合理的解释或者发挥其理论上的指导作用，那么这种理论就不能作为证据法学的理论基础。辩证唯物主义认识论之所以不能作为证据法学理论基础的原因恰恰就在于此。最明显的例证就是，辩证唯物主义认识论以如何发现案件事实真相为己任，但非常不幸的是，证据制度恰恰以规范发现事实真相的程序为要旨，甚至一系列证据规则直接妨碍了事实真相的发现。这意味着，证据规则和辩证唯物主义认识论在一定程度上是相互冲突的。这也决定了证据法学的理论基础不可能完全从辩证唯物主义认识论那里找到正确的答案。

而相对于辩证唯物主义认识论这种哲学思维方式而言，如果以程序正义、价值选择、形式理性、人权保障、宪法法治、诉讼效率等法学的基础知识作为刑事证据法学研究的理论资源，那么所有的刑事证据规则都能够得到合理的解释。以程序正义和宪法为例加以说明。尽管刑事证据法主要是以刑事证据为调整对象的法律规则体系，但是它不可能脱离程序法来孤立发展，而必须与程序法融为一体。换言之，刑事证据法和刑事诉讼法难以人为地完全分开。在我国现行的法律体系中，刑事证据法甚至本身就是刑事诉讼法的一个重要组成部分。而程序正义理论作为刑事诉讼法的核心理论，不可能不对刑事证据规则产生深刻影响。实际上，程序正义理论对于所有的刑事证据规则都具有很强的解释功能。而这也正是越来越多的研究者将程序正义理论当作刑事证据法学的一个理论基础的重要原因之一。刑事诉讼法作为公认的“动态宪法”，一系列证据规则自然都与公民的各种宪法权利息息相

---

① 参见周菁、王超：《刑事证据法学研究的回溯与反思——兼论研究方法的转型》，载《中外法学》，2004（3）。

关。例如，传闻证据排除规则体现了公民的辩护权、获得公正审判的权利、质证权等宪法性权利；非法证据排除规则同公民的隐私权、财产权、人身自由权、人格权等诸多基本权利都有千丝万缕的关系；沉默权体现了任何人不受强迫自证其罪的宪法性原则；证明责任分配体现了无罪推定的宪法性原则；等等。因此，如果刑事证据法学不从宪法学当中寻找灵感，那么刑事证据法学研究必将失去一个强有力的理论支柱。相反，以宪法的视野来研究刑事证据法学问题，不仅可以打开许多新的思路，而且能够更加深刻地理解证据法学中的一系列理论范畴。

总而言之，尽管许多学者通过一系列富有新意的论证或者观点已经深刻揭示了传统刑事证据法学的诸多缺陷，但是理论界对于传统刑事证据法学的“拨乱反正”重任仍然没有完成。毕竟，迄今为止仍然有许多学者和司法实务人员并没有充分认识到在刑事证据法学领域误用辩证唯物主义认识论所带来的诸多问题，仍然固执地高估了辩证唯物主义认识论在刑事证据法学领域的理论指导作用。从这个意义上讲，究竟应该如何看待我国刑事证据法学的理论基础及其理论体系仍然是一个悬而未决的问题。而在笔者看来，尽管研究者们可以百花齐放、百家争鸣，但是为了尽快科学构建具有中国特色的刑事证据法学理论体系，我们应当尽量避免动辄以哲学的思维方式思考刑事证据法学问题，从而将本来属于法学论坛的刑事证据法学研究沦为哲学论坛。首先，应当注意刑事证据法学理论基础对于各种刑事证据规则的解释能力。如果研究者们提出来的理论假设或者命题无法对刑事证据立法与司法提供令人信服的解释，那么该理论假设或者命题就不能胜任刑事证据法学的理论基础。其次，跳出哲学思维方式的束缚，强化刑事证据制度的法教义学分析，真正地将刑事证据法学作为一门独立的法学学科来研究，而不是将其作为证据学来研究。尤其是不能动辄以哲学上的形而上观点作为大前提来演绎推理形而下的刑事证据法学问题。只有这样，我们才能真正地跳出哲学思维方式的禁锢，从根本上突破传统的刑事证据法学理论体系，进而恢复刑事证据法学的本来面目。如果将刑事证据法学问题演变成哲学问题来研究，不仅无助于研究刑事证据规则本身，而且会使许多刑事证据法学问题沦为哲学问题而变得扑朔迷离。再次，深入研究传统刑事证据学理论将辩证唯物主义认识论作为证据法学理论基础的历史背景，这种背景对于目前的证据立法的影响或者意义是否仍然存在，以及传统刑事证据理论对证据立法以及证据法学的影响。最后，我们在研究刑事证据法学的过程中应当注重刑事证据的社会属性，而不是过多地强调刑事证据的自然属性。有鉴于此，我们在刑事证据法学的研究过程中应当注意区分侦查程序中的证据问题与审判程序中的证据问题，以及侦查学中的证据问题和刑事证据法学中的证据问题。

（二）从证据学转向证据法学

在人文社会科学或者自然科学中，有不少学科都需要运用一定的证据来恢复或者证明曾经发生过的事实的原貌。例如，在历史学中，历史学家需要通过收集、归纳、研究各种历史资料来揭示某个历史事件或者再现某个历史人物；在考古学中，考古学家们需要通过发现、收集、分析人类社会遗留下来的各种遗物、遗址、遗迹来考证一定的历史事件、历史特征以及人类历史的发展历程；在新闻学中，新闻记者需要通过人物采访、调查、现场录音、录像等手段客观地报道某件新闻；在侦查学中，侦查人员需要通过各种侦查装备、侦查技术、侦查手段等收集各种证据，以便发现和证明犯罪事实；等等。同样，在证据法学中，办案人员也需要运用书证、物证、证人证言等各种证据来再现已经发生的犯罪事实。从一般意义或者理论上讲，各种以运用证据来查明、再现某种事实的学科似乎可以统一概括为证据学。[1]

长期以来，尽管我国学科体系之中并不存在证据学这门学科，但是我国许多研究者有意或者无意地从这个意义上来看待证据法学。再加上辩证唯物主义认识论的影响，许多研究者认为证据制度就是以如何发现案件事实真相为己任，证据法学理论需要研究办案人员如何收集证据、审查证据、判断证据，使办案人员的主观认识符合客观事实，并在此基础上对案件作出相应的处理。受这种理论的影响，办案人员如何收集、固定证据、保全证据、检验证据、审查判断证据等成为理论界的研究对象。许多如何保障发现案件事实真相的手段、方法、知识、学科，如侦查学、法医学、物证检验学、鉴定学、数学、概率论、统计学、逻辑学、心理学、精神病学等都成为我国刑事证据法学的研究对象。这在许多证据法学教科书或者研究者们的研究成果中都得到了充分体现。可以说，在既没有意识到证据学与证据法学之间界限或者很少明确将证据学和证据法学区别开来的情况下，理论界将它们混为一团进行研究是我国刑事证据法学的理论体系一直难以取得实质性突破的一个重要原因。

尽管证据法学与证据学只有一字之差，而且所谓的证据学与证据法学之间的确存在一定的相通性，但是它们存在本质性的区别，不可同日而语。所谓哲学或者自然科学意义上的证据学以最大限度地发现事实真相为使命，而证据法学作为部门法学，并不以如何发现案件事实真相为要旨。不可否认，在现代刑事诉讼实行证据裁判主义的情况下，不仅刑事证据对于发现、查明和证明案件事实具有不可替代的作用，而且不少刑事证据制度或者证据规则（如传闻证据规则、意见证据规则、最佳证据规则、补强证据规则等）在客观上有助于发现、查明或者证明案件事实。但是，这并不意味着刑事证据法的首要功能或者其本质就是为了保证办案人员发现、查明和证明案件事实真相。这是因为，如果从部门法学的角度来看待和理解证据法学的话，那么证据法学必然包含着人类社会的价值选择、判断与评价过程，以及人类社会对正义与效益的追求。这决定了证据法学在本质上不仅不是如何保障发现和证明案件事实真相的一门学问，而且恰恰相反，证据法学是关于如何约束发现和证明案件事实真相的手段或者程序的一门学问。如备受理论界推崇的现代刑事证据规则无不对办案人员发现和证明案件事实真相构成一定的障碍。即使严格按照刑事证据法的规定在客观上有助于办案人员发现或者证明案件事实真相，那也只是刑事证据法的附带性功能，而不是刑事证据法的首要目标或者本质功能。进一步而言，证据法所要考虑的首要问题不应仅仅是案件事实真相能否得到准确揭示问题，而更重要的应当是发现事实真相所采用的手段和方式如何具备正当性、合理性、人道性和公正性问题。[2]

由此可见，要想科学建构中国特色的刑事证据法学理论体系，我们亟待区分证据学与证据法学之间的界限，摆脱过去那种将证据学与证据法学混淆起来的思维方式，真正以证

---

① 龙宗智教授在区分证据学与证据法学的基础上主张构建由基础证据学与部门证据学两部分组成的“大证据学”，以便指导、深化“证据法学”这个部门证据学的研究。王跃、易旻认为，我国应借鉴西方“整合性证据科学”思想及其研究方法，将法庭科学、证据法学等主要有关证据学科进行整合，建立法庭科学学科建设的“大证据学”模式。裴苍龄教授甚至在论述实质证据观的基础上，主张要把证据学打造成全人类的科学。参见龙宗智：《大证据学的建构及其学理》，载《法学研究》，2006（5）；王跃、易旻：《迈向“证据科学”——法庭科学学科建设模式的“大证据学”视野》，载《法制与社会发展》，2011（3）；裴苍龄：《证据学的大革命——再论实质证据观》，载《法律科学》，2010（3）；裴苍龄：《把证据学打造成全人类的科学——三论实质证据观》，载《法律科学》，2012（1）。

② 参见陈瑞华：《刑事诉讼中的前沿问题》，214页，北京，中国人民大学出版社，2000。

据法学的眼光来研究我国的刑事证据立法与司法。除了前文所述尽量避免将证据法学论坛沦为哲学论坛以及下文将要论述的回归刑事证据法的本质之外，理论界迫切需要做的就是区分侦查程序中的证据问题与审判程序中的证据问题，将调查取证或者刑事证据的收集、固定、保全调整到侦查学、刑事诉讼法学的研究领域之中。毕竟，侦查活动以发现真相为目标，而审判活动却以解决纠纷为目标。不同的目标决定了我们对于证据问题的研究方法及其内容应当有所不同，也影响到我们对于刑事证据法学理论基础的正确认识。这就需要我们确定研究刑事证据规则到底应当以哪个诉讼程序中的证据问题为主导。如果将它们合而为一或者混为一谈进行研究，那么有可能面临自相矛盾或者难以自圆其说的困境。而从现代审判中心主义的刑事诉讼构造来看，典型的刑事证据规则应当仅仅存在于审判程序之中，而在侦查程序中则没有典型意义上的刑事证据规则可言。更何况，基于现代社会普遍实行以审判为中心的刑事诉讼构造，适用于审判活动的证据规则也可以实际上辐射到侦查活动，从而对侦查活动发挥重要的指引作用和规范作用。当然，究竟应当如何沿着证据学和证据法学相区别的思路去重构我国刑事证据法学的理论体系则是一个亟待探讨的课题。

二、刑事证据法学理论体系的建构设想

得到普遍认可的理论体系既是我国刑事证据法学研究成果的系统总结，也是我国刑事证据法学迈向成熟的重要表现。如果理论界无法构建科学的刑事证据法学理论体系，继续在一系列最基本的刑事证据法学问题上争论不休而难以达成共识，那么这不仅影响到我国刑事证据法学研究走向成熟的步伐，而且有可能影响我国刑事证据立法的进程。而要想科学构建我国刑事证据法学理论体系，理论界亟待在走出认识论和证据学的思维误区的基础上回归刑事证据法的本质，以证据法的双重属性构建纯粹的刑事证据法学。

（一）回归刑事证据法的本质

无论是从生活常识来看，还是就理论知识而言，运用证据证明事实的场合或者领域无疑都是非常广泛的。或许正是在这个意义上，在传统刑事证据法学以及当前大部分证据法学教材中，如何保障查明和证明案件事实真相被视为刑事证据法的首要功能，而与证据调查、事实证明相关的理论知识要么被当作刑事证据法学的理论基础，要么被纳入刑事证据法学的研究对象。客观地说，在现代刑事诉讼中，不少刑事证据制度对于办案人员查明或者证明案件事实真相的确具有重要的促进作用。然而，某些证据制度对于查明和证明案件事实真相的积极作用并不意味着刑事证据法的首要功能或者其本质就是为了保证办案人员查明和证明案件事实真相。这是因为，许多刑事证据制度不仅在一定程度上无法保证办案人员查明和证明案件事实真相，甚至在适用过程中有可能对查明和证明案件事实真相构成较大威胁或者障碍。例如，尽管通过非法搜查、扣押获取的实物证据或者通过刑讯逼供得到的犯罪嫌疑人供述等证据可能对发现案件事实真相起到至关重要的作用，但是按照非法证据排除规则和自白规则的要求，这些证据并不能成为法官认定事实的依据。而在这种情况下，法官很有可能无法查清案件事实的真相。再如，尽管了解案件事实情况的辩护人或者被告人的配偶作证有助于发现案件事实真相，但是按照证人特权制度，他们享有拒绝充当证人或者对某些问题享有拒绝陈述的权利，并且他们不能因此而被追究法律责任。换句话说，办案人员并不能基于发现案件事实真相的需要强迫他们提供证言。与此相类似的是，按照不被强迫自证其罪原则，办案人员也不能基于发现案件事实真相的需要，而采取强迫

手段获取犯罪嫌疑人的供述。诸如此类的刑事证据制度充分表明，其首要价值目标并不是为了保证查明和证明案件事实真相，而是为了保障其他更重要的价值目标，如非法证据排除规则、不被强迫自证其罪规则的保障人权功能，证人特权规则对于被告人与辩护人之间的信任关系、被告人与配偶之间的夫妻关系的维护等。

由此可见，尽管刑事证据法与案件事实真相具有较大关联，但是我们并不能因此想当然地将如何保证查明和证明案件事实真相作为刑事证据法的首要目标或者第一要务。实际上，从法律规范的一般功能而言，刑事证据法不仅不能充分保障办案人员查明和证明案件事实真相，反而对办案人员查明和证明案件事实真相的活动起到限制和规范作用。也就是说，刑事证据法的功能一方面体现在它可以规范法庭审判过程，进而对侦查和起诉活动发挥有效的控制和约束作用，另一方面它不仅可约束裁判者的自由裁量权，避免使作为弱者的被告人受到不公正的对待，而且还可以最大限度地减少司法误判发生的可能以及避免司法裁判的拖延。[①] 可以说，就像障碍赛跑一样，办案人员因为刑事证据法的限制和规范作用而在查明和证明案件事实真相的过程中需要克服重重障碍。例如，侦查人员收集的证据不仅应当符合刑事证据法规定的证据形式，而且需要具备可采性，否则就不会成为法庭调查的对象，进而无法对案件事实真相起到应有的证明作用。再如，法官要想认定犯罪事实的发生，不仅需要经过控辩双方围绕证据而展开的举证和质证活动，而且必须根据刑事证据法划定的有罪判决证明标准，而不能恣意妄为。

强调刑事证据法对查明和证明案件事实真相活动的限制和规范作用，可以说是刑事证据法学区别于证据学的关键。这是因为，只有在强调刑事证据法的限制和规范作用的情况下，才能充分体现其法律属性。而法律属性正是所谓的证据学所不具备的本质属性。如果过于强调刑事证据法为查明和证明案件事实真相这个价值目标服务，那么不仅影响一系列刑事证据规则的构建，而且削弱甚至抹杀其法律属性，进而混淆刑事证据法学与证据学之间的界限。而在这种情况下，刑事证据法学的理论体系就会不可避免地夹杂着与证据学相近甚至相同而与刑事证据法的法律属性相去甚远的内容，如利用哲学、侦查学、心理学、法医学、物证技术、逻辑学等学科的知识研究如何收集、固定、保全、审查、判断证据等。而且，我国近年来发生的刑讯逼供或者冤假错案已经充分证明，如果在刑事诉讼活动中过于强调案件事实真相，那么办案人员为了查明和证明案件事实真相，就有可能在收集和运用证据的过程中忽略过程或者手段的正当性，进而影响到案件的公正处理。由此可见，要想科学构建我国刑事证据法学的理论体系，我们应该走出“大证据学”的思维误区，尽量避免将其他社会科学尤其是自然科学之中所谓对收集证据和证据运用具有影响的知识肤浅地堆砌在证据法学的理论体系之中，真正按照刑事证据法学的法学属性，从如何对查明和证明案件事实真相的活动予以限制和规范的角度来回归刑事证据法的本质。

（二）构建纯粹刑事证据法学

尽管证据问题与实体法、程序法以及其他社会科学或者自然科学之间都具有千丝万缕的关系，但是在前文澄清了证据法与诉讼法以及证据法学与诉讼法学之间的关系以后，笔者并不想按照“大证据学”或者“证据科学”的思路来重构我国的刑事证据法学理论体系。一方面，以我国目前的立法状况和研究水平，如果采取过于“宏大叙事”的方式，就好比

---

① 陈瑞华：《从“证据学”走向“证据法学”——兼论刑事证据法的体系和功能》，载《法商研究》，2006（3）。

是在还没有学会走路之前就想跑，反而不利于我国刑事证据法学理论体系的科学建构。另一方面，在我国刑事证据法学理论体系已经比较混乱的情况下，如果过于强调交叉学科研究的思路，可能会使我国刑事证据法学理论体系陷入更加混乱的状态之中。[①] 有鉴于此，我国刑事证据法学理论体系的构建应该在走出证据学的思维误区和摒弃证据法学从属于诉讼法学的老路的基础上，按照刑事证据法的双重属性确定刑事证据法学的研究范畴，剔除现有刑事证据法学理论体系之中本来属于证据学或刑事诉讼法学的部分内容，构建纯粹的刑事证据法学。

简而言之，本书的理论体系设置紧紧围绕刑事证据法律规范来展开，删除传统证据法学常常论述的不直接从属于刑事证据法的内容。首先，按照较为完善的或者理想的刑事证据法典所应当规范的内容来设计本书的理论体系。如刑事证据规则、刑事证据的种类、刑事证据的分类、刑事证明主体、刑事证明对象、刑事证明责任、刑事证明标准、刑事证明环节等。其次，区分侦查程序中的证据问题与审判程序中的证据问题，不再探讨收集刑事证据的所应当遵守的刑事诉讼程序或者刑事诉讼法所规定的各种证据调查方法。最后，区分侦查学中的证据问题和刑事证据法学中的证据问题，既不从侦查学的角度分析研究刑事证据的收集、固定、保全问题，也不再运用哲学、侦查学、逻辑学、法医学、鉴定学、物证检验学、心理学等非法学学科的理论基础知识分析刑事证据法问题。就理论体系的总体框架而言，本书包括总论、刑事证据论、刑事证明论三个组成部分。总论包括 5 章，主要论述刑事证据法学的基本原理、证据制度的历史沿革、刑事证据制度的理论基础、刑事证据制度的基本原则、刑事证据规则。刑事证据论包括 3 章，主要论述刑事证据的基本原理（概念、特征、属性、功能等），以及刑事证据的法定种类与理论分类。刑事证明论包括 7 章，主要论述刑事证明的基本原理（概念、特征、理念、体系、模式等），以及刑事证明主体、刑事证明对象、免证事实、刑事证明责任、刑事证明标准、刑事证明环节。

第三节　刑事证据法学的研究思路与方法

尽管经过多年的努力，我国刑事证据法学研究已经取得了丰硕成果，但是在研究思路狭窄、研究方法陈旧、缺乏科学方法论系统训练的情况下，大多数学者的研究视角仍然停留在如何通过借鉴国外经验来改革我国刑事证据制度这个层面上。这导致大量刑事证据法学研究成果几乎都是西方概念和逻辑的再现或者演绎，而根据我国刑事司法实践提出有别于西方国家刑事证据法学理论或者刑事证据制度的原创性成果则少之又少。实践证明，这种建立在直接借鉴西方国家刑事证据制度与理论基础之上的研究成果，既难以受到立法界或司法界的认可，也无法通过理论创新对我国刑事证据立法与司法存在的真正问题作出精确的解释，甚至难以像学者们所推崇的那样成为我国刑事证据制度改革的灵丹妙药。为了

① 值得注意的是，尽管笔者十分赞同并倍加推崇刑事证据法学的交叉学科分析方法，但是在进行交叉学科研究之前，我们应该首先了解刑事证据法学的本来面目是什么。如果我们连纯粹的刑事证据法学都没有研究清楚，那么贸然地甚至急功近利地进行所谓的交叉学科研究，可能会带来适得其反的效果。近年来，我国学者过于强调哲学的思维方式来研究刑事证据法学问题所造成的理论体系混乱局面已经很好地说明了这一点。

推动我国刑事证据法学研究的理论创新，理论界亟待通过研究思路的转型促进刑事证据法学的知识增长，通过研究方法的转型实现刑事证据法学的精确解释。

一、刑事证据法学的研究思路

我国刑事证据法学研究成果之所以难以进行理论创新或者增长我国刑事证据法学知识，与理论界普遍采用三部曲式的研究思路具有较大关系。为了推动刑事证据法学的研究创新，取得刑事证据法学研究的理论突破，理论界亟待实现刑事证据法学研究思路的转型。

(一) 刑事证据法学传统研究思路的反思

问题是学术研究的基础和前提。我国学者像国外学者一样，也具有较强的问题意识。但是，同国外学者通常围绕问题提出一个命题进而对该命题进行论证所不同的是，我国学者往往不是对某个问题提出一个命题，而是更习惯于围绕某个问题进行全面而细致的研究和分析，即在法学研究过程中，不仅需要发现问题、分析问题，而且需要针对我国立法或者司法存在的问题提出相应的解决方案。甚至在绝大多数学者看来，一篇只提出问题而没有解决问题方案的论文，经常被认为“未完成的论文”；一部只分析问题而没有提出立法对策的著作，也可能被认为“没有太多创见”[①]。基于以上习惯和认识，发现问题、分析问题和解决问题的研究思路已经成为我国学者从事刑事证据法学研究牢不可破的固定模式。在研究刑事证据法学的过程中，学者们不仅需要按照发现问题、分析问题和解决问题的思路进行思考和组织论证，而且需要在论文或者著作中按照发现问题、分析问题和解决问题的先后顺序安排文章的篇章结构。尽管三部曲式的研究思路在逻辑上比较清晰，在体系上也比较完整，但是理论界普遍采用这种千篇一律的研究思路，往往偏离学术研究的本质使命，形成研究成果丰硕而思想贫困的尴尬局面。

1. 偏离学术研究的本质使命

学术研究的使命在理论上是一个颇具争议的话题。毕竟，知识分子作为从事学术研究的主体，本来就是一个众说纷纭的议题。尽管基于不同的历史时期、社会环境、价值取向等因素，人们对于学术研究或者知识分子的使命的认知和定位存在很大差异，但是从哲学的角度来看，学术研究的使命无外乎两个方面。一方面是学术研究的内在使命，即探索世界、追求真理和创造知识，也就是研究者们通过学术研究创造知识。学术研究的内在使命反映了学术研究的根本属性，体现了研究者们的独有价值，是学术研究的本质使命。另一方面是学术研究的外在使命，即服务社会、报效国家、造福人民，也就是研究者们通过学术研究提供服务。学术研究的外在使命反映了学术研究的表面特征，体现了研究者们同其他群体的共同价值，是学术研究的非本质使命。学术研究内在使命是学术研究外在使命的基础和前提，学术研究外在使命则是学术研究内在使命的延伸与转化。这意味着学术研究的内在使命与学术研究的外在使命是本原与派生的关系。如果学术研究的内在使命无法得到实现，那么学术研究的外在使命也就无从谈起。通过学术研究为国家和社会出谋划策或者提供智力支持应当是研究者们的副业，而提出和论证具有原创性的命题或者理论假设，进而推动科学知识的增长，才是研究者们的安身立命之本。从这个意义上讲，学术研究如果不以创造知识为出发点和落脚点，而是过于强调其服务功能，那么就是舍本逐末的做法。

---

① 陈瑞华：《问题与主义之间——刑事诉讼基本问题研究》，7页，北京，中国人民大学出版社，2008。

学术研究的内在使命与外在使命实际上就是国学大师王国维在其《论近年之学术界》所谈到的学术究竟是目的还是手段的问题。① 以学术为目的，就是强调学术研究的内在使命，实现学术研究的本原价值。而以学术为手段，就是强调学术研究的外在使命，实现学术研究的衍生价值。

就我国刑事证据法学研究而言，学者们明显更加注重学术研究的外在使命，而忽略了学术研究的内在本质，即在学者们普遍采取发现问题、分析问题和解决问题的研究思路的情况下，学者们往往过多地强调其学术研究如何为我国立法、司法或者决策服务，而很少提出和论证具有原创性的理论假设或者命题。进一步而言，尽管学者们能够紧紧围绕我国刑事证据立法与司法存在的问题来展开刑事证据法学研究，但是学者们往往将其研究建立在过于功利化的建言献策的基础之上，他们在发现问题、分析问题和解决问题的过程中所要考虑的首要问题或者最终目标始终是我国刑事证据制度要不要改革以及如何改革的问题，而不是针对我国刑事证据立法与司法存在的问题提出具有原创性的命题或者理论假设，进而对该命题或者理论假设进行周密细致的论证，以便推动我国刑事证据法学知识的增长。

客观地说，我国学者过于强调刑事证据法学研究在服务立法与司法方面的价值而忽略刑事证据法学研究在创造知识方面的本质追求，具有一定的现实基础。毕竟，自改革开放以来，尽管我国已经逐步建立了中国特色社会主义法治体系，但是基于社会主义初级阶段的基本国情，尤其是我国仍然处在社会转型时期，我国刑事证据立法与司法仍然存在各种各样的问题而迫切需要加以研究和解决。在这种情况下，不断推进的刑事司法改革在客观上确实需要学者们为我国刑事证据制度的修改与完善出谋划策和提供智力支持。尽管我国学者偏离刑事证据法学研究的本质使命具备一定的客观理由，但是这种做法仍然值得我们进行深刻反思。

首先，学者们在过于追求刑事证据法学研究的外在使命的情况下，往往将其研究思路停留在如何通过借鉴国外经验来改革我国刑事证据制度这个层面上，而很少考虑如何通过理论创新来推动刑事证据法学知识的增长。而在这种情况下，尽管我国学者每年都可以发表大量有关刑事证据法学方面的论文或者专著，但是绝大多数学者总是在有意无意地运用西方国家的所谓先进刑事证据制度或者理论来演绎推理我国刑事证据的立法与司法，而很少提出和论证有别于西方国家的刑事证据制度或者理论，进而真正构建具有中国特色的刑事证据法学理论体系。

其次，为我国刑事证据制度的修改与完善提供对策应当是刑事证据法学研究的结果，而不是刑事证据法学研究本身或者其原因。在研究者们发现我国刑事证据立法与司法存在的真正问题，而且能够通过创新理论对这些问题作出精确解释的情况下，如何解决我国刑事证据立法与司法存在的问题就是不言而喻或者水到渠成的事情。但是，我国大多数学者在研究中所要考虑的首要问题不是刑事证据法学研究的理论创新，而是如何将解决我国刑事证据立法与司法存在的问题作为刑事证据法学研究的出发点和落脚点。这种做法不仅颠倒了刑事证据法学研究理论创新与成果转化之间的因果关系，而且因为过于强调刑事证据法学研究的功利性而在刑事证据法学研究理论创新方面无所作为。

最后，对于我国刑事证据立法与司法存在的问题，研究者们的本职工作应当是通过理论创新精确地解释问题，而不是想当然地直接提供问题的所谓解决方案。就学术研究的中

① 参见徐洪兴选编：《王国维文选》，77—81 页，上海，上海远东出版社，2011。

立性而言，学者们在研究刑事证据法学的过程中应当尽量做到价值无涉，而刑事证据制度存在问题的解决却不是中立的问题，而是需要决策者正确处理各种利益主体之间的冲突与协调问题。就学术研究的科学性和客观性来说，学者们在刑事证据法学研究过程中不能主观臆断，应当尽可能地尊重经验事实，所提出来的命题或者理论假设应当具备可证实性或者可证伪性，而刑事证据制度存在问题的解决往往蕴含了决策者的主观意图，需要决策者作出价值判断和价值选择。如果说个别研究者在接受决策部门委托的情况下从事对策研究情有可原的话，那么绝大多数学者不以学术研究为目的，而以学术研究为手段，就是集体无意识的一种表现。其结果只能是带来我国刑事证据法学研究的表面繁荣，而难以推动我国刑事证据法学研究的理论创新和知识增长。

2. 缺乏创新精神的学术产品

创新既是学术研究的生命和灵魂，又是学术研究的本质和目标。创新是学术研究的出发点和落脚点，贯穿于学术研究的全部过程。学术研究只有不断创新，才能保持旺盛生命力。如果没有创新，就没有学术研究。没有创新的学术研究就是徒劳无益，就是浪费资源。创新对于学术研究之所以如此重要，原因不仅在于创新是知识分子或者研究者们的本质使命、神圣责任和根本目标，是知识分子或者研究者们造福人类、奉献国家、服务社会、造福人民的需要，而且在于创新是人类社会探索、继承、传播、创造、捍卫科学知识、事物规律、客观真理的需要，是人类社会应对新形势、新问题、新任务的需要，是人类社会思想解放、弘扬正气、不断发展、取得进步的需要。

尽管创新是学术研究的生命和灵魂，但是在各种主客观因素的影响下，我国学术界形成了学术产品丰硕而缺乏创新、思想贫困的学术泡沫现象。习近平总书记在哲学社会科学工作座谈会上发表重要讲话时曾经指出，我国是哲学社会科学大国，研究队伍、论文数量、政府投入等在世界上都是排在前面的，但目前在学术命题、学术思想、学术观点、学术标准、学术话语上的能力和水平同我国综合国力和国际地位还不太相称。[①] 据统计，尽管我国学者发表的SCI论文数量连续12年排名世界第2位，但是平均每篇SCI论文被引次数与世界平均水平相比还有较大差距。[②] 之所以出现发表论文数量巨大而引用率偏低的现象，最主要的原因就是我国科研人员发表的学术论文缺乏足够的创新性，存在学术泡沫现象。就我国刑事证据法学研究而言，学术泡沫现象的一个突出表现就是，尽管我国每年公开发表或者出版了大量与刑事证据法学有关的学术论文和专著，尤其是在刑事证据制度改革的大力推动下，我国刑事证据法学研究甚至成为整个法学界的一门显学，但是大多数研究成果都是在运用西方国家的刑事证据制度或者理论来演绎推理我国的刑事证据立法与司法，而很少针对我国刑事证据立法与司法存在的问题提出和论证有别于西方国家刑事证据制度与理论的概念、命题或者理论假设，以至于迄今为止我国尚未形成成熟的刑事证据法学理论体系。

我国刑事证据法学研究产品丰富而创新匮乏的学术泡沫现象的形成，与研究者们习惯于采用传统的法学研究思路具有较大关系。这是因为，在发现问题、分析问题和解决问题的研究思路中，尽管学者们具有很强的问题意识，但是学者们发现问题和分析问题的出发点和落脚点往往不是为了提出具有重要学术价值的命题或者理论假设，而是定位于如何为

① 参见习近平：《在哲学社会科学工作座谈会上的讲话》，载《时事报告》，2016（6）。

② 参见中国科学技术信息研究所：《2020年度中国科技论文统计与分析》，载《科学》，2022（2）。

我国刑事证据立法与司法存在的问题提供各种各样的解决方案。而这种以建言献策为主要目标的研究更像是党政机关所设立的政策研究机构或者智库机构所作的对策性研究或者应用型研究，而不是以探索真理、增长知识为终极目标的学术研究，因而很难促进我国刑事证据法学研究取得理论上的突破。而且，无论是发现问题、分析问题还是解决问题，学者们都习惯于在系统梳理西方国家刑事证据制度与理论的基础上，有意无意地以西方国家的刑事证据制度或者理论作为我国刑事证据立法与司法存在问题的评价标准和理想解决方案，既没有充分考虑到中西方国家在政治基础、经济状况、社会特征、法律传统、法治理念、法治水平、文化传统等诸多方面存在的差异，也很少运用交叉学科分析、实证分析、定量分析等研究方法周密论证具有原创性的学术性命题。

（二）刑事证据法学研究思路的转型

在学术资源越来越丰富、中外学术交流越来越多的情况下，要想在刑事证据法学领域取得重大的突破或者提出富有见地的新观点、新思想来，或者在学术界占有一席之地，已经变得异常艰辛。为了避免我们的刑事证据法学研究沦为没有意义的重复劳动，努力地做出我们的学术贡献，完成刑事证据法学研究的应有使命，真正地发挥理论指导实践的魅力，我们应当在刑事证据法学研究思路上实现彻底的转型。

1. 回归刑事证据法学研究的本质使命

创新是学术研究的生命和灵魂。如果研究成果缺乏任何形式的创新，那么它的价值就会大打折扣，甚至毫无价值。尽管自1996年修改刑事诉讼法以来我国刑事证据法学研究已经形成较为繁荣的学术景象，但是真正具有重要原创性的研究成果却不是很多。通过前文的分析不难发现，传统研究思路之所以在理论创新、增长刑事证据法学知识方面难以有所作为，一个重要的原因在于，我国绝大多数研究者在研究刑事证据法学时的出发点和最终落脚点往往不是为了提出原创性的理论或者具有重要学术价值的命题，而是为了针对我国刑事证据立法或者刑事司法改革提出相应的解决方案。实践证明，以建言献策为根本目标的三部曲式研究思路只能带来刑事证据法学研究的表面繁荣，而无法满足推动刑事证据法学研究理论创新和知识增长的需要。这是因为，研究者们针对我国刑事证据立法与司法存在的问题所提出来的各种立法建议或者改革方案在本质上只是一种未经证实也难以证实的一种假设而已。由于这种假设只是研究者们认为并且希望通过各种改革方案解决我国刑事证据立法与司法存在问题的一种良好愿望或者价值判断，而不是已经得到实践检验或者实证研究支持的刑事证据法学理论，因此，研究者们很难在这种相信改革方案能够解决中国问题则赞成、不相信改革方案能够解决中国问题则反对的语境之中展开有效的学术交流，进而创造出新的刑事证据法学理论和推动刑事证据法学知识的增长。在笔者看来，我国刑事证据法学研究要想在理论创新和增长知识方面有所作为，不能再继续沿着三部曲式的研究老路，而必须改变以往本末倒置的做法，回归刑事证据法学研究的本质使命。

一方面，尽量避免以建言献策作为刑事证据法学研究的根本出发点和落脚点。长期以来，在立法机关秉承“宜粗不宜细”“宁简勿繁”的立法指导思想的情况下，我国刑事证据立法一直处于较为滞后的状态之中。而在刑事证据立法严重滞后的情况下，近年来我国刑事司法实践出现了各种各样亟待解决的难题。而且，立法机关的刑事证据立法或者最高司法机关的司法解释迫切需要充分发挥研究者们的专业智慧。正是在这个意义上，在刑事证据法学研究的过程中为我国刑事证据立法与司法出谋划策是研究者们不可推卸的一种责任。尽管我国滞后的刑事证据立法为研究者们的建言献策式研究提供了广阔空间，但是学术研究的本质使命和研究者们的独立地位决定了建言献策式的学术研究只能是一种“副业”。如果研究者们在刑事证据法学的研究过程中将建言献策作为学术研究的出发点和落脚点甚至是毕生的学术追求，那么这种本末倒置的做法不仅混淆了研究者们同官方智库机构或者政策研究机构之间的角色差异，而且研究者们因为过于关注对策研究而陷入“刑事证据实践反思——刑事证据制度改革——刑事司法实践再反思——刑事证据制度再改革”的研究循环之中，从而导致学术研究的功利化或者投机化，无暇顾及刑事证据法学的理论创新。尤其是对于学术研究的两种使命的关系而言，建言献策应当是理论创新的自然结果，而不是学术研究的出发点和落脚点。如果研究者们在刑事证据法学的研究过程中不是追求理论创新，而是急功近利地进行建言献策，那么这只能是颠倒因果的一种舍本逐末做法。实际上，研究者们只有在找到真问题的基础上实现学术创新，进而对我国刑事证据立法与司法作出精确解释，才有可能为我国刑事证据立法与司法提出高质量的改革建议。如果研究者们无法实现刑事证据法学研究的理论创新，总是有意无意地重复着西方国家的所谓成功经验，那么研究者们所提出来的各种解决方案往往因为无法精确解释我国刑事证据立法与司法存在的真正问题而难以起到应有的效果。

另一方面，在找到我国刑事证据立法与司法存在真正问题的基础上提出和论证具有原创性的概念、命题或者理论。基于学术研究内在使命与外在使命之间的逻辑关系，衡量我国刑事证据法学研究水平高低和是否成功的关键并不在于研究者们提供了多少自以为是的改革建议，而是提出了多少经得住实践检验的创新成果。研究者们只有抓住大好历史机遇，充分利用自身专业优势积极推动我国刑事法学研究的理论创新，打造出具有中国特色的刑事证据法学理论体系和刑事证据制度话语体系，才无愧于当今产生理论与思想的好时代。一方面，同外行人相比，法学研究者们的真正优势在于他们能够利用其掌握的专业知识，透过错综复杂的法律现象，发现隐藏在法律生活深处的本质问题，并在此基础上提出和论证具有原创性的概念、命题或者理论，进而间接影响社会公众或者决策者的法律观念、思维方式等，而不在于针对纷繁复杂的法律制度改革直接提出自认为可以解决问题的具体对策。既然如此，那么研究者们在刑事证据法学的研究过程中就应当淋漓尽致地发挥其自身优势，在找到真问题的基础上提出和论证具有原创性的概念、命题或者理论，通过理论创新精确解释我国刑事证据立法与司法存在的问题，而不是“扬短避长”，以解决具体的问题作为学术研究的终极目标或者最终归宿。另一方面，我国长期滞后的刑事证据立法为刑事证据法学研究提供了足够空间和绝佳时机。尤其重要的是，我国的特殊国情决定了我国刑事证据立法与司法存在的问题往往是西方国家刑事证据理论难以解释的独有问题。这决定了研究者们的研究思路不应当像以往那样只是停留在如何通过借鉴国外经验来改革我国刑事证据制度这个层面上，而是在尽可能地找到这些独有问题的基础上提出和论证有别于西方国家的原创性概念、命题或者理论，进而实现我国刑事证据法学的理论创新和知识增长。也只有这样，所谓中国特色的刑事证据法学理论体系和刑事证据制度话语体系才有可能得以形成。

2. 提升刑事证据法学研究的独立品格

独立或者自由可以说是学术研究的最主要品质。这是因为，学术创新是学术研究的生命和灵魂，而只有在学术独立的情况下，研究者们才有可能在学术研究的过程中不受任何外界因素的干扰，才有可能敢于怀疑和批判，进而才有可能实现学术创新和推动知识增长。从这个意义上而言，没有学术独立或者学术自由，既没有学术创新，也谈不上知识增长。

国学大师王国维也曾经指出，“学术之发达，存于其独立而已”①。在古今中外的学术史上，许多学者甚至为了学术独立或者学术自由而不惜牺牲自己的生命。正是基于学术独立的重大意义，学术独立或者学术自由作为言论自由的题中应有之义，甚至成为国际社会公认的一项基本人权。如《经济、社会和文化权利国际公约》第15条明确规定，本公约缔约各国承担尊重进行科学研究和创造性活动所不可缺少的自由。根据《公民权利和政治权利国际公约》第18条、第19条，任何公民都享有思想自由、持有主张和自由发表意见的权利。尽管学术独立如此重要，但是在三部曲式的研究思路中，再加上我国高等学校管理体制等方面的原因，我国刑事证据法学研究的独立性有所欠缺，从而在相当大的程度上影响了我国刑事证据法学研究的理论创新。为了推动我国刑事证据法学研究的理论创新，我国亟待改变传统的三部曲式的研究思路，着力培养和强化刑事证据法学研究的独立品格。

首先，强化学术研究的中立性，减轻对课题研究和对策研究的依赖性。学术研究的中立性是实现学术独立的必然要求。这是因为，只有在保持中立的情况下，研究者们才能够做到根据事实或者逻辑进行研究，而不是人为地根据某种价值预设或者根据某种利益主体的意志开展研究。而这也正是科学的学术研究要求研究者们做到价值无涉的一个重要原因。然而，在我国传统的三部曲式研究思路中，研究者们在深陷对策法学和比较法学泥潭的情况下往往很难做到价值无涉，从而影响到学术研究的中立性、独立性和创新性。这意味着，要想提升我国刑事证据法学研究的独立品格，研究者们应当强化学术研究的中立性，尤其是要减轻对课题研究和对策研究的依赖性。一方面，研究者们应当摆脱对策法学和比较法学中的不良倾向，既不能总是以建言献策作为刑事证据法学研究的出发点和落脚点，一味地充当我国刑事证据制度建构的预言家，也不能想当然地将西方国家的刑事证据法学理论作为判断我国刑事证据立法与司法是非曲直的衡量标准，从而堕落为西方国家刑事证据法学理论的传声筒和西方国家刑事证据制度的搬运工。另一方面，研究者们应当大力培养独立思考的能力，想方设法地找到我国刑事证据立法与司法存在的真正问题，积极主动地通过理论创新对我国刑事证据立法与司法存在的真正问题作出精确而又独到的解释，而不应当总是被动地按照各种科研项目事先设定的研究方向或者研究内容开展其刑事证据法学研究。

其次，增强学术研究的主体性，科学对待西方国家的刑事证据制度与理论。习近平总书记在哲学社会科学工作座谈会上发表重要讲话时曾经指出，我们的哲学社会科学有没有中国特色，归根到底要看有没有主体性、原创性。跟在别人后面亦步亦趋，不仅难以形成中国特色哲学社会科学，而且解决不了我国的实际问题；只有以我国实际为研究起点，提出具有主体性、原创性的理论观点，构建具有自身特质的学科体系、学术体系、话语体系，我国哲学社会科学才能形成自己的特色和优势。② 就刑事证据法学研究而言，要想构建中国特色刑事证据法学理论体系或者中国特色刑事证据制度话语体系，研究者们必须在充分考虑中国国情的基础上将其研究深深地扎根于中国的刑事证据立法与司法，通过创造出有别于西方国家的刑事证据法学理论来精确解释中国刑事证据立法与司法存在的问题。我国刑事证据法学研究的表面繁荣现象早已经充分证明，过多介绍和引进西方国家的刑事证据法学理论，动辄以西方国家的刑事证据法学理论来演绎推理我国的刑事证据立法与司法，很

① 徐洪兴选编：《王国维文选》，81页，上海，上海远东出版社，2011。
② 参见习近平：《在哲学社会科学工作座谈会上的讲话》，载《时事报告》，2016（6）。

难实现我国刑事证据法学研究的理论创新。因此，为了增强我国刑事证据法学研究的主体性，以便能够真正地推动我国刑事证据法学研究的理论创新，研究者们不仅需要在充分考虑中国国情的基础上提出有别于西方国家的概念、命题或者理论假设，进而对我国刑事证据立法与司法存在的问题作出精确的解释，而且对于西方国家的刑事证据制度或者理论应当保持足够的警惕和具有一定的批判精神，尽量避免成为西方国家法律实践或者理论模型的传声筒，从而将西方国家的所谓成功经验想当然地作为我国刑事证据制度好坏的判断标准以及推动我国刑事证据制度改革的应然方案。

再次，强化学术研究的争鸣，敢于质疑和批判。质疑和批判既是学术创新的重要途径，又是学术独立的内在要求。从某种程度上讲，没有质疑和批判，既无法实现学术创新，也难以做到学术独立。近年来，尽管我国刑事证据法学研究已经形成较为繁荣的学术景象，但是令人感到奇怪的是，研究者们似乎都习惯于按照自己的专长或者兴趣进行自我封闭式的研究，而不习惯于进行针锋相对式的研究。尤其是大多数研究者因为缺乏足够的勇气或者能力，或者碍于情面，而不愿意质疑或者批判权威观点或者理论界已经达成共识的观点。而在缺乏争鸣的情况下，不仅导致理论界难以形成各种学派，而且导致我国刑事证据法学研究难以形成足够的学术活力，从而在一定程度上影响了我国刑事证据法学研究的理论创新。另外，受比较法学研究方法的影响，国内许多研究者往往会顶礼膜拜西方国家的刑事证据法学理论，而缺乏足够的反思能力和批判精神。很多研究者甚至在还没有搞清楚西方国家刑事证据法学理论的来龙去脉或者局限性的情况下，就想当然地将其视为放之四海而皆准的真理，动辄以西方国家的刑事证据法学理论来演绎推理或者评头论足我国的刑事证据制度或者理论。有鉴于此，要想提升我国刑事证据法学研究的独立品格，进而推动我国刑事证据法学研究的理论创新，研究者们应当积极培养独立思考的能力以及敢于批判和善于批判的精神，既要勇于质疑和挑战国内的权威观点或者理论通说，又要辩证地看待或者深刻反思西方国家的刑事证据法学理论，进而创造出有别于国内权威或者西方国家的刑事证据法学概念或者理论。

最后，培养独立思考的能力，善于发现我国刑事证据立法与司法存在的独有问题。在传统的研究思路中，研究者们往往习惯于将西方国家的刑事证据制度作为发现我国刑事证据立法与司法存在问题的参照物或者判断标准，简单地认为在西方国家运行良好的刑事证据制度如果在中国没有得到相应规定，或者中国规定的相应刑事证据制度同西方国家相比存在一定差距，那么该刑事证据制度就是我国亟待解决而且值得研究的一个问题。实践证明，研究者们通过这种过于简单化的类比研究所发现的问题往往只是表面问题，而不是我国刑事证据立法与司法存在的真正问题。但是在研究表面问题的情况下，研究者们很难推动我国刑事证据法学研究的理论创新。有鉴于此，研究者们既不能盲目崇拜西方国家的刑事证据制度，又不能将西方国家的刑事证据制度作为我国刑事证据立法与司法存在问题的衡量标准，而是应当将我国刑事证据制度放在中国的语境之下进行独立思考，在发现我国刑事证据立法与司法存在独有问题的基础上，提炼出有别于西方国家的新命题或者新理论。

3. 强化刑事证据法学研究的历史诠释

因为读史使人明智，所以历史分析或者历史研究方法成为学术研究的一种重要研究方法。通过思想史、学术史、制度史的全面考察和深入分析，研究者们不仅可以做到正本清源或者溯本求源，把握某项制度或者理论的来龙去脉和精髓，而且有助于研究者们站在前人的肩膀上找到真问题，进而推动学术研究的理论创新。中华民族作为历史悠久的民族，具有浩如烟海的历史资源和博大精深的文化传统。这是我国学者从事学术研究不可多得的宝贵资源和独特优势。学者们在学术研究的过程中应当倍加珍惜和充分利用这样的资源和优势，通过历史分析找到学术研究的真问题，进而推动理论创新，而不能暴殄天物和背叛历史。就刑事证据法学研究而言，我们就是要通过历史考察和历史分析，结合西方国家优秀的刑事证据制度或者理论成果，在系统梳理和深刻诠释我国刑事证据思想史、刑事证据制度史、刑事证据法学研究史的基础上，增强刑事证据法学研究的客观性和说服力，开阔刑事证据法学研究的视野，寻求刑事证据法学研究的突破口，找到我国刑事证据立法与司法存在的真问题，创造出有别于西方国家的刑事证据制度或者理论，实现对我国的刑事证据立法与司法的精确解释，打造具有中国特色的刑事证据法学理论体系。

不可否认，在我国刑事诉讼法学界，许多学者还是比较重视历史研究方法的。尤其是在学术专著或者法学博士学位论文之中，研究者们往往会就某项法律制度或者法学理论进行历史的考察。但是，在缺乏科学方法论训练和研究思路比较狭窄的情况下，大多数研究者的历史分析仍然比较肤浅，难以承载理论创新和增长知识的学术重任。首先，研究者们在历史梳理某项刑事证据制度或者理论时更加侧重于刑事证据制度或者理论本身的历史资料整理，而不是出于论证中心命题或者核心观点的需要，或者不是为了更好地发现我国刑事证据立法与司法存在的真正问题。其次，研究者们在历史梳理某项刑事证据制度或者理论时往往就事论事，缺乏对刑事证据制度或者理论的产生原因、时代背景、影响因素、适用环境等方面的分析。而在强调历史考察而缺乏历史分析的情况下，研究者们很难通过刑事证据制度或者理论的历史考察来为发现真问题、提出具有创造性的命题或者理论。再次，研究者们在历史梳理西方国家刑事证据制度或者理论时更加关注历史资料的全面性、真实性和可靠性，而不善于进行历史比较分析，尤其是不善于中西方刑事证据制度或者理论进行历史比较分析。最后，研究者们往往更加强调对西方国家的刑事证据制度或者理论进行历史考察，而忽略对我国的刑事证据制度或者理论的历史考察和分析。

基于以上缺陷，我国刑事证据法学研究的转型亟待强化历史分析方法。在笔者看来，强化我国刑事证据法学研究的历史研究应当注意以下三点。首先，历史研究只是手段，而不是目的。尽管刑事证据制度或者理论的历史梳理对于我们通晓刑事证据法学的基础知识具有重要意义，但是我们在刑事证据法学研究的过程中采用历史研究方法的主要目标不是为了整理资料，而是将历史梳理作为学术研究的一种手段，通过历史研究更好地发现真问题，寻找理论研究的突破口，提出具有重要价值的命题，以及推动知识增长和理论创新。其次，我们在刑事证据法学研究的过程中运用历史研究时不仅需要确保历史资料的准确性、可靠性和全面性，而且应当超越制度本身或者理论本身所蕴含的具体内容，深入挖掘和研究隐藏在制度或者理论背后的深层次问题，以更加宽广的视野理解和分析我们所考察的历史资料，尽可能地避免就事论事，将历史研究沦为资料整理。最后，我们在刑事证据法学研究的过程中运用历史研究方法时不仅应当强化我国刑事证据制度或者理论的历史考察，而且需要加强纵向和横向的比较分析。中国作为一个有着五千年悠久历史的文明古国，具有非常丰富的法律思想、法律制度和法律实践。我们应该在研究刑事证据法学的过程中充分利用这样宝贵的资源，从过去的刑事证据制度与理论中总结经验教训和充分吸收营养，从过去和现在的比较分析中发现问题和分析问题，进而提出具有重要学术价值的命题，不断推动我国刑事证据法学研究的理论创新。基于刑事证据制度的国别性以及中西方文化传统、现实国情的巨大差异，我们在历史考察和分析的过程中，不仅需要历史梳理中西方国家刑事证据制度或者理论的来龙去脉，而且需要加强中国和西方国家之间的历史比较分析以及现在和过去之间的历史比较分析。

4. 深化刑事证据法学研究的问题意识

问题不仅是学术研究的重要基础，而且是学术研究能否取得创新的起点和关键。不可否认，在我国刑事证据法学三部曲式的研究思路中，研究者们普遍具有较强的问题意识。但令人遗憾的是，在缺乏科学方法论训练的情况下，研究者们要么难以找到我国刑事证据立法与司法存在的真正问题，要么不是为了积极推动我国刑事证据法学研究的理论创新，而是直接为我国刑事证据制度改革提供各种各样的改革设想。在这种情况下，绝大多数研究者的研究成果往往混同于我国党政机构内设的智库或者政策研究室所作的政策研究或者对策研究，而在理论创新方面却难有作为。这也正是我国理论界处在刑事证据法学研究的大好时代却迟迟未能形成比较成熟的刑事证据法学理论体系的一个重要原因。有鉴于此，为了推动我国刑事证据法学研究的理论创新和知识增长，理论界亟待改变过去三部曲式的研究思路，深化刑事证据法学研究的问题意识。

首先，研究我国刑事证据立法与司法存在问题的出发点和落脚点应当是理论创新，而不是建言献策。毋庸讳言，我国作为法治追赶型国家和社会转型国家，包括刑事证据制度在内的法律制度及其司法实践日益暴露出越来越多的问题而迫切需要加以解决。在这种背景之下，为我国社会主义法治建设和刑事证据制度改革建言献策可以说是研究者们责无旁贷的使命。但是，这并不意味着研究者们就可以因此而采取舍本逐末的做法，将建言献策作为刑事证据法学研究的出发点和落脚点，甚至将建言献策作为毕生的学术追求，而不愿意在理论创新方面做出自己的贡献。毕竟，理论创新是建言献策的逻辑前提。如果研究者们只是根据自己的偏好或者价值判断提出自以为是的解决方案，而不是将建言献策建立在理论创新的基础之上，那么研究者们所提出来的解决方案只能是他们自己一厢情愿的价值选择。而这种仅仅反映个人偏好的价值判断或者价值选择既不是真正意义上的学术研究，也难以解决我国刑事证据立法与司法存在的真正问题。实践证明，研究者们只有将理论创新作为研究我国刑事证据立法与司法存在问题的出发点和落脚点，才有可能突破既有理论的条条框框，进而创造出能够精确解释我国刑事证据立法与司法存在问题的新理论。也只有在这种情况下，我国刑事证据立法与司法存在的问题才有可能得到真正的解决。需要注意的是，在中西方国家基本国情存在巨大差异的情况下，即使研究者们因为课题研究的要求而在客观上需要建言献策，研究者们也不能将解决我国刑事证据立法与司法存在问题的希望直接寄托在西方国家的刑事证据制度之上，而是应该努力创造出有别于西方国家而且适合中国国情的刑事证据制度。

其次，不能想当然地认为"中国应该怎么样"，而是深入思考"中国为什么这样"。在三部曲式的研究思路中，尽管研究者们具备较为浓厚的问题意识，通常能够做到以问题为导向，但是在以如何解决问题作为刑事证据法学研究的出发点和落脚点的情况下，再加上我国目前不尽合理的科研体制、学术评价体制，研究者们的对策研究往往显得较为急功近利，总是多快好省地建言献策，而难以静下心来殚精竭虑地进行理论创新。由于过于浮躁或者急功近利，许多研究者往往在没有对我国刑事证据立法与司法存在问题进行深入分析的情况下就想当然地认为我国刑事证据制度应当怎样进行改革。而研究者们的建言献策往往因为缺乏对我国刑事证据立法与司法存在问题的深入思考而难以经得起推敲。有鉴于此，无论是就我国刑事证据法学研究的学术创新而言，还是对于我国刑事证据制度的改革来说，研究者们都不应该将过多的精力放在建言献策之上，按照那些自以为是的价值判断或者价值选择过于主观地认为“中国应该怎么样”，而是深思熟虑地思考“中国为什么这样”，进而通过理论创新精确解释我国刑事证据立法与司法存在的独有问题和真正问题。一方面，深入分析“中国为什么这样”的奥秘，是发现我国刑事证据立法与司法存在问题的继续和升华。如果研究者们只是发现问题而无法深入分析这些问题的危害后果、产生原因和形成机理等相关内容，那么研究者们的刑事证据法学研究只是处在初级阶段，既会葬送理论创新的机会，也不大可能为我国刑事证据制度提供行之有效的解决方案。另一方面，科学探寻“中国为什么这样”的深层问题，既是我国刑事证据法学研究创新的重要基础，也是我国刑事证据改革的逻辑前提。解决问题与理论创新对于分析问题具有很强的依赖性。在发现我国刑事证据立法与司法存在的问题之后，如果研究者们无法深入分析我国刑事证据立法与司法为什么会产生这样的问题，那么研究者们既难以提出独到的命题或者理论假设，也不可能提出有的放矢的改革方案。

再次，研究者们应当找到我国刑事证据立法与司法存在的独有问题和真正问题。所谓独有问题，是指在我国刑事证据立法与司法中存在的不同于西方国家的问题，或者是按照国外刑事证据法学理论无法解释的问题。所谓真正问题，是指在我国刑事证据立法与司法中存在的根据现行刑事证据法学理论难以做出令人满意解释的问题。找到我国刑事证据立法与司法存在的独有问题和真正问题是我国刑事证据法学研究能否取得创新的先导和逻辑前提。如果研究者们找不到我国刑事证据立法与司法存在的独有问题或者真正问题，而只是一味根据西方国家所谓成功经验改造我国刑事证据制度，那么这种过于表面化的研究既无法做到理论创新，也难以为我国刑事证据制度提供具有重要价值的改革建议。目前，我国刑事证据法学研究之所以在我国刑事证据立法与司法存在诸多问题的情况下却在理论创新方面仍显不足，一个重要的原因就是研究者们习惯于就事论事，或者简单地同西方国家的刑事证据制度与理论进行类比，或者机械地根据西方国家的刑事证据制度与理论来演绎推理我国的刑事证据立法与司法，而没有找到隐藏在我国刑事证据立法与司法背后的深层次问题和真正问题。要想找到我国刑事证据立法与司法存在的独有问题和真正问题，至少需要注意如下几点：研究者们应当具备良好的学术素养，既要深入理解国内外的刑事证据制度与理论，又非常熟悉国内外刑事证据制度的实际运作情况；研究者们应当具备独立思考的能力，既要敢于批判甚至推翻既有的刑事证据法学理论，又要善于发现尚未得到研究或者研究不够充分的领域或者问题；既要研精殚思，又要善于培养灵感；既要具备敏锐的眼光，又要养成打破砂锅问到底的精神。

最后，不应当将提出问题的解决方案作为刑事证据法学研究的终点或者发现问题、分析问题的归宿，而是将其作为进一步深入分析问题的起点。按照三部曲式的研究思路，在分析了我国刑事证据立法与司法存在问题及其主要缺陷、原因之后，研究者们接下来通常就是对症下药，针对我国刑事证据立法与司法存在的问题提出各种各样的改革方案。尽管这种研究思路已经极大地推动了我国刑事证据法学研究的发展和进步，但是从科学方法论的角度而言，研究者们针对我国刑事证据立法与司法存在的问题所提出来的各种解决方案不仅是一种未经证实的假设，而且往往带有研究者们的主观好恶或者价值判断，具有很强的主观性。对于这种假设能否能够成立，或者说这些改革方案能否解决我国刑事证据立法与司法存在的问题，不能仅仅依靠纯粹的理论推导或者思辨就能得出肯定的结论，而必须由研究者们进一步运用实证研究加以检验。但令人遗憾的是，在深陷对策法学研究方法的情况下，研究者们往往将提出各种各样的改革方案作为学术研究的终点，而很少再对其提出来的改革方案做出进一步的分析，即研究者们的学术研究随着改革方案的提出而结束。其突出的表现就是，研究者们习惯于将各种解决方案作为最终的结论，并在论著的最后部分集中论述我国刑事证据制度改革的具体构想。在笔者看来，即使研究者们基于研究课题的需要而不得不就我国刑事证据立法与司法存在的问题或者刑事证据制度改革提出相应的解决方案，也不应当将提出对策作为学术研究的终点，而是将各种潜在的解决方案作为进一步分析问题的起点。进一步而言，研究者们不应当想当然地将各种潜在解决方案作为存在问题的最终答案，而是在深入分析各种潜在解决方案的可能命运及其面临障碍的情况下，更加深刻地揭示和解释我国刑事证据立法与司法存在的真正问题，进而推动我国刑事证据法学研究的理论创新。即使无法实现理论创新，至少也应当让后来的研究者们或者决策者们清楚某项改革措施的逻辑前提或者需要注意的重要问题。

5. 中国特色刑事证据制度的理论升华

得到公认的、权威的理论体系既是我国刑事证据法学研究理论创新的系统总结，也是我国刑事证据法学走向成熟的重要标志。如果我国迟迟无法形成公认的、科学的刑事证据法学理论体系，那么研究者们难免陷入无谓的争论之中，进而妨碍我国刑事证据制度改革的进程，甚至影响到刑事证据制度的实际运行。令人遗憾的是，尽管我国刑事证据法学已经呈现繁荣的学术景象，但是我国刑事证据法学理论体系仍然处于比较混乱的状态之中，尚未形成权威的、科学的并且得到普遍认同的刑事证据法学理论体系。造成这种局面的原因与我国学者普遍过于依赖比较的逻辑推理存在较大关系。这是因为，在学者们过于依赖比较分析的情况下，尤其是在动辄将西方国家刑事证据制度或者理论作为我国刑事证据制度好坏的评价标准和刑事证据制度改革的理想方案的情况下，学者们在研究过程中往往是在利用西方国家刑事证据制度或者理论的话语体系来逻辑推理我国的刑事证据立法与司法，而很少创造出有别于西方国家的刑事证据制度与理论，以便精确地解释我国的刑事证据立法与司法。

客观地说，近现代西方国家的刑事证据制度与理论在经过几百年的发展演变之后的确存在诸多可借鉴之处。而在我国刑事证据法学起步较晚、刑事证据立法比较滞后的情况下，研究者们难免需要借助西方国家的刑事证据制度或者理论来认识我国的刑事证据立法与司法。但是，我们还应当看到，在我国同西方国家在政治基础、经济状况、社会特征、法律传统、法治理念、法治水平等诸多方面都存在显著差异的情况下，动辄将西方国家刑事证据法学作为我国刑事证据制度好坏的评价标准和刑事证据制度改革的理想方案不可避免地存在这样或者那样的漏洞。而且，随着社会主义法治建设进程的不断加快，我国的刑事证据立法与司法已经今非昔比。尤其是经过几十年的积累，我国刑事证据法学研究已经取得了显著成就。在这种情况下，我们完全没有必要跟在西方国家后面亦步亦趋，过于依赖西方国家刑事证据法学的话语体系来认识、评价或者解释我国的刑事证据立法与司法，而是需要构建具有中国特色的刑事证据法学理论体系来精确解释我国的刑事证据立法与司法。

在笔者看来，要想科学建构中国特色社会主义刑事证据法学理论体系和打造中国特色社会主义刑事证据制度的话语体系，应当在辩证看待西方理论和正确认识我国本土资源的基础上实现我国特色刑事证据制度的理论升华。深入理解和融会贯通西方国家刑事证据制度或者理论，应当是研究者们具备的基本学术素养，是研究者们拓宽学术视野的重要途径，是更好地发现我国刑事证据立法与司法存在问题的参照物。研究者们既要充分吸收西方国家刑事证据制度或者理论的精髓，又不能想当然地将西方国家刑事证据制度或者理论作为我国刑事证据制度好坏的评价标准和刑事证据制度改革的理想方案。对于我国本土资源，研究者们应当尽量克服以下两种较为极端的研究思路：一种是抱着存在即合理的思路，不遗余力地试图为本身存在重大缺陷的刑事证据制度或者实践的合理性进行辩护；另一种是打着坚持中国国情的旗号，一味地排斥西方国家的刑事证据制度或者理论。对于我国刑事证据立法与司法存在问题的分析和研究，既要重视国情，又不能拘泥于国情；既要充分借鉴西方国家刑事证据制度或者理论之中的有益部分，又要善于创造出有别于西方国家的刑事证据理论。

所谓实现中国特色刑事证据制度的理论升华，就是要在融会贯通西方理论和正确看待我国本土资源的基础上，善于挖掘我国刑事证据立法与司法之中的独特之处，通过创造有别于西方国家的刑事证据法学理论来精确解释我国刑事证据立法与司法存在的独特问题以及具有中国特色的刑事证据制度或者实践。进一步而言，我们在刑事证据法学研究过程中应当尽量避免按照以往的惯性思维，想当然地利用西方国家的刑事证据法学来演绎推理我国的刑事证据立法与司法，而是敏锐地发现在我国刑事证据立法与司法中，有哪些问题或者现象无法通过现有的尤其是西方国家的刑事证据法学理论加以精确解释，而只能通过我们的理论创新来对这些独特问题或者现象做出更好的解释。尽管我国刑事证据立法与司法的确存在诸多问题而饱受研究者们的口诛笔伐，但是研究者们的批判往往是单纯地站在西方国家刑事证据法学的立场上或者说是建立在假设西方国家刑事证据法学具有天然正当性的基础上，而忽略了我国刑事证据立法与司法的独特之处，进而丧失了理论创新的机会。如果研究者们能够转换思路，不是盲目地将西方国家的刑事证据法学作为公理来演绎推理我国的刑事证据立法与司法，而是通过理论创新来诠释我国的刑事证据立法与司法，从而实现中国特色刑事证据制度的理论升华，那么就会真正不断地增长我们的刑事证据法学知识，进而逐渐构建具有中国特色的刑事证据法学理论体系或者刑事证据制度话语体系。

二、刑事证据法学的研究方法

尽管科学的研究方法既是构建我国刑事证据法学理论体系的重要途径，又是我国刑事证据法学研究取得突破的必由之路，但是令人遗憾的是，在我国刑事证据法学研究的过程中，理论界并没有因为研究内容的巨大变化而调整传统的注释法学、思辨法学、对策法学、比较法学等研究方法。而实践证明，这些传统的研究方法既不利于我们针对中国问题构建具有中国特色的刑事证据法学理论体系，也越来越不适应刑事证据法学研究创新的迫切需要。有的学者甚至断言，正是由于方法论训练以及相应的学术涵养的缺乏，才导致证据法学的研究者实际上并不十分清楚什么样的论题才是蕴含丰富的学术资源的论题，以及什么样的论题更有可能提供系统化的知识，什么样的论题更有可能大幅度地促进知识的增长，甚至也不清楚法学的学术研究应当怎样将研究的对象界定于可论证的领域。① 有鉴于此，在正确认识和评价传统研究方法的基础上通过研究方法的转型实现刑事证据法学研究的理论创新，已经成为我国刑事证据法学研究亟待提上议事日程的一个重要课题。

---

① 参见易延友：《证据学是一门法学吗——以研究对象为中心的省察》，载《政法论坛》，2005（3）。

（一）刑事证据法学传统研究方法的反思

1. 本末倒置的对策法学

按照惯有的研究思路，我国绝大多数学者在法学研究过程中，不仅需要发现问题、分析问题，而且需要针对我国立法或者司法存在的问题提出相应的解决方案。发现问题和分析问题只是解决问题的基础和手段，而解决问题是发现问题和分析问题的归宿和目的。在这种研究思路之下，对策法学可以说已经成为我国法学研究最流行的或者最基本的研究方法。就刑事证据法学研究而言，几乎所有学者都会在分析我国刑事证据立法与司法存在问题的基础之上，以如何修改与完善相应的刑事证据制度作为学术研究的根本出发点和最终落脚点。尤其是在刑事诉讼法修改的过程中，学者们围绕如何改变过于粗疏的刑事证据立法和构建完善的刑事证据规则进行了全面而系统的对策研究，甚至为刑事证据制度的修改与完善专门出版了许多专家建议稿。正因如此，在已经公开发表的刑事证据法学研究成果中，有关刑事证据制度的改革建议可以说随处可见，而没有提出具体改革建议的论文或者著作几乎没有。

客观地说，对策法学本身是一种较为重要的法学研究方法。法学家们凭借其超脱的地位和精湛的专业理论的确可以为立法或者司法提供重要的智力支持；而专门的法学研究机构也可以在社会主义法治建设过程中充分发挥智库作用。如果理论界与立法界、司法界之间能够形成良性互动关系，无论是对于立法的质量而言，还是对司法的影响来说，都不无裨益。更何况，我国作为法治追赶型国家，目前正处于社会转型时期，包括刑事证据法在内的法律制度及其司法实践本来就暴露出越来越多的问题而需要加以解决。面对各种复杂的法律问题，不仅仅需要决策者们的高瞻远瞩，而且需要法学研究者们的法律专业智慧。这决定了为我国社会主义法治建设出谋划策不仅是学术研究的重要组成部分，而且是学者们不可推卸的责任。

尽管对策法学作为一种重要的研究方法无可厚非，但是学者们的独立地位和主要使命决定了其对策研究只能是一种副业，而不应该像党政机关所设立的政策研究机构或者智库机构那样将对策研究作为本职工作。就刑事证据法学研究而言，虽然学者们在研究刑事证据法学的过程中难以避免考虑我国刑事证据制度的修改与完善问题，但是学者们的主要使命应该是透过现象发现本质，提出具有原创性的理论或者命题，从而不断创造和丰富知识，成为知识的创造者和传播者，而不是积极地把自己定位为官方决策的谋士，以如何完善现行法律制度和推动司法改革为己任。如果学者们在研究刑事证据法学时所要考虑的首要问题或者落脚点不是提出具有原创性的命题或者理论，而是积极地把自己定位为官方决策的谋士，以如何完善我国刑事证据立法以及如何推动我国刑事司法改革为主要目标，那么这就是本末倒置的一种做法，进而导致学者们丧失创造刑事证据法学理论、增长刑事证据法学知识的机会和能力。更何况，就学者们的地位和资源而言，尽管学者们的初衷也许很好，但是他们未必能够为我国纷繁复杂的现实法律问题提供“适销对路”的学术产品，也很难掌握足够的资源促使自己提出来的理想方案能够得到真正的贯彻落实。

2. 名不副实的比较法学

毋庸讳言，无论是在刑事证据制度方面，还是在刑事证据法学理论研究方面，我国作为后进国家，同发达国家尤其是西方国家相比都存在较大的差距。而在这种情况下，介绍和引进西方国家的刑事证据制度及其理论成为我国研究刑事证据法学绕不开的话题，甚至成为学者们从事刑事证据法学研究的必修课。正是在这种背景下，比较法学分析可以说已经成为我国刑事证据法学研究最为流行的一种研究方法之一。

不可否认，比较分析作为一种基本的法学研究方法，在刑事证据法学研究中显然具有重要现实意义。这不仅在于我国刑事证据制度同西方国家刑事证据制度相比仍然存在较大差距，通过比较分析有助于发现我国与西方国家之间的差距以及我国刑事证据制度存在的问题与缺陷，而且在于正确运用比较研究方法确实有助于增强学者们的世界眼光和拓宽学者们的研究视野，或者提升学者们的研究水平和研究质量。实践证明，学者们的比较研究为我国立法机关、司法机关、法科学生等了解和掌握西方国家的刑事证据制度与理论提供了必要的学术资源，增进了我国同西方国家在刑事证据法学领域的联系和交流。通过学者们的比较研究，我们不仅不再对西方国家的刑事证据制度与理论感到陌生，而且能够比较清醒地认识到我国刑事证据制度存在的差距和缺陷。

尽管学者们在研究刑事证据法学的过程中十分热衷于比较分析方法，但是基于研究目标、研究视野、研究思路、研究角度、研究资料、语言能力等方面的原因，学者们的比较分析实际上大都流于表面或者蜻蜓点水，并未达到比较分析的理想效果。首先，在盲目崇拜西方国家刑事证据制度与理论以及过于强调法律移植的情况下，大多数学者在比较分析的过程中往往有意无意地重复或者演绎着西方国家刑事证据制度的理论和逻辑，而对我国刑事证据立法与司法存在的问题和缺陷却关心不够和分析不透，既很少提出有别于西方国家刑事证据制度与理论的原创性成果，也没有形成比较成熟并且能够得到公认的刑事证据法学理论体系，进而对我国刑事证据制度的立法与司法提供足够的解释力。其次，学者们在比较研究的过程中对于西方国家的刑事证据制度或者理论缺乏应有的反思能力和批判精神，潜移默化地将西方国家刑事证据制度或者理论作为我国刑事证据立法与司法的一种评价标准，生搬硬套或者想当然地移植西方国家的刑事证据制度或者理论。再次，学者们往往在没有深刻理解西方国家刑事证据制度与理论的情况下就肤浅地利用西方概念或者逻辑演绎推理我国的刑事证据制度，或者以我国刑事证据制度实践为素材来论证或者验证西方国家的理论或者命题。最后，在本来不具备良好的比较能力却热衷于比较研究的情况下，许多学者对于西方国家的刑事证据制度与理论难免产生各种各样的模糊认识或者谬误，从而对我国刑事证据法学研究甚至我国刑事证据制度的修改与完善形成一定误导。

3. 空洞说教的思辨法学

思辨研究是非常古老的一种研究方法。尤其是在人类社会早期，人们还不知道实证研究和定量分析为何物的情况下，主要是通过思辨来认识世界，探求事物的规律和真理。思辨作为历史久远的一种研究方法，在现代社会仍然具有重要价值。毕竟，理性思考、逻辑思维是人类区别于其他动物的永恒特征。人类社会在认知世界的过程中不可能彻底脱离思辨而完全进行实证研究或者定量分析。尤其是对于无法避免价值判断的人文社会科学而言，思辨研究依旧是实证研究方法不可替代的一种基本研究方法。就我国刑事证据法学研究而言，基于思辨法学研究方法本身的便利性和实证研究方法的条件限制，再加上我国学者在传统上比较注重和擅长思辨研究，思辨研究方法一直是极为重要的一种研究方法。尽管思辨研究方法为我国刑事证据法学理论体系和刑事证据制度的建立起到了不可磨灭的作用，但是在缺乏实证研究支撑的情况下，大多数学者的思辨研究已经沦为不接地气的空洞说教，难以承载刑事证据法学理论创新、增长刑事证据法学知识的学术使命。

第一，盲目地将西方国家的刑事证据制度与理论作为公理，肤浅地演绎推理我国的刑事证据制度与理论。其典型做法就是，学者们首先通过比较分析西方国家刑事证据制度与理论得出一般概念或者一般原理，然后以该概念或者原理反思我国刑事证据立法与司法存在的问题和缺陷，最后在借鉴西方国家成功经验的基础上论证我国如何进行刑事证据制度改革。尽管这种思辨研究方法在客观上推动了我国刑事证据法学的进步和繁荣，但是这种以西方理论演绎推理我国刑事证据制度的研究模式不仅在理论上不利于我国学者做出自己的学术贡献，而且在实践中不可能解决我国刑事证据立法与司法存在的问题。首先，在动辄将西方国家刑事证据法学理论视为公理的情况下，学者们难免陷入对西方刑事证据法学理论的盲目崇拜之中，甚至形成西方国家如此、我国也应当如此的心态和逻辑，而疏于提出不同于西方国家的原创性命题或者理论。其次，在中西方国情存在本质差异的情况下，不分青红皂白地将西方国家的刑事证据制度与理论当作公理，难免得出以偏概全的结论，而不可能对我国刑事证据立法与司法存在的问题做出精确解释。最后，在不考虑制度土壤和生存环境的情况下，想当然地将西方国家刑事证据制度与理论作为我国刑事证据制度改革的应然方案，难免产生“橘生淮南则为橘、生于淮北则为枳”的水土不服现象。

第二，以未经证实的理论假设作为逻辑前提，想当然地演绎推理出一些自以为是但实际上没有实际价值的结论。在思辨研究方法中，除了利用已经得到验证的结论或者不证自明的公理进行演绎推理之外，研究者们还常常利用未经证实的理论假设来推导出某种结论。如果说利用公理进行演绎推理因为其逻辑前提真实可靠而具备一定合理性的话，那么利用未经证实的理论假设进行演绎推理就是纯粹超越经验事实之上的概念运动，因而得出来的结论往往是主观臆断或者想当然的结果。而这种完全以想象代替现实的研究方法，在实践中不可能具有实际利用价值。在我国刑事证据法学研究过程中，在缺乏实证研究的情况下，学者们以未经证实的理论假设来演绎推理我国刑事证据制度早已成为司空见惯的现象。尤其是受比较法学的影响，许多学者往往在没有深刻认识或者正确评价西方国家刑事证据制度与理论的情况下，贸然以西方国家尚且没有得到证实的刑事证据制度或者理论作为评价我国刑事证据立法与司法存在问题的逻辑前提，或者作为我国刑事证据制度修改与完善的理想方案，从而得出一些难以令人信服或者似是而非的结论。

第三，哲学化的思辨研究导致刑事证据法学研究误入歧途。自诞生以来，思辨研究方法就与哲学具有千丝万缕的关系。自20世纪初西方法哲学开始传入我国以后，法哲学思考逐渐成为我国法学研究的一种重要研究方法。而为了提升法学研究的所谓理论深度，部门法的法哲学研究也越来越受到学者们的吹捧。就我国刑事证据法学研究而言，尽管法哲学思考尚未成为主流的研究方法，但是不少学者的哲学化思辨已经出现误入歧途的苗头。其突出的表现就是，为了提升刑事证据法学研究的所谓学术品位或者深度和广度，部分学者强行将形而下的刑事证据制度当作形而上的哲学问题进行宏大叙事，或者简单、机械、生硬地将哲学的原理、观点、概念套用在刑事证据理论或者刑事证据制度之中。在这种情况之下，刑事证据法学的部分研究内容不仅严重脱离实际，而且在一定程度上演变成为某些研究者自言自语的玄学或者没有太大学术价值的文字游戏。

4. 成色不足的注释法学

注释法学是历史悠久而且具有深远影响的一种法学研究方法。新中国成立以来，在我国刑事诉讼法学发展比较晚的情况下，刑事诉讼法学界形成了注释法学的研究风格，即根据刑事诉讼法学的基本原理对各种刑事诉讼法律规范的具体含义进行解释，以便更好地理解和适用刑事诉讼法。受注释法学研究方法的影响，如何解读我国刑事证据制度在刑事证据法学研究过程中始终占据举足轻重的地位。尤其是在改革开放以后，随着我国刑事诉讼法及其司法解释的不断修改与完善，注释法学已经成为刑事证据法学研究不可或缺的一种研究方法。实践证明，学者们的注释法学研究不仅有助于司法机关正确适用刑事证据制度，而且为我国修改与完善刑事证据制度提供了重要参考和借鉴。但令人遗憾的是，基于研究定位、研究视野、研究思路、研究角度等方面的原因，学者们在运用注释法学研究方法研究刑事证据法学的过程中大都较为肤浅，难以推动刑事证据法学研究的理论创新和知识增长。

一方面，学者们在运用注释法学研究方法的过程中过于追求法律的适用和修改，忽略注释法学研究应当具备的学术性。新中国成立以来，由于立法技术和理论研究等方面的缺陷，我国立法机关在制定法律时往往秉承“宜粗不宜细”“宁简勿繁”的指导思想。这导致长期以来我国刑事证据立法一直处于比较匮乏和滞后的状态之中。尽管过于粗疏和较为匮乏的刑事证据规则为注释法学提供了足够空间，但令人遗憾的是，受对策法学研究方法的影响，绝大多数学者注释刑事证据制度的出发点和落脚点通常是如何理解和适用刑事证据制度，以及对于存在问题和缺陷的刑事证据制度如何进行修改和完善，而在不在于通过解释和批判创造出新的刑事证据法学理论知识。

另一方面，学者们在注释法学研究的过程中往往就事论事，难以提出具有原创性的重要命题。从西方国家法学理论的演变来看，近现代注释法学研究方法的目标早已经不再单纯是对法律条文本身的具体含义进行准确的解释，而是借助解释法律条文，突破既有的法学理论，提出具有重要价值的原创性命题。尤其是在注释法学研究的过程中，基于不同的研究视野或者研究立场，西方法学研究甚至孕育出了不同的法学派别，从而从不同的角度对相同的法律概念、法律制度或者法律现象进行不同的解释。而在不同法学派别之间的论战过程中，法学理论得以不断进化。令人遗憾的是，尽管我国学者在研究刑事证据法学的过程中对注释法学研究方法青睐有加，但是学者们往往习惯于就事论事，要么只是墨守成规地对刑事证据制度本身的具体内涵进行字面解释，要么只是简单地套用西方国家的刑事证据法学理论或者概念来解释我国的刑事证据制度，进而针对刑事证据立法与司法存在的问题提出较为肤浅的改革建议，而难以站在更加宽广或者更加深刻的研究视野上对我国刑事证据制度做出更加学理化的解释。正因如此，许多学者难以超越西方国家刑事证据法学理论所设定的理论范畴，既不能提出有别于西方国家刑事证据法学理论的原创性命题或者概念，又无法通过理论创新对我国刑事证据立法与司法做出精确的解释。

（二）刑事证据法学研究方法的转型

随着自然科学的理念越来越渗透到人文社会科学，研究者们越来越认识到人文社会科学研究也应该像自然科学那样做到学术研究的科学性和客观性。所谓学术研究的科学性，就是要求研究者们的研究成果或者理论观点能够得到证实或者证伪。既不能够证实也不能够证伪的所谓研究成果只是作者自己的一种良好愿望或者价值判断，而无法成为一种科学的理论。所谓学术的客观性，主要就是要求研究者们的学术观点要有事实根据，而不能主观臆断。为了确保学术研究的科学性和客观性，传统的科学方法论甚至一直排斥研究者们的价值判断，就像马克斯·韦伯那样强调“价值无涉”。客观而言，包括刑事证据法学在内的法律科学作为研究各种社会关系、人与人之间关系的一种社会科学，不可能像自然科学那样做到价值无涉。也就是说，基于法学研究无法完全做到价值无涉的现实，那种唯科学主义或者唯自然科学的研究方法在刑事证据法学研究中显然行不通。但是，刑事证据法学无法完全避免价值判断并不意味着我们可以采取一种过于主观的研究方式。我们不仅应该看到自然科学研究方法的独特优势，而且应当充分认识到当前我国刑事证据法学研究过于追求价值判断和过于讲究主观说教的先天局限。实践证明，以推动刑事证据立法和刑事司法改革为主要目标的研究模式已经沦为一种空洞的说教，它只能带来刑事证据法学研究的表面繁荣，而无法推动刑事证据法学研究的理论创新和知识增长。而在我国刑事证据法学研究一味跟随西方国家刑事证据制度或者理论亦步亦趋的情况下，学者们实际上既不能对我国刑事证据立法与司法存在的问题作出非常精确的解释，也难以为我国刑事证据制度改革提出切实有效的解决方案。为了避免我们的刑事证据法学研究沦为没有意义的重复劳动，努力地做出我们自己的学术贡献，完成刑事证据法学研究创造理论、增长知识的应有使命，真正发挥理论指导实践的魅力，我们必须另辟蹊径，在研究方法上实现彻底的转型。那就是，我国学者对于刑事证据法学的研究应该走出主观臆断的误区，将刑事证据法学真正当作一门科学来进行研究，通过科学方法论的训练尽可能地增强刑事证据法学研究的科学性和客观性，对我国刑事证据立法与实践作出的精确解释，真正创造出符合我国国情的刑事证据法学理论。

1. 找到刑事证据制度存在的真问题

找到真问题是我们创新刑事证据法学理论，对我国刑事证据立法与司法做出精确解释的重要基础和基本前提。所谓真问题，就是需要研究并且值得研究的问题。一般而言，只要是我国刑事证据立法或者司法存在明显缺陷或者有失常理的地方，就可以认为是需要研究的问题，如困扰我国刑事司法实践多年的证人普遍不出庭、屡见不鲜的刑讯逼供等。相对于需要研究的问题而言，判断某个问题是否值得研究是找到真问题的关键和难点。这是因为，需要研究的问题只能为研究者提供大致的研究范围或者研究方向，还不足以让研究者找到创新之处。而值得研究的问题往往意味着研究者无法通过常理或者根据现行理论对某个问题或者现象作出令人满意的解释。而要想对这个值得研究的问题作出合理的解释，研究者必须提出新的理论或者命题作为解释的依据。正是在这个意义上，只有通过对我国刑事证据立法与司法存在的真问题作出精确的解释，才有可能带动我国刑事证据法学研究在理论上取得突破。

显而易见，在知识爆炸的信息社会时代，尤其是在刑事证据法学研究已经较为繁荣而且学术研究的国际交流越来越频繁的情况下，要想找到有可能实现刑事证据法学理论突破的真问题，的确是一件比较困难的事情。而这也是许多博士研究生在博士学位论文开题时常常感慨难以选题的一个重要原因。尽管寻求真问题比较困难，但是研究者如果能够做到刻苦钻研，再加上恰当的研究思路和研究方法，找到真问题并非遥不可及。在笔者看来，要想找到刑事证据法学研究的真问题，至少需要注意以下几点。首先，研究者必须具备从事刑事证据法学研究的基本学术素养，即研究者既要充分了解国内外的刑事证据制度与理论，又要非常熟悉我国刑事司法实践尤其是刑事证据制度在司法实践中的适用状况。这是找到真问题的基本前提。如果不熟悉国内外的刑事证据制度与理论，研究者们既无从判断自己思考的或者发现的问题是否具有研究价值，也不清楚自己所提出来的理论假设或者命题、概念是否具有创造性。而如果不知道我国刑事司法的经验事实，那么研究者们的研究就会陷入主观臆断或者价值判断的窠臼之中。其次，研究者应当养成多读、多看、多想、多练的良好习惯。找到具有研究价值的真问题并非一日之功，它往往需要研究者长期付出辛勤劳动才能达到。研究者只有通过平时的日积月累，不断地勤学苦练，才有可能逐渐培养灵感或者形成顿悟，进而找到真问题。最后，研究者应当努力培养打破砂锅问到底的探索精神，通过层层设问的方式找到真问题。进一步而言，在刑事证据法学研究的过程中，研究者要有反思能力和批判精神，既不盲目崇拜西方国家的制度与理论，也不迷信国内学术权威；既要敢于质疑专家，又要勇于挑战自己；不是将针对现实问题而提出来的各种改革方案作为最终归宿，而是在反思各种潜在改革方案或者深刻分析各种潜在改革方案的可能命运或者面临障碍的基础上洞悉真正的问题之所在；不要总是问自己“中国应该怎么办”，而是努力探索“中国为什么这样”的奥秘；等等。

2. 提出具有重要价值的命题或假设

找到我国刑事证据立法与司法存在的真问题只是研究者们从事刑事证据法学研究的良好开始。研究者们能否进行理论创新，进而增长刑事证据法学知识，关键在于能否针对我国刑事证据立法与司法存在的真问题提出具有重要价值的命题或者理论假设。如果研究者们只是发现了真问题但是却无法提出具有重要价值的命题或者理论假设，那么研究者们既难以进行理论创新，也不大可能对我国刑事证据立法与司法作出精确的解释。从这个角度而言，提出具有重要价值的命题或者理论假设，不仅是研究者们对真问题的理论升华，而且是精确解释我国刑事证据立法与司法存在问题的需要，是我国刑事证据法学研究理论创新、增长知识的要求。

从科学方法论的角度而言，所谓具有重要价值的命题或者理论假设，至少应当满足三个条件。首先，根据奥地利哲学家维特根斯坦的经验证实原则和英国哲学家卡尔·波普尔的经验证伪原则，研究者们针对我国刑事证据立法与司法存在的问题所提出来的命题或者理论假设应当具有可证实性或者可证伪性。既不能证实也无法证伪的命题或者假设，只能是研究者们的主观臆断或者价值愿望。我国刑事证据法学研究的理论创新不应当建立在研究者们的主观臆断或者价值愿望的基础之上。其次，研究者们所提出来的命题或者理论假设应当具有原创性。这种原创性应当具有国际视野，即研究者们所提出来的命题或者理论假设既要不同于我国已有的刑事证据法学理论，又要有别于国外已有的刑事证据法学理论。这不仅要求研究者们具备世界眼光，而且要求研究者们具备良好的独立思考能力，不能动辄将西方国家的刑事证据法学理论直接拿来作为我国刑事证据法学研究的命题或者理论假设，更不能想当然地移植西方国家的刑事证据制度与理论。研究者们只有提出有别于国外刑事证据法学理论的命题或者理论假设，具有中国特色社会主义刑事证据法学理论体系才有可能真正得以建立。最后，研究者们提出来的命题或者理论假设应当建立在我国刑事证据立法与司法存在的真问题的基础之上，能够精确地解释我国刑事证据的立法与司法，对我国刑事证据立法与司法具有重要的指导作用。

客观地说，在研究资料越来越丰富、刑事证据法学研究已经比较繁荣的情况下，要想提出具有原创性的命题或者理论假设，的确是一件比较困难的事情。长期以来，在深陷对策法学和比较法学泥沼的情况下，我国刑事证据法学研究之所以难以取得根本突破，总是不断地运用国外的刑事证据法学理论与制度来演绎着我国的刑事司法实践，一个重要的原因就是学者们往往无法在我国刑事证据立法与司法存在问题的基础上，创造性地提出有别于国外刑事证据法学理论的概念、命题或者理论假设。在笔者看来，我国刑事证据法学研究要想取得理论突破，并对我国刑事证据立法与司法提供科学而又精确的解释，不仅需要通过实证研究提高刑事证据法学研究的科学性与客观性，而且需要在深谙中外刑事证据制度与理论的基础上，拓宽研究者们的研究视野，尽可能地运用交叉学科的分析方法提出具有重要学术价值的命题或者假设，而不能只见树木、不见森林，只是就事论事地看待我国刑事证据立法与司法存在的问题。毕竟，在我国刑事证据法学研究成果非常丰硕的情况下，再加上在互联网时代研究者们很容易获得国外刑事证据法学研究资料，单纯利用刑事证据法学或者刑事诉讼法学的知识已经很难满足理论创新、提出原创性命题的需要。

从理论上讲，包括刑事证据法在内的法学学科与其他社会科学之间具有很强的相通性、融合性和关联性，再加上包括刑事证据法在内的法律问题本身就是社会属性很强因而与社会各个学科存在紧密联系的领域，因此，采用交叉学科的研究方法不仅有助于我们拓宽刑事证据法学研究的视野，而且往往能够找到单纯依赖法学知识尤其是诉讼法学知识或者证据法学知识所无法解释的问题或者现象，从而为我们创造新的刑事证据法学理论提供有益思路和创造有利条件。但是，长期以来，在我国采取相对封闭、过于追求专业界限的教育模式的情况下，我国法学研究者往往只对自己的专业领域比较精通，而对其他法学学科尤其是其他人文社会科学知之不多，甚至一无所知。这导致我国法学研究者在研究刑事证据法学时很少采用交叉学科的研究方法。而在传统研究方法难以创新而交叉学科分析方法又尚未兴起的情况下，充分利用交叉学科分析方法进行刑事证据法学研究在我国不仅具有极大潜力，而且有可能是未来刑事证据法学研究取得根本突破的最佳途径。

要想在我国刑事证据法学研究中加大交叉学科分析方法的研究力度，除了高等学校需要逐步改变相对封闭、过于追求专业界限的传统教育模式之外，研究者们自己也应当积极扩大自己的知识面和研究视野，善于跳出诉讼法学或者证据法学之外来看待我国刑事证据制度与实践，运用哲学、政治学、经济学、管理学、社会学、心理学、历史学等人文社会科学甚至自然科学的基础知识来思考我国的刑事证据法学问题，在发现我国刑事证据立法与司法存在的真问题的基础之上，提出具有重要学术价值的概念、命题或者理论。研究者们即使受客观条件或者知识视野的限制而无法充分利用其他人文社会科学或者自然科学的知识来开展刑事证据法学研究的交叉学科分析，至少也应当充分利用法学其他学科尤其是法理学、宪法学、刑法学、犯罪学、侦查学的基础知识来从事刑事证据法学研究。例如，结合宪法学、侦查学、诉讼法学、证据法学的基础知识研究侦查机关通过技术侦查手段所获取的证据材料的证据规则问题；利用诉讼法学、刑法学、犯罪学、数学、哲学的基础知识反思我国的犯罪构成理论和研究犯罪事实的可证明性问题；等等。

3. 对中国独有的问题作出精确解释

不可否认，在现代各国刑事诉讼中，有关刑事证据的许多概念、规则和理论都来自西方国家。毕竟，在经过几百年的实践和演变之后，西方国家在如何规范刑事证据方面已经积累了丰富的经验，构建了相当完善的证据规则，形成了较为成熟的证据法学理论体系。正是在这个意义上，西方国家的刑事证据制度在一定程度上反映了现代社会刑事司法机关收集与运用刑事证据的基本规律，具有一定的普适性。实际上，自 1996 年修改刑事诉讼法以来，不仅我国刑事证据制度改革在很多方面参考和借鉴了西方国家尤其是英美法系的刑事证据规则，而且我国刑事证据法学理论体系也大量参考了西方国家尤其是英美法系的刑事证据制度与理论。尽管我国在刑事司法改革过程需要参考或者借鉴西方国家的刑事证据制度与理论，但是研究者们还应当充分认识到刑事证据制度归根到底是由一个国家的具体国情所决定的。刑事证据制度作为一种上层建筑，不可能脱离一个国家的经济基础以及与经济基础相适应的政治、文化、社会状况以及历史传统而孤立存在和发展。这决定了研究者们必须在立足我国基本国情的基础上科学建构具有中国特色的刑事证据法学理论，实现我国刑事证据制度的自我完善，而不是盲目借鉴或者照搬照抄西方国家的刑事证据制度与理论。一方面，我国社会主义初级阶段的基本国情决定了我国刑事证据立法与司法存在的问题必然是不同于西方国家的独有问题。建立在西方国家基本国情基础之上的刑事证据制度与理论无论有多么先进，都不可能为我国刑事证据立法与司法存在的独有问题提供现成的解决方案。另一方面，我国刑事证据法学研究必须从我国基本国情出发，在发现我国刑事证据立法与司法存在的真问题和独有问题的基础之上提出有别于西方国家的刑事证据法学理论，而不是从西方国家的刑事证据制度与理论出发，想当然地以西方国家的刑事证据制度与理论来演绎推理我国的刑事证据制度与理论。研究者们只有扎根于我国刑事司法实践，对我国刑事证据立法与司法存在的真问题和独有问题作出精确解释，才有可能创造出有别于西方国家的刑事证据法学理论，进而真正地为我国刑事证据立法与司法存在的问题提供行之有效的解决方案。

尽管我国刑事司法实践因为匮乏的刑事证据制度而暴露出来的大量问题已经为刑事法证据法学研究提供了非常丰富的学术资源，但是受时间、人力、财力、精力、司法保密等各种因素的影响，绝大多数学者在研究刑事证据法学过程中都是“从书本到书本”“从概念到概念”“从一个国家到另一个国家”，运用逻辑或者思辨进行纯粹的理论推导，在没有认真考虑我国特殊国情或者我国独有问题的情况下就想当然地将现代法治国家的所谓成功经验作为我国刑事证据制度好坏的评价标准和刑事证据制度改革的理想方案。实践证明，在深陷对策法学和比较法学研究误区的情况下，国内学者普遍抱着“西方国家如此中国也应当如此”的逻辑和心态，既无助于提出具有重要学术价值的命题或者理论假设，又难以对我国刑事证据立法与司法存在的问题进行精确的解释。而学者们所提出来的各种解决方案也因为没有精确解释中国问题而沦为自说自话的书斋成果，既难以受到立法部门或者司法实务部门的认可，也无法解决我国刑事证据立法与司法存在的真正问题。

由此看来，我国刑事证据法学研究的转型，不仅需要在发现我国刑事证据立法与司法存在的真正问题的基础上提出具有重要价值的命题或者假设，而且需要对我国刑事证据立法与司法存在的独有问题作出精确的解释。那么如何才能做到精确解释呢？在笔者看来，除了找到真问题和提出具有重要价值的命题或者假设以外，就是改变以往那种过于主观的研究方式，尽可能采用科学的研究方法。尽管什么是科学研究方法问题历来饱受争议，但是自经验主义和实证主义产生以来，社会科学越来越强调借助自然科学的研究方法来研究各种社会问题已经成为不争的事实，并且极大地推动了人文社会科学的发展。所谓自然科学的研究方法，最主要的就是实证研究方法，即通过事实材料提出理论假设和检验理论假设。在得到事实检验的情况下，理论假设就会转化为被人们接受的科学理论，进而被人们用来解释和指导实践。反而言之，如果理论假设不具备可检验性，或者理论假设没有获得事实的检验，那么该理论假设就只能是一种主观猜想或者价值判断，而不能起到解释和指导实践的作用。

客观地说，随着自然科学研究方法在社会科学领域的引入，越来越多的学者已经开始意识到实证研究方法的重要性，并试图运用实证研究方法寻求刑事证据法学研究的突破口。

但是，在没有找到真正值得研究的问题或者无法提出具有重要价值的命题或者理论假设的情况下，许多学者的实证研究要么是通过资料整理得出一些比较肤浅的结论，要么是通过实证分析机械地推导出一些明显违背常识的观点，仍然难以对我国刑事证据立法与司法存在的问题作出精确的解释。例如，尽管许多学者在研究证人作证制度时往往会通过实证研究来论证我国证人出庭作证率过低的事实，但是学者们在分析证人出庭率过低的现象时又陷入主观臆断的研究模式之中，总是试图在借鉴西方国家证人作证制度的基础上提升我国证人出庭作证的比例，而忽略了证人出庭作证率的高低并不是我国证人作证问题的真正问题，从而既没有深入分析和精确解释我国证人出庭作证率过低这个现象所蕴含的真正问题，也没有提出具有原创性的学术命题或者理论假设。

由此看来，要想实现我国刑事证据法学研究方法的转型，从而对我国刑事证据立法与司法存在的问题作出精确的解释，确保我国刑事证据法学的研究成果转化成为科学的刑事证据法学理论，研究者们亟待正确地强化实证研究方法。首先，应当围绕我国刑事证据制度的实际运行情况，通过实验法、观察法、问卷法、访问法、调查法、案例法、统计法等实证研究方法尽可能地收集实证材料。其次，对各种实证材料进行整理和分析，找到我国刑事证据立法与司法存在的真问题。再次，拓展思路，结合交叉学科分析等其他研究方法，针对我国刑事证据立法与司法存在的真问题提炼出具有重要学术价值的命题或者理论假设。最后，应当进一步运用实证研究方法，结合交叉学科分析等其他研究方法，从不同的角度全方位检验所提命题或者理论假设是否成立，进而对我国刑事证据制度存在的问题作出精确的解释和科学的评价，从而增强研究成果的说服力和解释力。只有这样，我国刑事证据法学研究才有可能充满活力和避免沦为空洞的说教，研究者们才有可能走出西方国家刑事证据法学的窠臼，创造出能够为我国刑事证据制度实践提供科学解释和指导作用的刑事证据法学理论。

【问题与思考】

1. 证据法学与证据学有何区别与联系？
2. 如何理解刑事证据法学的学科定位？
3. 如何理解刑事证据法与刑事诉讼法之间的关系？
4. 如何构建中国特色的刑事证据法学理论体系？
5. 辩证唯物主义认识论对我国刑事证据法学研究有何影响？
6. 研究思路与方法对于刑事证据法学的重要意义是什么？
7. 在刑事证据法学研究中采用发现问题、分析问题、解决问题的研究思路有何局限？
8. 刑事证据法学研究是否应该建言献策？
9. 如何提升刑事证据法学研究的独立品格？
10. 如何推动刑事证据法学的理论创新？

【推荐参考论著】

1. 周菁，王超．刑事证据法学研究的回溯与反思——兼论研究方法的转型．中外法学，2004（3）．
2. 易延友．证据学是一门法学吗——以研究对象为中心的省察．政法论坛，2005（3）．
3. 陈瑞华．从“证据学”走向“证据法学”——兼论刑事证据法的体系和功能．法商研究，2006（3）．
4. 吴丹红．面对中国的证据法学——兼评易延友《证据学是一门法学吗》．政法论坛，2006（3）．

5. 何家弘．证据学抑或证据法学．法学研究，2008（1）.

6. 王超．中国刑事证据法学理论体系的科学建构．法学评论，2013（1）.

7. 波斯纳．证据法的经济分析．徐昕，徐昀，译．北京：中国法制出版社，2004.

8. 达马斯卡．漂移的证据法．李学军，等译．北京：中国政法大学出版社，2003.

9. 帕克，萨克斯．证据法学反思：跨学科视角的转型．吴洪淇，译．北京：中国政法大学出版社，2015.

10. 特文宁．反思证据：开拓性论著：第2版．吴洪淇，译．北京：中国人民大学出版社，2015.

第二章
证据制度的历史沿革

内容导读

作为法律制度的一个有机组成部分，证据制度的发展水平一方面受人们对外部世界认知能力的制约，另一方面则受具体的政治、经济、文化等社会条件以及统治阶级所采用的诉讼制度的制约。因此，不仅不同时代的证据制度有不同的内容和特征，即便是同一时代的不同国家，其证据制度也有很大区别。神示证据制度是人类最早期的证据制度，其根本特点是通过获取神的旨意来判断案件的是非曲直；法定证据制度是欧洲大陆继神示证据制度之后采行的一种与纠问式诉讼相适应的证据制度，其根本特点是由法律预先对各种证据的形式及证明力进行规定；自由心证证据制度则是欧洲大陆资产阶级革命胜利之后采行的证据制度，其根本特点是法律对证据的证明力大小及其取舍不作任何规定，完全交由法官自由裁量。英美法系在神示证据制度之后走上了与大陆法系证据制度完全不同的道路，其证据制度的特点集中体现于一系列证据规则的产生和发展。

第一节　人类社会早期的神示证据制度

一、神示证据制度的概念及产生的社会历史条件

神示证据制度是人类社会最早期的证据制度，它是指通过一定的形式获取神的旨意来判断案件是非曲直的一种证据制度。作为一种古老的司法证明方法，神示证据或者神明裁判曾普遍存在于亚欧国家的奴隶制社会，虽然其在各国的发展程度和存续时间的长短有所不同。

在人类社会的早期之所以产生神示证据制度，主要取决于两个因素：一方面，当时人类社会的生产力发展水平的低下和人类认识能力的有限直接导致神示证据制度的产生。在奴隶社会，人类刚刚从蒙昧步入文明，原始社会血亲复仇这样的纠纷解决方式也刚刚被弹劾式诉讼所取代。但是在当时的社会发展水平之下，人类的认识能力极为有限，人们普遍存在对神的敬仰，认为冥冥中有神明的力量在主宰一切。因此，当诉讼中出现难以查明的案情时，人们就把难题交由神明去解决，并依赖通过各种方法获取的神意对案件作出裁判。另一方面，神示证据制度的产生与当时的诉讼方式有密切关系。在弹劾式诉讼之前，诉讼的提起和推进都由当事人来完成，原、被告双方地位平等、利益相对，往往各执一词，难以辨明，而法官则是消极中立的，不主动去收集证据查明案情，这种诉讼方式所导致的一个必然结果就是："法官并不积极追求对案件客观真实的查明，而更为关心的是如何解决纠纷，并使处于利益对立状态的双方当事人都能接受自己的裁决。这样，求助无所不知、公正的神意启示，就成为最佳的手段。"①

二、神示证据制度的证明方法

神示证据制度的基本特征就是通过神意来裁断案件。获取神意的方式不同，在证明方法上也有所区别。总体来看，神示证据制度的证明方法主要有两种，即"神誓法"和"神判法"。

（一）神誓法

神誓法是指当诉讼双方当事人的陈述互相冲突时，审判者便要求双方分别对神发誓，以证明其陈述的真实性。如果哪一方不敢发誓或者在发誓过程中神情慌乱或显示出某种神灵报应的迹象，审判者便据以认定其说的是谎话，并由此判其败诉。

神誓的方法在很多古代奴隶制国家和欧洲封建制国家前期的法典中都有具体的规定。比如约公元前20世纪的《苏美尔法典》第7条规定："引诱自由民之女离家外出，而女之父母知之者，则引诱此女之人应对神发誓云：'彼（该女父母）实知情，过应在彼'。"古巴比伦王国的《汉谟拉比法典》第131条规定："倘若自由民之妻背其夫发誓诬陷，而她未被破获有与其他男人同寝之事，则她应对神宣誓，并得回其家。"

除了要求当事人宣誓外，神誓法中还有一种"辅助宣誓"的做法，即由当事人找出一定数量的保证人对神宣誓，以保证其品格纯正或保证其陈述的真实性。比如西欧中世纪初期的《萨利克法典》第58条便规定："如果有人杀了人，而交出其所有财产，但还不够偿付依法所该交纳的罚金，那么他必须提供12个共同宣誓人，他们将宣誓说'在地上在地下，除已交出的东西以外，并没有其他人和财产'。"

（二）神判法

神判法是指通过让当事人接受某种肉体折磨或考验以获取神意来判明案件事实的方法。具体而言，这些方法包括水审、火审、决斗等。

1. 水审

水审是指通过让当事人接受水的考验，以显示神意，借以判明其陈述是否真实以及是否有罪。水审有冷水审和沸水审两种方式。

---

① 陈一云主编：《证据学》，2版，21页，北京，中国人民大学出版社，2000。

冷水审是指将当事人投入河中，视其是否沉没，以检验其陈述的真伪性及是否有罪。不同的民族传统导致冷水审的检验标准也有很大区别。比如在古巴比伦王国，将被告人投入河中，如果没沉就表明神要对其进行惩罚，那么其陈述是虚假的或者其是有罪的；而如果被告人浮出水面，则认为其陈述是真实的或者其是清白的。《汉谟拉比法典》第 2 条规定："倘自由民控自由民犯巫蛊之罪而不能证实，则被控犯巫蛊之罪者应行至于河而投入之。倘没为河所占有，则控告者可以占领其房屋；倘河之洗白而彼仍无恙，则控彼巫蛊者应处死，投河者取得其控告者之房屋。"古日耳曼民族则认为，水是圣洁的，不容污秽之物。因此，如果被告人被投入水中而不没沉，则认为其被水神所拒绝，从而说明他是有罪的；如果他没入水中，则认为水神接受了他，从而说明他是无辜的，此时应即刻将无辜者捞救而起。

沸水审，是指令被告人从沸水中捞取某种物品，然后将其被烫伤的手臂包扎好，令其向神祈祷。经过一段时间后再观察其伤口痊愈程度，若伤势好转，则认为是神意所致，受到神的庇佑，因此他是诚实的、无辜的；如果伤口溃烂，无法愈合，则认为他受到了神的惩罚，因此他的陈述是虚假的或者他是有罪的。

2. 火审

所谓火审，是让被告人接受火或者烧红的铁器的考验，以显示神意，借以判明其陈述是否真实以及是否有罪。具体而言，就是让被告人接受火的灼烤或者烧红的铁器的灼烫，看其是否会被灼伤或者被灼伤之后伤口的愈合情况，以表明其是否受到神的庇佑，应否接受惩罚。比如 9 世纪法兰克的《麦玛威法》规定："凡犯盗窃罪，必须交付审判。如在审判中为火所灼伤，即认定不能经受火的考验，处于死刑。反之，如果不为火所灼伤，则可允许其主人代付罚款，免除死刑。"古代西方国家还存在一种"热铁审"，即牧师给烧红的铁块洒上一些"圣水"并说道："上帝保佑，圣父、圣子和圣灵，请降临这块铁上，显示上帝的正确裁判吧。"然后他让被告人手持那块热铁走过 9 英尺的距离。最后，被告人的手被密封包扎起来，3 天之后查验。如果有溃烂的脓血，则其被判有罪；否则就被证明是清白无辜的。[①]

3. 决斗

决斗是中世纪欧洲最广为流传的一种证明方法，其以双方当事人在决斗中的胜败作为判断是非的标准：获胜的一方被认为受到神的庇护，因此是清白无辜的；而不敢决斗或者在决斗中失败的一方将接受相应的处罚。决斗的方法一般只有贵族或自由民才有资格选用，而且只能在同一个阶级或者同一等级的当事人之间进行。比如古代捷克法律中就明确规定，如当事人均是绅士或领主，则让他们穿着长外衣和下装，带着剑和盾进行厮杀；如果当事人是农民或市民，则无权带剑，只能拿着交给他们的棍子进行厮打。

除了上述为各民族所普遍采用的证明方法外，古代的人们还采取其他各种各样的方法来获取神意。比如作为《摩奴法典》之补充的《那罗陀法典》第 102 条明确规定了八种获取神意的方法，包括火审法、水审法、称审法、毒审法、圣水审、圣谷审、热油审和抽签审；有的民族采用让被告人在一定时间内吃下定量的干奶酪或者面包等食物的考验方法；

---

① 参见何家弘：《司法证明方式和证据规则的历史沿革——对西方证据法的再认识》，载《外国法译评》，1999（4）。

还有的民族采取鳄鱼审判的方法①等。总之，人类社会早期各民族所采用的证明方法深受当地的风俗习惯和宗教信仰的影响，虽然表现各不相同，但都以获取神意裁断案件为目的。

三、对神示证据制度的评价

作为人类历史上最早的证据制度，神示证据制度的非科学、非理性特征是极为鲜明的，事物之间的偶然联系被视为神意之下的必然联系，从而导致人们根本无法对裁判结果进行任何预测，种种获取神意的方法在现代人看来无疑是极为荒谬的。但与此同时，神示证据制度还有另外一个鲜明的特点，即形式主义的特点，诉讼当事人必须履行一套既成的形式或仪式，例如宣誓、水审、火审、决斗等，再根据履行过程中发生的情况或履行后的结果来判断是非曲直、解决纠纷。正如德国学者马克斯·韦伯所说，“纠纷解决以及新规范创制过程中呈现出来的魔法因素导致了所有原始法律程序都具有的严格形式主义的特征。因为，如果相关的问题不能以正确的方式提出，魔法技术便不能提供正确的答案……我们现在能够理解所有受固定规则约束的原始程序所具有的主要特征了：一方当事人在陈述誓词时所犯下的哪怕最微小的错误都会导致救济的丧失、甚至是整个案件的败诉”②。因此，韦伯将这种神明裁判的证据制度界定为“形式非理性法”。神示证据制度这种形式主义特征虽然不能保证裁判结果的准确性，但却能够在一定程度上限制法官或者巫师等人的主观恣意，从而在总体上有助于提升裁判结果的权威性和可接受性。

神示证据制度建立在人们对神明的无条件信仰的基础之上，随着人类认知水平的提高，当人们不再相信神明万能的时候，神示证据制度也就随之走向终结。正如柏拉图所指出的，“……诚然，在这当今世界上，神秘方法已不盛行。人们对于神的信仰已经变化，于是法律也必须变化”。与此同时，神明裁判所依赖的社会环境也发生了相应的变化，正如一位现代西方证据学家说道：“虽然神誓法和助誓法在其产生的那种人际关系密切的社会团体生活中可能有效，但是它们对那些遍布佛兰德、荷兰、法兰西南部和意大利北部的新兴城市来说，特别是对那些靠商业为生的职业罪犯来说，则没有什么作用了。”③ 与经济的发展相适应，国家权力也日益膨胀，11 世纪欧洲的一些国家开始建立稳定的政府，为维护统治者的利益，司法审判不再被视为仅仅用于解决个人之间的纠纷的手段，而是成为国家维护统治、控制民众、镇压反政府活动的工具。在这种情况下，统治阶级对于根本无法预料、掌控裁判结果的神示证据制度日益感到不满，人的因素开始越来越多地介入司法证明的过程之中，人证的作用越来越重要。比如俄国 11 世纪的法律汇编“罗斯真理”所认可的“司法证据”，既包括“神誓”、“神判”、抽签，也包括当事人、目击人或见证人的陈述。

---

① 采用这种方法的人们相信鳄鱼是万能上帝的化身，于是每年举行两次“鳄鱼审判”。审判日定在春分和秋分这两天，因为人们相信在春分和秋分时，鳄鱼的智慧达到一个最佳状态。如果某个村民被指控犯了罪，他就被绑在湖岸边竖着的一个木桩上。到了晚上，一条大鳄鱼爬上岸来，如果它吃掉了这个村民，就说明他是有罪的。在民事案件中，争议双方当事人分别被绑在木桩上，两个木桩间隔 5 米远。如果哪个人被鳄鱼吃掉了，那么他也就输掉了这场官司。参见宋冰编：《程序、正义与现代化——外国法学家在华演讲录》，393 页，北京，中国政法大学出版社，1998。

② Max Weber, *Economy and Society*: *An Outline of Interpretive Society*, Vol. 2, Berkeley: University of California Press, 1978, p. 761.

③ William Andrew Noye, *Evidence*: *Its History and Policies*, 1991, p. 10. 转引自何家弘：《司法证明方式和证据规则的历史沿革——对西方证据法的再认识》，载《外国法译评》，1999 (4)。

在上述因素的共同作用下，神示证据制度逐渐消亡：1215年，欧洲天主教拉特兰大教会明令禁止在其宗教法庭的审判中使用神明裁判。随后，欧洲很多国家也相继废除了神明裁判。例如，法兰西王国在1260年明令废除神明裁判，英国也于1290年通过法令禁止神明裁判。13世纪末，神示证据制度基本上退出了欧洲司法证明的舞台。

第二节　大陆法系证据制度的历史沿革

一、法定证据制度

（一）法定证据制度的概念及产生的历史条件

法定证据制度又称形式证据制度，是指法律根据各种证据的不同形式，对其证明力的大小以及如何审查判断和运用预先作出明文规定，法官审理案件必须据此作出判决，而不得自由评断和取舍的一种证据制度。这种证据制度只要求法官机械地运用法律规定的各项规则认定案情，而无须考虑案件的真实情况。

在欧陆法制史上，法定证据原则自罗马帝制时期萌芽，12世纪经过意大利注释法学派的阐释和系统化，逐渐在意大利半岛城市国家与教会法的纠问程序中得到确立。从13世纪开始，作为教会法向世俗法渗透的一环，法定证据原则也逐渐向西欧大陆各主要封建国家扩散，并在这些国家的诉讼制度中得到普及和发展，终于形成一套庞大而又复杂、精致的证据法体系。[①] 成熟期的法定证据制度以1532年神圣罗马帝国的《卡洛林纳法典》、1670年的《法国刑事裁判王令》以及1857年的《俄罗斯帝国法规全书》为代表。

法定证据制度之所以能够在欧洲大陆得到确立，主要取决于两个因素：一是纠问式诉讼在欧洲的兴起，二是神示证据制度的终结。

法定证据制度是欧洲封建君主专制政体与纠问式诉讼的产物。为加强中央集权、维护封建君主的统治，在欧洲中世纪后期，纠问式诉讼取代了弹劾式诉讼而成为当时主要的诉讼形式。纠问式诉讼的本质特征是司法官吏主动追究犯罪，而无论被害人是否提出控告。在纠问式诉讼之下，司法官吏独揽追诉与审判犯罪的大权，其司法权几乎不受任何限制，这在很大程度上导致司法权的膨胀与滥用。这种现象违背了统治阶级当初设立纠问式诉讼的初衷。如何采取有效方法对司法官吏的权力进行约束，从而使得统治者能有效控制司法权以适应君主专制及中央集权的需要，成了统治者面临的一个重大问题。法定证据制度要求法官必须绝对依照法律对证据证明力的规定来认定案情适用法律，从而限制甚至取消了法官的自由裁量权，从而成为统治阶级用以控制司法权、维护中央集权的一个有力武器。

法定证据制度也是人类司法证明方式从“神证”走向“人证”，司法裁判权从“神”转移到“人”手中的一个必然过渡。正如美国学者朗贝因所说，“法定证据制度是神明裁判这种古老的日耳曼非理性证明方式的继承者。当1215年的第四任拉特兰委员会废除了神明裁判的时候，它摧毁了一个完整的证明体系。神明裁判是获取神的裁决的方法，神宣告一个

---

① 参见王亚新：《社会变革中的民事诉讼》，299页，北京，中国法制出版社，2001。

被告人无罪，如果他的手能够在经受炙热的钢铁烧灼之后而不溃烂；神宣告一个人有罪，如果他在水审中浮出水面。这一证明体系的废除不仅仅意味着证明规则发生了根本性变化，而且意味着人们对政府和法律的性质的认识发生了深刻变化。试图使神成为人类纠纷的事实发现者的努力被放弃了。因此，人将会取代神来决定有罪与无辜，这些人被称为法官。我们几乎想象不出来让当时的普通人接受这种转变有多么困难。人们经常会脱口而出：'你，作为和我一样的人，凭什么能够对我进行裁决?'经过几个世纪之后，西方的政治学理论才给出这个问题的答案：'我，作为法官，之所以能够对你进行裁判是因为我有权力这样做。我从国家得到我的权力，它选择、雇用并控制我。'并且现代国家都通过声称其权力来自被统治者的同意而非来自神而使自己的权力合法化（legitimate）。但是，在13世纪，这种现代理论解释还是一个遥远的将来。当时的教会和比较长期的政府（特别是被意大利的城邦国家）的法律体系面临的问题就是如何在当时那样一个充满了传统意识和虔诚的宗教信仰的社会中使这种转变被人们所接受。即如何说服人们在今天接受职业法官的裁决，而这个裁决在昨天还是由神来给予的？法定证明体系就是答案。它最重要的一点就是排除法官的裁量权，这就是它禁止法官依靠情况证据定罪的原因。情况证据依赖于它对裁判者（法官）的主观劝说发挥证明作用，法官必须从间接证据中推理来认定有罪。相反，法定证明体系依赖于客观的证明标准。适用它的法官就像一台自动机器。他基于两个目击证人的一致证言来认定犯罪，这一证据以'像白天的阳光一样明显'而著称。在这样的案件中，认定有罪是毫无疑问的。同样的，当被告人自己承认有罪时，也应当是毫无疑问的"①。

综上所述，法定证据制度既契合了封建君主加强对司法权控制的需要，也解决了在神示证据制度末期如何使人所作的裁判能够被接受的难题，因此其产生具有一定的历史必然性。

（二）法定证据制度的特点

1. 法律预先规定各种证据的证明力和判断证据的规则。这是法定证据制度最突出的一个特点。在法定证据制度之下，各种证据被划分为完全证据或不完全证据，不完全证据又被划分为不太完全的、多一半完全的和少一半完全的证据三个种类。不同的证据种类证明力不同：完全证据可以单独作为定案根据，不完全证据其证明力不充分，不足以完全证明案情。比如1670年《法国刑事裁判王令》将所有证据分为三个等级：完全证据、半证据和不完全证据。完全证据是指可以单独据此认定足以判处死刑的重罪的证据，其范围限定在两名以上的目击证人关于犯罪主要事实的一致证言以及被告人的自白。半证据包括一名目击证人关于犯罪主要事实的单独证言，或两名证人关于间接事实的证言等。根据半证据只能对被告人使用刑讯拷问来强制自白，却不能单独认定死罪，只有某些涉及罚金或体罚刑的轻罪可据此认定。不完全证据则范围极广，包括从风闻到被告的可疑表情、态度等一切嫌疑或间接证据，但据此只能对被告进行传唤讯问，在这种证据达到一定量的情况下才可以拘禁被告并开始真正侦查。

2. 法律对证据证明力和判断证据规则的规定，不是根据证据的具体内容而是根据证据的形式。比如几乎所有的法典都认为被告人的自白是所有证据中最有价值和最完善的证据；两个可靠的证人所作的一致证言也是最完善的证据，而一个证人所作的证言，无论其内容

---

① John H. Langbein, *Torture and the Law of Proof*, Chicago and London: the University of Chicago Press, 1977, p. 6.

有多可靠，也只能构成1/2的证明；与案件有利害关系或个人信誉有瑕疵的证人证言是1/4的证明；任何两个1/2的证明相加都可以构成完整的证明，任何两个1/4的证明相加都可以构成半个证明；等等。这种规定导致法官在断案时只需要依照法律对证据的证明力进行机械的相加，而无须考虑各个证据的具体内容。

3. 在证据证明力的规定上，带有明显的封建等级色彩。在法定证据制度下，并非所有的证人证言都具有同等的证明力，不同等级的人提供的证言有不同的效力。例如，贵族证言的效力高于平民的证言；僧侣证言的效力高于世俗证人的证言；基督教徒证言的效力高于犹太人的证言；男子的证言在效力上高于女子的证言；等等。

4. 刑讯逼供是取得被告人自白这一“证据之王”的合法手段。基于犯罪的隐蔽性，能够依据两个可靠证人的一致证言定案的情况并不常发生，在这种情况下，被告人自白就成为司法官吏最为青睐的完全证据。为取得这种证据，刑讯逼供就成为一种普遍的手段，因此刑讯逼供是法定证据制度的必然产物。但是，应当提出的是，法定证据制度下的刑讯逼供受到法律的严格约束，只有在满足法律规定的证据条件和程序条件之下，司法官吏才能使用刑讯逼供。比如根据英国学者的考证，法定证据制度从两个方面来限制拷问：第一，必须满足半证明的证据要求。即实施刑讯必须具有这些证据：（1）一个目击证人的证言；（2）有足够分量的情况证据。比如一个抢劫犯罪的嫌疑人被抓获的同时身上有匕首和抢得的物品，这两样证据都有1/4的证明力，因此相加起来就具备了半证明的要求，可以对嫌疑人实施刑讯。因此，只有对有很大犯罪嫌疑的人才能实行拷问。第二，拷问要遵守一系列旨在提高供述可信性的规则。拷问的目的不是获取有罪答辩，而是获取关于犯罪的客观描述。而且拷问要求被告人供述犯罪的详细细节，这些细节用《卡洛林纳刑事法典》的用语表述，即“无辜者不可知”。因此，《卡洛林纳刑事法典》禁止所谓的诱导性提问，即为获得其所需要的供述而向被告人提供其所想要的细节。而且，《卡洛林纳刑事法典》要求通过拷问所获取的供述应当是能够经受合理的调查和验证的。比如，如果一个嫌疑人承认其杀人，那必须询问他匕首在何处，如果他回答匕首被埋在一颗老橡树下面了，那么讯问的法官必须派人去将这个匕首起获。① 此外，法定证据制度还对拷问时在场官员和人数、讯问方法及口供的记录方式等程序要求都有规定，违反这些程序规定，有两方面的法律后果：一方面，取得的口供失去证据能力，不能作为证据认定罪责；另一方面，负责拷问的法官被追究行政乃至刑事责任。②

5. 法定证据制度在规定证据的证明力的同时，也规定了法官在审查判断证据问题上的职责：法律限制法官分析证据的证明力，也不要求其判断证据能否证明案件的真实性；只要求法官机械按照法律的规定，识别各种证据的证明力，计算证明力的大小或证据数量的多少，不允许法官按照自己的见解审查判断证据，完全排除法官在认定案情方面的自由裁量权。比如《俄罗斯帝国法规全书》第312条规定：审理强奸案件按照法律所定的刑罚量刑时，必须具备下列情况：（1）切实证明确有强暴行为；（2）证人证明被强奸人曾呼喊旁人救助；（3）她的身上或被告人身上或者两人身上，显出血迹、青斑或衣服被撕破，能够证明有过抗拒；（4）立刻或在当时报告。

---

① See John H. Langbein, *Torture and the Law of Proof*, Chicago and London: the University of Chicago Press, 1977, p. 5.

② 参见王亚新：《社会变革中的民事诉讼》，302页，北京，中国法制出版社，2001。

（三）法定证据制度的评价

与神示证据制度相比，法定证据制度有着明显的优越性，但囿于时代的限制，法定证据制度的缺点同样明显。

法定证据制度取代神明裁判标志着人类司法从蒙昧时代进入理性时代。与神示证据制度相比，法定证据制度大大提高了司法判决本身的理性色彩：第一，在法定证据制度之下，法官作为普通人取代了神明在案件事实认定方面的地位；第二，法定证据制度要求法官的判决必须建立在证据的基础之上，是人类建立证据裁判制度的开始；第三，法定证据制度提高了司法判决的可预见性，通过法律规定的证据证明力以及证据判断规则，社会成员能够预见到司法裁判的结果并据此设定或约束自己的行为；第四，法定证据制度的具体内容是人们对日常经验进行归纳和总结的结果，具有一定的合理性。

但是，法定证据制度的理性程度是极为有限的：它把一些具体的经验无条件地奉为一般性准则，形成了各种机械、僵化、形式性的法律规定并将其适用于一切案件。这就完全忽略或否定了事物发展变化的多样性特点，更束缚了法官在认定事实方面理性作用的发挥，导致法官完全成为被动适用法律的机器。法定证据制度这种有限理性直接导致刑讯逼供的合法存在，从而使这一制度自产生伊始就被打上了野蛮、残忍的烙印。证明方法的僵化以及刑讯逼供的广泛运用最终导致法定证据制度的土崩瓦解。

二、自由心证证据制度

（一）自由心证证据制度的产生

自由心证证据制度是指法律对证据的证明力大小及取舍不作任何预先规定，而是由法官在审理案件时根据自己的良心、理性进行自由判断，并根据其形成的内心确信认定案件事实的证据制度。自由心证证据制度的产生经历了三个主要阶段。

1. 作为资产阶级启蒙思想家革命思想的自由心证

自由心证作为一种思想源于17、18世纪资产阶级启蒙思想家对刑讯逼供的抨击。17、18世纪，以英国洛克和法国卢梭为代表的资产阶级启蒙思想家，提出了“天赋人权论”。他们主张人生而具有生存、自由、平等的权利，他们倡导“理性”和“良心”，并提出了法律面前人人平等的口号。然而，法定证据制度只追求符合法律的形式真实，严重压抑了法官审查判断证据的主观能动性。在这种证据制度下，不论法官内心是否确信他所作的判断，他都必须遵守法律预先规定的各种证据规则，这不利于资产阶级追究和惩罚犯罪。与之相反，自由心证制度给予法官审查判断证据的自由权，法官完全可以凭借自己的理性、良心，根据自己的内心确信灵活地、有效地运用证据和认定案情，追究危害其统治的犯罪。而且，在法定证据制度中体现的封建等级特权，如不同身份的证人所提供的证言具有不同的证明力，被告人只是被追究刑事责任的对象，没有任何的诉讼权利等，与资产阶级的主张也是相矛盾的。特别是法定证据制度所公开确认的不尊重人格、不尊重人权、不讲人道的刑讯逼供与资产阶级宣扬的“人道主义”“人权思想”是直接对立的。因此，资产阶级革命的结果，必然要废除封建的法定证据制度，建立起符合资本主义时代精神的，适应资产阶级政治、经济需要的，维护资产阶级统治利益的自由心证证据制度。

2. 自由心证制度的确立

随着资产阶级革命不断取得胜利，欧洲各国包括法律制度在内的上层建筑领域也相应发生了变革。在诉讼制度方面，以辩论式诉讼制度否定了封建社会的纠问主义诉讼制度；在证据制度方面，以自由心证证据制度取代了法定证据制度。最早提出“自由心证”原则的是法国的资产阶级代表杜波尔。1790 年 12 月 26 日，他向宪法会议提出了一项革新草案。他认为，在法定证据制度下，不顾法官内心是否确信，强迫其根据法律预先对证据所作的各项规定来认定案件事实，并作出判决是荒谬的，对被告人以及社会都是有危害的；只有采取自由心证制度，赋予法官自由判断证据的权力，才能保证法官最大可能地查清案情。杜波尔的草案经过辩论之后，于 1791 年 1 月 18 日得到法国宪法会议的通过，并于同年 9 月 29 日发布训令正式宣布：法官必须以自己的内心确信作为裁判的唯一根据。

3. 自由心证制度的法典化

1808 年《法国刑事诉讼法典》（世界上第一部刑事诉讼法典）第一次明确规定了自由心证原则。继法国之后，欧洲大陆各国的刑事诉讼立法，如 1877 年《德国刑事诉讼法典》、1892 年《俄国刑事诉讼条例》等，也都将自由心证制度确立下来了。其后，这一制度传到了亚洲。日本明治初年还实行“断定有罪应根据口供定案”的法定证据制度，明治九年（1876 年）以后则改为自由心证制度。现行《日本刑事诉讼法》第 318 条规定：“证据的证明力由审判官自由判断。”

（二）自由心证制度的内容

自由心证的核心思想就是彻底否定法定证据制度对证据证明力预先加以规定的做法。因此，在自由心证制度之下，无论是对证据证明力的判断，还是对案情的认定，都交由法官或陪审团自由裁量，法律不作任何约束。这一内容在《法国刑事诉讼法典》第 342 条得到了充分体现：“法律不要求陪审官报告他们建立确信的方法；法律不给他们预定一些规则，使他们必须按照这些规则来决定证据是不是完全和充分；法律所规定的是要他们集中精神，在自己良心的深处探求对于所提出的反对被告人的证据和被告人的辩护手段在自己的理性里发生了什么印象。法律不向他们说：‘你们应当把多少证人所证明的每一个事实认为是真实的。’它也不向他们说：‘你们不要把没有由某种笔录、某种文件、多少证人或多个罪证……所决定的证据，看作是充分证实的。’法律只是向他们提出一个能够概括他们职务上全部尺度的问题：‘你们是真诚地确信吗？’”这被认为是法官自由心证的古典公式。

（三）自由心证制度的评价

自由心证证据制度取代法定证据制度，既是资产阶级改革封建纠问式诉讼的时代要求，在政治上契合了资产阶级自由民主的思想，又是对法定证据制度压制下的人类理性的一次彻底释放。一方面，自由心证制度从法律上废除了封建法定证据制度中的刑讯逼供和封建等级特权，它宣扬人道主义、人权主义，并依此原则改革政治制度和法律制度，从而推动了诉讼制度的民主化，引起了诉讼结构的变革。另一方面，自由心证证据制度使法官在运用证据认定案件事实方面拥有了自由裁量权，可以根据个案的具体情况去审查判断证据，从而提高了案件事实认定的准确性和科学性，有利于在个案中实现司法公正。

然而，由于自由心证依赖的是法官的良心和理性，缺乏统一的认证标准或尺度，容易导致法官在判断证据、认定案情方面滥用自由裁量权，产生恣意和专断，因此，采自由心证证据制度的国家同时必须采取有效措施制约法官的自由裁量权。这些制约措施基本上可以分为两种类型：事前制约与事后制约。前者通过严格法官选任制度、限制裁判者审查证据的范围等方法实现对法官心证的制约，后者则通过判决理由公开制度、上诉、再审制度等对法官心证进行制约。英美法系国家存在严格的证据可采性规则，属于事前制约类型；

大陆法系国家则通过公开判决理由以及完善的上诉、再审制度对法官心证进行事后制约。但随着时代的发展，两大法系也在不断地互相借鉴，如20世纪中期以来，在保持自由心证传统的同时，大陆法系国家也开始吸收英美法系国家证据制度的优点，采用了诸如非法证据排除规则等事前制约机制。

第三节 英美法系证据制度的历史沿革

在神明裁判退出历史舞台之后，英国证据制度走上了与欧洲大陆截然不同的发展道路。当欧洲大陆实行以司法职权为核心的纠问式诉讼和法定证据制度的时候，与其隔海相望的英格兰则形成了以陪审制为基础、以当事人为主导的抗辩式诉讼，以及一系列旨在规范证据采用和判断活动的证据规则。这些复杂而精密的证据规则是英美法系证据制度的典型特征。

一、英美法系证据规则的产生

英美法系以证据规则为核心的证据制度之所以产生，主要基于两方面的原因：一是陪审团制度的变化，二是对抗式诉讼的产生。

（一）不知情陪审团取代知情陪审团

英国的陪审制最早是由诺曼征服者从欧洲大陆带到英格兰的。早期的陪审团被称为“知情陪审团”或者“邻里陪审团”，即陪审员只能由了解案情的人来担任。这些人被传召到法庭的目的不是审查当事人提交的证据并认定案件事实，而是根据自己所了解的案件情况协助法官判案。如果陪审员对案情的了解不甚清楚或者心存疑惑，他们可以在当地进行调查，寻找和询问那些了解案情的人。如果通过调查发现某人比陪审员更了解案件情况，那么这个人就可能取代某个不太了解案情的陪审员而进入陪审团。在知情陪审团审判模式之下，由于陪审员都是根据自己对案件的了解而不是根据他人提供的证据判案，因而法律没有必要就证据问题进行规定。因此，当时还没有法律意义上的证明规则或证据规则。①

早期的知情陪审团制度适用于那些人口少、地域小的村镇，因为那里的人们互相认识，而且了解当地发生的事情。但是随着人口的城市化和社会生活的复杂化，这种陪审团就越来越难发挥作用了。一方面，知情陪审员越来越难找；另一方面，依陪审员所了解的案情越来越不足以对案件作出裁断。在审判中，需要别人向陪审团提供证言的情况越来越多。于是，陪审员必须了解案情的要求在实践中变得无关紧要了，越来越多的陪审员在参加审判时对案情几乎一无所知，完全根据证人在法庭上的证言进行判案。后来，为了保证陪审员在参加审判时没有任何事前的偏见，不了解案情又成为选任陪审员的基本要求。1352年，英国法律赋予被告人要求那些了解案情的陪审员回避的权利。于是，英国的陪审制度就完成了由“知情陪审团”向“不知情陪审团”的转变。不知情陪审团的产生导致陪审员对案

① 参见何家弘、刘品新：《证据法学》，10页，北京，法律出版社，2004。

件事实的认定无法再依靠自己对案情的了解，而必须通过证人证言等证据对事实问题作出裁断。

（二）对抗式诉讼的产生

在知情陪审团被不知情陪审团所取代的同时，英国的诉讼制度也逐渐从原来的弹劾式诉讼发展为对抗制诉讼。与弹劾式诉讼相比，对抗式诉讼在审判过程中更加重视双方当事人及其律师对诉讼进程的推动作用。对抗式诉讼的主要特征体现在以下几个方面：（1）法官不主动介入诉讼，诉讼进程完全由当事人通过申请和提出异议的方式来推进；（2）案件事实的发现委诸控诉方和辩护方的举证和辩论，法庭调查实行交叉询问制度，法官不主动调查证据；（3）证据调查的范围由双方当事人决定，当事人可以通过同意或者答辩来限制证据调查的领域，比如在刑事诉讼中如果被告人自愿作有罪供述，则控辩双方无须再对案件事实进行举证和辩论，法官可以直接作出有罪判决。简言之，在对抗式诉讼之下，整个庭审都是围绕着双方当事人的举证、质证活动来进行的。

不知情陪审团和对抗式诉讼使证据成为审判的中心，从而推动了英美证据制度的发展：一方面，非职业陪审员容易受到不良证据的误导，从而对证据或案情作出错误判断；另一方面，如果不对控辩双方的举证、质证活动加以规范，双方当事人就会无休止地争议下去，拖延诉讼时间以致争议点模糊不清、难以判断，从而使对抗制审判陷入混乱。基于这两方面的因素，英国发展出一系列证据规则。这些证据规则有些可追溯至中世纪，但绝大多数是以 17 世纪至 18 世纪的判例为基础的。这些证据规则随着英国的殖民扩张，被带到美国、澳大利亚等国家和地区，并且在这些国家，尤其是在美国，得到极大的丰富和扩展。

二、英美法系证据规则的内容

英美法系的证据规则不同于大陆法系的法定证据制度，其主要规范控辩双方的举证、质证活动，侧重于对证据能力的约束，对各种证据的证明力则很少进行规定。具体而言，英美法系的证据规则主要包括以下几方面内容。

（一）关于举证责任的规则

根据英美证据法，证明被告人有罪的责任由控诉一方承担，被告人有权为自己的行为进行辩解，但不承担证明自己无罪的责任。控诉方对被告人的犯罪行为必须证明到“排除合理怀疑”（beyond reasonable doubt）的程度，否则陪审团或法官将会宣布被告人无罪。

（二）证据相关性规则（rule of relevance）

证据的相关性主要是指证据与案件事实是否有关联，能否证明案件的全部事实或其中的部分事实。英美法系国家的证据制度，从排除的角度提出了一些不具有相关性的事实，作为司法中必须遵守的证据规则。

1. 相似事实。相似事实一般不能作为证据使用。也就是说不能用某人以前曾实施过同本案中的行为相类似的行为，来证明本案中该人一定实施了这种行为。但这个一般性规则在司法实践中又存在例外。

2. 人的品格。人的品格一般也不能用作诉讼证据，但有许多例外。如在民事诉讼中，有些案件当事人的品格本身就是争议事实，因此，关于当事人品格的材料也就可以作为证据使用。在刑事诉讼中，如果被告人提出其品行端正不可能犯指控的罪行，那么，控诉方所提出的有关被告人品格不良的事实，就可以作为证据来反驳被告人。

3. 前科。前科一般不能作为证据使用。但在刑事诉讼中，如果被告人的前科属系争事实，证明前科的证据就取得了成为本案证据的资格。

（三）证据可采性规则（rule of admissibility）

1. 自白任意性规则，即违反自白人意愿所取得的不当的自白或不自由的自白，不能作为定案的依据。

2. 非法证据排除规则（exclusionary rule），即侦查人员违反法定的程序、手段、职权所取得的实物证据，不能作为定案的依据。

3. 传闻证据排除规则，即陈述人用非亲自感知所得的事实证明争议问题的陈述，不得作为定案根据。

4. 意见证据规则，即证人根据其感知的事实作出的意见或推断性证言，不得作为证据采用，但“专家证人”的意见可以采用。

（四）关于证人证言的规则

1. 关于证人的能力和义务。在诉讼中，任何人都可以被强制作证。同时，也存在以下一些例外：未成年人只有在懂得说谎的危险和什么叫不虔诚的情况下才被允许作证；有精神缺陷的人，如果其精神疾病严重到使其不能从理智上理解作证前宣誓的意义，其便丧失作证能力；在刑事诉讼中，被告人不能成为起诉方的证人；依照现行有效的法律，在刑事诉讼中，配偶不得提出有利或不利于对方的证明，但是在某些犯罪中，如重婚罪、堕胎罪、猥亵罪等，配偶可以为起诉方作证。

2. 证人拒绝作证特权规则。证人在特定情况下有不提供证言或不出示文件的特权。这种特权主要包括以下几种：任何人均有反对自我归罪的特权；婚姻特权；法律职业上（律师）的特权；牧师与神父的特权；有关公务人员的特权。

3. 作证前的宣誓规则。一般来说，证人作证前均须宣誓。但在几种明确限定的情况下，证人可以不经宣誓而作证。例如，不理解宣誓的性质及后果，但能意识到说实话的义务的儿童，可不经宣誓提供证言。

4. 证人交叉询问规则。这是用于对证人进行质证的规则。一般应由传唤证人的一方对证人进行主询问，然后由对方当事人或律师对证人进行反询问；反询问后，传唤证人的一方可以再对证人进行询问，以恢复被对方动摇的证人的可信性。

（五）关于书证的规则

英美证据法中关于书证的规则主要包括最佳证据规则、证言佐证规则、口头补正规则等。其中最佳证据规则要求当事人在举证时必须出示原件，但是在符合法律规定的例外情形下，也可以出示第二手证据予以证明。

受判例法的影响，英美法系证据规则实际上是一个极为烦琐、复杂的体系，每一项证据规则都存在很多的例外，并且这些例外处在不断发展变化的过程中。以上内容只是对每项证据规则的一般规定进行介绍，至于其例外部分，本教材其他章节将有较为详尽的介绍。

三、对英美法系证据制度的评价

英美法系的证据规则制度在本质上也属于自由心证证据制度，因为陪审团或法官对于证据的证明力进行判断以及运用证据认定案件事实时处于一种自由状态，基本上不受法律规则的约束；但英美法系的证据制度为有效制约陪审团或法官的心证，规定了许多有关证据的证据能力规则，这属于对裁判者自由心证的一种事前制约。这种制约机制一方面有效排除了那些可能导致陪审团误判的证据，另一方面又通过排除非法证据，有效地保障了公民的人身、自由、财产权利不受司法人员的侵犯。因此，英美法系证据制度在人权保障方面具有极其重要的价值。正是基于这一价值，第二次世界大战以后，许多大陆法系国家纷纷效仿英美法系的做法，在自己的法律中确立了非法证据排除规则，比如《德国刑事诉讼法典》就明确规定，对被告人使用非法、折磨、疲劳战术、妨害身体、服用药品、拷问、欺诈或催眠方法、威胁、许诺以及使用损害被告人记忆力和理解力的方法所得到的陈述，即使被告人同意，也不得采用。

然而，英美法系证据规则制度也存在一个明显的缺点，即导致诉讼效率大大降低。烦琐的采证、质证程序使得审判成为一场旷日持久的战争，并由此耗费大量的人力、物力、财力。例如，美国著名的世纪审判——辛普森案件的庭审就持续了一年多的时间，法院案卷堆积如山，诉讼效率极低。为解决这一问题，辩诉交易在美国逐渐盛行，实际上目前有90％～95％的刑事案件是通过这种方式来了结的。

第四节 中国证据制度的历史沿革

一、中国古代证据制度

（一）奴隶社会的证据制度

公元前21世纪，我国历史上第一个国家——夏王朝建立，从而标志着我国进入奴隶制社会。根据我国古代文献的记载，我国奴隶制时期三个主要王朝夏、商、周，都建立了自己的法律制度，夏“作禹刑”，商“作汤刑”，周公制“礼”，吕侯制“吕刑”。这些法律制度对处理犯罪事件和财产纠纷的程序进行了相应的规定，同时也包含了与证据制度有关的内容。具体而言，这些内容可以归纳为以下几个方面。

1. 神判方法适用较少，消失较早，法官断案主要依据各种证据

我国古代也曾有过“神明裁判”的断案方法。历史传说中就有“皋陶治狱用神羊”的说法，也就是在审理疑难案件时，让被告人站在神羊面前，如果神羊用角去顶被告人，就证明被告人有罪，否则被告人就无罪。在许慎所著的《说文解字》中，对“灋”字的解释也与这种传说中的审判方法有关：“灋，刑也，平之如水，从水。廌，所以触不直者去之，从去。”廌即传说中的一种神兽。尽管历史文献或者传说中有关于神明裁判的记载，但实际上我国古代并没有形成像古罗马等奴隶制国家那样的神示证据制度，而且神判方法在我国消失较早，在周朝时基本上已经不实行了。虽然《周礼》中有“有狱讼者，则使盟诅”的记载，类似于神誓法，但这主要是奴隶主阶级利用宗教迷信和人们敬畏神灵的心理，促使当事人说真话，至于案件最后如何认定，并非仅仅依靠宣誓和神意来决定。

我国奴隶制时期已经实行证据裁判，诉讼中涉及的证据种类很多，有当事人陈述、证人证言、物证、书证，还有勘验结果等。其中当事人陈述是查明案情的主要证据形式，但同时也不忽略其他证据种类的证明作用，比如《周礼·地官·小司徒》记载：“凡民讼，以

地比正之；地讼，以图比正之。”疏谓：“民讼，六乡之民有争讼之本，是非难辨，故以地之比邻知其是非者，共正断其讼。地讼，争疆界图，谓邦国本图。”即如果民众之间发生了纠纷，是非难以辨明，则可以由与他们居住比较近且知情的邻居作为证人，以查明真情，作出判决；如果是属于土地疆界争议的案件，则用存于官府的原来丈量土地的图来加以证明。应当特别提出的是，我国奴隶制时期就已经开始运用勘验手段，并据此断案。《礼记•月令》记载：“孟秋之月命理瞻伤，察创，视折，审断，决狱讼。”“理”是治狱之官。据东汉蔡邑解释，“皮曰伤，肉曰创，骨曰折，骨肉皆绝曰断。言民斗辨而不死者，当以伤、创、折、断、深、浅、大小正其罪之轻重”。意思是说，根据瞻、查、视、审等方法观察伤情的严重程度，并据以断罪。与单纯依靠神意裁决案件的神示证据制度相比，对上述各种证据的使用充分体现出我国古代司法制度的进步性。

2. 法官审查判断证据主要采用“察听五辞”的方法

当事人陈述是我国奴隶制时期的主要证据种类，为辨明当事人陈述的真伪，法官一般都依据审判实践中形成的经验，通过察言观色的方法进行判断。比如《尚书•吕刑》记载：“两造具备，师听五辞；五辞简孚，正于五刑”，即当时的司法机关“断狱息讼”时，都要求原、被告双方当事人到齐后进行陈述，由司法官以察听五辞的方法，审查判断其陈述的真伪，并以其供词作为定罪判刑的主要根据。所谓“五辞”也就是“五听”，《周礼•秋官•小司寇》中有以“五听”断狱的说法：“以五声听狱讼，求民情：一曰辞听，二曰色听，三曰气听，四曰耳听，五曰 目听。”即司法官吏在审理案件时，要注意受审人讲话是否合理、讲话时神色是否从容、气息是否平和、精神是否恍惚、眼睛是否有神，从而判断其陈述的真伪和案件的是非曲直。这种以“五听”断狱讼的审判方法，直到封建社会仍然受到推崇。

“察听五辞”的判案方法具有一定的合理性：一方面，以五声听狱讼，要求法官亲自坐堂问案，面对面听取当事人陈述并注意观察其表情和神色，这有助于法官形成正确的判断，使案件得到正确处理；另一方面，“五听”总结了审判实践中的一些有益经验，其内容不乏正确之处。但是，“察听五辞”制度的缺陷也较为明显：一方面，“五听”过于强调司法官吏用察言观色的方法对证据和案情作出判断，具有较大的主观随意性，缺乏对法官心证的客观制约；另一方面，“五听”对审理案件的法官提出了较高的要求，法官必须具有较高的观察能力，才能正确使用这一方法，但这种理想状态实际上在当时是很难实现的。过于依赖法官的个人素质，缺乏相应的制度约束，为法官主观擅断、滥用职权、以权谋私、任意出入人罪提供了便利条件。

3. 对疑罪的处理，遵循“疑罪惟轻”原则

对疑难案件的处理，早在夏朝时就有人提出过一条为后人所传诵的“与其杀不辜，宁失不经”的处理原则。其意思是为防止错杀无辜，疑罪不应定罪处刑。商朝则规定，“疑狱，汜与众共之，众疑赦之”，即对于难以确定有罪或无罪的案件，应当广泛听取公众的意见，如果大家都对有罪持怀疑态度，则应免于刑罚。在奴隶主残暴、野蛮的专制统治下，对疑罪的处理能够提出这样的观点，是具有进步意义的。然而，到了周朝，统治阶级权衡利弊，认为疑罪不如按有罪论，只是从轻处罚，这样更有利于维护奴隶主阶级的统治。《尚书•吕刑》记载，周穆王时，“墨辟疑赦，其罚百锾”，即犯了墨刑之罪而有可疑，难以断定是否有罪时，可以采取以铜赎罪的办法处理。

总之，我国奴隶制社会已经有较为完备的证据制度，与同时期的古巴比伦、古罗马等

其他奴隶制国家盛行的神示证据制度相比，在司法证明方式上具有明显的进步性，这在一定程度上说明了我国古代文明的发达程度。

（二）封建社会的证据制度

公元前475年，我国从春秋进入战国时期，封建制度逐渐取代奴隶制度，我国开始进入漫长的封建社会。

我国封建社会时期采取的诉讼方式也是纠问式诉讼，司法官吏主动追究犯罪，被告人是被追究刑事责任的客体、被拷问的对象和供词的提供者。在纠问式诉讼之下，有关讯囚和刑讯的规定，构成封建王朝证据制度的主要内容。虽然我国封建时期的法律制度中，也有类似于“断罪必取输服供词”，被告人不合拷讯时“据众证定罪”等形式主义的证据规则，但这样的规则只是个别情形，并没有形成大陆法系那样的法定证据制度。在我国两千多年的封建证据制度中，占主要地位的仍是法官的个人决断。具体而言，我国封建社会时期的证据制度主要有以下几个特点。

1. 口供至上，定罪必须取得被告人认罪的供词

根据封建王朝的法律，“断罪必取输服供词”，“罪从供定，犯供最关紧要”。据《资治通鉴》解释：“狱辞之于囚口者为款。款，诚也，言所吐者皆诚实也”。即狱囚在受审时供述的犯罪供词是真实可信的，是最好的证据。因此，除了少数案件法律规定可以“据众证定罪”“据状科断”以外，一般的案件都必须有囚犯的供词才能定罪判刑。不过，定罪必须有被告人的口供并不等于有了被告人的口供必然要定罪。从历史记载来看，封建社会时期许多案例表明，虽然被告人已经招供，但如果司法官吏觉得理有可疑或者证据之间有矛盾，也可以不予定罪，而是主动继续调查、收集证据，由此查清案件事实。

2. 依法刑讯与法外用刑相互交织

崇尚口供，“无供不录案”，“无供不定罪”，从而导致司法官吏为获取口供而想方设法，不择手段，刑讯逼供也就应运而生。刑讯逼供是中国封建社会证据制度的一大特点。从秦汉到明清的历代封建法律都将刑讯逼供明确规定在法律中，刑讯成为合法程序。封建法律是诸法合体，民刑不分，因此，法律关于刑讯的规定，不仅适用于刑事被告人，适用于控告人、证人，还可以适用于民事诉讼的当事人。尽管历代封建王朝的法律对于拷讯的条件、方法，使用的刑具，拷打部位、刑讯的次数和程度等规定不尽相同，但一般都规定得比较详细和具体，已经条文化和规范化。以封建法律制度之集大成者《唐律疏议》为例，对于刑讯的条件，规定：“诸应讯囚者，必先以情审查辞理，反复参验，犹未能决，事须讯问者，立案同判，然后拷讯。违者杖六十。”对于刑讯的方法，规定：“诸拷囚不得过三度，数总不得过二百，杖罪以下不得过所犯之数。拷满不承，取保放之。”司法官吏“若拷过三度，及杖外以他法拷掠者，杖一百；杖过数者，反坐所剩；以故致死者，徒二年”。对于刑讯的对象，《唐律疏议》规定，对于犯疮病未好的囚犯不得刑讯，对于怀孕的妇女，只能在产后满100日方可拷讯，对于应议、请、减者以及70岁以上的老年人、15岁以下的少年或者残疾人免于刑讯。此外，刑讯还可用于告发人和证人，比如“诸拷囚限满而不首者，反拷告人”。

尽管封建法律对刑讯进行了严格的规定，并对违反这些规定的司法官吏规定了较为严厉的处罚措施；但在司法实践中，法外刑讯不仅长期存在，而且手段更加残酷，往往“十倍官刑”，给受刑者造成极大痛苦。这种法外刑讯在历史文献中有许多记载，比如唐代酷吏周兴、来俊臣等，滥用刑讯、制造冤狱，致“枉遭杀害者，不可胜数”。依法刑讯和法外用

刑相互交织，使嫌疑人在严刑拷打之下，只得屈招乱供，从而造成了无数的冤假错案。

3. 以五声听狱讼，验诸证信，自由推断

奴隶社会时期“以五声听狱讼，求民情”这种主观唯心主义的审判方法，被历代封建王朝所继承。《唐律疏议》中不仅规定“诸应讯囚者，必先以情审查辞理，反复参验”，其注释“讯囚察辞理”条又说：“依狱官令，察狱之官，先备五听，又验诸证信。”要求在审讯时除了必须根据情理审查供词的内容外，还要参照其他根据进行比较和检验。较之过去，这无疑是对以五听断狱的发展，具有进步意义。

4. 诬告反坐，伪证者罚

我国历代封建法律对诬告都严加禁止，法律要求控告他人犯罪的人必须指陈实事，不得称疑，禁止捏造事实进行陷害。如《唐律疏议》中的《断狱律》规定：“诸鞫狱者，皆须依所告状鞫之。若于本状之外别求他罪者，以故入人罪论。”到了明清时期，法律对诬告规定的处罚更加严重了，其明确规定，对诬告者按所诬告之罪加重处罚，比如“凡诬告人笞罪者，加所诬罪二等；流、徒、杖罪加诬罪三等”，诬告人死罪已决者，反坐诬告者死罪等，以达到“省刑息讼”之目的。证人证言是司法官吏认定案情的主要根据，特别是“据众证定罪”的案件，证言的意义更为重大。这就要求证人如实提供证言，不得作伪证。因此，法律明确规定证人作证故意不言实情，以致造成罪有出入的，按被证人所出入之罪减等处刑。

5. 疑罪惟轻，实行有罪推定

尽管在封建王朝时期，对“疑罪”的处理究竟是“从去”还是“惟轻”，存在过不同的见解，但是，从有利于维护封建专制统治出发，最终封建法律还是继承了奴隶制法律“罪疑从铜赎”（《尚书·吕刑》）的精神，即疑罪以有罪论，但处罚从轻。如《唐律》规定：“诸疑罪各依所犯以赎论。”该条疏议：“疑罪，谓事有疑似，处断难明。各依所犯以赎论，谓依所疑之罪用赎法收赎。”就是说，对疑罪，不处其所控之罪的真刑，而改处该罪的赎刑。

6. 物证技术发展较早

虽然我国封建社会证据制度中对口供、证人证言等言词证据颇为青睐，但与同时期西方国家相比，我国封建时期的物证技术还是比较发达的。如宋代宋慈编写的《洗冤集录》被公认为世界上最早的一部系统的法医学著作，其中包括了不少与物证有关的检验技术。比如《洗冤集录》非常强调实地检验对正确处理案件的意义，在实施检验时，“凡行凶杖器，索之稍缓，则奸囚之家，藏匿移易，糊成疑狱”，因此“初受差委，先当急急收锁”。《洗冤集录》刻印问世后，很快被皇帝下诏颁行全国，“入官僚佐者无不肆习”，视其为检验、听讼决狱的圭臬，其影响甚为深远。

除了以上几个特点之外，封建社会的证据制度受封建等级制度影响较深，在有些制度中充分体现了封建等级特权的存在。比如《唐律疏议》明确规定了免拷对象，即“诸应议、请、减，若年七十以上，十五以下，及废疾者，并不合拷讯，皆据众证定罪，违者以故失论”。其中“应议、请、减”者，据《唐律疏议》解释，是指属于“八议”等的贵族官僚及其亲属。这说明，封建统治阶级的皇亲国戚、达官贵人在受审时享有特权，受到法律的特殊保护。此外，为了维护封建伦理纲常、宗法制度和家族统治，封建社会普遍实行“亲亲相隐”制度，对于卑亲属控告尊亲属（比如子孙告祖父母、父母，妻、妾告夫，奴隶、部曲告主人等），一般要施以严厉刑罚；而尊亲属控告卑亲属时，一般不予惩罚或处以轻刑。

总之，中国封建社会的证据制度，尽管在证据理论方面，积累、概括了一些司法实践经验，反映了某些诉讼规律，但从总体上来讲，还是以重口供和刑讯为其主要内容，因此是十分野蛮、残酷的证据制度。中国封建社会的证据制度，虽然与欧洲大陆封建社会的法定证据制度不同，但在阶级本质上则是一致的，都是维护封建专制统治的工具。

二、中国近现代证据制度

（一）清末沈家本修律

1890年清政府为了挽救自己的统治，任命沈家本为修订法律大臣，主编了一批以德、日等大陆法系国家法典为模版的法律，其中包括1906年的《大清刑事民事诉讼法草案》，1910年该法被修订为《刑事诉讼律草案》和《民事诉讼律草案》。虽然这些法律由于受到各地的反对和清政府的覆亡而未获实行，但其将诉讼法与实体法分开，将刑、民法律分开，从而结束了历代沿袭的"诸法合体"的立法形式，特别是其中有关证据制度的规定，成为我国古代证据制度与近代证据制度之间的分水岭。

1. 废除刑讯、实行疑罪从无

《大清刑事民事诉讼法草案》首次在中国历史上废除了传统证据制度中刑讯的内容。该法第17条规定："凡审讯一切案件，概不准用杖责、掌责及其他刑具，或语言威吓，或逼令原告、被告及各证人偏袒供证，致令淆乱事实。"该法第15条则规定："凡审讯原告或被告及诉讼关系人，均准其站立陈述，不得逼令跪供。"同时，《大清刑事民事诉讼法草案》也在中国历史上首次废除了传统证据制度中疑罪从轻（从赎）的做法，而规定疑罪应当按无罪处理。该法第86条规定："凡证据难凭，或律无正条，或原告所控各节间有疑窦者，应即将被告取保释放，令其日后自行检束。"

2. 证人作证制度

《大清刑事民事诉讼法草案》在借鉴两大法系证据制度的基础上，对证人作证制度进行了较为详细的规定：首先，关于证人的资格，该法规定以下三种人不得为证人：其一是不能辨别是非之未成年人，其二是有心疾者，其三是有病疾者。其次，关于传闻排除规则，该法规定，证人供述，须以目睹或自知之实情，不得以传闻无稽之词妄行陈述。再次，关于证人义务，该法规定，证人负有到庭义务、宣誓义务、如实陈述义务。证人接到通知后，必须按时到堂，指期不到又不声明不到的原因者，处以罚金，改用传票；再不到者，加倍罚金，并准用拘票拘提。证人作证必须宣誓，如查有虚夸、诬告或故意虚伪等情节，处1 000元以下的罚金。最后，关于证人作证特权，该法规定，凡职官命妇，均可由公堂知会到堂作证，但公堂须另置座位，以礼相待。若系三品以上大员为证人者，即由公堂遣员就询。这一规定仍带有明显的特权色彩。

3. 法庭调查证据

《大清刑事民事诉讼法草案》规定：审讯官讯问原告，令其将所控之事并确知、确见之实情，详细供述。原告供述后，承审员即据所控情节向被告提问，如被告承认被控之罪，承审员无须讯取他人供词，参照犯罪情节依律定拟。如果被告坚持不承认被控罪行，承审官即分别令原告各证人供证实情。在审讯过程中，被告及其律师均可向原告及原告所提出的证人对诘，原告及其律师也可以向被告及被告所提出的证人对诘。被告可以提出申辩。这种证据调查程序很显然借鉴了英美法系国家的对抗式诉讼模式。

4. 证据判断方法

《大清刑事民事诉讼法草案》并没有将大陆法系国家的自由心证原则照搬过来，而是对证据判断方法进行了详细规定：凡裁判一案，承审员应先将下列各项事项细加研究：(1) 两造各证人之名誉怎么样，所供是否可信；(2) 两造所举之证据；(3) 每造前后各供有无自相抵牾之处；(4) 权衡两造供词之重轻；(5) 权衡两造情节之虚实；(6) 所得证据是否足以定被告人之罪；(7) 证据已足，是否为法律所决。如果经研究，确查所得证据已足证明被告犯罪，则依法定刑，即使被告没有认罪口供；如果众证明白，确凿无疑，亦应按律定拟。以上规定彻底否定了传统的"断罪必取输服供词"之规定，具有明显的进步性与合理性。

清末沈家本主持修订的律法虽然最终未能获得施行，但其中的许多法律制度，包括上述证据制度，都为后来的北洋军阀政府和国民党政府所继承，从而开中国近代法律制度之先河。

（二）中华民国时期的证据制度

1911 年，资产阶级革命民主派领袖孙中山先生领导的辛亥革命，推翻了清王朝的统治，建立了中华民国。孙中山就任南京临时政府的临时大总统后，于 1912 年 3 月 2 日颁布了《大总统令内务、司法两部通饬所属禁止刑讯文》，其中明确规定："不论行政司法官署，及何种案件，一概不准刑讯。鞫狱当视其证据之充实与否，不当偏重口供。其从前不法刑具，悉令焚毁。"这个命令反映了资产阶级的法律观和人道主义精神，在我国证据制度发展史上是一个重大的进步。但是，由于辛亥革命的胜利果实被袁世凯窃取，南京临时政府也很快夭折，这一法令并未得到贯彻执行。南京临时政府之后的北洋军阀政府和国民党政府为维护其统治，也进行了一系列的立法活动，其中涉及刑事证据制度方面的主要有北洋政府于 1922 年制定的《刑事诉讼条例》和国民党政府于 1928 年制定公布又在 1935 年和 1945 年予以修订的《刑事诉讼法》。这两部法律一方面援用了清末制定但未及颁行的法律，另一方面则对西方的证据制度进行了进一步的借鉴。

1. 有关证据原则

中华民国时期的证据制度引入了西方的证据裁判主义原则、自由心证原则、直接言词原则，继承了《大清刑事民事诉讼法草案》规定的疑罪从无原则。首先，关于证据裁判原则，北洋政府《刑事诉讼条例》规定："犯罪事实，应依证据认定"。其次，有关自由心证原则，北洋政府《刑事诉讼条例》第 306 条规定："证据由法院自由判断之。"1928 年国民党政府制定的《刑事诉讼法》第 269 条规定："证据之证明力，由法院自由判断之。"再次，关于直接言词原则，北洋政府《刑事诉讼条例》规定："审判日期除有特别规定外，被告不到庭者，不得审判。"国民党政府《刑事诉讼法》第 200 条进一步规定："判决除有特别规定外，应经当事人之言词辩论为之。"最后，关于疑罪从无原则，北洋政府《刑事诉讼条例》第 338 条规定："法院认为被告之犯罪嫌疑不能证明或其行为不构成犯罪者，应谕知无罪之判决。"国民党政府《刑事诉讼法》第 293 条规定："不能证明被告犯罪或其行为不罚者，应谕知无罪判决。"

2. 有关具体制度

在具体制度方面，中华民国时期的法律对清末的禁止刑讯、证人作证、法庭证据调查、证据判断等内容予以继承，并在此基础上进一步加以完善。

(1) 在禁止刑讯方面，在《大清刑事民事诉讼法草案》和孙中山颁布的禁止刑讯的训令基础上，国民党政府《刑事诉讼法》进一步对违法取证的程序性后果进行了规定。该法第98条规定："讯问被告，应出以恳切之态度，不得用强暴、胁迫、利诱、诈欺及其他不正当之方法。"第270条规定："被告之自白，非出强暴、胁迫、利诱、诈欺及其他不正当之方法且与事实相符者，得为证据，被告虽经自白，仍应调查其他必要之证据，以察其是否与事实相符。"

（2）在证人作证制度方面，北洋政府与国民党政府时期的法律均继承了清末修律草案的相关规定，但废除了其中有关封建等级特权的内容。在此基础上国民党政府《刑事诉讼法》进一步规定了证人具结的义务和拒绝作证特权。该法要求，证人在审判庭上传讯之前要具结，除法律规定不必具结外，不具结的证人证言没有证据效力。有下列情形之一者，得拒绝作证：1）现为或曾为被告或自诉人之配偶、五亲等内之血亲，三亲等内之姻亲或家长、家属者；2）与被告或自诉人订有婚约者；3）现为或曾为被告或自诉人法定代理人，或现由或曾由被告自诉人为其代理者；4）证人恐因其陈述致自己或与上述第1）项关系的人受刑事追诉或处罚者。此外，医师、药师、药商、助产士、宗教师、律师辩护人、公证人、会计师或其业务上代理人或曾任此等职务之人，就其因业务所知悉有关他人秘密之事项受讯问者，除经本人允许者外，得拒绝作证。

（3）关于法庭证据调查，国民党政府《刑事诉讼法》改变了《大清刑事民事诉讼法草案》中有关被告人认罪可以直接定案的规定。该法第200条规定，"被告虽经自白，仍应调查其他必要之证据，以察其是否与事实相符"。这是对大陆法系国家证据制度进行借鉴的结果。

（4）关于证据的判断，北洋政府和国民党政府时期都明确了自由心证原则，将证据的判断委诸法官的良知和理性。

单纯从法律规定的内容上来看，北洋政府时期和国民党政府时期的法律制度与传统制度相比具有较大的优越性和进步性，证据裁判、自由心证、直接言词、疑罪从无、禁止刑讯等原则和制度的确立，使中国的证据制度在立法上进一步向西方近现代国家靠近。但是，由于此时的中国处于长期战乱和国民党政府的专制统治之下，上述这些先进制度在实践中并未真正得以施行。比如为维护自己的黑暗统治，北洋政府和国民党政府均规定了特别程序法或者设置了特别法院，用以对广大人民和共产党进行血腥镇压。又如，北洋政府的《戒严法》《惩治盗匪施行法》《陆军审判条例》《海军审判条例》，国民党政府的《特种刑事案件诉讼条例》《特种刑事法庭组织条例》《特种刑事法庭审判条例》等。在这些特别程序中，当事人的辩护权、公开审判权、上诉权等诉讼权利完全被剥夺。此外，国民党的特务机关任意抓人审讯，为逼取陷人于罪的口供，使用各种野蛮残酷的手段，实施法外用刑和法外制裁。因此，北洋政府和国民党政府时期的证据制度存在明显的名实不符的情况，形式上是证据裁判、自由心证，实际上则是口供主义和刑讯逼供横行。

三、新中国的证据制度

（一）新民主主义革命时期的证据制度

新民主主义革命时期的证据制度分为工农民主政权时期的证据制度、抗日战争时期的证据制度和解放战争时期的证据制度。

1927年第一次国内革命战争失败以后，中国共产党领导中国人民走上了武装夺取政权的道路，在全国十几个省份相继建立了革命根据地和工农民主政权。在此基础上，1931 年中华苏维埃共和国中央工农民主政府在江西瑞金成立。为保护劳动群众的权利，在废除国民党旧司法制度的同时，苏维埃政权建立了人民司法制度，其中包括一些有关证据制度的规定。比如，在 1931 年 12 月 13 日中央执行委员会非常会议通过的《中华苏维埃共和国中央执行委员会训令》中规定："在审讯方法上，为彻底肃清反革命组织及正确地判决反革命案件，必须坚决废除肉刑，而采用收集确实证据及各种有效方法。"这是红色政权彻底禁止刑讯的首次规定，其后各根据地也都制定了严禁刑讯的规范。虽然工农民主政权时期的法律制度尚不健全，但它所确立的禁止刑讯逼供原则为抗日战争和解放战争时期的证据制度的建立奠定了基础。

抗日战争时期，我国的证据制度得到进一步发展。首先，坚持实事求是，调查研究，忠实于事实真相的司法工作原则得以确立。《晋察冀边区行政委员会关于改进司法制度的决定》大力号召"树立司法工作的调查研究、实事求是的大众化的民主作风"。《晋冀鲁豫边区太岳区暂行司法制度》中则设"调查研究"专章，指出"调查研究是法庭收集材料、了解具体案情的必要方法"。《苏中区处理诉讼案件暂行办法》中则设有"证据"专章，规定："审判人员及陪审人员对于案情及证据，应直接、间接、公开或秘密进行周密之调查研究。"其次，严禁刑讯逼供、重证据不轻信口供的原则仍然是根据地证据制度强调的重点内容。在《陕甘宁边区施政纲领》、《对于巩固与建设晋西北施政纲领》及《苏中区第二行政区诉讼暂行条例》中均规定"坚决废止肉刑，重证据不轻信口供"。不仅如此，这一时期的立法还进一步规定禁止采用其他非法手段收集证据，比如《晋冀鲁豫边区太岳区暂行司法制度》中规定："绝对禁止跪拜、打骂以及非刑拷打、强迫供述的方法"；《陕甘宁边区高等法院对各县司法工作的指示》中要求："绝对地禁止刑讯，诱骗谩骂亦不许可。"再次，根据地的法律对起诉机关和当事人的举证责任也进行了规定，比如《晋冀鲁豫边区太岳区暂行司法制度》中，将起诉分为公诉、群众起诉、自诉，规定凡公安机关向法院起诉的案件，应提供充足证据，起诉材料不够具体，可以送还公安机关补充侦查一次。一般机关、团体、部队起诉的案件，如无具体事实和材料，法院可以拒绝接受。最后，根据地的法律还对各种证据的审查判断程序和方法进行了规定，比如《晋冀鲁豫边区太岳区暂行司法制度》中规定了审问的方式，即先由原、被告自由陈述，再追寻实情，然后双方或多方辩论。《苏中区处理诉讼案件暂行办法》则规定证人"有到场作证、忠实陈述之义务"，经传唤无正当理由不到场者，得处以罚金。两次以上不到者，可以拘提。证人作证应具结表示负责。此外，该办法还对审判人员的勘验程序以及勘验中的鉴定程序进行了相应规定。与工农民主政权时期相比，抗日革命根据地时期的证据制度得到了很大的丰富和发展，为新民主主义司法制度增添了宝贵的内容，为新中国证据制度的创立提供了宝贵的经验。

解放战争时期，人民民主政权在沿用抗战时期的证据制度的基础上，根据新情况又颁布了一系列的法律和文件，比如在华北人民政府制定的《关于县市公安机关与司法机关处理刑事案件权责的规定》中，明确对公安机关和司法机关的职责进行了分工，"侦查的责任，在于公安机关"，"侦查的主要任务是：收集罪犯的犯罪事实及证据，拟以起诉"，案件"经公安机关向司法机关起诉后，司法机关即有权审判该案，对于被告的犯罪事实和证据，加以审理研究"，"若被告仅有嫌疑，没有积极的证据可以证明被告确系罪犯时，即不能论罪判刑"。《冀南区诉讼简易程序试行法》则对证据不足应作无罪处理的原则进行了规定："审讯被告犯罪事实证明者，应为有罪之判决，被告犯罪事实不能证明，或证明后不应受刑事处分者，应为无罪之判决。”此外，解放区的立法对于收集证据程序的规定也较以前更为完善。比如审讯笔录应当庭制作，证人应个别审问，勘验、搜查、扣押物证应有见证人在场并需有扣押物品收据等。

总之，基于当时的现实情况，我国新民主主义时期的证据制度虽然较为零散，也存在许多不完善之处，但从总体上来看，一些具有人民司法特征的基本原则和制度已经得到确立，并积累了许多丰富的实践经验，从而为中华人民共和国证据制度的建立奠定了坚实的基础。

（二）中华人民共和国的证据制度

1. 中华人民共和国证据制度的创立与发展

1949 年 10 月 1 日，中华人民共和国成立，我国证据制度也进入了一个新的发展时期。但是，新中国成立之后的法制建设并非一帆风顺，中间经过了许多艰难曲折。以“文化大革命”为分界线，新中国证据制度的建立和发展可以分为三个时期。

从中华人民共和国成立到“文化大革命”前的 17 年，是新中国证据制度的初创时期。早在 1949 年 2 月，中共中央就发布了《关于废除国民党的六法全书与确定解放区的司法原则的指示》，宣告彻底废除伪法统，明确提出司法干部必须从思想上划清新旧法律观点和司法作风的原则界限。1950 年 7 月 14 日，政务院通过了《人民法院组织通则》，规定法庭“受理案件后，应认真进行调查证据，研究案情，严禁刑讯”。1950 年召开的第一届全国司法会议以及 1953 年 5 月政务院批准的《第二届全国司法会议决议》中均明确提出，人民司法工作者必须学习马克思列宁理论，实事求是，大公无私，廉洁奉公，坚持反对专横武断，严惩贪赃枉法行为。1952 年，我国开展了司法改革运动，批判旧法观点和坐堂问案，不依靠群众、不调查研究、不从实际出发的旧审判作风，进一步清算了旧法残余。1954 年 9 月，我国第一部社会主义宪法诞生，为新中国证据制度的建立提供了宪法依据。随后又颁布了《中华人民共和国人民法院组织法》《中华人民共和国人民检察院组织法》，标志着社会主义法制建设进入了新阶段。1956 年最高人民法院根据宪法和组织法的规定，结合司法实践经验所作的《各级人民法院刑、民事案件审判程序总结》，系统地总结了调查证据的原则、方法和程序，这对于健全我国的证据制度、树立实事求是的审判作风发挥了重要作用。

在 20 世纪 50 年代后期，由于“左”的错误思潮的干扰，司法工作中已确立的实事求是、调查研究，重证据不轻信口供，严禁刑讯逼供的原则受到严重冲击。在随后的“文化大革命”中，刚刚初步建立起来的社会主义证据制度惨遭践踏。

党的十一届三中全会以后，我国社会主义民主和法制进入了全面发展的新阶段。1979 年 7 月至 1991 年 4 月，我国先后制定和修改了《中华人民共和国刑事诉讼法》《中华人民共和国人民法院组织法》《中华人民共和国人民检察院组织法》等重要的法律。这些法律中有关证据的规定，集中体现了我国证据制度的根本性质和特点，标志着新中国证据制度的正式确立。随着改革开放的不断深入发展，1996 年 3 月，第八届全国人民代表大会第四次会议作出了《关于修改〈中华人民共和国刑事诉讼法〉的决定》，对我国刑事诉讼制度进行了较大的调整和完善。随后，我国有关立法部门和司法机关又先后颁布了《关于刑事诉讼法实施中若干问题的规定》、《关于执行〈中华人民共和国刑事诉讼法〉若干问题的解释》以及《人民检察院刑事诉讼规则》等法律和司法解释，进一步完善了我国的刑事证据制度。但是，随着我国政治、经济、社会的不断发展，民主法制建设的不断推进，刑事司法实践的不断深入，1996 年《刑事诉讼法》在许多方面出现了一些与社会需求不相适应的问题。

2012年3月，第十一届全国人大第五次会议作出了《关于修改〈中华人民共和国刑事诉讼法〉的决定》，对包括证据制度在内的诸多刑事诉讼原则、制度和程序进行了修改，使我国刑事证据制度进一步科学化、文明化。2018年10月，为巩固党中央在深化国家监察体制改革、反腐败追逃追赃、深化司法体制改革等方面所取得的一系列成果，第十三届全国人民代表大会常务委员会第六次会议审议通过了《关于修改〈中华人民共和国刑事诉讼法〉的决定》，完善了监察和刑事诉讼的衔接机制，建立了缺席审判制度，确立了认罪认罚从宽原则和制度，使我国刑事证据制度更加丰富和完善。

2. 中华人民共和国证据制度的内容、特点及评价

目前我国尚无统一的证据法典和专门的证据规则，有关证据制度的内容散见于三大诉讼法以及有关的法律和司法解释之中。以刑事证据制度为例，《刑事诉讼法》第一编第五章"证据"是我国刑事证据制度的主要法律渊源，此外，本法的其他章节以及有关的司法解释中涉及刑事证据的内容也是我国刑事证据制度的重要组成部分。概括来说，目前我国刑事证据制度的内容主要包括刑事证据的概念和种类，刑事证据的收集、运用以及审查判断的程序、基本原则和规则，证人作证制度，鉴定制度，证明对象，证明责任，证明标准，非法证据排除规则等。

与我国古代、近代证据制度以及国外证据制度相比，中华人民共和国证据制度有以下几个特点：（1）查明案件事实真相，是国家专门机关运用证据、认定案情的主要目的；（2）依靠群众，实事求是，进行深入调查研究，取得确实、充分的证据，是国家专门机关运用证据、认定案情的方法和要求；（3）重证据不轻信口供，严禁刑讯逼供，是国家机关运用证据，认定案情必须遵守的重要原则；（4）国家专门机关运用证据，必须严格依照法定程序进行。

与1996年《刑事诉讼法》相比，2012年修订的《刑事诉讼法》在以下几个方面取得了明显的进步：（1）合理化证据概念，完善证据种类，区分了物证、书证，在勘验、检查笔录中增加了辨认、侦查实验笔录的规定，增加了电子数据这种新的证据种类；（2）细化了刑事诉讼的证明标准，进一步明确了"证据确实、充分"的条件；（3）完善了非法证据排除规则，确立了非法证据排除的申请、证明以及调查程序；（4）完善了证人、鉴定人出庭制度，建立了证人保护制度和证人补偿制度；（5）明确了看守所讯问录音、录像制度；（6）建立了警察出庭作证制度；（7）建立了行政执法与刑事诉讼之间的证据衔接机制等。同时《刑事诉讼法》还对辩护律师的会见权、阅卷权和调查取证权进行了完善。上述内容极大地有利于改善我国刑事司法实践中存在的刑讯逼供、证人不出庭等严重影响刑事司法程序公正的问题和现象。

2018年《刑事诉讼法》虽然在条文修改上未直接体现与证据制度有关的内容，但因其完善了监察与刑事诉讼的衔接机制、确立了认罪认罚从宽原则和制度、建立了缺席审判制度，使我国刑事诉讼程序呈现出更加多元化的样态。为确保《刑事诉讼法》的正确实施，最高人民检察院与最高人民法院在吸收以往司法解释内容的基础上，分别于2019年和2021年出台了新司法解释，其中涉及证据制度完善的内容包括：（1）细化了监察调查与刑事诉讼之间的证据衔接机制；（2）明确了认罪认罚案件也应遵循案件事实清楚、证据确实、充分的证明标准；（3）对缺席审判和违法所得没收程序中的证明标准和证明程序进行了规范；（4）明确了有专门知识的人就案件的专门性问题出具的报告以及有关部门制作的事故调查报告的证据资格；（5）规定了电子数据，技术调查、侦查证据的审查与认定规则；（6）建

立了来自境外证据材料的使用规则；（7）确立了涉未成年人案件的特殊取证和举证制度；（8）扩大了非法证据排除的范围，明确了重复性供述的排除问题，完善了庭前会议和庭审过程中的排非程序；等等。上述内容的完善使我国刑事证据制度更加适应刑事诉讼程序的发展变化，也更有利于我国刑事诉讼朝着公正化、文明化和科学化的方向迈进。

总之，我们应当以历史的、动态的、发展的眼光来评价我国的证据制度。一方面，新中国成立以来，我国证据制度建设已经取得了较大成就，社会主义证据制度得以全面建立并逐渐完善和发展；另一方面，我国证据制度仍存在较多问题，尚不能完全满足司法实践的需要，与国外法治发达国家相比仍然存在一定差距。因此，我们应当在总结和借鉴古今中外证据制度的基础上，从我国的实际国情出发，进一步推进我国证据制度的改革，以建立起一套既具有中国特色、符合中国实际情况，又具有时代特征，符合国际准则要求的新型社会主义证据制度。

【问题与思考】

1. 从中外证据制度的发展历史中分析影响和制约证据制度发展的因素有哪些。
2. 如何评价人类社会早期的神示证据制度？
3. 什么是自由心证证据制度？自由心证证据制度是如何产生的？
4. 我国封建时期的证据制度与大陆法系的法定证据制度有何区别？
5. 谈谈两大法系证据制度以及我国传统证据制度对当前我国证据制度改革的借鉴意义。

【推荐阅读书目】

1. 施鹏鹏．法定证据制度辨误——兼及刑事证明力规则的乌托邦．政法论坛，2016（6）．
2. 张栋．中国刑事证据制度体系的优化．中国社会科学，2015（4）．
3. 陈瑞华．以限制证据证明力为核心的新法定证据主义．法学研究，2012（6）．
4. 何家弘．司法证明方式和证据规则的历史沿革——对西方证据法的再认识．外国法译评，1999（4）．
5. 何家弘．神证·人证·物证——试论司法证明方法的进化．中国刑事法杂志，1999（4）．
6. 汪建成．证据制度之历史演变．烟台大学学报（哲社版），1988（1）．
7. LANGBEIN. Torture and the law of proof. Chicago and London：The University of Chicago Press，1977.

第三章

刑事证据制度的理论基础

内容导读

证据法体系的构建和运行离不开一定的理论基础。现代证据法的形成是在多重价值之间进行选择与平衡的结果，因此证据法的理论基础具有多元性。其中，认识论、价值论和程序正义论是证据法最主要的理论基础。认识论、价值论和程序正义论相互影响、相互作用，共同为证据制度提供基本理论支撑。

证据制度是关于证据取得和证据运用的相互联系、相互配合的若干法律规则的总和，是现代法律体系的重要组成部分。证据制度的理论基础是证据取得和证据运用的理论支持和指导力量。证据制度理论基础的确立可以为证据立法、证据运用以及对证据制度的法学研究提供基本的理论指导。我国传统证据理论认为，证据制度所要解决的核心问题就是保证司法人员在诉讼过程中能够做到主观符合客观，正确认识案件事实，因此，将辩证唯物主义认识论作为我国证据制度的唯一指导思想和理论基础。随着我国政治、经济、文化的全面发展，法治建设有了很大进步，人们对法律价值有了更深层次的认识，在对传统辩证唯物主义认识论进行反思的基础上，对现代证据法学理论基础进行了热烈的探讨。目前，关于证据法学理论基础的代表性观点有：（1）认识论。这种观点认为，诉讼活动是一种认识活动，要受到认识规律的制约，而辩证唯物主义认识论是科学的世界观和方法论。在刑事诉讼中坚持辩证唯物主义认识论可以保证准确认定案件事实，正确开展证明活动，以完成刑事诉讼任务。认识论作为一种传统观点，长期以来占据主导地位。（2）价值论。这种观点认为，诉讼是以解决利益争端为目的的活动，尽管它包含着一定认识过程，但这种认识活动对争端的解决不起决定作用。而且，任何诉讼都是在程序法限制和规范下进行的活动，诉讼证明活动必须遵守程序法制，因此证据法学的理论基础应当建立在形式理性观念和程序正义理论的基础之上。[①]（3）二元论。这种观点认为，诉讼中的证明活动首先要符合人类主观认识客观世界的一般规律[②]，同时用于发现案件事实的手段和方法必须是合法、正

① 参见陈瑞华：《从认识论走向价值论——证据法学理论基础的反思与重构》，载《法学》，2001（1）。

② 参见陈浩然：《证据学原理》，16—84页，上海，华东理工大学出版社，2002；高家伟、邵明、王万华：《证据法原理》，198—205页，北京，中国人民大学出版社，2004。

当的，两方面同等重要，因此证据制度的主要理论基础是认识论和价值论。[①]（4）多元论。这种观点认为，证据法学的理论基础除了上面提到的认识论与价值论以外，还包括诉讼模式理论、人权保障理论、科技理论以及行为主义、心理学、伦理学等。[②]

我们认为，证据法的价值取向应当是多元的而不是一元的，秩序与自由，公正与效率，实体公正与程序公正，惩罚犯罪与保障人权，整个证据制度的建立涉及多重价值之间的选择与平衡。因此，证据法学的理论基础应当是多元的。但也不是说任何指导证据法学的理论都可以成为证据法学的理论基础。理论基础是证据理论的核心，也是证据制度建构的逻辑起点。就其价值和所负使命而言，理论基础一是能够对具体证据制度背后的、根基性的东西加以揭示；二是能够对现实的证据制度和学理进行评价，从而科学地指导证据制度建设与证据理论体系的构建；三是能够如同一束红线一样贯穿于证据的具体理论、规范与制度的始终，从而促使整个知识体系趋于和谐、有序和统一；四是能够用来指导证据制度的立法和司法实践，满足法律制度发展及社会变迁的需求。综上，证据法学的理论基础应包括认识论、价值论和程序正义论。

第一节　刑事证据制度的认识论基础

在任何诉讼和非诉讼法律事务处理过程中，应当说首要任务是查明案件事实或争议事实。诉讼中的案件事实或争议事实，通常是过去发生并难以再现的，只能通过发现证据、收集证据、审查判断证据，并最终运用证据来加以认定。所以，认识活动是诉讼裁判的基础，构成了诉讼活动的主要内容。对于认识活动，认识论无疑具有理论支持和指导作用。哲学上的认识论可以大致分为唯心主义认识论和唯物主义认识论，唯物主义认识论又可分为形而上学唯物主义认识论和辩证唯物主义认识论。在我们看来，辩证唯物主义认识论构成证据制度的理论基础。

一、辩证唯物主义认识论与证据法

刑事诉讼本身是一个认识过程，是将已经发生的案件事实在诉讼中再现，以准确认定事实真相，并在此基础上对案件作出裁决。辩证唯物主义认识论是关于认识的科学的世界观和方法论。在刑事诉讼中，已经发生的案件事实是认识的对象，司法人员及当事人是认识的主体，需要查明的案件事实是认识的具体内容。刑事诉讼活动其实也就是司法人员及当事人认识已发生案件事实的活动，追求客观真实是刑事诉讼的主要目标之一，在这一过程中，辩证唯物主义认识论起着理论指导作用。

（一）反映论

首先，辩证唯物主义认为，世界是物质的。物质是标志着客观实在的哲学范畴，它的

---

① 参见卞建林、谭世贵主编：《证据法学》，3版，48页，北京，中国政法大学出版社，2014。

② 参见宋英辉、汤维建主编：《证据法学研究述评》，94—98页，北京，中国人民公安大学出版社，2006。

基本特征是客观实在性。这种客观实在是人通过感觉感知的，它不依赖于人们的感觉而存在，能为人们的感觉所复写、摄影、反映。物质概念是一个本体论范畴，作为唯物主义基石的物质概念构成了唯物主义认识论的前提。在思维与存在的关系这一哲学基本问题上，唯物主义认为存在是在思维之外的，而且是不依赖思维客观存在的。

在刑事诉讼中，案件事实虽然是过去发生的，但它是客观存在过的，这是不以人的意志为转移的。任何犯罪行为都是在一定的时间和空间条件下，使用一定的方法、手段实施的。任何犯罪行为的实施，必然要接触一些人和物，从而与外界的事物发生联系。这种联系以一定的物品或痕迹以及在人的头脑中留下的印象和记忆表现出来。对犯罪行为人在犯罪过程中所遗留下来的各种物品和痕迹可以进行收集，对于案件事实在被害人、证人、犯罪人本人的头脑中留下的印象和记忆可以让他们回忆和陈述，通过收集和审查证据的方式再现案件的真实情况。案件事实是客观的，案件事实与外界事物的联系是客观的，作为案件事实与外界事物联系表现形式的证据也是客观的。因此，如果没有发生刑事案件，或者犯罪嫌疑人、被告人没有实施犯罪行为，就不可能存在证明犯罪事实或者证明犯罪嫌疑人、被告人有罪的证据，这正是用来否定犯罪事实存在，或者排除犯罪嫌疑人、被告人实施犯罪的客观证据。证明的客观性要求司法人员必须按照事物的本来面目去认识案件事实，尽量查明案件的事实真相。

其次，辩证唯物主义认为，世界是可知的。辩证唯物主义认识论坚持从物质到精神、从客观到主观的认识路线，强调物质是在意识之外而且不依赖于意识的客观存在。在思维和存在的关系问题上，除强调物质存在于人们的意识之外以外，还强调思维与存在之间具有同一性，客观实在能被人通过感觉感知，人类认识能够反映客观实在。物质世界虽然客观存在于人之外，但人的认识可以提供客观世界的正确图景，也就是承认意识能够正确反映物质。这就与不可知论划清了界限。

在刑事诉讼中，所谓查明案件事实真相就是要做到司法人员的主观认识符合案件客观事实。司法人员在控辩双方的参与下，遵循一定的原则和方法，通过对各种人证和物证的审查，是有可能发现案件的真实情况的，从而做到主观认识符合客观的案件事实。刑事案件发生过程中，犯罪人实施犯罪行为，必然会留下各种物品或痕迹。例如盗窃案件中，作案人往往会在作案现场留下指纹、脚印等痕迹，这些痕迹是物质与物质相互作用而留下的印记，是一种反映；还有许多案件的发生为案外人所看到、听到，案件事实会在这些人的头脑中形成印记，这是人的意识对物质所形成的印记，也是一种反映。以上是案件中的证据对案件的反映。而案件本原事实是外在于司法人员，不以其意志为转移的客观存在。司法人员通过对各种人证和物证的收集、审查判断、质证、认证，对案件事实形成一种印象，这同样是一种反映。就内容来说，司法人员的认识和证据所反映的案件事实很可能相一致，也可能不一致，但大部分情况下是一致的。就反映论而言，证据对案件事实的反映是直接的，司法人员对案件事实的反映是间接的，这说明司法人员对案件事实认识过程的复杂性。

再次，辩证唯物主义认识论认为，客观物质世界是辩证地运动发展着的，而人的认识是客观世界在人脑中的反映，因此人的认识必然是一个辩证发展着的过程。人的认识是一个从实践到认识、由感性认识上升到理性认识，再由理性认识指导实践获得验证和发展的不断反复、深化的辩证过程。

从辩证唯物主义认识论的观点来看，客观事物是不依赖于人的主观认识而存在于外界的，是可以被认识的。所以，案件的客观事实是可以被认定的，但查明案件客观事实的过程即证明过程，是人们认识事物的一个复杂的辩证过程。在诉讼过程中，司法人员对案件事实的认识会受各种因素的影响。据以定案的证据材料是否全面，证据材料的来源是否可靠，收集证据的方法和手段是否科学，等等，都会影响司法人员对案件客观事实的正确认识。运用证据证明案件事实的过程是一个认识过程，而这个过程是充满矛盾和曲折的。司法人员在审查、判断证据，运用证据认定案件事实的过程中，应当遵循从感性认识到理性认识、从现象到本质的认识规律，对证据材料、表面现象进行由此及彼、由表及里、去粗取精、去伪存真的分析研究，从感性认识上升到理性认识，寻找与案件有内在联系的证据事实作为定案根据。司法人员总是从其直接接触的系统的证据材料中获得感性认识，再以自己的经验、理性和良心进行逻辑完善，对证据取得内心确信，从而上升到理性认识，推断曾经存在过的事实。这个发展的过程，是符合辩证唯物主义认识论的。

司法人员认识案件事实也必须通过感性认识上升到理性认识，才能达到真实的程度。侦查人员采用侦查技术和强制措施收集犯罪证据，查明案件事实的活动属于认识活动。起诉方决定对被告人提起控诉，本身就是对侦查中认识结果的确认，而且，在法庭上基于对方当事人提出的证据和事实，检察官会形成新的认识，修正以前的认识。法官更是在控诉方和辩护方反复举证、质证以及充分的辩论基础上来认定案件事实的，并对案件作出最终的裁决。在整个刑事诉讼证明过程中，司法人员总是自觉不自觉地在实践着认识论，演绎着认识过程。

刑事诉讼中，案件事实不仅是可以认识的，而且有必要加以认识。尽管不同法体系和法文化对“案件真实”有不同的理解和界定，对“案件真实”的要求程度也各不相同，但发现案件真相可以说具有超越法体系和法文化的普遍意义。[①] 发现真实，使裁判者认定的案件事实同客观事实一致，实现客观真实，是诉讼证明的目标，是诉讼制度存立的基础之一。这一点在刑事诉讼中显得尤为重要，这是因为，刑事诉讼是实现国家刑罚权的过程，刑事被告人被定罪的结果是国家刑罚权的启动，公民的自由或生命被限制或被剥夺。所以，在刑事诉讼中仅仅强调诉讼的纠纷解决功能是不够的，纠纷在这里不仅要得到解决，还要尽可能按照案件的真实情况来解决。刑事诉讼中，法庭最终认定的案件事实与实际发生的案件事实相一致，是诉讼证明的最高要求和理想状态。

（二）相对论

辩证唯物主义认为，真理是主观对客观事物的本质及其规律的正确认识。任何真理都既有相对性，又有绝对性，是相对性和绝对性的统一。真理的相对性是指，真理所反映的对象是有条件的、有限的，它只能是对无限的物质世界发展的某一阶段、某一层面、某一层次的认识，而不可能是对无限物质世界整体的认识；真理反映客观对象的正确程度是有条件的、有限的，由于条件的限制，任何真理对认识对象的反映都只能是相对正确的，即在认识的深刻程度、精确度上都是有限的，或者是近似的。真理的绝对性是指，任何真理都必然包含着同客观对象相符合的客观内容；人类的认识能力是不断发展的，因而真理内容在深度和广度上是永恒发展的。辩证唯物主义认识论排斥形而上学的思维方式，认为人类思维具有无限性和有限性，至上性和非至上性，作为认识成果的真理具有绝对性和相对性。它要求人们看到绝对中有相对，相对中有绝对，绝对与相对是既对立又统一的辩证关系。恩格斯在《反杜林论》中曾指出：“一方面，人的思维的性质必然被看做是绝对的，另

① 参见宋英辉、汤维建主编：《证据法学研究述评》，82页，北京，中国人民公安大学出版社，2006。

一方面，人的思维又是在完全有限地思维着的个人中实现的。这个矛盾只有在无限的前进过程中，在至少对我们来说实际上是无止境的人类世代更迭中才能得到解决。从这个意义来说，人的思维是至上的，同样又是不至上的，它的认识能力是无限的，同时又是有限的。按它的本性、使命、可能和历史的终极目的来说，是至上的和无限的；按它的个别实现情况和每次的现实来说，又是不至上的和有限的。”①

根据真理的绝对性和相对性原理，诉讼证明的绝对性是指其内容具有客观性，具体表现为诉讼证明是以一定证据为客观基础的，诉讼证明所认定的事实是向案件客观事实的接近而不是背离，是在一定范围内不能被推翻的正确认识。诉讼证明的相对性是指诉讼主体对案件客观事实的认识总是对客观事实本身一部分的接近和符合，诉讼中的认识也是相对的、有条件的，是对事物的一部分、一个阶段的认识。辩证唯物主义认识论认为真理是一个由相对走向绝对的永无止境的转化、发展过程，诉讼证明所达到的真实只是这个转化、发展过程的一个环节或阶段，诉讼证明只能接近绝对真实，而不能达到绝对真实。② 例如在故意杀人案件中，司法人员需要查明的是与杀人犯罪构成要件相关的事实，即杀人行为是否发生；在什么时间、什么地点发生；杀人行为人是谁，是否达到法定刑事责任年龄和具有刑事责任能力；是因为什么事由，使用的是什么工具，主要情节如何等几个方面的内容。查明这些事实，就可以对案件作出最终裁决。至于杀人者当时的表情、使用多大气力等细枝末节的问题往往很难查清，做到司法人员查明的案件事实与真实发生的案件事实丝毫不差是不可能的，对于通过刑事诉讼打击犯罪、解决纠纷来说也是不必要的。

辩证唯物主义认为，世界是可知的，总体而言，人类是有能力认识一切客观真理的。传统证据理论将辩证唯物主义这一命题运用到诉讼证明中来，认为案件事实是客观存在的，因而也是可以完全认识的，刑事诉讼应当以追求客观真实作为其目标。只要司法人员充分发挥主观能动性，重视调查研究、收集证据，案件事实真相是完全可以被发现的，因此我国诉讼活动中的证明目标为“查明案件客观事实”；证明标准为“案件事实清楚，证据确实、充分”。传统的证据理论过分夸大了绝对真理观，却忽视了认识论的另一个方面，即相对真理观。诉讼中人们对案件事实的认定属于“相对真理”，人们在具体案件中对案件事实的认定还受到众多主客观因素和条件的限制。以人类认识整个过程的终极目标代替具体诉讼过程的认识目标，不仅不切实际，而且有可能在司法实践中带来不良后果。

二、作为证据制度理论基础的认识论的特殊性③

尽管诉讼认识以辩证唯物主义认识论为理论基础，但是基于刑事诉讼的特点，作为证据制度理论基础的认识论与一般认识论是有区别的，其具有自身的特性。这是我们学习和研究证据法必须注意的问题。

（一）认识主体的特殊性

首先，诉讼认识主体的主观能力具有局限性。刑事诉讼中认识主体的范围是特定的。在诉讼中进行认识的主体包括司法机关、诉讼当事人以及其他诉讼参与人，其范围是非常

---

① ［德］恩格斯：《反杜林论》，载《马克思恩格斯选集》，3版，第3卷，463页，北京，人民出版社，2012。

② 参见孙长永主编：《刑事诉讼证据与程序》，9页，北京，中国检察出版社，2003。

③ 参见孙长永主编：《刑事诉讼证据与程序》，9—13页，北京，中国检察出版社，2003；卞建林、谭世贵主编：《证据法学》，3版，56—59页，北京，中国政法大学出版社，2014。

特定和有限的，而且往往落实到具体的个人。人的思维的非至上性决定了某一个案件的认识主体的认识能力是有限的，不可能具有无限发展的认识能力。无论是司法人员，还是普通的诉讼当事人，都是基于其对案件事实的主观认识来从事证明活动，都必然受到其感受能力、记忆能力、理解能力、表达能力等主观因素的限制，这些都必然对证明活动的施行和效果产生一定影响。“刑事诉讼证明的主体是人，而不是神，同样存在思维的非至上性问题。执法者比一般人高明之处仅仅局限于法律领域，案件事实问题则属于经验层问题，在这一问题上，执法者并没有高于普通人的天性。”[①] 在法庭审判中，控诉方或者辩护方由于其主观能力的限制对定案的关键证据举证不能或举证不力，往往会导致法官裁判其主张的事实不能成立的后果。

其次，诉讼中认识主体受诉讼利益影响。由于诉讼中的认识主体，尤其是案件的当事人与案件处理结果存在法律上的利害关系，诉讼主体在诉讼证明中基于趋利避害的本能，有可能只陈述对自己有利或对对方不利的案件事实。这也无疑有可能最终影响法官对案件的裁决。在我国刑事诉讼中，尽管检察机关作为控诉机关负责对符合起诉条件的刑事案件提起诉讼，而作为法律监督机关，检察机关还负有客观公正义务，因此，在决定起诉的案件中，检察机关应当全面收集证据；但在司法实践中，公诉人员往往对证明被告人有罪的证据给予更多的关注。

（二）认识时空和资源的限制性

人们进行自然证明和其他一般社会性认识，主要是为了发现某一原理或定律，可以不受地域和时间的限制而广泛地进行下去，直到发现客观真理和达到认识目的为止。而诉讼中的认识却要受到严格的地域管辖和法定期限的限制。刑事诉讼中，被犯罪行为破坏的社会秩序需要得到恢复，纠纷需要得到解决，因而案件不能无限制地拖延下去，被告人也不能无限制地处于被羁押或被调查的状态，案件必须在合理的期限内终结。诉讼中的认识主体在法定的诉讼期间内由于某种原因不能完成证明活动或者根据已有的证据不能得出明确的证明结果的，诉讼活动也要中止。

诉讼环节中的证明必须在法定的时间内完成，必须在法庭这一特殊的环境中进行。刑事诉讼作为一种解决纠纷的机制，一定要在特定的时间范围内，对特定的问题给出特定的答案。司法者对诉讼效益价值的追求，决定了其不可能无限期地等待案件事实完全查明，以达到对案件事实绝对正确的认识。同时诉讼活动要受司法资源的制约。任何国家在一定时期的资源，包括人力资源、物力资源、财力资源都是有限的，每个国家投入司法中的资源总有一个限额。而诉讼活动是一项资源耗费巨大的活动，司法资源的有限性决定了司法机关不可能为寻求某一案件的绝对真实而不惜成本、不惜代价。

（三）诉讼证明方法的特殊性

诉讼中认识的客体，也就是证明对象，是特定主体过去实施某一具有法律意义的行为所形成的事实，而不是科学原理或自然规律，后者是外在的、唯一的和现在还存在的客观规律。对于科学原理或自然规律的认识，人们可以创造条件，反复试验，直到发现规律。而诉讼中的认识是一种回溯性的历史证明活动。诉讼证明的对象是已经发生过的具体事实，而非事物的规律性。这种已经发生的事件只是在客观物质世界和人的主观世界留下了痕迹或记忆，司法人员只能通过收集、审查、运用证据按照经验法则与逻辑法则以推理方式对

---

① 汪建成：《刑事证据理论的哲学基础》，载《法学研究》，2004（6）。

案件事实加以“追溯”和“再现”，才能完成证明，得以认识案件事实。诉讼证明不可能像自然证明一样通过科学试验，反复试错。从整体上说，运用证据对事实作出判断和认定的过程，运用了从事物的结果反推其原因、从客观现实反推其历史过程的认识方法。这种认识方法只能最大限度地接近事实，而不能绝对地再现事实。

另外，和科学原理或自然规律相比，在法庭上进行的证明过程是一种纷繁复杂的社会活动，证明过程还要受伦理性要求的约束，因而诉讼证明活动必须遵循一定的证明程序和证明规则，法律不允许当事人随意使用证明手段。

（四）诉讼证明目的的特殊性

诉讼证明的目的明显不同于自然证明和一般社会证明。自然证明和一般社会证明是为了揭示自然领域、社会领域中客观存在的各种现象和规律，也就是为了追求客观真理，追求认识的正确性。刑事诉讼中的证明，一方面是为了打击犯罪，维护社会秩序，这一证明目的离不开对案件事实的正确认识，否则就可能造成冤假错案，违背证明的目的。另一方面，诉讼证明还是以解决利益争端为目的的活动。无论何种诉讼，其实质都是通过诉诸法律而定分止争，恢复法律秩序，也即以确认法律权益、解决利益争端为目的的法律实施活动。在解决利益争端过程中，裁判者需要通过审查、判断证据，对案件事实作出正确的认识，这种对事实的认识为争端的解决提供了一定的事实基础和依据，创造了一定的条件，但不是诉讼证明的唯一目的。而裁判者对利益争端的解决，也不一定要建立在客观真实的基础上。例如控诉方举证不足或者举证未能达到法定的证明标准，法官就会作出被告人无罪的判决，通过诉讼调解、辩诉交易所作出的判决，都不是建立在查明案件事实真相基础上的。

刑事诉讼证明目的的特殊性决定了诉讼中的认识对象是特定的，即刑事证据是为实现特定证明对象服务的。只有那些对证明案件有实质意义的事实，即与定罪量刑有关，能够解决诉讼争端的事实，才能成为证据。“刑事诉讼中的案件事实无疑是经过证明对象这把剪刀裁剪过的，法官们所关注的事实同小说家所关注的事实显然不同。”① 证明目的的特殊性表明了诉讼中的认识与自然科学和一般社会认识的区别。

综上所述，从刑事诉讼证明过程来看，诉讼证明活动主要是一个认识过程，在这一认识过程中，辩证唯物主义认识论中的反映论、可知论、相对论思想为刑事诉讼证据制度提供了理论支撑。同时，作为证据制度理论基础的认识论具有特殊性，不能将作为一般规律的辩证唯物主义认识论绝对化，僵化地用于解决刑事诉讼中的认识问题。辩证唯物主义认识论的一般规律性、普遍性与刑事诉讼认识论的特殊性不是严格对立或不可调和的，而是同时作用于具体的案件证明过程。

从总体上说，我国刑事诉讼法中确立的证据制度体现了辩证唯物主义认识论的思想。例如，我国刑事诉讼法规定了重证据、重调查研究、不轻信口供的原则；证据必须经过查证属实才能作为定案的根据；司法人员办案必须忠实于事实真相等。这说明我国刑事诉讼强调司法人员用作判案依据的对案件事实的认识应当与案件事实本身相符合。作为我国证据制度理论基础的传统的认识论存在缺陷，那就是只看到辩证唯物主义认识论中关于真理绝对性的内容，并以此为指导，认为刑事诉讼以追求客观真实作为其目标，而对诉讼证明的相对性、认识能力的非至上性以及诉讼证明特殊性的认识不足。这集中表现为我国刑事

① 汪建成：《刑事证据理论的哲学基础》，载《法学研究》，2004（6）。

诉讼中，缺乏完善的证据规则，所定证明标准过高，对其他诉讼价值有所忽略。在这种认识论指导之下，很难形成完整的证据规则，对证据制度的理论研究也因为存在片面性而难以深入下去。这些都需要在证据制度改革过程中加以完善。

第二节　刑事证据制度的价值论基础

所谓价值，体现的是一种主客体关系，即价值是主体需要和客体适应与满足主体需要之间的一种特定关系。它是在人的实践—认识活动中建立起来的。从原始意义上讲，价值经常被界定为客体满足主体需要的积极意义或客体的有用性。法律价值则是人与法律之间的一种需要与满足的特定关系。法律价值作为社会关系主体对法律的一种主观体验，必然存在于人的需要与法律满足人的需要的属性之间的特定关系之中。而证据制度的价值，是指证据立法及其实施能够满足国家、社会及其一般成员的特定需要，对国家、社会及其一般成员所具有的效用和意义。证据制度的作用、目的、性质必然深刻地制约证据制度价值的有无及大小。

法律价值是法律的灵魂，从一个国家制定的法律中，可以看出一个国家的价值取向。价值观念是一个国家、一个民族在其历史发展过程中自发形成的，与特定社会的文化背景有关，但是它最终决定于社会的经济结构和生产力的发展水平。因此不同的社会制度，对法的价值的理解和要求并不相同，即使是相同社会制度的国家，法律文化传统、政治力量对比等因素也会影响其法律价值的选择，因而法律价值具有多元性、可变性。诉讼中的证明不仅是一种认识活动，更是一种适用法律的专门活动，因此必然涉及对各种价值的选择和实现问题。由于诉讼本身的价值取向逐渐趋于多元化，所以作为诉讼制度重要组成部分的证据制度，其价值也应当是多元化的。

一、秩序

秩序是维护现存经济、政治等制度和一般生存条件的需求的具体内容之一，同时也是国家所追求的法律的基本价值之一。社会秩序，指的是人类社会中由社会规范调控所形成的一种既定的状态。秩序是法的基础价值。任何法，从秩序意义上讲，无不是为了追求并保持社会一定的有序状态。秩序是法的最直接的追求，法的其他价值也都是以一定的秩序价值为基础的。在刑事诉讼领域，秩序价值包含两种含义：一是通过惩治犯罪以恢复社会秩序；二是追诉犯罪的活动必须是有序的，不得导致无序状态。证据制度同样是通过这两种方式达到维护秩序的目的。

首先，通过证据制度的实施，在发现案件真实的基础上惩罚犯罪行为，以恢复社会秩序。证据法的确立以及模式的选择，无不是为了维护一定的社会秩序，即通过发现、收集、审查判断证据来查明案件事实，认定犯罪，以实现打击犯罪，恢复被犯罪行为破坏的社会秩序，稳定整体社会秩序的目的。发现案件事实真相之所以重要，主要原因在于刑事诉讼的目的是确认犯罪事实的发生和犯罪人是谁，并在此基础上实现国家的刑罚权。使用国家刑罚权来惩治和预防犯罪、维护社会秩序是刑事诉讼赖以存在的基础。各个国家都是将发现案件真实作为刑事证据法的目标之一。例如，《美国联邦证据规则》第102条规定，本规则将用以保证公正实行，消除不合理的耗费和延误，促进证据法的发展壮大，以实现确定事实真相，公正处理诉讼；《日本刑事诉讼法》第1条规定，本法以在刑事案件上，于维护公共福利和保障个人基本人权的同时，明确案件的事实真相，正当而迅速地适用刑罚法令为目的。证据制度中确立的品格证据规则、最佳证据规则、传闻证据规则都是为了确保通过证据发现案件真相，以使真正的犯罪行为人受到刑罚处罚，因犯罪行为遭到破坏的社会秩序得以恢复。如果没有证据制度做保障，如果不建立这样一种秩序，国家权力在打击犯罪中就无法得以体现，对犯罪的追究就会陷入混乱状态，任何人都可以行使自己认为所具有的追究犯罪的权力，那么整个社会就会陷于无序状态。

其次，通过证据制度规范诉讼主体的诉讼行为，以维护诉讼秩序。维护法律或统治秩序的司法机关，其本身的行为必须是合乎秩序的，在权力的行使方面更是如此。法治社会强调要以程序性规范建立国家司法机关权力运作的秩序，对司法权的行使进行严格制约。证据制度要求作为最终定案根据的证据应当具有客观性、相关性和合法性，禁止司法机关的非法取证行为，就是为了保证司法活动的纯洁性，维护诉讼秩序。所以，对于侦查机关而言，收集的证据在实体上必须具有客观性和相关性；收集证据的程序必须合法。对于起诉机关而言，对被告人提出控诉必须遵循举证规则和质证规则等。对于审判机关而言，证据制度对其审判行为进行规范主要是通过认证规则，以确定法官裁量评判证据应当遵循的原则和程序，对法官裁量评判证据的活动予以规范。以法庭审判为例，证据制度通过规范诉讼各方的取证和举证行为来实现维护诉讼秩序的作用。在现代诉讼模式下，庭审中控辩双方进行对抗，举证由控辩双方进行。这样，在法庭调查中，就不可避免地涉及控辩双方提出证据是否具有可采性的问题。如果对其完全不加以限制，就有可能使法庭调查的范围无限扩大，事实的争议之点模糊。不具有可采性的证据如果不能排除，就有可能影响裁判的正确性。因此，在法律上明确规定证据可采性规则，限制举证和辩论的范围，有助于规范各方取证和举证的诉讼行为，使庭审过程规范、有序。

二、自由

自由是人生而具有的属性。自由对于人的价值主要在于：它是人的潜在能力的外在化，是人的自我意识的现实化，是人类发展的动力和目标之一。自由作为法的重大价值，其在法或法学上的界定一般是指一定社会中人们受到法律的保障或得到法的认可，按照自己的意志进行活动的人的权利。由这一定义我们可以看出，法的自由是人固有的权利，属于人权的范畴。对人及其存在的价值和尊严的尊重是法治的最高价值追求，自由是人及其存在的价值和尊严的重要体现和保障，因而也是现代社会最重要的法律价值之一。当今，崇尚人权、追求自由已经成为社会潮流，我们更应追求证据制度中的自由价值，让证据制度在保障人的自由方面发挥更大的作用。证据制度通过以下方式保证自由价值的实现。

首先，证据制度通过对国家权力的控制，实现公民的自由。在刑事诉讼活动中，犯罪嫌疑人、被告人的自由的最大危险往往来自刑事司法权力的滥用。从这个角度而言，只有将刑事司法权力纳入法律规范的轨道，犯罪嫌疑人、被告人的自由才有可能免遭刑事司法权力的随意侵犯和得到充分的保障。为了充分保障和实现犯罪嫌疑人、被告人的自由，现代法治国家在制定刑事证据制度时无不充分考虑到这一点。例如，根据非法证据排除规则，由于侦查机关采取非法手段收集证据，侵犯了犯罪嫌疑人的诉讼权利或实体权利，为了保障人权，这类证据应当予以排除。再例如，各国均确立了刑事诉讼中较高的证明标准，这就对司法人员发现、收集和审查判断证据提出了更高的要求，司法人员行使权力应当做到慎重、准确。在证据的运用过程中，要严格规范和限制国家的侦查机关、控诉机关的权力，防止其滥用权力侵犯诉讼参与人的诉讼权利，重视对诉讼参与人特别是犯罪嫌疑人、被告人的人格尊严和价值的保障，把被告人作为自主、自立且有权自由表达自己意志的重要诉讼主体来看待，而不能随意处置。

其次，证据制度通过对权利的积极规定，实现公民自由。自由一方面体现为法律对国家权力行使的消极性规定，另一方面则体现为对公民权利行使的积极性规定。因此自由在证据制度中的另一种体现是证据制度以积极方式规定诉讼参与人，特别是犯罪嫌疑人、被告人的权利。例如，在刑事诉讼中，犯罪嫌疑人、被告人享有不受强迫自证其罪的权利。不受强迫自证其罪的权利是刑事诉讼中的一项独立权利，它对于遏制刑讯逼供、预防刑事诉讼中受刑事指控的人的合法权利遭受侵犯起着重要作用，体现了诉讼中的自由、民主价值。再例如，刑事诉讼中对被告人适用无罪推定原则，决定了在证明责任的分配上，要求公诉方承担证明责任，如果公诉方的举证不能达到法定证明标准，其就要承担实体法上的不利后果，法官将根据“疑罪从无”原则判决被告人无罪。无罪推定原则及其所蕴涵的证明责任分配原理正体现了证据法律制度对公民自由的尊重与维护。

目前，对于个人权利的保护，不仅表现为刑事诉讼中赋予公民广泛的诉讼权利，而且表现为各国将许多公民个人权利上升为宪法权利。法律所体现的自由价值主要表现为对公民生命权、自由权、隐私权的尊重。刑事诉讼中，对人权的尊重不仅表现为对刑事司法中的犯罪嫌疑人、被告人权利的尊重，也表现为对其他社会成员权利的尊重。例如，一些国家的证据制度除了规定证人要具有提供证言的资格，必须符合法律所限定的条件外，还规定在其具有特定身份或职业而导致其作证可能损害特定的利益或价值的场合下，证人的作证义务可以被免除，体现了证据制度在对查明案件事实目标的追求以外，对其他利益与价值的尊重。

另外，证据制度中对自由价值的保障还体现出世界化趋势。随着世界人权事业的发展，《世界人权宣言》、《公民权利和政治权利国际公约》和《经济、社会和文化权利国际公约》等人权公约以及一系列国际刑事司法准则相继确立了诉讼参与人享有的一系列实体和正当程序权利。国际人权公约和其他国际刑事司法准则对公民自由权利的保障强调对国家机关权力进行限制，同时赋予公民积极的自由权利。国际人权公约和其他国际刑事司法准则对公民自由权利的规定集中体现在：一是要求加强对犯罪嫌疑人、被告人的积极保护，例如明确无罪推定原则，赋予犯罪嫌疑人、被告人一定的沉默权；二是加强辩护方的防御能力，例如赋予辩护人调查取证权，建立证据开示制度，落实质证权等。国际人权公约是世界各国在人权保护领域共同追求的理想价值和通力协作的重要成果，也是衡量各国刑事司法领域文明、民主、进步与否的国际标准，理应得到遵守。

三、效益

效益是人类社会的一项重要价值目标。“效益”一词在当今社会被广泛使用。在经济学中，效益是指以最少的资源消耗取得同样多的效果，或用同样的资源消耗取得较大的效果。简而言之，就是以最小的投入获得最大的产出。这里的投入，或者可以称为成本，是人们为了一定的效益所付出的代价。这里的产出则是指有效产出。“效益”一词最常见于经济领域，人们说得最多的也是经济效益，但是我们应当看到效益不仅限于经济效益。有的效益是可以用经济来衡量的，而有的效益并不表现为具体的经济利益，也不能用经济的标准来衡量，例如国家的司法活动。

刑事诉讼是国家追究犯罪，保护无辜，维持正常社会秩序的一种活动。在此过程中，国家需要投入大量的人力、物力和财力，即必须付出高昂的诉讼成本。刑事诉讼效益是指在刑事诉讼中所投入的司法资源与所取得成果的比例。讲求诉讼效益就是要求以一定的司法资源投入换取尽可能多的诉讼成果，即降低诉讼成本，提高工作效率，加速诉讼运作，减少案件拖延和积压的现象。刑事诉讼的效益价值还体现在社会效益的获得上，例如司法机关权力运作效率的提高、社会秩序的维护以及人们安全感的加强等。

科学、合理的证据制度必然反映出一定的经济合理性。既然刑事诉讼是一种消耗大量人力、物力和财力的活动，那么在当今资源稀缺的情况下，其投入与产出比必须符合经济合理性的要求。面对诉讼成本高昂、案件积压严重、司法活动拖延的共同难题，世界各国不外乎通过科学地配置司法资源和合理地设置诉讼程序的方法予以解决。在刑事诉讼中配置司法资源方面，完善的证据规则有助于合理配置司法资源，取得良好诉讼效益。法庭审理主要是在控辩双方的对抗和推动之下进行的，如果对双方的举证、质证不设立严格、具体的标准和规则，则无法避免当事人随意使用证据。这些证据要么不具有相关性，要么不具有实用性。不具有相关性的证据，必然会导致证据收集、审查、调查范围的无限扩大，而影响诉讼进程，浪费司法资源。作为证据法律制度的重要内容的免证事实以及推定制度的设立，都是为了加快对有关事实的认定的进程，避免不必要的调查。在刑事诉讼程序方面，在司法资源一定的情况下，科学设计的刑事诉讼程序，有利于降低刑事诉讼成本，提高刑事诉讼效率。例如证据开示程序，就社会总体而言，通过证据开示，侦查机关利用国家侦查设施取得的证据，既可以为控诉方使用也可为辩护方使用，相对于双方各自独立调查取证，减少了社会总消耗，提高了资源利用率。就单个诉讼而言，通过证据开示，控辩双方明确了争议的焦点，做好庭前准备，避免了审判的拖延和无序，保证了审判集中、连续进行，缩短了诉讼周期，实现了诉讼的高效快捷。①

第三节　刑事证据制度的程序正义论基础

所谓程序正义，是指法律程序在其具体运作过程中应符合正义的要求。如前所述，辩证唯物主义认识论原理为我们提供了认识客观世界的武器与方法，然而认识活动虽然是诉讼证明活动中的重要内容，但却绝不是诉讼证明活动的全部。即使是诉讼中的认识活动，也不同于其他社会领域中的认识活动，除了必须遵循辩证唯物主义关于主观认识客观的规

① 参见宋英辉、魏晓娜：《证据开示制度的法理与构建》，载《中国刑事法杂志》，2001（4）。

律原理，运用逻辑和经验的知识法则外，还要受到程序法律的规范，体现程序正义的理念。

根据程序正义理论，法律程序是为保证一些独立于判决结果的程序价值而设计的，这些价值有参与、公平以及保障个人的尊严等。一项符合这些价值的法律程序或者法律实施过程固然会形成正确的结果，但这种程序和过程的正当性并不因此得到证明，而是取决于程序或过程本身是否符合独立的程序正义标准。[①] 换句话说，一项法律程序或法律实施过程是否具有正当性和合理性，不是看它是否有助于产生正确的结果，而是看它能否保护一些独立的内在价值。

证据制度的内容贯穿、渗透于程序法中，刑事诉讼的整个过程中，证据的运用与程序密不可分。一方面，证据制度的运行依托于刑事诉讼程序；另一方面，许多证据规则本身就是程序性规定。将程序正义理论奉为证据法学的理论基础，为一系列证据规则的确立提供了理论根基。程序正义理论论证的主要不是发现案件事实真相的正当性问题，而是发现案件事实真相的手段和方式如何公正、合理的问题。作为发现案件事实的证据制度，能够最大限度地保障案件当事人收集和发现证据，敦促当事人围绕事实发现展开有效的诉讼活动。只有通过这种方式，案件裁判的公正性才能得到保障，裁判的结果更容易为案件当事人所接受，也更能满足社会公众对司法公正的希求。在证据制度中，程序正义理论主要从以下几个方面解决诉讼证明过程的公正性和裁判结果的可接受性问题。

一、保证案件当事人充分参与，实现诉讼双方的平等对抗

程序正义最基本的要求是：与诉讼结果有利害关系或者可能因该结果蒙受不利影响的人，都有机会参与到诉讼中，并得到提出有利于自己的主张和证据以及反驳对方提出的主张和证据的机会。程序参与是维持诉讼平衡的需要。维系程序的诉讼构造，应当尽可能使控辩双方力量保持均衡，并保障诉讼双方享有平等或对等的诉讼权利。刑事公诉案件中由力量相对强大的公诉机关进行对公民个人的追诉，因而容易造成力量失衡和侵犯公民权利的现象。程序参与原则使得诉讼能够在追诉犯罪的基础上兼顾处于相对弱势的被追诉方利益，赋予被追诉方参与诉讼、陈述意见的权利，从而可以避免出现追诉机关单方面影响法官的判断，使法官能够在控辩双方平等对抗关系基础上作出中立的裁断。

公平是正义的基本内涵，程序正义自然要求诉讼双方在诉讼过程中的各个阶段都能保证公平对抗。在证据制度中，公平对抗主要表现为控辩双方在获取证据、证据信息知悉、质证等方面机会平等。不仅要形式上平等，还要强调实质上的平等。基于刑事公诉案件中控诉方与辩护方力量对比的实质不平等，在控方负主要举证责任的证明责任分配设计上以及无罪推定、疑罪从无原则的确立上，都表现为对辩护方的一定倾斜，以提升处于相对弱势的辩护方的诉讼地位，实现控辩双方的实质平衡。许多国家的宪法和刑事诉讼法都规定了刑事诉讼中的无罪推定原则，即任何人在未经依法确定有罪以前，应假定其无罪。凡是证据不足、事实不清的案件，法官应当作出无罪的判决。无罪推定作为对刑事被告人在法律上所作的保护性假定，并非对被告人身份和地位的事实描述，它所维护的是被告人在诉讼过程中的主体资格和积极参与者地位，保障的是程序过程的公平性和合理性。任何人不得被强迫自证其罪原则维护的主要是被告人防卫自身和自主选择诉讼行为的能力，防止的

---

① 参见陈瑞华：《从认识论走向价值论——证据法理论基础的反思与重构》，载《法学》，2001（1）。

是那种为达到诉讼结果而不择手段的司法行为，它对于控辩双方在理性的基础上进行平等对抗具有保障作用。

证据法一般都有保障控辩双方在审前进行证据或信息交流的制度构建。这种交流主要是通过阅卷权和证据开示两种形式进行的。在实行职权主义诉讼模式的大陆法系国家，检察机关起诉时全案移送包括证据材料在内的案卷，为了保障被告人的辩护权，法律一般赋予辩护律师查阅案卷的权利，即阅卷权。在实行当事人主义诉讼模式的英美法系国家，则设有专门的证据开示程序。在证据开示程序中，由于追诉方在收集证据方面占有绝对优势，案件证据多由控方拥有，所以证据开示程序向来被认为是辩护方行使防御权的一种保障。审判前的信息交流，实现了控辩双方对侦查设施资源的共享，强化了辩护方的防御功能，为庭审实质化提供了客观条件。

证据法普遍规定了以开庭方式审查证据，通过直接言词、集中辩论的方式解决争端。被告人在审判中享有出示证据和反驳不利证据的机会。证据调查采取交叉询问的方式，要求在法庭上，控辩双方中的一方在有机会提问的另一方当事人或者其代表在场的情况下提供证据。正是程序为当事人双方提供了一个根据证据进行自由对话、平等辩论、反复博弈的环境，使得双方的观点、意见可以为中立的裁判者予以平等的考虑。通过公开、公正的程序，人们以看得见的方式实现司法正义。当事人双方的利益被置于与国家和社会利益同等重要的地位之上，受到裁判者的充分关注，因而会产生一种受公正对待的感觉，社会公众也会对判决结果连同其据以形成的合理根据一起表示认可和满意。

二、法官保持中立

正当程序强调法律程序，或者法律规定的正当性。正当程序作为一条重要的法制理念与宪法性原则，源于英国“自然正义”的思想。“自然正义”是英国法制的核心，是法官据以控制公共行为和行政行为的基本程序原则。这一原则有两个基本要求：一是任何人均不得担任自己案件的法官，二是法官在制作裁判时应听取双方当事人的陈述。根据第一项要求，法官在审判中不得有任何偏私，其不仅不能与案件或当事人双方存有利益上的牵连，而且不得对案件事实形成预决性的认识和判断，否则法官作的裁判就可能失去效力。根据第二项要求，法官必须给予所有与案件结局有着直接利害关系的人充分陈述意见的机会，并且对各方面的证据和意见平等对待，否则他所制作的裁判就不具有法律效力。程序正义要求裁判者必须公正无偏，对此人们已经达成共识并成为一项国际性司法准则。联合国《公民权利和政治权利国际公约》第14条规定，当事人有获得“合格的、独立的和公正的法庭”审判的权利，因此独立、中立、公正的审判者成为程序正义的基本要求之一。

在刑事诉讼中，法官保持中立要求法官不得过早和单方面接触证据。根据现代诉讼构造，法官作为裁判一方，应当与控诉和辩护各方保持等距离的关系，以维护其地位的中立与超然。为了保证法官不对案件事实有所偏见，在审判程序开始之前不应使之过早地接触证据，以免对案件形成预断。为此，英美法系国家法官在开庭前并不接触证据材料，直到开庭后，控辩双方才当庭向法庭提交证据材料。日本在刑事诉讼中实行起诉状一本主义，除了起诉书外，法官在开庭前看不到其他案卷材料。大陆法系国家采卷宗移送主义，检察机关在庭审前向法院移送全部案卷材料，法官庭前有可能接触案件证据材料，但大陆法系国家严格贯彻法庭审理的直接言词原则，强调证人必须出庭，任何证据必须经过法庭的辩论、质证才能作为定案的根据，大大降低了法官庭前接触证据可能产生预断的消极影响。我国1996年修改《刑事诉讼法》时，改变了1979年《刑事诉讼法》规定的起诉机关移送全部起诉案卷的做法，规定起诉机关决定起诉的，移送法院的案卷材料主要包括有明确指控犯罪事实的起诉书、证据目录、证人名单和主要证据的复印件或者照片。法院对起诉的审查也从原来的实体性审查转变为程序性审查，减少了审判前法官接触证据的机会。但在司法实践中，由于法官庭前仍能够接触案件主要证据内容，此举避免法官对案件产生庭前预断的效果并不明显。更为重要的是，由于检察机关向法院移送案卷材料范围受到限制，直接导致辩护方查阅案卷材料范围受到限制，严重影响被告人辩护权的行使，造成法庭审判严重的控辩不平衡。2012年我国修改《刑事诉讼法》，恢复检察机关提起公诉案件向法院移送全部案卷材料的做法，同时强化证人、鉴定人出庭制度，证人证言质证规则等内容，以保证案件最终裁决是根据庭审中证据调查、证据辩论作出，消除法官庭前预断的影响。另外，法官不应单方面接触证据，法官单方面接触证据可能导致对方当事人失去反驳该项证据的机会，这同样是为了避免法官因接触一方提供的证据而可能对案件产生预断，以保证案件得到公正审理。

在刑事诉讼中，法官保持中立要求法官对控辩双方提出证据的活动平等对待。在诉讼过程中，举证、质证是控辩双方之间为支持自己主张进行进攻和防御的重要手段，也是当事人自己决定自己权利义务的关键。因此，法官应保持客观中立的立场，让当事人平等对抗，只是为其提供公平对抗的场所，不能偏袒或压制任何 ·方。法官对控辩双方的举证、质证活动要平等对待，对于双方在庭审过程中就证据、案件事实以及适用法律发表的意见要公平考虑。当然，在举证、质证过程中，法官也应发挥自己的主导作用，让双方的举证、质证活动围绕证据的关联性、合法性和真实性展开。

在刑事诉讼中，法官保持中立要求法官作出裁判必须建立在控辩双方提供的证据的基础之上。为了保证裁判者与裁判结果之间没有利害关系，法官只能根据控辩双方提供的证据对事实予以认定，而不能偏向任何一方，只有这样才能保证审判程序的正义和认定事实的正确。裁判者在审查判断证据时要保持适当的消极性和被动性，遵循不告不理的原则，裁判者对控辩双方之间争端的解决一般主要限定在法庭上，限于对双方提交的证据材料、意见进行听审和裁判。在法庭审判过程中，审判必须以控诉方起诉范围为准，即审判以合法有效的起诉为前提，审判事项受起诉范围的限制。法官在审理中不能随意扩大需要查明或认定的案件事实的范围，而只能将法庭调查范围限制在控诉的范围之内。法官最终对案件作出裁判时，也只能在起诉范围内和在法庭调查证据的基础上作出。

三、判决说明理由

程序正义不仅体现在法官在当事人的参与下解决案件争端的法庭审理过程中，也体现在案件最终处理结果的判决中。判决书是法官针对个案作出判决的书面载体，是法官解释他为什么这样判决的说明书。判决说明理由，一方面可以使裁判者更为准确地认定案件事实；另一方面，有助于当事人了解判决是怎么作出的，使其更容易接受判决。

判决理由的陈述包括两个方面：对事实认定的陈述和对法律结论的陈述。其中事实认定指的是裁判者在诉讼中依据证据最终所认定的案件事实情况。判决理由有助于保证判决实际上是基于法庭调查的证据作出的。判决充分考虑控辩双方提出的证据以及对证据的审查判断情况，可以保证案件事实认定的准确性。

如前所述，诉讼证明具有相对性和特殊性，程序公正有助于使诉讼证明的相对性结果具有正当性。判决说明理由，不管裁判结果如何，人们都会确信这种结果不是裁判机关任意或者随意作出的，而是经过了充分、合理的论证和讨论，因而具有充分的正当性和合理性。如果一项判决是附带理由的，那么人们就更倾向于接受这项判决。即使他不同意这些理由，他至少会觉得他所提出的证据被考虑到了，他的意见也已经被充分注意到了。这种效果不仅来自诉讼证明结果的真实，也来自程序过程本身的公正、合理性，由此使裁判结果的形成建立在正当的法律实施过程的基础之上。现代司法实践证明，坚持程序正义原则，有助于争讼的双方从心理上真诚接受和承认法院所作裁判的公正性和合理性，有助于社会公众对法院、审判程序乃至国家法律制度的权威性产生普遍的信服和尊重。

第四节　刑事证据制度不同理论基础间体现的价值选择与权衡

证据法是一个复杂的法律规范系统，任何一个理论基础都难以对整个证据法体系作出全面、合理的解释，现代证据法体系的构建是多种理论共同作用的结果，证据制度理论基础呈现的是一种多元化状态。那么这些多元的理论基础之间的关系是怎样的？证据制度又是怎样调和不同理论所体现的价值的冲突的？

一、刑事证据制度不同理论基础之间的关系

（一）不同的理论基础从不同方面发挥作用

辩证唯物主义认识论主要为诉讼认识的内在过程提供正确的观念、原则和方法，主要解决的是诉讼认识作为认识活动所具有的特点和规律，它的目的和作用在于保障诉讼认识具有真理性。程序正义论主要为诉讼认识的外在过程提供正确的观念、原则和方法，主要解决的是诉讼认识作为一种司法活动具有的特点和规律，它的目的和作用在于保障诉讼认识具有正当性。[①] 从程序正义理论的角度来看，诉讼的终极目标应当是以符合正义要求的方式解决争端，求得诉讼过程的公正性。价值理论则是从刑事诉讼所要达到的价值目标上指引着案件事实的发现和诉讼程序的进程。因此，只有遵循辩证唯物主义认识论的原则和方法，才能够保证诉讼认识本身的真理性；只有遵循程序正义论的原则和要求，才能够保证诉讼认识的正当性；只有遵循诉讼价值论的原则和要求，才能实现诉讼的价值和目标，才能保证诉讼认识的正确、合法、有效。其中，通过辩证唯物主义认识论所实现的揭示案件事实真相是刑事诉讼进行的基础，程序正义论是刑事诉讼过程具有正当性的保障，价值论则是刑事诉讼所要实现的价值目标。不同的理论基础从不同方面发挥作用，整个证据制度是沿着不同理论发挥作用的合力的方向运行的。任何一种理论都不足以兼顾到证据制度所

---

① 参见樊崇义主编：《证据法学》，6版，61页，北京，法律出版社，2017。

有价值的实现。

（二）辩证唯物主义认识论、价值论、程序正义论相互作用

首先，辩证唯物主义认识论是设计程序正义论和价值论的前提和条件。诉讼证明毕竟是一种认识活动，因而辩证唯物主义认识论会对整个证明活动起指导作用，诉讼价值目标的实现、程序正当性的体现都要通过认识活动来进行。

其次，价值论是认识论和程序正义论的目标方向。辩证唯物主义认识论为我们提供了正确认识客观世界的方法和途径；程序正义理论则从法律上规范和制约这些认识方法和途径的正当性；价值论则为认识活动和诉讼过程提供价值原则，它所提供的原则是诉讼活动的目的性原则。

最后，程序正义论是辩证唯物主义认识论具体适用于诉讼认识活动的保障。正是程序正义论的适用，使得诉讼认识活动与一般的认识活动有本质的不同。[①] 同时，诉讼程序的具体设置又直接体现了一定的诉讼价值。

刑事诉讼的进行要解决三个基本问题：一是找出案件事实，二是解决纠纷，三是实现国家的刑罚权。其中辩证唯物主义认识论对案件事实的发现发挥着作用，价值论则是为了落实国家的刑罚权，保障涉诉公民的基本权利不受侵害，同时兼顾效益原则。从认识论和价值论的角度，可以看出诉讼证明是体现一定法律价值、追求实体真实的认识活动。但是，如前所述，诉讼证明具有相对性和特殊性，诉讼证明的结果也只能是一种相对的真实，这时候我们就会遇到一个问题，诉讼证明中，人们对相同的证据材料必然会产生不同的认识结果；当事人之间、当事人与法官之间、法官与法官之间根据相同的证据材料可能会产生对案件事实的不同认识，那么如何使各方共同接受诉讼证明的结果？相对真实性本身做不到。这时候就需要引入程序正义理论。程序正义理论正是通过发挥自身独特的内在价值，来保证整个诉讼证明过程的正当性和合理性，以促使各方普遍接受诉讼结果，从而最终解决纠纷。程序正义理论对诉讼证明的意义并不在于其有助于实现实体真实，程序公正的真正意义在于弥补诉讼证明相对真实性之不足。可见证据制度的运行，是不同的理论基础相互作用的结果。

不同理论基础的相互作用不仅体现在从整体上影响证据体系的建构和运行，具体到某一证据原则或规则也是如此。例如，非法证据排除规则的确立，不仅是因为通过非法诉讼活动获取的证据有可能是不真实的，更是考虑了法律对公民自由权、隐私权的尊重和维护，以及维护法律程序的正当性。为了维护法律的价值和程序的正当性，通过非法诉讼活动获取的证据即使是真实的，也可能遭到否定的评价。

辩证唯物主义认识论、价值论、程序正义论不仅从各自的角度对诉讼证明过程实际起作用，还通过互相影响、互相作用，共同指引着证据立法和证据司法实践的方向。片面强调任何一个理论基础，都会给证据立法、司法实践甚至是一国的法治目标带来消极影响。不同的理论相互作用，共同对证据制度进行指导，可以避免由单一理论做指导带来的弊端，保证证据制度运行的合理性、合法性与正当性。

二、不同证据理论基础中所体现的价值取向的冲突与平衡

如上所述，证据制度的不同理论基础所体现的价值取向是不同的：辩证唯物主义认识

---

① 参见樊崇义主编：《证据法学》，6版，61页，北京，法律出版社，2017。

论体现的是追求案件事实真相，实现实体正义的价值；价值论体现的既有对整个社会秩序的维护，也有对个人自由、个人权利的尊重，还有对诉讼效率的追求；程序正义论则体现了诉讼过程的正当性，追求的是一种程序正义价值。从总体上说，不同的理论基础共同作用于证据制度，它们之间是不矛盾的，但是在司法实践中，在具体的诉讼证明过程中，不同理论基础所体现的价值取向是有可能发生冲突和矛盾的，这时就需要对这种冲突和矛盾加以协调和平衡。以协调价值冲突为目标的利益衡量是证据制度的一个重要方法原则。

（一）公共利益与个人利益

利益是一种客观范畴，是一种客观存在，利益就是需要的主体和需要的对象之间的一种事实关系。从利益主体的角度可以把利益分为个人利益和公共利益。个人利益包括经济收益、生活安全、权力地位、名誉声望等，公共利益包括经济发展、文明进步、社会安宁、公共秩序等。

在刑事诉讼中所体现出来的公共利益是指通过查明案件事实，查获犯罪人，实现刑罚，以维护和恢复社会秩序；所体现出来的个人利益是指在刑事诉讼中被害人、犯罪嫌疑人、证人等个人的权利与自由。之所以在这里特别讨论公共利益与公民个人利益之间的关系，是因为公共利益有时会成为国家侵权、国家权力限制公民个人利益的理由。一般来说，公共利益与个人利益之间存在四种冲突：一是公共利益和个人利益都不具有合法性的保护；二是存在由权力来保护的个人利益，但却没有政府权力来维护公共利益；三是有法律上的授予政府保护公共利益的权力，但是对个人利益没有任何保护；四是公共利益和个人利益都有明确的法律保护。[①] 对于前三种情形，如果它们发生冲突，很容易在公共利益和个人利益之间作出选择。然而，如果公共利益和个人利益都具有法律上的根据，当二者发生冲突时就很难在二者之间确定何者更为重要。

证据制度是维护社会生活秩序的一种机制，因此不可避免地要面对不同利益的冲突。在刑事证明过程中，国家利益与个人利益常常存在冲突，如为了高效率地取得证据，发现案件事实，以稳定和维护社会秩序，常常采取限制甚至侵犯个人自由的手段。国家刑事司法行为侵权的可能性是不可能彻底排除的，国家刑事司法行为在进行的同时客观上就会产生侵权的风险。对打击犯罪效率的要求越高，侵权的风险一般说来也就越大。在现代法治社会，单纯、片面地要求个人利益无条件服从公共利益，为公共利益作出牺牲是行不通的。同时，国家也不能因为国家职权行为有侵犯公民合法权益的风险就止步不前，停止履行国家职能，放弃维护和促进社会公益的职责。这便要求有一种机制，能够平衡国家整体利益与个人利益的矛盾。利益平衡是指在运用法律调整社会关系的过程中，能动地对各种利益关系进行确认、维护、协调与平衡，以解决复杂的利益冲突和利益矛盾，使各种利益主体的利益需求在现实的社会生活中得以实现和受到保障。这里所说的利益平衡，在法治的意蕴上，既是指运用法律的价值观念来平衡各种利益关系，也是指通过具体法律制度的操作来平衡利益。前者主要是一种价值观念上的取舍，后者则关注动态的过程。刑事证明中片面强调个人利益或者公共利益都是不可取的。因此，应当反对以侵害个人利益的方式实现国家利益。证据制度的功能应当是在个人权利与国家权力之间起调节作用，在具体运作中应当贯彻个体利益与公共利益平衡的指导思想。

---

① 参见莫纪宏：《论私有财产限制的方式及标准》，载张庆福主编：《宪法论丛》，第4卷，644—645页，北京，法律出版社，2004。

（二）打击犯罪与保障人权

证据法就是规范证据制度原则、规则、程序等内容的法律。这些内容的设定有两大功能：一是保障发现案件的客观真实，使犯罪人受到应有的惩罚，并保障无罪的人不受刑事追究，它体现了国家维护安全与秩序的意志；二是保障涉讼的公民个人的人身权利、财产权利以及其他权利不受来自国家权力的恣意侵犯，保证对上述权利的限制和剥夺维持在正当程序范围内，它体现的是对人及其存在的尊严的尊重。①

犯罪是对社会秩序的严重破坏，社会危害性是犯罪的本质特征之一。任何犯罪都破坏了社会正常发展的安定状态和秩序，危害了一般社会成员赖以生存的条件，犯罪直接侵害社会成员个体，最终受害者是整个社会。因此，为了保障社会的安全，国家必须打击犯罪。只要依然存在犯罪现象，任何一个国家都不能不把同犯罪作斗争放在重要的位置。为了有效地追究犯罪、惩罚犯罪，国家不仅要制定实体法，对犯罪与刑罚作出明确规定，还要制定刑事程序法和证据法，以保证准确、有效地惩治和遏制犯罪。证据法通过规范刑事证据的发现、收集和审查判断活动，保证查明犯罪事实，查获犯罪人并使其受到法律的追究。证据法为通过惩罚犯罪维护社会秩序，即恢复被犯罪破坏的社会秩序以及预防社会秩序被犯罪所破坏创造了条件。

但是，惩罚犯罪只是刑事诉讼目的的一个方面，刑事诉讼目的的另一个方面是人权保障。在刑事诉讼中，保障人权主要表现为：（1）保障无罪的人不受刑事追究；（2）保障犯罪的人只受公正的刑罚处罚；（3）保障被害人等其他诉讼参与人的合法权利。在刑事证明过程中，国家司法机关不能一味追求对犯罪嫌疑人、被告人定罪，还负有保证法律正确实施，维护当事人合法权利的职责。在刑事证明过程中，保护人权的重点应当是保护犯罪嫌疑人和被告人的权利。犯罪嫌疑人和被告人是刑事诉讼主体而非客体已得到当今人类社会的普遍肯定。国家司法机关担负的人权保障功能是全方位的。对于被告人，即使是事实上有罪的被告人，在刑事诉讼过程中也应被当作一个有尊严的人对待，不得进行侮辱或歧视；应保障被告人平等参与到诉讼中来，使其有机会提出证据并对对其不利的证据进行质证；基于无罪推定原则，国家司法机关对案件的处理决定必须符合证明标准，对于不构成犯罪，或者情节轻微以及证据不足的案件应作出撤销案件、不起诉、判决无罪等无罪处理，使被追诉者早日从刑事程序中解脱出来，这将在相当大的程度上保护被追诉者人权。

在通常情况下，打击犯罪与保护人权的目标是吻合的，但是在有些情况下，打击犯罪与保护人权的目标又是相互冲突的。为了维护社会秩序，实现国家职能，打击犯罪，人民负有服从国家权力的义务，这从整个社会来说，是公平、正义的。但是国家权力的运行以公民基本权利为界限，国家公权力不能侵犯公民基本权利。现代刑事法治将打击犯罪与保障公民人权放在同等重要的位置，两者相结合，不能片面地强调一个方面而忽视另一个方面。刑事证据制度应当把打击犯罪与保障人权两种目标妥善地加以协调，有机地结合在一起。因为刑事证据制度始终围绕着调查处理犯罪的活动，一切人权问题都与犯罪或追究犯罪有关，并发生在这个活动过程中。

（三）实体正义与程序正义

正义是人类社会所要追求的首要价值目标，在刑事诉讼中也居于核心地位。因为刑事诉讼的根本目标是在查清案件事实基础上，惩罚犯罪、保障人权，以一种和平和非自助的

---

① 参见卞建林主编：《刑事证明理论》，70—72页，北京，中国人民公安大学出版社，2004。

方式解决国家与被告人、被害人与被告人之间的矛盾，从而恢复被犯罪行为破坏的社会秩序。刑事司法中的正义可以分为实体正义和程序正义。实体正义又称结果正义，是指对诉讼参与人的实体权利和义务关系作出的裁判和处理结果是公正的。它包括对案件事实真相的发现和对实体法的正确适用两个方面。程序正义，是指法律程序在运作过程中所要实现的价值目标。它强调法律程序本身的公正性，一项法律程序本身是否具有程序公正所要求的品质，要看它是否使那些受程序结果影响的人得到了应得的待遇。[①] 程序正义不仅是实现实体正义的工具和手段，而且具有与实体正义同等甚至更为重要的独立价值。实践证明，单纯追求实体正义不仅会导致漠视甚至是践踏当事人的正当权利，而且会导致司法正义观念的扭曲。相反，过分强调程序正义而忽视实体正义，也是与司法活动的本质不符的。

在刑事证据制度中，许多证据规则的内容都体现了在相互冲突的不同价值间进行权衡的基础上进行取舍的关系。例如，在刑事诉讼中，法律规定的享有调查取证权的主体违反法律规定的权限或程序，以违法方式取得的证据构成非法证据。法律规定以违法方式获得的证据不具有证据能力，应当依法予以排除。非法证据不一定不具有客观真实性，但在取得证据的手段上违背了程序正义的要求。对于这样的证据，如果舍弃，会妨碍案件事实真相的发现，不利于追诉犯罪；如果采纳，又是对司法人员违法行为的认可，而不利于诉讼参与人的权利保障。刑事司法面临着价值冲突。非法证据排除规则表明，实体正义与程序正义之间的关系是相当复杂的，实体正义不等于程序正义，程序正义也不等于实体正义；坚持程序正义不必然导致实体正义，获得实体正义也不必然遵循程序正义。[②] 刑事司法所面临的价值冲突是客观存在的、必然的，是不以人的意志为转移的，任何国家都不可避免地面临选择，要么牺牲一部分实体正义，以维护正当程序和保障人权；要么牺牲一部分程序正义，容忍国家权力一定程度的扩张和对个人的侵扰。一个国家或社会司法价值取向是受多方面因素，包括历史文化传统、民族心理模式、政治经济制度、社会道德意识等影响的，因而不同的国家对于打击犯罪和保障人权的取舍侧重不同，即使同一个国家在不同历史时期也可能采取不同的价值取向。

理想的司法状态是实体正义和程序正义同时获得实现，这在大多数情况下是能做到的。因为，从实体正义与程序正义的目的上说，两者是一致的。获得案件实体真实，打击犯罪，就是保护公民基本权利免受不法侵害，保护人权也要求对严重侵犯人权的犯罪行为进行打击；维护正当程序同样是为了保护公民基本权利免受包括来自国家的不法行为的侵害。程序正义是实体正义的保障，虽然程序正义并不必然能够达到实体正义的结果，但是，如果离开程序正义，往往导致程序正义和实体正义两败俱伤。由于各种情况的影响，在司法实践中实体正义和程序正义会发生价值冲突，但是在两者的关系上，应当寻求两种价值观念的兼顾与平衡。

在证据制度中，处理公共利益与个人利益、打击犯罪与保障人权、实体正义与程序正义的关系，总的原则是兼顾不同的价值，实现不同价值的平衡。当不同价值存在冲突时，应当在不同价值之间进行权衡，并在权衡的基础上进行取舍，取舍时应当考虑如下因素：（1）取此舍彼所要达到的目的；（2）被舍弃的价值有无依理性的其他替代方法获得的可能

---

① 参见陈瑞华：《刑事审判原理论》，54页，北京，北京大学出版社，1997。

② 参见何家弘：《试论刑事司法与证据制度的价值取向》，载《犯罪研究》，2001（1）。

性；(3) 被舍弃的价值没有依理性的其他替代方法获得的可能性时，这种舍弃是否值得。①

从以上分析可以看出，辩证唯物主义认识论、价值论、程序正义论都是证据法的理论基础，都是证据法追求的基本目标。诉讼中的证明是既涉及认识范畴又涉及价值范畴的复杂活动，既要遵循认识论的一般规律，遵守经验法则和逻辑法则；又要满足程序正义的要求，接受程序法规范和证据规则的调整与制约。不同的理论基础所反映的法律基本的价值目标是互相渗透、相互包容的，同时在一定条件下又相互对立、相互冲突。对于证据法多元基础理论中的任何一个理论都不能片面化、绝对化，它们交织在一起共同对证据法的构建和运行发挥作用。对于不同理论所体现的价值冲突要遵循价值兼顾与平衡原则，根据本国法律制度、司法政策进行取舍。正是辩证唯物主义认识论、价值论和程序正义论的有机结合，才使得证据制度体系日益完善，证据法学研究走向深入。

【问题与思考】

1. 如何理解刑事证据制度与认识论的关系？
2. 如何理解刑事证据制度与价值论的关系？
3. 如何理解刑事证据制度与程序正义论的关系？
4. 如何理解刑事证据制度不同理论基础之间的关系？
5. 如何理解刑事证据制度不同理论基础所体现的价值取向的冲突与平衡？

【推荐阅读书目】

1. 陈瑞华．刑事证据法的理论问题．2版．北京：法律出版社，2018.
2. 吴洪淇．证据法的理论面孔．北京：法律出版社，2018.
3. 高家伟．证据法基本范畴研究．北京：中国人民公安大学出版社，2018.
4. 易延友．证据法学：原则 规则 案例．北京：法律出版社，2017.
5. 宋英辉，汤维建．证据法学研究述评．北京：中国人民公安大学出版社，2006.
6. 王敏远．刑事证据法中的权利保护．北京：中国人民大学出版社，2006.
7. 卞建林．刑事证明理论．北京：中国人民公安大学出版社，2004.
8. 汪建成．刑事证据理论的哲学基础．法学研究，2004 (6).
9. 吴宏耀，魏晓娜．诉讼证明原理．北京：法律出版社，2002.
10. 张建伟．证据法学的理论基础．现代法学，2002 (2).
11. 陈瑞华．从认识论走向价值论——证据法理论基础的反思与重构．法学，2001 (1).

① 参见张建伟：《刑事司法——多元价值与制度配置》，23页，北京，人民法院出版社，2003。

第四章

刑事证据制度的基本原则

内容导读

刑事证据制度的基本原则包括无罪推定原则、证据裁判原则、直接言词原则、自由心证原则和忠实于事实真相原则。无罪推定原则作为刑事诉讼基本原则，贯穿于刑事证据制度的构建和运作过程；证据裁判原则是认定案件事实最基本的原则，同其他诉讼法和证据法原则相比，具有优先性；自由心证原则是根据证据认定案件事实时应当遵循的原则；直接言词原则是对证据进行调查时应当遵循的原则；忠实于事实真相原则为事实裁判提供基础，在刑事证据制度中具有特殊价值。无罪推定原则、证据裁判原则、自由心证原则、直接言词原则和忠实于事实真相原则紧密联系、相互促进，共同发挥指导刑事证据运用的功能。

刑事证据制度的基本原则是指在构建以及实践刑事证据制度时应当遵循的基本准则。证据制度的理论基础解决的是证据制度的理论支撑问题，而证据制度的基本原则解决的是证据规则的设计及证据运用中的指导原则问题，是理论基础的体现和对理论基础功能的进一步细化。传统上，我国把证据制度作为诉讼法的一部分，运用诉讼法的基本原则来指导证据制度的运作。近年来，随着证据法学的发展，一些学者关注到了刑事证据制度的特殊性，对刑事证据制度基本原则进行了研究和归纳。有的学者将刑事证据制度基本原则概括为证据裁判原则、合法性原则、关联性原则、直接言词原则、质证原则①；有的学者将刑事证据制度的基本原则归纳为证据裁判原则、实质真实原则、无罪推定原则、证据合法原则、直接和言词原则、禁止强迫自证其罪原则。②

刑事证据制度基本原则调整的应当是对刑事证据运用具有根本性、基础性地位的内容。在刑事证据领域，刑事证据基本原则具有高于具体证据规则的法律效力。刑事证据规则和运行程序的设定，必须以基本原则为指导；对具体证据规则的解释，必须符合基本原则的要求。刑事证据制度的基本原则既适用于刑事证据立法活动，也适用于刑事证据的具体运

① 参见陈卫东：《论刑事证据法的基本原则》，载《中外法学》，2004（4）。

② 参见陈瑞华：《刑事证据法学》，3版，48—75页，北京，北京大学出版社，2018。

作。在刑事证明过程中，当事人进行诉讼和司法机关处理案件都必须遵守基本原则。没有具体证据规则而需要司法官员以裁量权予以处理的诉讼活动，依证据制度基本原则进行。我国2010年《关于办理死刑案件审查判断证据若干问题的规定》和《关于办理刑事案件排除非法证据若干问题的规定》两个证据规定的出台以及2012年第二次修改《刑事诉讼法》，为我国刑事证据法的完善确立了纲领性的法律规范，2018年第三次修改《刑事诉讼法》及相关司法解释出台，进一步完善和创新刑事证据制度，并实现了与监察制度的协调与衔接。这些法律、法规及司法解释对刑事证据的审查判断设立了一系列法律规则，基本确立了我国刑事证据制度的基本原则。我们认为，我国刑事证据制度基本原则可以概括为：无罪推定原则、证据裁判原则、直接言词原则、自由心证原则和忠实于事实真相原则。

第一节 无罪推定原则

一、无罪推定原则的概念和内涵

（一）无罪推定原则的概念

尽管无罪推定原则在各国法律文本中的表达方式有所差异，但对无罪推定原则概念所包含的要素归纳大体能够达成共识。在各国法典、国际人权公约以及相关理论学说中，无罪推定原则通常被表述为：任何受刑事控告之人在被司法机关依法确认有罪之前，在法律上应当推定或假定其无罪。无罪推定原则概念的关键词为“受刑事控告人”“依法”“确认有罪之前”“推定无罪”。“受刑事控告人”为无罪推定原则适用对象，在刑事诉讼中主要体现为犯罪嫌疑人、被告人，刑事诉讼围绕犯罪嫌疑人、被告人刑事责任展开，犯罪嫌疑人、被告人成为无罪推定原则适用最主要的对象。“依法”为对司法机关行使司法权设定的义务，司法机关裁决案件严格依照法律，所依据的法律既包括实体法，也包括程序法。“确认有罪之前”揭示无罪推定原则适用过程及阶段，即最终对被告人作出有罪裁决之前，有权力作出罪责裁决的是审判机关。“推定无罪”表明刑事被追诉人在法律上的地位，因是对刑事被追诉人有利的一种处置，对其而言具有权利属性。无罪推定原则适用空间为司法机关最终作出生效的有罪裁决之前，推定无罪表明法律层面对犯罪嫌疑人、被告人的评价，对其本身而言是其享有的诉讼权利。

刑事诉讼是国家通过追诉犯罪维护社会秩序的过程，在这一过程中国家机关承担并扮演着两种基本的功能和角色：一是以控诉机关名义行动的追诉功能，二是以审判机关名义行动的审判功能。二者的构造关系表现了国家对待犯罪嫌疑人、被告人的态度。大凡在诉审合而为一的程序构造下，“嫌疑人”和“被告人”被合并成同一概念，且可能自始至终为“罪犯”的概念所统领，国家极易采取有罪推定的态度，程序模式呈纠问制；而在诉审分离并形成制衡的程序构造下，“嫌疑人”和“被告人”是两个概念，且与“罪犯”概念相区别，国家趋向于采取无罪推定的态度，程序模式呈控辩制。[①] 无罪推定原则正是在国家治理

① 参见谢进杰：《如何对待嫌疑人与被告人——建国以来围绕“无罪推定”的讨论》，载《中山大学学报（社会科学版）》，2012（4）。

犯罪方式变革，刑事司法奉行控审分离、控辩平等对抗以及审判中立原则，对有罪推定原则进行反思的基础上确立的，无罪推定原则也进一步推动了犯罪治理模式的现代转型。无罪推定原则已成为现代各国刑事诉讼普遍确立的基本原则，并成为联合国在刑事司法领域确立的最低限度准则。

无罪推定原则对于整个刑事诉讼的意义在于：一是要求国家专门机关依照法定的程序追诉犯罪，规范国家机关权力行使，以此实现刑事法治之目标；二是通过原则设置，形成控辩平衡、审判中立的诉讼机制，构建科学的刑事诉讼构造；三是赋予刑事被追诉人无罪人的法律地位及相应诉讼权利，发挥诉讼程序人权保障之功能。

（二）无罪推定原则的内涵

从字面理解，无罪推定原则关注于保护无罪之人，在证据不足情形下使其免于定罪和处罚，实质上无罪推定原则内涵范围更为宽泛，即保证刑事司法符合公正审判原则。

1. 确定被告人有罪的权力由法院统一行使。定罪是刑事诉讼的核心环节，根据无罪推定原则，定罪主体有着严格的资格限制，以保证定罪权统一、正确实施，维护法律统一。一是对被告人定罪权的专属性。介入刑事诉讼的国家机关包括警察机关、检察机关和审判机关，定罪权专属于审判机关，除法院及法官外，其他任何机关和个人均无定罪权。强调法院对被告人罪责的最终裁决权，是审判中心主义视角下无罪推定原则意蕴的新内涵。二是对被告人定罪的合法性。法院审理案件需严格遵守法定程序，未遵守法定司法程序的审理和判决无效，也不能在法律上认定被告人有罪。无罪推定原则要求，法院的裁决通过公开、公正的法庭审判程序产生，裁决结果建立在法庭审判所采纳的证据和所认定的案件事实基础之上。

2. 确定犯罪嫌疑人、被告人在刑事诉讼中的处遇。刑事诉讼是国家机关追诉犯罪的活动，诉讼一方为拥有国家公权力的专门机关，另一方为处于受追诉地位的犯罪嫌疑人、被告人，双方天然处于不平等地位，这是由刑事诉讼的性质所决定的。为了实现诉讼程序以及诉讼结果的公正，法律设计需要修正诉讼中不平等局面，避免公权力过于强大易受滥用之倾向。无罪推定原则的出发点便在于确定被追诉人在刑事诉讼中的地位，并据此设定犯罪嫌疑人、被告人的诉讼权利和义务，以形成科学的刑事诉讼机制。“无罪推定是设定被告人法律地位的规范性规则，而不是有关事实推理的规则。”① 无罪推定原则在制度层面明确，犯罪嫌疑人、被告人在法院作出有罪判决之前，被推定无罪，既然无罪，在诉讼中就不能被作为罪犯对待；如果经过法庭审理最终认定被告人无罪，则应使其恢复到进入诉讼之前的无罪状态。同时，犯罪嫌疑人、被告人在刑事诉讼中享有一系列诉讼权利以实现与控诉机关的对抗，例如控告信息知悉权、沉默权、获得律师帮助权、质证权、最后陈述权、上诉权等。无罪推定原则所确立的犯罪嫌疑人、被告人处遇，表明其不是诉讼客体，而是具有独立地位的诉讼主体，享有独立主体人格待遇。无罪推定原则是一项权利原则，为刑事被追诉人人权保障的集中体现。

3. 无罪推定原则适用例外。无罪推定原则作为刑事诉讼基本原则贯穿于法院最终认定被告人有罪前的一切诉讼阶段，但有其适用的具体范围。无罪推定原则适用于涉及对犯罪嫌疑人、被告人定罪事项，除此之外的都不在其调整范围内。刑事诉讼作为犯罪追诉程序的集合体，司法机关裁决和处理的事项具有复杂性，以下事项不适用无罪推定原则：一是量刑事实。定罪与量刑是刑事司法的关键环节，直接决定对被告人刑事责任处理结果。定

① 陈光中主编：《证据法学》，4版，121页，北京，法律出版社，2019。

罪与量刑存在前后逻辑关系，先定罪后量刑。对于定罪事项，决定罪之有无，适用无罪推定原则；在确定被告人有罪前提下，才会开启量刑环节，对于量刑事项，决定刑罚种类及刑期之长短，无罪推定原则不再具有适用空间。二是程序事项。刑事诉讼过程中涉及程序性事项，例如管辖变更、回避申请、证人出庭、合议庭组成等程序争议，有关程序性事项的审理和裁决是为保障诉讼程序顺利进行，不涉及被告人刑事责任认定，故而不适用无罪推定原则。三是特别程序。无罪推定原则通常适用于依普通程序审理的案件，依特别程序审理的案件不再适用。域外国家和地区存在辩诉交易、简易程序等特别程序类型，在这些建立在被告人自愿认罪基础上的简易程序中，审判法庭一般不再就案件事实展开实质性调查，无罪推定原则受到很大限制，而成为无罪推定原则适用的例外。

二、无罪推定原则与证据法

无罪推定原则与证据规则内容、证据制度程序运作机制相关联。无罪推定原则之实施，关键在于刑事诉讼中所适用的证据法则；无罪推定原则之意义，亦由配套的证据法则所烘托。

（一）证明责任分配

关于无罪推定原则的司法价值及功能定位历来有不同解读，但就该原则所确立的证明责任分配机制认知则高度一致。英美法系国家直接将无罪推定原则解释为一项证明责任分配规则，此外并无其他更多意义。威格摩尔认为，无罪推定仅仅是控方负担证明责任并且需要证明到排除合理疑问的程度的另一种表达形式。[①] 大陆法系国家将无罪推定原则上升为刑事诉讼基本原则层面，作为正当程序构成要素，以追求被追诉人权利保护为目的，统领刑事诉讼过程。大陆法系国家同样认为无罪推定原则在诉讼机制中包括了证明责任分配意义上的内涵，作为证据制度的重要规则。

无罪推定原则本身为一种法律拟制，受刑事指控之人在被法院依法判决有罪之前，在法律上推定其无罪。控诉机关想要推翻这一推定，就要提出确实、充分的证据证明被告人在事实上实施了犯罪行为，从而推翻无罪推定。依据无罪推定原则，证明被告人有罪的责任由控诉方承担，控诉方对被告人实施有罪指控需根据收集的有效的证据来进行，否则将承担不利法律后果。被告人则不需要就其行为是否构成犯罪提出证据加以证明，也不能因被告人不能或者没有证明自己无罪而判定其有罪，因为在法院最终裁决其有罪之前，法律已将其置于无罪的法律地位。被告人可以针对有罪指控进行辩解或者保持沉默，这是其行使诉讼权利的表现。

（二）证明标准要求

证明责任与证明标准是相互联系的一组概念，诉讼中仅有证明责任分配还不完整，还需要明确提出和运用证据证明案件事实到什么程度证明责任才算履行完毕。无罪推定作为一种法律拟制，被告人无罪的推定可以被推翻，推翻的前提是控诉方提出相反的证据证明被告人无罪的结论不成立，有足够证据证明被告人的行为构成犯罪，否则无罪推定必然转化为无罪的判定，而不论其在事实上是否实施犯罪行为。不同于公民的民事法律关系，刑

---

① J. H. Wigmore A Treatise on the Anglo-American System of Evidence in Trials at Common Law [M]. Boston：Little，Brown，1940：407. 转引自孙长永、闫召华：《无罪推定的法律效果比较研究　种历时分析》，载《现代法学》，2010（4）。

事法律关系往往涉及公民生命权、人身自由权、财产权等基本性权利，有罪与无罪结论对于一个人关系重大。要推翻无罪推定，控诉方需提出确实、充分的证据，经证据证明的案件事实能够排除合理怀疑，使裁判者确信被告人有罪。依据证据的充分性和不可辩驳性来推翻最初的无罪推定，这是很高的证明要求。如果控诉方不能提出证据证明被告人有罪或者提出证据达不到法定要求，则无罪推定不能被推翻，最终结果只能判定被告人无罪。

（三）疑罪从无

疑罪是指控方证据不能确切证明被告人有罪，或者对被告人有罪的证明存在合理怀疑，达不到证明标准时，刑事案件所处的状态。对于疑罪按照有罪推定与无罪推定两种方式，所得出的结论不同。有罪推定下，进入刑事诉讼的犯罪嫌疑人、被告人被推定有罪并承担提出证据证明自己无罪的责任，如果其不能提出证据证明或者证明无罪达不到证明标准，则要承担疑罪带来的后果，疑罪从有或者疑罪从轻。无罪推定下，被告人被推定无罪并由控诉方承担证明被告人有罪责任，且需达到最高证明标准，案件存疑则遵循有利于被告人一方原则，结论为判定被告人无罪，即疑罪从无。有罪推定与无罪推定对待疑罪处理结果的相异归因于二者所设定的证明责任及证明标准的不同。疑罪从无原则更能彰显保障诉讼参与人人权和维护司法公正的价值理念。疑罪从无既是人权保障的必然要求，也是遵循认识规律的必然结果，同时面对司法资源的有限性，案件不能久拖不决，因而也是基于诉讼效率考虑的现实选择。

依据疑罪从无原则作出的无罪裁决与有罪裁决具有同样的法律效力。首先，属于无罪判决，是对控诉机关试图推翻某公民享有的无罪法律拟制地位行为的否定；其次，终结了刑事诉讼程序，是刑事程序法、实体法同时适用的结果，只是这里是从否定刑事实体法适用角度的适用；再次，是法院的确定裁判，体现着裁判的权威性，具有法院确定裁判所具有的既判力；最后，具有执行力，被告人的人身权利、财产权利被限制的，立即解除。[①]

无罪推定与疑罪从无并非并列关系，疑罪从无是从无罪推定引申出来的一项诉讼原则。无罪推定作为刑事诉讼基本原则对整个刑事诉讼活动起指导作用并成为诉讼理念，疑罪从无是具体诉讼制度运作中需要遵循的重要规则，是无罪推定原则在证据制度中的体现与落实。疑罪从无是历史上“有利于被告”原则合乎逻辑的发展结果，已为当今社会普遍接受，成为各国刑事司法领域的共识。

三、无罪推定原则在我国刑事诉讼中的适用

尽管无罪推定原则已成为国际公认的刑事司法准则，就原则核心内涵亦能形成一致意见，但各个国家和地区在原则文字表达、制度体现以及实施程度等方面有所差异。我国《刑事诉讼法》第12条规定：“未经人民法院依法判决，对任何人都不得确定有罪。”与通行的无罪推定表述相比较，我国在立法上未使用“推定其无罪”或“假定其无罪”等表述，而是使用了“不得确定有罪”的表述。关于我国刑事诉讼法是否确立了无罪推定原则在理论上尚存有争议，但第12条规定确实体现了无罪推定原则的基本精神，成为我国刑事诉讼基本原则，对整个刑事诉讼过程起指导作用。应该说我国对无罪推定原则根据国情做了变通，侧重于诉讼实质。

---

① 参见侯国锋：《证据不足无罪判决研究》，载《中国检察官》，2017（13）。

作为刑事诉讼基本原则，未经人民法院依判决对任何人都不得确定有罪原则对刑事证据制度起着直接规范和指导作用。一是明确控诉方承担犯罪嫌疑人、被告人有罪的举证责任。《刑事诉讼法》第 51 条规定："公诉案件中被告人有罪的举证责任由人民检察院承担，自诉案件中被告人有罪的举证责任由自诉人承担。"刑事诉讼由处于控诉方的公诉人、自诉人承担被告人有罪的举证责任，被告人原则上不承担举证责任。第 52 条规定："严禁刑讯逼供和以威胁、引诱、欺骗以及其他非法方法收集证据，不得强迫任何人证实自己有罪。"进一步明确了被告人免证自己有罪，不强迫自证其罪恰恰是其享有的诉讼权利。二是设定最高证明标准。《刑事诉讼法》第 200 条第 1 项规定，根据已经查明的事实、证据和有关的法律规定，"案件事实清楚，证据确实、充分，依据法律认定被告人有罪的，应当作出有罪判决"。我国刑事诉讼认定被告人有罪的证明标准为"案件事实清楚，证据确实、充分"。《刑事诉讼法》第 55 条对"证据确实、充分"进一步予以明确，即定罪量刑的事实都有证据证明；据以定案的证据均经法定程序查证属实；综合全案证据，对所认定事实已排除合理怀疑。据此，公诉机关要说服法官接受控诉主张，对于案件的证明需要做到"案件事实清楚，证据确实、充分"，并最终"达到排除合理怀疑"的最高限度，才能推翻最初法律预设的无罪推定，否则，控诉方就要承担败诉的风险。有观点认为我国建立在被告人自愿认罪基础上的速裁程序、简易程序中，无罪推定原则适用受到很大限制，甚至已经成为无罪推定原则适用的例外。① 实际上我国的速裁程序、简易程序内容与域外辩诉交易及相关简易程序内容不完全相同，根据《刑事诉讼法》第 214 条规定，法院适用简易程序审理案件，仍需达到"案件事实清楚、证据充分"的程度；根据《刑事诉讼法》第 222 条规定，法院适用速裁程序审理案件的条件之一为"案件事实清楚，证据确实、充分"；2019 年最高人民法院、最高人民检察院、公安部、国家安全部、司法部《关于适用认罪认罚从宽制度的指导意见》第 3 条规定："坚持证据裁判原则。办理认罪认罚案件，应当以事实为根据，以法律为准绳，严格按照证据裁判要求，全面收集、固定、审查和认定证据。坚持法定证明标准，侦查终结、提起公诉、作出有罪裁判应当做到犯罪事实清楚，证据确实、充分，防止因犯罪嫌疑人、被告人认罪而降低证据要求和证明标准。对犯罪嫌疑人、被告人认罪认罚，但证据不足，不能认定其有罪的，依法作出撤销案件、不起诉决定或者宣告无罪。"可见，我国刑事诉讼并未因被告人认罪认罚适用速裁程序、简易程序而放松证据要求和降低证明标准，依然采严格证明标准。三是疑罪从无。《刑事诉讼法》第 175 条第 4 款规定："对于二次补充侦查的案件，人民检察院仍然认为证据不足，不符合起诉条件的，应当作出不起诉的决定。"该条确定了审查起诉阶段检察机关疑罪处理方式，即不起诉。第 200 条第 3 项规定："证据不足，不能认定被告人有罪的，应当作出证据不足、指控的犯罪不能成立的无罪判决。"该条确定了审判阶段人民法院疑罪处理方式，即裁判无罪。

无罪推定原则的精神与内涵在我国刑事证据制度中均有所体现。但我国长期以来形成的诉讼惯习，重实体、轻程序，重打击犯罪、轻人权保障，曾影响着刑事诉讼立法及司法实践运作，例如诉讼构造侦查中心主义倾向，法庭卷宗主义审判重心，导致法庭审判形式化，不符合无罪推定原则下审判机关统一行使定罪权，审判权在裁判中起最终决定作用的基本要求；尽管法律明确规定疑罪从无，案件事实不清、证据不足案件应做无罪处理，但司法实践中存在"疑罪从有""疑罪从轻""疑罪从挂"等现象，定罪时作"留有余地"的裁

① 参见陈瑞华：《刑事证据法》，3 版，61 页，北京，北京大学出版社，2018。

决成为普遍操作方式，违背和冲击着疑罪从无原则。办案过程中形成冤假错案，不仅造成个案不公，更是严重损害司法公信力。党的十八届四中全会提出，推进以审判为中心的诉讼制度改革，保证庭审在查明事实、认定证据、保护诉权、公正裁判中发挥决定性作用。加强人权司法保障，强化诉讼过程中当事人和其他诉讼参与人的知情权、陈述权、辩护辩论权、申请权、申诉权的制度保障。健全落实罪刑法定、疑罪从无、非法证据排除等法律原则的法律制度。无罪推定原则强调法院统一行使定罪权与审判中心的要求具有内在一致性，疑罪从无是人权司法保障具体内容之一。新一轮司法改革围绕依法治国总体目标，遵循司法规律，强调在证据裁判基础上推进严格司法。其中推进审判中心制度改革和加强人权司法保障内容与无罪推定原则直接相关，为我国无罪推定原则的深入贯彻与实施提供了指导与契机。

第二节 证据裁判原则

一、证据裁判原则的概念和意义

（一）证据裁判原则的概念

证据裁判原则，又称证据裁判主义、证据为本原则，是指对于案件事实的认定，必须有相应的证据予以证明。在刑事诉讼中，是指对于刑事案件事实的认定必须依靠证据，没有证据或证据不充分，不能认定犯罪事实。

证据裁判原则的产生经历了漫长的历史过程。在人类社会早期，阶级和国家出现以前，对于人们之间的纠纷，普遍采用自力救济的方式，即当事人并不求助于第三方，而是直接针对对方实施救济行为。这种情形下，不存在“证据裁判”的空间。随着人类社会经济的发展，国家和法律产生，“诉讼”开始出现。诉讼是在中立的第三方参与下，以裁决方式解决纠纷的一种模式，它属于公力救济的方式。在这种由第三方裁决纠纷的方式下，中立的裁判者并非事实的经历者，因而，他要想对纠纷事实作出判断，有一个不可或缺的环节就是案件事实的证明。人类对案件事实的证明也经历了一个历史发展过程。在诉讼发展史的早期，案件的裁判者普遍采用神示裁判、决斗裁判、宣誓裁判等证明方式。这些对案件事实的证明方式是一类非理性的司法证明方式，这主要是受当时的经济基础以及人类认识能力的限制。随着人类经验知识的积累和认识能力的提高，一种理性的司法证明方式出现并取代了非理性的司法证明方式，这就是证据裁判方式。这一方式要求法官认定案件事实必须依据经过法定正式调查程序的证据。证据以其特有的理性证明功能占据了裁判的主导地位，并最终成为现代证据制度的奠基原则。

（二）证据裁判原则的意义

从现代世界各国的诉讼制度来看，证据裁判原则是认定事实最基本的原则，可以说整个证据法的构建都是建立在这个原则之上。正是在这个意义上，有学者将证据裁判原则视为证据规定的帝王条款，支配所有犯罪事实的认定。① 证据裁判原则不仅对于证据制度，而

① 参见林钰雄：《刑事诉讼法》上册，344页，北京，中国人民大学出版社，2005。

且对于诉讼制度也有着重要意义。

1. 现代证据裁判原则的确立有助于刑事诉讼目的的实现。现代刑事诉讼以发现真实与保障人权为目标，作为刑事诉讼制度一部分的证据制度也不例外，而且完善的证据制度有利于促进这一目标的实现。首先，对于发现真实来说，案件事实一般都是发生在过去的事件，由于时间具有一维性，是一去不复返的，因而司法人员及其他诉讼参与人在诉讼中无法看见或者再经历发生在过去的事实。控辩双方的任务就是要举出各种各样的证据，来证明自己的事实主张或反驳对方的事实主张，而法官的任务就是要通过这些证据去查明和认定案件事实。案件事实的不可逆性，决定了只能依靠案件发生时留下的痕迹、印记等来认定案件事实，这些痕迹、印记就是可以用作证据的东西。除此之外我们还没有找到更好的方法。随着科学技术的发展，通过证据认定案件事实变得越来越可靠。证据裁判方式既符合逻辑证明的科学判断规律，又保证了其真实功能的实现。其次，现代证据裁判原则具有保障人权的作用。这主要体现在证据合法性的规定上。证据裁判中依据的证据必须是有证据资格的证据，取得有资格的证据要遵循一套程序规则。这决定了不能在证据之外认定案件事实，同时不能以侵害当事人合法权利的非法方法获取证据。这样就可以保证认定案件事实的正当性，它是在保障当事人合法权利的情况下进行的。

2. 证据裁判原则使裁判建立在理性的基础上，有助于确定裁判的权威性、正当性和可预见性。证据裁判原则是在否定非理性证明方式的基础上建立起来的，它以原则的形式，规定认定案件事实必须依据证据，从而保障裁判建立在理性的基础之上。理性的一项基本要求是对任何判断、结论和决定说明其根据和理由，而证据裁判原则正是对判断说明其根据和理由的认识法则。通过证据裁判原则，可以限定裁判者在裁判过程中的任意性，减少裁判形成过程中产生的争议，因而能够增强裁判的信服力，维护司法的权威。除了证据这一理性证明方式，不能以其他标准来裁断案件事实，使得刑事司法的确定性得以增强，也使得建立在理性证明基础之上的裁判具有了可预见性。

3. 证据裁判原则与其他诉讼法和证据法原则相比，具有优先性。法官形成裁判时应当依其内心确信，但内心确信的形成，不应当是任意的，而是应当有所约束，以防止法官的恣意，保障诉讼公正。证据裁判是对法官恣意擅断的最为有效的约束机制。证据裁判原则有助于约束裁判者在认定案件事实过程中的任性和恣意，从而构成自由心证合理化与正当化的基石，自由心证原则必须在优先适用证据裁判原则的前提下才能适用。另外，直接言词原则、裁判中立原则、控辩对等原则、无罪推定原则等都不能脱离证据裁判原则的作用，这些原则互相承接、互相强化，形成一个程序空间，共同保证着刑事诉讼任务的实现。正是由于证据裁判原则具有的功能和意义，奠定了它在证据法乃至诉讼法领域的基础性原则的地位。

二、证据裁判原则的内容

（一）证据裁判的适用主体是对案件进行事实审理的法官

在刑事诉讼中，通过证据来认识案件事实的主体有多种。而依据证据进行裁判必须是具有最终认定案件事实、作出裁判权力的主体。也就是说，证据裁判从主体而言，只能是从诉讼裁判的角度出发，在诉讼过程中，以裁判者的眼光，对可用于认定事实的证据材料进行鉴别、筛选、判断和运用，并以考察的结果对案件作出裁决。在诉讼中，以裁判者而不是当事人的角度对证据运用的标准与条件进行观察和思考。在现代社会，审判权具有专属性，依据证据进行裁判的主体只能是审理案件并作出裁判的裁判者——法官。按照程序法治原则，证据裁判应当是在被裁决双方平等参与下，由中立的第三方主持的诉讼行为，在此意义上的法庭审理才是严格意义上的裁判行为。

证据裁判中的法官，包括职业法官与非职业法官。职业法官作为专业法官具有良好的专业素养和办案经验，是证据裁判的主要适用主体。陪审官作为外行普通市民法官，虽然不是专业法官，但由于陪审制被认为具有司法民主性而受到多数国家的认同，因而陪审官也是证据裁判的适用主体。

证据裁判的适用主体是以个体身份存在的法官。根据现代法的一般精神，作为证据裁判主体的法官应当满足两方面的要求：第一，一般性条件，即法官必须坚持中立、平等的姿态。现代诉讼制度要求，法官必须遵循中立原则与程序对等原则。其中，中立原则首先是一项适格性要求，即法官必须中立于有待裁判的案件。根据该原则，具有如下情形之一的法官不得充任裁判者：与案件有牵连的人；与案件结果或争议各方有任何利益关系或其他利害关系的人；对其中一方当事人怀有支持或反对偏见的人。要求法官中立，目的是保证法官能够平等对待双方当事人提出的证据和辩驳。因此，在证据裁判过程中，法官必须坚持程序对等原则，即法官应当给予各方当事人以平等参与的机会，对各方当事人的主张、证据、辩驳予以同等的尊重和关注。第二，实质性条件，法官必须直接接触证据，没有直接审查证据的法官不得参与证据评价。证据裁判的内在合理性在于其能够更准确地认定证据。然而，在不直接接触证据的情形下，这种合理性将受到根本的侵蚀。[①]

证据裁判原则的适用主体不仅是对案件具有裁判权力的法官，而且必须是对案件进行事实审理的法官。现代证据裁判主义只适用于审判阶段，但并非所有审理案件、作出裁判的法官都是证据裁判主义下“认定事实”的主体。当今世界各国在审级的设置上，一般实行两审终审制或三审终审制。在实行三审终审制的国家，其第三审审理一般是法律审而非事实审。法律审不涉及事实的调查和认定问题，而证据裁判原则强调的是认定“事实”必须依据证据，所以现代证据裁判原则适用的主体只能是对案件进行事实审的法官。在一些实行陪审制的国家，认定事实是陪审团的职责，一般只在一审中进行事实审。

有观点认为，证据裁判原则适用于整个刑事诉讼过程，只要对案件中涉及案件事实的问题作出裁决的主体就是证据裁判的主体。我们认为，在法庭审判以前，对事实的认定都不具有终局性，具有决定意义的诉讼证明只发生在庭审阶段，而且诉讼各方举证、质证、认证的行为也都发生在这个阶段，庭审阶段以前对证据的收集、审查、判断都是为庭审阶段做准备。因此，只有审判法官才是证据裁判的适用主体。

（二）对案件进行事实审理必须依靠证据

刑事诉讼中对案件事实进行认定依据的是证据，在现代诉讼制度中，作为事实认定依据的证据必须同时具备以下条件[②]：

1. 对事实问题的裁判必须依靠证据，没有证据不得认定事实。对案件事实进行认定，继而作出裁判，必须有证据存在，证据作为认定案件事实的基础具有不可替代性。对此，

---

① 参见吴宏耀：《论证据的自由评价》，载陈光中、江伟主编：《诉讼法论丛》，第8卷，北京，法律出版社，2003。

② 参见樊崇义、吴宏耀：《论证据裁判原则》，载《法律应用研究》，2001（6），北京，中国法制出版社，2001。

可以从两个方面来加以理解。其一，在诉讼中，除法律另有明文规定以外，认定案件事实的根据只能是证据。其二，在诉讼中，证据以外的任何东西，如主观臆测、妄想、推测等，都不是认定事实的根据，或者说，它们均不具备作为事实认定基础的资格。

证据裁判原则强调了证据对于事实裁判的必要性。没有证据就不能认定案件事实。这里需要指出的是，没有证据既包括没有任何证据，也包括证据不充分的各种情形。即使仅有一部分证据，或者有证据但没有达到法定程度，也不能对事实进行认定。

另外，证据裁判原则强调认定案件事实必须依靠证据，这并不是说没有证据就可不作裁判。由于各种因素的影响，某些案件很难有充分、完备的证据，甚至存在的是相互矛盾的证据，这是一种常见的正常现象。法院或法官不得以证据不足、事实不清为由拖延或拒绝裁判。当诉讼各方穷尽其证据后，法官如认为案件事实仍然处于真伪不明状态，则应当按照证据规则对案件作出处理。例如，刑事诉讼中，经法庭调查，证据不足，不能认定被告人有罪的，法官要作出证据不足，指控犯罪不能成立的无罪判决。

2. 裁判所依据的证据，必须是有证据资格的证据。证据裁判原则不仅强调裁判对证据的依赖关系，也强调对证据本身的资格要求。所谓证据资格，是指作为法官认定案件事实或判决根据的证据必须具备的要件。根据证据制度的多元价值理论，证据制度的设立和运行是一个价值选择过程。一项材料是否可以作为证据进入法庭并接受法庭调查，首先要经过法官的价值选择。只有具有证据资格的证据才得进入法庭调查程序而出现于法官的视野之中。证据是否具有证据资格或可采性须经过法定的正式的程序来审查和确定。通常情况下，必须同时具备关联性、合法性的证据才具有证据资格或可采性。没有关联性的证据材料因与案件事实没有紧密联系而被排除，但如果仅具有关联性，而不具有合法性，这样的证据材料同样不能作为定案的依据，即要求法庭调查的证据不但必须具有事实上的关联性，还必须同时具备合法性。最终作为裁判依据的证据，必须是具有证据资格的证据。

3. 裁判所依据的证据，必须是经过法庭调查和质证的证据。证据裁判的核心是裁判者对事实的认识必须以证据为根据。在现代诉讼制度下，可以说证据裁判原则是对裁判者的具体要求。它要求裁判者的裁判行为必须以法庭为活动空间，通过在法庭中的一系列活动，以证据调查作为其认识方式，认定案件事实，作出正确裁判。

证据裁判原则所要求的证据必须在法庭上出示、辩论、质证。未经过法定的正式的证据调查程序审查或者未由当事人充分表达过意见的证据，不能作为认定案件事实的根据，即使该证据在事实层面上具有证明价值。这一规范上的要求，一方面是为了避免作为裁判者的法官行使裁量权的肆意和武断，防止纠纷的解决过程成为法官的专权过程。因为，诉讼认识不仅仅是一种认识活动过程，也是一种国家权力在特定场合的运作，还是当事人权利和自由的实施和表达过程。人们不仅需要关注证据是否存在、裁判者是否认识了证据，而且，必须要知道法官认识证据的具体过程。在现代法律制度下，“经法庭调查”已经成为证据材料作为定案根据的一项实质性条件。如果一项证据未经法庭调查程序，未经双方当事人查证，那么，该项证据即使确实存在、即使具有证据能力，亦不得作为法官评价的对象，更不得作为裁判的根据。另一方面，将裁判所依据的证据限定为必须经过法庭调查和质证的证据，使人们具有了评判法官认识活动的可能性，更容易让人们相信法官的认识来自证据而不是其他途径，以此赋予和增强判决的说服力和正当性，也有利于增强整个社会对司法活动的认同。

（三）证据裁判所指向的对象是案件事实

证据是用来证明案件事实的，证据裁判原则要求依据证据来认定案件事实。因而，“案件事实”是证据裁判的对象，只有确定了“案件事实”的内容和范围，才能明确证据裁判原则适用的领域，而这又是对证据裁判原则的理论与实践进行研究的前提。

那么什么是证据裁判原则下的“案件事实”呢？在此，需要区分裁判意义上的事实和证明意义上的事实两个层面的问题。[①] 裁判意义上的案件事实，即作为裁判基础的案件事实，也就是在诉讼中成为适用法律的前提的事实。在刑事诉讼中，对裁判有意义的事实是指犯罪嫌疑人、被告人实施的，依照《刑法》规定应当追究其刑事责任的行为及其相关各种客观情况。具有法律意义的构成裁判基础的实体事实，是指有关犯罪嫌疑人、被告人的行为是否构成犯罪，情节怎样，应处何种刑罚方面的事实。案件事实是发生在过去的犯罪行为及其相关的既往事实。只有这样的事实才有可能成为证据裁判的对象，如果某项事实对于犯罪嫌疑人或被告人定罪量刑或作其他处理并无意义，那么，即无须对该事实加以认定，进而言之，该事实不应成为证据裁判原则的对象。证明意义上的案件事实，是指需要以证据裁判的方式加以确认的事实，也即要证事实。一般来说，证明意义涉及的事实都属于裁判意义上所调查的事实。换句话说，法官需要认定的事实绝大多数是需要证据证明的事实。但是，在现代刑事诉讼中，证据裁判并非认定事实的唯一方法，证据裁判原则也有例外。例如，在刑事诉讼中一定范围内适用的推定即排除了证据在认定事实过程中的运用。此外，刑事诉讼中还存在一些不需要证明的免证事实，这些免证事实包括众所周知的案件事实、法院确定判决所确认的案件事实等，免证事实不属于证明对象范围，可以直接作为裁判的根据。

三、证据裁判原则在我国刑事诉讼中的适用

根据证据裁判原则，证据是诉讼的中心，是司法机关作出事实认定的基础，是适用法律的依据和前提。而对证据的采纳与取舍，确认其证明力的大小、强弱，在很大程度上决定了诉讼的最后结局。证据的核心作用，决定了法官在庭前准备、庭审、合议、裁判、文书制作等一系列活动中，都必须围绕证据。2010年《关于办理死刑案件审查判断证据若干问题的规定》第2条规定，认定案件事实，必须以证据为根据。这条规定虽然只适用于死刑案件，却是在我国第一次明文规定了证据裁判原则。2012年我国第二次修改《刑事诉讼法》，随后发布的最高人民法院《关于适用〈中华人民共和国刑事诉讼法〉的解释》第61条规定，认定案件事实，必须以证据为根据。[②] 2013年最高人民法院发布《关于建立健全防范刑事冤假错案工作机制的意见》，其中第5条规定，坚持证据裁判原则。认定案件事实，必须以证据为根据。应当依照法定程序审查、认定证据。认定被告人有罪，应当适用证据确实、充分的证明标准。在预防冤假错案工作中，该意见强调了证据裁判原则。应该说我国法律确立了证据裁判原则，这是对我国法律“以事实为根据，以法律为准绳”原则的深化。2018年《刑事诉讼法》第55条规定：“对一切案件的判处都要重证据，重调查研究，不轻信口供。只有被告人供述，没有其他证据的，不能认定被告人有罪和处以刑罚；没有被告人供述，证据确实、充分的，可以认定被告人有罪和处以刑罚。证据确实、充分，应当符合以下条件：（一）定罪量刑的事实都有证据证明；（二）据以定案的证据均经法定程

① 参见樊崇义、吴宏耀：《论证据裁判原则》，载《法律应用研究》，2001（6），北京，中国法制出版社，2001。

② 2021年最高人民法院发布新的《关于适用〈中华人民共和国刑事诉讼法〉的解释》第69条作出了完全相同的规定。

序查证属实；（三）综合全案证据，对所认定事实已排除合理怀疑。”这一规定鲜明地体现了证据裁判原则的要求。《刑事诉讼法》第200条规定，在被告人最后陈述后，审判长宣布休庭，合议庭进行评议，根据已经查明的事实、证据和有关的法律规定，作出判决。其中，该条第3项规定，证据不足，不能认定被告人有罪的，应当作出证据不足、指控的犯罪不能成立的无罪判决。这充分说明，在刑事诉讼中，证据不充分的情形与没有证据的效果是一样的，都不能认定要证事实，都必须作出无罪判决。我国《刑事诉讼法》明确指出了诉讼中定罪和量刑的要件事实都要依据证据认定，对证据在认定事实中的决定性作用给予了极大的肯定。这与认定事实必须依靠证据这一证据裁判原则的基本要求是相一致的。

从总体上说，我国证据法理论对证据裁判原则的研究尚不充分。在立法方面，虽然确立了证据裁判原则，但缺乏完善的、体系性的证据规则作保障。另外，关于证据能力、待证事实、证明方式等也需要进一步明确。为此，充分关注证据裁判原则，科学界定其基本内容，贯彻其基本要求于基本法律之中，便成为我国刑事诉讼理论与立法面临的一个重要课题。为充分贯彻证据裁判原则，需要对我国证据制度和诉讼制度进行改进和完善。首先，改变查明事实的诉讼观，转向证明的诉讼观。我国传统的诉讼观以单一的认识论做指导，认为一切诉讼活动都是为了查明案件事实。证据裁判原则要求，在诉讼过程中应该按照法定的要求和标准去收集能够充分证明案件事实的证据，仅查明事实而无证据加以证明就认定事实是与证据裁判原则相违背的。[①] 其次，证据裁判原则的贯彻需要依赖完备的证据规则体系。我国《刑事诉讼法》需要设立并完善相应的非法证据排除规则、自白规则、品格证据规则、意见证据规则等证据规则，以保障证据收集的正当性。再次，刑事诉讼中对证据的收集和审查判断必须依照严格的法定程序进行，证据裁判原则要求证据必须在公开的法庭上出示，经过控辩双方的充分辩论。为此，我国《刑事诉讼法》应当确立和完善直接言词原则，建立证据开示制度，并强化对被告方辩护权的保障，以使证据在严格的程序下，经过充分调查，查证属实之后，作为裁判的依据。最后，对于裁判中未说明据以认定事实的证据或者在裁判中载明的证据不足以支持裁判中认定的事实的，均作为无证据裁判情形，并明确规定无证据裁判在程序法和实体法上的后果。我国2012年及2018年修改《刑事诉讼法》吸收了《关于办理刑事案件排除非法证据若干问题的规定》《关于办理死刑案件审查判断证据若干问题的规定》《关于办理刑事案件严格排除非法证据若干问题的规定》等司法解释的内容，在非法证据排除规则、举证责任、证明标准、证人、鉴定人出庭、庭前证据信息交流、法庭证据质证等方面均有所突破，为我国证据裁判原则的确立和贯彻实施奠定了法律和制度性基础。

第三节　自由心证原则

一、自由心证原则的概念和意义

（一）自由心证原则的概念

自由心证原则是指对证据的取舍、证据的证明力大小以及对案件事实的认定规则等，

---

① 参见宋英辉、汤维建主编：《证据法学研究述评》，106页，北京，中国人民公安大学出版社，2006。

法律不预先加以成文规定，以便由审理案件的法官、陪审员按照自己的良心、理性形成内心确信，以此作为对案件事实认定的一项证据原则。

根据证据裁判原则，作为最终定案根据的证据一般要经历证据的发现、证据的收集以及对证据的质证、认证过程。自由心证原则并不是适用于所有这些和证据有关的过程，它只是适用于诉讼的最终和决定性阶段——公开裁判阶段的证据评价原则。在刑事诉讼中，裁判主体平等对待控辩双方提出的证据，他只是根据依证据形成的内心确信来认定案件事实是否发生、被告人是否负有罪责。

自由心证原则产生于18世纪末，是在克服法定证据制度武断、僵化的弊端的基础上产生的，至19世纪已为资本主义国家尤其是大陆法系国家所普遍采用。有关自由心证原则，法律规定的代表就是1808年《法兰西刑事诉讼法典》第342条的规定："法律不要求陪审官报告他们建立确信的方法；法律不给他们预定一些规则，使他们必须按这些规则来决定证据是不是完全和充分；法律所规定的是要他们集中精神，在自己良心的深处探求对于所提出的反对被告人的证据和被告人的辩护手段在自己的理性里产生了什么印象。法律不向他们说：'你们应当把多少证人所证明的每一事实认为是真实的。'它也不向他们说：'你们不要把没有由某种笔录、某种文件、多少证人或多少罪证……所决定的证据，认为是充分证实的。'法律只向他们提出一个能够概括他们职务上的全部尺度的问题：'你们是真诚地确信吗？'"这一法律规定的内容被认为是法官自由心证原则的经典表述。

自由心证原则经历了一个从绝对自由到相对自由的发展阶段，这个过程也是传统自由心证随着现代诉讼制度的不断发展和完善逐渐向现代自由心证演化的过程。早期的自由心证是对法定证据制度的反叛，因而强调法官判断证据的自由裁量权，法官有权以自己的方式和逻辑决定证据的取舍，不受任何干涉。和法定证据制度相比，这种审查判断证据的制度优势在于突出了法官在判断证据方面的主观能动性，但同时它将法官的自由心证推向绝对化，过分强调法官的自由裁量权，容易导致法官滥用裁量权，破坏法制的统一。自20世纪30年代以后，大陆法系国家逐渐开始对传统自由心证进行改造，抛弃传统自由心证的非理性和非民主的因素。在诉讼中，强调法官独立判断证据的心证自由，同时也强调法律规则特别是证据规则对法官自由心证的制约，强调心证过程与结果的公开。在此基础上，产生了现代意义上的自由心证。这种现代自由心证，既能保证法官的心证自由，也能够有效地防止法官对自由裁量权的滥用，符合证据判断的客观规律。在大陆法系各主要国家，自由心证原则主要以实定法的形式存在。同大陆法系国家相比，英美法系国家历史上没有经历法定证据阶段，因而没有提出心证的概念。但是，自由心证原则所具有的合理内核在英美法系国家也都得到了体现。[①] 目前这种现代自由心证的证据制度为世界各国所普遍采用。

（二）自由心证原则的意义

同自由心证原则确立之前的判断案件事实的证据原则相比，自由心证原则具有历史进步意义。经过发展和完善，它已成为现代各国刑事诉讼制度中的一项重要原则。

1. 自由心证原则充分发挥了法官的主观能动性，有利于查明案件事实和对案件作出正确处理。自由心证原则充分认识到证据与案件事实判断之间的复杂性和多样性，充分发挥法官作为理性人的主观能动性，将事实裁判建立在对人的理性信赖的基础上，尊重法官本着理性与良心根据证据的具体情况对案情所作的判断，这符合人类认识的本性。自由心证

---

① 参见宋英辉、汤维建主编：《证据法学研究述评》，106页，北京，中国人民公安大学出版社，2006。

原则的优势在于，它在原则上视各种证据的法律价值一律平等，对具体证据的价值或证明力并不机械地予以规定，其价值或证明力由法官根据具体案件依据经验法则和逻辑规则进行自由判断，从而为查明案情和最终作出裁判提供了可能性。

2. 自由心证原则体现了人道主义精神和法律面前人人平等原则，推动了诉讼民主化进程。奴隶制下弹劾式诉讼模式借助外在的非理性力量对案件作出裁决。相对于古代奴隶制下弹劾式诉讼模式来说，依靠法官自由心证的现代刑事庭审最终裁判的作出是通过理性说服和公平的辩论，而非借助外在的非理性的力量，从而使庭审过程理性化和公正化。这样可以保证法官作出的裁判的确定性、权威性，被告人和检察官等对案件结局会有合理的预期。而自由心证取代法定证据制度，否定了法定证据制度形而上学的形式主义，带来的是刑事诉讼结构的变革，即确立了法官独立和控审分离原则，在刑事诉讼中实行控辩对等，使得包括辩护权在内的受刑事追诉人的一系列基本权利在诉讼中得到一定的尊重。这不仅在刑事证据史上，而且在刑事诉讼制度史上都有划时代的意义。

3. 自由心证原则与其他证据原则或证据制度相结合，共同促进刑事诉讼进程。第一，自由心证原则与证据裁判原则紧密联系，相互配套、相互支撑。证据裁判原则和自由心证原则都是在根据证据认定案件事实过程中适用的原则。在由证据到事实这一事实认定过程中，证据裁判原则起着限制性作用，认定案件事实的根据只能是证据，除此之外再没有其他标准。自由心证原则则起着确定性、方法论的作用，即认定案件事实的方法和途径只能是自由判断并形成内心确信。认定案件事实过程中，证据裁判是依据，自由心证是途径，是对证据裁判原则的落实，即以自由心证的方式实现证据裁判。离开证据裁判，自由心证必然沦为恣意心证；离开自由心证，证据裁判必然退回到法定证据制度下的机械裁判。第二，自由心证原则与法官的自由裁量权相辅相成。证明案件事实是一个复杂过程，证据本身也多种多样，为了保证具体案件中证据运用的合理性和准确性，法律必须赋予司法人员评判证据的自由裁量权，让他们根据案件的实际情况去评判证据，根据证据与案件事实的关联关系认定案情。自由裁量权从其本质上讲是法官在决断案件时固有的一种权力，这种权力贯穿于诉讼过程始终，既包括法官确认案件事实及作出决定的自由，也包括适用法律中的自由裁量权。自由心证表现为整个诉讼过程中的一段——法官在认定案件事实时对证据的自由评判并形成内心确信，其权力来源于法官固有的自由裁量权。法官的自由裁量权是自由心证原则的基础，自由心证原则又是法官自由裁量权的体现。

二、自由心证原则的内容

通常认为，自由心证原则包含两方面的内容，一是自由判断，二是内心确信。

所谓“自由判断”，是指除法律另有规定的以外，证据及其证明力由法官自由判断，法律不做预先规定。法官判断证据证明力时，不受外部的任何影响或法律上关于证据证明力的约束。在刑事诉讼中，由于自由心证是法官在确定犯罪指控所涉及的证据与待证事实之间的关联性的判断活动，因而它具有纯主观的特性，而对这种具有主观特性的判断活动本身，法律赋予它广泛的自由。不仅一个个孤立的证据能够证明何种事实以及证明程度如何由法官自由判断，而且所有证据综合起来能否证明起诉的犯罪事实或其他有关事实以及证明程度如何，也由法官自由判断。在相互矛盾的证据中确定何者更为可信，如何进行取舍，同样由法官自由判断。这里需要注意的是，“自由”并不是任意、不受限制，自由心证不是让法官依照个人情感及认识去自由擅断。现代意义的自由心证中的“自由”是相对的自由，它要受到整个法律体系中的一系列法律制度和规定的制约，法官应当在适用各种证据规则并慎重考虑庭审证据调查与辩论的全部过程的基础上，依据自由心证对案件事实作出判断。

所谓“内心确信”，是指法官通过对证据的判断所形成的内心信念，并且应达到深信不疑的程度，由此判定事实。“内心确信”禁止法官根据似是而非、尚有疑虑的主观感受判定事实。法官“内心确信”的形成必须符合以下条件：第一，法官必须直接接触证据；第二，法官必须站在客观、中立的立场上；第三，内心确信必须从本案的情况中得出；第四，法官必须斟酌本案的全部证据、辩论的全部意旨认定事实。①

三、对自由心证原则的保障和制约

对自由心证内容的理解，如上所述，无论是“自由判断”，还是“内心确信”，都离不开审判法官内心、主观的裁量，那么裁量的过程和结果不可避免地依赖于法官的个人因素。任何法官都是具体的人，不是抽象的人，其会受到外界各种因素的影响。一定的文化因素、政治因素以及一定时期的社会主流意识都会或多或少地对法官判断事实的活动产生影响。另外，从法官对案件事实的认识过程来看，只有当法官的内心确信符合客观存在的证据和它们与案件事实之间的客观联系时，法官对证据的判断才具有真理性，所以法官的内心确信还受客观条件的制约。因此，自由心证是一把双刃剑，一方面，自由心证原则有利于发挥法官的主观能动性，从而有助于发现案件事实真相，同时带来诉讼结构的科学化、民主化；另一方面，从证据裁判者个人角度来看，自由心证是将一切证据的评判交由法官，而案件的裁决结果又是依据证据认定的案件事实而定，这就为法官恣意擅断，甚至枉法裁判等司法腐败行为留下了制度上的空间。自由心证所受客观条件的制约，也决定了遵循自由心证原则认定案件事实的缺陷。

为了减少自由心证原则带来的弊端，保证自由心证原则能够正常、合理地发挥作用，采用自由心证原则的国家探索出了各种制度和措施以对法官的自由心证进行规制。这些制度和措施，一方面是为了尽量保障法官在诉讼中心证形成之自由，充分发挥自由心证的作用；另一方面是为了克制法官滥用自由，任意裁量的行为。虽然自由心证原则只适用于诉讼最终的裁判阶段，但对这一原则的保障和制约贯穿了整个诉讼过程。

（一）对法官自由心证的事前保障和制约机制

1. 司法独立。司法独立是法官形成自由心证的根本前提。法官只有在既独立于非法官又独立于其他法官的条件下，以及排除来自外部的非法干预的情况下，才能产生自由的心证。

2. 无罪推定原则。审判之前推定犯罪嫌疑人、被告人为无罪，有利于抑制法官先入为主，消除偏见和歧视。虽然存有各种证据，但在法官“确信”难以形成的情况下，应推定被告人无罪。

（二）对法官自由心证的事中保障和制约机制

1. 经验法则。法官就证据的证明力进行自由判断时，并不是恣意妄为的，而应当依据经验法则形成心证。经验法则是根据已知事实来推导未知事实时能够作为前提的任何的一

① 参见宋英辉、汤维建主编：《证据法学研究述评》，108页，北京，中国人民公安大学出版社，2006。

般知识、经验、常识和法则，并非个人主观的推测。经验法则是人们从个别经验的积累中抽象、归纳出来的一种知识或常识。自由心证并非随心所欲，法官评价证据受到经验法则制约，这种制约是由经验法则在内容和形式上的客观性决定的。

2. 证明标准。虽然自由心证原则允许法官根据理性的经验对证据作出自由判断，但由于诉讼证明过程中存在着利益价值上的差异和证据及事实认定上的矛盾等冲突，确定一定的证明标准，可以保证诉讼的效率和对案件客观事实的准确认定，这样可以对自由心证形成一种制约。

3. 证据规则。世界各国对运用证据的司法实践中行之有效的带有规律性的重要经验进行总结，形成证据规则，用来规范刑事诉讼中的证明活动。其中，对于法官自由心证起保障和制约作用的主要证据规则有传闻证据规则、补强证据规则和关联性规则等。传闻证据规则是为了防止不具有证据资格的证据进入法官视野，影响心证的形成而设立的。补强证据规则和关联性规则都是确保法官自由心证尽量符合客观案件事实的规则。运用大量的证据规则以约束自由心证，是现代世界各国的一个普遍趋势。

（三）对法官自由心证的事后保障和制约机制

1. 判决理由公开。判决理由公开是指法官在判决书中应当载明根据现有证据所作出的事实认定的理由，是对法官判断证据证明力的心理活动的描述。公开判决理由的主要目的在于通过法官展现自己达到的心证内容和形成心证的根据来保证裁判的客观性。公开判决理由可以促使法官对自己的判断进行审查和反思，以检验其判断过程是否存在不合理之处；判决理由的明示给当事人提供了一个可以进行核查和评价的对象，社会公众也可以从公开的理由中检验法官所采信的证据和认定的案件事实是否合法、合乎常理。

2. 救济程序。在评断证据过程中，法官受经验、认识能力、个人情感、当事人举证以及法庭辩论的偶然性因素等的影响，对案件事实的判断不可避免地会出现偏差。设立救济程序的目的，就在于通过上级法院纠正下级法院可能出现的偏差。而且判决结果直接关系到案件当事人的切身利益，通过救济程序给予当事人表达意见的机会，这也是诉讼民主化的体现。

四、我国刑事诉讼中对自由心证原则的探讨

我国对自由心证原则一直存有很大争议。我国在过去很长一段时间内不承认自由心证，对自由心证原则没有形成正确、合理的认识，甚至产生误解。对自由心证的不正确认识，一是由于受意识形态影响，认为自由心证是为资产阶级专政服务的工具，具有不可克服的阶级局限性①；二是由于对自由心证原则的哲学基础的片面理解，认为资本主义国家奉行唯心主义的不可知论哲学思想，自由心证原则是“以不可知论的立场去求证案件事实，当然不可能达到客观真实，这是资产阶级证据制度在哲学上的贫困”；② 三是由于对“自由心证”原则本身的误读，认为在自由心证原则下法官审理案件是不受限制地任意裁判。上述看法不仅与现代证据裁判主义的诉讼制度相违背，而且不符合自由心证原则的基本精神。实行自由心证原则，并不意味着法律不再设定任何证据规则，也不意味着法官可以不受证据规

① 参见樊崇义主编：《刑事诉讼法学研究综述与评价》，195页，北京，中国政法大学出版社，1991。

② 陈光中主编：《刑事诉讼法学》，152页，北京，中国政法大学出版社，1990。

则的约束任意认定案件事实。

长期以来，我国刑事诉讼中奉行的判案原则是“以事实为根据，以法律为准绳”，因此我国的证据制度是“求实主义证据制度”①、“实事求是证据制度”②。传统观点认为自由心证原则是以唯心主义为思想基础的，与我国判断证据的指导思想和原则相违背，从而拒绝对其进行认真审视，使该原则没有得到合理的重视。近年来，随着法治建设的展开，国内学者逐步认识到自由心证原则确实有其合理之处，从而加强了对自由心证原则的研究，同时该原则也引起了立法、司法界的重视。这一方面的内容在我国法律中已有所体现，例如，2001 年最高人民法院《关于民事诉讼证据的若干规定》第 64 条规定：“审判人员应当依照法定程序，全面、客观地审核证据，依据法律的规定，遵循法官职业道德，运用逻辑推理和日常生活经验，对证据有无证明力和证明力大小独立进行判断，并公开判断的理由和结果。”③ 从具体的内容上分析，该条规定吸纳了自由心证原则的精神，表明自由心证原则在一定程度上得到我国认可。现代自由心证原则并不与唯物主义哲学相背离，辩证唯物主义哲学认为，世界是丰富多彩的，客观事物纷繁复杂而又不断发展变化，人类对客观事物的认识需要发挥主观能动性。现代自由心证原则要求法官在遵守法律规则的基础上，从理性和良心出发，凭自己的知识、经验、道德以及这种心理状态去认识具体案件事实，是有其科学性的。事实上，在司法实践中，不管我们是否承认，法官对证据和事实的判断过程，本身就是一个主观对客观的认识过程，在这个过程中，无法排除法官的主观因素对证据审查判断的影响，根本不存在脱离法官内心活动的诉讼认识。在诉讼制度中，无论是当事人主义诉讼模式还是职权主义诉讼模式，法官对案件事实的裁断都有自由裁量权，对证据证明力的判断是委以法官自由判断的。法官在审理案件过程中，总是以自由心证判断证据和认定事实。同实行自由心证原则的国家具有完备的证据规则体系相比，一段时间以来，我国《刑事诉讼法》虽然规定了有关证据的内容，但这些规定只是主要涉及什么是证据、证据包括哪些种类、证明应当达到什么程度等问题，内容简单，缺乏细密的证据规则。虽然出台的一系列司法解释对非法证据排除规则、证据的审查判断程序作了补充和细化，但从总体上说，我国证据制度还不完备，现有规定可操作性不强。实际上，司法实践中，我国法官判案缺乏明确的证据规则限制，在审查判断证据时享有远超过实行自由心证原则国家法官的自由证明权。客观地分析我国司法现状，我们就会发现自由心证原则在审判实践中的大量运用。至于实践中认证混乱的问题，应主要归咎于现代自由心证原则的缺失和证据规则的不完善。

通过对历史上证据制度的变迁和理论分析，可以看出，整个诉讼制度就是围绕如何正当地利用证据认定案件事实而设置的。神明裁判、法定证据制度以及自由心证裁判方式从低级走向高级的发展进程，反映的是人类知识增长和对客观世界认识能力提高的过程。自由心证原则否定了法定证据制度对司法人员主观能动性的束缚，将司法人员的主观认识能力解放出来，从而使得对案件事实的认识从形式真实转变为实质真实。现代自由心证原则不但注重认识的真理性，对认识的正当性也极为关注，事实裁决者必须在符合正当性要求的条件下根据证据对案件事实进行推理，得出结论。当然，我们也应当看到，自由心证绝

---

① 聂世基、李建明：《刑事诉讼疑难问题思辨》，62 页，北京，中国人民公安大学出版社，1991。

② 陈一云主编：《证据学》，2 版，94—95 页，北京，中国人民大学出版社，2000。

③ 2019 年最高人民法院对《关于民事诉讼证据的若干规定》进行修正，该内容规定于第 85 条。

不是尽善尽美的一种判断证据的方法或制度，它本身还存在着一种难以克服的内在矛盾，即主观性的认识形式与客观性的认识内容之间的矛盾。这种矛盾表现为，裁判者可能滥用自由评价证据的权力；因裁判者能力有限而可能导致对案件事实的错误认识；心证容易受其他因素的干扰而影响对案件事实的认定。这就要求我们在确立自由心证原则在证据制度中的地位的同时，还要设立一套保证这一原则顺利运行的规则机制和程序机制。对待自由心证原则，我们应当抛弃对自由心证原则的误解，借鉴现代自由心证原则的合理因素，并对其进行符合我国国情的改造，以此为基础建立符合我国国情的证据制度。在我国，对自由心证原则的认同除了具有观念革新方面的意义外，更有着制度建设方面的启发和借鉴意义。

第四节　直接言词原则

一、直接言词原则的概念和意义

（一）直接言词原则的概念

直接言词原则是直接原则和言词原则的合称。直接原则，又称直接审理主义，是指只能以法庭上直接调查过的证据作为裁判基础的审判原则。直接原则以使法官形成正确的心证和发现案件事实为目的，为此，记载审判前侦查、起诉活动中询问证人、勘验、搜查、扣押结果的书面文件及扣押物等，都需要在法庭上进行证据调查。它有三方面的含义：一是在场原则，即法庭开始审判时，控诉方、辩护方以及其他诉讼参与人必须亲自到庭参加审判；二是直接采证原则，指从事法庭审判的法官必须亲自从事法庭调查和采纳证据活动，直接接触和审查证据，证据只有由法官以直接采证方式采纳才能作为定案的根据；三是原始证据原则，即法官认定案件事实只能以原始证据为依据，传来证据只有在法律规定的情况下才可以被采纳作为定案依据。[①] 该原则的基本精神在于对案件作出裁判的法官必须直接对证据进行审查，认定案件事实。言词原则，又称口头原则、言词辩论原则或言词审理原则，是指法院审理案件，特别是当事人和其他诉讼参与人对证据材料的提出和进行辩论，要在法官面前以言词及口头形式进行，这样取得的材料，才可以作为法院裁判的依据。它也有两方面的含义：一是一切审理活动，包括法官对审判的指挥，对当事人和证人的讯问或询问，对证据的调查和对判决的宣告，检察官、自诉人及其代理人的控诉，被告人及其辩护人的辩护，证人作证及鉴定人提供鉴定意见等，都采用口头陈述的方式进行。所有没有在庭审过程中以言词方式进行的诉讼行为，均应视为没有发生或不存在，而不具有程序上的效力。二是在法庭上提出任何证据材料均以言词陈述方式进行，诉讼各方对证据的调查也应以口头方式进行，如以口头方式询问证人、鉴定人、被害人等，以口头方式对实物证据发表意见。任何未经在法庭上以言词方式提出和调查的证据均不得作为法庭裁判的根据。

直接原则与言词原则有着密切的关系，但两者的侧重点不一样。直接原则是相对于间

---

① 参见宋英辉、汤维建主编：《证据法学研究述评》，113页，北京，中国人民公安大学出版社，2006。

接原则而言，强调的是法官的亲历性和证据的原始性，要求在法庭上直接审理和直接采证；而言词原则与书面原则相对应，强调法庭审理和法庭采证应以言词形式进行。直接审理必然要求以口头辩论方式调查证据，因而直接审理在通常情况下，都会以言词形式进行；言词审理通常也要求法官直接审理和听取证人的言词证据。两原则均要求诉讼各方亲自到庭出席审判，法官的审判须建立在法庭调查和辩论的基础上，严禁以控诉方提交的书面卷宗材料作为法庭裁判的依据，故两原则有其共同的含义和功能。直接原则和言词原则相互贯通、相互兼容。直接原则是言词原则的基础，言词原则是直接原则的补充，只有将两者结合起来才能发挥作用。在理论上，人们常把它们综合在一起，称为“直接言词原则”。

（二）直接言词原则的意义

直接言词原则既是诉讼法的原则，也是证据法的原则。刑事诉讼中法庭审判是案件处理的决定性阶段，而审判活动最终作出何种裁决所依据的是证据。直接言词原则关注的是对证据的调查收集和判断采纳问题，因而直接言词原则贯彻得如何对案件的最终处理具有重大影响。

1. 直接言词原则有利于实现案件的实体公正。刑事诉讼中，法院对被告人刑事责任的确定必须通过控辩各方共同参与、法庭集中审理的方式进行，这是由司法审判的本质所决定的。直接言词的审理方式有助于法官查明事实，作出公正裁判。第一，法官并非案件的亲历者，无法亲身感知作为“历史”的案件事实，其只能通过证据来认定案件事实。法官欲对证据形成正确的心证，就需要直接感知证据材料。审判法官自始至终参与案件的审判过程，亲自听取诉讼参与人的当庭陈述、证人证言、当事人言词辩论和对证人的询问等，有利于全面揭示案件真实，帮助法官形成正确的内心确信，最终作出合乎公平正义的裁判。第二，直接言词原则要求控辩双方必须当庭以言词方式提出主张并进行攻击和防御，证人、鉴定人等必须出庭作证，并接受控辩双方的询问。控辩双方的质证是揭露伪证、强化证据证明力的有力武器，有利于发现案件事实真相。第三，直接言词原则要求各方的证据均应以最原始的形式向法庭提交，如证人、鉴定人、被害人须亲自出庭向法庭陈述，实物证据须尽量以其原始的形态在法庭上展示。只有如此，法官才能与原始的证据产生直接的联系，从而对各项证据的证明力作出客观的判断和确定。

2. 直接言词原则有利于实现案件的程序公正。直接言词原则不仅对发现案件真实有意义，还可以通过自身的程序机制实现程序公正的价值。第一，保障当事人充分参与诉讼。刑事审判贯彻直接言词原则，则当事人可以参与到法庭审理当中来，参与到将对他们产生重大影响的刑事裁判的制作过程之中。控辩双方在一个平台上进行说服和争论，一方如果想使自己的主张被法官采纳，必须充分展示其证据的合法性、真实性和关联性，积极参与辩论、质证。程序参与是程序民主的鲜明体现。第二，实现法官中立和程序对等。审判公正要求法官在控方和辩方之间持不偏不倚的立场。直接言词原则要求法官在庭审前不得先行接触控方材料或正确对待控方材料，以免形成预断或偏见，这是法官站在全面、公正立场上开庭审判的前提。在审判过程中，控辩双方直接举证、直接质证，法官根据庭审情况直接进行认证，从程序上为法官公正裁决案件提供了保障。法官的中立无偏，使控辩双方的平等对话成为可能，使控辩双方获得公平审判的权利得以实现。第三，实现程序公开。程序公开是现代刑事诉讼的灵魂，而证据公开又是程序公开的核心。直接言词原则要求所有诉讼主体均须亲自出席法庭，诉讼的推进以直接和言词方式进行。无论是言词证据还是实物证据都需要当庭出示，证据得到公开；证据在法庭上必须经过控辩双方质证、辩论，证据的调查过程得到公开；法官作出最终判决要说明理由，证据的认证得到公开。

3. 直接言词原则有利于提高案件的诉讼效率。虽然直接言词原则要求证人、鉴定人等必须出庭作证并接受质证，会在一定程度上延长诉讼时间和增加诉讼费用。但在总体上，直接言词原则有利于提高诉讼效率。按照直接言词原则，在法庭审理过程中，控辩双方均有充分陈述其主张、观点的权利，对于双方的事实争议、证据争议和适用法律的争议，法官可以及时对争点加以整理，明确审理方向，从而推进诉讼进程，减少当事人的程序上的不利益的付出，实现程序上的利益。另外，实行直接言词原则，避免了法院大量的庭外取证的做法；对于证据无争议、事实清楚的案件，可以尽快结案；控辩双方在法庭上就证据充分表达意见，使所作的裁决更易于为双方所接受，从而可以减少上诉，这些都减少了法院不必要的费用支出。

二、直接言词原则与传闻证据规则的关系

直接言词原则是大陆法系国家普遍采用的一项原则。由于其出发点在于保障法官对证据的直接审查和采信，所以又称为直接采证原则。英美法系国家在法律概念上虽然不采用直接言词原则的说法，但是其有一个相对应的证据规则，即传闻证据规则。按照传闻证据规则，各种证言必须以口头言词的方式在法庭上直接提出，并接受对方律师的交叉询问，以使法官和陪审团审查判断证据。证人在法庭外所作的陈述笔录或者在审判之前提供的书面证言都属于传闻，一般来说应该排除。坚持这一原则，就必须要求并保证证人出庭作证。在实际运作效果上，直接言词原则与传闻证据规则具有一致性。

直接言词原则和传闻证据规则具有相通之处，其中最为重要的，是两者有共同的理念基础，进而在具体操作中也有共通之处。首先，二者均基于公正审判的要求。无论是英美法系国家还是大陆法系国家，都重视被告人获得公正审判的权利。现代刑事诉讼中，被告人享有公正审判的权利，是各国宪法或宪法性文件规定的刑事司法准则之一，而与对方证人对质，则是公正审判的内在要求。其次，二者均基于发现真实的需要。无论是传闻证据规则还是直接言词原则，都要求证人亲自出庭作证，以便于双方当事人在庭审中质证，使证人证言中不客观、不真实的内容完全暴露在裁判者面前，便于审判人员结合证人作证时的态度、表情、姿态等情况进行分析，更好地了解事实真相。事实裁判者通过在法庭上亲自听取当事人和证人的陈述，接触第一手的资料，形成内心的判断，减少被误导的可能性，保证作出正确裁判。[①] 最后，二者的基本要求相同。根据直接言词原则的要求，在法庭上提出任何证据材料均应以言词陈述的方式进行，诉讼各方对证据的调查应以口头方式进行，如以口头方式询问证人、鉴定人、被害人等，以口头方式对实物证据发表意见，任何未经在法庭上以言词方式提出和调查的证据均不得作为法庭裁判的根据。为了贯彻直接言词原则，大陆法系国家的刑事诉讼法普遍强调证人、鉴定人、被害人等都必须出庭作证，只有在特殊情况下，才允许使用书面的卷宗笔录等替代措施。而根据传闻证据规则的要求，无论是证人在法庭之外就案件事实所作的口头陈述或者书面陈述，还是其他证人在法庭上转述他人就案件事实提供的证言，都不具有可采性。这就要求控辩双方当事人在法庭审判过程中，为了证明各自的诉讼主张，不得不传唤知道案件情况的证人亲自到法庭上提供证言。

---

① 参见宋英辉、李哲：《直接、言词原则与传闻证据规则之比较》，载《比较法研究》，2003（5）。

因此，除非存在例外情况，无论是传闻证据规则还是直接言词原则，都要求证人亲自出席法庭，就案件事实当庭提供证言，而不能以书面材料加以代替。否则，证人的证言都不能作为法庭裁判的依据。正是基于此，大陆法系的直接言词原则和英美法系的传闻证据规则可以说具有异曲同工之妙。[①]

尽管直接言词原则与传闻证据规则之间存在诸多共同点，但二者毕竟分属于两大不同的法系，因此它们之间也存在较大区别。第一，二者的法律传统和适用背景不同。为克服中世纪纠问式诉讼模式下间接、书面审理方式的不足，以及对诉讼当事人权利的漠视，审判中要求言词证据必须在法官面前作出，以保证查明事实以及保障人权，在此基础上大陆法系的直接言词原则逐渐产生并发展起来。传闻证据规则是在英美法系国家陪审团制度和对抗式审判制度的基础上逐步建立起来的。陪审团是不了解法律的普通人，为了避免他们作出错误裁判，法官必须对那些可能引起偏见或者误导的传闻证据进行审查并且排除，在对抗制诉讼模式下诉讼双方还必须依据各自的证据在裁判者面前证明自己的诉讼主张，否则可能导致败诉的结果，由此传闻证据规则逐步确立、发展起来。可见，直接言词原则和传闻证据规则分属于两大法系，是与它们各自不同的法律传统和适用背景分不开的。[②] 第二，二者发挥作用的诉讼模式不同。大陆法系国家传统上注重发现案件实体真实，并为此强调法官在发现实体真实方面的职权作用。为了发现案件的实体真实，大陆法系国家的立法及证据理论特别强调证据材料对发现实体真实的作用和法官调查证据的亲历性及言词调查方式，而不是强调证据进入法庭调查的资格。与此不同，英美法系国家传统上注重程序的正当性，强调控辩双方在推动诉讼进行方面的作用和为双方提供公平的程序，并实行陪审团审判，即由非职业的陪审团来认定案件事实。为避免因提出某些证据材料给对方当事人带来不公正和不适当的证据材料误导陪审团对事实的裁断，英美法系国家形成了一系列限制证据资格的规则，传闻证据规则就是其中之一。第三，二者的内涵和适用范围不同。传闻证据规则是一项诉讼证据规则，只规范“陈述”证据的适格性问题。传闻证据规则作为英美证据法的重要规则，禁止传闻证据进入法庭审理程序，但并不直接规范法官的具体审判行为。而直接言词原则包含更为丰富的内容，如对法官行为的规范和对证据调查的程序要求等。直接言词原则是直接、具体规范法官审判行为的原则，要求法官的审判行为必须符合直接言词原则的要求，对证据的调查应由法官亲自在法庭上以言词的方式进行，而不能进行书面审理。第四，二者发挥作用的方式不同。由于直接言词原则是在职权主义构造下发挥作用的，因而无须当事人提出，法官应当依照职权贯彻该原则。传闻证据规则是与当事人主义联系在一起的。由于当事人主义的理念之一是当事人处分主义，因而传闻证据规则发挥作用，以对方当事人提出为前提。根据传闻证据规则，如果对方当事人不提出该证据为传闻并要求排除，法官并不负积极的排除传闻的义务。而在大陆法系国家，无论当事人是否要求，法官的审判活动都必须依照法律规定的程序，以直接言词的方式进行。第五，二者规范的关系不同。直接言词原则是职权主义之下的原则，着重于规范审判者与证据调查之间的关系。审判者进行法庭审判，必须遵循法律规定的程序，必须以直接言词的方式调查证据。传闻证据规则所着重强调的，是传闻证据不能使当事人在审判庭上对原证人进行反询问，而非在于不能使审判者直接接触原证人之证言。传闻证据规则从证据的

---

① 参见何家弘、刘品新：《证据法学》，4版，88页，北京，法律出版社，2011。

② 参见鲁杰：《直接言词原则与传闻证据规则比较研究》，载《社会科学辑刊》，2007（5）。

可采性角度出发，确保对方当事人对不利于自己的证人进行质证的权利的行使。第六，二者作用的侧重点不同。直接言词原则是基于对书面审理方式的批判而产生的，侧重于强调和规范在法庭审理时法官调查证据的方式。根据直接言词原则，法官在庭审中必须自行调查证据，该证据应当由证人或者鉴定人口头说明，而非以书面的形式提供给法官。传闻证据规则则是对证据资格的要求，强调传闻不得进入法庭对事实的调查程序。传闻证据规则并未直接规范法官的行为，而是从证据的角度，强调除法定情况外，没有亲身感知案件情况的人不能作为证人，其提供的证据不得进入证据调查程序，以免误导裁断者的判断。第七，二者对证据效力的影响不同。根据直接言词原则，在法庭审理中，只要该证据被允许，且在法官面前以言词的形式提出并经过调查，即为有效。如前所述，直接言词原则是对法官审判行为的规范，因而只要法官在审判过程中的行为遵循了该原则的要求，法庭调查的证据即具有证据资格，能够作为认定案件事实的根据。而根据传闻规则，只要该证据没有经过对方当事人的反询问或者同意，无论是否经过法官审查，都是无效的。传闻证据规则的出发点在于保障当事人对不利于自己的证人进行反询问的权利，因此，只要没有经过对方当事人同意或者反询问的证据，即为违反正当程序的证据，不具有可采性。①

通过直接言词原则与传闻证据规则的比较，可以看出，尽管由于诉讼模式和法律传统等因素的异同，直接言词原则和传闻证据规则各自有着不同的适用范围和发挥作用的方式，在不同国家的表现方式也有差别，但其实质精神是一致的。近年来，随着两大法系在法律制度中的相互借鉴与融合，直接言词原则与传闻证据规则在具体运作中的差别也不再那么绝对。直接言词原则与传闻证据规则所体现的精神已超出国家的范围，为国际公约所吸纳并加以规定。《公民权利和政治权利国际公约》第 14 条第 3 款第 5 项规定，被告人有权“讯问或业已讯问对他不利的证人，并使对他有利的证人在与对他不利的证人相同的条件下出庭和受讯问”。这一规定要求证人应当出庭作证，并接受控辩双方平等的质证询问。

三、直接言词原则的适用

（一）直接言词原则的具体适用规则

直接言词原则除了作为刑事审判的基本原则，指导和规范着刑事审判活动的顺利进行外，其本身所包含着的一系列具体规则对证据的运用也起着指导和规范作用。

1. 在场规则

在场规则是指作出裁判的法官必须始终在场，参与案件的审判。在场规则强调的是法官的“亲历性”，要求法官自始至终在场，主持法庭审理，其目的是保证作出裁判的法官与证据之间无隔阂，法官通过听取各方的言词陈述、质证、辩论，以及询问出庭证人，可以对案件获得丰富的直观印象和作出理性的判断，最终形成内心确信并亲自作出裁判。

直接言词原则除了要求法官在场以外，还要求法庭必须在被告人、检察官等亲自在场的情况下进行审判。“在场原则”要求诉讼各方尤其是被告人本人必须到庭参与审判活动。除了法律明文规定允许缺席审判的特殊情况以外，被告人必须出席法庭。

2. 出庭规则

直接言词原则要求一切作为定案根据的证据都要在法庭上经过调查、核实。出庭规则

---

① 参见宋英辉、李哲：《直接、言词原则与传闻证据规则之比较》，载《比较法研究》，2003（5）。

是指证人、鉴定人应当亲自出庭向法庭提供证言或鉴定意见，被害人、被告人也必须当庭陈述。在法庭审理过程中，如果没有特殊情况，所有提供言词证据的原始证人、鉴定人、被害人、被告人都必须出庭作证。证人、鉴定人等要当庭接受控辩双方的言词质询。法庭一般不得以书面的方式对言词证据进行调查和采纳，不论这种书面形式的言词证据是由被告方提出的，还是由检察官以书面卷宗笔录的形式提出的。也就是说，控辩双方在法庭外就证人证言、鉴定意见、被害人陈述、被告人供述等言词证据所制作的书面笔录或书面陈述均不能作为法庭据以定案的根据。证人以及鉴定人等出庭作证，对于法庭查明事实真相意义重大，如果某一方提供的证人不出庭而仅仅提交书面证词，则另一方将失去对该证人进行当面质证的机会，另外，也无法辨明书面证言的真假，不利于法官作出正确的判断，从而使得刑事审判无法形成理性的裁判。

3. 集中持续审判规则

法庭审判必须持续而集中地进行，一般不得间断。按照直接言词原则的要求，法庭审判一旦开始，就必须按照法定的程序不间断地进行，直到法庭作出裁判为止。采用直接言词原则的目的就是让法官形成科学而准确的内心确信。法官要与所有证据建立直接的联系，就必须亲自出席庭审，亲自对证据进行调查和采纳。法官必须在审理的全过程在场，以便听取诉讼各方的举证、陈述、质证和辩论，听取证人、鉴定人等的口头陈述，并在必要时直接询问证人、鉴定人等。

从事法庭审判的法官必须自始至终地参加审判，不得中途更换。因为法庭审判一旦中断，法官在法庭上对各项证据所产生的直观和鲜明的印象就会日渐减弱甚至消失，法官与证据之间的直接联系就会遭到割裂和中断。例如，法官委托其他法官从事调查证据活动，如询问证人、鉴定人、被害人或被告人等，那么他所直接面对的将是他人所作的书面证言或陈述笔录，他与证据之间就无法建立直接的联系。如果庭审是因为其他人、事方面的原因而中断，在法定的时间内必须及时恢复审理，从而使作出裁判的法官始终与证据之间能够建立紧密和直接的联系。

4. 法官直接采证、自主裁判规则

经过法庭证据调查，法官要能直接采证。法官原则上应该采纳最接近事实的证据而非证据的替代品，对于证据的审查和判断应该亲自为之，否则，作出裁判的法官就与据以定案的证据之间失去直接接触的机会，极易导致误判。

法官有权独立自主地根据经过法庭调查的证据对案件事实作出裁判。法官自主裁判规则是言词原则、在场原则以及直接采证原则发挥作用的前提，也是现代直接言词原则的应有之义。直接审理案件的法官对案件事实所作的裁判，除非被上级法院以法定程序变更或撤销，任何人都无权直接更改。只有自始至终地直接接触证据的审理者才有权作出裁判。正是因为法官能够自主裁判，才使得现代庭审结构同以往的审判方式有了质的区别。如果法官不能自主裁判，或者法官审理权和裁判权分离开来，不能由法官统一行使，法官不能独立地、不受任何非法干预地自我决定案件的处理，那么程序自治的价值就无法实现，也无法保证诉讼结果的公正。

5. 原始证据规则

法官采纳的证据，一般应当是原始证据。除非法律有明确规定，传来证据或者第二手证据不得采纳。如果采纳了传来证据，法官实际上也同证据本身失去了直接联系。直接言词原则要求控辩双方在法庭上尽量出示原始证据，法庭裁判应当建立在原始证据的基础之上。

（二）直接言词原则的适用范围

在刑事诉讼中，直接言词原则并不能在所有审判程序和程序的各个阶段中普遍适用，它在审判活动中有着自己的适用范围。

第一，直接言词原则多适用于第一审刑事案件中对实体问题的审理活动，即一审法院就案件的事实所进行的审判程序之中。因为案件事实的查明必须通过证据，法官审查判断证据要依赖直接言词原则。对于一审程序中关于程序方面的问题，一般不适用言词原则和直接采证原则，虽然这类问题也需要证据加以证明，但对证明案件程序事实的证据的要求一般低于对证明案件实体事实的证据的要求，而且这类问题通常比较简单明了，大都不需要证人出庭和控辩双方质证。例如法官对回避、管辖错误等问题的裁决程序。

针对法律问题进行审查的第二审和再审程序一般也不适用直接言词原则，因为在这些程序中，只涉及对适用法律问题的争议的解决，不涉及案件事实问题。不涉及案件事实问题也就不涉及证据问题，对于法律问题争议的解决无须当事人对证人、鉴定人等当庭质证，所以一般不适用该原则。对于实体问题进行的第二审和再审程序，原则上也应当采用直接言词原则。但在我国法律规定中，对这类案件除采用直接审理外，还可以在有些较为简单的案件中采用书面审理，或者采用所谓调查讯问式审理。这是在案件主要事实清楚、无争议，对案件次要事实有争议时的一种特殊处理方式。

除了对案件事实的审理应当采用直接言词原则以外，对于程序问题、法律问题都可以实行书面或间接的审判方式。

第二，直接言词原则只适用于普通的审判程序，而一般不适用于各种为提高诉讼效益而设立的简易程序。简易程序和普通程序相比，省略了一些诉讼程序环节，法庭可以不再适用完整的审判程序，可以不适用直接言词原则的某些要求，例如言词原则和直接采证原则的要求，因为简易程序中的法官可以采纳证据的替代品，诉讼参与人不需要都出席法庭。简易程序一方面大大节约了司法资源，另一方面因为分流了一大部分案情简单的刑事案件，又保证了需要按照普通程序进行法庭审理的案件能够严格按照程序的要求进行审理。

第三，直接言词原则只适用于一般场合，而在一些特殊的场合下不能适用。也就是说，在法庭审判过程中直接言词原则的适用有例外情况。直接言词原则适用的例外情况主要包括：其一，缺席审判。一些国家法律规定，在某些特殊情况下法庭可就被告人的刑事责任问题举行缺席审判程序。在缺席审判的情况下，被告人不在场，控辩双方无法就证据进行直接的、充分的言词争辩和对抗，故法庭审理无法贯彻言词原则的要求。其二，客观原因。虽然审理案件的法庭应当采用直接言词原则，但因为特殊原因证人、鉴定人等无法出庭作证的时候，可以在他们不出庭接受控辩双方质证的条件下开庭审判。例如，证人因为身患重病、丧失行为能力或者死亡等身体上的原因不能出席法庭，或者因为地震、洪水等不可抗力无法出席法庭，在这些情况下，允许法官采用证人原来提供的书面证言作为判决的依据；或者允许法官在控辩双方参与下亲自去证人住处进行询问并制作书面笔录；或者允许委托当地法院对证人进行调查并制作询问笔录，这些笔录证据也可以用作判决的依据。

四、直接言词原则在我国刑事诉讼中的贯彻

我国的刑事法律对直接言词原则的规定主要散见于《刑事诉讼法》和最高人民法院

《关于适用〈中华人民共和国刑事诉讼法〉的解释》以及其他的司法解释之中。《刑事诉讼法》第61条规定："证人证言必须在法庭上经过公诉人、被害人和被告人、辩护人双方质证并且查实以后，才能作为定案的根据。"第192条规定："公诉人、当事人或者辩护人、诉讼代理人对证人证言有异议，且该证人证言对案件定罪量刑有重大影响，人民法院认为证人有必要出庭作证的，证人应当出庭作证。""公诉人、当事人或者辩护人、诉讼代理人对鉴定意见有异议，人民法院认为鉴定人有必要出庭的，鉴定人应当出庭作证。经人民法院通知，鉴定人拒不出庭作证的，鉴定意见不得作为定案的根据。"第193条规定："经人民法院通知，证人没有正当理由不出庭作证的，人民法院可以强制其到庭，但是被告人的配偶、父母、子女除外。"第194条规定："证人作证，审判人员应当告知他要如实地提供证言和有意作伪证或者隐匿罪证要负的法律责任。公诉人、当事人和辩护人、诉讼代理人经审判长许可，可以对证人、鉴定人发问。"由此可见，我国对直接言词原则在立法上是予以肯定的，它要求证人出庭作证，法官直接调查取证，控辩双方有权对证人在法庭上当面进行质证。这些都集中体现了直接言词原则的精神内涵。《刑事诉讼法》第185条规定，"合议庭开庭审理并且评议后，应当作出判决"，即要求作出裁判的法官必须是参加庭审的法官。2021年最高人民法院《关于适用〈中华人民共和国刑事诉讼法〉的解释》（以下简称2021年最高人民法院《解释》）第83条规定："据以定案的物证应当是原物。"第84条规定："据以定案的书证应当是原件。"这些规定在一定程度上确立了采纳原始证据的原则。第71条规定："证据未经当庭出示、辨认、质证等法庭调查程序查证属实，不得作为定案的根据。"第91条规定："证人当庭作出的证言，经控辩双方质证、法庭查证属实的，应当作为定案的根据。""经人民法院通知，证人没有正当理由拒绝出庭或者出庭后拒绝作证，法庭对其证言的真实性无法确认的，该证人证言不得作为定案的根据。"再次强调了证人应当出庭作证和证人证言的效力。

从以上规定可以看出，我国法律虽然没有明文规定直接言词原则，但在一定程度上确立了直接言词原则的内容，主要体现在：一是建立了初步的交叉询问规则，规定证人、鉴定人应当出庭作证，证人证言、鉴定意见必须在法庭上经过公诉人、被害人和被告人、辩护人双方质证，并经过查实，才能作为定案的根据；二是确立了以开庭审理为主的审理方式，特别是2012年修改《刑事诉讼法》，扩大了二审案件开庭审理的范围；三是在一定程度上确立了直接言词原则下证据的调查和采纳必须由法官亲自进行，并尽量采纳原始证据的制度；四是在庭审前对起诉的审查中，要求法院对于起诉书中有明确的指控犯罪事实，应当决定开庭审判，即将审查案件事实和证据的关键阶段设定在了法庭审判阶段，为确立直接言词原则提供了必要的前提条件。

虽然有了上述这些规定，我国刑事诉讼中的直接言词原则尚不完善，现有的规定仍需要进一步加以落实。这表现在：第一，现行《刑事诉讼法》吸收了以前立法及司法实践经验，确立了证人、鉴定人出庭作证的程序以及强制证人出庭作证等制度，但对证人出庭作证的条件规定过于严格。根据《刑事诉讼法》第192条规定，需要在以下三个条件同时具备的情况下，才要求证人出庭作证：公诉人、当事人或者辩护人、诉讼代理人对证人证言有异议；该证人证言对案件定罪量刑有重大影响；人民法院认为证人有必要出庭作证。这样的条件设置会影响到证人的出庭率。第二，《刑事诉讼法》第195条规定，对于未到庭作证证人的书面证言、鉴定人的鉴定意见、勘验笔录等，经宣读和听取意见后也可作为证据使用，作为定案的根据。法律中没有明确规定哪些证人、鉴定人可以不出庭，因此司法实践中大量传来证据在案件裁决中仍然起着重大作用。第三，除了法官直接审判，我国还存在审判委员会对“重大、疑难、复杂”案件的讨论和最后决定权，对此无法保证案件的裁判者是同一案件的审理者，并且决定是在不开庭审理情况下作出的。

可以说，直接言词原则是围绕着证据审查展开的。为了充分贯彻直接言词原则，我国刑事诉讼制度改革中需要在以下几个方面进行完善：第一，继续进行庭审方式改革。确保法庭审判是在控辩双方相对立的基础上，法官作为第三方居于其上，公正裁判，以保证法官对控辩双方提出的证据予以平等对待。第二，完善庭审证据规则。直接言词原则要求庭审法官应当以亲自在法庭上直接获取的诉讼资料作为裁判的基础，因此，我国需要完善证人、鉴定人出庭作证制度，建立询问规则，保证控辩双方在法庭上的公平质证权。改革的目的是使庭审法官置身于法庭的氛围中，直接了解各种证据的来源，获得关于案件事实的第一手材料，从而能够客观、全面地评价证据，对案件事实得出正确的结论。第三，强化合议庭功能。改革现行刑事审判程序，强化合议庭审判功能，赋予合议庭独立审判的职权。贯彻直接言词原则，需要建立合议庭负责制，强调对刑事案件的判决必须由庭审法官根据自己对案件的亲自审理所形成的判断作出。

第五节 忠实于事实真相原则①

一、忠实于事实真相原则的概念与特征

（一）忠实于事实真相原则的概念

忠实于事实真相原则，亦有称实质真实原则，是指刑事诉讼中负有真实调查义务的主体针对定罪量刑的“实质性问题”，通过“实质性调查”而形成的主观认知对客观现实的“实质性符合”。其中，“实质性问题”是指影响犯罪构成以及量刑情节的重要问题，即有关被追诉人行为实体法性质认定问题；“实质性符合”是指主体通过对案件事实调查，主观认知与客观现实达到依照现有证据可以得出的判决层面上的一致；“实质性调查”是指负有真实查明义务的主体对案件“实质性问题”所达到的“实质性符合”，是尽最大努力、对所有现实可以获得的证据进行调查，从而达到的最大化真实。②

实质真实与形式真实系相对的概念。形式真实是指法院对于案件事实的认定受当事人意思表示的约束，在当事人主张事实及所提出证据范围内认定事实，仅须发现形式的真实。③ 实质真实与形式真实的主要区别为，一是实质真实原则下，司法机关不受当事人就案件证据及事实意思表示的拘束，务期发现真正的真实；形式真实原则下，司法机关受当事人就案件证据及事实意思表示的拘束，发现形式真实即可。二是根据实质真实原则，司法机关主动调查证据以查明案件事实；根据形式真实原则，司法机关不主动调查证据，而是

① 我国《刑事诉讼法》第53条表述为“事实真象”，国外法典规定及我国习惯性用法通常表述为“事实真相”，本书就“真象”与“真相”不做区分。

② 参见王天民：《实质真实论》，207页，北京，法律出版社，2013。

③ 参见张建伟：《证据法要义》，2版，62页，北京，北京大学出版社，2014。

在当事人提出证据基础上认定案件事实。三是实质真实原则不仅对审判阶段起作用，也对审判前侦查阶段、审查起诉阶段起指导作用；形式真实原则主要在审判阶段发挥作用。

忠实于事实真相原则突出的是实质真实，强调司法机关主动调查、运用证据，尊重案件事实真相，通过一定方式重构案件事实，努力使经证据重构的事实尽量接近于案件客观事实。忠实于事实真相原则设定目的为保证司法机关查明案件事实真相，在查明案件事实真相的基础上裁决案件。例如《日本刑事诉讼法》第 1 条规定，刑事案件处理以明确案件的事实真相，正当而迅速地适用刑罚法令为目的。忠实于事实真相原则实现方式为司法机关全面、主动调查证据及审查判断证据，不受当事人意思表示的拘束。例如《德国刑事诉讼法》第 244 条规定："为了调查事实真相，法院应当依职权将证据调查延伸到所有的对裁判具有意义的事实、证据上。"《法国刑事诉讼法典》第 310 条规定："审判长享有自行决定的权力，依此权力，审判长本着荣誉与良心，可以采取其认为有利于查明事实真相的一切措施。"

（二）忠实于事实真相原则的特征

1. 忠实于事实真相原则符合辩证唯物主义认识论。辩证唯物主义认识论作为科学的世界观和方法论，强调事物的客观性、可知论、认识进程的螺旋上升性及相对性。事实本身就是一个认识论概念，真实性是事实的本质特征。[①] 刑事诉讼是通过收集和运用证据，遵循一套法定程序查清案件事实并对案件作出裁决的过程。其中，案件事实及案件事实所留证据本身具有客观性，办案主体可以通过证据认识案件事实。尽管诉讼证明是一个曲折、复杂的认识活动，但办案人员可以把独立于自己意识之外存在的"自在之物"，经过由低级到高级，由现象到本质，由表及里的实践和认识转化为"为我之物"，即转化为被认识了的东西。[②] 忠实于事实真相原则的确立正是人类依靠证据这一法律现象及创设证据制度以更好发现案件事实真相的产物，证据制度乃至刑事诉讼制度突出体现着发现案件事实并以此为裁断依据的价值目标。

案件事实均是过去发生的，司法机关有可能通过证据手段再现案件事实，查明案件事实真相。刑事司法活动中运用证据查明和证明案件事实构成司法证明活动的本质属性，也是刑事司法规律的体现。从侦控机关发现和收集证据到司法机关审查判断证据，遵循忠实于事实真相原则意味着从案件客观实际情况出发认定案件事实并对案件争议事项作出准确认定，这构成刑事诉讼活动的基础。

2. 忠实于事实真相原则适用具有相对性。尽管在忠实于事实真相原则指导下，通过证据准确认定案件事实构成刑事司法的基础，但该原则适用并非不受任何限制。根据认识论，诉讼认识需要遵守通行的经验法则和逻辑法则，此外诉讼认识还需要遵守法律程序的规定，受其他诉讼价值的影响以及应对特殊情形下事实认定的处理，忠实于事实真相原则适用受到一定范围的限制。首先，诉讼认识本身的限定性。任何案件事实均为过去发生的事实，办案主体非案件亲历者，只能通过证据再现案件事实，认识过程存在案件裁决主体认识与案件亲历者认识主体间性。受掌握证据情况影响，案件裁决主体对案件的认识可以无限接近于案件客观事实，但永远达不到与客观事实的完全重合，甚至可能发生错误。其次，刑事诉讼价值目标具有多元性。依据证据查明案件事实，实现准确惩罚犯罪目的是刑事诉讼

---

① 参见张保生等：《证据科学论纲》，51 页，北京，经济科学出版社，2019。

② 参见樊崇义：《证据法治与证据理论的新发展》，18 页，北京，中国人民公安大学出版社，2020。

追求价值之一。同时，作为诉讼过程，刑事诉讼还承担着保障人权、实现程序正当的价值目标。有时不同价值目标之间会产生冲突与矛盾，例如对犯罪嫌疑人刑讯逼供、强迫自证其罪、侦查机关非法取证等，可能有利于发现案件事实真相，但有损程序法治、人权保障等价值目标，此时存在不同价值目标的协调与平衡问题。再次，基于诉讼认识的复杂性，对于案件事实认定存在特别规定，忠实于事实真相原则适用有例外。刑事诉讼中存在免证事实，即不需要当事人提出证据加以证明就可以认定的事实，例如对犯罪人主观明知的推定、对某一待定事实的司法认知等，推定和司法认知不强调证据证明，本身未必真实，可以被推翻。法律作如此规定是基于节约司法资源、提高诉讼效率等方面考量。英美法系国家对于被告人自愿认罪，达成辩诉交易的有罪案件，一般不再就案件事实展开法庭调查，认可被告人认罪结果并作出有罪裁决，该种处理方式是基于尊重当事人选择权及提高诉讼效率。

3. 忠实于事实真相原则对于刑事诉讼具有特别意义。如前所述，实质真实与形式真实属于两种真实发现模式。对案件真实程度的要求不同决定了不同性质的诉讼适用不同的真实发现模式。民事诉讼涉及平等主体间财产关系及人身关系权利义务纠纷，对于民事实体权利及民事程序性权利奉行当事人处分原则，诉讼中尊重当事人的自由选择权。与民事诉讼当事人处分主义相对应的是形式真实模式，司法机关对案件事实的认定受当事人意思表示拘束，法官一般不主动调查证据。刑事诉讼涉及国家机关对犯罪嫌疑人、被告人追诉，围绕被追诉人刑事责任展开。与刑事诉讼中国家追诉原则相对应的是实质真实模式，司法机关不受当事人意思表示拘束，有权主动调查证据。相对于民事诉讼，刑事诉讼涉及的当事人权益更为重大，控辩双方实力更为悬殊，错案纠正难度及错案成本更大，因而刑事诉讼更加强调忠实于事实真相原则的适用。“尽管司法事实认定涉及错综复杂之事，但有一点是非常清晰的：事实认定规则和程序对于保护实体权利至关重要。”① “证据法的目的是通过发现真实加强裁判的正当性。”② 忠实于事实真相原则对于准确认定刑事案件事实，对被告人正确定罪量刑，防范冤假错案，提升裁判的可接受性具有特殊的意义。

二、忠实于事实真相原则基本要求

（一）证据规则构建

诉讼认识是诉讼主体借助证据对案件事实的认知过程，刑事证据成为诉讼认识主体与诉讼认识客体的连接纽带和桥梁。证据运用通过一套证据规则得以实现。根据证据规则内容差异可做证据规则分类，最通常的分类为规范证据证明能力的规则和规范证据证明力的规则。证据证明能力规则是有关证据是否具有证据资格及能否在诉讼中使用的规范，并不关注证据对案件事实的证明作用。证据证明力规则则是有关证据能够证明何种案件事实以及证明程度的规范。

证据证明能力规则背后体现的是程序公正、人权保障等诉讼价值，证据证明力规则背后体现的是发现案件事实真相价值。刑事诉讼中对形式真实与实质真实的追求的不同，决定了证据规则的内容侧重及结构。形式真实模式诉讼中，侧重于规范证据证明能力规则设

---

① ［美］亚历克斯·斯坦：《证据法的根基》，樊传明、郑飞等译，14页，北京，中国人民大学出版社，2018。

② 易延友：《证据法学：原则 规则 案例》，77页，北京，法律出版社，2017。

置；实质真实诉讼模式中，重视规范证据证明力规则设置。忠实于事实真相原则通常与证据证明力规则直接相关。常见的证据证明力规则包括：最佳证据规则，即作为证明案件事实证据的原件或者原物更接近于案件客观事实，能够起到更好的证明作用，要求司法机关将案件事实的认定建立在最可靠的信息来源上，非最好的证据予以排除，以促进司法事实认定的最准确性；传闻证据规则，通过排除证人庭外证言或者书面证言的方式，证人出庭作证，法官接触真实的证言，避免证言转述不可靠性；补强证据规则，因某一证据证明力薄弱，不能单独作为认定案件事实的依据，需要其他证据进行佐证，以补强其证据价值，共同发挥案件事实证明功能；意见证据规则，证人只能就直接感知的案件事实提供证言，而不包含对事实作出的推断或者评价，因其意见可能不准确，从而影响裁判者对案件事实的认定。此外，证据证明能力规则设置主要目的为维护刑事诉讼的程序价值、效率价值等，但有时在客观上也同时能够起到实现案件实质真实的作用，例如排除通过刑讯逼供获得的被告人供述，原因不仅在于制裁侦查机关违法行为和保障被告人基本人权，还在于被告人迫于压力作出的陈述可能失真；品格证据和类似事件证据与指控犯罪是否成立不具有关联性，因而不具备证据资格，同时被告人品格与先前类似行为并不能证明本次被指控的犯罪行为为真。

（二）证据获得与审查判断程序设置

诉讼中证据运用总是遵循一定的程序规则，忠实于事实真相原则不仅对于证据本身的属性和内容设定了证据规范，对于证据获得及审查判断程序规范同样提出了要求。

侦查阶段作为刑事诉讼的初始阶段，侦查机关负责收集和调取涉嫌犯罪的证据。侦查机关需遵循实质真实原则，根据各类证据特点，依照法定程序，客观全面收集和调取各类证据，以查明案件事实。随着科学技术发展，侦查工作发展趋势为提升侦查机关获得证据、发现真相的技术能力和程序规制，扩展对证据材料和案件事实的认知能力。

检察机关负责对侦查终结的案件审查起诉，审查起诉工作重心为证据审查。在检警一体化国家，由检察机关直接指导侦查机关取证活动。审查起诉过程中，检察机关负有客观公正义务，对有利于和不利于被追诉人的证据均应予以关注。检察机关可以要求侦查机关提供必要的证据材料，形成证据配合，保证检察机关提起控诉有充分的证据，实现指控的准确性。

审判机关为被告人刑事责任的最终裁决机关，守着调查案件真实的最后一道防线。为此，法官负有澄清案件之义务，“原则上法院为查明事实真相，应依职权主动就对判决有重要性之事实与证据加以调查”①。审判阶段主要任务为证据审查判断及犯罪性质认定，审判机关需就证据的来源、保存条件和内容等方面进行审查，综合全案证据判断证据真实性。法庭审判是有关法官如何运用经验与理性，确保诉讼认识的真理性的过程，最终确保案件事实认定及法律适用的正确性。审判机关审查判断证据遵循一定的程序规则。一是审判为中心。审判为诉讼的中心，凸显审判程序地位，其他程序服务于审判程序。侦查机关获取证据及检察机关审查起诉均需围绕审判机关审查判断证据标准推进，审判前证据活动服务于庭审证据活动。法庭审判为刑事诉讼中心环节，对证据认定起决定性作用。二是法庭质证。任何证据不具有天然有效性，均需经法庭质证确定其效力。刑事诉讼中控辩双方就提出证据的真实性、合法性、关联性以及证明力有无、大小进行说明和质辩，法官处于中立地位，根据控辩双方意见进行证据判断。法庭质证是揭示证据真伪及证明力大小的有效方

① ［德］克劳斯·罗科信：《刑事诉讼法》，吴丽琪译，416页，北京，法律出版社，2003。

式，有助于法官根据证据就案件事实进行准确认知。三是法官证据调查。实质真实原则与形式真实原则的一个重要区别就在于法官在庭审中拥有调查权，法官可以依职权主动就案件事实调查取证，而不受控辩双方意思表示的约束。在辩护方取证困难或者法院认定证据有疑问，法官证据调查尤为必要。即使控辩双方对证据无异议，法官认为证据有疑问影响案件事实认定的，仍可以主动调查证据。法官证据调查权是保证查明案件事实及认定案件事实准确性的必要手段。

（三）证明标准设定

证明标准为负有证明责任主体提出证据证明系争事实及诉讼主张需要达到的程度。“事实认定者在证明标准的控制下裁决案件事实的时候，他们从事的是纯粹的认识论工作，对事实的裁决产生于事实认定者所进行的对证据的整体衡量。”① 证明标准设定与诉讼对案件事实的要求相关联，诉讼裁决对案件事实的要求越高，证明标准需要达到的程度越高。民事诉讼中主要采形式真实原则，一方提出证据证明案件事实的可信度超过另一方，法官便可就案件作出裁决。一方当事人选择自认，法官会判决一方败诉并终止诉讼程序。基于刑事诉讼裁决结果涉及当事人利益的重大性，要求刑事诉讼裁决建立在查清案件事实基础之上，采实质真实原则，控方提出证据证明被告人有罪的事实需要有充足证据支撑，对事实认定达到排除合理怀疑的程度。刑事诉讼中即使被告人认罪，法院也不能直接裁决被告人有罪并终止诉讼程序，仍要综合全案证据，认定案件事实。忠实于事实真相原则与高证明标准正相关，因而当今世界各国针对刑事诉讼普遍设定了最高证明标准。

三、忠实于事实真相原则在我国刑事诉讼中的适用

以事实为根据，以法律为准绳是我国法律基本原则。忠实于事实真相原则在我国早期刑事诉讼认识论价值一元论时期即作为基础性原则。随着刑事法治发展，对刑事诉讼科学认识加深，刑事诉讼价值呈多元化倾向，但忠实于事实真相原则作为刑事诉讼基础性价值的地位没有改变，并体现于刑事诉讼立法及司法实践之中。

我国《刑事诉讼法》在起始篇章“任务与基本原则”部分明确查明案件事实在整个刑事诉讼中的地位和作用。第 2 条规定：“中华人民共和国刑事诉讼法的任务，是保证准确、及时地查明犯罪事实，正确应用法律，惩罚犯罪分子，保障无罪的人不受刑事追究，教育公民自觉遵守法律，积极同犯罪行为作斗争，维护社会主义法制。”第 6 条规定：“人民法院、人民检察院和公安机关进行刑事诉讼，必须依靠群众，必须以事实为根据，以法律为准绳。”分别从刑事诉讼法任务和基本原则角度确立忠实于事实真相原则对刑事诉讼的指导作用。党的十八届四中全会提出，推进严格司法，坚持以事实为根据、以法律为准绳，健全事实认定符合客观真相、办案结果符合实体公正、办案过程符合程序公正的法律制度，再次强调诉讼以事实为根据，以法律为准绳，案件事实认定符合客观真相的基本要求。

刑事诉讼证据制度日臻完善，《刑事诉讼法》及相关司法解释基本确立了我国刑事证据规则体系，其中涉及案件事实认定的证据证明力规则具体包括：《刑事诉讼法》第 55 条规定：“对一切案件的判处都要重证据，重调查研究，不轻信口供。只有被告人供述，没有其他证据的，不能认定被告人有罪和处以刑罚；没有被告人供述，证据确实、充分的，可以

① ［美］亚历克斯·斯坦：《证据法的根基》，樊传明、郑飞等译，139 页，北京，中国人民大学出版社，2018。

认定被告人有罪和处以刑罚。”确立了我国的口供补强规则。2021年最高人民法院《解释》第83条规定：“据以定案的物证应当是原物。”第84条规定：“据以定案的书证应当是原件。”确立涉及物证和书证的最佳证据规则。第88条规定：“证人的猜测性、评论性、推断性的证言，不得作为证据使用，但根据一般生活经验判断符合事实的除外。”确立了涉及证人证言的意见证据规则。值得注意的是，不同于英美法系国家证据规则内容偏重于证据证明能力规则，对证据证明力一般不做限制性规定，我国最高人民法院《解释》有关证据制度规定相当一部分是关于证据证明力的内容，有学者将这种以限制证据证明力为核心理念的现象称为“新法定证据主义”①。重视证据证明力规则与我国传统上重视刑事诉讼中查明案件事实真相的作用相关。

刑事证据制度实施离不开完善的程序规则保障。我国刑事诉讼法就证据取得及审查判断程序作出详细规定。《刑事诉讼法》第52条规定：“审判人员、检察人员、侦查人员必须依照法定程序，收集能够证实犯罪嫌疑人、被告人有罪或者无罪、犯罪情节轻重的各种证据。”第53条规定：“公安机关提请批准逮捕书、人民检察院起诉书、人民法院判决书，必须忠实于事实真相。”公安机关、人民检察院、人民法院收集证据均负有客观公正义务，忠实于事实真相是对公安机关侦查、人民检察院审查起诉、人民法院审判工作的共同要求。《刑事诉讼法》第198条规定：“法庭审理过程中，对与定罪、量刑有关的事实、证据都应当进行调查、辩论。”2021年最高人民法院《解释》第71条规定：“证据未经当庭出示、辨认、质证等法庭调查程序查证属实，不得作为定案的根据。”确立了法庭证据质证规则。证人、鉴定人出庭，物证当庭出示、辨认等均是查明案件事实的必要措施。《刑事诉讼法》第196条规定：“法庭审理过程中，合议庭对证据有疑问的，可以宣布休庭，对证据进行调查核实。人民法院调查核实证据，可以进行勘验、检查、查封、扣押、鉴定和查询、冻结。”确立了人民法院庭内、庭外证据调查权，人民法院承担主动调查证据，查明案件事实职责。此外，作为审判救济程序的第二审程序实行全面审查原则，第二审人民法院就第一审判决认定的事实和适用法律进行全面审查。已经发生法律效力的判决和裁定，如果发现在认定事实上或者在适用法律上确有错误，启动审判监督程序，以纠正错误判决。全面审查与有错必纠同样是对忠实于事实真相原则的贯彻与落实。

我国刑事诉讼设定了证明标准。《刑事诉讼法》第162条规定：“公安机关侦查终结的案件，应当做到犯罪事实清楚，证据确实、充分，并且写出起诉意见书，连同案卷材料、证据一并移送同级人民检察院审查决定。”第176条规定：“人民检察院认为犯罪嫌疑人的犯罪事实已经查清，证据确实、充分，依法应当追究刑事责任的，应当作出起诉决定。”第200条规定，人民法院根据已经查明的事实、证据和有关的法律规定，对“案件事实清楚，证据确实、充分，依据法律认定被告人有罪的，应当作出有罪判决”。“犯罪事实清楚，证据确实、充分”是公安机关侦查、人民检察院审查起诉、人民法院审判均需达到的证明标准，其中作为最终裁决阶段的人民法院判决应达到最高证明标准，即法官对案件事实确信，排除合理怀疑。

随着我国刑事司法制度改革进一步推进，认罪认罚从宽制度入法，为刑事程序体系带来变革，建立在被告人认罪基础上的速裁程序、简易程序、刑事和解程序等，在程序架构以及证据制度运行中具备了形式真实原则某些特征。这是否意味着我国传统上刑事诉讼忠

① 陈瑞华：《刑事证据法》，3版，146页，北京，北京大学出版社，2018。

实于事实真相原则受到冲击？尽管被告人认罪认罚，会带来某种程度的程序简化，法院不再固守普通程序对案件证据及事实展开全面调查，但我国并未放松对刑事案件证据方面的要求。一是刑事和解、速裁程序、简易程序的程序启动条件依然为“事实清楚，证据充分”。二是该类程序法庭审判的重要内容为被告人认罪的自愿性和合法性，但未解除法官事实调查职责，法官仍需就案件事实基础进行实质审查，对于不符合简易化审判程序条件的，变更为普通程序审理；法官不同意起诉意见的，可以对起诉罪名和量刑建议进行变更。三是依据该类程序认定被告人有罪仍要达到“案件事实清楚，证据确实、充分”的程度，证明标准并未降低。忠实于事实真相原则仍然是我国刑事诉讼遵循的基本原则。加之“对‘审判中心主义’的提倡，实现‘庭审实质化’的努力，对‘刑事冤案’的反思、纠正与防范，让我们丝毫无法放松对实质真实主义的追求”①。

【问题与思考】

1. 什么是无罪推定原则？无罪推定原则对刑事证据制度有何指导意义？
2. 什么是证据裁判原则？证据裁判原则包含哪些内容？
3. 什么是自由心证原则？自由心证原则包含哪些内容？
4. 什么是直接言词原则？直接言词原则在我国如何适用？
5. 直接言词原则与传闻证据规则有何联系和区别？
6. 什么是忠实于事实真相原则？忠实于事实真相原则对刑事诉讼有何特殊意义？
7. 实质真实与形式真实有何联系和区别？

【推荐阅读书目】

1. 樊崇义．证据法治与证据理论的新发展．北京：中国人民公安大学出版社，2020.
2. 陈瑞华．刑事证据法．3 版．北京：北京大学出版社，2018.
3. 斯坦．证据法的根基．樊传明，郑飞，等译．北京：中国人民大学出版社，2018.
4. 易延友．证据法学：原则 规则 案例．北京：法律出版社，2017.
5. 张建伟．证据法要义．2 版．北京：北京大学出版社，2014.
6. 王天民．实质真实论．北京：法律出版社，2013.
7. 秦宗文．自由心证研究：以刑事诉讼为中心．北京：法律出版社，2007.
8. 宋英辉，汤维建．证据法学研究述评．北京：中国人民公安大学出版社，2006.
9. 谢进杰．如何对待嫌疑人与被告人——建国以来围绕“无罪推定”的讨论．中山大学学报（社会科学版），2012（4）.
10. 陈卫东．论刑事证据法的基本原则．中外法学，2004（4）.
11. 宋英辉，李哲．直接、言词原则与传闻证据规则之比较．比较法研究，2003（5）.
12. 樊崇义，吴宏耀．论证据裁判原则．法律应用研究：第 6 辑，北京：中国法制出版社，2001.

① 孔令勇：《证据规则中的新实质真实主义——认罪认罚从宽制度中证据规则的理论反思》，载《新疆大学学报（哲学·人文社会科学版）》，2017（3）。

第五章
刑事证据规则

内容导读

刑事证据规则是刑事证据法学的一个基本理论范畴。本章内容主要包括如下几个方面：第一，初步分析刑事证据规则的一般理论，如刑事证据规则的含义、分类、功能等；第二，对国外主要刑事证据规则分别从含义、理论根据、立法概况、例外情形等角度进行简要分析，如关联性规则、可采性规则、非法证据排除规则、自白规则、传闻证据规则、意见证据规则、最佳证据规则、补强规则等；第三，对近年来我国刑事诉讼法及其司法解释确立的各项刑事证据规则的基本内涵、法律适用等作出系统的梳理和简要的法理解释。

第一节　刑事证据规则概述

一、刑事证据规则的含义

对于证据规则的含义，中外学者有不同的看法。在英美法系国家，证据规则是那些在庭审中或者审理中对证据的可采性问题起支配作用的规则。在我国，理论界通常习惯于从比较宽泛的角度去理解证据规则的含义。这主要表现在两个方面：第一，从诉讼程序的角度去理解证据规则，将证据规则看成是与证据有关的程序性规则。如有的学者认为，证据规则是指在收集证据、采用证据、核实证据、运用证据时必须遵循的一系列准则，即在诉讼中与证据有关的具有可操作性的程序性规则。① 第二，从证据制度或者证据法的角度去理解证据规则，将证据规则等同于证据制度或者证据法，或者将诉讼中与证据有关的内容都纳入证据规则当中。如有的学者认为，证据规则是指确认证据的范围，调整和约束证明行

① 参见刘善春、毕玉谦、郑旭：《诉讼证据规则研究》，5页，北京，中国法制出版社，2000。

为的法律规范的总称，是证据法的集中体现。[①] 有的学者认为，证据规则是指关于诉讼过程中取证、举证、质证、认证活动的法律规范和准则。[②] 有的学者认为证据规则是指规范证据的收集、审查和评价等诉讼证明活动的准则。[③] 还有学者从法庭审判的角度，认为证据规则是指以规范何种证据可以在法庭上出示（证据的可采性）、各种证据证明力大小（证据力）、证明责任的分配以及证明的要求等为主要内容的法律规则的总称。[④]

我们认为，从广义角度讲，将证据规则等同于证据制度或者证据法未尝不可。但是，如果我们考虑到英美法系的证据规则主要是关于证据可采性方面的规定，那么这种宽泛的理解并不能准确地反映英美法系证据规则的实际情况。更为重要的是，如果我们将证据规则同证据制度或者证据法等同起来，以为凡是与证据有关的内容，如有关收集证据、审查判断证据、运用证据认定案件事实，或者取证、举证、质证和认证等内容，都属于证据规则的调整范围，那么我们将很难分辨我国刑事证据规则与西方发达国家刑事证据规则之间到底具有哪些差别，存在哪些差距。有鉴于此，我们主张从狭义角度去理解证据规则的含义。简要说来，刑事证据规则是指在刑事诉讼中，规范证据的证据能力或者证明力的规则。考察两大法系刑事证据立法不难发现，现代刑事证据规则以调整证据的证据能力为主，而以调整证据的证明力为辅。这主要是因为，证据的证据能力属于法律问题，它必须由法律预先作出明确的规定，法律以什么标准、什么规则以及什么方式来设定证据的证据能力，包含着人们的一系列价值判断与选择过程。而证据的证明力属于经验问题、逻辑问题，法律不应当也无法人为地预先设置它们的表现形式、大小、强弱，而只能交给法官凭着良心、逻辑、经验等进行自由裁量。

二、刑事证据规则的分类

由于我国学者对于证据规则的理解存在较大分歧，因而，理论界关于证据规则的分类也是五花八门。例如，有的学者认为，按照不同的分类标准，可以将证据规则分为不同的种类：第一，根据性质不同，证据规则可以分为实体性规则（如证明责任规则、推定规则等）和程序性规则（如取证程序规则、举证程序规则、质证程序规则、认证程序规则等）；第二，根据内容不同，证据规则可以分为权利性规则（如证据展示规则、证据保全规则）和义务性规则（如证明责任规则、传闻证据规则、非法证据排除规则等）；第三，根据形式不同，证据规则可以分为规范性规则（如证明责任规则、证据展示规则等）和标准性规则（如证明标准规则）；第四，根据功能不同，证据规则可以分为调整性规则（如推定规则、司法认知规则等）和构成性规则（如鉴定规则、勘验规则等）；第五，根据严格程度不同，证据规则可以分为刚性规则和柔性规则；第六，根据制定的理由或者依据不同，证据规则可以分为公理性规则（如关联性规则、传闻证据规则等）和政策性规则（如无罪推定规则、非法证据排除规则等）。[⑤] 有的学者认为，按照证据规则规范的证明活动的不同，证据规则

---

① 参见江伟主编：《证据法学》，173 页，北京，法律出版社，1999；樊崇义主编：《证据法学》，3 版，87 页，北京，法律出版社，2003。

② 参见何家弘、刘品新：《证据法学》，358 页，北京，法律出版社，2004。

③ 参见卞建林主编：《证据法学》，453 页，北京，中国政法大学出版社，2000。

④ 参见陈卫东、谢佑平主编：《证据法学》，70 页，上海，复旦大学出版社，2005。

⑤ 参见何家弘、刘品新：《证据法学》，359—360 页，北京，法律出版社，2004。

可以分为规范证据收集的规则、规范证据审查的规则和规范证据评价的规则；按照证据规则调整内容的不同，证据规则可以分为规范证明力的规则和规范证据能力的规则；按照证据规则规范对象的不同，证据规则可以分为以规范审查判断证据的程序为内容的规则和以规范审查判断证据的范围为内容的规则。[①] 还有学者认为，按照设立目的不同，证据规则可以分为证据本身的规则和运用证据的规则两大类，所谓证据本身的规则是指关于证据的证据能力和证明力的规则，而运用证据的规则是指诉讼各方在运用证据时必须遵守的规则，如取证规则、采证规则、查证规则和定案规则。[②] 还有学者采取了下列分类方法：按照诉讼制度的不同，证据规则分为当事人主义的证据规则和职权主义的证据规则；按照客体的不同，证据规则分为证据能力规则和证明行为规则，所谓证据能力规则是确认和调整证据的范围和资格的行为规则，其中心内容是什么样的事实材料可以作为证据采纳，而证明行为规则是指关于证据的制作、调查收集、审查判断和举证、质证的行为规范；按照表现形式的不同，证据规则分为成文法证据规则、判例法证据规则和习惯法证据规则；按照证据规则在三大诉讼中的不同适用，证据规则分为通用的证据规则和特殊的证据规则。[③]

从我国学者对证据规则的分类来看，证据规则的内容基本上涵盖证据法学的绝大部分内容。上述各种分类方法显然是与我国学者普遍从非常宽泛的角度界定证据规则的含义分不开的。我们认为，上述分类方法同泛泛地界定证据规则一样不可取。如果我们像界定证据规则那样对证据规则进行分类，那么证据规则的分类标准将会是一个非常开放而不稳定的体系。这是因为，证据法学的内容极其丰富，涉及的范围非常广泛，不同的学者会按照各自的不同偏好采取不同的分类方式。而分类标准的不统一可能导致我们无法正确地把握证据规则的含义，并引起理论上的混乱。这在上述各种五花八门的分类方法当中已经得到了充分的体现。如果采取上述各种纷繁复杂的分类方法，那么对于我们如何研究西方发达国家尤其是英美法系的证据规则是非常不利的，也无助于我们发现我国证据制度或者证据规则所存在的关键问题。有鉴于此，我们认为可以依证据的证据能力和证明力来划分刑事证据规则的种类，即刑事证据规则可以分为规范证据能力方面的证据规则和规范证明力方面的证据规则。从两大法系刑事证据规则来看，规范证据能力方面的证据规则主要包括关联性规则、可采性规则、非法证据排除规则、自白规则、传闻证据规则、意见证据规则、最佳证据规则，而规范证明力方面的证据规则主要是补强证据规则。本章对于国外刑事证据规则的介绍，也将采取这种分类方式。

三、刑事证据规则的功能

在现代刑事诉讼中，由于奉行证据裁判主义，案件事实需要由证据来证明，因而，证据制度属于诉讼活动的中心问题。而证据规则又是证据制度的核心组成部分，因此，刑事证据规则在现代刑事诉讼中具有十分重要的地位和作用。概括说来，刑事证据规则在刑事诉讼中的功能主要体现在如下几个方面。

第一，促进法治。法治的一个核心要素在于国家权力机关严格按照法律办事。如果国

---

① 参见卞建林主编：《证据法学》，453—455页，北京，中国政法大学出版社，2000。

② 参见刘善春、毕玉谦、郑旭：《诉讼证据规则研究》，55—57页，北京，中国法制出版社，2000。

③ 参见樊崇义主编：《证据法学》，3版，102—103页，北京，法律出版社，2003。

家权力机关违反自己制定的法律，那么它就无权要求社会民众去遵守法律。在这种情况下，法律的统治就会成为一句空话。而严格执行法律不仅包括国家权力机关执行实体性的法律，而且包括其执行程序性的法律。在刑事诉讼活动当中，法治的重要体现就是侦查机关、检察机关和审判机关应当严格依照法定的诉讼程序开展侦查、起诉和审判活动。而刑事证据规则的存在对于侦查机关、检察机关和审判机关严格按照程序办案是大有帮助的。例如，为了避免指控犯罪的证据因为是非法的而遭到法庭的排除，并最终导致控诉的失败，侦查机关就会在侦查过程中尽量按照法定的程序，采取合法的手段收集证据，而检察机关也会尽量避免将侦查机关通过非法手段获取的证据作为指控犯罪的依据。在法庭审判过程中，尽管法官享有一定的自由裁量权，但是法官如何采纳证据、如何认定证据并不是随心所欲的，必须遵循刑事证据规则的要求。例如，按照非法证据排除规则，对于侦查人员通过刑讯逼供获得的被告人供述，即使该证据对证明被告人有罪起到十分关键的作用，法官也只能将其排除，而不能将其作为定罪的根据。

第二，人权保障。刑事诉讼同民事诉讼、行政诉讼的最大区别在于，它是国家以社会整体利益的名义对公民个人发动的一场追诉活动。可以说，刑事诉讼是国家和个人之间发生冲突最为激烈的一个领域。个人权利的最大危险有时候可能来自国家对犯罪行为的追诉活动，因此，如果不对国家的追诉活动加以适当限制，侦查机关和检察机关就会凭借强大的国家力量和惩治犯罪的道德优势恣意妄为，从而侵犯公民的合法权益。但是，在刑事证据规则的约束之下，侦查机关和检察机关就会按照法律规定的程序开展追诉活动，而无法任意侵犯公民尤其是犯罪嫌疑人的人权。例如，按照非法证据排除规则的要求，侦查机关应当采取合法的取证行为，而不能采用非法搜查、扣押、辨认、监听等手段。而侦查机关在侦查过程中一旦依法采用搜查、扣押、辨认、监听等侦查措施，公民的财产权、隐私权等就会得到相应的保障。再如，按照自白任意性规则，为了避免犯罪嫌疑人的有罪供述遭到法庭的排除，侦查人员在讯问过程中就会尽量避免采取刑讯逼供等酷刑的方式获得指控犯罪的根据。而这对于保障犯罪嫌疑人的人格尊严以及人身权具有十分重要的作用。

第三，查明事实。客观地说，刑事证据规则在运用过程中的确有可能对查明案件事实真相构成一定的威胁。例如，通过非法搜查、扣押获取的实物证据或者通过刑讯逼供得来的犯罪嫌疑人供述等证据，可能对于法官的事实认定起到十分重要的作用，但是按照非法证据排除规则和自白任意性规则的要求，上述证据不能成为法官认定事实的依据。在这种情况下，法官很有可能无法查清案件事实的真相。刑事证据规则是一把双刃剑，尽管它在客观上可能妨碍了法官查明案件事实真相，但是它在某些方面非常有助于法官查明真相。例如，传闻证据规则有助于避免证人证言经过多次传递而产生失真的现象，从而使法官尽量接触到最为真实、可靠的证人证言；意见证据规则可以排除普通证人在耳闻目睹之外的主观意见，从而促使普通证人尽量对亲眼观察到的案件事实进行客观陈述；设立最佳证据规则的一个重要目的就是使事实裁判者能够接触到对案件事实起到更好证明作用的原件或者原物，而不是复制件或者复制品；设立补强证据规则的目的就是担保特定证据的真实性；等等。

第四，确保公正。现代刑事诉讼对程序公正的追求主要体现在控审分离、控辩双方平等对抗、法官居中裁判的程序构架上，而刑事证据规则的设立对于上述程序架构的形成起到十分重要的作用。例如，按照非法证据排除规则、传闻证据规则、自白任意性规则等排除规则的要求，无论控方提交的非法证据、传闻证据或者非任意性自白对案件事实具有多么重要的证明价值，法官都应当将上述证据排除掉，不得将其作为最后定案的根据。这无疑有助于法官保持中立的诉讼地位。而法官越中立，控审分离原则就越容易得到实现。再如，按照传闻证据规则的要求，法官应当禁止控方宣读证人的庭外陈述，而辩护方也有权向法庭申请证人亲自出庭作证。而证人出庭作证，能够保障辩护方充分行使自己的辩护权和质证权，提高自己的防御能力和参与法庭审判的能力，从而增强其影响诉讼结局的机会和能力。而这对于确保公正审判和控辩双方之间的平等对抗无疑是大有裨益的。

第五，提高效率。在现代刑事诉讼中，不仅需要追求公正，而且应当兼顾效率，不能为了实现公正，过分忽略效率。毕竟，迟来的正义属于非正义。而刑事证据规则对于诉讼效率的提高将会起到十分重要的作用。一方面，在刑事证据规则的约束之下，侦查机关和检察机关就会少走一些弯路，尽量直接获取法官能够采纳的证据，而法官在法庭审判过程中，也就无须耗费大量的时间来审查控方的证据是否具备证据能力。另一方面，通过关联性规则、可采性规则等刑事证据规则，不仅可以限制当事人提交证据的范围，确保当事人只能向法庭提交具有关联性和可采性的证据，而且可以将不具备证据能力的证据排除在法庭调查之外，从而缩小法庭调查的对象。在这种情况下，法庭审判就可以紧紧围绕具有关联性和可采性的证据而展开，从而提高审判效率。

第二节　国外主要证据规则

一、关联性规则

（一）关联性规则的含义

证据的关联性是指证据与案件的待证事实之间具有某种联系，从而能够证明案件的待证事实。我国学者一般认为，这种联系不仅是客观存在的，不以人的意志为转移的，而且是多种多样的，如因果联系、时间联系与空间联系、必然联系与偶然联系、直接联系与间接联系、肯定联系与否定联系等。尽管证据的关联性已经为世界各国证据法所承认，但是世界各国证据法对于关联性的运用却存在明显差异。在英美法系国家证据法中，关联性侧重于规范证据的证据能力，它要求法官在采纳证据时应当考虑证据与待证事实之间的联系，既不能采纳没有关联性的证据，也不能排除有助于查明案件事实的相关证据，从而导致陪审团在认定事实时出现差错。而在大陆法系国家和我国证据法中，关联性侧重于评价证据的证明力，它要求法官在评价证据、形成心证时应当遵循证据与待证事实之间的客观联系，而不是随意认定证据的证明价值。由于证据的证明力问题通常需要由法官根据经验法则、逻辑法则等进行自由心证，因而，关联性规则实际上是英美法系国家证据法规范证据可采性的一项规则。

关联性规则又称相关性规则，是指只有与诉讼中待定事实具有关联性的证据才可以采纳，凡是没有关联性的证据均不具有可采性。这表明证据的关联性是证据可采性的前提条件，即证据是否具有可采性，首先取决于它与案件的待证事实是否具有关联性。凡是具有可采性的证据，都必须具有关联性。但是，具有关联性的证据却不一定都具有可采性，仍有可能出于各种利益考虑，或者由于某种特殊规则，有关联性的证据不具备可采性。对此，美国著名证据法学家赛耶将关联性规则概括为两条著名的原则：一个是消极原则，即除非具有关联性，否则证据不具有可采性；另一个是积极原则，即一切有关联性的证据都具有可采性，除非按照可采性规则被排除。由于关联性规则是规范证据能力的一项证据规则，因而，该规则中的关联性强调的是证据与待证事实之间具有某种联系即可，而不涉及这种联系对待证事实的证明价值。考虑到证据具有可采性的前提要件是证据必须具有关联性，因此，关联性规则已经成为英美法系证据法的一项基础性规则。对此，美国学者格雷厄姆·利利曾经指出："证据的关联性，是融汇于证据规则中带有根本性和一贯性的原则……由于关联性这一含义适用于所有所举出的证据，因而，也渗透于庭审的全部过程。所有具备可采性的证据首先与要证事实具有关联性，至少当对方举证或就证据的关联性质疑时，必须首先证实其具有关联性。"①

（二）确立关联性规则的根据

在英美法系证据法中，之所以强调证据只有在具备关联性的情况下才具有可采性，主要原因包括两个：第一，为了防止误导陪审团。在英美法系刑事审判过程中，通常由不懂法律的陪审团负责事实认定。为了防止当事人将没有关联性的证据提供给陪审团，从而使陪审团错误地认定事实，因此需要确立关联性规则，由职业法官将不具有关联性的证据过滤掉，保证陪审团据以认定案件事实的证据都是具有关联性的证据。第二，为了提高诉讼效率。在英美法系刑事审判过程中实行当事人主义，因此，提出什么样的证据完全由当事人自己决定。如果不对当事人提出证据的范围作出必要的限制，那么法庭调查将难以终结，从而导致整个法庭审判拖沓冗长，势必降低审判的效率。有鉴于此，英美法系确立了关联性规则，将不具备关联性的证据排除在法庭调查之外，从而促使当事人只能向法庭提交具有关联性的证据。这样，法庭调查就可以紧紧围绕具有关联性的证据而展开，从而提高整个法庭审判的诉讼效率。

（三）关联性的衡量

在关联性规则当中，一个核心的内容就是如何衡量某项证据与待证事实之间是否具有关联性。根据2019年12月1日修订的《美国联邦证据规则》第401条的规定，证据在同时符合以下两种情形时具有相关性：（1）倾向于使某一事实比没有该证据的情况下更可能发生；（2）该事实对确定诉讼具有重要意义。美国著名证据法学家麦考密克认为，证据具有关联性，应当具备两个构成要素：实质性和证明价值。② 据此，某项证据是否具备关联性，应当从实质性与证明价值这两个角度加以衡量。美国著名证据法学家华尔兹也认为，实质性和证明性加在一起就等于相关性。③ 根据麦考密克的论述，实质性涉及的是证据与案件之间的关系，它注重的是被提供的证据与证明的主张和案件中的争议事实的关系。如果该被提供的证据与证明的主张属于争议中的事项，那么该证据就具有实质性。证明价值是指证据支持其欲证明的主张成立的倾向性。考察一项证据是否具有证明价值，至少有两种方法：

---

① Graham C. Lily, *An Introduction to the Law of Evidence*, West Publishing Co., 1978, p.17. 转引自郭志媛：《刑事证据可采性研究》，97页，北京，中国人民公安大学出版社，2004。

② 参见［美］约翰·W. 斯特龙主编：《麦考密克论证据》，汤维建等译，359页，北京，中国政法大学出版社，2004。

③ 参见［美］乔恩·R. 华尔兹：《刑事证据大全》，何家弘等译，15页，北京，中国人民公安大学出版社，1993。

第一，一个人可以简单地提出疑问："对此证据的认识是使发现争议事实真相更为可能还是更不可能？"第二，在假设视为成立的情况下来考虑该证据出现的可能性。[①] 综合《美国联邦证据规则》第 401 条的规定以及麦考密克和华尔兹的论述不难看出，检验一项证据是否具有关联性，应当依次考虑下列三个因素：第一，当事人提出的证据所要证明的问题是什么；第二，当事人所要证明的问题是否属于争议中的事项；第三，当事人提出的证据对争议事项的证明是否具有帮助。在明白当事人提出的证据所要证明的问题的基础上，如果能够判断当事人所要证明的问题属于争议事项，而且当事人提出的证据对证明该争议事项具有帮助（无论是积极的帮助还是消极的帮助），那么该证据就具有关联性。此外，根据华尔兹教授的论述，在衡量上述因素或者决定相关性问题时，法官们主要是根据其对当事人所提证据的感觉以及可能存在的已经确立的司法判例或者法典化规则。[②]

（四）关联性规则的限制

根据 2019 年《美国联邦证据规则》第 402 条的规定，除非美国宪法、联邦法规、联邦证据规则或者最高法院制定的其他规则另有规定，所有关联性证据都具有可采性，不具有关联性的证据没有可采性。这表明，除非法律另有特殊规定[③]，具有关联性的证据一般都具有可采性。

例如，根据 2019 年《美国联邦证据规则》第 403 条的规定，当具有关联性的证据的证明价值被以下一种或者多种危险所严重抵消，法院可以排除该关联性证据：不公正的偏见；混淆争议；误导陪审团；不适当的拖延；浪费时间；不必要地出示重复证据。

再如，2019 年《美国联邦证据规则》第 404 条规定的品格证据。经验告诉我们，尽管人的一般品格特征对于案件事实或多或少地具有一定的证明价值，如品行较差的人可能会做坏事等，但是依据品格特征认定案件事实存在极大的风险。因为，在很多情况下，案件事实往往与人的品格特征并没有什么关系。为了克服依据品格证据来认定案件事实所产生的偏见，《美国联邦证据规则》第 404 条规定了品格证据的一般规则，即当有关一个人的品格或者品格特征方面的证据在证明该人在特定场合下实施了与其品格或者品格特征相一致的行为时不具有关联性。简而言之，品格证据一般不具有可采性，或者用中国习惯的语言表述就是："一次做贼"不能推断"永远做贼"。但是，在以下几种情况下，品格证据具有可采性：第一，刑事被告人的品格。在审判过程中，被告人可以提出自己品格良好的证据，以便证明自己没有实施犯罪行为。但是，一旦被告人提出品格证据，控方就可以提出被告人品格不佳的证据，进而证明被告人实施了犯罪行为。第二，被害人的品格。在审判过程中，被告人可以提出有关被害人品格的证据。如果被告人提出了被害人的品格证据，那么

---

① 参见［美］约翰 • W. 斯特龙主编：《麦考密克论证据》，汤维建等译，360—361 页，北京，中国政法大学出版社，2004。

② 参见［美］乔恩 • R. 华尔兹：《刑事证据大全》，何家弘等译，66 页，北京，中国人民公安大学出版社，1993。

③ 根据《美国联邦证据规则》的规定，关于关联性规则的特殊规定主要有：（1）给予偏颇、混淆或费时而排除关联性证据；（2）不得用以证明行为的品格证据；（3）证明品格的方法；（4）人的习惯与机构的例行事务；（5）事后的补救措施；（6）和解与和解的提出；（7）支付医疗或类似费用支出；（8）认罪答辩、认罪答辩讨论和相关陈述不具备可采性；（9）责任保险；（10）性侵害案件；（11）在性侵害案件中类似犯罪的证据；（12）对儿童实施的性侵害案件中类似犯罪的证据；（13）民事案件中的涉及性侵害或对儿童实施性侵害的类似行为的证据。参见卞建林译：《美国联邦刑事诉讼规则和证据规则》，105—109 页，北京，中国政法大学出版社，1996；陈界融译著：《〈美国联邦证据规则〉（2004）译析》，20—47 页，北京，中国人民大学出版社，2005。

控方也可以提供用来反驳被告人所举关于被害人品格的证据。或者在杀人案件中，控方为了反驳被告人证明被害人先动手的证据，可以提供品格证据，以便证明被害人一贯性格温和。第三，证人的品格。当证人是否能够如实陈述成为争议事项时，当事人可以提出关于该证人能否如实陈述的品格证据。第四，其他犯罪、错误或者行为。一般而言，如果关于其他犯罪、错误或者行为的证据被用来证明某人的品格，以便说明其行为与该品格相符时，该类证据不具有可采性。但是，当该证据用来证明诸如动机、机会、意图、预备、计划、知识、身份、缺失过失、意外事件等其他内容时，具有可采性。

二、可采性规则

（一）可采性规则的含义

证据的可采性规则是英美法系证据法中最重要的一项证据规则，它贯穿于整个刑事审判过程。美国证据法学家华尔兹在谈到证据的可采性时曾经指出："有两个关于证据的主要问题是必须解答的。首先，什么事实和材料应该准许作为证据让陪审团审议？其次，陪审团可以把这些被裁定能够采用的事实和材料用作何用？几乎所有的证据规则都与这两个问题中的第一个有关。这就是说，大多数证据规则都是关于什么应该被接受为证据的问题——可采性问题。"① 从华尔兹的论述中不难看出，所谓证据的可采性实际上就是指证据能够在法律上被允许作为证明待证事实的依据。一般认为，英美法系证据法中的可采性与大陆法系证据法中的证据能力基本上是同一个概念，二者的功能均在于确定证据的准入资格，即哪些证据被容许进入审判程序，以便证明案件中的待证事实。根据证据的可采性规则，如果某项证据具备可采性，那么法官应当允许当事人在审判过程中提交该项证据，并作为陪审团认定案件事实的依据。在法庭审判过程中，对于一方当事人举出的不具备可采性的证据，如果对方当事人表示异议的，法官不仅应当禁止当事人向法庭提交该证据，而且不得将其作为陪审团认定案件事实的依据。

可采性规则与关联性规则既有区别，又有联系。因为，证据具备可采性的前提是该证据具备关联性，如果证据没有关联性，就不可能具备可采性。从这个角度讲，关联性规则也是规范证据可采性的一种证据规则。但是，具备关联性的证据不一定具备可采性。因为，根据可采性规则，一些具备关联性的证据，如传闻证据、非法证据等，不被允许作为证据使用。因此，可采性规则的含义要比关联性规则更加宽泛。正因如此，一些学者认为证据的可采性规则具有广义与狭义之分。如有的学者认为，狭义的可采性规则是指那些专门解决证据采纳与排除问题的证据规则，它包括容许性规则与排除规则两种。而广义的可采性规则除了容许性规则与排除规则之外，还包括关联性规则。② 还有学者认为，广义的可采性包括证据的关联性与合法性，狭义的可采性则仅指与关联性并列的合法性。③

（二）确立可采性规则的根据

在英美证据法中，之所以规定证据的可采性，主要是基于两点考虑：第一，防止时间的消耗。假如没有合理的限定性证据原则为可以采用的证据划定外围边界，那么审判所要

---

① ［美］乔恩·R. 华尔兹：《刑事证据大全》，何家弘等译，10页，北京，中国人民公安大学出版社，1993。
② 参见郭志媛：《刑事证据可采性研究》，95页，北京，中国人民公安大学出版社，2004。
③ 参见何家弘主编：《外国证据法》，48页，北京，法律出版社，2003。

持续的时间将会长得让人无法忍受，甚至会无休止地进行下去。第二，保护陪审团免受不当影响。作为对事实问题的裁判者，陪审团是由非法律职业的普通人组成的，他们缺乏明辨证据的经验，难免遭受伪证的欺骗，或者被一些无聊的证据混淆，或者因怜悯及偏见而误认事实。只有通过法官预先选择，将容许采纳的证据提交陪审团，才能防止陪审团免受误导而作出不正确的裁定。[①] 正因如此，英美法系国家证据法对证据的可采性进行了严格的限制，如非法证据排除规则、自白规则、传闻证据规则、意见证据规则等大量证据排除规则都属于可采性规则。在大陆法系国家，由于传统上实行职权主义和职业法官审判制度，因而，为了充分发挥法官在发现事实真相过程中的积极作用，其证据法往往不对证据的证据能力作过多的限制，而是由法官进行自由裁量。只是随着两大法系的不断融合以及各国人权保障的逐步加强，大陆法系国家关于证据的可采性才逐渐加大了法定主义的比重。

（三）可采性的衡量

根据可采性与关联性之间的关系，衡量某项证据是否具备可采性，应当同时考察下列两个因素：第一，该证据与案件事实是否具有关联性，第二，该证据是否具备法律的许可性。这意味着，如果该证据与案件事实之间没有关联性，那么该证据显然不具备可采性；如果该证据具有关联性，但是该证据没有法律的许可性，那么该证据也不能被采纳为证据；只有当该证据既具有关联性又符合法律的许可性时，该证据才具备可采性。由于关联性需要由实质性和证明性加以衡量，因而，一项具有可采性的证据必须是顺利经过实质性、证明性和合法性检验的证据。如美国证据法学家华尔兹指出，为了能够恰当地被事实认定者的审议所接受，证据必须对案件中的实质性争议问题具有证明性，而且依据证据规则在其他方面具有法律效力，每一项提交审判的证据都必须通过实质性、证明性和有效性的检验。[②] 根据《布莱克法律词典》，实质性是指提交法庭的证据与争议事项的相关性；实质证据就是那些对于争议问题具有实质性，在争议中必须加以考虑，而且其本身或者与其他证据一起对案件具有决定性的证据。[③] 根据华尔兹的观点，判断证据有无实质性，应该回答如下几个问题："这个证据是针对哪个争议问题的？那问题是什么？那问题——无论其可能是什么问题——在本案中是个实质性问题吗？指控被告人的语言、审判法院的裁定以及公诉人和辩护律师的协议中是否明确了这一点？"[④] 所谓证明性，是指根据事物之间的逻辑或者经验关系，当事人所提出来的证据具有使实质性问题可能更为真实或者不真实的能力。华尔兹教授指出，如果所提证据指向的问题在本案中具有实质性，那么下一步就有必要问道：所提的证据对该问题具有证明性吗？这就是说，该证据能确立那个实质性问题的要点吗？与没有该证据的情况相比，它会使那个问题的要点可能更为真实或更为不真实吗？[⑤] 因此，对于上述问题，如果能够作出肯定的回答，那么当事人所提证据具有证明性；反之，就不具备证明性。华尔兹教授进一步指出，如果对上述两部分相关性问题都能作出肯定的回答，

---

① 参见何家弘主编：《外国证据法》，191 页，北京，法律出版社，2003。

② 参见［美］乔恩·R. 华尔兹：《刑事证据大全》，何家弘等译，14 页，北京，中国人民公安大学出版社，1993。

③ 转引自郭志媛：《刑事证据可采性研究》，29—30 页，北京，中国人民公安大学出版社，2004。

④ ［美］乔恩·R. 华尔兹：《刑事证据大全》，何家弘等译，14—15 页，北京，中国人民公安大学出版社，1993。

⑤ 参见［美］乔恩·R. 华尔兹：《刑事证据大全》，何家弘等译，15 页，北京，中国人民公安大学出版社，1993。

那就有必要询问：所提证据是否由于某些特殊的排除性法律规则而依然无效——不可采用?[①] 对于这个问题的回答涉及证据的有效性。所谓证据的有效性，实际上就是法律上的许可性。例如，一个证据可能对实质性问题具有证明性，但仍然被某些特殊规则排除，因为这个特定种类的证据被认为一般都是不可靠的；是不公正地破坏了审判程序的；是过分的证明；或者违反了某些宪法原则。[②]

三、非法证据排除规则

（一）非法证据排除规则的含义

非法证据排除规则具有广义和狭义之分。广义上的非法证据排除规则既包括排除非法的言词证据，也包括排除非法的实物证据。前者主要是自白排除法则，后者主要是指排除非法搜查、非法扣押所获取的证据。在此主要探讨狭义的非法证据排除规则。所谓非法证据排除规则，是指在刑事诉讼中，除了法律规定的情况以外，通过非法搜查、扣押手段获得的证据应当依法排除，不得作为证据采纳。

与非法证据排除规则密切相关的一个问题是如何对待"毒树之果"问题。所谓"毒树"，是指通过非法手段获取的证据；而"毒树之果"中的"果实"是指通过"毒树"所获得的线索而收集的其他证据。"毒树之果"与一般的非法证据具有明显的不同。因为，一般的非法证据通常是通过非法搜查、扣押等非法手段获取的，即非法证据的收集程序本身必须是非法的。而"毒树之果"的收集程序本身却是合法的，只不过在发现该证据之前的程序具有非法的情形。这就是美国的"毒树之果"现象。德国将这种现象称为"波及效"。从理论上讲，既然"毒树之果"的收集程序是合法的，那么"毒树之果"似乎并不能适用非法证据排除规则。例如，英国在对待"毒树之果"问题上，无论是普通法还是成文法，都采取了"排除毒树"而"食用毒树之果"的原则，即对于根据被排除的被告人供述发现的任何证据和事实，只要其具备相关性和其他条件，就具备证据的可采性。而在美国，违法证据排除规则不仅适用于一般的非法证据，而且适用于"毒树之果"，即如果被告人证明了一个违反美国宪法第 4 条修正案的行为——"毒树"，并且证明了证据是作为该违法的实际结果而获得的——该证据是"毒树"的一个"果实"，被告就有权使该证据被排除，除非控方证明可以适用一般排除规则的某一个例外。[③] 1984 年美国联邦最高法院解释了"毒树之果规则"的"核心原理"：尽管"毒树之果规则"增加了排除规则的成本，但是提供充分的威慑以确保阻止被禁止行为的需要已经证明了这种成本的合理性。只有用对警官们违反第 4 条修正案而直接获得以及间接获得的证据都不采纳的办法来威慑他们，才能给避免这些违法提供充分的刺激。[④]

---

① 参见［美］乔恩·R. 华尔兹：《刑事证据大全》，何家弘等译，15 页，北京，中国人民公安大学出版社，1993。

② 参见［美］乔恩·R. 华尔兹：《刑事证据大全》，何家弘等译，15—16 页，北京，中国人民公安大学出版社，1993。

③ 参见［美］约翰·W. 斯特龙主编：《麦考密克论证据》，汤维建等译，341 页，北京，中国政法大学出版社，2004。

④ 参见［美］约翰·W. 斯特龙主编：《麦考密克论证据》，汤维建等译，342 页，北京，中国政法大学出版社，2004。

（二）确立非法证据排除规则的根据

关于确立非法证据排除规则的根据，历来属于学术界争论的焦点问题。根据美国学者的论述以及联邦最高法院的判例，非法证据排除规则的确立主要是基于以下考虑：第一，维护公民宪法权利的需要。该观点认为，通过非法搜查、扣押手段获得证据往往会侵犯公民的隐私权、财产权等宪法性权利，为了维护公民的宪法权利不被任意侵犯，应当排除通过非法手段所获取的证据。第二，基于抑制违法侦查的政策需要。该观点（威慑理论）认为，如果法院排除了侦查机关通过非法搜查、扣押手段所获得的证据，那么不仅可以消除侦查机关非法搜查、扣押的诱因，而且可能导致侦查机关因为其非法取证行为而受到惩罚，这将促使侦查机关在日后的侦查过程不敢再采取非法的搜查、扣押手段。第三，维护司法的廉洁性。该观点认为，在审判过程中，如果法官允许控方使用通过非法手段获取的证据，那么将会损害法官的公正形象。为了维护司法的廉洁性，避免司法程序受到非法证据的污染，避免法官与采取非法取证行为的侦查机关同流合污，法官应当排除侦查机关通过非法手段获得的证据。第四，阻止侦查机关从其错误、违法行为当中获取利益。该观点认为，侦查机关通过非法手段获取证据的目的无非是获得有利于控诉方的判决。但是基于一个人不能从自己的错误行为当中获取利益，因此，为了阻止侦查机关从非法取证行为当中获取利益，法官应当排除侦查机关通过非法手段获取的证据。第五，为公民在遭到国家权力侵犯时提供救济。该观点认为，侦查机关的非法取证行为往往会侵犯公民的合法权益，仅仅通过其他惩罚手段（如国家损害赔偿、民事侵权赔偿等）往往是不够的。为了使公民权利遭到非法取证行为的侵犯后获得充分的救济，还应当排除非法的证据。

在德国，关于非法证据排除规则的理论基础主要有以下观点：一是发现真实说，即保障实体真实发现的可靠性；二是保护个人权利说；三是公平审判说；四是导正纪律说，即消除追诉机关违法取证之诱因，进而导正其纪律。[①] 德国学者魏根特指出，支持排除非法取得的证据的最有说服力的理由也许是，在法治国度里，法院只有遵守了刑事诉讼法所确立的规则，才可以判决被告人有罪；这就意味着法院不能使用“被污染的”证据。[②]

日本关于非法证据排除规则的实质性根据有三种观点：一是规范说，主张使用违法收集的证据是违反程序的；二是司法廉洁说，认为使用违法收集的证据是司法机关背叛了公民的信赖；三是抑制效果说，主张为了抑制将来的违法侦查，排除违法收集的证据是最佳的方法。[③]

由此可见，非法证据排除规则的理论依据应当是多元化的。世界各国关于非法证据排除规则的认识由于各国的文化传统、价值取向、司法实践状况、法律观念、诉讼模式等不同而存在一定的差异，其侧重点也有所不同。一般而言，如果肯定非法证据的证据能力，就是容忍侦查机关采取非法手段收集证据，但有可能侵犯公民或者被追诉者的合法权益；相反，如果否定非法证据的证据能力，就会妨碍案件事实真相的发现，但有助于减少非法取证行为。因此，无论世界各国如何确定非法证据排除规则，都将面临如何平衡人权保障和惩罚犯罪之间的关系问题。仅就理论而言，法治理念、人权保障、程序公正等都可以成

---

① 参见林钰雄：《从基础案例谈证据禁止之理论与发展——刑事诉讼法上没有不计代价的真实发现》，载《刑事诉讼之运作——黄东熊教授六秩晋五华诞祝寿论文集》，19—21页，台北，五南图书出版公司，1997。

② 参见［德］托马斯·魏根特：《德国刑事诉讼程序》，岳礼玲、温小洁译，194—195页，北京，中国政法大学出版社，2004。

③ 参见［日］田口守一：《刑事诉讼法》，刘迪等译，243页，北京，法律出版社，2000。

为非法证据排除规则的理论基础。

（三）国外非法证据排除规则概况

对于非法的实物证据，英国普通法长期以来并不实行排除规则。如在1861年的利萨姆案件中，法官曾经指出："问题的关键不在于你如何获取它：即使是你偷来的，它也将被作为证据采用。"① 在1870年Jane v. Davis一案中，英国法官甚至指出，如果非法搜查取得的证据不能被用作指控被告人的证据，对司法活动将是一个危险的障碍。② 在1955年的Kuruma v. R. 案件中，被告人请求法院排除非法搜查获取的证据，但是警官非法搜查获取的弹药仍然被认为具有可采性，被告人被判有罪。其主要依据就是枢密院的意见："用于权衡证据是否具有可采性的标准是证据是否与争议的问题有关。如果有关系，则证据具有可采性，而法院不必关注证据是如何取得的。"③ 在1965年的Myers v. Director of Public Prosecutions一案中，Reid法官认为，如果正义需要的话，法官对于排除法律上具有可采性的证据拥有自由裁量权，但这并不等于法官在采纳法律上不具备可采性的证据问题上同样具有自由裁量权。④ 根据《1984年警察与刑事证据法》第78条的规定，法官在排除非法的实物证据时拥有自由裁量权，即在非法证据的证明价值与它对诉讼的公正性所产生的不利影响之间加以权衡。

尽管美国的非法证据排除规则与正当法律程序具有密切的联系，但在1914年之前，"不论是普通法还是早期的宪法中都没有任何规则要求在法庭上排除执法人员以某种不恰当的方法所获得的证据"⑤。例如，美国宪法第4条修正案虽然规定"公民的人身、住宅、文件和财产不受无理的搜查和扣押"，但是该修正案并没有对如何执行上述条款作出任何说明。根据本杰明·卡多佐大法官的解释，这是因为法院不愿意看到仅仅因警察犯了错误而导致罪犯逍遥法外。而且，法官们宁愿解决刑事犯罪这个主要问题，也不愿意深究那些间接的、有时又是非常复杂的有关警察收集证据方法的合法性问题。⑥ 但在1914年Weeks诉合众国一案中，联邦最高法院裁定，在联邦刑事诉讼中，禁止使用违反宪法第4条修正案的规定，通过非法搜查和扣押所获得的证据。⑦ 这被认为是美国最早的非法证据排除规则。大法官戴在解释这项规则时认为，如果被非法扣押的信件和私人文件能够用来作为指控公民的证据，那么宪法第4条修正案所宣称的公民不受无故搜查和扣押的权利将毫无价值；尽管使犯罪受到惩罚的法庭和官员们的努力工作应当值得称颂，但是不能以牺牲经过多年艰苦奋斗而最终在基本法之中创立的重大原则为代价。在很长一段时间内，上述排除规则仅仅适用于联邦刑事司法，并不适用于州刑事司法系统。在1949年Wolf诉科罗拉多州一案中，法官们虽然讨论了宪法第4条修正案以及非法证据排除规则是否适用于各州的问题，但联邦最高法院弗兰克福特大法官最终还是认为"正当程序条款对各州一体适用，各州政

① ［加］琼·布鲁克曼、V. 戈登·罗斯：《被禁止的非法的和错误的证据》，载江礼华、杨诚主编：《外国刑事诉讼制度探微》，387页，北京，法律出版社，2000。

② See Peter Murphy, *Murphy On Evidence*, Blackstone Press Limited, 1997, p. 81. 转引自齐树洁主编：《英国证据法》，145页，厦门，厦门大学出版社，2002。

③ P. B. Carter, *Case and Statutes on Evidence*, Sweet & Maxwell, 1990, pp. 403—404.

④ See P. B. Carter, *Case and Statutes on Evidence*, Sweet & Maxwell, 1990, p. 293.

⑤ Jon R. Waltz, *Criminal Evidence*, Nelson-Hall, 1983, pp. 162—163.

⑥ See Jon R. Waltz, *Criminal Evidence*, Nelson-Hall, 1983, p. 163.

⑦ See Weeks v. United States, 232 U. S. 383 (1914).

府不得进行非法搜查和扣押，但是各州是否适用非法证据排除规则，由各州自行决定”[①]。直到 1961 年，在 Mapp 诉俄亥俄州一案中，联邦最高法院克拉克大法官才裁定宪法第 4 条修正案要求各州法院排除通过非法搜查或者扣押所获取的证据。[②] 至此，美国联邦和各州都适用非法证据排除规则。

在大陆法系国家，由于传统上奉行职权主义诉讼模式，法官的任务就是寻求案件事实的真相，因而大陆法系国家通常不太愿意排除非法的证据，认为排除非法证据将会为法官发现事实真相带来一定的障碍。但是，随着两大法系刑事诉讼模式的相互融合，大陆法系国家也越来越认识到非法证据排除规则的重要性，因此不少大陆法系国家也确立了非法证据排除规则。德国学者甚至在 1903 年就系统地提出了证据禁止的概念。依据目前的通说，德国的证据禁止包括证据取得禁止和证据使用禁止两大类。前者如《德国刑事诉讼法典》第 136a 条的规定。后者如，以下证据禁止使用：（1）违反有关被告人可以拒绝陈述的告知义务；（2）违反告知证人拒绝作证权或者拒绝陈述权的义务；（3）违反被告人的在场权；（4）在询问证人过程中违反第 68 条第 1 款规定没有询问证人个人的情况；（5）公务员或者士兵未经许可所作的陈述；（6）违反禁止角色混淆规定而取得的证据；（7）违反扣押规定取得的证据；（8）通过违反宪法的手段取得的证据；（9）没有告知辩护人帮助机会；等等。在法国，理论界认为，“尽管查明事实真相是刑事诉讼的根本目标，但却不能为查明事实真相而采取任何手段（方法）。就司法的尊严及其应当得到的尊重而言，最为重要的是，不可为了寻找证据而采用任何有损于文明之基本价值的手段”[③]。为此，法院判例在原则上对警察或司法官“使用不正当手段”要进行惩处；对于那些以非法方式取得的证据材料，最高法院各法庭都认定应排除在法庭辩论之外。[④] 但最高法院刑事庭后来承认民事当事人向预审法官转达以刑事犯罪为代价而获得的录制材料（录制品），并且承认审判法官以在当事人不知情的情况下拍制的录像材料为判决依据。[⑤] 在意大利，根据《意大利刑事诉讼法典》第 191 条的规定，在违反法律禁令的情况下获取的证据不得加以使用。显然，意大利非法证据排除规则的适用范围是非常广泛的，既包括言词证据，也包括实物证据。但在司法实践中，上述规定很难得到彻底的贯彻。例如，根据《意大利统一警察法》的规定，刑事诉讼法所确立的排除规则对于司法警察的搜查行为就仅具有有限的约束力。从实质上看，这种排除规则仅仅是一种对非法取得的言词证据的禁止规则。[⑥] 在 1978 年之前，日本判例肯定了非法搜查、扣押取得的证据具有证据能力，因为“即使在程序上违法也不能改变物品本身的性质和形状，涉及扣押物品形状等方面的证据价值并没有发生变化”。但在 1978 年，日本最高裁判所在判例中开始采用违法收集证据排除规则。[⑦]

目前，随着法治观念的加强，人权保障的兴起，以及正当程序原则的影响，非法证据

---

① Wolf v. Colorado, 338 U. S. 25, 69 S. Ct. 1539, 93 L. Ed. 1782 (1949).

② See Mapp v. Ohio, 367 U. S. 643, 81 S. Ct. 1684, 6 L. Ed. 1081 (1961).

③ [法] 卡斯东・斯特法尼等：《法国刑事诉讼法精义》上册，罗结珍译，43 页，北京，中国政法大学出版社，1999。

④ 参见 [法] 卡斯东・斯特法尼等：《法国刑事诉讼法精义》上册，罗结珍译，43—44 页，北京，中国政法大学出版社，1999。

⑤ 参见 [法] 卡斯东・斯特法尼等：《法国刑事诉讼法精义》上册，罗结珍译，44 页，北京，中国政法大学出版社，1999。

⑥ 参见卞建林、刘玫：《外国刑事诉讼法》，327 页，北京，人民法院出版社、中国社会科学出版社，2002。

⑦ 参见 [日] 田口守一：《刑事诉讼法》，刘迪等译，242 页，北京，法律出版社，2000。

排除规则已经成为国际社会公认的刑事诉讼基本准则。如联合国《保护人人不受酷刑和其他残忍、不人道或有辱人格待遇或处罚宣言》第12条和联合国《禁止酷刑和其他残忍、不人道或有辱人格待遇或处罚公约》第15条都规定了非法言词证据的排除规则。在一些国家，非法证据排除规则甚至得到了宪法的确认。如《葡萄牙共和国宪法》第32条第6款规定："通过拷打、胁迫、对个人施加肉体摧残或精神折磨、非法侵犯个人私生活、住宅、通信或电讯而获得的任何证据，均属无效。"

（四）非法证据排除规则的例外

自从非法证据排除规则诞生以来，社会各界对于到底要不要排除非法证据问题的争论就从来没有停止过。反对者主张废除非法证据排除规则的最大理由就是，如果一味地排除非法证据，将会给犯罪控制带来极大威胁。尽管侦查人员不应该通过非法手段获取指控犯罪的证据，但是法院也不能仅仅因为警察犯错而使罪犯逍遥法外。何况，法律完全可以通过其他手段来制裁侦查人员的非法取证行为，而不是通过排除非法证据的方式。而且，从司法实践来看，非法证据排除规则对于抑制非法取证行为的效果并不像赞成者鼓吹的那样明显。正因如此，世界各国都没有实行绝对的非法证据排除规则，而是对非法证据排除规则进行了一定的限制，规定非法证据在满足一定条件的情况下也具有可采性。下面分别以美国、德国和日本的非法证据排除规则为例加以说明。

在美国，联邦最高法院通过一系列判例确立了如下一些主要例外情形：第一，"质疑"的例外。这是指，为了弹劾作证的被告人的证言，控方可以在法庭上提供通过非法手段所获取的证据。1954年联邦最高法院在沃尔德诉合众国一案中确立了这项例外。第二，"因果联系减弱"的例外。它是指，如果官员的非法行为与取得的证据之间的因果联系由于另外的因素的影响而被削弱或打断，从而消除了被污染证据的污点，那么这些证据具有可采性。1963年联邦最高法院在王森诉合众国一案当中确立了该项例外。第三，"必然发现"或者"不可避免发现"的例外。这是指，如果控方能够证明，即使不发生违反宪法条款的情况，某项证据也会被最终或者必然地发现，那么该证据具有可采性。1984年联邦最高法院在威廉斯一案当中确立了该项例外。第四，"善意"或"真诚"的例外。它是指，尽管执法人员进行搜查时的许可证表面上是有效的而实际上是无效的，但是，如果执法人员在执行公务时真诚地相信这份许可证是有效的话，那么执法人员依此进行搜查所取得的证据具有可采性。这项例外是1984年联邦最高法院在合众国诉里昂一案当中确立的。第五，"独立来源"的例外，即对依非法手段以外的独立来源取得的证据可以不予排除。1988年联邦最高法院在默里诉合众国、合众国诉帕蒂诺等案件中都采用了依独立来源取得的证据。这些证据在首次或前一次非法搜查过程中已经发现但当时没有采集，而在事后通过独立于前一次的合法的手段予以采集，并在法庭上作为证明被告人有罪的证据予以提供。

在德国，非法证据排除规则的限制主要体现在如下几个方面：第一，如果违法取证行为没有影响到被告人，而只是影响到了其他人的法律权利，那么被告人不得在上诉中主张法院不能使用该证据对其定罪；第二，只要根据事实情况，可能存在合法的获得手段，法庭就会采纳非法取得的证据；第三，证据的排除必须是为曾经被破坏的程序性规则服务的，如果排除证据并不会促进被违反的规则的目的的实现，法庭就会采纳该证据，因为排除证据会在没有达到任何积极效果的情况下干扰了对事实真相的查明；第四，证据的排除不能与根据"真实"的情况处理案件这一最高利益相冲突，如果根据具体案件的情况，查明真相的重要性远远大于被告人的利益，证据仍然将被采纳。①

在日本，非法证据排除规则具有如下两种例外情形：第一，不可避免发现的例外。这是指，一部分侦查人员偶然进行违法侦查，但即使他不侦查，其他侦查人员通过合法侦查当然也会获得该证据，那么这种证据不予排除。第二，善意的例外。这是指，进行违法侦查的侦查人员自信侦查程序合法，那么这种证据也不予排除。此外，日本判例指出，如果评价侦查程序不是“重大违法”，就不能排除证据。日本判例认为，“重大违法”的情况是指对犯罪嫌疑人人身自由使用有形力，而其他侦查程序上的违法一般不被认定为“重大违法”。在日本最高裁判所的一系列判例当中，下列情况不属于“重大违法”：（1）违法的程度轻微，特别是可以紧急羁押但只是在侦查的顺序上有错误；（2）侦查人员没有违反令状主义的意图；（3）没有使用强制力。②

四、自白任意性规则

（一）自白任意性规则的含义

自白任意性规则，又称自白规则或者非任意自白排除规则，它是指在刑事诉讼中，只有被追诉人基于自由意志而作出的自白（承认有罪的陈述），才具有可采性；缺乏任意性或者具有非任意性怀疑的口供，均不具有可采性。自白规则是英美证据法中一项传统证据法则。根据自白规则，在法庭审理过程中，对于控方举出的违反自白任意性规则的犯罪嫌疑人、被告人供述，如果辩护方表示异议的，法官应当禁止控方向法庭提交该证据，并不得以该证据作为裁判的依据。

（二）确立自白任意性规则的根据

确立自白规则是一个逐步发展的过程。在自白规则产生初期，主要是基于证明方面的考虑，其目的主要在于排除虚假的陈述。因为，被追诉者在受到威胁的情况下所作的供述往往是不真实的和不可靠的。例如，在英国诉沃利克沙尔一案当中，法院认为，“供述被作为证据采纳，或者由于不能采证而被驳回，考虑的是这些供认是否值得相信”③。后来，随着被告人人权保障问题日益受到重视，自白规则开始与不受强迫自证其罪原则以及无罪推定、人权保障、人格尊严保护等理念联系在一起。

不受强迫自证其罪原则起源于普通法中“任何人都没有背叛自己的义务”以及“任何人都没有指控自己的义务”这两句古老的格言。一般认为，不受强迫自证其罪原则包括两层含义：第一，被追诉者对于是否陈述享有不被强迫的权利，即在被追诉者不愿陈述或者不想提供对己不利的陈述的情况下，执法机关不能通过刑讯逼供等非法手段强迫被追诉者进行陈述。第二，被追诉者在是否陈述以及是否提供不利于自己的陈述问题上具有选择权。这意味着，任何人不受强迫自证其罪原则将是否提供不利于己的陈述作为一项权利赋予了被告人，尤其是肯定被告人作为独立的意思自治主体，能够运用自己的“自然理性”作出

---

① 参见［德］托马斯·魏根特：《德国刑事诉讼程序》，岳礼玲、温小洁译，195—200页，北京，中国政法大学出版社，2004。

② 参见［日］田口守一：《刑事诉讼法》，刘迪等译，244—246页，北京，法律出版社，2000。

③ ［新西兰］J.B.道森：《英联邦成员国对非法取得的证据采证问题的若干法律规定》，载《法学译丛》，1983（4）。

选择，并承担相应的法律后果或责任。[①] 因此，不受强迫自证其罪原则并不禁止被追诉者主动向执法机关提供对己不利的陈述，它禁止的是执法机关为了获取证明被追诉者有罪的证据，而向被追诉者采取法律禁止的肉体性强制手段（如刑讯逼供、体罚等能够从肉体上直接引起痛苦的手段）或者精神性强制手段（如疲劳审讯、诱骗、胁迫等从精神上影响人的自主判断的手段）。如果执法机关通过上述强制性手段迫使被追诉者作出有罪的供述，那么就违反了不受强迫自证其罪原则。为了保障被追诉者的合法权益，根据不受强迫自证其罪原则，应当排除执法机关的非任意性自白。因此，自白规则是保障人权的一种体现。在Saunders案件中，欧洲人权法院曾经指出，沉默权和不得自我归罪原则的理论基础都在于针对有关部门的不正当强制而对被告人提供保护，由此有助于避免审判不公正。尤其是不得进行自我归罪的权利所预先假定的是：刑事案件中的公诉人应当寻求在不借助于用违背被告意愿的胁迫或强迫方法所获证据的情况下，来证明不利于被告的主张。[②]

自白规则还与无罪推定原则和人格尊严理念具有一定的联系。根据无罪推定原则，在被告人被判决有罪之前，证明被告人有罪的责任是由控方来承担的，被告人没有义务证明自己有罪。因此，控方一旦通过非法手段强迫被告人提供不利于自己的证言，就违背了上述无罪推定原则的基本精神。根据人格尊严理论，人之所以能够成为人，是因为人具有与生俱来的不被剥夺的人格和尊严。在刑事诉讼中，尽管被追诉者是受到刑事指控并且最终有可能被判定有罪的人，但被追诉者也是人，他与其他人一样也有资格享受人格尊严不受任意侵害的权利。在刑事诉讼中，为了保障被追诉者的人格尊严，应当首先将被追诉者当作人来看待，而不是将被追诉者当作证明犯罪的工具和手段，从而通过刑讯逼供等强制性手段强迫被追诉者提供证明自己有罪的供述。因此，为了保障被追诉者的人格尊严，应当禁止控方使用非任意性的自白。

（三）国外自白任意性规则概况

在英国普通法中，由于强调当事人主义，因此，被告人的有罪供述往往可以成为对其定罪的唯一证据。但是，这种做法显然容易冤枉无辜。为了避免出现这种结果，18世纪英国普通法开始确立非任意性供述排除规则，旨在强调被告人供述的自愿性。如在1775年The King v. Rudd一案中，法官首次宣称应该对供述的可采性有所限制。在1783年The King v. Warickshall一案中，法官完整地表述了近代供述排除规则的内涵，认为以利诱和胁迫而取得的供述，因欠缺信用性、可靠性，自不容许为证据。[③] 后来，普通法确立了法官自由裁量排除原则。但是，《1984年警察与刑事证据法》又要求法庭主动排除不具可采性的自白。因为，《1984年警察与刑事证据法》第76（2）条规定："在任何公诉方计划将被告人供述作为本方证据提出的诉讼中，如果有证据证明供述是或者可能是通过以下方式取得的——（a）对被告人采取压迫的手段；或者（b）实施在当时情况下可能导致被告人的供述不可靠的任何语言和行为，则法庭应当不允许将该供述作为对被告人不利的证据提出，除非检察官能向法庭证明该陈述（尽管它可能是真实的）并非以上述方式取得，并且要将此证明到排除任何合理怀疑的程度。"

---

① 参见宋英辉、吴宏耀：《任何人不受强迫自证其罪原则及其程序保障》，载《中国法学》，1999（2）。

② 参见［英］克莱尔·奥维、罗宾·怀特：《欧洲人权法：原则与判例》，3版，何志鹏、孙璐译，241页，北京，北京大学出版社，2006。

③ 参见王茂松：《非法取得证据有关法律问题研究》，27页，台北，金王公司，1987。转引自齐树洁主编：《英国证据法》，143页，厦门，厦门大学出版社，2002。

根据美国宪法第5条修正案关于不受强迫自证其罪的规定，自白规则在美国显然也是适用的。在早期，自白只要是自愿的，或者没有受到不可靠的或者可能不真实的因素的影响，就是可采纳的。但在1897年Bram诉合众国一案中[①]，保障自白的自愿性被认为是宪法第5条修正案中关于不受强迫自证其罪原则的一种体现。不过，这个规则只适用于联邦刑事诉讼。在1936年Brown诉密西西比州一案中，联邦最高法院的判决意见使自愿性成为宪法第14条修正案规定的正当程序的要求。[②] 20世纪40年代之后，非任意自白排除规则的根据从供述的非自愿性发展到程序的违法性。如在1943年McNabb诉合众国一案中，联邦最高法院认为应当排除任何在拘禁期间获取的、没有尊重被告人逮捕后被迅速带到司法官员面前这一权利的自白。[③] 在1944年Ashcraft诉田纳西州一案中，联邦最高法院认为警察长时间轮流讯问被告人而获得的被告人自白不可能是自愿作出的，因此原审法院的有罪裁决应予以撤销。[④] 在1963年Haynes诉华盛顿州一案中，联邦最高法院认为采取强迫手段获取的被告人自白，违反了正当法律程序，在审判中不能被接受。[⑤] 在1964年Malloy v. Hogan一案中，联邦最高法院认为反对强迫自证其罪特权同样适用于各州。[⑥] 在1966年，美国联邦最高法院确立了著名的米兰达规则，认为警察在讯问米兰达之前，没有告知他有请律师的权利和要求律师在场的权利，侵犯了他所享有的反对强迫自证其罪特权，由此获取的被告人陈述不能接受。[⑦]

第二次世界大战之后，日本以美国为样本也制定了自白规则。其他大陆法系国家虽然没有明确规定自白规则，但通常严禁以非法手段获取被追诉者的有罪供述，从而保障了被追诉者供述的自愿性。例如，根据《日本国宪法》第38条的规定，不得强制任何人作不利于本人的供述。以强迫、拷问或威胁所得的口供，或经过不正当的长期拘留或拘禁后的口供，均不得作为证据。任何人如对其不利的唯一证据为本人口供时，不得定罪或科以刑罚。根据《日本刑事诉讼法》第319条的规定，出于强制、拷问或胁迫的自白，在经过不适当的长期扣留或者拘禁后的自白，以及其他可以怀疑为并非出于自由意志的自白，都不得作为证据。不论是否为被告人在公审庭上的自白，当该自白是对其本人不利的唯一证据时，不得认定被告人有罪。在法国，对于以刑讯逼供和其他非法手段取得的口供，立法和判例均持否定态度。[⑧] 在德国，《德国刑事诉讼法典》第136a条规定："（一）对被指控人决定和确认自己意志的自由，不允许用虐待、疲劳战术、伤害身体、服用药物、折磨、欺诈或者催眠等方法予以侵犯。只允许在刑事诉讼法准许的范围内实施强制。禁止以刑事诉讼法的不准许的措施相威胁，禁止以法律没有规定的利益相许诺。（二）有损被指控人记忆力、理解力的措施，禁止使用。（三）第一、二款的禁止规定，不顾及被指控人承诺，必须适用。对违反这些禁令所获得的陈述，即使被指控人同意，也不允许使用。"

如同非法证据排除规则一样，自白规则的基本精神也得到了国际社会的普遍认可。如

---

① See Bram v. United States, 168 U.S. 532 (1897).

② See Jon R. Waltz, *Criminal Evidence*, Nelson-Hall, 1983, p. 224.

③ See McNabb v. United States, 318 U.S. 332 (1943).

④ See Ashcraft v. Tennessee, 322 U.S. 143, 64 S. Ct. 921, 88 L. Ed. 1192 (1944).

⑤ See Haynes v. Washington, 373 U.S. 503 (1963).

⑥ See Malloy v. Hogan, 378 U.S. 1 (1964).

⑦ See Miranda v. Arizona, 384 U.S. 436, 86 S. Ct. 1602, 16 L. Ed. 694 (1966).

⑧ 参见陈朴生等：《比较刑事证据法各论》，287页，台北，汉林出版社，1984。

《世界人权宣言》第5条规定："任何人不得加以酷刑，或施加残忍的、不人道的或侮辱性的待遇或刑罚。"《公民权利和政治权利国际公约》第7条在此基础上又增加了"对任何人均不得未经其自由同意而施加医药或科学试验"这一条款。《公民权利和政治权利国际公约》第14条第3款将不受强迫自证其罪的权利当作被告人应当享受的一项最低限度的公正审判权。为了保障被追诉者的供述自愿性，联合国《保护人人不受酷刑和其他残忍、不人道或有辱人格待遇或处罚宣言》第12条规定："如经证实是因为受酷刑或其他残忍、不人道或有辱人格的待遇或处罚而作的供词，不得在任何诉讼中援引为指控有关的人或任何其他人的证据"。联合国《禁止酷刑和其他残忍、不人道或有辱人格待遇或处罚公约》第15条规定："每一缔约国应确保在任何诉讼过程中，不得援引任何业经确定系以酷刑取得的口供为证据，但这类口供可用作被控使用酷刑者刑讯逼供的证据。"在一些国家，自白规则甚至得到了宪法的确认。例如，《古巴共和国宪法》第58条规定："……禁止对任何人为逼使其招供使用暴力或任何强迫手段。用破坏上述原则的办法所取得的任何供词，并因而使犯罪者受到法定的处罚都认为无效。"《葡萄牙共和国宪法》第32条第6款规定："通过拷打、胁迫、对个人施加肉体摧残或精神折磨……而获得的任何证据，均属无效。"《韩国宪法》第12条规定："……当认定被告人的口供是以拷问、暴行、威胁、长时间拘禁或欺骗等其他方法所得，并非出自本人意愿或者在正式审判中对被告人不利的唯一证据为本人供述时，不得定罪或科以处罚。"

五、传闻证据规则

（一）传闻证据规则的含义

从历史起源来看，传闻证据规则是英美证据法特有的概念，也是英美证据法中"最古老、最复杂和最令人感到迷惑的一项证据排除规则"①。传闻证据规则又称传闻法则，它的基本含义是，除非法律另有规定，传闻证据一般不具有可采性。根据传闻法则，在法庭审判过程中，当事人不能向法庭提交传闻证据进行调查和质证。如果当事人已经在法庭出示传闻证据的，不得提交陪审团作为评议的根据，另一方当事人有权对此提出异议。

适用传闻证据规则的前提是法官能够判断某个证据是否属于传闻证据。但在实践中，如何甄别传闻证据可能是件非常困难的事情。② 而且，普通法、证据法以及学者对传闻证据的界定也是五花八门的。例如，美国证据法学家华尔兹教授认为最为广义的普通法中传闻证据的定义是：在审判或讯问时作证的证人以外的人所表达或作出的，被作为证据提出以证实其包含的事实是真实的，一种口头或书面的意思表示或有意无意地带有某种意思表示的非语言行为。③ 英国证据法学家克罗斯认为，传闻证据是指一项事实陈述，不是一个人在诉讼程序中使用口头形式作出的，并把它作为其所主张的事实的证据。④ 而根据2019年《美国联邦证据规则》第801条的规定，传闻是指不是由陈述者在审判或听证中作证时作出

---

① Rupert Cross, *Cross on Evidence*, sixth edition, London Butterworths, 1985, p. 453; Andrew L. T. Choo, *Hearsay and Confrontation in Criminal Trials*, Clarendon Press • Oxford, 1996, Preface.

② See Andrews & Hirst, *Criminal Evidence*, Waterlow Publishers, 1987, p. 417.

③ 参见［美］乔恩·R. 华尔兹：《刑事证据大全》，何家弘等译，81页，北京，中国人民公安大学出版社，1993。

④ 参见齐树洁主编：《英国证据法》，451页，厦门，厦门大学出版社，2002。

的陈述，而当事人在证据上用它来证明主张事项的真实性。尽管证据法与理论界对于传闻证据的表述有所不同，但是一般认为，传闻证据的形成离不开三个必不可少的构成要素。首先，传闻证据至少包含两个主体，一个是原陈述人，另一个是转述人。例如，目击犯罪的甲向乙叙述了自己目睹的事实，然后乙出庭向法院陈述从甲那里听到的事实。此时，甲为原陈述人，乙为转述人。乙在法庭上的证言为传闻证据。其次，传闻证据至少涉及两个环节。一个是庭外陈述环节，即原陈述人在转述人面前的陈述环节，另一个是当庭陈述环节，即转述人在法庭上的陈述环节。如在上述案例中，甲在法庭审判之外向乙讲述自己目击犯罪的事实是一个环节，乙在法庭当庭陈述其从甲那里听到的内容则是另外一个环节。值得说明的是，在庭外陈述环节当中，不仅仅包括原陈述人的口头陈述，而且包括书面形式（如原陈述人亲自书写的事实材料、追诉机关制作的询问笔录等）和非语言行为（如手势、本能地颤抖、惊叫等）。在当庭陈述环节当中，转述人既可以通过口头陈述方式向法庭提供案件事实，也可以通过各种口头陈述的替代材料向法庭提供案件事实。口头陈述最为常见的替代物就是警察侦查过程中制作的各种询问笔录、讯问笔录、供述录音、录像带等。此外，还有一种比较特殊的情况，即原陈述人将自己感知的案件事实写成书面材料，然后由一方当事人在法庭审判过程中向法庭提交该书面材料，以便替代原陈述人出庭作证。实际上，这里也存在两个环节：一个是原陈述人在法庭之外将自己感知的案件事实转换成书面语言的过程，另一个是当事人在法庭上通过宣读的方式再现书面材料所记载的案件事实。最后，一方当事人提出传闻证据的目的在于证明某项内容所反映的事实为真实的。如果行为人提供某一陈述的目的不在于此，而在于其他目的，如证明陈述者曾经作过该陈述，该陈述所述的事实具有重要性，陈述者本人或他人的意识状态如何，或者陈述客观上产生了什么样的效果等，则该陈述不是传闻。这个特征通常被当作判断传闻证据的关键。例如，目击证人甲在乙面前说："我看见了丙杀人。"如果乙在法庭上转述甲的话是为了证明丙杀人，那么乙的证言属于传闻证据。相反，如果乙在法庭上转述甲的话仅仅是为了证明甲曾经确实说过"看见了丙杀人"之类的话，那么乙在法庭上的证言不是传闻证据。此外，当陈述者的庭前证言和当庭证言不一致时，陈述者的庭前证言如果不是为了证明陈述者的当庭证言为真实的，而是用来证明陈述者在庭前曾经说过那样的话，那么陈述者的庭前证言属于弹劾证据，而不是传闻证据。

一般认为，传闻证据具有三种表现形式。第一是口头陈述，它通常是指转述人在法庭上的口头证言。第二是书面材料，如控方在法庭上宣读的证人证言笔录、鉴定结论意见书等。第三是非语言行为。根据《美国联邦证据规则》对传闻证据的界定，如果非语言行为能构成一项主张，并用来证明事实的发生或者存在，那么这个非语言行为就属于传闻证据。非语言行为与口头陈述、书面材料作为传闻证据的区别在于：在涉及口头或书面陈述的案件中，可以从形式上判断它们是否带有主张性；而在涉及非口头行为的案件中，通常是由法官作出判断并将之作为构成传闻证据的基础。[①] 根据华尔兹教授的论述，非语言行为构成传闻证据，既包括明确表示的行为，也包括无明确表示的行为。所谓明确表示的行为是指有明确的意思表示，从而可作为一种主张的行为。如指着某人或某物表示辨认同一的意思，或者点头表示"是"或者"不是"。无明确表示的行为是指对本案争议问题虽然没有可作为

① 参见［美］约翰·W. 斯特龙主编：《麦考密克论证据》，汤维建等译，489页，北京，中国政法大学出版社，2004。

直接主张的明确的意思表示，但仍可通过推理，转换成这样一种主张，即法院外的行为对性质争论点带有某种暗示的主张。[①]

理解传闻证据规则还需要澄清的一个问题就是传闻证据与传来证据的关系。长期以来，我国不少学者曾经将传闻证据与传来证据混淆使用。如有的学者认为传来证据就是传闻证据。[②] 还有学者认为，传来证据，又称传闻证据，是原始证据的对称。[③] 我们认为，尽管传来证据与传闻证据在形式上具有某些相似之处，如第二手以上的证据既是传来证据，也有可能是传闻证据，但是，二者存在明显不同。第一，含义不同。传来证据是大陆法系以及我国学者采用的一个概念，它是指从原始出处以外的其他来源获得的证据，即凡不是直接产生于案件事实或者不是从第一来源直接获取，而是从第二手以上的来源获取的证据，就是传来证据。而传闻证据是英美法系国家使用的一个概念。根据《美国联邦证据规则》的规定，传闻证据是指不是由陈述者在审判或者听证中作证时作出的陈述，在证据上将它提供来证明主张事项为真实的证据。第二，判断标准不同。传来证据仅以证据是否是从第一来源处直接获得为标准，如证人转述他人陈述的内容为传来证据。至于在法庭上宣读未出庭的证人的证言笔录，只要该证言的内容为证人亲自耳闻目睹，而不是别人转告的，仍属原始证据，而不是传来证据。而传闻证据强调以法庭审判为中心，凡在法庭审判之外提供的证言，非证人当庭口头作证，或陈述之内容非本人亲自耳闻目睹的，均属传闻证据。第三，证据的范围不同。传来证据不仅包括言词证据，而且包括实物证据。而传闻证据仅限于言词证据，不包括实物证据。第四，运用规则不同。我国对于传来证据并没有制定专门的证据规则，在司法实践中的一般做法是，司法机关尽量收集和使用原始证据，但同时也要重视传来证据的收集和运用。尤其是在原始证据难以收集或者遭到破坏时，传来证据经过查证属实的，也可以作为定案的根据。而在英美法系证据法中普遍确立了传闻证据规则，即法庭原则上应当排除传闻证据的使用，只在少数例外的情形下，传闻证据才会被采信。

（二）确立传闻证据规则的根据

在 Teper v. R 一案中，Normand 法官认为传闻证据规则存在的理由在于传闻证据具有天然的不可靠性。[④] 这是因为：第一，传闻证据不是证明事实的最佳证据；第二，传闻证据几乎都是未经宣誓而作出的；第三，陈述者如果不作为证人出庭作证，那么陈述者将无法接受交叉询问，因而法庭也无法证实该陈述的真实性；第四，法官和陪审团将没有机会观察陈述者在进行陈述时的举止。此外，在 R. v. Kearley 一案中，Ackner 法官指出，捏造证据的风险也可以构成排除传闻证据的理由。[⑤] 美国著名证据法学家摩根教授认为，证人在出庭作证过程中所陈述的事实是否真实、可靠，与该证人的知觉（perception）、记忆（memory）、表述（narration）能力或者语言表达能力（use of language），以及诚实性（sincerity）密切相关。[⑥] 而传闻证据由于缺少控辩双方的交叉询问，因而存在虚假的风险更大，如感知

---

① 参见［美］乔恩·R. 华尔兹：《刑事证据大全》，何家弘等译，86 页，北京，中国人民公安大学出版社，1993。

② 参见曾庆敏主编：《法学大辞典》，511 页，上海，上海辞书出版社，1998。

③ 参见陈光中主编：《中华法学大辞典》（诉讼法卷），76 页，北京，中国检察出版社，1995。

④ See Andrew L. T. Choo, *Hearsay and Confrontation in Criminal Trials*, Clarendon Press・Oxford, 1996, p. 11; P. B. Carter, *Case and Statutes on Evidence*, Sweet & Maxwell, 1990, pp. 288—289, 355—356.

⑤ 参见齐树洁主编：《英国证据法》，464 页，厦门，厦门大学出版社，2002。

⑥ See Edmund M. Morgan, "Hearsay Dangers and the Application of the Hearsay Concept", *Hearsay Law Review*, Vol. 62, No. 2 (December, 1948), pp. 178—219.

错误的危险（the risk of misperception）、记忆瑕疵的危险（the risk of faulty memory）、虚伪陈述的危险（the risk of misstatement）以及歪曲的危险（the risk of distortion）或者不诚实的危险（the risk of insincerity）等。① 因此，传闻证据本身的危险性也可以成为排除传闻证据的理由。在英美法系国家，由于证据规则最初是围绕陪审团制度设置的，因而大多数英美学者认为传闻证据法则是陪审制的产物：陪审员并非法律专家，不具备正确判定传闻证据证明力的能力，因而为了确保证据的可靠性，必须排除缺乏证明力的证据。②

以上可以看作是对传闻证据规则的法理依据的传统解释。随着时代的发展，传闻证据的可靠性亦在不断地提高，因此，许多学者对传闻证据规则提出了质疑，提出了缓和适用传闻证据法则的理论新动向。③ 在英国，1997 年法律委员会第 245 号建议稿系统地对传闻证据规则的理由进行了反思：（1）传闻不是最佳证据，在许多案件特别是刑事案件中，这是一条很有说服力的理由，但在一些案件中传闻可能是能够获得的最佳证据，而在另外一些案件中传闻可能比直接证据更可靠；（2）如果对信息的最初来源不能进行交叉询问，编造的可能性增大，但这只能用于反对多重传闻，第一手传闻编造的风险相对较小；（3）由于叙说的人可能误听或者误解，因此在转述过程中存在错误的风险，而书面传闻比如信件和录音则几乎无此风险；（4）传统理论认为，证人提供证言时的表情和下意识行为，在评定此人证言的证明力时会有帮助，但现代心理学研究表明，根据一个人的表情和下意识行为判断此人是否诚实是不可靠的，用来判断证言的准确性则更加不可靠；（5）传闻未经宣誓，曾经是历史上最主要的一条反对传闻的理由，但现在看来，宣誓并不能保证证人一定讲实话；（6）无法进行交叉询问，成为今天反对传闻的主要理由，但对于那些真实性和准确性都没有疑问的传闻，即使通过交叉询问，也获得不了什么有用的东西，因此无法进行交叉询问不能成为目前整个排除传闻规则的理由；（7）尽管在可能的情况下，证人当着被告人的面作证是最理想的，但其他一些因素，比如在法庭上直接从证人那里获得证据是不可能的，则可能比这种考虑更重要。④ 尽管传闻证据规则遭到越来越多的批评，但是作为英美法系最重要的证据规则之一的传闻证据规则仍然得到不少学者的理论支持。一些学者对传闻证据规则存在的理论基础进行了重新解释。如美国哈佛大学法学院内森（Nesson）教授认为，传闻证据规则是建立在两个假设基础之上的：一方面，公众对裁判的接受具有行为上的示范意义。因为，如果人们观察到被法律权威人士采用的程序是公正的，那么他们更愿意服从法律。另一方面，放弃证人出庭作证将会破坏公众对裁判的可接受性。因此，传闻证据规则实际上是提升裁判可接受性的一种方式。⑤ 英国莱斯特大学安德鲁（Andrew）博士认为，传闻证据规则的确立是基于内在政策和外在政策两方面的考虑：一方面，在大多数情况下，由于传闻证据不如非传闻证据可靠，因而排除传闻证据具有一定的合理性；另一方面，传闻证据规则不是为了单纯追求准确地发现案件事实真相，而是为了维持公众

---

① See Christopher B. Mueller & Laird C. Kirkpatrick, *Evidence under the Rules: Text, Cases, and Problems*, Citic Publishing House, 2003, pp. 125—127.

② 参见［日］平野龙一：《传闻证据法则的发展趋势》，莫丹谊编译，载《外国法学研究》，1996（3）。

③ 参见［日］平野龙一：《传闻证据法则的发展趋势》，莫丹谊编译，载《外国法学研究》，1996（3）。

④ 参见何家弘主编：《外国证据法》，124—125 页，北京，法律出版社，2003。

⑤ See Charles R. Nesson, "The Evidence or the Event? On Judicial Proof and the Acceptability of Verdicts", 98 *Harvard Law Review* 1357 (1985); Charles R. Nesson and Yochai Benkler, "Constitutional Hearsay: Requiring Foundational Testing and Corroboration under the Confrontation Clause", 81 *Va. L. Rev.* 149 (February, 1995).

对整个刑事司法系统的信赖，它具有独立于证据可靠性的价值，如在刑事诉讼中，传闻证据规则体现了参与价值（the value of participation），保护了个人的尊严价值（the value of individual dignity）和平等价值（the value of equality），有助于形成一个对控诉权进行控制的机制（a mechanism for keeping the power of prosecution in check）。①

尽管传闻证据规则在英美法系国家开始出现萎缩的趋势，但传闻证据规则所体现出来的诉讼价值仍然不容抹杀。特别是随着世界各国人权保障运动的蓬勃发展，在刑事诉讼中保留传闻证据规则更是具有极为重要的实践意义。根据《公民权利和政治权利国际公约》第 14 条第 3 款第 5 项、《欧洲人权公约》第 6 条第 3 款第 4 项以及《美洲人权公约》第 8 条第 2 款第 6 项的规定，被告人对证人的对质诘问权不仅是确保公正审判的最低限度保证，而且成为世界各国普遍承认的一项基本人权。美国宪法第 6 条修正案和《日本国宪法》第 37 条第 2 款更是明确规定对质诘问权是被告人享有的一项宪法权利。显然，满足被告人的对质诘问权的逻辑前提应当是证人出庭作证。这样，证人必须在公开的法庭之上进行宣誓，并被置于伪证罪的威胁之下，其证言连同他们的举止、态度等能够受到法庭的审查，从而增强证人证言的可靠性。② 而且，在通常情况下，由于被告人对案件的事实真相最为清楚，因此由被告人对证人进行交叉询问，不仅最能提出适当的问题，而且最能发现、揭露控方证人证言中的虚假或者不实之处，从而提高自己的防御能力。再者，通过控辩双方对证人的询问和交叉询问，法庭能够比较有效地检验证人证言的真假，发现有关案情的细节，从而有助于查明案件事实真相。③ 相反，如果证人不出庭作证，或者采用询问笔录、录音、录像等替代措施④，不仅无法满足被告人的对质诘问权，而且对质诘问权的维护公正审判和发现真相的功能也会荡然无存。综上不难看出，在现代刑事诉讼制度中，被告人对证人的对质诘问权已经成为传闻证据规则最坚实和最有说服力的一个理论依据。如果从人权角度出发，传闻证据规则可以视为被告人的对质诘问权的基本保障措施。

（三）传闻证据规则的产生与发展

一般认为，传闻证据规则是陪审团审判的产物。但是，在英国陪审团制度产生早期即知情陪审团时期，由于陪审团是由当地知道案件情况的居民组成的，陪审团往往根据自己了解的案件情况提出有关案件事实方面的意见，其他证人或者证据则不允许在法庭上出现，因此，传闻证据规则根本没有存在的必要。⑤ 而且，为了弥补陪审团成员在案件情况或者案件中某些专门知识上的不足，传闻证据不应该受到禁止。尽管如此，那时人们对传闻证据认定事实的危险性也已经有所认识。随着 14 世纪之后大陪审团与小陪审团之间的分离，知

---

① See Andrew L. T. Choo, *Hearsay and Confrontation in Criminal Trials*, Clarendon Press • Oxford, 1996, pp. 13—43.

② 如在 Coy v. Iowa 一案中，美国联邦最高法院认为，人们在他人的背后比较容易捏造事实诬蔑他人，而当着别人的面进行撒谎就不那么容易。See Coy v. Iowa, 487 U. S. 1012 (1988).

③ 如美国证据法学权威威格摩尔指出："毫无疑问，交叉询问是人类发明的发现案件事实真相的最伟大的法律工具。" See J. H. Wigmore (rev. J. H. Chadbourn), *Evidence in Trial at Common Law* (Vol. 5) (1974), 32. c. f. Andrew L. T. Choo, *Hearsay and Confrontation in Criminal Trials*, Clarendon Press • Oxford, 1996, p. 32.

④ 在 Coy v. Iowa 一案中，美国联邦最高法院认为，被告人在审判中有目视证人即与证人面对面的权利，以及被告人有使证人目视自己的权利。由此可见，我国司法实践中正在广泛使用的多媒体示证等替代措施实际违反了被告人的对质权。

⑤ See John H. Wigmore, "The History of the Hearsay Rule", *Harvard Law Review*, Vol. 17, No. 7 (May, 1904), pp. 437—458.

情陪审团开始向非知情陪审团转变，陪审团对案件事实的认定越来越依赖于当事人和证人提供的证据。到了15世纪晚期，传唤证人出庭作证开始流行起来，在16世纪，证人的当庭证言已经成为常用的和基本的证据来源。在16世纪中期，英国议会已经在法律中规定证人应当出庭作证。在17世纪的一些著名案件中，采用传闻证据可能产生的严重后果开始受到强调。如在1603年的Walter Raleigh一案中，在两名庭外证人陈述的基础上，Walter Raleigh被指控犯有谋反詹姆斯一世国王的罪行。第一份陈述是Lord Cobham在庭外经过宣誓作出的证言，宣称Raleigh和自己是共谋者。但Raleigh反对Cobham的证言，并且要求与其对质。但控方没有传唤Cobham出庭，而是由另外一个证人即Dyer出庭作证。Dyer作证时称曾经听一位葡萄牙绅士说，Raleigh和Cobham准备在国王加冕之前刺穿他的喉咙。后来，Raleigh被执行了死刑。在1668年和1696年的两份判决中，传闻证据开始遭到法庭的排除，其原因在于传闻证据导致另一方当事人无法进行交叉询问。这成为确立传闻证据规则的基础。但在早期的传闻证据规则中，尽管传闻证据本身不具备可采性，但是当它能够补充其他的证据时，传闻证据可以成为佐证（corroborative evidence）使用。在18世纪，传闻证据规则得到进一步巩固，它已经成为一般的和固定化的概念，成为英国法律的一个基本组成部分。[①] 一些学者也开始对传闻证据规则进行专门研究。到了19世纪，传闻证据规则的许多例外情况开始得以确立。目前，传闻证据规则已经成为英美法系最基本、最庞杂和最令人迷惑的一个证据规则。[②] 近年来，随着诉讼制度和科学技术的不断发展，传闻证据的可靠性得到了不断提高，烦琐的传闻证据规则在司法实践中面临着越来越多的批评和难题。在这种背景之下，英美法系对传闻证据规则进行了大幅度改革，不断地缩小传闻证据规则的适用范围，而对传闻证据规则确立了越来越多的例外情形。在《1995年民事证据法》通过以后，英国民事诉讼中的传闻证据规则甚至已经被完全取消。

在大陆法系国家，虽然没有明确规定传闻证据规则[③]，但是在废除欧洲中世纪盛行的书面审理制度之后，普遍确立了直接言词原则。而从直接言词原则的内涵和基本要求来看，直接言词原则和传闻证据规则具有异曲同工的效果。根据德国学者对直接言词原则的解释，在法庭上提出任何证据材料均应以言词陈述的方式进行，诉讼各方对证据的调查应以口头方式进行，如以口头方式询问证人、鉴定人、被害人等，以口头方式对实物证据发表意见，任何未经在法庭上以言词方式提出和调查的证据均不得作为法庭裁判的根据。德国联邦上诉法院判决在解释证人出庭作证时认为，证人的陈述被简化成书面记录时容易被改变，特别是在警方记录中；而且如果证人不亲自出庭，就无法接受法庭和当事人的询问。[④] 显然，这和传闻证据规则是一脉相承的。为了贯彻直接言词原则，大陆法系国家的刑事诉讼法普遍强调证人、鉴定人、被害人等都必须出庭作证，只有在特殊情况下，才允许使用书面的卷宗笔录等替代措施。例如，根据《法国刑事诉讼法典》第452条的规定，证人应以口头作证。但是，作为例外，经审判长允许，证人也可以通过书面文件作证。根据《德国刑事

---

① See Andrew L.-T. Choo, *Hearsay and Confrontation in Criminal Trials*, Clarendon Press · Oxford, 1996, p. 5.

② See Andrew L.-T. Choo, *Hearsay and Confrontation in Criminal Trials*, Clarendon Press · Oxford, 1996, Preface; Rupert Cross, *Cross on Evidence*, London Butterworths, 1985, p. 452.

③ 但日本是一个例外。因为，日本在借鉴英美法系国家证据制度的基础上也明确规定了传闻证据原则。

④ 参见［德］托马斯·魏根特：《德国刑事诉讼程序》，岳礼玲、温小洁译，185页，北京，中国政法大学出版社，2004。

诉讼法典》第250条的规定，对事实的证明如果是建立在一个人的感觉之上的时候，要在审判中对他询问，询问不允许以宣读以前的询问笔录或书面证言而代替。

值得说明的是，虽然传闻证据规则和直接言词原则均要求证人等亲自出庭作证，但二者的侧重点有所不同。在大陆法系国家，由于实行职权主义审判方式，强调法官在发现案件事实真相中的主导作用，因而，直接言词原则侧重于证人应亲自出庭在法官面前进行陈述，以便保证法官接触到最佳的证据。① 而在英美法系国家，由于实行当事人主义审判方式，强调当事人双方以平等对抗的方式来推动案件事实真相的发现，因而，传闻证据规则侧重于证人与当事人面对面，以便接受当事人的交叉询问。不过随着两种诉讼模式相互融合的趋势的不断加强，尤其是《欧洲人权公约》对欧洲各国刑事诉讼的影响日趋明显，实际上人权保障、公正审判、对质诘问权等已经成为两种制度的共同基础。

（四）传闻证据规则的例外

在传闻证据规则确立的早期，英国普通法往往将传闻证据规则绝对化，即只要是传闻证据，一般都应当得到排除，法官在是否排除传闻证据问题上并不享有自由裁量权。但是，随着传闻证据的真实性和可靠性的增强，英美法系国家越来越认识到普通法早期僵化地适用传闻证据规则的某些局限性。于是，英美法系国家针对传闻证据规则规定了大量例外情形。

英美证据法学界认为，传统上传闻证据规则的例外情形必须具备两个条件：一方面，传闻证据必须具备可信性的情况保障（the circumstantial guarantee of trustworthiness）或者可靠性（reliability），即从产生背景等多种情况来看，传闻证据具有较高的可信性，即使不经过当事人的交叉询问，其虚假的危险性也比较小，不至于损害对方当事人的利益；另一方面，传闻证据必须具备必要性（necessity），即在客观上确实存在无法对原始证人进行交叉询问的特殊情形，同时也无法找到具有同等证明价值的其他证据来代替，因而不得不允许当事人使用传闻证据。② 从英美法系证据立法和理论来看，传闻证据的可信性保障主要包括如下几个方面：（1）证人在刑事审前程序中所作的陈述具有与刑事审判相似的条件。如在其他审判或者法院主持的庭前证据保全程序中获取的证人证言。（2）证人在特殊情况下所作的陈述。如临死的证人在意识到自己即将死亡的情况下所作出的陈述等。（3）某些特殊性质的证人证言。如已经死亡的证人或者已经无作证能力的证人在正常理性的情况下曾经作出的不利于本人的证言。（4）记录证人证言的人具有某种特殊的身份。如法官获取的证人证言。传闻证据的必要性主要包括以下几种情形：（1）在审判期间，证人已经死亡，或者丧失行为能力，无法辨别是非和正确表达；（2）在审判期间，证人身患严重疾病，或者证人身居境外、偏远地区等，而行动极为不便的，或者证人从事非常重要工作和业务而难以脱身的；（3）为了保护证人的安全和个人隐私；（4）控辩双方对传闻证据所表达的内容没有异议。③

---

① 参见［德］托马斯·魏根特：《德国刑事诉讼程序》，岳礼玲、温小洁译，183—184页，北京，中国政法大学出版社，2004。

② See Note, “The Theoretical Foundation of the Hearsay Rules”, 93 *Harv. L. Rev.* 1786, 1815 (1980); Thomas A. Mauet and Warren D. Wolfson, *Trial Evidence*, Citic Publishing House, 2003, p. 170; Bruce P. Archibald, “The Canadian Hearsay Revolution: Is Half a Loaf better than No Loaf at All?”, 25 *Queen's Law Journal* 1, Fall, 1999.

③ 参见龙宗智：《刑事庭审制度研究》，264—271页，北京，中国政法大学出版社，2001。

在英国，传闻证据规则的例外分为普通法上的例外和成文法上的例外两种。在普通法上，传闻证据规则的例外主要包括如下几类：（1）死者的陈述（statements of deceased persons）；（2）有关事实的一部分陈述（statements as part of the res gestae）；（3）在公共文书中的陈述（statements in public documents）；（4）在出版作品中的陈述（statements in works）；（5）在以前程序中所作的陈述（statements made in former proceedings）。根据英国《2003年刑事审判法》第114条第1款的规定，传闻证据在下列情况下具备可采性：（1）本章的任何条款或者任何其他成文法条款规定可采的；（2）第118条保留的任何法律规则规定可采的；（3）诉讼的各方当事人一致同意可采的；（4）法院认为司法利益要求其为可采的。根据《2003年刑事审判法》第114条第2款的规定，法官对于传闻证据可采性的自由裁量权应当考虑如下几个因素：（1）该陈述对于诉讼中的争议事项有多大的证明价值（假定该陈述是真实的），或者对于理解本案中的其他证据有多大的价值；（2）对于该争议事项或者第（1）项提到的证据，其他还有何种证据已经或者能够被提供；（3）第（1）项提到的事项或者证据在全案中有多大的重要性；（4）作出该陈述时的情形；（5）作出该陈述的人看起来有多大的可靠性；（6）关于作出该陈述的证据看起来有多大的可靠性；（7）对于该陈述中所陈述的事项，能否提供口头证据，如果不能，其理由是什么；（8）质疑该陈述时面临的难度；（9）此种困难可能对面临该困难的当事人带来的损害程度。根据英国《2003年刑事审判法》的有关规定，传闻证据规则主要包括如下一些例外情形：第一，当证人因为特定的原因（如亡故、生病、身处国外等）不能出庭作证时，传闻证据具有可采性；第二，满足特定条件的书面记录具有可采性。第三，某些普通法可采性种类的保留，如公共信息等、有关品格的声誉、声誉或者家族传统、既往事实、供述等、代理人的承认等、共同事业、专家证据等。第四，前后不一致的陈述以及证人以前作出的其他陈述在满足一定的条件下，具有可采性。第五，多重传闻在符合条件的情况下具有可采性。第六，通过录像记录的证据，在满足法定的条件下，法院可以采纳证人（被告人除外）回答讯问的录像记录（或部分内容）作为代替证人证言的证据。第七，使用文件唤起记忆时，传闻证据具有可采性。

在美国，传闻证据规则的例外主要体现在《美国联邦证据规则》当中。在理论上，《美国联邦证据规则》规定的传闻证据规则例外主要分为无条件的例外和附条件的例外两种。无条件的例外是指陈述者可否作证无关紧要情况下的传闻证据规则例外。根据《美国联邦证据规则》第803条的规定，无条件的例外包括如下二十余种情况：陈述者当场表达的感觉印象；在极度兴奋状况下所作的陈述；陈述者关于当时存在的心理状态、感情、知觉或身体状态的陈述；出于医疗诊断或治疗目的的陈述；被记录的回忆；关于日常行为、活动的记录；公共记录或者报告；重要统计资料；缺乏公共记录或者没有记载；宗教组织的记录；婚姻、洗礼和类似证明；家庭记录；反映财产利益的文件记录；文件中反映财产利益的陈述；在陈年文件中的陈述；市场报告、商业出版物；学术论文；关于个人或家庭历史的名声；关于边界和一般历史的名声；性格方面的名声；先前定罪的判决；关于个人、家庭或一般历史、边界的判决；其他例外。附条件的例外是指陈述者不能作为证人到庭作证的传闻证据规则例外。根据《美国联邦证据规则》第804（a）条的规定，不能作为证人出庭作证是指以下几种情况：（1）陈述者被法庭以存在免除证明关于该陈述者所作陈述内容的特权为由裁定免除作证；（2）陈述者坚持拒绝对自己所作陈述的内容作证，尽管法庭命令这样做；（3）陈述者声称对自己所作陈述的内容记不清了；（4）陈述者由于死亡，或者正患身体或精神上的疾病，或身体虚弱不能出庭或不能作证；（5）陈述者未出席听证，提供有关陈述的人不能通过传票或其他合理手段使陈述者出庭。但是，如果陈述者免除作证、拒绝作证、声称失去记忆、没有能力或者缺席是由于提供有关陈述的人为防止该证人出庭或者作证而故意或者违法造成的，则陈述者不属于不能出庭作证的情况。根据《美国联邦证据规则》第804（b）条的规定，如果陈述者不能作为证人出庭，那么证人的先前证词、临终陈述、对己不利的陈述、关于个人或家史的陈述等不适用传闻规则加以排除。

根据日本刑事诉讼法的有关规定，传闻证据规则的例外主要包括如下几种情况：（1）被告人以外的人（如被害人、目击者、参考人、共犯、共同被告等）的供述书（如被害人的申报、告诉状、告发状、供述人的日记、侦查报告书等）和供述记录书（如侦查机关制作的参考人供述笔录、在法官面前询问证人的笔录等）。根据《日本刑事诉讼法》第321条的规定，这种例外包括以下几种具体的情形：1）法官面前的笔录，即被告人以外的人在法官面前供述的笔录；2）检察官面前的笔录，即被告人以外的人在检察官面前供述的笔录；3）前两项所列书面材料以外的书面材料，如被告人以外的人所作的供述书、检察事务官笔录、司法警察职员笔录、辩护人作成的讯问笔录等；4）记录被告人以外的人在公审准备或公审期日所作供述的书面材料，如审判准备笔录、审判笔录等；5）勘验笔录；6）鉴定书。（2）被告人的供述书（如被告人亲自写成的呈报书、经过书、日记、笔记、备忘录等）和供述记录书。根据《日本刑事诉讼法》第319条和第322条的规定，这种例外包括以下几种情形：1）对于被告人承认对己不利的事实的书面材料，只要具有供述的任意性，就具有证据能力；2）对于不属于被告人承认对己不利的事实的供述书或者供述记录书，即对于有利于被告人的书面材料，只有当认为具有特别可信的情况时，才具有证据能力；3）记录被告人在公审准备或者公审期日的供述的书面材料，以可以认为其供述是出于自由意志的行为时为限，可以作为证据。（3）其他书面材料。根据《日本刑事诉讼法》第323条的规定，构成传闻证据规则例外的其他书面材料包括：1）户籍副本、公证证书副本及其他公务员（包括外国的公务员）就其职务上可以证明的事实所书写的书面材料；2）商业账簿、航海日志以及其他在通常的业务过程中写成的书面材料；3）除前面两种情形以外，其他在特别可以信赖的情形下写成的书面材料，如官方记录、官方公报、统计表、体育记录、学术论文、家谱图等。

六、意见证据规则

（一）意见证据规则的含义

意见证据规则是英美证据法中规范证人证言的一项证据规则。在普通法上，一般要求证人只能就其直接感知的事实提供证言，而不能就其感知的事实发表意见或者推断。这就是普通法中的意见证据规则。根据这项规则，法官在认证过程中，如果证人作证时就事实提供意见或者推断，当一方当事人提出异议时，法官应当禁止证人对案件事实发表意见，并不得将证人的意见作为裁判的依据。

（二）确立意见证据规则的根据

英美法系禁止证人在作证时就案件事实发表意见，其主要根据在于：第一，证人发表意见侵犯了审理事实者的职权。如美国证据法学家华尔兹曾经指出，意见证据规则的基本理由是，一般非专业人员在其所掌握的知识和理解能力范围内所能作出的事实性结论应该留待由这种普通人组成的陪审团作出。如果一名陪审员完全可以通过把证人提供的事实加在一起的方法得出他或者她自己的结论，该证人就绝无必要将其结论强加给陪审员。因此，如果陪审团有能力对列举的事实作出正确的结论，那么证人的意见证言可能会侵犯陪审团的正当职权范围。[①] 第二，证人发表意见有可能对案件事实的认定产生误导。意见并非证人亲身体验，如果允许证人提供意见，则其陈述的客观事实中会混杂有个人见解，有误导事实裁判者的危险，以至于裁判者可能错误地认定案件事实。[②] 第三，普通证人缺乏发表意见所需要的专门性知识或者基本的技能训练与经验。[③] 第四，普通证人的意见证据对案件事实的认定没有价值。因为，无论证人所证实的任何事实是否与案件有关，他的意见一定与案件无关。对于需要专门知识的事项，非专家意见证据不具有证明价值，而对于不需要专门知识的事项，又往往没有足够的关联性。因此，证人的职责只是把事实提供给法院，而不是发表对该事实的意见。[④]

（三）意见证据规则的例外

在英美法系证据法中，并非证人的所有意见证据都不具备可采性。在英美法系，证人的意见证据在下列两种情况下具有可采性。

1. 普通证人在某些特殊情况下发表的意见。例如，根据《美国联邦证据规则》第701条的规定，如果证人不是以专家证人的身份作证，其意见或推论形式的证言具备以下条件之一时具有可采性：（1）合理地基于该证人的感知；（2）有助于清楚地了解该证人证言或者决定争点事实。但是，上述条件以不是基于《美国联邦证据规则》第702条所规定的科学、技术或者其他专门知识为限。在判例中，如果普通证人的意见陈述的内容，或者与事实陈述无异，或者对某种特别事项的意见陈述与专家证人的意见无异，如同时觉察的事实、持续察觉的事实、总括式的陈述、印象之陈述、视同专家的意见陈述、品格的意见陈述等，也具备可采性。[⑤]

2. 专家证人的意见证据具备可采性。例如，根据《美国联邦证据规则》第702条的规定，如果科学、技术或其他专门知识有助于事实审理者了解证据或决定争议事实，因其知识、技术、经验、训练或教育而具有专家资格的证人，在下列情形下，可以意见或者其他方式进行作证：（1）该证言是基于充分的事实或者资料；（2）该证言是由可靠的原理或者方法推论而来；（3）该证人已将这些原理或者方法可靠地适用于案件的事实。根据华尔兹教授的阐述，具有类似病理学或者弹道学技术的专家证人，如果遇到以下四种情况，可以提出意见证言或者否定意见：（1）该意见、推论或结论，依靠专门性的知识、技能或培训作出而不是依靠陪审团的普通经验；（2）该证人必须出示自己作为真正的专家在该专门性领域内所具有的经验，并被证明合格；（3）该证人必须对自己的意见、推论或结论作出合理的肯定（很可能）程度的证明；（4）虽然出现这种情况在修改程序上是通用的，但至少

---

① 参见［美］乔恩·R. 华尔兹：《刑事证据大全》，何家弘等译，341—342页，北京，中国人民公安大学出版社，1993。

② 参见郭志媛：《刑事证据可采性研究》，170页，北京，中国人民公安大学出版社，2004；刘善春、毕玉谦、郑旭：《诉讼证据规则研究》，163页，北京，中国法制出版社，2000。

③ 参见［美］乔恩·R. 华尔兹：《刑事证据大全》，何家弘等译，341页，北京，中国人民公安大学出版社，1993。

④ 参见齐树洁主编：《英国证据法》，591页，厦门，厦门大学出版社，2002。

⑤ 参见刘善春、毕玉谦、郑旭：《诉讼证据规则研究》，164—165页，北京，中国法制出版社，2000。

在通过时它被普遍地确认。专家证人必须首先叙述自己对该证据（实事）的意见、推论或结论是有根据的，必须对依事实提出的假设性问题作出回答。[①] 值得注意的是，在英美法系国家，专家证人并非仅仅局限于那些受过专门训练而具有专门知识或者特殊技能的专家。原则上，证人只要能够在某些特定的领域，凭借自己的知识、技能或者实践经验，帮助事实审理者发现案件事实的真相，就可以提供专家证言。也就是说，问题的关键不在于该证人在这一领域中是否比其他的专家更有资格，而是该证人是否比陪审团和法官更有能力从事实中作出推论。[②] 但是，无论如何，一个证人的意见是否能作为专家意见，以及他提供的意见是否属于需要专家鉴定的事项，都需要经过法官的审查。因此，法官对专家证人的资格审查是决定证人的意见证据是否具备可采性的关键程序。

在大陆法系国家，尽管证据法也要求证人根据自己所感知的事实提供证言，但由于大陆法系国家的事实裁判者通常属于训练有素的职业法官，能够对证人的意见证据作出适当的评判，因此大陆法系国家的证据法一般允许证人根据其所体验的事实作出一些必要的分析、判断和推测。而且，与英美法系国家不同，大陆法系国家的证人概念的范围比较狭窄，并不包括英美法系国家所说的专家型证人，而是普遍将专家型证人的意见或者结论即鉴定意见从证人证言中分离出来，将英美法系中专家型证人专门称为鉴定人。因此，在大陆法系国家，尽管鉴定人可以根据案件事实情况出具鉴定意见，或者对案件事实发表意见，但这并不属于意见证据规则调整的范围，而是鉴定制度所要规范的事项。

七、最佳证据规则

（一）最佳证据规则的含义

最佳证据规则是英美法系比较古老的一项证据规则。最佳证据规则又称原始文书规则，它主要是指以文字材料的内容证明案件时，必须提交该文字材料的原件。该项原则要求书证的提供者尽量提供原件，如果提供副本、抄本、影印本等非原始材料，则必须提供充足理由加以说明，否则，该书证不具有可采性。因此，最佳证据规则也是规范证据可采性的一项证据规则。1945 年美国第二巡回法院在赫济格诉斯韦夫特公司一案当中指出："最佳证据规则在其现代的应用中仅指这样一条规则，即一份文字材料的内容必须通过引入文书本身来证明，除非对原始文书的缺失提出令人信服的理由。"[③]

在传统证据法和理论当中，最佳证据规则通常只适用于文字材料，如信件、合同、地图等。但是，随着科技的发展，最佳证据规则也适用于照片、录音带、录像带、唱片、胶片等。而且记载文字的物质载体也不仅仅局限于纸张，还包括其他各种各样的材料，如带有编号的警徽、刻字的订婚戒指、刻有文字的墓碑等。值得注意的是，最佳证据规则不适用于那些仅具有附属或者表面意义的文字材料。也就是说，最佳证据规则仅仅适用于与案件中重大问题相关的文字材料。例如，一位证人声明他可以确认某一日期是在犯罪行为发

---

① 参见［美］乔恩·R. 华尔兹，何家弘等译：《刑事证据大全》，344 页，北京，中国人民公安大学出版社，1993。

② 参见［美］约翰·W. 斯特龙主编：《麦考密克论证据》，汤维建等译，32 页，北京，中国政法大学出版社，2004。

③ ［美］乔恩·R. 华尔兹：《刑事证据大全》，何家弘等译，336 页，北京，中国人民公安大学出版社，1993。

生之后，因为他从当天的报纸上读到了关于犯罪的信息。再如，一位证人陈述说他无法获得某一特定的物品，因为该物品是受专利保护的。麦考密克认为，承认附带性文书可以不适用最佳证据规则，就是对迅速审判和清晰陈述进行必要的让步，在案件中如果仅仅是附带性地涉及，与完全精确地提出文件内容这一要求相比，上述利益显然是更重要的。[①] 一般认为，对于一份文字材料是否属于附属文书，法庭需要考虑如下几个因素：（1）该文字材料看起来是否是案件中重大问题的核心；（2）文字材料相关特征的复杂性；（3）有关文字材料内容的真实性是否存在争议。

（二）确立最佳证据规则的根据

在18世纪，支持最佳证据规则的根据就是最佳证据理论。英国著名证据法学家吉尔伯特曾经指出："这是第一个、且最出色的有关证据的规则，即一个人必须拥有事实本身所能具有的最好的证据……"[②] 1745年英国大法官哈德威克勋爵在一起案件当中曾经指出："法官和立法的先哲们所指定的唯一证据通则是，认定案件事实应当采用符合其本质属性的最佳证据。"[③] 布莱克斯通从正反两个方面对最佳证据进行描述："……若可能获得的话，应当提供案件性质所能够允许的最好的证据；但是如果不可能的话，那么现有的最好的证据应当被许可。"[④]许多学者受美国著名证据法学家威格摩尔的影响，认为最佳证据规则的合理性的基本前提在于书面陈述在法律上的中心地位，正是因为这种中心地位，向法院提供文书的确切的表达就具有非同一般的重要性，尤其是在涉及执行性的或者处分性的文书的案件中。[⑤] 美国证据法学家麦考密克指出，对于最佳证据规则的根据，还应当考虑如下因素：（1）通常应用的复制文书的手段很可能会存在严重损害文书的准确性的机会。（2）那些据称是对文书内容的回忆的口头证言，可能冒着比一般的关于其他情况的口头证言更大的出错的风险。错误传达决定性事项的危险是与使用文书复印件或者对文书的回忆相伴而生的，但是当出示原始文书以证实其内容时这种危险将大大避免。（3）最佳证据规则有助于防止出现这种情况，即在引入一套全面的文书中选定的某部分内容的过程中，对于对方无法看到的那些部分会造成有意或者无意的误导。[⑥]

（三）国外最佳证据规则概况

在18世纪到19世纪，最佳证据规则曾经盛极一时。但是，随着现代科技的发展，由于复制件的可靠性并不差，有时甚至难以确定哪个是原件哪个是复制件[⑦]，因而最佳证据规则越来越没有用武之地。在这种背景之下，英美法系对最佳证据规则规定了许多例外情况。根据《美国联邦证据规则》第1002条的规定，除非本证据规则或者国会立法另有规定，为

---

① 参见［美］约翰·W. 斯特龙主编：《麦考密克论证据》，汤维建等译，469页，北京，中国政法大学出版社，2004。

② ［美］约翰·W. 斯特龙主编：《麦考密克论证据》，汤维建等译，464页，北京，中国政法大学出版社，2004。

③ Peter Murphy, *A Practical Approach to Evidence*, Blackstone Press Limited, 1992, p. 40.

④ ［美］约翰·W. 斯特龙主编：《麦考密克论证据》，汤维建等译，464页，北京，中国政法大学出版社，2004。

⑤ 参见［美］约翰·W. 斯特龙主编：《麦考密克论证据》，汤维建等译，465页，北京，中国政法大学出版社，2004。

⑥ 参见［美］约翰·W. 斯特龙主编：《麦考密克论证据》，汤维建等译，465页，北京，中国政法大学出版社，2004。

⑦ 例如，从计算机数据储存中在不同时间输出或者打印的材料，到底是原始材料还是复制材料，就难以确立。

证明文字、录音或者照相的内容，当事人应当提供该文字、录音或者照片的原件。根据《美国联邦证据规则》第1003条的规定，复制品与原件在同等程度上采纳，但下列情况除外：（1）对复制品是否忠实于原件产生疑问；（2）以复制品替代原件采纳将导致不公正。根据《美国联邦证据规则》第1004条的规定，在下列情况下，不要求原件，关于文字、录音或者照相内容的其他证据可以采纳：（1）原件遗失或者毁坏。所有原件均已遗失或者毁坏，但提供者出于不良动机遗失或者毁坏的除外。（2）原件无法获得。不能通过适当的司法程序或行为获得原件。（3）原件在对方掌握中。原件处于该材料的出示对其不利的一方当事人的控制中，已通过送达原告起诉状或者其他方式告知该当事人在听证时该材料的内容属于证明对象，但该当事人在听证时不提供有关原件。（4）附属事项。有关文字、录音或者照相与主要争议无紧密联系。根据《美国联邦证据规则》第1005条的规定，对于需要保存的公共记录，可以使用复制件，而不必采用原件。根据《美国联邦证据规则》第1006条的规定，篇幅过长或者体积过大的文字材料、录音或者照相不便在法庭接受审查时，可以用图表、摘要或者计算分析的方式出示。原件或者副本或者两者要准备就绪以备其他当事人选择合理的时间和地点进行审查。法庭可以命令将它们在法庭上出示。根据《美国联邦证据规则》第1007条的规定，文字、录音或者照相的内容可以通过由出示该材料所针对的当事人作证或者书面承认来证明，无须计较原件是否出示。

大陆法系证据法虽然没有明确规定最佳证据规则，但其直接言词原则一般也要求法官在诉讼活动中尽量采用原生证据或原始证据，如书证的原件和物证的原物。科隆大学托马斯·魏根特教授认为："法庭在其权力范围内尽一切力量查明真相的职责意味着，法庭必须争取使用可能获得的最佳证据：如果法庭可以传唤目击证人，就不能以听取询问过该证人的警官的证言，或者宣读询问该证人的笔录来代替。"[①]

八、补强规则

（一）补强规则的含义

所谓补强规则，又称补强证据规则，是指为了防止误认事实或发生其他危险，而在运用某些证明力显然薄弱的证据认定案情时，必须有其他证据补强其证明力，才可以将其作为定案根据的规则。根据补强规则，对于某些特定证据，在没有其他证据支持其证明力的情况下，它不能单独作为认定案件事实的根据。由此可见，补强规则实质上是一种数量规则，即特定的言词证据必须在其他证据担保其真实可信性的条件下，才能发挥证明作用。[②]在刑事审判过程中，需要补强的特定证据不仅包括被追诉者的供述，而且包括证人证言、被害人陈述等特定证据。

值得注意的是，并非任何证据都可以对特定的证据进行补强。因为，补强证据必须满足如下几个条件：第一，补强证据必须具备证据能力。如果补强证据不具备证据能力，它根本就没有机会进入法庭调查程序，那么补强其他证据的证明力也就无从谈起。第二，补强证据本身必须具有担保补强对象真实的能力。设立补强规则的重要目的就在于确保特定

---

① ［德］托马斯·魏根特：《德国刑事诉讼程序》，岳礼玲、温小洁译，183—184页，北京，中国政法大学出版社，2004。

② 参见樊崇义等：《刑事证据法原理与适用》，148页，北京，中国人民公安大学出版社，2001。

证据的真实性，以减少误认的风险。如果补强证据本身没有什么证明价值，那么它不可能支持补强对象的证明力。当然，补强证据的作用仅仅在于担保特定补强对象的真实性，而不是对整个待证事实或者案件事实都具有补强作用。第三，补强证据必须具有独立的来源。根据补强规则，补强证据与补强对象之间显然不能发生重叠；否则，补强证据根本没有能力担保补强对象的真实性。因此，补强证据必须独立于补强对象，它应当具有独立的来源。例如，被告人在审前程序中所作的供述就不能作为其当庭供述的补强证据。再如，如果第三人的供述是根据被告人的口供（例如，根据从侦查机关得到的口供的内容而写成的被害报告）作出的，它就没有作为补强证据的证明力。①

（二）确立补强规则的根据

英美法认为供述证据须有补强性，其法理上的根据有两点：一是基于偏重自白的政策的理由，二是为了担保其真实性。② 很显然，补强证据规则规范的对象应当是言词证据，因为，相对于实物证据而言，尽管言词证据通常能够比较全面地证明案件事实，但是，言词证据本身容易受到提供证据的人自身主、客观因素的影响。为了避免过分信赖言词证据的证明价值而可能带来的误认风险，现代证据立法规定了补强证据规则，强调对于某些特殊的证据，无论它看上去有多么可靠、多么有证明力，法官也不能单独根据该项证据认定相应的案件事实。据此，法官在法庭审判过程中，对于需要补强的言词证据，无论其证明价值有多高，法官也不能仅凭这项孤证对某个案件事实进行认证。

（三）国外补强规则概况

在英美法系国家的刑事诉讼中，依照制定法或惯例，以下情形需要补强证据：（1）对伪证罪的证明。在对伪证罪或假证罪以及英国《1911年伪证罪法》所规定的任何其他同类罪行的起诉中，如果只有一个证人证明某人作了伪证，不能依此证言判处某人犯伪证罪。（2）对某些性犯罪的证明。在对妇女和儿童的某些性犯罪中，如果只有一个证人的证言，不能认定被告人犯有这种罪行，除非该证言在某些实质的细节上有其他控诉证据补强其证明力。（3）儿童提供的不经宣誓的证言。一个幼年的儿童可以不经宣誓而作证，在此情形下，该证言需要补强证据。（4）某些宣誓证言。即使在那些法律要求必须有补强证据的性犯罪案件中，依照惯例，法官也应当提醒陪审团在接受那些未经补强证据补强的证据时要慎重。如果法官没有作出该提醒，有罪裁决就会在上诉时被撤销。（5）共犯的证言。根据某一个共犯的证言对另一个共犯定罪时，如果没有补强证据，依照惯例，法官应当向陪审团说明这样做的危险。如果法官没有按照这一规则提醒陪审团，对另一共犯的定罪将是无效的。（6）根据《1960年道路交通法》进行的证明。英国《1960年道路交通法》规定，某些车辆在公路上超速行驶会构成犯罪。但是，不得仅依据一位证人认为司机超速行驶的证言而判处被告人有罪。如果证人所讲述的不是自己的看法，而是他通过秒表和测量的距离确定的事实，则无须补强证据。③

受英美法系的影响，日本也确立了补强规则。根据《日本国宪法》第38条第3款的规定，当唯一的不利的证据是本人的口供时，不能认定该人有罪。《日本刑事诉讼法》第319条第2款也规定，不论是否是被告人在公审庭上的自白，当该自白是对其本人不利的唯一

---

① 参见［日］松尾浩也：《日本刑事诉讼法》下卷，张凌译，39—40页，北京，中国人民大学出版社，2005。

② 参见刘善春、毕玉谦、郑旭：《诉讼证据规则研究》，321页，北京，中国法制出版社，2000。

③ 参见卞建林主编：《证据法学》，494—495页，北京，中国政法大学出版社，2000。

证据时，不得认定被告人有罪。因此，在日本刑事诉讼中，不能仅凭被告人的供述就对被告人进行定罪，还需要其他证据进行补强。

第三节　我国刑事证据规则

尽管刑事证据规则是刑事证据法的核心内容，但是 1979 年《刑事诉讼法》和 1996 年《刑事诉讼法》对刑事证据规则的规定却非常匮乏。这是近年来我国刑事司法实践存在证人不出庭、鉴定人不出庭、刑讯逼供、非法取证等诸多顽症的一个重要原因。为了解决我国刑事证据立法匮乏所带来的问题，2012 年 3 月全国人大在修改刑事诉讼法时，对包括刑事证据规则在内的刑事证据制度作出了较大幅度的修改，从而使我国刑事证据制度朝着法治化与科学化的方向迈进了一大步。最高人民法院和最高人民检察院通过司法解释也规定了一些比较独特的证据规则。下面就现行《刑事诉讼法》以及相关司法解释所规定的刑事证据规则进行简要的分析。

一、非法证据排除规则

在 1996 年全国人大修改《刑事诉讼法》之后，尽管根据 1998 年最高人民法院《关于执行〈中华人民共和国刑事诉讼法〉若干问题的解释》第 61 条以及 1999 年《人民检察院刑事诉讼规则》第 265 条的规定，我国通过司法解释已经确立了非法证据排除规则，但是上述司法解释规定的非法证据排除规则在司法实践当中并没有得到贯彻落实。这不仅表现为刑讯逼供等非法取证行为仍然屡见不鲜，而且表现为尽管越来越多的辩护律师在法庭上要求法官排除侦查人员通过非法手段所获取的证据，但是有关排除非法证据的问题在绝大多数情况下都以辩方申请被法院驳回而告终。在这种背景下，以 2010 年 6 月 13 日最高人民法院、最高人民检察院、公安部、国家安全部、司法部联合印发的《关于办理刑事案件排除非法证据若干问题的规定》为标志，我国开始在总结司法实践教训、借鉴西方成功经验、汲取理论研究成果的基础上进行非法证据排除规则改革。2012 年 3 月 14 日第十一届全国人民代表大会第五次会议通过《关于修改〈中华人民共和国刑事诉讼法〉的决定》，在充分吸收和借鉴《关于办理刑事案件排除非法证据若干问题的规定》的基础上，首次从立法层面对非法证据排除规则作出了较为系统的规定。随着刑事司法改革的不断深入，最高人民法院和最高人民检察院等针对非法证据排除规则在司法实践中存在的各种问题，又通过新的司法解释对非法证据排除规则作出了更加全面而系统的规定，如最高人民法院、最高人民检察院、公安部、国家安全部、司法部于 2017 年 6 月 20 日联合印发的《关于办理刑事案件严格排除非法证据若干问题的规定》，以及最高人民法院于 2017 年 11 月 27 日印发的《人民法院办理刑事案件排除非法证据规程（试行）》等。2018 年修订的《刑事诉讼法》对非法证据排除规则延续了之前的规定，未作进一步修改。

（一）非法证据排除规则的一般规定

根据《刑事诉讼法》第 52 条的规定，审判人员、检察人员、侦查人员必须依照法定程序，收集能够证实犯罪嫌疑人、被告人有罪或者无罪、犯罪情节轻重的各种证据；严禁刑讯逼供和以威胁、引诱、欺骗以及其他非法方法收集证据，不得强迫任何人证实自己有罪。为使上述规定得到贯彻落实，《刑事诉讼法》第56条进一步规定："采用刑讯逼供等非法方法收集的犯罪嫌疑人、被告人供述和采用暴力、威胁等非法方法收集的证人证言、被害人陈述，应当予以排除。收集物证、书证不符合法定程序，可能严重影响司法公正的，应当予以补正或者作出合理解释；不能补正或者作出合理解释的，对该证据应当予以排除。在侦查、审查起诉、审判时发现有应当排除的证据的，应当依法予以排除，不得作为起诉意见、起诉决定和判决的依据。"下面将结合相关解释，对我国《刑事诉讼法》所确立的非法证据排除规则的基本特点进行简要分析。

1. 非法证据排除规则的适用对象

我国非法证据排除规则不仅适用于犯罪嫌疑人或者被告人的供述、被害人陈述、证人证言，而且适用于物证、书证。但对于其他言词证据或者实物证据，则不适用非法证据排除规则。结合《刑事诉讼法》和有关司法解释的其他规定，对于非法证据排除规则的适用对象还有几个值得探讨的问题。

首先，重复性供述的排除。在司法实践中，侦查人员往往会对犯罪嫌疑人进行反复审讯，以便获得更为扎实的有罪供述。而在多次审讯的过程中，犯罪嫌疑人就会出现重复性供述的问题。如果侦查人员每次都严格按照刑事诉讼法规定的诉讼程序进行讯问，那么犯罪嫌疑人的所有供述无疑都具备证据能力，而不符合非法证据排除规则的适用范围。但是，如果侦查人员在前一次讯问的过程中通过刑讯逼供获取犯罪嫌疑人的供述，那么犯罪嫌疑人在后续审讯过程中因为以往刑讯逼供行为的影响而作出的与该供述相同的后续供述是否适用非法证据排除规则，则是一个值得探讨的问题。为了解决这个在司法实践中比较常见而且颇具争议的问题，最高人民法院、最高人民检察院、公安部等在联合制定《关于办理刑事案件严格排除非法证据若干问题的规定》以后，明确将重复性供述纳入非法证据排除规则的适用范围之中。根据最高人民法院《解释》第124条、《关于办理刑事案件严格排除非法证据若干问题的规定》第5条的规定，采用刑讯逼供方法使被告人作出供述，之后被告人受该刑讯逼供行为影响而作出的与该供述相同的重复性供述，应当一并排除，但下列情形除外：（1）调查、侦查期间，监察机关、侦查机关根据控告、举报或者自己发现等，确认或者不能排除以非法方法收集证据而更换调查、侦查人员，其他调查、侦查人员再次讯问时告知有关权利和认罪的法律后果，被告人自愿供述的；（2）审查逮捕、审查起诉和审判期间，检察人员、审判人员讯问时告知诉讼权利和认罪的法律后果，被告人自愿供述的。

其次，非法监察证据的排除。在《监察法》通过以后，对于监察委员会在调查职务犯罪的过程中通过非法手段所获取的证据是否适用非法证据排除规则这个问题，是当前亟待解决的重大问题。尽管《监察法》第33条第1款明确规定监察证据在刑事诉讼中可以作为证据使用，但是对于非法监察证据是否适用刑事诉讼中的非法证据排除规则是一个悬而未决的问题。从监察委员会的性质来看，非法监察证据似乎很难直接适用刑事诉讼中的非法证据排除规则。这是因为，尽管监察委员会根据《监察法》第11条的规定享有调查职务违法和职务犯罪的权力，但是监察委员会根据《监察法》行使的调查权与侦查机关根据《刑事诉讼法》行使的侦查权是两种性质不同的权力。既然如此，那么根据我国刑事证据法学的通行理论，我们很难要求监察委员会所收集的证据适用《刑事诉讼法》所规定的非法证据排除规则。或许正是因为监察委员会不是《刑事诉讼法》所规定的专门机关，所以为了防止监察委员会滥用调查职务犯罪的权力，我国《监察法》借鉴了《刑事诉讼法》的做法，也规定了相应的非法证据排除规则，即根据《监察法》第 33 条第 3 款，以非法方法收集的证据应当依法予以排除，不得作为案件处置的依据。尽管我国《监察法》明确规定了非法证据排除规则，但是该非法证据排除规则显然只能适用于监察程序，而不能延续到刑事诉讼程序中。在这种情况下，如果监察委员会在调查终结以后没有按照《监察法》的规定依法排除符合条件的非法监察证据，而将该非法监察证据随案移送到人民检察院进行审查起诉，那么人民检察院和人民法院就面临是否有权排除以及如何排除该非法监察证据这个问题。在我们看来，尽管我国《监察法》和《刑事诉讼法》没有对这个问题作出明确的规定，但是为了更好地贯彻落实非法证据排除规则，防止监察机关的非法取证行为，在监察委员会将调查终结的职务犯罪案件移送人民检察院审查起诉以后，人民检察院或者人民法院很有必要按照《刑事诉讼法》所规定的非法证据排除规则依法排除非法监察证据。①

再次，非法行政执法证据的排除。根据《刑事诉讼法》第 54 条第 2 款的规定，行政机关在行政执法和查办案件过程中收集的物证、书证、视听资料、电子数据等证据材料，在刑事诉讼中可以作为证据使用。尽管该规定具有一定的积极意义，但是该规定并没有明确限定行政机关收集的证据材料的合法性。而公安部和最高人民检察院、最高人民法院在解释上述规定时都对行政执法证据的合法性提出了明确要求。根据公安部发布的《公安机关办理刑事案件程序规定》（以下简称“公安部《规定》”）第 63 条、最高人民检察院发布的《人民检察院刑事诉讼规则》（以下简称“最高人民检察院《规则》”）第 64 条的规定，行政机关在行政执法和查办案件过程中收集的物证、书证、视听资料、电子数据、鉴定意见、勘验笔录、检查笔录等证据材料，经过公安机关或者人民检察院审查符合法定要求的，可以作为证据使用。根据最高人民法院《解释》第 75 条第 1 款的规定，行政机关在行政执法和查办案件过程中收集的物证、书证、视听资料、电子数据等证据材料，在刑事诉讼中可以作为证据使用；经法庭查证属实，且收集程序符合有关法律、行政法规规定的，可以作为定案的根据。尽管以上规定明确要求行政机关在行政执法和查办案件过程中收集的证据材料应当具有合法性，但是这些证据材料是否属于《刑事诉讼法》规定的非法证据排除规则的适用范围，上述规定仍然不够十分明确。为了防止侦查机关利用《刑事诉讼法》第 54 条第 2 款的规定规避非法证据排除规则的适用，我们建议相关司法解释应更加明确地将行政机关在行政执法和查办案件过程中收集的证据材料纳入非法证据排除规则的适用范围之中。

最后，通过非法技术侦查措施或者非法秘密侦查手段收集的证据是否适用非法证据排除规则问题。根据《刑事诉讼法》第 154 条的规定，通过技术侦查措施收集的材料在刑事诉讼中可以作为证据使用。如果使用该证据可能危及有关人员的人身安全，或者可能产生其他严重后果的，应当采取不暴露有关人员身份、技术方法等保护措施，必要的时候，可以由审判人员在庭外对证据进行核实。结合《刑事诉讼法》第 56 条的规定，对于通过非法技术侦查措施收集的证据是否适用非法证据排除规则问题，我们显然无法找到明确的答案。公安部《规定》第 268 条、第 273 条不仅规定采取技术侦查措施收集的材料在刑事诉讼中可以作为证据使用，而且强调实施隐匿身份侦查和控制下交付手段收集的材料在刑事诉讼

① 值得注意的是，根据最高人民法院《解释》第 76 条的规定，尽管监察机关依法收集的证据材料在刑事诉讼中可以作为证据使用，但是对于监察证据的审查判断应当适用刑事审判关于证据的要求和标准。从理论上讲，刑事审判关于证据的要求和标准应当包括非法证据排除规则的适用在内。这意味着，最高人民法院《解释》实际上已经为人民法院将监察证据纳入非法证据排除规则的适用范围提供了法律依据。

中也可以作为证据使用。与此相类似，最高人民检察院《规则》第229条、第230条只是简要规定了人民检察院采取技术侦查措施收集证据材料的基本程序，而没有明确规定通过技术侦查措施收集的证据材料是否属于非法证据排除规则的适用范围。而根据最高人民法院《解释》第120条第1款的规定，对于采取技术侦查措施收集的证据材料，只要经当庭出示、辨认、质证等法庭调查程序查证属实的，就可以作为定案的根据。为了充分保障公民的合法权益，我们认为通过非法技术侦查措施或者非法秘密侦查手段获取的证据材料也应纳入非法证据排除规则的适用范围。

2. 排除非法证据的条件

《刑事诉讼法》针对不同的适用对象规定了不同的排除条件。一方面，对于非法收集的犯罪嫌疑人或者被告人的供述，排除条件是采用刑讯逼供等非法方法；对于非法收集的证人证言、被害人陈述，排除条件是采用暴力、威胁等非法方法。根据《关于办理刑事案件严格排除非法证据若干问题的规定》第2条至第4条、最高人民法院《解释》第123条、最高人民检察院《规则》第67条的规定，非法犯罪嫌疑人、被告人供述的排除条件包括：(1) 采取殴打、违法使用戒具等暴力方法或者变相肉刑的恶劣手段，使犯罪嫌疑人、被告人遭受难以忍受的痛苦而违背意愿作出的供述，应当予以排除；(2) 采用以暴力或者严重损害本人及其近亲属合法权益等进行威胁的方法，使犯罪嫌疑人、被告人遭受难以忍受的痛苦而违背意愿作出的供述，应当予以排除；(3) 采用非法拘禁等非法限制人身自由的方法收集的犯罪嫌疑人、被告人供述，应当予以排除。另外，根据最高人民检察院《规则》第264条的规定，发现讯问笔录与讯问犯罪嫌疑人录音、录像内容有重大实质性差异的，或者公安机关、本院负责侦查的部门不能补正或者作出合理解释的，该讯问笔录不能作为批准或者决定逮捕、提起公诉的依据。根据最高人民法院《关于建立健全防范刑事冤假错案工作机制的意见》第8条的规定，采用刑讯逼供或者冻、饿、晒、烤、疲劳审讯等非法方法收集的被告人供述，应当排除；除情况紧急必须现场讯问以外，在规定的办案场所外讯问取得的供述，未依法对讯问进行全程录音、录像取得的供述，以及不能排除以非法方法取得的供述，应当排除。根据《关于办理刑事案件严格排除非法证据若干问题的规定》第6条、最高人民法院《解释》第125条、最高人民检察院《规则》第69条的规定，非法证人证言、被害人陈述的排除条件是：采用暴力、威胁以及非法限制人身自由等非法方法收集证人证言、被害人陈述。

另一方面，对于非法收集的物证、书证，只有在同时满足下列三个条件的情况下才能加以排除：(1) 收集物证或者书证的活动不符合法定程序；(2) 收集物证或者书证的行为可能严重影响司法公正；(3) 在违反法定程序收集物证或者书证而且有可能严重影响司法公正的情况下，相关办案人员不能作出合理的解释，或者不能予以补正。根据最高人民检察院《规则》第70条第2款的规定，对公安机关的补正或者解释，人民检察院应当予以审查。经公安机关补正或者作出合理解释的，可以作为批准或者决定逮捕、提起公诉的依据。可能严重影响司法公正是指收集物证、书证不符合法定程序的行为明显违法或者情节严重，可能对司法机关办理案件的公正性造成严重损害；补正是指对取证程序上的非实质性瑕疵进行补救；合理解释是指对取证程序的瑕疵作出符合常理及逻辑的解释。根据最高人民法院《解释》第126条第2款的规定，认定《刑事诉讼法》第56条规定的“可能严重影响司法公正”，应当综合考虑收集证据违反法定程序以及所造成后果的严重程度等情况。

3. 排除非法证据的法律后果

根据《刑事诉讼法》第 56 条第 2 款的规定，对于满足排除条件的犯罪嫌疑人、被告人供述、证人证言、被害人陈述以及物证、书证，侦查机关、人民检察院和人民法院应该依法予以排除，既不能作为起诉意见、起诉决定的依据，也不能作为判决的依据。除此以外，最高人民检察院和公安部对排除非法证据的法律后果作出一定的扩张性解释。

(1) 根据《关于办理刑事案件严格排除非法证据若干问题的规定》第 14 条、公安部《规定》第 71 条第 3 款的规定，在侦查阶段发现有应当排除的证据的，不得作为提请批准逮捕、移送审查起诉的依据。

(2) 根据《关于办理刑事案件严格排除非法证据若干问题的规定》第 17 条、最高人民检察院《规则》第 66 条的规定，对采用刑讯逼供等非法方法收集的犯罪嫌疑人供述和采用暴力、威胁等非法方法收集的证人证言、被害人陈述，应当依法排除，不得作为移送审查逮捕、批准或者决定逮捕、移送起诉以及提起公诉的依据。根据《刑事诉讼法》第 56 条、最高人民检察院《规则》第 70 条的规定，对于应当排除的非法物证、书证，也不得作为报请逮捕移送审查逮捕、批准或者决定逮捕、移送审查起诉以及提起公诉的依据。

(3) 根据最高人民检察院《规则》第 73 条的规定，人民检察院经审查认定存在非法取证行为的，依法对相应证据予以排除后，其他证据不能证明犯罪嫌疑人实施犯罪行为的，应当不批准或者决定逮捕；已经移送起诉的，可以将案件退回监察机关补充调查或者退回公安机关补充侦查，或者作出不起诉决定。但是，被排除的非法证据应当随案移送，并写明为依法排除的非法证据。

(4) 根据《关于办理刑事案件严格排除非法证据若干问题的规定》第 34 条、《人民法院办理刑事案件排除非法证据规程（试行）》第 4 条的规定，在法庭审理过程中，对依法予以排除的证据，不得宣读、质证，不得作为判决的根据。

4. 非法证据排除规则的适用主体

我国非法证据排除规则的适用主体不仅包括侦查机关、公诉机关，而且包括审判机关。侦查机关、公诉机关、审判机关在侦查、审查起诉和审判过程中，对于符合排除条件的犯罪嫌疑人、被告人供述、证人证言、被害人陈述以及物证、书证，应该绝对排除，而不享有自由裁量权。从立法机关的解释来看，我国刑事诉讼法之所以规定侦查机关、检察机关和审判机关都应当承担适用非法证据排除规则和排除非法证据的义务，主要是想让办案人员尽早发现和排除非法证据，提高办案质量，维护诉讼参与人合法权利。[①] 而且，在我国公安机关、人民检察院和人民法院实行分工负责、互相配合、互相制约的刑事司法体制的情况下，实行多元化的排除主体具有一定的法律基础和现实意义。

(二) 公安机关对于非法证据排除规则的适用

在我国刑事侦查程序中，非法证据排除规则的适用主要依赖于侦查机关的自我发现、自我审查和自我排除，具有较强的职权性，而不是采用诉讼化的排除程序。根据公安部《规定》第 71 条、第 72 条、第 284 条的规定，公安机关适用非法证据排除规则时应当遵守下列规定。

1. 审查证据的合法性。对侦查终结的案件，公安机关应当全面审查证明证据收集合法性的证据材料。发现和认定依法应当予以排除的非法证据时，公安机关有义务予以排除，

---

① 参见郎胜主编：《中华人民共和国刑事诉讼法释义（最新修正版）》，119 页，北京，法律出版社，2012。

不得将其作为提请批准逮捕、移送审查起诉的依据。排除非法证据后证据不足的，不得移送审查起诉。

2. 对非法取证行为或者非法证据采取一定的补救措施。如果收集物证、书证、视听资料、电子数据违反法定程序，可能严重影响司法公正的，公安机关应当予以补正或者作出合理解释，不能补正或者作出合理解释时对该证据应当予以排除。公安机关发现侦查人员非法取证的，应当依法作出处理，并可另行指派侦查人员重新调查取证。

3. 按照人民检察院或者人民法院的要求履行一定的义务。人民检察院认为可能存在以非法方法收集证据情形，要求公安机关进行说明的，公安机关应当及时进行调查，并向人民检察院作出书面说明。人民法院认为现有证据材料不能证明证据收集的合法性，通知有关侦查人员或者公安机关其他人员出庭说明情况的，有关侦查人员或者其他人员应当出庭。必要时，有关侦查人员或者其他人员也可以要求出庭说明情况。侦查人员或者其他人员出庭，应当向法庭说明证据收集过程，并就相关情况接受发问。

4. 公安机关的排除程序。在侦查阶段发现有应当排除的证据的，经县级以上公安机关负责人批准，应当依法予以排除，不得作为提请批准逮捕、移送审查起诉的依据。

（三）人民检察院对于非法证据排除规则的适用

人民检察院作为刑事诉讼中承上启下的专门机关，对于非法证据排除规则的适用比较复杂。人民检察院不仅需要在审查逮捕、审查起诉环节之中适用非法证据排除规则，而且需要在侦查阶段、审判阶段适用非法证据排除规则。根据《刑事诉讼法》及其司法解释的规定，人民检察院在审前程序中应当按照下列规定适用非法证据排除规则。

1. 非法证据排除的启动程序

人民检察院可以基于以下几种途径来启动非法证据的排除：

第一，基于犯罪嫌疑人及其辩护人的申请。根据《关于办理刑事案件严格排除非法证据若干问题的规定》第 14 条第 1 款、第 20 条的规定，在侦查期间犯罪嫌疑人及其辩护人可以向人民检察院申请排除非法证据。犯罪嫌疑人、被告人及其辩护人申请排除非法证据，应当提供涉嫌非法取证的人员、时间、地点、方式、内容等相关线索或者材料。如果犯罪嫌疑人及其辩护人能够提供相关线索或者材料，那么人民检察院应当调查核实。为了保障被追诉人及其辩护人申请排除非法证据的权利，《关于办理刑事案件严格排除非法证据若干问题的规定》第 16 条、第 22 条规定了一定保障性措施：一是审查逮捕、审查起诉期间讯问犯罪嫌疑人，应当告知其有权申请排除非法证据，并告知诉讼权利和认罪的法律后果。二是犯罪嫌疑人、被告人及其辩护人可以向人民检察院申请调取公安机关、国家安全机关、人民检察院收集但未提交的讯问录音录像、体检记录等证据材料，人民检察院经审查认为申请调取的证据材料与证明证据收集的合法性有联系的，应当予以调取；认为与证明证据收集的合法性没有联系的，应当决定不予调取并向犯罪嫌疑人、被告人及其辩护人说明理由。

第二，基于当事人等的报案、控告、举报。根据《刑事诉讼法》第 57 条、最高人民检察院《规则》第 72 条的规定，当事人及其辩护人或者值班律师、诉讼代理人报案、控告、举报侦查人员采用刑讯逼供等非法方法收集证据，并提供涉嫌非法取证的人员、时间、地点、方式和内容等材料或者线索的，人民检察院应当受理并进行审查。根据现有材料无法证明证据收集合法性的，应当及时进行调查核实。上一级人民检察院接到对侦查人员采用刑讯逼供等非法方法收集证据的报案、控告、举报，可以直接进行调查核实，也可以交由下级人民检察院调查核实。交由下级人民检察院调查核实的，下级人民检察院应当及时将调查结果报告上一级人民检察院。人民检察院决定调查核实的，应当及时通知公安机关。

第三，基于人民检察院的发现。人民检察院在办案过程中积极发现监察机关和侦查机关移送的证据是否具有合法性及其是否需要加以排除，不仅是提高办案质量、确保控诉获得成功的需要，而且是履行法律监督职能的内在要求。有鉴于此，人民检察院在审查逮捕和审查起诉过程中，不仅需要审查移送的证据是否达到提起公诉的标准，而且需要审查证据的合法性，及时发现监察机关或者侦查机关是否存在非法取证行为。根据最高人民检察院《规则》第 72 条第 1 款的规定，人民检察院发现侦查人员以非法方法收集证据的，应当及时进行调查核实。如果发现监察机关移送的证据不具有合法性，人民检察院也应当予以调查核实。

第四，基于驻看守所检察人员的法律监督。根据《关于办理刑事案件严格排除非法证据若干问题的规定》第 14 条第 3 款、最高人民检察院《规则》第 71 条的规定，对重大案件，人民检察院驻看守所检察人员应当在侦查终结前询问犯罪嫌疑人，核查是否存在刑讯逼供、非法取证情形，并全程同步录音录像，核查情况应当及时通知本院负责捕诉的部门。经核查，确有刑讯逼供、非法取证情形的，侦查机关应当及时排除非法证据，不得作为提请批准逮捕、移送审查起诉的根据。负责捕诉的部门认为确有刑讯逼供等非法取证情形的，应当要求公安机关依法排除非法证据，不得作为提请批准逮捕、移送起诉的依据。

2. 非法证据排除的审查程序

根据《关于办理刑事案件严格排除非法证据若干问题的规定》第 14 条、第 17 条，以及最高人民检察院《规则》第 72 条、第 75 条、第 263 条、第 265 条的规定，人民检察院应当按照下列规定审查非法证据或者排除申请。

首先，决定调查核实。如果犯罪嫌疑人及其辩护人在侦查期间或者在审查逮捕、审查起诉期间向人民检察院申请排除非法证据，并且能够提供相关线索或者材料，人民检察院应当调查核实。调查结论应当书面告知犯罪嫌疑人及其辩护人。当事人及其辩护人或者值班律师、诉讼代理人报案、控告、举报侦查人员采用刑讯逼供等非法方法收集证据，并提供涉嫌非法取证的人员、时间、地点、方式和内容等材料或者线索的，人民检察院应当受理并进行审查。根据现有材料无法证明证据收集合法性的，应当及时进行调查核实。如果人民检察院在办案过程中发现侦查人员以非法方法收集证据，也应当及时进行调查核实。上一级人民检察院接到对侦查人员采用刑讯逼供等非法方法收集证据的报案、控告、举报，可以直接进行调查核实，也可以交由下级人民检察院调查核实。交由下级人民检察院调查核实的，下级人民检察院应当及时将调查结果报告上一级人民检察院。人民检察院决定调查核实的，应当及时通知公安机关。

其次，调取和审查讯问录音录像。对于公安机关立案侦查的案件，存在下列情形之一的，人民检察院在审查逮捕、审查起诉和审判阶段，可以调取公安机关讯问犯罪嫌疑人的录音、录像，对证据收集的合法性以及犯罪嫌疑人、被告人供述的真实性进行审查：(1) 认为讯问活动可能存在刑讯逼供等非法取证行为的；(2) 犯罪嫌疑人、被告人或者辩护人提出犯罪嫌疑人、被告人供述系非法取得，并提供相关线索或者材料的；(3) 犯罪嫌疑人、被告人提出讯问活动违反法定程序或者翻供，并提供相关线索或者材料的；(4) 犯罪嫌疑人、被告人或者辩护人提出讯问笔录内容不真实，并提供相关线索或者材料的；(5) 案情重大、疑难、复杂的。人民检察院调取公安机关讯问犯罪嫌疑人的录音、录像，公安机关未提供，人民检察院经审查认为不能排除有刑讯逼供等非法取证行为的，相关供述不得作为批准逮捕、提起公诉的依据。人民检察院直接受理侦查的案件，负责侦查的部门移送审查逮捕、移送起诉时，应当将讯问录音、录像连同案卷材料一并移送审查。如果负责审查逮捕、起诉的部门审查时负责侦查的部门未能按照规定移送录音、录像或者移送不全的，应当要求其补充移送。对于监察机关移送起诉的案件，认为需要调取有关录音、录像的，可以商监察机关调取。人民检察院对取证合法性或者讯问笔录真实性等产生疑问的，应当有针对性地审查相关的录音、录像。对于重大、疑难、复杂的案件，人民检察院必要时可以审查全部录音、录像。

最后，继续调查核实。审查逮捕期限届满前，经审查无法确定存在非法取证的行为，但也不能排除非法取证可能的，该证据不作为批准逮捕的依据。检察官应当根据在案的其他证据认定案件事实和决定是否逮捕，并在作出批准或者不批准逮捕的决定后，继续对可能存在的非法取证行为进行调查核实。经调查核实确认存在以刑讯逼供等非法方法收集证据情形的，应当向公安机关提出纠正意见。以非法方法收集的证据，不得作为提起公诉的依据。

3. 非法证据排除的处理程序

根据《刑事诉讼法》第 57 条，《关于办理刑事案件严格排除非法证据若干问题的规定》第 17 条、第 18 条，以及最高人民检察院《规则》第 70 条、第 73 条、第 74 条、第 264 条、第 266 条、第 341 条的规定，在审查非法证据以后，人民检察院应当按照不同的情况进行相应的处理。

（1）对于符合条件的非法证据应当予以排除。人民检察院经审查认定存在非法取证行为的，应当对审查认定的非法证据予以排除，不得作为批准或者决定逮捕、提起公诉的根据。对于没有按照法定程序收集、可能严重影响司法公正的物证、书证，如果公安机关不能按照人民检察院的要求予以补正或者无法作出合理解释，人民检察院对该证据应当予以排除；反之，人民检察院则可以将该证据作为批准或者决定逮捕、提起公诉的依据。但是值得注意的是，被排除的非法证据应当随案移送，并写明为依法排除的非法证据。

（2）排除非法证据以后根据其他证据对案件作出相应的处理。人民检察院依法排除非法证据后，其他证据不能证明犯罪嫌疑人实施犯罪行为的，或者证据不足、不符合逮捕条件的，应当不批准或者决定逮捕。已经移送起诉的，如果其他证据不足，不符合起诉条件的，不得提起公诉；可以依法将案件退回监察机关补充调查或者退回公安机关补充侦查，或者作出不起诉决定。

（3）对非法取证行为或者非法证据采取相应措施。人民检察院认为可能存在以刑讯逼供等非法方法收集证据情形，或者发现有应当排除的非法证据，除了应当排除非法证据外，对于侦查人员的非法取证行为，尚未构成犯罪的，应当依法向其所在机关提出纠正意见；对于非法取证行为涉嫌犯罪需要追究刑事责任的，应当依法立案侦查。人民检察院还可以同时要求监察机关或者公安机关另行指派调查人员或者侦查人员重新取证，对非法证据予以补正，或者书面要求监察机关或者公安机关对证据收集的合法性作出说明，以便对非法证据作出合理解释。说明应当加盖单位公章，并由调查人员或者侦查人员签名。必要时，人民检察院也可以自行调查取证。

（4）处理讯问录音、录像与讯问笔录不一致的问题。经审查讯问犯罪嫌疑人录音、录像，发现公安机关、本院负责侦查的部门讯问不规范，讯问过程存在违法行为，录音、录像内容与讯问笔录不一致等情形的，应当逐一列明并向公安机关、本院负责侦查的部门书面提出，要求其予以纠正、补正或者书面作出合理解释。发现讯问笔录与讯问犯罪嫌疑人录音、录像内容有重大实质性差异的，或者公安机关、本院负责侦查的部门不能补正或者作出合理解释的，该讯问笔录不能作为批准或者决定逮捕、提起公诉的依据。

（5）对辩护方再次申请排除非法证据的处理。在审查逮捕期间，犯罪嫌疑人申请排除非法证据，但未提交相关线索或者材料，人民检察院经全面审查案件事实、证据，未发现侦查人员存在以非法方法收集证据的情形，认为符合逮捕条件的，可以批准逮捕。审查起诉期间，犯罪嫌疑人及其辩护人又提出新的线索或者证据，或者人民检察院发现新的证据，经调查核实认为侦查人员存在以刑讯逼供等非法方法收集证据情形的，应当依法排除非法证据，不得作为提起公诉的依据。排除非法证据后，犯罪嫌疑人不再符合逮捕条件但案件需要继续审查起诉的，应当及时变更强制措施；案件不符合起诉条件的，应当作出不起诉决定。

（6）公安机关、国家安全机关因为人民检察院排除非法证据所提起的复议、复核。对于人民检察院排除有关证据导致对涉嫌的重要犯罪事实未予认定，从而作出不批准逮捕、不起诉决定，或者对涉嫌的部分重要犯罪事实决定不起诉的，公安机关、国家安全机关可要求复议、提请复核。

（四）人民法院对于非法证据排除规则的适用

国内外的刑事司法实践已经充分证明，完善的操作程序是非法证据排除规则得以贯彻落实的重要保障。为了避免非法证据排除规则流于形式，《刑事诉讼法》及其司法解释不仅对审前程序中的非法证据排除规则操作程序作出了明确规定，而且对审判阶段的非法证据排除规则操作程序也作了详细规定。根据《刑事诉讼法》第 187 条、第 58 条到第 60 条以及相关司法解释的规定，我国非法证据排除规则在审判阶段的操作程序包括如下环节。

1. 申请排除非法证据

申请排除非法证据是当事人及其辩护人、诉讼代理人的一项诉讼权利。根据《刑事诉讼法》第 58 条第 2 款的规定，当事人及其辩护人、诉讼代理人有权申请人民法院对以非法方法收集的证据依法予以排除。为了保障当事人申请排除非法证据的权利，人民法院承担权利告知的义务。根据最高人民法院《解释》第 128 条、《关于办理刑事案件严格排除非法证据若干问题的规定》第 23 条以及《人民法院办理刑事案件排除非法证据规程（试行）》第 8 条的规定，人民法院向被告人及其辩护人送达起诉书副本时，应当告知其申请排除非法证据的，应当在开庭审理前提出，并同时提供相关线索或者材料，但庭审期间才发现相关线索或者材料的除外。被告人申请排除非法证据，但没有辩护人的，人民法院应当通知法律援助机构指派律师为其提供辩护。根据最高人民法院《解释》第 129 条的规定，开庭审理前，当事人及其辩护人、诉讼代理人申请人民法院排除非法证据的，人民法院应当在开庭前及时将申请书或者申请笔录及相关线索、材料的复制件送交人民检察院。

根据最高人民法院《解释》第 127 条，以及《关于办理刑事案件严格排除非法证据若干问题的规定》第 14 条、第 20 条、第 23 条、第 25 条、第 28 条、第 29 条、第 38 条的规定，在审判阶段申请排除非法证据应当注意如下几点：（1）在整个刑事诉讼过程中都可以提出排除非法证据的申请。在审前程序中，应当向人民检察院提出排除申请。被告人及其辩护人申请排除非法证据，原则上应当在开庭审理前提出，但在庭审期间发现相关线索或者材料等情形除外。被告人及其辩护人在开庭审理前未申请排除非法证据，在法庭审理过程中提出申请的，应当说明理由。被告人及其辩护人在第一审程序中未申请排除非法证据，在第二审程序中提出申请的，也应当说明理由。（2）当事人及其辩护人、诉讼代理人申请人民法院排除以非法方法收集的证据的，应当提供涉嫌非法取证的人员、时间、地点、方式、内容等相关线索或者材料。（3）被告人及其辩护人在开庭审理前申请排除非法证据，并且依法提供相关线索或者材料的，人民法院应当召开庭前会议。公诉人宣读起诉书后，法庭应当宣布开庭审理前对证据收集合法性的审查及处理情况。在法庭审理过程中提出申请的，法庭经审查，对证据收集的合法性有疑问的，应当进行调查；没有疑问的，应当驳回申请。（4）被告人及其辩护人可以撤回排除非法证据的申请。撤回申请后，没有新的线索或者材料，不得再次对有关证据提出排除申请。在法庭审理过程中，法庭驳回排除申请后，被告人及其辩护人没有新的线索或者材料，以相同理由再次提出申请的，法庭不再审查。（5）第一审人民法院对被告人及其辩护人排除非法证据的申请未予审查，并以有关证据作为定案根据，可能影响公正审判的，第二审人民法院可以裁定撤销原判，发回原审人民法院重新审判。另外，根据《人民法院办理刑事案件排除非法证据规程（试行）》第5条第2款，被告人及其辩护人申请排除非法证据，应当向人民法院提交书面申请。被告人书写确有困难的，可以口头提出申请，但应当记录在案，并由被告人签名或者捺印。

根据《人民法院办理刑事案件排除非法证据规程（试行）》第5条第1款的规定，所谓相关线索，是指内容具体、指向明确的涉嫌非法取证的人员、时间、地点、方式等；相关材料是指能够反映非法取证的伤情照片、体检记录、医院病历、讯问笔录、讯问录音录像或者同监室人员的证言等。根据《关于办理刑事案件严格排除非法证据若干问题的规定》第22条，为了发现相关线索或者材料，犯罪嫌疑人、被告人及其辩护人向人民法院、人民检察院可以申请调取公安机关、国家安全机关、人民检察院收集但未提交的讯问录音录像、体检记录等证据材料，人民法院、人民检察院经审查认为犯罪嫌疑人、被告人及其辩护人申请调取的证据材料与证明证据收集的合法性有联系的，应当予以调取；认为与证明证据收集的合法性没有联系的，应当决定不予调取并向犯罪嫌疑人、被告人及其辩护人说明理由。

2. 非法证据排除申请的审查

根据最高人民检察院《规则》第393条的规定，人民检察院在开庭审理前收到人民法院或者被告人及其辩护人、被害人、证人等送交的反映证据系非法取得的书面材料的，应当进行审查。对于审查逮捕、审查起诉期间已经提出并经查证不存在非法取证行为的，应当通知人民法院、有关当事人和辩护人，并按照查证的情况做好庭审准备。对于新的材料或者线索，可以要求监察机关、公安机关对证据收集的合法性进行说明或者提供相关证明材料。

辩护方在刑事审判过程中提出排除非法证据的申请以后，人民法院应当依法予以审查，以便决定是否受理和启动非法证据排除程序。辩护方在开庭审判前或者庭审过程中都可以提出排除非法证据的申请。根据《人民法院办理刑事案件庭前会议规程（试行）》第1条第3款和《人民法院办理刑事案件排除非法证据规程（试行）》第10条的规定，被告人及其辩护人在开庭审理前申请排除非法证据，并依照法律规定提供相关线索或者材料的，人民法院应当召开庭前会议，并在召开庭前会议3日前将申请书和相关线索或者材料的复制件送交人民检察院。被告人及其辩护人申请排除非法证据，未提供相关线索或者材料的，人民法院应当告知其补充提交。被告人及其辩护人未能补充的，人民法院对申请不予受理，并在开庭审理前告知被告人及其辩护人。上述情况应当记录在案。

根据最高人民法院《解释》第 132 条，以及《人民法院办理刑事案件排除非法证据规程（试行）》第 17 条的规定，被告人及其辩护人、诉讼代理人在开庭审理前未申请排除非法证据，在庭审过程中提出申请的，应当说明理由。人民法院经审查，对证据收集的合法性有疑问的，应当进行调查；没有疑问的，应当驳回申请。人民法院驳回排除非法证据的申请后，当事人及其辩护人、诉讼代理人没有新的线索或者材料，以相同理由再次提出申请的，人民法院不再审查。《人民法院办理刑事案件排除非法证据规程（试行）》第 11 条进一步规定，对于可能判处无期徒刑、死刑或者黑社会性质组织犯罪、严重毒品犯罪等重大案件，被告人在驻看守所检察人员对讯问的合法性进行核查询问时，明确表示侦查阶段没有刑讯逼供等非法取证情形，在审判阶段又提出排除非法证据申请的，应当说明理由。人民法院经审查对证据收集的合法性没有疑问的，可以驳回申请。驻看守所检察人员在重大案件侦查终结前未对讯问的合法性进行核查询问，或者未对核查询问过程全程同步录音录像，被告人及其辩护人在审判阶段提出排除非法证据申请，提供相关线索或者材料，人民法院对证据收集的合法性有疑问的，应当依法进行调查。

3. 证据收集合法性的庭前审查与调查

证据收集合法性的庭前审查，是指人民法院在开庭审理前，由承办法官通过阅卷的方式对证据收集的合法性进行主动的审查。根据《人民法院办理刑事案件排除非法证据规程（试行）》第 7 条，开庭审理前，承办法官应当阅卷，并对证据收集的合法性进行审查：（1）被告人在侦查、审查起诉阶段是否提出排除非法证据申请；提出申请的，是否提供相关线索或者材料；（2）侦查机关、人民检察院是否对证据收集的合法性进行调查核实；调查核实的，是否作出调查结论；（3）对于重大案件，人民检察院驻看守所检察人员在侦查终结前是否核查讯问的合法性，是否对核查过程同步录音录像；进行核查的，是否作出核查结论；（4）对于人民检察院在审查逮捕、审查起诉阶段排除的非法证据，是否随案移送并写明为依法排除的非法证据。人民法院对证据收集的合法性进行审查后，认为需要补充证据材料的，应当通知人民检察院在 3 日内补送。

证据收集合法性的庭前调查，是指人民法院在庭前会议中对证据收集是否具有合法性进行初步的调查，以便促成控辩双方就证据收集的合法性达成一致意见。根据最高人民法院《解释》第 130 条、第 131 条，《人民法院办理刑事案件庭前会议规程（试行）》第 14 条，以及《人民法院办理刑事案件排除非法证据规程（试行）》第 12 条至第 15 条，人民法院通过庭前会议调查证据收集的合法性时应当遵守下列规定：（1）调查步骤。人民法院对证据收集的合法性进行审查的，一般按照以下步骤进行：被告人及其辩护人说明排除非法证据的申请及相关线索或者材料；公诉人提供证明证据收集合法性的证据材料；控辩双方对证据收集的合法性发表意见；控辩双方对证据收集的合法性未达成一致意见的，审判人员归纳争议焦点。（2）控方说明。人民检察院应当在庭前会议中通过出示有关证据材料等方式，有针对性地对证据收集的合法性作出说明。必要时，可以通知调查人员、侦查人员或者其他人员参加庭前会议，说明情况。（3）核实。人民法院可以对有关证据材料进行核实。经控辩双方申请，可以有针对性地播放讯问录音录像。（4）控方撤回证据。人民检察院可以撤回有关证据。撤回的证据，没有新的理由，不得在庭审中出示。（5）辩方撤回申请。被告人及其辩护人可以撤回排除非法证据的申请。撤回申请后，没有新的线索或者材料，不得再次对有关证据提出排除申请。（6）达成一致意见的处理。控辩双方在庭前会议中对证据收集的合法性达成一致意见的，法庭应当在庭审中向控辩双方核实并当庭予以确认。对于一方在庭审中反悔的，除有正当理由外，法庭一般不再进行审查。（7）未达成一致意见的处理。控辩双方在庭前会议中对证据收集的合法性未达成一致意见，人民法院应当在庭审中进行调查，但公诉人提供的相关证据材料确实、充分，能够排除非法取证情形，且没有新的线索或者材料表明可能存在非法取证的，庭审调查举证、质证可以简化。

根据最高人民检察院《规则》第395条、第396条的规定，在庭前会议中，公诉人可以对非法证据排除题提出和交换意见，了解辩护人收集的证据等情况。当事人、辩护人、诉讼代理人在庭前会议中提出证据系非法取得，人民法院认为可能存在以非法方法收集证据情形的，人民检察院应当对证据收集的合法性进行说明。需要调查核实的，在开庭审理前进行。

4. 证据收集合法性的庭审调查

证据收集合法性的庭审调查，是指人民法院在法庭审理过程中对证据收集是否具有合法性进行法庭调查，以便是否需要排除受到辩护方质疑的控方证据。根据最高人民法院《解释》第133条的规定，控辩双方在庭前会议中对证据收集是否合法未达成一致意见，人民法院对证据收集的合法性有疑问的，应当在庭审中进行调查；对证据收集的合法性没有疑问，且无新的线索或者材料表明可能存在非法取证的，可以决定不再进行调查并说明理由。根据最高人民法院《解释》第134条，《关于办理刑事案件严格排除非法证据若干问题的规定》第30条至第34条，以及《人民法院办理刑事案件庭前会议规程（试行）》第18条、第19条的规定，证据收集合法性的庭审调查应当遵守下列规定。

（1）调查时间。人民法院决定对证据收集的合法性进行法庭调查的，应当先行当庭调查。但对于被申请排除的证据和其他犯罪事实没有关联等情形，为防止庭审过分迟延，可以先调查其他犯罪事实，再对证据收集的合法性在法庭调查结束前进行调查。在对证据收集合法性的法庭调查程序结束前，不得对有关证据宣读、质证。

（2）调查步骤。法庭决定对证据收集的合法性进行调查的，一般按照以下步骤进行：1）召开庭前会议的案件，法庭应当在宣读起诉书后，宣布庭前会议中对证据收集合法性的审查情况，以及控辩双方的争议焦点；2）被告人及其辩护人说明排除非法证据的申请及相关线索或者材料；3）公诉人出示证明证据收集合法性的证据材料，被告人及其辩护人可以对相关证据进行质证，经审判长准许，公诉人、辩护人可以向出庭的侦查人员或者其他人员发问；4）控辩双方对证据收集的合法性进行辩论。

（3）调查核实。法庭对控辩双方提供的证据有疑问的，可以宣布休庭，对证据进行调查核实。必要时，可以通知公诉人、辩护人到场。

（4）作出是否排除的决定。法庭对证据收集的合法性进行调查后，应当当庭作出是否排除有关证据的决定。必要时，可以宣布休庭，由合议庭评议或者提交审判委员会讨论，再次开庭时宣布决定。在法庭作出是否排除有关证据的决定前，不得对有关证据宣读、质证。

在我国非法证据排除规则中，尽管辩护方不需要对控方证据的非法性承担证明责任，但是辩护方在提出非法证据排除申请的时候有义务提供相关线索或者材料，否则，人民法院有权驳回辩护方的申请。在这种情况下，为了促使人民法院调查是否存在非法证据和排除非法证据，辩护方应当在证据收集合法性的庭审调查过程中对排除非法证据的申请及相关线索或者材料予以说明。根据《人民法院办理刑事案件庭前会议规程（试行）》第12条、第19条，无论是在开庭审判之前还是在庭审过程中，只要被告人及其辩护人提出排除非法证据的申请，都应当向人民法院说明排除非法证据的申请及相关线索或者材料。根据

《关于办理刑事案件严格排除非法证据若干问题的规定》第 31 条第 2 款、《人民法院办理刑事案件庭前会议规程（试行）》第 21 条，被告人及其辩护人在证据收集合法性的庭审调查过程中可以出示相关线索或者材料，并申请法庭播放特定讯问时段的讯问录音录像。被告人及其辩护人向人民法院申请调取侦查机关、人民检察院收集但未提交的讯问录音、录像、体检记录等证据材料，人民法院经审查认为该证据材料与证据收集的合法性有关的，应当予以调取；认为与证据收集的合法性无关的，应当决定不予调取，并向被告人及其辩护人说明理由。被告人及其辩护人申请人民法院通知侦查人员或者其他人员出庭说明情况，人民法院认为确有必要的，可以通知上述人员出庭。

根据最高人民法院《解释》第 135 条，《关于办理刑事案件严格排除非法证据若干问题的规定》第 31 条第 1 款，以及《人民法院办理刑事案件庭前会议规程（试行）》第 20 条的规定，法庭决定对证据收集的合法性进行调查的，公诉人应当对证据收集的合法性加以证明。在证明证据收集的合法性时，公诉人既可以出示讯问笔录、提讯登记、体检记录、采取强制措施或者侦查措施的法律文书、侦查终结前对讯问合法性的核查材料等证据材料，也可以针对被告人及其辩护人提出异议的讯问时段播放讯问录音、录像，提请法庭通知侦查人员或者其他人员出庭说明情况。但是，如果讯问录音、录像涉及国家秘密、商业秘密、个人隐私或者其他不宜公开内容，法庭可以决定对讯问录音、录像不公开播放、质证；不得以侦查人员签名并加盖公章的说明材料替代侦查人员出庭。最高人民法院《解释》第 136 条，《关于办理刑事案件严格排除非法证据若干问题的规定》第 31 条第 3 款，以及《人民法院办理刑事案件排除非法证据规程（试行）》第 23 条进一步规定，控辩双方申请法庭通知调查人员、侦查人员或者其他人员出庭说明情况，法庭认为有必要的，应当通知有关人员出庭。根据案件情况，法庭也可以依职权通知调查人员、侦查人员或者其他人员出庭说明情况。调查人员、侦查人员或者其他人员出庭的，应当向法庭说明证据收集过程，并就相关情况接受控辩双方和法庭的询问。对发问方式不当或者内容与证据收集的合法性无关的，法庭应当制止。经人民法院通知，侦查人员不出庭说明情况，不能排除以非法方法收集证据情形的，对有关证据应当予以排除。庭审中，公诉人当庭不能举证或者为提供新的证据需要补充侦查，建议延期审理的，法庭可以同意。根据“最高人民检察院《规则》”第 413 条，对于搜查、查封、扣押、冻结、勘验、检查、辨认、侦查实验等侦查活动中形成的笔录存在争议，需要负责侦查的人员以及上述活动的见证人出庭陈述有关情况的，公诉人可以建议合议庭通知其出庭。

由于在司法实践中讯问程序的合法性是控辩双方的一个争议焦点，因此，最高人民检察院《规则》第 77 条、第 410 条对人民检察院如何证明讯问程序的合法性做出了专门规定。在法庭审理期间，人民检察院可以要求监察机关或者公安机关对证据收集的合法性进行说明或者提供相关证明材料。必要时，可以自行调查核实。一是在法庭审理过程中，被告人或者辩护人对讯问活动合法性提出异议，公诉人可以要求被告人及其辩护人提供相关线索或者材料。必要时，公诉人可以提请法庭当庭播放相关时段的讯问录音、录像，对有关异议或者事实进行质证。二是需要播放的讯问录音、录像中涉及国家秘密、商业秘密、个人隐私或者含有其他不宜公开内容的，公诉人应当建议在法庭组成人员、公诉人、侦查人员、被告人及其辩护人范围内播放。因涉及国家秘密、商业秘密、个人隐私或者其他犯罪线索等内容，人民检察院对讯问录音、录像的相关内容进行技术处理的，公诉人应当向法庭作出说明。三是在法庭审理过程中，被告人及其辩护人提出被告人庭前供述系非法取得，审判人员认为需要进行法庭调查的，公诉人可以通过出示讯问笔录、提讯登记、体检记录、采取强制措施或者侦查措施的法律文书、侦查终结前对讯问合法性进行核查的材料等证据材料，有针对性地播放讯问录音、录像，提请法庭通知调查人员、侦查人员或者其他人员出庭说明情况等方式，对证据收集的合法性加以证明。

另外，根据最高人民检察院《规则》第76条的规定，对于提起公诉的案件，被告人及其辩护人提出审前供述系非法取得，并提供相关线索或者材料的，人民检察院可以将讯问录音、录像连同案卷材料一并移送人民法院。根据《人民法院办理刑事案件排除非法证据规程（试行）》第22条的规定，法庭对证据收集的合法性进行调查的，应当重视对讯问录音、录像的审查。其重点审查包括以下内容：（1）讯问录音、录像是否依法制作。对于可能判处无期徒刑、死刑的案件或者其他重大犯罪案件，是否对讯问过程进行录音、录像；（2）讯问录音、录像是否完整。是否对每一次讯问过程录音、录像，录音、录像是否全程不间断进行，是否有选择性录制、剪接、删改等情形；（3）讯问录音、录像是否同步制作。录音、录像是否自讯问开始时制作，至犯罪嫌疑人核对讯问笔录、签字确认后结束；讯问笔录记载的起止时间是否与讯问录音、录像反映的起止时间一致；（4）讯问录音、录像与讯问笔录的内容是否存在差异。对与定罪量刑有关的内容，讯问笔录记载的内容与讯问录音、录像是否存在实质性差异，存在实质性差异的，以讯问录音、录像为准。

5. 庭外调查核实非法证据

庭外调查核实非法证据，是指在公诉人员不能当庭证明证据收集合法性的情况下，在休庭以后由人民检察院或者人民法院进行调查核实。根据最高人民检察院《规则》第410条第3款、第4款的规定，公诉人不能当庭证明证据收集的合法性，需要调查核实的，可以建议法庭休庭或者延期审理。在法庭审理期间，人民检察院可以要求侦查机关对证据收集的合法性进行说明或者提供相关证明材料，必要时可以自行调查核实。根据最高人民检察院《规则》第411条的规定，公诉人对证据收集的合法性进行证明后，法庭仍有疑问的，可以建议法庭休庭，由人民法院对相关证据进行调查核实。人民法院调查核实证据，通知人民检察院派员到场的，人民检察院可以派员到场。

根据《人民法院办理刑事案件排除非法证据规程（试行）》第24条的规定，人民法院对控辩双方提供的证据来源、内容等有疑问的，可以告知控辩双方补充证据或者作出说明；必要时，可以宣布休庭，对证据进行调查核实。法庭调查核实证据，可以通知控辩双方到场，并将核实过程记录在案。对于控辩双方补充的和法庭庭外调查核实取得的证据，未经当庭出示、质证等法庭调查程序查证属实，不得作为证明证据收集合法性的根据。

6. 人民法院对非法证据的排除

根据最高人民法院《解释》第137条，以及《关于办理刑事案件严格排除非法证据若干问题的规定》第34条第1款的规定，经法庭审理，如果人民检察院未提供证据或者提供的证据不能证明证据收集的合法性，不能排除存在本规定所规定的以非法方法收集证据情形的，或者法庭直接确认存在本规定所规定的以非法方法收集证据情形的，对有关证据应当予以排除。根据《人民法院办理刑事案件排除非法证据规程（试行）》第26条的规定，经法庭审理，具有下列情形之一的，人民法院对有关证据应当予以排除：（1）确认以非法方法收集证据的；（2）应当对讯问过程录音、录像的案件没有提供讯问录音、录像，或者讯问录音、录像存在选择性录制、剪接、删改等情形，现有证据不能排除以非法方法收集证据的；（3）侦查机关除紧急情况外没有在规定的办案场所讯问，现有证据不能排除以非法方法收集证据的；（4）驻看守所检察人员在重大案件侦查终结前未对讯问合法性进行核查，或者未对核查过程同步录音、录像，或者录音、录像存在选择性录制、剪接、删改等情形，现有证据不能排除以非法方法收集证据的；（5）其他不能排除存在以非法方法收集证据的。另外，根据《关于办理刑事案件严格排除非法证据若干问题的规定》第 34 条第 2 款、《人民法院办理刑事案件排除非法证据规程（试行）》第 4 条的规定，在法庭审理过程中，对依法予以排除的证据，不得宣读、质证，不得作为判决的根据。根据《关于办理刑事案件严格排除非法证据若干问题的规定》第 38 条第 3 款的规定，人民检察院在第一审程序中未出示证据证明证据收集的合法性，第一审人民法院依法排除有关证据的，人民检察院在第二审程序中不得出示之前未出示的证据，但在第一审程序后发现的除外。

根据最高人民检察院《规则》第 78 条的规定，人民检察院认为第一审人民法院有关证据收集合法性的审查、调查结论导致第一审判决、裁定错误的，可以依照刑事诉讼法的规定向人民法院提出抗诉。

7. 第二审人民法院审查证据收集合法性的条件

在我国刑事诉讼中，非法证据排除规则既适用于审前程序、第一审程序，又适用于第二审程序。根据最高人民法院《解释》第 138 条，《关于办理刑事案件严格排除非法证据若干问题的规定》第 38 条，以及《人民法院办理刑事案件排除非法证据规程（试行）》第 28 条至第 30 条的规定，具有下列情形之一的，第二审人民法院应当对证据收集的合法性进行审查，并根据刑事诉讼法和上述解释的有关规定作出处理：（1）对证据收集合法性的审查、调查结论不服。人民法院对证据收集合法性的审查、调查结论，应当在裁判文书中写明，并说明理由。人民检察院或者被告人、自诉人及其法定代理人提出抗诉、上诉，对第一审人民法院有关证据收集合法性的审查、调查结论提出异议或者不服，第二审人民法院应当审查。（2）没有审查非法证据排除申请。第一审人民法院对当事人及其辩护人、诉讼代理人排除非法证据的申请没有审查，且以该证据作为定案根据的。（3）当事人及其辩护人、诉讼代理人在第一审程序中未提出排除非法证据的申请，在第二审程序中提出申请，有下列情形之一的，第二审人民法院应当审查：当事人及其辩护人、诉讼代理人在第一审结束后才发现涉嫌非法取证的相关线索或者材料，申请人民法院排除非法证据的；被告人及其辩护人能够说明理由的；第一审人民法院没有依法告知被告人申请排除非法证据的权利的。

（五）非法证据排除规则中的证明责任与证明标准

由于证明责任是与当事人承担不利法律后果的风险紧密相连的一个概念，因而，如何分配证明责任不仅关系到非法证据排除规则的贯彻落实，而且影响到控辩双方的实际利益。尽管非法证据排除规则中的证明责任分配如此重要，但是在《关于办理刑事案件排除非法证据若干问题的规定》实施之前，我国刑事诉讼法及其司法解释并没有明确规定非法证据排除规则中的证明责任分配问题。这导致在以往的司法实践中，庭审法官甚至公诉人员常常按照“谁主张，谁举证”的原理，责令或者要求被告人证明其翻供的理由，或者让辩护人承担非法取证行为的证明责任。

为了避免我国非法证据排除规则重蹈覆辙，在吸收《关于办理刑事案件排除非法证据若干问题的规定》的基础上，《刑事诉讼法》及相关司法解释对非法证据排除规则中的证明责任分配问题作了相应的规定。一方面，辩护方应当承担初步的证明责任或者形成争点的证明责任。根据《刑事诉讼法》第 58 条和《关于办理刑事案件严格排除非法证据若干问题的规定》第 14 条、第 17 条、第 20 条、第 23 条至第 26 条，提供与非法取证行为的相关线索或者材料是辩护方申请排除非法证据时应当履行的义务。当事人及其辩护人、诉讼代理人在申请排除非法证据时应当提供与非法取证行为相关的线索或者材料。至于这种线索或者材料对于非法取证行为是否具有证明价值以及该证明价值应该达到什么程度，《刑事诉讼法》没有作出明确规定。提供相关线索或者材料可以视为辩护方在申请排除非法证据时应当承担的初步证明责任或者形成争点的证明责任。辩护方在提出排除非法证据的申请时如果不能提供线索或者材料，不符合法律规定的申请条件的，人民检察院和人民法院对申请可以不予受理。由辩护方提供相关线索或者材料，既可以防止其毫无根据地滥用诉讼权利，又有助于使人民检察院的举证和法庭审理活动更具有针对性，进而保障诉讼活动的顺利进行。

另一方面，人民检察院应当对证据收集的合法性承担证明责任。根据《刑事诉讼法》第59条第1款的规定，在对证据收集的合法性进行法庭调查的过程中，人民检察院应当对证据收集的合法性加以证明。根据《刑事诉讼法》第60条的规定，对于经过法庭审理，确认或者不能排除存在《刑事诉讼法》第56条规定的以非法方法收集证据情形的，对有关证据应当予以排除。这些规定意味着，人民检察院应当对证据收集的合法性承担证明责任。根据《关于办理刑事案件严格排除非法证据若干问题的规定》第34条、《人民法院办理刑事案件排除非法证据规程（试行）》第6条，在对证据收集的合法性进行法庭调查的过程中，人民检察院应当对证据收集的合法性加以证明。人民检察院未提供证据，或者提供的证据不能证明证据收集的合法性，经过法庭审理，确认或者不能排除以非法方法收集证据情形的，对有关证据应当予以排除。法庭根据相关线索或者材料对证据收集的合法性有疑问，而人民检察院未提供证据或者提供的证据不能证明证据收集的合法性，不能排除存在本规定所规定的以非法方法收集证据情形的，对有关证据应当予以排除。由人民检察院对证据收集的合法性承担证明责任，既是维护无罪推定和程序法治的内在要求，又是维护控辩平等对抗的需要，也是保障非法证据排除程序顺利进行的需要。

根据《刑事诉讼法》第60条，最高人民法院《解释》第137条，以及《关于办理刑事案件严格排除非法证据若干问题的规定》第34条第1款的规定，人民检察院对证据收集合法性的证明应该达到已经排除存在法定情形的程度。法庭对证据收集的合法性进行调查后，法庭根据相关线索或者材料对证据收集的合法性有疑问，而人民检察院未提供证据或者提供的证据不能证明证据收集的合法性，不能排除存在刑事诉讼法所规定的以非法方法收集证据情形的，对有关证据应当予以排除。如果法庭经过审理能够直接确认存在刑事诉讼法规定的以非法方法收集证据的法定情形，那么法庭也可以对以非法方法收集的控方证据依法加以排除。在对证据收集的合法性承担证明责任的情况下，人民检察院所承担的诉讼任务显然加重。为了确保人民检察院能够对证据收集的合法性加以证明，《刑事诉讼法》规定了一些保障措施。一是根据《刑事诉讼法》第57条的规定，人民检察院接到报案、控告、举报或者发现侦查人员以非法方法收集证据的，应当进行调查核实。人民检察院通过调查核实，一方面在证实侦查人员以非法方法收集证据的情况下，可以在提起公诉之前及时采取相应措施，如通知侦查人员予以纠正等，以免给公诉活动带来不利的影响；另一方面在证实侦查人员没有以非法方法收集证据的情况下，可以运用相应的证据在法庭审理过程中沉着应对当事人及其辩护人、诉讼代理人对证据合法性的质疑。二是根据《刑事诉讼法》第59条第2款的规定，现有证据材料不能证明证据收集的合法性的，人民检察院可以提请人民法院通知有关侦查人员或者其他人员出庭说明情况；人民法院可以通知有关侦查人员或者其他人员出庭说明情况。有关侦查人员或者其他人员也可以要求出庭说明情况。经人民法院通知，有关人员应当出庭。侦查人员作为侦查活动的实施者，对于是否存在非法取证行为最为清楚。传唤侦查人员或者其他人员就有关侦查情况加以说明，既是协助公诉人员履行证据合法性的证明责任的需要，也是法庭查明是否存在非法取证行为的客观需要。三是根据《刑事诉讼法》第123条的规定，侦查人员在讯问犯罪嫌疑人的时候，可以对讯问过程进行录音或者录像；对于可能判处无期徒刑、死刑的案件或者其他重大犯罪案件，应当对讯问过程进行录音或者录像。录音或者录像应当全程进行，保持完整性。

二、口供自愿性规则

尽管1996年《刑事诉讼法》第43条明确规定，严禁刑讯逼供和以威胁、引诱、欺骗以及其他非法的方法收集证据，但是在缺乏完善的非法证据排除规则以及1996年《刑事诉讼法》第93条明确规定犯罪嫌疑人承担如实回答义务的情况下，讯问人员通过刑讯逼供等方式强迫犯罪嫌疑人供述自己有罪的现象仍时有发生。而司法实践证明，刑讯逼供往往成为冤假错案的罪魁祸首。为了减少刑讯逼供和保障人权，我国《刑事诉讼法》借鉴国外自白任意性规则，规定了口供自愿性规则，即犯罪嫌疑人、被告人不是在自愿的情况下所作的有罪供述不能作为定案的根据。

一方面，犯罪嫌疑人、被告人享有受限制的供述自由。根据2012年修改的《刑事诉讼法》第50条（现为第52条）的规定，审判人员、检察人员、侦查人员在收集证据过程中，不得强迫任何人证实自己有罪。这是我国法律第一次明确规定不被强迫自证其罪原则。显而易见，这里的任何人包括犯罪嫌疑人和被告人在内。从不被强迫自证其罪原则的一般理论来看，上述规定意味着犯罪嫌疑人和被告人享有自由供述的权利；在犯罪嫌疑人和被告人不愿意供述的情况下，审判人员、检察人员、侦查人员不得采取精神的或者肉体的手段强迫犯罪嫌疑人、被告人提供有罪的证据。但是，犯罪嫌疑人、被告人的供述自由并非不受任何限制。因为，根据《刑事诉讼法》第120条第1款的规定，当侦查人员讯问犯罪嫌疑人时，只有在侦查人员提出的问题与案件无关的情况下，犯罪嫌疑人才享有拒绝回答的权利。也就是说，如果侦查人员提出的问题与案件有关，那么犯罪嫌疑人应当如实回答，而不能拒绝回答。至于如何判断侦查人员的提问是否与案件有关，以及在拒绝回答侦查人员提出来的与案件有关的问题的情况下，犯罪嫌疑人是否承担以及如何承担法律后果等问题，需要通过立法解释或者司法解释加以明确界定。否则，犯罪嫌疑人的供述自由很难得到实现。不过，为了鼓励犯罪嫌疑人如实供述自己的罪行，《刑事诉讼法》第120条第2款明确规定，侦查人员在讯问犯罪嫌疑人的时候，应当告知犯罪嫌疑人如实供述自己罪行可以从宽处理和认罪认罚的法律规定。

另一方面，采用刑讯逼供等非法方法收集的犯罪嫌疑人、被告人供述，适用非法证据排除规则。由于自白任意规则的核心在于保障被追诉者的供述自愿性，因而，现代法治国家一般规定，如果被追诉者的供述违背了其自愿性，那么该供述不具有可采性。为了保障不被强迫自证其罪原则的贯彻落实和减少以刑讯逼供等非法方法收集供述的行为，《刑事诉讼法》第56条明确规定，采用刑讯逼供等非法方法收集的犯罪嫌疑人、被告人供述，应当予以排除；在侦查、审查起诉、审判时发现通过刑讯逼供等非法方法收集犯罪嫌疑人、被告人供述的，不得作为起诉意见、起诉决定和判决的依据。

三、出庭作证规则

根据传闻证据规则的要求，除了某些特殊情况以外，证人都应当出庭作证，而不能由传闻证据来代替证人作证。尽管我国《刑事诉讼法》没有像其他国家那样明确规定传闻证据规则或者直接言词原则，但是随着审判方式改革的逐渐深入以及对公正审判的不断追求，我国《刑事诉讼法》及其司法解释的有关规定体现了传闻证据规则对证人、被害人、鉴定人、侦查人员等亲自出庭作证的要求。

（一）对证人等出庭作证的原则性要求

根据《刑事诉讼法》第61条的规定，证人证言必须在法庭上经过公诉人、被害人和被告人、辩护人双方质证并且查实以后，才能作为定案的根据。根据《刑事诉讼法》第62条的规定，除了生理上、精神上有缺陷或者年幼，不能辨别是非、不能正确表达之外，凡是知道案件情况的人，都有作证的义务。根据《刑事诉讼法》第59条的规定，在对证据收集的合法性进行法庭调查的过程中，人民检察院应当对证据收集的合法性加以证明。现有证据材料不能证明证据收集的合法性的，人民检察院可以提请人民法院通知有关侦查人员或者其他人员出庭说明情况；人民法院可以通知有关侦查人员或者其他人员出庭说明情况。有关侦查人员或者其他人员也可以要求出庭说明情况。经人民法院通知，有关人员应当出庭。根据《刑事诉讼法》第192条的规定，公诉人、当事人或者辩护人、诉讼代理人对证人证言有异议，且该证人证言对案件定罪量刑有重大影响，人民法院认为证人有必要出庭作证的，证人应当出庭作证；人民警察就其执行职务时目击的犯罪情况作为证人出庭作证，适用前款规定；公诉人、当事人或者辩护人、诉讼代理人对鉴定意见有异议，人民法院认为鉴定人有必要出庭的，鉴定人应当出庭作证。根据最高人民法院《解释》第253条的规定，证人具有下列情形之一，无法出庭作证的，人民法院可以准许其不出庭：（1）在庭审期间身患严重疾病或者行动极为不便的；（2）居所远离开庭地点且交通极为不便的；（3）身处国外短期无法回国的；（4）有其他客观原因，确实无法出庭的。但是，对于以上情形，可以通过视频等方式作证。按照最高人民检察院《规则》第413条的规定，对于搜查、查封、扣押、冻结、勘验、检查、辨认、侦查实验等活动中形成的笔录存在争议，需要负责调查与侦查的人员以及搜查、查封、扣押、冻结、勘验、检查、辨认、侦查实验等活动的见证人出庭陈述有关情况的，公诉人可以建议合议庭通知其出庭。根据公安部《规定》第72条的规定，人民法院认为现有证据材料不能证明证据收集的合法性，通知有关侦查人员或者其他人员出庭说明情况的，有关侦查人员或者其他人员应当出庭。必要时，有关侦查人员或者其他人员也可以要求出庭说明情况。侦查人员或者其他人员出庭，应当向法庭说明证据收集过程，并就相关情况接受发问。经人民法院通知，人民警察应当就其执行职务时目击的犯罪情况出庭作证。由此可见，尽管我国没有明确规定传闻证据规则，但是《刑事诉讼法》及其司法解释对证人等出庭作证还是持积极肯定态度的，即除了某些特殊情况以外，证人等原则上都应该出庭作证。

（二）证人等不出庭作证的法律后果

为了保障证人等能够出庭作证，《刑事诉讼法》及其司法解释对证人等不出庭作证的法律后果作出了初步的规定。对证人等不出庭作证，《刑事诉讼法》及其司法解释主要规定了两种法律后果。

一种是针对具有传闻证据性质的证据规定相应的法律后果。根据《刑事诉讼法》第192条第3款、最高人民法院《解释》第99条第1款的规定，在人民法院通知鉴定人出庭作证而鉴定人拒不出庭作证的情况下，鉴定人所出具的鉴定意见不得作为定案的根据。但是，根据最高人民法院、最高人民检察院、公安部等《关于实施刑事诉讼法若干问题的规定》第29条的规定，如果鉴定人由于不能抗拒的原因或者有其他正当理由无法出庭的，人民法院可以根据案件审理情况决定延期审理。根据最高人民法院《解释》第91条第3款的规定，经人民法院通知，证人没有正当理由拒绝出庭或者出庭后拒绝作证，法庭对其证言的真实性无法确认的，该证人证言不得作为定案的根据。中央政法委《关于切实防止冤假错案的规定》第6条也规定与之相似的内容。

另一种是针对不出庭作证的证人等所规定的法律后果。例如，根据《刑事诉讼法》第193条第2款的规定，证人没有正当理由拒绝出庭或者出庭后拒绝作证的，予以训诫，情节严重的，经院长批准，处以10日以下的拘留；被处罚人对拘留决定不服的，可以向上一级人民法院申请复议；复议期间不停止执行。

（三）证人等出庭作证的保障措施

与西方国家相类似，为了确保证人等能够出庭作证，我国新《刑事诉讼法》及其司法解释针对证人等出庭作证规定了一系列保障措施。

1. 强制证人作证制度

根据《刑事诉讼法》第193条第1款的规定，经人民法院通知，证人没有正当理由不出庭作证的，人民法院可以强制其到庭，但是被告人的配偶、父母、子女除外。根据最高人民法院《解释》第255条的规定，强制证人出庭的，应当由院长签发强制证人出庭令，由法警执行。必要时，可以商请公安机关协助。

2. 证人保护制度

为了鼓励证人出庭作证，保障证人的安全，消除证人作证的后顾之忧，《刑事诉讼法》第63条明确规定，人民法院、人民检察院和公安机关应当保障证人及其近亲属的安全；对证人及其近亲属进行威胁、侮辱、殴打或者打击报复，构成犯罪的，依法追究刑事责任；尚不够刑事处罚的，依法给予治安管理处罚。根据《刑事诉讼法》第64条第1款的规定，对于危害国家安全犯罪、恐怖活动犯罪、黑社会性质的组织犯罪、毒品犯罪等案件，证人、鉴定人、被害人因在诉讼中作证，本人或者其近亲属的人身安全面临危险的，人民法院、人民检察院和公安机关应当采取以下一项或者多项保护措施：（1）不公开真实姓名、住址和工作单位等个人信息；（2）采取不暴露外貌、真实声音等出庭作证措施；（3）禁止特定的人员接触证人、鉴定人、被害人及其近亲属；（4）对人身和住宅采取专门性保护措施；（5）其他必要的保护措施。根据《刑事诉讼法》第64条第2、3款的规定，证人、鉴定人、被害人认为因在诉讼中作证，本人或者其近亲属的人身安全面临危险的，可以向人民法院、人民检察院、公安机关请求予以保护；人民法院、人民检察院、公安机关依法采取保护措施，有关单位和个人应当配合。公安部《规定》第74条、第75条，最高人民检察院《规则》第79条，以及最高人民法院《解释》第256条都重申了上述特殊保护措施。根据最高人民法院、最高人民检察院、公安部等《关于实施刑事诉讼法若干问题的规定》第12条的规定，人民法院、人民检察院和公安机关依法决定不公开证人、鉴定人、被害人的真实姓名、住址和工作单位等个人信息的，可以在判决书、裁定书、起诉书、询问笔录等法律文书、证据材料中使用化名等代替证人、鉴定人、被害人的个人信息。但是，应当书面说明使用化名的情况并标明密级，单独成卷。辩护律师经法庭许可，查阅对证人、鉴定人、被害人使用化名情况的，应当签署保密承诺书。公安部《规定》第76条、最高人民检察院《规则》第79条第2款、最高人民法院《解释》第257条对如何采取不公开证人真实姓名、住址和工作单位等个人信息措施分别作了进一步的规定。

3. 证人作证补偿制度

根据《刑事诉讼法》第65条的规定，证人因履行作证义务而支出的交通、住宿、就餐等费用，应当给予补助；证人作证的补助列入司法机关业务经费，由同级政府财政予以保障；有工作单位的证人作证，所在单位不得克扣或者变相克扣其工资、奖金及其他福利待遇。公安部《规定》第77条第2款、最高人民检察院《规则》第80条、最高人民法院《解释》第254条也对证人作证补偿问题作了原则性的规定。

4. 远程作证

远程作证，是指在法庭审理过程中，对于应当出庭作证而因为客观原因而无法出席法庭的证人、被害人、鉴定人或者侦查人员，通过互联网视频技术，让审判人员和控辩双方直接向法庭之外的证人、被害人、鉴定人或者侦查人员发问，从而完成证据的举证和质证活动。远程作证是现代科学技术应用到刑事司法领域的重要产物。远程作证不仅满足了公正审判、公开举证、公开质证的需要，而且有效地解决了证人、被害人、鉴定人、侦查人员因为客观原因确实无法出庭作证但实际上又能够作证这个难题。远程作证既有助于节约诉讼成本，又能够为不便出庭的证人、被害人、鉴定人、侦查人员作证提供便利条件。根据最高人民法院《解释》第253条、《人民法院办理刑事案件第一审普通程序法庭调查规程（试行）》第14条，对于应当出庭作证的证人、被害人、鉴定人、侦查人员，在庭审期间因身患严重疾病、行动极为不便或者身处国外短期无法回国等客观原因确实无法出庭的，可以通过视频等方式远程作证。采用视频作证的，发问、质证参照证人出庭作证的程序进行。

四、意见证据规则

意见证据规则，是指证人原则上只能就其直接感知的事实提供证言，而不能就其感知的事实发表意见或者推断。也就是说，证人对其感知的事实所发表的意见或者推断不具备可采性。意见证据规则是英美证据法规范证人证言的一项证据规则。英美法系之所以禁止证人在作证时就案件事实发表意见，主要是因为，证人发表意见不仅侵犯了事实审理者的职权，而且有可能对案件事实的认定产生误导。更何况，普通证人缺乏发表意见所需要的专门性知识或者基本的技能训练与经验；普通证人的意见证据对案件事实的认定没有价值。

尽管我国《刑事诉讼法》没有规定意见证据规则，但是最高人民法院的司法解释在规定证人证言的审查与认定时却增加了意见证据规则。根据最高人民法院《解释》第88条第2款的规定，证人的猜测性、评论性、推断性的证言，不得作为证据使用，但根据一般生活经验判断符合事实的除外。该规定意味着，除了基于一般生活经验判断符合事实以外，如果证人在作证的过程中说出带有猜测性、评论性、推断性的言论，那么受到不利影响的一方可以向法庭提出异议，要求法庭禁止这些言论作为证据使用。所谓猜测性、评论性、推断性的证言，是指证人在作证时不是直接客观、如实地描述其亲身感知的案件情况，而是就其感知的案件情况发表其猜测性、评论性、推断性的意见，或者是虽然没有亲身感知案件情况但是却对案件事实妄自进行猜测、评论和推断。证人作为其他诉讼参与人，在提供证言的过程中只能就其亲身感知的案件情况进行客观陈述，而不能发表猜测性、评论性、推断性的意见。这是意见证据规则的基本要求。如果允许证人在作证的过程中发表意见，不仅与其诉讼地位相违背，而且有可能对案件事实的认定产生误导。实际上，不仅绝大多数证人发表的意见对认定案件事实毫无益处，而且绝大多数证人缺乏发表意见所需要的专门性知识或者经验。最高人民法院《解释》之所以将“一般生活经验判断符合事实”作为意见证据规则的例外情形，主要是因为，在司法实践中，很多证人根据其生活经验或者常识，能够对其亲身感知的案件情况作出符合客观事实的判断，进而顺理成章或者不由自主地作出猜测性、评论性、推断性的证言。但是为了防止错误适用意见证据规则，办案人员在审查认定证人证言时应当严格掌握例外情形的适用条件。一是证人必须亲自感知案件情况。这是允许证人发表适当意见的前提条件。二是证人所发表的意见必须建立在亲身感知的案件情况的基础之上，而不是妄自发表意见。也就是说证人不能脱离其亲身感知的案件情况随意作出猜测性、评论性、推断性的证言。三是只需要根据普通人的生活经验或者常识，就能够判断证人作出猜测性、评论性、推断性的证言符合事实。

值得注意的是，《刑事诉讼法》所规定的专家辅助人（有专门知识的人）不适用上述意见证据规则。因为，根据《刑事诉讼法》第 197 条第 2 款、最高人民法院《解释》第 250 条的规定，公诉人、当事人和辩护人、诉讼代理人向法庭申请的具有专门知识的人出庭的目的本来就是对鉴定人作出的鉴定意见提出意见，而不是像普通证人那样直接就其知道的案件情况出庭作证。

五、原始证据优先规则

原始证据优先规则，是指在我国刑事诉讼中，有关人员应当尽量收集或者调取书证的原件或者物证的原物。原始证据优先原则是司法解释确立的一项刑事证据规则。根据最高人民检察院《规则》第 209 条的规定，调取物证应当调取原物。原物不便搬运、保存，或者依法应当返还被害人，或者因保密工作需要不能调取原物的，可以将原物封存，并拍照、录像。对原物拍照或者录像应当足以反映原物的外形、内容。调取书证、视听资料应当调取原件。取得原件确有困难或者因保密需要不能调取原件的，可以调取副本或者复制件。调取书证、视听资料的副本、复制件和物证的照片、录像的，应当书面记明不能调取原件、原物的原因，制作过程和原件、原物的存放地点，并由制作人员和原书证、视听资料、物证持有人签名或者盖章。公安部《规定》第 64 条至第 67 条也作了与此相类似的规定。根据最高人民法院《解释》第 82 条至第 84 条的规定，在法庭审理过程中，法庭应当对物证、书证是否是原物、原件进行审查。而据以定案的物证、书证必须是原物、原件。原物不便搬运、不易保存、依法应当返还或者依法应当由有关部门保管、处理的，可以拍摄、制作足以反映原物外形和特征的照片、录像、复制品。必要时，审判人员可以前往保管场所查看原物。如果物证的照片、录像、复制品不能反映原物的外形和特征，不得作为定案的根据。物证的照片、录像、复制品，经与原物核对无误、经鉴定为真实或者以其他方式确认为真实的，可以作为定案的根据。取得书证原件确有困难的，可以使用副本、复制件。书证有更改或者更改迹象不能作出合理解释，或者书证的副本、复制件不能反映原件及其内容的，不得作为定案的根据。书证的副本、复制件，经与原件核对无误、经鉴定为真实或者以其他方式确认为真实的，可以作为定案的根据。上述规定表明，在刑事诉讼中，有关人员应当尽量收集或者调取书证的原件或者物证的原物。只有在取得原件或者原物确有困难的情况下，才可以采取变通措施。书证的复制件或者物证的复制品并非当然地获得与原件、原物同等的证明力，而必须经过核实无误或者经鉴定为真实，或者以其他方式确认为真实的，才可以作为定案的根据。正是由于原始的书证或者物证与其复制件或者复制品之间的差异，我们可以将上述规定称为原始证据优先规则。考虑到上述规定的出发点在于确定证据的证明力问题，因此，上述规定还不能与英美法系的最佳证据规则画等号。但是，上述规定原则上要求收集、调取书证的原件或者物证的原物，与最佳证据规则的精神是一脉相承的。有鉴于此，我们不妨将原始证据优先规则称为中国式的最佳证据规则。

六、孤证不能定案规则与证据相互印证规则

孤证不能定案，又称孤证不能定罪，是指对于控辩双方存在争议的犯罪事实，不能依据单个证据作出认定。这里的犯罪事实不仅包括刑事案件的全部事实，也包括刑事案件的部分事实或者某一项事实；这里的孤证，是指单个证据。而且，在我国没有实行自认规则的情况下，这里的孤证适用于包括口供在内的所有证据种类。我国刑事证据法学理论与实务之所以强调孤证不能定案，主要是因为，一方面，从运用证据证明案件事实的基本逻辑来看，任何证据的证明力都不可能仅仅依靠该证据本身得到证明，而只能通过该证据所要证明的事实与其他证据所要证据的事实之间是否存在矛盾、能否得到相互印证，以及该证据在全案证据链中的地位与作用进行全面的衡量，才能做出准确的判断。另一方面，由于单个证据的真实性、可靠性无法得到验证，因此，如果仅仅依靠孤证（单个证据）来认定犯罪事实或者认定犯罪嫌疑人、被告人有罪，那么就会冒着极高的风险错误地认定犯罪事实或者错误地判决被告人有罪。而这种过高的错误风险显然与现代刑事诉讼追求司法公正的目标背道而驰。

尽管我国刑事诉讼法及其司法解释没有明确规定孤证不能定案规则[①]，但是孤证不能定案早已成为我国刑事诉讼理论与实务公认的一项证据规则。而且，我国法律或者司法解释所规定的证据相互印证规则实际上已经充分体现了孤证不能定案规则的基本含义。所谓证据相互印证规则，是指司法人员在审查判断证据或者认定案件事实时要求两个以上的证据之间能够相互得到验证或者印证。证据相互印证规则不仅要求司法人员在审查判断单个证据的证明力时确保该证据得到其他证据的印证，而且要求司法人员在审查判断全案证据、认定案件事实时确保证据与证据之间相互得到印证，形成完整的证据链条，不能存在矛盾，或者矛盾得到合理排除。证据相互印证规则作为我国刑事司法的一种传统和实践经验总结，是孤证不能定案规则的题中应有之义或者必然要求。这是因为，在孤证不能定案或者认定案件事实的情况下，司法人员要想准确地认定案件事实或者采信证据，不可能仅仅根据单个的证据，而只能依赖于两个以上能够得到相互印证的证据。从现行法律和司法解释来看，证据相互印证规则主要体现在几个方面。

---

① 从我们查到的资料来看，明确提出孤证不能定案的是最高人民检察院于 1996 年 12 月 31 日印发的《关于印发检察机关贯彻刑诉法若干问题的意见的通知》。根据该通知附录的《关于审查逮捕和公诉工作贯彻刑诉法若干问题的意见》，人民检察院在正确理解和掌握逮捕条件时应当坚持“据以定案的证据必须查证属实，不能是孤证”。

首先，单个证据的查证属实。查证属实是我国刑事证据立法与司法中极为重要的一个概念。就刑事证据的属性而言，查证属实是刑事证据客观性的必然要求。这也是长期以来我国刑事证据立法将证据界定为能够证明案件真实情况的一切事实的一个重要原因。从《刑事诉讼法》第50条规定的证据概念与种类来看，证据必须经过查证属实，才能作为定案的根据。就刑事证据的运用来说，查证属实是公安司法机关审查判断证据、运用证据证明案件事实的基本要求。例如，《刑事诉讼法》第55条在界定证据确实、充分的条件时明确规定，据以定案的证据均经法定程序查证属实；根据最高人民法院《解释》第71条，证据未经当庭出示、辨认、质证等法庭调查程序查证属实，不得作为定案的根据；根据最高人民法院《解释》第140条，运用间接证据认定被告人有罪时的首要标准就是证据已经查证属实；根据最高人民检察院《规则》第128条，逮捕的一个证据条件是必须证明犯罪嫌疑人实施犯罪行为的证据已经查证属实；根据最高人民检察院《规则》第368条，证据不足的一个构成要件是据以定罪的证据存在疑问，无法查证属实。根据孤证不能定案或者证据相互印证的原理，查证属实只能根据证据相互印证规则来判断。进一步而言，司法人员之所以能够将一个证据认定为查证属实，是因为该证据得到其他真实的证据的印证。而没有得到其他真实证据印证的证据，或者就一个孤立的证据而言，不可能被认定为查证属实，从而作为定案的根据。

其次，刑事证据的审查与认定。在刑事诉讼中，公安司法机关在认定犯罪嫌疑人、被告人的行为是否构成犯罪之前首先需要审查与认定每个证据的合法性、关联性、真实性等问题。也就是说，公安司法机关只有在对已经收集的证据材料进行分析研究、鉴别真伪、审查判断，进而确定每个证据的证据能力和证明力的基础上才能综合全案证据，最终准确认定案件事实或者犯罪事实。公安司法机关在审查与认定刑事证据的过程中，既要以辩证唯物主义认识论为指导，又需要严格遵守刑事诉讼法规定的诉讼程序和证据规则，以及运用人类认识事物的各种逻辑思维、逻辑推理和经验知识。为了正确审查与认定证据，最高人民法院就各个证据种类规定了较为详细的审查判断规则，其中一项重要内容就是审查证据与证据之间是否相互印证。例如，根据最高人民法院《解释》第87条、第93条的规定，对证人证言、被告人的供述与辩解的审查重点内容之一就是审查证人证言、被告人的供述与辩解同其他证据之间能否相互印证，有无矛盾；存在矛盾的，能否得到合理解释。根据最高人民法院《解释》第91条、第96条的规定，如果证人当庭作出的证言与其庭前证言矛盾，或者被告人当庭供述与辩解同其庭前供述与辩解存在矛盾，人民法院需要审查证人、被告人是否作出合理解释，以及是否得到其他证据的印证。如果证人能够作出合理解释，并有其他证据印证的，应当采信其庭审证言；不能作出合理解释，而其庭前证言有其他证据印证的，可以采信其庭前证言。被告人庭审中翻供，但不能合理说明翻供原因或者其辩解与全案证据矛盾，而其庭前供述与其他证据相互印证的，可以采信其庭前供述。被告人庭前供述和辩解存在反复，但庭审中供认，且与其他证据相互印证的，可以采信其庭审供述；被告人庭前供述和辩解存在反复，庭审中不供认，且无其他证据与庭前供述印证的，不得采信其庭前供述。根据最高人民法院《解释》第143条的规定，下列证据应当慎重使用，有其他证据印证的，可以采信：生理上、精神上有缺陷，对案件事实的认知和表达存在一定困难，但尚未丧失正确认知、表达能力的被害人、证人和被告人所作的陈述、证言和供述；与被告人有亲属关系或者其他密切关系的证人所作的有利于被告人的证言，或者与被告人有利害冲突的证人所作的不利于被告人的证言。根据最高人民法院于2017年6月

6日印发的《人民法院办理刑事案件第一审普通程序法庭调查规程（试行）》第48条，以及于2017年11月27日修改的《人民法院办理刑事案件第一审普通程序法庭调查规程（试行）》第45条的规定，经过控辩双方质证的证据，法庭应当结合控辩双方质证意见，从证据与待证事实的关联程度、证据之间的印证联系、证据自身的真实性程度等方面，综合判断证据能否作为定案的根据；证据与待证事实没有关联，或者证据自身存在无法解释的疑问，或者证据与待证事实以及其他证据存在无法排除的矛盾的，不得作为定案的根据。根据最高人民检察院于2010年12月30日印发的《关于适用〈关于办理死刑案件审查判断证据若干问题的规定〉和〈关于办理刑事案件排除非法证据若干问题的规定〉的指导意见》的通知，对犯罪嫌疑人的供述和辩解，应当结合其全部供述和辩解及其他证据进行审查；犯罪嫌疑人的有罪供述，无其他证据相互印证，不能作为批准或者决定逮捕、提起公诉的根据；有其他证据相互印证，无罪辩解理由不能成立的，该供述可以作为批准或者决定逮捕、提起公诉的根据。对于根据犯罪嫌疑人的供述、指认，提取到隐蔽性很强的物证、书证的，既要审查与其他证明犯罪事实发生的证据是否相互印证，也要审查侦查机关（部门）在犯罪嫌疑人供述、指认之前是否掌握该证据的情况，综合全案证据，判断是否作为批准或者决定逮捕、提起公诉的根据。

再次，运用间接证据认定案件事实或者被告人有罪。尽管直接证据能够对案件的主要事实起到直接的证明作用，但是由于种种原因很多案件实际上很难收集到直接证据，而只有间接证据。在这种情况下，司法机关往往不得不面临如何运用间接证据来认定案件事实或者被告人是否有罪问题。为了解决这个问题，最高人民法院《解释》第140条在完善《关于办理死刑案件审查判断证据若干问题的规定》第33条的基础上，明确规定了运用间接证据认定有罪的规则。根据该规则，在完全依赖间接证据认定被告人有罪的情况下，间接证据必须具备的条件之一就是证据之间能够相互印证，不存在无法排除的矛盾和无法解释的疑问。根据最高人民法院于2018年6月1日印发的《关于加强和规范裁判文书释法说理的指导意见》，人民法院依据间接证据认定事实时，在裁判文书中应当围绕间接证据之间是否存在印证关系、是否能够形成完整的证明体系等进行说理。

最后，综合审查判断犯罪嫌疑人、被告人的行为是否构成犯罪。在刑事诉讼中，控诉方要想完成指控犯罪的诉讼任务，必须按照法律规定的证明标准提出足够的证据。而法院只有在经过审查判断控方证据已经达到有罪判决证明标准的情况下才能判决被告人有罪。根据我国刑事诉讼法的有关规定，移送审查起诉、提起公诉和有罪判决的证明标准都是案件事实清楚或者犯罪事实清楚，证据确实、充分。而在刑事诉讼过程中，办案人员如何审查判断现有证据是否达到案件事实清楚，证据确实、充分的证明标准，通常需要根据证据相互印证的原理，结合全案证据，确定证据与证据之间是否做到相互印证，是否形成完整的证据链。例如，根据2018年通过的《监察法》第40条的规定，监察机关对职务违法和职务犯罪案件，应当进行调查，收集被调查人有无违法犯罪以及情节轻重的证据，查明违法犯罪事实，形成相互印证、完整稳定的证据链。根据最高人民法院《解释》第139条的规定，人民法院对证据的真实性，应当综合全案证据进行审查；对证据的证明力，应当根据具体情况，从证据与案件事实的关联程度、证据之间的联系等方面进行审查判断。根据最高人民检察院于2006年7月3日印发的《关于在审查逮捕和审查起诉工作中加强证据审查的若干意见》，在审查逮捕、审查起诉工作中，人民检察院要注意审查各种实物证据是否客观真实，是否与其他证据相互印证，审查全案证据是否能够形成完整的证据体系，是否符合批准逮捕、提起公诉的条件。

七、仅凭口供不能定案规则与补强证据规则

仅凭口供不能定案，又称仅凭口供不能定罪，是指根据《刑事诉讼法》第55条第1款的规定，只有被告人供述，没有其他证据的，不能认定被告人有罪和处以刑罚。值得注意的是，尽管没有被告人供述，但是其他证据确实、充分的，也可以认定被告人有罪和处以刑罚。最高人民法院《解释》第141条进一步规定，如果根据被告人的供述、指认提取到了隐蔽性很强的物证、书证，且被告人的供述与其他证明犯罪事实发生的证据相互印证，并排除串供、逼供、诱供等可能性的，可以认定被告人有罪。与以上规定相类似的是，最高人民检察院于2013年9月印发的《关于切实履行检察职能防止和纠正冤假错案的若干意见》第16条规定，如果只有犯罪嫌疑人供述，而没有其他证据印证，那么不符合逮捕或者起诉条件，不得批准逮捕或者提起公诉。

仅凭口供不能定案意味着，在刑事审判结束以后，法官不能仅仅根据被告人的供述对被告人进行定罪量刑。如果对被告人进行定罪量刑，还需要结合其他证据加以考量。也就是说，被告人供述只有在得到其他证据的补强或者相互印证，进而达到确实、充分的情况下，人民法院才能判决被告人有罪和判处刑罚。如果没有被告人供述，只有在其他证据达到确实、充分的情况下，才能够对被告人进行定罪量刑。正因如此，我国学者普遍将仅凭口供不能定罪视为中国式的补强证据规则，即口供补强规则。[①] 与国外补强证据规则相比，我国补强规则适用的对象仅仅局限于被告人的供述，而不包括其他言词证据。

仅凭口供不能定罪作为孤证不能定罪的一种重要体现，有助于正确认识口供在认定案件事实中的作用，进而克服以往过于依赖口供进行定案的习惯。为了贯彻落实孤证不能定罪或者仅凭口供不能定罪原则的要求，侦查机关在收集证据的过程中或者是人民法院在认定犯罪事实的过程中，应当分别进行全面收集证据、全面审查判断证据，只有在口供和其他证据相互印证，或者虽然没有口供但是其他证据也能够相互印证，进而达到确实、充分的情况下，才能判决被告人有罪和处以刑罚。

另外，根据最高人民法院《解释》第135条第3款、最高人民检察院《规则》第74条的规定，人民检察院认为可能存在以刑讯逼供等非法方法收集证据情形的，可以书面要求监察机关或者公安机关对证据收集的合法性作出说明。但是，公诉人向法院提交的取证过程合法的说明材料，应当经有关调查人员、侦查人员签名，并加盖单位印章。未经签名或者盖章的，不得作为证据使用。上述说明材料不能单独作为证明取证过程合法的根据。这意味着侦查机关、监察机关单方面出具的旨在证明没有非法取证行为的说明材料不能单独用来证明取证过程的合法性，而必须在其他证据材料补强的情况下才能用来证明取证过程的合法性。最高人民法院之所以作出这样的规定，我们认为主要是因为两方面的考虑：一方面，基于趋利避害的本性，即使存在非法取证行为，侦查机关、监察机关在出具各种情

① 值得注意的是，最高人民法院在统一证据规定试点工作中直接将仅凭口供不能定案规则规定为口供补强规则。根据最高人民法院于2008年4月11日印发的《人民法院统一证据规定（司法解释建议稿）》第171条的规定，在刑事诉讼中，只有被告人供认而没有其他证据补强的，不能认定被告人有罪；共犯的口供相互一致的，如无补强证据，不得据以判决被告人有罪；补强证据应当与口供相印证，并且能够表明犯罪事实是被告人实施的。根据该建议稿第172条的规定，补强证据应当具有独立的来源；需要补强的证据不能作为补强证据。

况说明时也不大可能承认这一点。而在侦查机关“自侦自证”、监察机关“自调自证”的情况下，侦查机关、监察机关出具的旨在证明取证行为合法的各种情况说明的真实性、可靠性很难得到保障。另一方面，在以往的司法实践中，当辩护方提出侦查机关存在刑讯逼供等非法取证行为从而要求法院排除非法证据时，人民检察院通常向法院提交由侦查机关盖章的旨在证明没有采取刑讯逼供等非法取证行为的各种情况说明作为应对辩护方的重要手段。而由于缺乏相应的证据规则，再加上公、检、法三机关之间的互相配合关系，人民法院通常会采纳侦查机关出具的情况说明，而辩护方排除非法证据的愿望也会落空。因此，很有必要通过补强规则限制检察机关对侦查机关出具的说明材料的使用。

【问题与思考】

1. 证据规则是如何产生的？
2. 证据规则与证据制度、证据法、程序法、实体法之间的关系如何？
3. 两大法系刑事证据规则有何异同？为何不同？
4. 陪审团审判对英美法系刑事证据规则的影响如何？
5. 传闻证据规则与直接言词原则有何异同？
6. 非法证据排除规则、传闻证据规则等排除规则的适用程序如何？
7. 我国制定完善的刑事证据规则体系的必要性和可行性有哪些？
8. 我国引进西方国家刑事证据规则可能存在哪些障碍？
9. 我国刑事证据规则与西方国家证据规则的差异及其形成原因是什么？
10. 如何理解最高人民法院规定的证据审查认定规则？

【推荐阅读书目】

1. 斯特龙．麦考密克论证据．汤维建，等译．北京：中国政法大学出版社，2004.
2. 华尔兹．刑事证据大全．何家弘，等译．北京：中国人民公安大学出版社，1993.
3. 达马斯卡．漂移的证据法．李学军，等译．北京：中国政法大学出版社，2003.
4. 郭志媛．刑事证据可采性研究．北京：中国人民公安大学出版社，2004.
5. 王超．刑事证据排除的两种模式．现代法学，2013（4）.
6. 何家弘，姚永吉．两大法系证据制度比较论．比较法研究，2003（4）.
7. 何家弘．司法证明方式和证据规则的历史沿革．外国法译评，1999（4）.
8. 汪建成，孙远．刑事证据立法方向的转变．法学研究，2003（5）.
9. 陈瑞华．从“证据学”走向“证据法学”——兼论刑事证据法的体系和功能．法商研究，2006（3）.
10. 易延友．英美证据法的历史与哲学考察．中外法学，2004（3）.

第二编

刑事证据论

第六章

刑事证据概述

内容导读

证据就是证明的根据。我们通常所探讨的刑事证据的基本特征实际上是作为刑事案件定案根据的证据所具有的基本特征，而不是一般意义上的刑事证据。我国诉讼法学界的主流观点认为刑事证据具有客观性、相关性和合法性三个基本特征。刑事证据的基本特征需要与时俱进，对它重新进行界定和解读。关于刑事证据的基本特征问题，有一些学者提出了应当用证据能力和证明力替代传统的三特征说。刑事证据必须同时兼具证明力和证据能力之后，才能真正发挥其证明作用。《刑事诉讼法》第 54 条第 2 款解决了行政执法证据转化无法可依的局面。从逻辑上来看，刑事证据的功能可以划分为法律功能和社会功能。法律功能包含了形成心证的实体功能和促进流程发展的程序功能。社会功能则可以划分为化解当事人之间矛盾的内在功能和增强公众信心的外在功能。

第一节　刑事证据的概念

一、证据概念的相关学说

在英美法系，学界和实务界很少有关于“证据是什么”的争论，证据似乎不需要在法律中加以详细界定和阐释。然而，在具有大陆法传统的法域，证据的概念或定义是证据法学的基本理论问题之一。这种以概念作为逻辑起点的法律论证方式出现在很多领域，包括证据及其下位概念。学者对证据的定义众说纷纭，作了大量概括和探讨，主要学说包括：

（一）事实说

所谓“事实说”，就是把证据界定为一种用以证明的客观存在的事实。持有这种观点的学者认为证据是“为一方或者另一方证实、澄清或确定争议事实或要点的事实”[1]。甚至有学者认为证据是“侦查、检察、审判等人员依法收集和查对核实的、同刑事案件有关并能证明案件真实情况的一切事实”[2]。按照这种观点，证据是用来证明案件事实的，但是证据本身也是一种事实。多年来，“事实说”一直在我国证据法学界占主导地位，是影响力最广的观点[3]，而且一度被贯彻到我国的有关立法中。1979 年、1996 年《刑事诉讼法》对证据所作的界定都在一定程度上反映了这种思想。

（二）材料说

所谓“材料说”，就是把证据界定为一种与案件事实相关的材料。持有这种观点的学者认为：“凡是能够作为证明案件事实的材料，都是证据。”[4] 它的表现形式可以是口头的，也可以是书面的；可以是原物，也可以是复制品。从更为宏观的层面来讲，“凡当事人提出的用于证明或者有助于证明本方提出的关于事实的主张的材料，都是证据”[5]。使用中性词“材料”给证据定位，一方面表明了这些学者不赞成把证据界定为“事实”的观点，另一方面体现了这些学者试图在证据概念的层面上回避证据真实性问题的良苦用心。[6]《刑事诉讼法》第 50 条第 1 款对证据所作的界定，即“可以用于证明案件事实的材料，都是证据”，在某种程度上体现了这种思想。

（三）根据说

所谓“根据说”，就是把证据界定为证明案件事实的根据。持这种观点的学者也认为：“证据的本义其实就是证明问题的根据，就是一种证明待证对象的凭据”[7]，“证据可以证明事实，但证据本身并不等于事实，也就是说，证据与事实不可以同日而语”[8]。此外，证据也不是一般的材料，而是作为定案根据的材料，材料本身不能反映出证据作为依据的基本特性。根据《刑事诉讼法》第 50 条第 3 款的规定，“证据必须经过查证属实，才能作为定案的根据”。“根据说”与这一规定恰好吻合。最高人民法院《解释》第四章“证据”中第一节“一般规定”中的首条（第 69 条）简单明确地指明“认定案件事实，必须以证据为根据”，这进一步印证了“根据说”。

（四）原因说

所谓“原因说”，就是认为证据是法官确证某种案件事实是否存在的原因，构成法官形成内心确信的因素。持有这种观点的学者认为：“任何事物，其效果趋势或形式，在使心意上发生一种信服，足证或否认其他事物之存在者，均得称之为证据。”[9]

（五）方法或手段说

所谓“方法说”或“手段说”，就是把证据界定为认定某一争议事实的方法或手段。持有这种观点的学者认为，诉讼证据是“对指控事实裁判者获得确切判决的基础所依赖的一

---

① Ronald J. Walker & Michael G. Walker, *The English Legal System*, Butterworth, 1980, chapter 2.

② 卞建林主编：《证据法学》，56 页，北京，中国政法大学出版社，2007。

③ 参见陈光中主编：《刑事诉讼法》，148 页，北京，中国政法大学出版社，1996。

④ 陈光中主编：《刑事证据法专家拟制稿（条文、释义与论证）》，4 页，北京，中国法制出版社，2004。

⑤ 毕玉谦、郑旭、刘善春：《中国证据法草案建议稿及论证》，1 页，北京，法律出版社，2003。

⑥ 参见何家弘、刘品新：《证据法学》，107 页，北京，法律出版社，2004。

⑦ 熊志海：《刑事证据研究——事实信息理论及其对刑事证据的解读》，69 页，北京，法律出版社，2004。

⑧ 张英霞：《刑事证据法》，2 页，桂林，广西师范大学出版社，2008。

⑨ 沈达明主编：《英美证据法》，18 页，北京，中信出版社，1996。

种手段”[1]，或者“证明事实之方法”[2]。根据这种观点，凡是用来调查对象的存在物都应当是证据。

（六）结果说

所谓“结果说”，就是把证据界定为对待证事实存在与否的认定。持这种观点的学者认为：“证据者，举证和证据调查之结果也。”[3] 因此，此种意义上的证据指的是定案根据。

（七）统一说

所谓“统一说”，就是要强调证据内容和证据形式的统一。持这种观点的学者认为：“证据是指事实材料与证明手段的统一。”[4] 按照这种学说，单纯反映证据内容的存在物不能作为证据，它们还得具有法定的证据形式。该学说并没有否定证据是“事实”的观点，只是认为证据应该是包含法律规定要件的事实，即“以法律规定的形式表现出来的能够证明案件真实情况的一切事实”[5]。

（八）信息说

所谓“信息说”，就是强调证据需要通过人的主观意识加以识别。持这种观点的学者认为：“对诉讼证据既不能称之为存在，也不能称之为意识，而是关于案情的信息。”[6] 这意味着，即使原始事实是客观存在的，也必须由人加以主观认识才能成为证据。有学者将信息说与根据说相结合，认为“证据是提供根据以使人据以相信某个或某些案件事实的信息”[7]。

（九）综合说

所谓“综合说”，就是认为从不同的角度观测证据，可以得出不同的概念。持这种观点的学者认为：“对诉讼证据不能单纯只强调一点，而忽视其他方面，应该对诉讼证据的概念下一个综合的定义，即诉讼证据是指可以被引用作证明案件事实情况的事实和证明方法。”[8] 有学者甚至认为证据具有三层含义，即证据方法、证据资料和证据原因。[9]

这些学说从不同的角度对证据本身作出了学理性解释和判断，反映了证据的某些特征。仅仅用一般证据的概念来理解刑事证据是不够的，刑事证据有着比一般证据更深的内涵。刑事诉讼活动的特殊性，决定了刑事证据具有一些独有的特征，收集、提供刑事诉讼证据的主体只能是公安司法机关、当事人、辩护律师、诉讼代理人等，刑事证据只能在刑事诉讼中运用，受刑事诉讼法调整。刑事证据至少不同于民事诉讼与行政诉讼中的证据。我们认为，应当回归到我国刑事诉讼法文本去探讨证据的概念，这样才能展示出更为中立、客观、实用的见解。

二、我国立法对于刑事证据的界定

以上九项学说中只有前三项在我国刑事诉讼法典中有突出表征。以下通过探讨证据在

---

① 徐静村主编：《刑事诉讼法学》，153页，北京，法律出版社，1999。
② 李学灯：《证据法比较研究》，1008页，台北，五南图书出版公司，1979。
③ 崔敏主编：《刑事证据理论研究综述》，2页，北京，中国人民公安大学出版社，1989。
④ ［苏］阿·阿·多勃罗沃里斯基主编：《苏维埃民事诉讼》，李衍译，北京，法律出版社，1985。
⑤ 卞建林主编：《证据法学》，58页，北京，中国政法大学出版社，2007。
⑥ 齐剑侯、童振华：《刑诉证据基本原理》，50页，长春，吉林人民出版社，1982。
⑦ Ian H. Dennis, *The Law of Evidence*, Sweet & Maxwell, 2000, p. 3.
⑧ 崔敏、张文清主编：《刑事证据的理论与实践》，24页，北京，中国人民公安大学出版社，1992。
⑨ 参见林荣耀：《刑事诉讼法释论》，206页，台北，三民书局，1990。

刑事诉讼法文本中的法定含义，比较这三项学说，并认定“根据说”最符合法定含义。

按照上述概括的先后顺序，我们首先探讨“事实说”。1996年《刑事诉讼法》第42条规定：“证明案件真实情况的一切事实，都是证据。证据有下列七种：（一）物证、书证；（二）证人证言；（三）被害人陈述；（四）犯罪嫌疑人、被告人供述和辩解；（五）鉴定结论；（六）勘验、检查笔录；（七）视听资料。以上证据必须经过查证属实，才能作为定案的根据。”通过该条文可以对证据作如下解读：“首先，它应该是事实，其次，它应能够证明案件的真实情况。所以，证据应该是‘真实’的事实，并且真实性成为判断是否是证据的充分且必要条件。”① 然而，事实是事情的本来面目，既然证据需要查证属实，那么证据显然不是诉讼意义上的事实。以物证为例，“物证是证据，证据是事实，但是物证等又不是事实”，因此这一立法规定不符合逻辑。② 正因为如此，“事实说”的证据概念在新刑事诉讼法中得以修正。此外，《刑事诉讼法》中有一系列规定表明了事实和证据不具有同一性。例如，《刑事诉讼法》第198条第1款规定：“法庭审理过程中，对与定罪、量刑有关的事实、证据都应当进行调查、辩论”。第200条第1项规定：“案件事实清楚，证据确实、充分，依据法律认定被告人有罪的，应当作出有罪判决”。从这两条可以看出，案件事实与刑事证据是有着本质的区别的，不能认为刑事证据是一种事实。

其次，我们探讨“材料说”。《刑事诉讼法》第50条第1款规定：“可以用于证明案件事实的材料，都是证据。”“材料说”避免了逻辑上的困境，将刑事证据定义为认定案件待证事实的材料相较于事实本身更为确切。该条第2款规定：“证据包括：（一）物证；（二）书证；（三）证人证言；（四）被害人陈述；（五）犯罪嫌疑人、被告人供述和辩解；（六）鉴定意见；（七）勘验、检查、辨认、侦查实验等笔录；（八）视听资料、电子数据。”用“包括”替代了1996年《刑事诉讼法》第42条中的“有下列七种”，意味着证据不止于列举的固定的类型。这在证据科学日新月异的今天，显得更加科学，为新型刑事证据的出现和使用提供了足够的空间。除了《刑事诉讼法》第五章“证据”中的界定以外，可以发现该法中多处使用了“证据材料”（例如第41条）一词，从中可以发现证据是一种材料。然而用“材料”来界定刑事证据是不够的，“材料”只能说明刑事证据具有不同于事实本身的客观性，并没有揭示刑事证据所具有的与待证事实之间的联系；只有这种联系才能足以体现刑事证据不同于其他材料的特征。

最后，我们探讨“根据说”。证据从字面上理解就是证明问题的根据，也就是证明某个拟定事实的凭据。证据的这一通常定义最能揭示刑事证据的本质属性，它比其他人为拟制的关于属性的概括都更具有包容力和解释力。“根据说”并不否认证据是一种可以证明事实成立或不成立的材料。然而，刑事证据不是一种一般的材料，《刑事诉讼法》第43条规定了辩护律师可以在一定情况下“收集与本案有关的材料，也可以申请人民检察院、人民法院收集、调取证据”。由此可见，刑事证据和与本案有关的材料是存在区别的。《刑事诉讼法》第50条第3款规定：“证据必须经过查证属实，才能作为定案的根据。”这里的“根据”与第1款所增加的“可以用于证明案件事实”相印证，表明刑事证据的根本属性就是“根据”。“事实”“材料”都只是固定的物，缺乏表征与待证刑事案件事实之间关系的能力，

① 邵晖：《对“证据”概念及属性的法理解析》，载《学术交流》，2011（9）。

② 参见熊志海：《刑事证据研究——事实信息理论及其对刑事证据的解读》，序言，北京，法律出版社，2004。

只有“根据”才是刑事证据的应有之义，体现了刑事证据的本质属性，即下文所探讨的关联性。

总之，刑事证据的共同点不在于事实或材料的属性，而在于具有的相似的功用，即对于未知的事物的证明作用，因此，证据就是证明的根据。[①] 这一术语是所有学说中最为精确、最具有包容性的。

三、作为定案根据的刑事证据

学界为了将三项基本特征，即“客观性”、“关联性”和“合法性”适用于刑事证据，拟制出广义的刑事证据和狭义的刑事证据概念。广义的刑事证据即指可能用于证明案件真实情况的材料，包括刑事诉讼主体收集或提供的有关案情的、未经查证属实的材料，以及经过查证属实、作为定案证据的材料。狭义的刑事证据是经过查证属实，依法可以作为定案根据的证据。这种划分是基于刑事诉讼的不同阶段作出的，具有一定的参考价值，然而，使用“广义”或“狭义”来界定刑事证据容易造成歧义。例如，当事人没有向法庭提供的书证是广义的刑事证据，不是狭义的刑事证据；它是证据材料，不是证据。这种冗长的论述反而给论述带来不必要的麻烦。

刑事证据的属性是一项事实判断问题，即关于是不是刑事证据，而不是刑事证据应当怎么样的问题。既然我们已经探讨了刑事证据的定义，那么可以判断，只要可以用于证明刑事案件事实的材料就是证据，无所谓是否具有客观性（是否查证属实），也无所谓是否具有合法性（是否依照法律收集）。简而言之，只要具有关联性的材料就是证据。在判断刑事证据成立以后，才有必要探讨其是否真实和合法。

因此，在这里有必要将探讨递进到刑事证据的下位概念，即“作为定案根据的刑事证据”。上述通说所言的刑事证据的基本特征确切地说应当是“作为定案根据的刑事证据”的基本特征。如果以定案刑事证据的基本特征代替一般刑事证据的基本特征，显然不妥。定案刑事证据是法律评价的产物，是公安司法机关经过价值评判之后的选择。《刑事诉讼法》第 50 条之后所探讨的刑事证据实际上就是“作为定案根据的刑事证据”。这里的定案不仅包括对案件经过审判加以裁决，还包括法庭审理前的分流处理措施，例如，根据《刑事诉讼法》第 16 条第 1 项的规定，情节显著轻微、危害不大，不认为是犯罪的，侦查机关可以撤销案件，公诉机关可以不起诉。从字面上理解，定案不仅仅包括认定犯罪事实是否发生，犯罪嫌疑人、被告人是否有罪，还包括确定是否存在法定的减轻、从轻事实等。根据最高人民法院《解释》第 72 条的规定，“应当运用证据证明的案件事实包括：（一）被告人、被害人的身份；（二）被指控的犯罪是否存在；（三）被指控的犯罪是否为被告人所实施；（四）被告人有无刑事责任能力，有无罪过，实施犯罪的动机、目的；（五）实施犯罪的时间、地点、手段、后果以及案件起因等；（六）是否系共同犯罪或者犯罪事实存在关联，以及被告人在犯罪中的地位、作用；（七）被告人有无从重、从轻、减轻、免除处罚情节；（八）有关涉案财物处理的事实；（九）有关附带民事诉讼的事实；（十）有关管辖、回避、延期审理等的程序事实；（十一）与定罪量刑有关的其他事实”。

---

① 参见李忠民：《证据概念与证据属性》，载《学海》，2006（6）。

第二节 作为定案根据的刑事证据的基本特征

一、刑事证据基本特征概述

刑事证据的基本特征是刑事证据内涵的具体体现。我们通常所探讨的刑事证据的基本特征实际上是作为刑事案件定案根据的证据所具有的性质，而不是一般意义上的刑事证据。这里有必要将两者再次区别开，以下所谓刑事证据的基本特征如无例外说明，均为作为定案根据的刑事证据的基本特征。对于刑事证据的基本特征，西方国家证据法学者通常将其表述为刑事证据的证明能力和证明力，或者论述为刑事证据的关联性和可采性。

我国法学界对于刑事证据的基本特征认识较晚，相对独创的观点有“三性说”“两性说”“新两性说”“采用标准说”等。“两性说”认为，刑事证据具有客观性和关联性两个基本特征。“新两性说”认为，刑事证据的基本特征包括关联性和合法性。“采用标准说”认为，“一个东西是否可以被叫做证据，主要取决于它是否被有关人员用做证明的根据，这是证据的概念问题”；至于刑事证据能否被采纳，“则要看其是否具备作为该种证明活动之证据的资格，是否符合该种证明活动所要求的证据资格”[①]。除了这些基本特征划分以外，我国还有学者将刑事证据基本特征概括为证明性、可采性、真理性和制约性，或者表述为多样性、派生性和制约性；还有学者认为刑事证据的基本特征还应包括阶级性、充分性和确实性。[②] 此处不再一一赘述。

我国诉讼法学界的主流观点认为刑事证据具有客观性、相关性和合法性三个基本特征，这在某种程度上与我国刑事诉讼法遵循马克思主义法理传统相契合。刑事证据的客观性、关联性和合法性相互联系，不可或缺。学者们认为：刑事证据的客观性最先产生，可以认为处在事实领域，它是定性概念；刑事证据的关联性是经人的主观判断后才产生的，可以认为处在逻辑领域，它是定量概念；刑事证据的合法性是由法律调整后产生的，可以认为处在法律领域。[③] 由于刑事诉讼法的修改以及国家法制建设的发展，刑事证据的基本特征需要与时俱进，重新作出界定和解读。本教材无意于否定“三性说”，而是要对作为定案根据的刑事证据的三性依次加以重新检讨和梳理，可以认为本书的“三性说”是改良的“三性说”。

二、刑事证据的客观性

刑事证据的客观性是指证据必须是伴随着刑事案件的发生、发展过程而产生、遗留下来的，不以个人主观意志为转移的，具有真实性的客观材料。

---

① 何家弘、刘品新：《证据法学》，2版，116页，北京，法律出版社，2007。

② 参见熊志海：《刑事证据研究——事实信息理论及其对刑事证据的解读》，73页，北京，法律出版社，2004。

③ 参见汤维建：《关于证据属性的若干思考和讨论——以证据的客观性为中心》，载《政法论坛》，2000（6）。

我国证据法学界的主流观点认为：客观性是刑事证据三个基本特征中最为根本的特征，证据的客观性意味着："证据必须是客观上确实存在的事实"[①]，"不是人们主观推测和虚假的东西"[②]。在我国证据理论上，客观性很少被挑战，有学者认为："从相当意义上说，诉讼证据的客观性特征是我国构建证据理论体系的基础，甚至是我国确立诉讼原则、设置诉讼程序的基石之一。"[③] 这种传统的观点受1979年、1996年《刑事诉讼法》将证据视为事实的影响。

新《刑事诉讼法》对于证据的界定中，无法获知证据具有客观真实性。最高人民法院《解释》第139条则明确了刑事证据的客观真实性：对于刑事证据的真实性，应当综合全案证据进行审查。刑事证据不再是一种事实，而是用以证明事实的材料。由于我国刑事证据法受辩证唯物主义哲学思想指导，因而仍然可以认为客观性是刑事证据的基本特征之一。因为，材料具有一定的客观性，作为定案根据的材料也具有相当的真实性。刑事证据的客观性可以从存在和认识两个层面加以考察。存在上的客观性是指刑事证据的物质载体具有客观性，认识上的客观性是指刑事证据必须如实提供，贴近实际。物质载体存在于刑事诉讼主体的认识之外，是一种自在的存在，当这种存在进入刑事诉讼主体的认识领域，就出现了事实判断，即刑事诉讼主体对于证据的真实情况的认定。[④]

根据物质决定意识的原理，刑事证据作为证明刑事案件事实的材料，是一种客观存在。刑事证据的客观性与刑事案件的客观性紧密相连。犯罪行为发生在一定的时间和地点，它是通过主体作用于客体而产生的。由于事物是普遍联系的，这种主体之于客体的行为还必然与周围的环境、人和物品发生相互作用，从而留下相应的物品、痕迹等，给他人留下一定的印象。例如，犯罪现场留下的犯罪嫌疑人的指纹，无论侦查机关是否发现、是否提取，它都是客观存在的。再如，被害人遭受了犯罪行为的侵害，那么被害人陈述是客观存在的。这就意味着刑事证据来源于客观的刑事案件事实，它是客观事实的反映。正是由于这种关系，公安司法机关、当事人和其他诉讼参与人可以对刑事证据加以审视，并且在顺次进行的诉讼流程中，不断地探知客观事实。

侦查人员在办理刑事案件的过程中，可以发现和收集这些痕迹、物品等，记录了解案情的人的陈述，从而为确证刑事案件事实提供证据。毫无疑问，痕迹、物品等实物证据是客观存在的材料；而被告人、被害人、证人等的印象也是通过人脑这个物质载体来存储的，并通过语言表达出来。这些关于事实的信息可以通过一定的形式存储在某个物质载体（包括人本身）上，这些载体本身就是一种客观存在的物或人，因此，刑事证据在存在上的客观性实质上就是刑事证据载体所应具有的客观存在性。[⑤]

从相反的角度来看，无论这些刑事证据是实物证据，还是言词证据，都不应当是主观想象和猜测出来的。有学者认为，"证据的客观性即证据所应具有的客观存在性……只有客观存在的事物、事实、案件或事件的反映以及其他客观存在的材料，才可以成为证据；而任何纯主观的东西，诸如推断、假设、猜测、臆想、梦幻，等等，都不得采用为证据"[⑥]。

---

① 王国枢主编：《刑事诉讼法学》，126页，北京，北京大学出版社，1989。

② 江伟主编：《证据法学》，209页，北京，法律出版社，1999。

③ 张晋红、易萍：《证据的客观性特征质疑》，载《法律科学》，2001（4）。

④ 参见张志铭：《法理思考的印迹》，431页，北京，中国政法大学出版社，2003。

⑤ 参见黄万刚等主编：《新刑事诉讼法教程》，103页，北京，警官教育出版社，1998。

⑥ 何家弘主编：《证据调查实用教程》，64页，北京，中国人民大学出版社，2000。

从上述分析来看，作为定案根据的刑事证据的客观性不是在任何方面都是绝对的，这牵扯到考察客观性的角度问题。在新《刑事诉讼法》中，刑事证据不再被认为是一种事实，这就意味着刑事证据有可能与真正发生的客观状况有些出入。所有的刑事证据都要通过人来加以发现、调查、收集、筛选、提供、质证、认证和采纳。这个过程贯穿着人的逻辑求证和判断。从认识论的角度来看，尽管人的认识是对过去的客观事实的反映，是以客观事实为基础的①，但人的认识并不是绝对客观的。人的陈述也受到陈述人主观意志的支配和制约，因此陈述的内容也可能偏离案件的事实。从认识论的角度来看，刑事证据不是百分之百真实的。②

如果坚持可知论的立场，同时吸收"事实怀疑"的合理成分的话，刑事证据的客观性是可以成立的。③只要人的主观反映达到尽可能地接近客观实际，就能认定具有这种客观性。《刑事诉讼法》第50条第3款规定："证据必须经过查证属实，才能作为定案的根据。"刑事证据的客观性要求公安司法人员不能将主观的个人假设、推理、臆测等作为定案的根据，尤其是对于定罪的证据，要通过积极查证，排除合理怀疑后，方可认定为案件事实的根据。证据法的最为重要的目标就是回溯性地查找实体真实，避免事实的认定错误。法律规定了很多调查核实证据的手段和方式，例如，根据《刑事诉讼法》第196条第2款的规定，人民法院调查核实证据，可以进行勘验、检查、查封、扣押、鉴定和查询、冻结。

刑事证据的客观性还意味着要充分吸纳各种案件信息获取人，协助公安司法人员调查案情，保障他们具有客观地、全面地提供证据的条件，从而有助于准确地查明案件真相。《刑事诉讼法》第52条规定："必须保证一切与案件有关或者了解案情的公民，有客观地充分地提供证据的条件，除特殊情况外，可以吸收他们协助调查。"除了本条概括性的要求以外，法律还规定了保证当事人客观提供刑事证据的具体条件。例如，《刑事诉讼法》第123条规定了侦查人员在讯问犯罪嫌疑人的时候，可以对讯问过程进行录音或者录像；对于可能判处无期徒刑、死刑的案件或者其他重大犯罪案件，应当对讯问过程进行录音或者录像。它的主要功能就是保证犯罪嫌疑人客观、充分地提供言词证据。

此外，与保障客观、全面地提供证据的条件相对应，刑事证据的客观性还要求刑事诉讼主体遵循客观义务，如实提供证据。例如，《刑事诉讼法》第54条规定："人民法院、人民检察院和公安机关有权向有关单位和个人收集、调取证据。有关单位和个人应当如实提供证据。"对于刑事证据提供的客观性的义务，还有具体的责任条款加以保障。例如，根据《刑事诉讼法》第54条第4款规定，那些伪造证据、隐匿证据或者毁灭证据，违背证据客观性的刑事诉讼主体，无论其属于何方，都必须受法律追究。除了消极的制裁措施，刑事诉讼法还通过积极的激励手段引导刑事诉讼主体客观地提供证据。例如，《刑事诉讼法》第120条第2款规定了犯罪嫌疑人如实供述自己罪行，可以从宽处理。这说明刑事诉讼主体坦诚地提供证据是得到法律上的支持和鼓励的。

刑事证据材料逐渐接近事实真相贯穿主体核实证据的整个过程。例如，根据《刑事诉讼法》第39条第4款的规定，辩护律师自案件移送审查起诉之日起，可以向犯罪嫌疑人、被告人核实有关证据。根据第116条规定，公安机关经过侦查，对有证据证明有犯罪事实

---

① 参见吴家麟：《论证据的主观性和客观性》，载《法学研究》，1981（6）。

② 参见邵晖：《对"证据"概念及属性的法理解析》，载《学术交流》，2011（9）。

③ 参见邵晖：《对"证据"概念及属性的法理解析》，载《学术交流》，2011（9）。

的案件，应当进行预审，对收集、调取的证据材料予以核实。核实的过程实际上就是刑事诉讼主体认识、理解、辨别、确认证据是否符合客观状况，是否对待证事实有证明作用。

因此，根据上述分析，作为定案根据的刑事证据的客观性不仅体现为物质载体的客观性，也体现为刑事证据内容的客观性。对于后者而言，这种客观性不是要排除刑事证据发现、筛选、认定和证实中的主观成分，而是要通过科学的方法，使得这种认识最大限度地接近客观真实。从这一点上来看，客观不只是一种存在，还是一种对真实的无限追求。

三、刑事证据的关联性

刑事证据不仅具有客观性，还应当与案件事实存在一定程度的关联。刑事证据的关联性是指证据与案件事实存在的实质性的联系，换言之，这种联系对证明案情具有实际意义。例如，犯罪分子作案的时间、地点、对象和手段等都存在千丝万缕的联系。于是，与案件时间、地点、对象和手段等相关的各种刑事证据必然存有关联。

关联性在各国证据法中都被认可为证据的基本特征，有学者提出："经过大浪淘沙，犹如磐石岿然而始终不动的证据属性，当推关联性。不管人们对证据的属性如何争论，也无论证据的属性出现在何国、何一历史时期的证据法学论坛，人们对于证据的关联性似乎总是不加争执，承认它为证据属性之中的当然品格。"[①] 关联性是经验和逻辑层面的判断，它不是法律层面的判断。[②]

强调刑事证据与待证事实具有关联性是逻辑上的必需，因为刑事证据是伴随着刑事案件的发生而客观形成的。刑事案件的事实是过去发生的、由犯罪人的行为而造成的具有法律意义的事实。这样的行为和事实必然在客观世界中留有痕迹，在诉讼中证据就是这些痕迹的载体。它有可能表现为物质，也有可能表现为印象的表述。例如，犯罪分子在作案后可能会遗留下犯罪工具和指纹，那么作案工具和指纹是本案的重要物证。再如，《刑事诉讼法》第62条第1款明确规定了："凡是知道案件情况的人，都有作证的义务。""作为证明待证的案件事实的根据，证据当然必须与案件事实有着客观真实的、符合逻辑的联系，以此来界定证据的相关性是无可非议的。"[③] 这里的联系不是办案人员主观想象或者强加的联系，它是案件事实所客观产生的相关性。那些与案件事实没有关系的材料不能作为刑事证据，例如，无关人员在犯罪现场遗留的物品和指纹，与待证事实往往不具有关联性。

这里所谈的证据是指作为定案根据的刑事证据，这些证据与犯罪是否发生、犯罪是否是犯罪嫌疑人或被告实施以及罪行轻重有着内在的联系。例如，《刑事诉讼法》第52条规定了审判人员、检察人员、侦查人员收集证据的类型，即"能够证实犯罪嫌疑人、被告人有罪或者无罪、犯罪情节轻重的各种证据"。这种联系具有多样性和复杂性，它有可能是直接的，也有可能是间接的；有可能是证成的，也有可能是证否的；有可能是必然的，也有可能是偶然的。这种联系的形式可以是因果联系、条件联系、时间联系、空间联系等。

刑事证据与案件事实之间的关联性是确定证据证明力的关键，只有牢牢地把握证据的关联性，才可能发掘案件的事实，做到勿枉勿纵。可以粗略地推断，刑事证据与案件事实

---

① 汤维建：《关于证据属性的若干思考和讨论——以证据的客观性为中心》，载《政法论坛》，2000（6）。

② 参见李忠民：《证据概念与证据属性》，载《学海》，2006（6）。

③ 熊志海：《刑事证据研究——事实信息理论及其对刑事证据的解读》，84页，北京，法律出版社，2004。

的关联程度与该证据的证明力成正比例关系，那些与案件事实越相关的证据就越具有证明力，就越可能被用作最后定案的根据。例如，从《刑事诉讼法》第192条的规定可以看出：如果证人证言对于案件的定罪量刑有重大影响，人民法院就很有可能认为该证人有必要出庭作证。然而，确定证据的关联性是个非常复杂的问题。有的事实通过常理就可以判明，而有的事实比较复杂，需要详细地审查、辨认、检验和鉴定才能探知某些事实，在很多情况下，甚至要经过对比分析，模拟犯罪过程才能查明案件真相。关于刑事证据的关联性，在具体的司法过程中适用应当关注如下三个问题：第一，这项刑事证据能够证明什么事实；第二，该项事实对于整个案情的发掘有没有实质性的意义；第三，对于刑事证据与事实之间的关联性有没有具体的法律上的规定。

刑事证据的相关性不仅体现在个体上，也体现在整体上。只有证据确实、充分了，才可以认定被告人有罪和处以刑罚。《刑事诉讼法》第55条第2款规定："证据确实、充分，应当符合以下条件：（一）定罪量刑的事实都有证据证明；（二）据以定案的证据均经法定程序查证属实；（三）综合全案证据，对所认定事实已排除合理怀疑。"因此，经法定程序查证属实的刑事证据总体与案件事实有着必然的联系，即达到排除合理怀疑的证明关系。这种证明关系不仅是所有个体证据与定罪量刑事实之间的映射型的证明关系，也是一种整体性、全面的证明关系。不同的刑事证据形成了一条完整的、闭合的证据锁链，证据之间相互印证，在证明案件事实的主要证据之间不存在矛盾，证据结论唯一。

此外，作为定案根据的刑事证据的关联性还体现在证据的调查具有必要性。尽管证据必须充分，但是证据的调查本身往往不可能穷尽所有相关的证据，了解案件事实的每一个细节，完整重复整个案情的来龙去脉。证据的数量只要足以定案即可，不需要对那些证明力弱、重复的证据加以调查。因此，刑事证据的关联性是需要加以限定的，对于那些虽然有证明作用，但是关联程度不高或者没有必要进一步收集的证据，可以认定其关联性较弱，不具有作为定案证据的代表性作用。这也体现在关联性的内在含义上，即作为定案根据的刑事证据与待证事实的紧密程度。刑事证据调查的必要性在《刑事诉讼法》中有明确规定，例如，根据《刑事诉讼法》第175条规定，人民检察院审查案件，可以要求公安机关提供法庭审判所必需的证据材料。这就意味着对于那些虽然具有证明作用但却不必要的刑事证据，公安机关可以不予提供。

四、刑事证据的合法性

刑事证据的合法性，是指刑事证据需要由法定主体，遵循法定程序，依据法律允许的方法收集，它必须具有合法的证据形式和内容。因此，刑事证据的合法意味着收集、提供刑事证据的主体合法，证据来源的程序合法，证据收集的方法合法，证据的形式合法，证据的内容合法。

有学者将刑事证据的合法性等同于"可采性"①。我们认为，这种理解是值得质疑的。一般来说，合法的证据是可以为法庭所采纳的，具备证据能力。然而，客观地分析，合法性并不等同于可采性。合法性仅仅指证据符合法律的规定，而可采性意味着证据正当地成为案件处理主体心证的一部分。如果非法证据没有被法庭排除或否定，那么它仍然具有可

---

① 熊志海：《刑事证据研究——事实信息理论及其对刑事证据的解读》，86页，北京，法律出版社，2004。

采性。

日本学者田口守一认为："在下列情况下可以肯定证据的可采性：(1) 有自然的关联性；(2) 有法律的关联性；(3) 没有违反禁止证据的规定。"① 这里"违反禁止证据的规定"并不等同于"违法的证据"。"违反禁止证据的规定"是证据违反了强行性法律，不具备可采性的一种特殊情况；而"违法的证据"只是证据收集、提供的主体、来源的程序、收集的方法、形式或者内容不符合法律规定。在很多情况下，不合法的证据也能成为定案的根据。例如，公安司法机关收集的物证违反法定的程序，并不影响司法公正的，不需要予以排除，可以作为定案的根据。尤其是那些技术性的错误虽然轻微违反了法定程序，但却不需要通过程序性制裁就可以"治愈"。

刑事证据是在刑事诉讼过程中，由刑事诉讼主体依法收集的，用以证明刑事案件事实的一切材料。此概念表明了证据的客观性和关联性，但是从中我们无法查知证据的合法性。通过分析刑事诉讼法的相关规定，刑事证据的合法性的具体含义主要体现在下列五个方面：

(一) 收集、提供刑事证据的主体合法

收集、提供证据的主体包括公安机关、检察机关、人民法院、监狱、辩护律师、代理律师、犯罪嫌疑人、被告人、被害人、自诉人、证人、鉴定人等。对于这些收集、提供证据的主体，《刑事诉讼法》作了很多限制性的规定。例如，《刑事诉讼法》第 62 条第 2 款规定："生理上、精神上有缺陷或者年幼，不能辨别是非、不能正确表达的人，不能作证人。"第 118 条第 1 款规定："讯问犯罪嫌疑人必须由人民检察院或者公安机关的侦查人员负责进行。讯问的时候，侦查人员不得少于二人。"第 132 条第 3 款规定："检查妇女的身体，应当由女工作人员或者医师进行。"

(二) 刑事证据来源的程序合法

证据来源的程序是指证据收集所需要经历的流程。《刑事诉讼法》第 52 条规定："审判人员、检察人员、侦查人员必须依照法定程序，收集能够证实犯罪嫌疑人、被告人有罪或者无罪、犯罪情节轻重的各种证据。"除了这些一般性的程序规定，还有很多对于证据收集流程的具体规定。例如，《刑事诉讼法》第 61 条规定："证人证言必须在法庭上经过公诉人、被害人和被告人、辩护人双方质证并且查实以后，才能作为定案的根据。"根据该规定，如果没有经过质证程序，证人证言无法作为定案的根据。再如，《刑事诉讼法》第 56 条规定了不符合法定程序收集的物证、书证的裁量性排除："收集物证、书证不符合法定程序，可能严重影响司法公正的，应当予以补正或者作出合理解释；不能补正或者作出合理解释的，对该证据应当予以排除。"

(三) 刑事证据收集的方法合法

收集证据的方法必须符合法律的规定。关于证据收集方法的规定有规范性的，也有禁止性的。例如，《刑事诉讼法》第 118 条第 2 款规定："犯罪嫌疑人被送交看守所羁押以后，侦查人员对其进行讯问，应当在看守所内进行。"再如，《刑事诉讼法》第 124 条第 2 款规定："询问证人应当个别进行"。这些关于证据收集方法的直接规定是规范性的。在《刑事诉讼法》中，绝大多数关于证据收集方法的规定都是规范性的，只有极少的一些规定是禁止性的。例如，《刑事诉讼法》第 52 条规定："严禁刑讯逼供和以威胁、引诱、欺骗以及其他非法方法收集证据，不得强迫任何人证实自己有罪。"这种对于证据收集方法的禁止性规

---

① ［日］田口守一：《刑事诉讼法》，刘迪、张凌、穆津译，327 页，北京，法律出版社，2000。

定受到《刑事诉讼法》第56条程序归责条款的进一步补强。根据该条规定，采用刑讯逼供等非法方法收集的犯罪嫌疑人、被告人供述和采用暴力、威胁等非法方法收集的证人证言、被害人陈述，应当予以排除。[①]

（四）刑事证据的形式合法

1996年《刑事诉讼法》第42条限定了刑事证据的七种形式，即：（1）物证、书证；（2）证人证言；（3）被害人陈述；（4）犯罪嫌疑人、被告人供述和辩解；（5）鉴定结论；（6）勘验、检查笔录；（7）视听资料。因此，有学者认为证据必须是法定的七种表现形式之一。2012年修正后的《刑事诉讼法》用"包括"替代了"有下列七种"，因此，对证据的形式合法必须重新解读。在有些情况下，法律明确规定了关于证据形式的规则。例如，《刑事诉讼法》第55条第1款规定："只有被告人供述，没有其他证据的，不能认定被告人有罪和处以刑罚。"一些规则则明确了某项证据需要具备的形式要件。例如，《刑事诉讼法》第133条规定了勘验、检查笔录需要"由参加勘验、检查的人和见证人签名或者盖章"。那些没有勘验人、检查人和见证人签字和盖章的勘验、检查笔录则在形式上是不合法的。

（五）刑事证据的内容合法

首先，证据的内容合法意味着证据不是虚伪作出，证据的内容必须可靠。根据《刑事诉讼法》第50条第3款规定，证据必须经过查证属实，才能作为定案的证据。这就意味着那些不属实的证据，即内容不准确的证据不具有合法性。在这个层面上，合法性与客观性实现了统一。其次，证据的内容合法意味着证据的演示不违反强行法和基本的公序良俗。例如，根据《刑事诉讼法》第135条第3款的规定，侦查实验不可以造成危险、侮辱人格或者有伤风化。

从上述内容可知，我国刑事诉讼法不仅关注案件的事实，也重视通过法定程序的规定及不利的程序性后果来保障公民，尤其是犯罪嫌疑人、被告人的合法权益，特别是关于非法证据排除的系统规定，在很大程度上有效地保障了刑事证据的合法性和整个刑事诉讼制度的刚性。

五、客观性、关联性和合法性之间的关系

作为定案根据的刑事证据的客观性、关联性和合法性之间有着下列关系。

（一）证据的客观性，是证据相关性和合法性的物质基础

从认识论的角度来看，刑事证据的客观性是指通过举证、质证、认证等方式对于某一

---

① 2010年，最高人民法院、最高人民检察院、公安部、国家安全部和司法部联合发布的《关于办理刑事案件排除非法证据若干问题的规定》（以下简称《非法证据排除规定》）和《关于办理死刑案件审查判断证据若干问题的规定》（以下简称《办理死刑案件证据规定》）标志着我国非法证据排除规则的框架结构已经初步形成。根据《非法证据排除规定》第1条和第2条的规定，采用刑讯逼供等非法手段取得的犯罪嫌疑人、被告人供述和采用暴力、威胁等非法手段取得的证人证言、被害人陈述，应当予以排除，不能作为定案的根据。不仅如此，根据第3条的规定，人民检察院在审查批准逮捕、审查起诉中，对于非法言词证据应当依法予以排除，不能作为批准逮捕、提起公诉的根据。根据第14条的规定，物证、书证的取得明显违反法律规定，可能影响公正审判的，应当予以补正或者作出合理解释，否则，该物证、书证不能作为定案的根据。在《办理死刑案件证据规定》中，有关于死刑案件更为详细的证据排除规则。证据可以划分为物证、书证、证人证言、被害人陈述、被告人供述和辩解、鉴定意见、勘验、检查笔录、视听资料和其他证据，每种类型的证据都有着认定其非法而判断是否应当排除的条件。自2021年3月1日起施行的最高人民法院《解释》第四章第九节专门规定了"非法证据排除"，进一步明确了非法证据排除规则。

具体事项由内心不确定向确定的转换过程。证据是否与待证事实相关，是否合法，都与证据是否符合客观事实息息相关。如果证据是虚假或者不实的，则它需要调查核实，即透过证据的客观性去探知它是否与案件存有实质性的联系。例如，《刑事诉讼法》第116条规定："公安机关经过侦查，对有证据证明有犯罪事实的案件，应当进行预审，对收集、调取的证据材料予以核实。"核实的内容实际上就是证据是否与案件事实相关，这种联系是不是实质性的。同样，对于证据的合法性也需要通过确定证据的客观性来予以确认。例如，《刑事诉讼法》第57条规定："人民检察院接到报案、控告、举报或者发现侦查人员以非法方法收集证据的，应当进行调查核实。"第58条第1款规定："法庭审理过程中，审判人员认为可能存在本法第五十六条规定的以非法方法收集证据情形的，应当对证据收集的合法性进行法庭调查。"这说明证据收集是否合法需要通过追查证据的客观性予以探知，换言之，非法方法收集证据的事实需要通过证据调查予以认定。

（二）证据的关联性，是证据客观性和合法性的逻辑前提

只有具有关联性的刑事证据，才有必要予以调查。那些欠缺关联性的证据，即使调查，也对待证事实的澄清没有任何益处，只会浪费有限的司法资源，造成诉讼拖延。[①]从认识的一般规律而言，关联性应当是定案证据的第一道关卡，它的证明标准最为宽松。那些与案件无关的材料在法律上不需要予以提供和核实，不存在事实评价和法律评价问题。例如，根据《刑事诉讼法》第120条规定，犯罪嫌疑人对侦查人员与本案无关的问题，有拒绝回答的权利。这就说明，证据如果与本案无关，则不需要提供，更不需要审查和检验证据的客观性和合法性。除了实体性的事实以外，程序性事项所依据的证据也是关联性的辐射范围。如果非法收集的材料与案件事实并不相关，则没有必要探讨该材料是否真实，是否需要查找相关的线索，以排除非法方法收集的证据材料。

（三）证据的合法性，是证据客观性和相关性的重要保证[②]

在整个刑事诉讼法中，对于刑事证据的要求往往是确实、充分，然而判断刑事证据是否确实、充分都需要以合乎法律规定作为保证。也就是说，对刑事证据的客观性和相关性都需要合法的手段探知。例如，根据《刑事诉讼法》第54条第4款，凡是伪造证据、隐匿证据或者毁灭证据的，无论属于何方，必须受到法律追究。从该规定可以看出，需要通过追究法律责任的方式确保证据客观存在，使其真实，不被隐匿或者毁灭。如果没有法律归责，尽管物质载体的客观性无可否认，但是证据内容的客观性则可能受到制约，因为伪造、隐匿和毁灭证据的行为容易造成案件认定偏离客观真实，公安司法机关有可能因此作出错误的处理。只有通过各种法定的制裁措施，才可以威慑潜在的试图伪造、隐匿或者毁灭证据的当事人、辩护人、代理人和其他利益相关人。根据《刑事诉讼法》第56条第2款的规定，在侦查、审查起诉、审判时发现有应当排除的证据的，应当依法予以排除，不得作为起诉意见、起诉决定和判决的依据。由此可见，如果证据不合法以至于需要排除，刑事诉讼法可以否定其作为起诉意见、起诉决定和判决的依据，即推定其与案件无关。

综上所述，作为定案根据的刑事证据具有客观性、关联性和合法性三个基本特征。这三个基本特征相互联系，不可或缺。这三个属性表现了作为定案根据的刑事证据的内容和形式的统一，它是刑事诉讼主体收集、提供和审查证据的标准。正确理解了这三个基本特

---

① 参见林钰雄：《刑事诉讼法》（上册 总论编），55页，北京，中国人民大学出版社，2005。

② 参见陈光中主编：《刑事诉讼法》，2版，150页，北京，中国政法大学出版社，2005。

征，判明事实真相就有了可靠的基础。当然，在我国刑事诉讼中所公认的这三个基本特征需要重新解读，它们不是从任何层面上都可以证成的，需要作限定性的解释和归纳。

第三节 刑事证据的证明力与证据能力

一、证明力与证据能力概述

在英美法系国家，通说认为刑事证据必须具有关联性和可采性才可能作为定案的证据，这两者是英美证据法的基石。① 关联性是指证据具有的法律上的证明或者否认某项事实的特性。② 可采性是指某个证据是否应当在审理中接受。③ 刑事证据是否具有可采性是由法官而不是由陪审团来认定的。在大陆法系国家，一般规定刑事证据应具有证明力和证据能力。证明力是指证据材料对于案件事实有无证明作用及证明作用如何，即办案机关能否采信证据材料的价值。④ 证据能力，又称为证据的适格性，是指证据材料成为案件处理根据的资格。⑤

关于刑事证据的基本特征问题，有一些学者提出应当用证据能力和证明力替代传统的客观性、关联性、合法性。⑥ 这种二特征说与英美法上的可采性与关联性具有一定程度的相近性：一般认为，刑事证据的证明力可以与关联性结合在一起认识，刑事证据的证据能力可以与可采性结合在一起认识。然而，在具有大陆法传统的国家，由于不存在陪审团与法官的分工，定罪量刑程序合一，则无法机械地套用可采性和关联性理论。⑦尽管该二特征说尚且无法撼动传统三特征说的主流地位，但是在学术研究和司法实践中已经具备了一定的影响力，此处单独列一节对证据能力与证明力作出分析。

在分析证明力与证据能力时，不仅要对它们的概念、内涵进行分析，还涉及对相关规则的评价。在证据法中，证明力的判断往往诉诸自由裁量权，然而，这并不意味着没有证明力规则。这些规则散见于证据法中，也有些是惯例。证据能力规则在刑事证据规则中起着主导作用，刑事诉讼法中有一些明确的规定排除非法或者不妥当的证据，即法定排除；也有一些需要法官考虑各种因素，加以裁量后予以排除，即裁量排除。刑事证据只有同时兼具证明力和证据能力，才能真正发挥其证明作用。⑧ 这两者之间不存在先后问题，它们是刑事证据应当具有的特征。

---

① See Paul Roberts & Adrian Zuckerman, *Criminal Evidence*, Oxford, 2004, p. 95.

② See Paul Roberts & Adrian Zuckerman, *Criminal Evidence*, Oxford, 2004, p. 98.

③ See Paul Roberts & Adrian Zuckerman, *Criminal Evidence*, Oxford, 2004, p. 96.

④ 参见林钰雄：《刑事诉讼法》（上册 总论编），354页，北京，中国人民大学出版社，2005。

⑤ 参见林钰雄：《刑事诉讼法》（上册 总论编），354页，北京，中国人民大学出版社，2005。

⑥ 参见鲁杰：《证据的属性反思》，载《政治与法律》，2007（2）。

⑦ 参见陈瑞华：《关于证据法基本概念的一些思考》，载《中国刑事法杂志》，2013（3）。

⑧ 参见李莉：《论刑事证据的证据能力对证明力的影响》，载《中外法学》，1999（4）。

二、刑事证据的证明力

刑事证据的证明力又称为刑事证据的价值或者效力，是指刑事证据对于案件事实的证明意义和作用。它体现的是刑事证据对于待证事实的说服价值，通过说服价值最终影响法官的心证。在认定刑事证据的证明力时，办案人员需要考虑刑事证据是用来证明什么问题的，该问题是否是刑事案件的实质问题，刑事证据对于该问题的证明作用有多大。刑事证据的证明力很难用切实有效的方法来加以评估，证明力容易识别，却不容易衡量。证明力是法律事务中采纳证据的基本标准。

证明力主要涉及刑事证据的客观性和关联性，只要刑事证据客观存在，且能在逻辑上一定程度地证明待证事实，该刑事证据就具有或大或小的证明力。①

首先，刑事证据无论从承载形式还是从事实上来看，都必须是客观的、可靠的，不是伪造、变造或者虚假的。从刑事证据的承载形式来加以分析，刑事证据必须是按照诉讼程序忠实记载的，不应当具有伪造或者捏造的成分，不应当违反相关的形式要件，使得法官对其来源真实有合理怀疑。例如，证人证言笔录必须是现场完整记录，并且经过证人签名的，不能是侦查人员事前或者事后伪造的笔录。再如，搜查笔录、提取笔录或者扣押清单，无法证明其真实来源的，一律不得作为定案的根据。从刑事证据信息的角度来说，刑事证据记录或者反映的信息必须可靠、可信。例如，被告人的供述必须是真实的、不违反个人意愿的。如果被告人的供述是虚假的供述，则不具有客观性，或者对于其真实程度存有合理的怀疑，则其不能作为定案的证据。所谓刑事证据“查证属实”，就是指证据的承载形式和证据所包含的信息得以验证为真实、可靠，准确反映了客观事实。

其次，刑事证据包含的事实信息与案件事实具有逻辑上的联系，能够证成或者证否案件事实。客观性往往是个定性问题，存在有或无两种情况；而刑事证据的关联性则具有定量的成分，即刑事证据与案件的主要事实的相关程度如何，证明案件事实的可能性有多大。这主要依靠公安司法人员根据日常的生活经验和逻辑加以判断，如果某个刑事证据材料不能证明案件事实，则不具备证明力；同时，如果某个刑事证据材料与案件事实之间只具有微弱的关联性，一般也应当排除适用。如此，可以有效地降低办案的时间成本。例如，被告人的品格是关联性较弱的证据，证明力较弱；被剪辑、篡改的录音资料往往不可信，不具有证明力。关联性在多数情况下属于事实判断，但是在一些情况下也需要通过法律加以评价。例如，有证据证明被告人在犯罪时年满 14 周岁，这是个自然事实；然而，如果要证明被告人在犯罪时没有达到法定刑事责任年龄，则成立法律事实。刑事证据与待证事实之间可能具有积极的关联性，即证成待证事实，也可能具有消极关联性，即证否待证事实。例如，作案现场的烟头上有被告人的指纹，则证明被告人到过犯罪现场；相反，某一证人证明案发时被告人在其家中，没有作案时间，则证明被告人不在犯罪现场。

刑事证据与案件事实之间的关联程度有很多层次，因此，刑事证据的证明力有所不同，有些具有绝对的证明力，有些具有相对的证明力，不同类型的刑事证据，证明力有强弱之分。公安司法机关应当既注重收集有罪、罪重的证据，也注意收集无罪、罪轻的证据，防止因证据收集不全面、不充分导致冤假错案发生。

---

① 参见陈瑞华：《关于证据法基本概念的一些思考》，载《中国刑事法杂志》，2013（3）。

现代文明产生了科学的证据观，长期以来，证据法学者将证明力视为事实认定者自由裁量的问题，证明力的强弱应当由裁判者根据自己的理性、经验和良心加以自由心证，法律不作任何限制性的规定，即贯彻所谓的自由心证原则。该原则是对中世纪荒谬的绝对化的法定证据制度加以检讨的产物，它将法官自由裁量的经验和理性从不科学的形式性的规则中解放出来。① 它反映了刑事证据法应当以自由裁量权为基准，不应当加以无节制的限定，避免立法者脱离社会实践制定相关规范。

当然，自由心证原则也需要与其他的一些理念平衡，这就意味着自由心证原则不是绝对的。例如，随着人权保障理念深入人心，无罪推定原则也得到了推广；在司法实践中，当刑事证据发生冲突和矛盾时，法官往往会作出有利于被告人的解释，推定案件事实有利于被告人，即适用存疑有利于被告原则。② 当然，这些原则是赋予法官一定自由裁量权的相对证明力规则，趋于原则化、灵活化。另外，在人的认识能力范围内作出预先判定并无不当，只是制度设计者往往没有能力制定出科学的规则。达马斯卡认为："自由心证并非一种内在的价值，之所以禁止法律对证据评价活动作出预先规定，其认识论方面的理由仅仅在于，对于这一领域还没有能力设计出更好的规则。"③然而，在现代社会高科技急速发展的情况下，刑事证据认定趋于科学化，并且越来越依赖技术和专家，自由心证原则因此遭受了巨大的挑战，并且出现了越来越多的例外。

在我国传统证据法学研究受辩证唯物主义认识论指导，强调证据的客观性。办案机关更关注实体真实，追求客观真相，因此证据材料有无证明力以及价值大小受到更多的关注。④ 与传统大陆法系国家倡导的自由心证原则有些不同，我国的刑事诉讼规则确立了大量限制证据证明力的规则，对于自由心证原则形成了巨大的冲击。在我国《刑事诉讼法》中最为典型的证明力规则是只有口供不能定案的证明力否定规则和口供补强规则。根据《刑事诉讼法》第55条的规定，对一切案件的判处都要重证据，重调查研究，不轻信口供。只有被告人供述，没有其他证据的，不能认定被告人有罪和处以刑罚；没有被告人供述，证据确实、充分的，可以认定被告人有罪和处以刑罚。在司法实践中，只有口供不能定案规则已经作了扩大化解释，无论是何种类型的证据，只要是孤证，证明力都被否定。再如，对于证人证言前后矛盾的问题，《办理死刑案件证据规定》和《非法证据排除规定》确立了证言印证规则；对于精神上、生理上有缺陷的人和与被告人有密切关系的人提供的证言，最高人民法院《解释》确立了慎重使用的规则；等等。这是基于我国当前的刑事司法环境下，有必要约束法官的自由裁量权，并且需通过规则减轻自由裁量的压力，因此对于那些难以判断虚实的情况，确立了与经验和逻辑法则一致的限制证明力的规则。⑤

三、刑事证据的证据能力

证据能力，亦称为证据的适格性，是证据法对于证据资格的要求。它是个法律规范问

① 参见［法］贝尔纳·布洛克：《法国刑事诉讼法》，罗结珍译，79页，北京，中国政法大学出版社，2008。

② 参见李训虎：《证明力规则检讨》，载《法学研究》，2010（2）。

③ ［美］米尔吉安·R. 达马斯卡：《比较法视野中的证据制度》，吴宏耀、魏晓娜译，229页，北京，中国人民公安大学出版社，2006。

④ 参见李训虎：《证明力规则检讨》，载《法学研究》，2010（2）。

⑤ 参见陈瑞华：《关于证据法基本概念的一些思考》，载《中国刑事法杂志》，2013（3）。

题，是法律为证据进入法庭审判程序所设定的条件。某刑事证据材料仅仅具有证明力是不够的，还必须有法律允许的证据能力，才可以作为定案的根据来证明待证事实。相反，如果缺少证据能力则不能作为定案的根据予以使用。[①]总而言之，一项证据要成为法庭认定事实的依据，必须以证据能力为前提条件。

证据能力与可采性有着一定的区别，这种区别主要体现在程序上。在陪审团审判中，可采性强调某一不可采纳的证据不能为审理案件的陪审员所接触，从而有效防止了作为外行的陪审员受到不妥当的信息的误导。法官一般会在庭前就证据的可采性举办听证程序，防止具有误导性的信息进入法庭审判阶段。具有大陆法传统的国家实行案卷移送制度，在很多情况下，法官在开庭之前就已经接触了控辩双方的证据。作为定案根据的证据应具有证据能力，既包含不妥当的刑事证据不得进入法庭，也包含了即便进入法庭，办案人员也不得将其作为定案的根据的含义。当然，这种区别随着英美法系陪审团审判的日趋式微而不再如此明显。

一般认为，证据能力是一个法律评价问题，即法律规定了什么样的材料才能成为证据，它与合法性紧密相关。从肯定的角度来讲，证据必须具有法定的证据形式并且经过合法的法庭调查程序。从相反的角度来讲，不可以存在证据禁止使用的情况。有学说直言：对于可以作为定案根据的证据来说，证明力是其自然属性，是基础；证据能力是其法律属性，是关键。二者须同时具备，不可偏废。[②] 然而，刑事证据是否具有证据能力，从合法性的角度来评价有失全面，从诉讼价值的角度来评价则更为妥当。这种价值包含了证据的合法性与证据材料本身的妥当性。调整前者的规则主要包括非法证据排除规则等；调整后者的规则主要包括传闻规则和意见证据规则等。我国关于证据能力的规则主要是调整证据的合法性，当然也不能排除若干调整证据材料本身妥当性的规则。

刑事证据的合法性部分已经谈及非法证据排除等调整证据合法性的规则。例如，采用刑讯逼供等非法方法收集的犯罪嫌疑人、被告人供述和采用暴力、威胁等非法方法收集的证人证言、被害人陈述，应当予以排除。收集物证、书证不符合法定程序，可能严重影响司法公正的，应当予以补正或者作出合理解释；不能补正或者作出合理解释的，对该证据予以排除。在侦查、审查起诉、审判时发现有应当排除的证据的，应当依法予以排除，不得作为起诉意见、起诉决定和判决的依据。依法应当出庭的证人没有正当理由拒绝出庭或者出庭后拒绝作证，法庭对其证言真实性无法确认的，该证人证言不得作为定案的根据。证据未经当庭出示、辨认、质证等法庭调查程序查证属实的，不得作为定案的根据。关于调整证据材料本身的妥当性的规则，例如，证人的猜测性、评论性、推断性的证言，不得作为证据使用，但根据一般生活经验判断符合事实的除外。

在诉讼过程中，确定某一刑事证据是否具有证据能力有时可以直接依据相关证据规则进行，在绝大多数情况下，必须诉诸自由裁量权，即以裁量主义为主、法定主义为辅。刑事程序法及其证据法是充满了自由裁量权的法律；相对于刑事实体法领域的罪刑法定原则，证据能力的法定化无论在任何国家都处于相对初级的阶段。纵览世界各国的刑事证据法，一般来说，通过暴力、强制等侵犯被告意志自由的手段获得的口供奉行法定排除的准则。然而，对于其他领域，尤其是违反相关的取证程序，裁量主义的适用则较为普遍。证据能

---

① 参见蔡墩铭：《刑事诉讼法论》，209 页，台北，五南图书出版公司，2002。

② 参见李利：《论刑事证据的证据能力对证明力的影响》，载《中外法学》，1999（4）。

力的判断需要通盘考虑各种政策，权衡各种不同的诉讼利益，尤其是涉及具体个案纷繁复杂的情节，诸如案件的严重程度、证据的可靠性、证据对于案件的作用等，因此，不大可能完全依靠确定的公式来加以认定。如果试图将证据能力加以全部规则化，则容易陷入形式主义的窠臼中，往往会偏离实务工作的需要。在这样的情况下，赋予法官一定程度的自由裁量权显得非常重要。[①] 当然，这里的裁量并非主观臆断，而是受到规则、原则等的限制。

四、行政执法证据的转化

尽管《刑事诉讼法》所探讨的证据主要是在刑事诉讼程序中收集、调查和核实的，但是仍然不排除刑事诉讼程序外收集的证据材料作为刑事证据使用的情况。所谓证据转化，是指公安司法机关采取一定的方式，将形式上不符合刑事诉讼法要求，没有证据能力的证据转换为适格的刑事证据。在 2012 年《刑事诉讼法》之前，虽然证据转化没有法定的依据，但是它在我国侦查和审查批捕中经常运用，这与我国刑事诉讼中一贯所强调的客观真实的理念是相一致的。证据转化最为普遍的操作模式是将行政执法证据转化为刑事证据，这通常是由于行政违法行为达到一定危害程度，其性质就会从一般违法行为转变为犯罪行为，原来追查所获得的证据就有必要进行转化。此外，纪检监察部门在处理职务犯罪案件中，经常需要将涉嫌犯罪的证据材料移交人民检察院转化适用。该类案件在司法实践中往往是由纪检监察机关先行调查突破，从而掌握犯罪事实及其证据。这里所指的行政执法证据不仅包括行政机关收集的证据材料，还包括根据法律、行政法规规定行使国家行政管理职权的组织，在行政执法和查办案件过程中收集的证据材料。

很明显，行政证据和刑事证据在证据收集主体、收集程序等方面存在区别。我国现行刑事诉讼法对于取证主体的资格作了若干特殊规定，只有具有法定调查权的主体所获得的证据才有可能具有证据能力。我国刑事诉讼法规定的取证权主体包括国家侦查机关、检察机关、人民法院、辩护人与诉讼代理人、刑事自诉案件中的自诉人和被告人。证据收集的程序也相应地比行政程序更加严格。这就造成了行政证据在刑事诉讼中的准入成为问题。因此，对于那些行政执法主体所获得证据，需要经过证据的转化后才具有证据能力。

《刑事诉讼法》第 54 条第 2 款解决了证据转化无法可依的问题："行政机关在行政执法和查办案件过程中收集的物证、书证、视听资料、电子数据等证据材料，在刑事诉讼中可以作为证据使用。"该条的立法目的是解决行政执法证据在刑事诉讼中的证据能力问题。最高人民检察院《规则》第 64 条第 2 款和公安部《规定》第 63 条都将可以转化的证据范围扩大到鉴定意见、勘验、检查笔录。这些证据一旦提取，往往可以长期保持原有形态，客观性比较强，对于这些客观的资料没有必要重新提取。因此，从诉讼经济和妥当的角度来讲，有必要规定对于那些行政机关依法先行提取的证据，只要由公安司法机关依法定程序履行相应的证据调取手续即可以作为证据在庭审中使用。如果完全由公安司法机关重新收集，无疑会增加办案机关的负担，耗费大量的司法资源，影响诉讼效率；而且由于时过境迁，很多证据无法重新收集提取，容易造成某些案件不能立案或者无法结案。这些行政执法证据必须经过法庭查证属实，并且收集程序符合有关法律、行政法规规定，才可以作为

---

① 参见孙远：《刑事证据能力的法定与裁量》，载《中国法学》，2005（5）。

定案的根据。最高人民法院《解释》第75条第2款将行政机关收集的证据材料作扩大化解释，还包括那些根据法律、行政法规规定行使国家行政管理职权的组织，在行政执法和查办案件过程中收集的证据材料。

此外，在以往司法实践中，纪检监察部门收集的证据在刑事诉讼中的转化也是经常需要面对的问题。监察部与中共中央纪律检查委员会合署办公，机构列入国务院序列，编制列入中共中央直属机构，直接造成了纪检与监察证据一体。纪律检查机关是对于党员遵守党的纪律的情况进行监督检查，并且对于违纪情况进行处理的党内执法机关。监察机关是政府内部行使监察职能，管理行政监察事务的行政机关。以往来看，纪检监察部门和行政执法机关在办理违纪和行政违法案件中，发现涉嫌犯罪的，应该将案件移送公安司法机关处理，相关的证据材料也应当一并移送公安司法机关。① 然而，对于这些证据材料如何转化，以往的法律并没有明确的规定。

但是，考虑到行政监察机关到行政机关性质，2012年《刑事诉讼法》第52条第2款的规定可以说为刑事司法机关使用纪检监察证据提供了一定依据。在2018年全国人大通过《监察法》以后，为了解决监察机关所调查的证据在刑事诉讼中的转化问题，《监察法》第33条第1款明确规定，监察机关依照本法规定收集的物证、书证、证人证言、被调查人供述和辩解、视听资料、电子数据等证据材料，在刑事诉讼中可以作为证据使用。而且，根据《监察法》第33条第2款的规定，监察机关在收集、固定、审查运用证据时，应当与刑事审判关于证据的要求和标准相一致。

第四节　刑事证据的主要功能

刑事证据的主要功能是指刑事证据整体的功效和效能，简而言之，即证据在宏观意义上有什么样的作用。刑事证据是刑事诉讼实务中最为切实、重要的方面，它是连接实体法与程序法的桥梁。具备了足够的刑事证据，才能查清事实真相，对犯罪嫌疑人、被告人定罪量刑，有效地打击犯罪、开释无辜，保证勿枉勿纵。从立案、侦查、起诉到审判的每一个阶段都离不开证据的核实、认定。无论是第一审程序或者第二审程序，还是死刑复核程序或者审判监督程序，都是围绕着刑事证据展开，由此可见刑事证据是一切刑事诉讼活动的基石。没有刑事证据，无论是实体问题，还是程序问题，都没有据以判决的依据。此外，刑事证据还具有刑事诉讼法体系之外的作用，它能使被告和被害人对案件处理结果信服，从而有效地消除或者缓解社会矛盾，使得社会恢复到和谐状态。对于被告和被害人以外的社会公众，刑事证据还具有一定的教育、宣传意义。因此，从逻辑上来看，证据的功能可以划分为法律功能和社会功能：法律功能包含形成心证的实体性功能和促进流程发展的程序性功能；社会功能则可以划分为化解当事人之间矛盾的内在功能和增强公众信心的外在功能。

---

① 参见万毅：《证据“转化”规则批判》，载《政治与法律》，2011（1）。

一、法律功能

（一）实体性功能

实体性功能是指刑事证据可以影响刑事案件处理机关（人员）内心判断和处分性决定的功能。在刑事诉讼过程中，证据总是从各个方面一次又一次地被提出来。[①] 刑事诉讼法所强调的以事实为根据，实际上就是以证据为根据。案件事实是发生在过去的事件，公安司法机关只有通过各种刑事证据才能认识案件事实，揭露犯罪，迫使犯罪分子认罪服法、接受改造。[②] 在打击犯罪的同时，公安司法机关通过证据规则、证明标准等确保无辜的人不受刑事追究，合法权益不受侵犯。刑事证据是公安司法机关进行立案、侦查、逮捕、起诉和审理的依据，也是当事人及其辩护人、诉讼代理人据以争辩的凭据，犯罪嫌疑人或被告也可以通过证据据理力争，证明无罪或罪轻。尤其是在错案出现的情况下，被告及其辩护律师可以举出新的证据以证明自己的冤屈，从而开释无辜。总体而言，对于定罪需要证明到排除合理怀疑的程度。如果法官对于关键证据存有疑问或者证据不够确实、充分，则不可以勉强定案，判决被告有罪。对于程序性问题而言，即使不需要做到严格证明，也往往需要通过相关证据加以自由证明。

（二）程序性功能

程序性功能是指刑事证据能够通过引导下一个诉讼主体的具体行为来推动刑事诉讼进程的功能。刑事证据一旦收集、提交、出示和质询，会直接或者间接地产生一定的程序性效果。有些刑事证据直接产生程序性效果，例如，由省级人民政府指定的医院诊断并开具的证实罪犯确有严重疾病的证明文件，一旦提交则可能引起保外就医程序。同时，证据违法行为也会直接或者间接地产生一定的程序性效果。例如，如果被取保候审的犯罪嫌疑人、被告人毁灭、伪造证据或者串供，违反取保候审规定，已交纳保证金的，需没收部分或者全部保证金，并且区分情形，责令犯罪嫌疑人、被告人具结悔过，重新交纳保证金、提出保证人，或者监视居住、予以逮捕。有些证据连同其他相关材料和证据产生程序性效果，例如，公安机关将相关证据连同案卷材料和公安机关提请逮捕书移交同级人民检察院，人民检察院则会作出批准或者不批准逮捕的决定。

二、社会功能

（一）内在功能

内在功能是指刑事证据有助于解决被告人和被害人之间纠纷，处理案件争议的功能。刑事证据的运用避免了不明不白的案件处理，能够有效地化解被告人和被害人的不满情绪，使得当事人对于案件的处理信服。刑事证据是当事人合法权益的保障，它不仅有助于维护当事人的合法权益，也有助于在程序方面维护当事人的正当权利。通过证据准确地认定犯罪事实有助于实现司法公正；离开了证据，对于被告人所涉嫌的犯罪事实无法加以认定，也无法给被害人及其家属一个令其信服的交代。如果说刑事诉讼程序是吸纳不满的程序装

---

① 参见陈光中主编：《刑事诉讼法》，2 版，151 页，北京，中国政法大学出版社，2005。
② 参见陈光中主编：《刑事诉讼法》，2 版，151 页，北京，中国政法大学出版社，2005。

置，刑事证据则是该程序装置的安全阀。刑事证据是刑事诉讼法实现终局裁判、息诉平怨的关键。如果在运用证据上出现了差错，就不可能对案件作出客观公正的审理和认定，也不可能让当事人理解和认同公安司法机关的办案机制和运作体系。

（二）外在功能

外在功能是指刑事证据具有促进社会和谐，实现法制教育，增强公众信心的功能。刑事证据的内在社会功能和外在社会功能是有机统一的，当事人矛盾的有效化解能够有效地提高公众对于司法的信心。刑事证据具有化解疑虑和不满的作用，这不仅仅是指对涉案的当事人，也包括对刑事诉讼程序以外的一般公众而言。通过各种证据材料的展示可以使法庭的旁听人员获悉判决的理由，感受到司法的公正。通过运用证据对人民群众进行法制教育，可以提高群众对于法律的理解，促使其积极参与社会治安综合治理工作，从而有助于实现良好的刑事司法效果。证据的展示还有助于人民群众对诸多犯罪行为产生警惕，了解犯罪分子的作案手法和动机，从而有助于预防犯罪，实现社会的安全稳定与和谐。

【问题与思考】

1. 关于证据的概念有哪些主要的学说？哪种学说最具有说服力？
2. 作为定案根据的刑事证据有何基本特征？
3. 刑事证据的客观性、相关性和合法性之间是什么关系？
4. 如何理解刑事证据的证明力和证据能力？
5. 刑事证据有哪些主要功能？

【推荐阅读书目】

1. 宋英辉，汤维建主编．证据法学研究述评．北京：中国人民公安大学出版社，2006.
2. 何家弘，刘品新．证据法学．北京：法律出版社，2004.
3. 熊志海．刑事证据研究——事实信息理论及其对刑事证据的解读．北京：法律出版社，2004.

第七章

刑事证据的法定种类

内容导读

刑事证据的种类是指表现证据事实的各种外部表现形式，在法律上对证据所进行的分类。按照我国刑事诉讼法的规定，刑事证据有下列八种：物证，书证，证人证言，被害人陈述，犯罪嫌疑人、被告人供述和辩解，鉴定意见，勘验、检查、辨认、侦查实验等笔录，视听资料、电子数据。物证是以其自身属性、特征或存在状况证明案件事实的物品和物质痕迹。书证是指以文字、符号、图画所表达的思想内容来证明案件事实的书面材料或其他材料。证人证言是刑事诉讼当事人以外的第三人就自己所感知的案件事实向侦查机关、检察机关和审判机关作出的陈述。被害人陈述，是指被害人就其遭受犯罪行为侵害的事实以及有关犯罪分子的情况向司法机关所作的叙述。犯罪嫌疑人、被告人供述和辩解，是指犯罪嫌疑人、被告人在刑事诉讼过程中，就与案件有关的事实情况向司法机关所作的陈述。勘验、检查笔录，是司法人员对于与犯罪有关的场所、物品、尸体和人身进行勘验、检查所作的实况记录。辨认笔录，是指犯罪嫌疑人、被害人、证人按照法定程序对可能与案件相关的人、物或者场所进行辨认时由司法人员所作的记录。侦查实验笔录是侦查人员按照法定格式制作的，用于描述和证明实验过程中发生的具有法律意义的事实状况的书面记录。鉴定意见，是指受司法机关聘请或指派，具有专门知识或技能的人，运用科学知识、技术或技能对刑事案件中某些专门性问题进行鉴别、分析和判断之后所得出的书面意见。视听资料，是指以录音、录像、电子计算机以及其他科技设备所储存的信息资料来证明刑事案件真实情况的各种音像制品。电子数据，是指以电子计算机以及其他高科技设备中贮存的与案件事实有关的图形、文字、数据、符号或者其他信息证明案件情况的资料。2021 年最高人民法院《解释》增加了专门性问题的报告和事故调查报告等新的证据种类。本章对各种证据的特征、意义、分类和运用规则做了详细描述。

第一节 刑事证据的法定种类概述

所谓证据种类，是指表现证据事实的各种外部表现形式，在法律上对证据所进行的分类，也叫“证据来源”或“证据资料”。我国刑事诉讼法对证据种类作出了明确规定。我国《刑事诉讼法》第50条第2款规定：“证据包括：（一）物证；（二）书证；（三）证人证言；（四）被害人陈述；（五）犯罪嫌疑人、被告人供述和辩解；（六）鉴定意见；（七）勘验、检查、辨认、侦查实验等笔录；（八）视听资料、电子数据。”这一证据种类的规定具有法律上的约束力，只有符合上述法律规定形式的证据资料，才能够作为定案的根据。鉴于证据种类的这种法定性，证据种类也被称为“证据的法定种类”或“证据在法律上的分类”。从有关刑事证据法定种类的规定中，可以看出，每一种证据都是形式和内容的统一，也就是说，作为定案根据的证据不仅与案件事实具有关联性，而且必须在形式上满足法律的要求。

我国理论界通说认为我国关于刑事证据种类的上述法定划分方式是合理的，认为这样的划分方式不仅有利于判断某一证据的证据能力，而且有利于确定证据的证明力，并因此根据不同的证据种类规定相应的证据规则。但是，相比较而言，英美法系国家认为，所有具有相关性的证据都可以采纳，任何展示在裁判者面前具有相关性和可采性的，能够证明争议事实存在或者不存在的事物都是证据。大陆法系国家虽然未制定专门的证据法，但往往通过诉讼法典对证据形式进行一定的分类，从而在一定程度上对证据形式予以限制，但这种限制并不像我国一样是封闭式的，法律并没有完全排除其他可以探明案件事实的证据进入诉讼程序。我国也有一些学者认为，这种划分方式不能穷尽证据的所有表现形式。而且，各个证据种类的划分标准并不统一。三大诉讼法确定的证据种类，有的以形成时间或形成主体为标准，如书证和勘验笔录之间的划分；有的则以物质载体为标准，如书证和视听资料之间的划分。这种划分标准的混乱，导致各证据种类之间界线模糊，经常出现难以判断某种材料究竟属于哪一类证据的局面。[①] 不论是支持还是反对法定证据种类的立法体例，大多数学者都认为应当对我国目前有关证据种类的立法规定进行完善。

第二节 物 证

一、物证的概念和特点

关于物证的概念，我国理论界存在三种不同的观点。有学者认为，“物证是指据以查明案件真实情况的一切物品和痕迹”[②]。还有学者认为，“物证是据以查明案件事实情况的客观

① 参见雷建昌：《论我国刑事证据分类模式的缺陷及其完善》，载《法律科学》，2003（3）。

② 陈一云主编：《证据学》，247页，北京，中国人民大学出版社，1991；樊崇义主编：《证据法学》，55页，北京，法律出版社，2001。

实在物”①。还有学者认为，“物证是以其自身属性、特征或存在状况证明案件事实的客观实在”②。我们认为，一切证据都是客观实在，客观实在性不仅是物证的特征，也是所有证据共同的本质属性。物证之所以区别于其他法定证据形式，是因为它在证据的存在和表现形式或者在证据的载体上不同于其他证据形式，即物证以“物品和物质痕迹”为表现形式或载体。而且，作为物证的“物品和物质痕迹”与其他一般的物品和痕迹的区别，在于用途的变化、占有关系的变化、存在时空范围的变化。作为物证的“物品和物质痕迹”是以其自身属性、特征或存在状况来证明案件事实。因此完整的对物证的定义应表述为：物证是以其自身属性、特征或存在状况证明案件事实的物品和物质痕迹。物证的自身属性、特征是指作为物证的物质或痕迹的自身的规定性，包括其各种物理、化学性质，如质量、成分、结构、功能、形状、数量、颜色等。物证的存在状况是指该物质或痕迹所处的位置、环境、与其他证据之间的关系等，例如，由于某人的脚印出现在了案发现场，人们就可以得出该人进入了案发现场的结论。

在我国刑事诉讼中经常使用的物证，可以大致概括为如下几类物品或者物质痕迹：(1) 犯罪使用的工具，如杀人的凶器、盗窃时撬锁的工具等；(2) 犯罪行为直接侵犯的物质对象，如盗窃、抢劫、抢夺、诈骗、贪污所获取的赃款、赃物等；(3) 表现犯罪社会危害性后果的物品，如被毁坏的机器、仪器，被焚毁、炸毁的建筑物等；(4) 由犯罪行为所产生的非法物品，如非法制造的枪支、弹药、毒品，伪造的国家证券等；(5) 由犯罪行为产生的痕迹，如被害人身体上的伤痕、被破坏的门窗上遗留的撬压痕迹等；(6) 犯罪人在预备犯罪、实施犯罪的各种场所遗留的能反映该人特征的物品或痕迹，如犯罪人的衣物、指纹、脚印等；(7) 在犯罪过程中或者犯罪后，犯罪人为掩盖罪行、对抗侦查而伪造的各种物品和物质痕迹；(8) 能够表明犯罪嫌疑人、被告人无罪的各种物品或物质痕迹；(9) 其他可供查明案件真实情况的物品或物质痕迹。

相对于其他的证据形式，物证具有以下显著特点。

1. 物证具有较强的客观性

物证是以其自身属性、特征或存在状态对刑事案件起证明作用的，因此，同其他刑事证据相比较，特别是同一些用人的语言表述作为证据存在形式的证据，如证人证言、被害人陈述等相比较，物证更不易受人的主观因素的影响。“物证不会说话”，但是，我们也应当认识到“物证本身也不会说假话”，这是与言词证据最大的不同。即使有人故意改变物证的有关特征，如故意改变自己的书写习惯而模仿他人的笔迹书写，也会产生新的特征证明有故意伪装的事实存在。而证人证言、犯罪嫌疑人供述和辩解、被害人陈述的内容则很容易受到人的主观因素的影响，被害人可能由于自身感知能力的欠缺而不能感受有关事实，被害人可能由于愤怒有意扩大受到侵害的事实。书证由于其内容是人的意思表示，因而很多时候也不能客观地反映事实。勘验笔录和鉴定意见往往是人对物证的观察、分析、判断的结果，也会受到人的主观认识能力的限制。因此相对于其他证据，物证有着较强的客观性。正因为如此，对物证的收集和使用也得到了古今中外刑事司法实践的青睐，古巴比伦的《汉谟拉比法典》就规定，在审理盗窃案件时，要“认证失物”；1975 年 12 月在我国湖北省云梦县睡虎地发现的秦代竹简中，也有详细描述现场足迹以及将私铸钱币、血衣交官

① 陈维卫：《试论物证的概念和特征》，载《法学与实践》，1986 (1)。

② 崔敏、张文清主编：《刑事证据的理论与实践》，159 页，北京，中国人民大学出版社，1992。

检验的记载；当代世界各国也都对物证非常重视，一般都把物证作为刑事证据的首要形式。

2. 物证的存在具有独立性和稳定性

物证是以物体或痕迹的客观存在或与外界的联系来证明待证事实的，作为物证的物质或痕迹，在待证事实被发生时就已经以与待证事实相关的特征客观存在或与外界产生了特别的联系，此后，这种特征和联系仍然能够独立存在，只要没有人去实施积极的干扰行为，就不容易发生改变。同时，物证的表现形式为某种具体的物质或痕迹，本身就不像语言或文字那样容易受人为因素影响而发生变化。

3. 物证具有特定性

任何证据资料只有与案件事实具有关联性，才能作为定案的根据，物证也不例外。任何物品或物质痕迹只有在特点的时空中形成，与案件事实发生特定的联系，才具有证据的资格，否则就不是物证。因此，物证必须是直接反映案件事实的原始物质本身，而绝不能是替代物、同种类物或模型。在司法实践中，绝不能因为找不到作案用的匕首，而找一把相同大小、相同材料制成、相同形状的匕首作为物证使用，因为，特定的物证一旦消失，便永远无可挽回地被排除在证据体系之外了。物证的特定性，还决定了物证的信息被永久地固定在特定的物证里，而不可能采取传来的形式保留其信息。转述他人对案件事实的感受，可以成为刑事证据，而仿造物证制作的任何物品和物质痕迹都不可能重复原始物证中所包含的信息。

当然，在司法实践中，有些物证在发挥证明作用时，是以其他证据形式出现的。尽管如此，这些在证明过程中作为概念存在的物证的现实性也是不容忽视的。它必须客观存在，而且必须被实实在在地收集到，否则勘验、检查笔录、鉴定意见这一类被称作物证资料的别的证据形式，就成了无源之水，其证明作用也无法发挥。

4. 物证的证明作用具有间接性

物证无法直截了当地证明案件主要事实，物证必须借助于其他证据，才能证明案件的主要事实。物证所包含的信息内容都只能反映案件事实的某个片段，而不能反映案件的主要事实。物证同案件事实之间的联系只有通过其他刑事证据作为中介才能发生，孤立的物证只能说明特定的事实发生过，而这种特定的事实是不是由犯罪行为所产生的，则是或然的，而不是必然的。以在犯罪现场提取的手印为例，它所反映的信息只能是某人来过犯罪现场，而该手印是不是该人作案时留下的，则不是该手印所能说明得了的。同理，持有赃物者并不能被理所当然地推论为窃贼，而且即使是从物证所反映的片段事实来说，也不是自动的，而必须通过其他手段才能将物证对某一案件事实片段所反映的信息揭示出来：对匕首只有作了特定案件的凶器的同一认定的鉴定之后才有物证意义，对于某人持有的物品只有依证据证明是赃物才有可能成为刑事诉讼中的物证，这都是不言自明的道理。强调物证的间接性的意义在于要求司法人员办案时，必须注意分析每一个物证所能具有的证明力，防止把只能证明案件局部事实的物证作为认定全案事实的唯一根据。

二、物证的分类

对物证进行分类有助于辨明各种物证的证明作用和收集、审查、判断方法，按照物证对案件事实的证明方式、物证的体积大小、物证的存在形态可以对物证进行如下分类。

1. 特征物证、属性物证和状态物证

这种分类是以物证对案件事实的证明方式为标准进行划分的。特征物证，是通过其外部特征对案件起证明作用的物证，例如足迹、手印、工具痕迹、枪弹痕迹、犯罪工具、赃物等；属性物证是以其特定的内部属性发挥证明作用的物证，如毒物、爆炸物、血液、分泌物、气味、声音等；状态物证是以其本身的存在状态证明案情的物证，如赃物的存放位置，某种特定物的发现地点等。

2. 宏观物证、微观物证和常态物证

这种分类是以物证的体积的大小为标准进行划分的。宏观物证是指不能被提取而随卷移送的物证，如火车、汽车、轮船、飞机等。由于此类物证不能随卷移送，所以，在刑事诉讼中，往往以照片的方式转化为勘验、检查笔录的证据形式。微观物证是指不能被人的感官所发现，必须借助科学的仪器才能发现、提取的物证，如微量粉末等。常态物证是指能够用人的感官发现，并能够被提取、随卷移送的物证，如匕首、血迹、毛发等。

3. 固态物证、液态物证、气态物证和其他形态的物证

这种分类是以常温条件下物证的存在形态为标准进行划分的。凡是以固体方式存在的物证，就是固体物证，如作案用的铁锤、盗窃的电缆等；凡是以液体方式存在的物证就是液体物证，如汽油、酒精等；凡是以气体方式存在的物证，就是气体物证，如液化气等；其他形态的物证，是指除上述三种形态以外的一些特殊形态的物证，诸如声音、光线、热能、电等。一般而言，液态和气态物证相比固态物证而言，收集、提取、包装、运送均较为困难，且极易受到环境因素的影响而发生变化或者灭失，因此对于固定这些证据应当采取特殊的手段，而且应当及时。

三、物证的意义

物证在整个证据体系中具有举足轻重的地位，尤其是物证的客观性、直观性特点，使它同各种言词证据相比，具有相当大的优越性。具体而言，物证在证明案件事实过程中具有如下意义：首先，依靠物证，可以发现、证实犯罪事实和犯罪嫌疑人，确定犯罪案件的性质。任何案件都会在特定的犯罪时空中留下相应的物质或者痕迹，司法人员可以通过获得物证，然后根据物证所包含的案件信息，确定犯罪嫌疑人的作案动机、目的、时间、地点、手段、经过、后果等情况，分析作案过程，确定刑事案件的性质和犯罪嫌疑人的身份，明确进一步收集证据，找出犯罪嫌疑人的方向和途径。其次，依靠物证，可以审查判断犯罪嫌疑人、被告人供述和辩解、证人证言、被害人陈述等言词证据的真实可靠性。由于物证本身不易受人的主观意志的影响，物证具有较强的客观性，证明力较强，在某种程度上能够反映案件事实，因而，司法人员可以通过确实、充分的物证，有效地审查判断证人证言、被害人陈述、犯罪嫌疑人、被告人供述和辩解的真实性。

四、对物证的审查和判断

公安司法机关对物证应当着重审查以下内容：（1）物证是否为原物，是否经过辨认、鉴定；物证的照片、录像、复制品是否与原物相符，是否由二人以上制作，有无制作人关于制作过程以及原物存放于何处的文字说明和签名；（2）物证的收集程序、方式是否符合法律、有关规定；经勘验、检查、搜查提取、扣押的物证，是否附有相关笔录、清单，笔录、清单是否经侦查人员、物品持有人、见证人签名，没有签名的，是否注明原因；物品

的名称、特征、数量、质量等是否注明清楚；(3) 物证在收集、保管、鉴定过程中是否受损或者改变；(4) 物证与案件事实有无关联；对现场遗留的与犯罪有关的具备鉴定条件的血迹、体液、毛发、指纹等生物样本、痕迹、物品，是否已作 DNA 鉴定、指纹鉴定等，并与犯罪嫌疑人、被告人或者被害人的相应生物特征、物品等比对；(5) 与案件事实有关联的物证是否全面收集。

据以定案的物证应当是原物。原物不便搬运、不易保存，依法应当由有关部门保管、处理，或者依法应当返还的，可以拍摄、制作足以反映原物外形和特征的照片、录像、复制品。物证的照片、录像、复制品，不能反映原物的外形和特征的，不得作为定案的根据。物证的照片、录像、复制品，经与原物核对无误、经鉴定或者以其他方式确认为真实的，可以作为定案的根据。

对与案件事实可能有关联的血迹、体液、毛发、人体组织、指纹、足迹、字迹等生物样本、痕迹和物品，应当提取而没有提取，应当检验而没有检验，导致案件事实存疑的，人民法院应当向人民检察院说明情况，由人民检察院依法补充收集、调取证据或者作出合理说明。

《刑事诉讼法》第 56 条规定，收集物证不符合法定程序，可能严重影响司法公正的，应当予以补正或者作出合理解释；不能补正或者作出合理解释的，对该证据应当予以排除。最高人民法院《解释》第 86 条规定，在勘验、检查、搜查过程中提取、扣押的物证，未附笔录或者清单，不能证明物证来源的，不得作为定案的根据。物证的收集程序、方式有下列瑕疵，经补正或者作出合理解释的，可以采用：(1) 勘验、检查、搜查、提取笔录或者扣押清单上没有调查人员或者侦查人员、物品持有人、见证人签名，或者对物品的名称、特征、数量、质量等注明不详的；(2) 物证的照片、录像、复制品，未注明与原件核对无异，无复制时间，或者无被收集、调取人签名的；(3) 物证的照片、录像、复制品，没有制作人关于制作过程和原物、原件存放地点的说明，或者说明中无签名的；(4) 有其他瑕疵的。物证的来源、收集程序有疑问，不能作出合理解释的，该物证不得作为定案的根据。最高人民法院《关于建立健全防范刑事冤假错案工作机制的意见》第 9 条规定，现场遗留的可能与犯罪有关的指纹、血迹、精斑、毛发等证据，未通过指纹鉴定、DNA 鉴定等方式与被告人、被害人的相应样本作同一认定的，不得作为定案的根据。涉案物品、作案工具等未通过辨认、鉴定等方式确定来源的，不得作为定案的根据。对于命案，应当审查是否通过被害人近亲属辨认、指纹鉴定、DNA 鉴定等方式确定被害人身份。

第三节 书 证

一、书证的概念和特点

书证是指以文字、符号、图画所表达的思想内容来证明案件事实的书面材料或其他材料，如贪污案件中的账册、单据；诬告案件中的诬告陷害信件；团伙犯罪中的犯罪计划、分赃数据记录；单位犯罪中的会议记录、非法合同等。书证的概念解释了其两层含义：其一，在证据作用上，书证是以记载的内容或者表达的思想来证明案件事实的一种证据；其二，在表现形式上，书证有一定的物质载体，表现为某种材料。

相比较于其他证据形式，刑事诉讼中的书证具有以下几个特点：一是书证必须是以文字、符号、图画等记载内容或者表达了人的一定思想的物品，而且它所记载或表达的内容，能够为人们所认知和理解，可借以发现信息。这是使其成为书证的前提条件。因为，并不是凡有一定文字或符号附着其上的物品都会成为书证。书证表达人的思想内容的方式，最常见的是使用文字，但又不局限于文字，如使用符号、图画等方式来表达思想内容，也无不可。书证的物质材料，以纸张居多，但也不排斥其他的材料，如布帛、皮革、金石、竹木等，都可以成为书证的物质载体。书证的形成方法，既可以是手写、刀刻、印刷、剪贴，也可以用拼凑法、堆砌法或火烙法等。二是该项材料所记载的内容或者所表达的思想，须与刑事案件有关，能用以证明刑事案件事实。这是书证本质的特点，也是书证区别于其他证据形式的标志。书证所记载的内容或者所表达的思想与刑事案件有关，说明书证是以书证本身所包含的信息对刑事案件起证明作用的，而不是以其物质载体对案件起证明作用的。有些文字材料虽然作为犯罪现场的遗留物，也能对案件有证明价值，但由于它所记载的内容与刑事案件无关，即不是以记载的内容对案件起证明作用，而是以其存在的地点对刑事案件起证明作用，那么，尽管从表面上看它是一种文字材料，但它实质上却是物证，而不是书证。例如，在犯罪现场发现了犯罪嫌疑人的日记本，该日记本上记录的全部内容，与刑事案件毫无关系，因此不是书证而是物证。

必须注意的是，有的书面文件同时具有书证与物证两种属性，即无论是它存在的处所、外部形状、特征，还是它所记载、表达的思想内容，对案件的有关事实都能起证明作用。拿恐吓信来说，从恐吓信书写的字迹特征等可以证实恐吓信是谁所写，因此恐吓信起了物证的作用；从恐吓信中书写的内容来看，是勒索被害人的财物这一事实，能证实犯罪分子实施的敲诈勒索行为，因此，恐吓信又以书证的属性发挥了证明作用。那么在这种情况下，该书面文件到底是物证还是书证呢？我们认为，书证属性是第一位的，物证属性是第二位的。因为其书证属性对定罪量刑，对于确定犯罪构成的要素有直接的影响，所以仍以书证的形式出现；而且实际上任何书证都是不能脱离一定的物质载体而存在的，如果凡是这种情况都算作物证，那就无法划分书证和物证的界限了。结论是：凡是只有物证属性而无书证属性的书面文件都是物证，凡是只有书证属性而无物证属性或兼有物证和书证两种属性的书面文件都是书证。

二、书证的分类

书证在司法实践中以各种不同的形式表现出来，按照书证的内容、制作主体、制作方式、制作目的和书证的效用，可以对书证作如下分类。

1. 文字书证、图形书证和符号书证

以书证内容的表达方式为标准，可以将书证划分为文字书证、图形书证和符号书证。文字书证是指以文字所记载的内容来证明与案件事实具有关联性的书证，这种书证较为常见，例如信函、电报、传单、发票、账册等。图形书证是指以图形所表现的内容来证明与案件事实具有关联性的书证，例如地形图、设计图纸等。图形书证所表达的内容显得既形象又直观，但是如果涉及一些特殊专业技术领域的知识和经验，则需要借助专家来加以鉴定和认定。符号书证是指以符号表达特定思想内容来证明与案件事实具有关联性的书证，例如路标、音符、记号、标记等。

2. 原本书证、正本书证、副本书证、节录本书证、影印本书证和译本书证

以书证的制作方式为标准，可以将书证划分为原本书证、正本书证、副本书证、节录本书证、影印本书证和译本书证。凡是制作人最初制成的，是原本书证。在刑事诉讼中，应尽可能收集原本书证，因为它是书证的原始状态，其证据效力最高。凡照原本全文抄录或印制并与原本具有同等法律效力的书证，是正本书证；凡是照原本全文抄录或印制但不具有正本效力的书证，是副本书证。节录本书证是指制作人摘要抄录、印制原本文书部分内容后形成的书证。影印本书证是指采用影印技术，将原本或正本通过摄影或复制方式而制作的文书。译本书证是指采用包括其他国家或国内其他民族在内的语言文字，通过翻译原本或正本的方式而形成的文书。

3. 公文性书证和非公文性书证

以书证是否依职权制作为标准，可以将书证划分为公文性书证和非公文性书证。凡是国家机关及其他单位行使职权所制作的文书而成为书证的，称公文性书证，如公证书、判决书、营业执照等；凡是机关、团体、企事业单位不是出于行使职权的需要而制作的文书或私人制作的文书而成为书证的，称非公文性书证，如单位出具的介绍信，公民个人书写的材料等。刑事诉讼中的书证，多为非公文性书证。

4. 偶然书证和目的书证

以书证的制作目的为标准，可以将书证划分为偶然书证和目的书证。凡是书证制作者在制作之初并未考虑到将来会用作证据的，是偶然书证，如犯罪计划、犯罪分子为实施犯罪绘制的现场地图等；凡是书证制作者在制作之初就是出于将来作为证据的目的而制作的，是目的书证，如合同、公证书等。在刑事诉讼中多数书证为偶然书证。

三、书证的意义

书证以其所记载的内容和所表达的思想证明待证事实。书证的这一本质决定了其在刑事诉讼中具有十分重要的意义：第一，书证有助于认定案件的性质。相比其他证据形式而言，许多书证可以明确地告诉人们犯罪案件的性质。因为，犯罪嫌疑人、被告人供述和辩解、证人证言、被害人陈述等所讲述的犯罪性质不可轻信，物证、勘验、检查、辨认、侦查实验等笔录、鉴定意见所反映的犯罪性质需要综合各种情况推断，而书证可以使犯罪行为人的犯罪动机、过程昭然若揭。第二，书证与其鉴定意见相结合可以成为直接认定罪犯的有力证据。书证上所反映的思想内容可以揭示犯罪的性质和事实，而通过对书证上笔迹的鉴定，可以确定犯罪嫌疑人的身份，准确查获犯罪人。在某些案件中，书证及其笔迹鉴定能够直接证明案件主要事实。第三，书证是某些犯罪构成的必要证明条件。某些犯罪的构成，要以特定的书证为必要条件。例如，认定制作、复制、出版、贩卖、传播淫秽物品牟利罪，一定要有被制作、贩卖的淫秽书刊、画册、照片等证据。

四、对书证的审查和判断

公安司法机关对书证应当着重审查以下内容：（1）书证是否为原件，是否经过辨认、

鉴定；书证的副本、复制件是否与原件相符，是否由二人以上制作，有无制作人关于制作过程以及原件存放于何处的文字说明和签名；（2）书证的收集程序、方式是否符合法律、有关规定；经勘验、检查、搜查提取、扣押的书证，是否附有相关笔录、清单，笔录、清单是否经侦查人员、物品持有人、见证人签名，没有签名的，是否注明原因；物品的名称、特征、数量、质量等是否注明清楚；（3）书证在收集、保管、鉴定过程中是否受损或者改变；（4）书证与案件事实有无关联；（5）与案件事实有关联的书证是否全面收集。

据以定案的书证应当是原件。取得原件确有困难的，可以使用副本、复制件。书证有更改或者更改迹象不能作出合理解释，或者书证的副本、复制件不能反映原件及其内容的，不得作为定案的根据。书证的副本、复制件，经与原件核对无误、经鉴定或者以其他方式确认为真实的，可以作为定案的根据。

《刑事诉讼法》第56条规定，收集书证不符合法定程序，可能严重影响司法公正的，应当予以补正或者作出合理解释；不能补正或者作出合理解释的，对该证据应当予以排除。最高人民法院《解释》第86条规定，在勘验、检查、搜查过程中提取、扣押的书证，未附笔录或者清单，不能证明书证来源的，不得作为定案的根据。书证的收集程序、方式有下列瑕疵，经补正或者作出合理解释的，可以采用：（1）勘验、检查、搜查、提取笔录或者扣押清单上没有调查人员或者侦查人员、物品持有人、见证人签名，或者对物品的名称、特征、数量、质量等注明不详的；（2）书证的副本、复制件未注明与原件核对无异，无复制时间，或者无被收集、调取人签名的；（3）书证的副本、复制件没有制作人关于制作过程和原件存放地点的说明，或者说明中无签名的；（4）有其他瑕疵的。书证的来源、收集程序有疑问，不能作出合理解释的，该书证不得作为定案的根据。

第四节　证人证言

一、证人的概念与证人资格

按照我国《刑事诉讼法》第62条的规定，“凡是知道案件情况的人，都有作证的义务。生理上、精神上有缺陷或者年幼，不能辨别是非、不能正确表达的人，不能作证人”。根据这一规定，刑事诉讼中的证人，是指经公安司法机关通知，并有义务把自己所了解的案件情况告诉公安司法机关的诉讼参与人。证人资格，也就是证人的范围，是指哪些人能够作为证人，哪些人不能作为证人。要正确理解证人的资格，应当掌握以下几点。

（一）证人只能是当事人以外的知道案件情况的人

只有知道案件情况的人，才能作为证人，但知道案件情况的人，并非都是证人。案件的当事人由于与案件有直接利害关系，因而不能作为证人。证人是与案件没有直接利害关系而知道某一案件或某些案件情况的第三人。证人是由其知道案件事实决定的，因此，证人永远都是特定的人，具有不可代替性，他既不能由司法机关自由选择和指定，也不能由别人来代替和更换。

（二）凡是知道案件情况并有作证能力的人，都可以作为证人

"知道案件"，能够"辨别是非""正确表达"的人，是取得证人资格的绝对条件。是否作为证人，既不受性别、年龄、民族、出身、成分、文化程度、财产状况、思想觉悟、表现好坏、社会地位等限制，也不受是否与犯罪嫌疑人、被告人、被害人有亲属关系或其他利害关系的影响，只要符合证人的条件，都可以作为证人。对案件的同一事实，如果有几个人同时知道，那么他们都可以作为证人，而不能互相代替。

（三）证人只能是公民个人，法人和非法人团体不具有证人资格

这是因为只有公民个人才能借感官感知案件事实，而法人和非法人团体本身并无这种感知能力。同时，由于了解案件情况而产生的作证义务，是公民个人的法定义务，故意作伪证、隐匿罪证，必须负伪证的法律责任，而法人和非法人团体则无法承担这种法律责任。因此，证人只能是公民个人，任何机关、团体、企事业单位等都不能作为证人。实践中，它们所提供的档案材料、证明文件和其他书面材料，属于书证的范围，而不是书面证言。

（四）生理上、精神上有缺陷或者年幼，不能辨别是非、不能正确表达的人，不能作证

所谓"生理上有缺陷"，是指存在盲、聋、哑或者其他生理方面的缺陷。"精神上有缺陷"，是指在智力上或者精神上存在障碍。"年幼"是指年龄幼小，一般指14周岁以下。生理上、精神上有缺陷或者年幼的人，在不能辨别是非、不能正确表达的情况下，不能作证，但是对于他们能够辨别是非和正确表达的事项，他们是可以作证的。有人曾指出："14周岁以下的儿童能否成为证人，取决于法院的自由裁量，并主要依赖于其个人的道德感、智力和理解力。是提供证言的人的智力和理解力而不是年龄，在决定他是否有能力作为证人上起主导作用。"[①] 也就是说，看一个人能不能作为证人，关键要看他对客观事物能不能分清是非，能不能正确表达。根据这一标准，对具体人员的具体情况进行具体分析以后，才能够确定其能否作为证人。必要时，可以进行鉴定再作决定。因此，"生理上、精神上有缺陷或者年幼"只是丧失作证资格的相对条件，而不是绝对条件。还应注意，最高人民法院《解释》第88条第1款规定，处于明显醉酒、中毒或者麻醉等状态，不能正常感知或者正确表达的证人所提供的证言，不得作为证据使用。

（五）证人在刑事诉讼中占有优先地位

凡是在刑事诉讼开始以前知道案件情况的人，都应当优先地作为证人参加诉讼，而不应当作为本案的侦查人员、检察人员、审判人员、辩护人、鉴定人、翻译人员参加诉讼。因为这些人员都是可以自由选择和替换的，而证人却不能自由选择和替换。同时，这也符合《刑事诉讼法》关于证人具有作证的义务和"担任过本案的证人、鉴定人、辩护人、诉讼代理人的"即应当回避的有关规定。

（六）刑事诉讼中的见证人，应视为"特殊的证人"

见证人，是指与案件无关，而仅在勘验、检查、搜查、扣押和辨认等诉讼活动中，被司法人员邀请在现场观察并为此作证的人。这种人被邀请到现场见证，是可以选择和代替的，这与证人具有差异。但是，一旦被邀请到现场见证之后，他就成为了解有关诉讼活动的特定人，具有不可代替性，这与证人又有相似之处。尤其是见证人与证人具有类似的诉讼权利和义务。因此，可将见证人视为一种"特殊的证人"。最高人民法院《解释》第80条规定："下列人员不得担任见证人：（一）生理上、精神上有缺陷或者年幼，不具有相应辨

① Albert H. Putney, *Evidence*, Cree Publishing Company, 1910, p. 195.

别能力或者不能正确表达的人；（二）与案件有利害关系，可能影响案件公正处理的人；（三）行使勘验、检查、搜查、扣押、组织辨认等监察调查、刑事诉讼职权的监察、公安、司法机关的工作人员或者其聘用的人员。”“对见证人是否属于前款规定的人员，人民法院可以通过相关笔录载明的见证人的姓名、身份证件种类及号码、联系方式以及常住人口信息登记表等材料进行审查。由于客观原因无法由符合条件的人员担任见证人的，应当在笔录材料中注明情况，并对相关活动进行全程录音录像。”

大陆法系国家一般对证人资格很少限制。但大陆法系国家认为，证人是陈述见闻事实的第三人，所以，当事人不得充当证人，鉴定人不同于证人。英美法系国家早期的普通法曾规定，与诉讼当事人有利害关系，犯不名誉罪，或者因宗教信仰或无宗教信仰而不重视宣誓效力的人，已被定罪的重罪人，因为他们被认为不可信任，故均不得提供证言。现代立法中，这些限制性规定基本已废止。在英美法系国家，当事人可以充当证人，鉴定人属证人范畴。其一度认为精神病人不能提供可信的法庭证言，但如果一个精神病人通过以下两项测试，他（她）就可以作为一名合格的证人：对作证誓言中包含的义务以及作伪证的后果是否理解（在这方面有精神病的证人与未成年的证人是类似的）；能否对他（她）所感知的事物作出理智的陈述。以上两项测试同样适用于那些在要作证的事件发生当时醉酒或受麻醉剂影响的证人。

同案几个犯罪嫌疑人、被告人之间能否互为证人呢？根据证人只能是当事人以外了解案情的第三人的原则，同案犯罪嫌疑人、被告人不宜互相作为证人。因为犯罪嫌疑人、被告人对于案件事实情况，可以进行充分的供述和辩解。他们的供述和辩解经过查证核实后，可以作为证据使用。所以，没有必要把同案几个犯罪嫌疑人、被告人再互相作为证人进行讯问。特别是由于犯罪嫌疑人、被告人和证人在刑事诉讼中的地位、诉讼权利和诉讼义务是完全不同的，如果把犯罪嫌疑人、被告人作为本案的证人，实际上是让犯罪嫌疑人、被告人承担证明责任，因此会影响他们的诉讼权利。

在警察证人资格的法律限定和适用问题上，传统的大陆法系与英美法系国家走上了两条迥异的道路。在英美法系国家，警察是法庭的仆人。因为诉讼当事人都可以成为合法的证人，所以检察官和司法警察当然有证人资格，可以作为证人。但是，警察的证人资格在大陆法系理论上尚存争议。多数学者认为，参与办案的司法警察不具有证人资格，因为，检察官实施侦查时经历了有关事实，在该阶段并非诉讼主体以外的第三人，所以不能成为证人。至于协助检察官侦查犯罪的司法警察，除对于警察发现现行犯，当然应当以证人身份提供证言以外，应当将其视为检察官的辅助机关，与检察官一样，不允许警察就其职务上观察到的资料，作为证人。① 在大陆法系目前的司法实践中，某些情况下，警察亦可作为证人出庭。

在我国，《刑事诉讼法》中有两处涉及侦查人员出庭作证或者说明情况，在某种程度上肯定了侦查人员作为证人的适格性。第一处是，《刑事诉讼法》第 59 条规定：“在对证据收集的合法性进行法庭调查的过程中，人民检察院应当对证据收集的合法性加以证明。现有证据材料不能证明证据收集的合法性的，人民检察院可以提请人民法院通知有关侦查人员或者其他人员出庭说明情况；人民法院可以通知有关侦查人员或者其他人员出庭说明情况。有关侦查人员或者其他人员也可以要求出庭说明情况。经人民法院通知，有关人员应当出

① 参见刁荣华：《比较刑事证据法各论》，131—132 页，台北，汉林出版社，1984。

庭。”该条文要求，侦查人员对其证据收集的合法性出庭说明情况，有助于法院查明案件事实。第二处是，《刑事诉讼法》第192条第2款规定，人民警察就其执行职务时目击的犯罪情况作为证人出庭作证，适用普通证人的规定。此条文实际上是为了强调警察作为案件的目击证人出庭作证的必要性。我们认为，在警察出庭作证的对象和范围上，法律应当作出明确规定，主要包括以下几个方面的实体法事实（定罪事实和量刑事实）和程序法上的事实：（1）定罪事实：如参与办案的侦查人员在抓获犯罪嫌疑人过程中，目击犯罪嫌疑人犯罪事实；（2）量刑事实：如侦查人员在破案过程中接触到的被告人是否具有自首、立功等法定情节；（3）程序法上的事实：如侦查人员审讯被告人、询问证人的过程，对于有关证据的获取过程（如搜查、扣押、勘验、检查、辨认、鉴定等），以及关于侦查机关的诱惑侦查等秘密侦查行为的实施过程的事实。对于上述情况，被告人对侦查人员行为有争议的，传唤参与办案的侦查人员出庭作证，均有利于查明案件事实。[①]

二、证人的诉讼权利和诉讼义务

为了保障证人客观充分地提供证言，保证司法机关顺利地收集证人证言，我国刑事诉讼法赋予了证人广泛的诉讼权利，同时也规定了证人应当履行的诉讼义务。

（一）证人的诉讼权利

根据我国刑事诉讼法的规定，证人依法享有以下诉讼权利：

1. 司法人员到证人所在单位或者住处进行询问时，证人有权要求他们出示司法机关的证明文件。《刑事诉讼法》第124条规定：“在现场询问证人，应当出示工作证件，到证人所在单位、住处或者证人提出的地点询问证人，应当出示人民检察院或者公安机关的证明文件。”

2. 证人有权用本民族的语言、文字进行诉讼。《刑事诉讼法》第9条第1款规定：“各民族公民都有用本民族语言文字进行诉讼的权利。人民法院、人民检察院和公安机关对于不通晓当地通用的语言文字的诉讼参与人，应当为他们翻译。”

3. 证人有权按照自己知道的案件情况提供证言，不受任何机关、团体、单位和个人的干涉。《刑事诉讼法》第52条规定：“严禁刑讯逼供和以威胁、引诱、欺骗以及其他非法方法收集证据，不得强迫任何人证实自己有罪。必须保证一切与案件有关或者了解案情的公民，有客观地充分地提供证据的条件，除特殊情况外，可以吸收他们协助调查。”证人在行使这一权利时，可以补充、改正其陈述不实的部分，提交其持有的与案件有关的物证、书证。对其证言笔录，可以要求阅读或者请司法人员向其宣读，如果认为有遗漏或错误时，可以要求补充或修正。证人有权请求自己书写证言。

4. 证人在侦查期间，有权要求对自己的姓名保密和在整个诉讼阶段对自己报案、举报的行为保密。根据《刑事诉讼法》第111条的规定，在侦查期间，证人不愿公开自己姓名的，有权要求侦查机关为其保密。在整个刑事诉讼阶段，证人作为报案人、控告人、举报人，如果不愿公开自己的报案、控告、举报的行为，有权要求司法机关为其保密。司法机关必须为证人保密。这一规定既有利于鼓励和保护公民举报犯罪，防止被举报人打击报复，又有利于侦查机关调查核实举报的真实性，防止因举报的事实有出入而造成不良影响。但

---

① 参见汪建成、杨雄：《警察作证的理论推演与实证分析》，载《政法论坛》，2003（4）。

是，在审判阶段，证人没有要求为其姓名保密的权利。因为证人要到庭接受控辩双方的询问和质证，因故未到庭的证人，法庭要依法宣读其证言。

5. 证人对司法人员侵犯其诉讼权利和人身侮辱的行为，有权提出控告。《刑事诉讼法》第 14 条第 2 款规定：“诉讼参与人对于审判人员、检察人员和侦查人员侵犯公民诉讼权利和人身侮辱的行为，有权提出控告。”

6. 证人有权要求司法机关保障其自身及其近亲属的安全。对证人及其近亲属进行威胁、侮辱、殴打或者打击报复的，证人有权要求对行为人予以制裁。《刑事诉讼法》第 63 条规定：“人民法院、人民检察院和公安机关应当保障证人及其近亲属的安全。对证人及其近亲属进行威胁、侮辱、殴打或者打击报复，构成犯罪的，依法追究刑事责任；尚不够刑事处罚的，依法给予治安管理处罚。”第 64 条规定：“对于危害国家安全犯罪、恐怖活动犯罪、黑社会性质的组织犯罪、毒品犯罪等案件，证人、鉴定人、被害人因在诉讼中作证，本人或者其近亲属的人身安全面临危险的，人民法院、人民检察院和公安机关应当采取以下一项或者多项保护措施：（一）不公开真实姓名、住址和工作单位等个人信息；（二）采取不暴露外貌、真实声音等出庭作证措施；（三）禁止特定的人员接触证人、鉴定人、被害人及其近亲属；（四）对人身和住宅采取专门性保护措施；（五）其他必要的保护措施。证人、鉴定人、被害人认为因在诉讼中作证，本人或者其近亲属的人身安全面临危险的，可以向人民法院、人民检察院、公安机关请求予以保护。人民法院、人民检察院、公安机关依法采取保护措施，有关单位和个人应当配合。”

7. 证人出庭作证的通知书至迟要在开庭 3 日以前送达。《刑事诉讼法》第 187 条第 3 款规定，通知证人出庭的通知书至迟在开庭 3 日以前送达证人。

8. 证人有权要求司法机关补助因到庭作证所支出的费用。《刑事诉讼法》第 65 条规定，证人因履行作证义务而支出的交通、住宿、就餐等费用，应当给予补助。证人作证的补助列入司法机关业务经费，由同级政府财政予以保障。有工作单位的证人作证，所在单位不得克扣或者变相克扣其工资、奖金及其他福利待遇。

9. 特殊证人享有不被强制出庭作证的权利。为了保护社会的亲情伦理关系，《刑事诉讼法》第 193 条第 1 款规定，经人民法院通知，证人没有正当理由不出庭作证的，人民法院可以强制其到庭，但是被告人的配偶、父母、子女除外。该条文确立了配偶、父母、子女不被强制出庭作证的权利，在某种程度上确立了我国的亲属拒证特权制度。但是，相比西方国家的证人拒证特权而言，我国还存在很大的差距。在西方国家，为了保护刑事诉讼之外的其他社会利益，法律规定证人享有拒证特权。拒证特权是指公民在法定情况下可拒绝充当证人或对某些问题拒绝陈述的权利。证人有权拒绝提供可能使自己受到刑事追诉或者有罪判决的证言，证人有权拒绝提供可能使其近亲属、监护人或者被监护人受到刑事追诉或者有罪判决的证言。律师、医护人员、宗教职业者或者曾经担任上述职务的人员，对于其在履行职务过程中得知的有关他人秘密的事实，不得提供证言。此外，审判人员、公务人员对于履行公职所获知的秘密事项也拥有类似的拒绝作证权。在我国未来刑事诉讼法修改时，应当明确规定证人的拒证特权。

（二）证人的诉讼义务

根据我国刑事诉讼法的规定，证人应当履行的主要诉讼义务如下。

1. 证人有作证的义务。《刑事诉讼法》第 62 条规定：“凡是知道案件情况的人，都有作证的义务。”因此，证人经公安机关、人民检察院和人民法院通知，必须按时到法律规定的地点提供证言。证人不得以任何借口，拒绝提供证言。证人因故确实不能到案时，必须事先向传唤机关说明理由，不能无故不到案。在2012年《刑事诉讼法》修改之前，我国司法实践中，证人不出庭的现象相当严重，刑事证人出庭率只有2%～3%。这种现象给我国刑事诉讼制度的贯彻和诉讼机制的良性运转带来了极大的副作用。一方面，这使得法律的明文规定流于形式，导致有法不依的严重后果；另一方面，破坏了诉讼的直接言词原则，控辩双方的对抗无法实现，剥夺了双方当事人尤其是被告人与证人对质的权利。此外，证人不出庭作证还不利于法官查明案件事实，甚至造成冤假错案。2012年《刑事诉讼法》修改中，为了解决证人出庭难的问题，刑事诉讼法确立了关键证人出庭作证制度、强制证人出庭作证制度、对拒绝出庭作证的证人的处罚制度、证人补助（补偿）制度，完善了证人保护制度。具体而言，2012年《刑事诉讼法》第187条（现第192条）第1款规定，公诉人、当事人或者辩护人、诉讼代理人对证人证言有异议，且该证人证言对案件定罪量刑有重大影响，人民法院认为证人有必要出庭作证的，证人应当出庭作证。2012年《刑事诉讼法》第188条（现第193条）规定，经人民法院通知，证人没有正当理由不出庭作证的，人民法院可以强制其到庭，但是被告人的配偶、父母、子女除外。证人没有正当理由拒绝出庭或者出庭后拒绝作证的，予以训诫，情节严重的，经院长批准，处以10日以下的拘留。被处罚人对拘留决定不服的，可以向上一级人民法院申请复议。复议期间不停止执行。

2. 证人有向司法人员如实陈述和回答所提问题的义务，即证人有如实作证的义务。《刑事诉讼法》第125条规定："询问证人，应当告知他应当如实地提供证据、证言和有意作伪证或者隐匿罪证要负的法律责任。"根据这一规定，证人有义务向司法机关如实地陈述所知道的案件情况，实事求是地提供证据、证言。知道多少，陈述多少，既不能扩大，也不能缩小。《刑事诉讼法》第194条规定："证人作证，审判人员应当告知他要如实地提供证言和有意作伪证或者隐匿罪证要负的法律责任。"证人在法庭上既要接受审判人员的询问，也要接受公诉人、当事人、辩护人、诉讼代理人的发问。证人应当如实地回答他们提出的问题。证人不得作伪证，不得隐匿罪证，否则要负法律责任。根据《刑法》第305条的规定，"在刑事诉讼中，证人……对与案件有重要关系的情节，故意作虚假证明……意图陷害他人或者隐匿罪证的，处三年以下有期徒刑或者拘役；情节严重的，处三年以上七年以下有期徒刑"。需要指出，证人构成伪证罪，必须是"故意作虚假证明"，即"故意作伪证"。因此，证人只要主观上愿意如实陈述，即使有时由于对事物没有看清、听清或者由于记忆不清、表达不准确等，而提供了不完全准确甚至错误的证言，也不构成伪证罪。对此我国《刑事诉讼法》第111条第2款规定："接受控告、举报的工作人员，应当向控告人、举报人说明诬告应负的法律责任。但是，只要不是捏造事实，伪造证据，即使控告、举报的事实有出入，甚至是错告的，也要和诬告严格加以区别。"这一规定有利于保证证人提供证据、证言。

3. 证人有义务保守司法机关向其询问的情况以及他所陈述内容的秘密，不得向无关人员泄露。证人与证人之间也不能互相串通，互相了解陈述的内容。其目的是防止证人将有关案件的情况泄露后造成不良的社会影响，干扰其他证人作证，影响被告人、被害人提供证据，妨碍司法机关侦查、起诉和审判工作的顺利进行。

4. 证人有遵守法律秩序的义务。《刑事诉讼法》第199条规定："在法庭审判过程中，如果诉讼参与人或者旁听人员违反法庭秩序，审判长应当警告制止。对不听制止的，可以强行带出法庭；情节严重的，处以一千元以下的罚款或者十五日以下的拘留。"根据这一规定，作为诉讼参与人之一的证人，如果在法庭审理过程中违反法庭秩序，将受到警告、罚款或者拘留的处罚。所以，遵守法庭秩序，维护人民法院审判工作的顺利进行，是证人应尽的一项义务。

三、证人证言的概念和特征

证人证言是刑事诉讼当事人以外的第三人就自己所感知的案件事实向侦查机关、检察机关和审判机关作出的陈述。

相比其他证据形式而言，证人证言具有下列显著特点。

（一）证人证言不同于物证、书证

证人证言同物证、书证之间的根本区别在于，证人证言以语言表述作为存在形式。在实行直接言词辩论原则的国家，证人要亲自出庭，向法庭陈述自己所感知的案件事实，并接受控辩双方的质证，因此这种区别就更为明显。而即使在不完全实行直接言词辩论原则的国家，在证人不出庭而提供书面证言的情况下，也不能将这种书面文字材料看成是书证，因为它是对证人对案件事实感知情况的口头表述的书面记录，是以口头表述对案件起证明作用的。

证人证言的这种存在形式的特点决定了其具有与物证、书证相对应的优缺点。其优点在于，证人证言可以在证人的头脑中通过人的大脑的记忆功能保留一段时间，所以相对来说，证人证言比较容易收集。证人证言的缺点在于，由于证人证言所表述的是一种人的感受，受主观因素的影响要大一些，或者由于证人的生理、心理的缺陷而使感受或表述失真，或者由于证人的主观动机不纯而出现伪证，或者由于外界的压力，如威胁、引诱等而造假。所以对证人证言的审查判断就显得尤为重要。

（二）证人证言不同于被害人陈述

虽然证人证言和被害人陈述都是以人的语言表述作为存在形式的，但证人和被害人具有不同的诉讼地位，这种诉讼地位的差异，决定了证人证言和被害人陈述应当分别成为两种独立的刑事证据。被害人同刑事案件有直接的利害关系，而证人同刑事案件则无直接的利害关系，这种诉讼地位的区别决定了他们的陈述虽然都以口头表述的形式出现，但在内容上却有很大差别。在通常情况下，证人证言相对于被害人陈述来看，要客观一些，被害人作为犯罪的直接受害者，可能出于报复的动机有意无意地夸大犯罪事实，而证人由于一般与案件没有直接的利害关系，因而比较容易做到客观公正。

（三）证人证言不同于鉴定意见

证人是通过诉讼以外的途径，即在刑事诉讼开始前案件事实的发生过程中了解案件的真实情况的，这是证人证言不同于鉴定意见的关键。鉴定人为了鉴定的需要，虽然也要进行一些必要的了解案件的活动，但这种了解是在刑事诉讼程序开始以后，通过诉讼的途径所获得的。同时，证人都是以其所感知的事实来证明案件的情况，而鉴定人则不是以他所了解的事实证明案情，他对案件事实进行一些了解的目的是进行刑事科学技术鉴定，并最终以自己的鉴定结果对刑事案件起证明作用。

正是上述区别，决定了证人证言具有不可替代性，即只能由知道案件情况的人作证，而不能找其他人员代替证人作证。某人或某些人了解案件情况，这是特定的和无法选择的，正是这种特定性决定了证人证言不可替代。鉴定意见是由鉴定人作出的，鉴定人同案件事实不具有这种特定关系，因此鉴定人可以选择，只要是具备鉴定技术水平和资格的人，就可以被聘请或指派作为鉴定人，并对案件中的某些专门性的问题作出鉴定意见。此外，证人证言具有不可代替性，不仅指不了解案件情况的人不能代替证人作证，还指即使了解同样案件情况的人也不可相互代替作证。因为证人的品德素质和感受、判断、记忆、复述能力各不相同，不同证人所作的证词必定有一定差异。这一特点决定了，即使有多个人同时感受相同的案件事实，也应当让了解案件情况的各个证人分别作证，并对每个证人的证言都进行认真的核查，而不能采取座谈会的方式，更不能只选其中的一个或几个代表作证。

证人证言和鉴定意见的区别还在于证据本身的内容上。证人证言是证人对案件事实的感受，因此，证人证言的内容十分广泛，有什么样的案件事实，就会有什么样的证人证言。而鉴定意见，只是针对案件中的某些专门性问题而发表的看法，因此，鉴定意见的内容只与案件的某个局部问题有关，而且这个局部问题必须运用专门技术知识才能解决，否则，如果司法人员凭个人的业务知识就能判断的话，则根本不需要鉴定意见。

四、证人证言的形成过程和构成要素

（一）证人证言的形成过程

一个证言的形成必然要经历感知、记忆和表述三个不可分割的阶段。其中，感知是基础，是证言形成的初始阶段，在这一阶段，证人依靠视觉、听觉、触觉、嗅觉、味觉等接受案件事实的信息，这种信息是证言的源头。记忆是固定证言信息的独特方式，证人只有通过人脑的独特记忆功能才能将所感知的案件信息保留下来。记忆是一种主观用脑活动，它是对人的感知、感觉印象加以固定的过程，记忆的形成与最初的感受是否深刻有关，人的记忆能力同年龄、健康状况、职业习惯、时间长短也有密切联系。表述是证言形成的最后一个阶段，是对证言信息的外化过程。证人在对案件事实感知、感觉和记忆的基础上，以语言表达的方式将其复述、再现出来，才能形成最终的证人证言，成为刑事诉讼中的证据。证人对案件事实的表述是否客观、准确地再现了证人所感知的状况，是否挖掘了记忆储存的全部印象，直接关系到证人证言的真实性。

（二）证人证言的构成要素

一般认为，证人证言只能由其表述的与案件有关的事实构成，这种事实源于他对案件事实的感受，而证人证言中的推测性或判断性陈述，不可作为定案的证据使用。因为对案件事实加以判断属于司法机关的职能。况且，证人因受职业、知识和经验等限制，往往难以对案件作出准确的判断。倘若让其提供判断意见，势必导致诉讼上的立证混乱、提供偏见或预测资料的危险。从整体上讲，这种传统的观点是正确的，但是不能绝对化，不能将证人证言说成是离开人的判断而存在的纯粹的客观事实。

我们认为，在证人证言的形成过程中必然包含判断的因素。证人在通过感觉器官接受了与案件有关的信息之后，必然要对其进行辨别与分类，作出判断，确定刺激物的意义，最后形成概念。如果没有这一辨认和判断过程，就不可能存在人们通过对事物的抽象理解而形成的印象。例如，证人说他看见一个穿黑衣、头戴鸭舌帽的老头，用菜刀砍死一个戴眼镜的中年妇女。在此证言中，“凶手穿黑衣、头戴鸭舌帽”，“是个老头”，“凶器是菜刀”，“被害人是一名中年妇女”等内容，实际上就是对数个事物进行的辨别与判断。而且阅历较广、经验较丰富和具有某种专业知识的人对事物作出的判断，通常较一般人更为准确，具有更大的证据价值。例如，同一张等高线地图，对于非专业人员而言，看到的仅是封闭和不规则的圆圈，而制图学家看到的则是生动的地形图；射击运动员对枪的类别和型号的判断肯定要比一般人准确得多。由此可见，证人所作的某种判断性陈述，尤其是具有一定专业知识和生活经验的人所作的判断，具有较高的证据价值。

所以问题的关键不在于证人的判断是否可作为证据，而在于证人证言中哪一部分判断不具有证据价值，哪一部分判断具有证据价值，即如何划清两者的界限。我们认为，证人所作的判断性陈述，可以划分为体验性判断和意见性判断。所谓体验性判断，指证人依据自己所体验的事实作出的识别与判断。诸如“凶手是小伙子”“凶器是匕首”“受害者是中年妇女”，都属于体验性判断，此类判断显然具有证据价值。所谓意见性判断，指不是依据自己所体验的事实，或不完全依据所体验的事实，而是依据人们的知识、经验或科学原理作出的推断。例如，有一个证人陈述，在案件发生时，曾看见一个身材高大、留长发、着风衣的人快速跑出车间，估计此人就是罪犯。在此陈述中，“估计此人就是罪犯”，就是意见性判断，不具有证据价值。因为他所体验的事实只能使他作出“一个高大、留长发、着风衣的人跑出车间”的判断，不足以使他作出“此人就是罪犯”的判断。因此，证人对案件事实的判断只能是体验性判断，否则就不是证人证言，只有鉴定人才可以对案件事实作出意见性判断。最高人民法院《解释》第 88 条第 2 款规定，证人的猜测性、评论性、推断性的证言，不得作为证据使用，但根据一般生活经验判断符合事实的除外。

五、证人证言的意义

各种诉讼案件都是在社会上发生的，案件一经发生，往往会被人们所感知。因此，感知案件事实、情节的人向司法机关提供的证言，是各种诉讼中运用最为广泛的一种证据。在刑事诉讼中，司法人员对案件事实并没有亲自耳闻目睹，他们要靠证据才能认识案件的事实真相，其中证人证言具有极为重要的作用。具体作用包括：一个证人或若干证人，就其了解的案件发生的时间、地点、原因，造成的结果，行为人的动机、目的等，向司法机关提供证言，有利于司法人员全面地查明案情，为正确处理案件奠定坚实的基础；证人证言有助于司法人员深入了解物证、书证等证据的特征和含义，核实其真伪和确定其证明力的大小；证人还能提供司法人员尚不了解的证据线索，这就有利于司法人员据以进一步收集证据；将证人证言与同案件有利害关系的当事人陈述等言词证据相互印证，通过对质揭露犯罪嫌疑人、被告人或被害人的口供或陈述的虚假性，可以使他们放弃不切实际的幻想，如实供述或陈述案情。

有人认为，证人证言可能出现伪证或错证，不如物证、书证那样真实可靠，因而贬低证人证言的作用。这种观点是错误的。在证人证言中，确有可能出现伪证或错证的情况，但是，只要认真进行审查、仔细鉴别，证言的真假情况是完全能够分清的。而且证人证言的内容是十分广泛的，与案件事实密切联系，有的证言可以直接指明谁是犯罪嫌疑人，有的证言可以直接说明犯罪发生的过程，因此，一切符合案件事实情况的真实证言，都具有较强的证明力，其证明作用是其他证据所无法替代的。

六、对证人证言的审查和判断

对证人证言，公安司法机关应当着重审查以下内容：(1) 证言的内容是否为证人直接感知；（2）证人作证时的年龄，认知、记忆和表达能力，生理和精神状态是否影响作证；（3）证人与案件当事人、案件处理结果有无利害关系；（4）询问证人是否个别进行；（5）询问笔录的制作、修改是否符合法律、有关规定，是否注明询问的起止时间和地点，首次询问时是否告知证人有关权利义务和法律责任，证人对询问笔录是否核对确认；（6）询问未成年证人时，是否通知其法定代理人或者合适成年人到场，有关人员是否到场；（7）有无以暴力、威胁等非法方法收集证人证言的情形；（8）证言之间以及与其他证据之间能否相互印证，有无矛盾；存在矛盾的，能否得到合理解释。

《刑事诉讼法》第56条规定，采用暴力、威胁等非法方法收集的证人证言，应当予以排除。最高人民法院《解释》第89条规定："证人证言具有下列情形之一的，不得作为定案的根据：（一）询问证人没有个别进行的；（二）书面证言没有经证人核对确认的；（三）询问聋、哑人，应当提供通晓聋、哑手势的人员而未提供的；（四）询问不通晓当地通用语言、文字的证人，应当提供翻译人员而未提供的。"第90条规定："证人证言的收集程序、方式有下列瑕疵，经补正或者作出合理解释的，可以采用；不能补正或者作出合理解释的，不得作为定案的根据：（一）询问笔录没有填写询问人、记录人、法定代理人姓名以及询问的起止时间、地点的；（二）询问地点不符合规定的；（三）询问笔录没有记录告知证人有关权利义务和法律责任的；（四）询问笔录反映出在同一时段，同一询问人员询问不同证人的；（五）询问未成年人，其法定代理人或者合适成年人不在场的。"

最高人民法院《解释》第91条规定，证人当庭作出的证言，经控辩双方质证、法庭查证属实的，应当作为定案的根据。证人当庭作出的证言与其庭前证言矛盾，证人能够作出合理解释，并有其他证据印证的，应当采信其庭审证言；不能作出合理解释，而其庭前证言有其他证据印证的，可以采信其庭前证言。经人民法院通知，证人没有正当理由拒绝出庭或者出庭后拒绝作证，法庭对其证言的真实性无法确认的，该证人证言不得作为定案的根据。

第五节 被害人陈述

一、被害人陈述的概念

被害人陈述，是指被害人就其遭受犯罪行为侵害的事实以及有关犯罪分子的情况向司法机关所作的叙述。必须注意的是，被害人不仅仅限于自然人，单位也可以成为被害人，具有当事人的诉讼地位。因而，被害人陈述也包含单位被害人的陈述。被害单位的陈述是由单位的法定代表人以被害单位名义作出的，这种陈述具有综合性、间接性的特点，因为它是法定代表人基于职务关系而了解的本单位被犯罪侵害的情况，通常是在经过单位大量调查研究并在汇总整理的基础上提供的。

在理解被害人陈述的概念时，需要明确以下几个方面的问题。

（一）被害人陈述的内容

在刑事诉讼中，被害人有可能从以下三个方面进行陈述：一是叙述犯罪分子侵害的事实经过，二是提供有关犯罪分子的情况，三是提出有关维护自己合法权益的要求。而作为刑事证据的被害人陈述只应包括前两项内容，而不能包括有关维护自己合法权益的要求。因为证据是用以证明案情的事实根据，至于被害人对案件处理所提出的要求等，可以视为其请求，而不能看作是刑事诉讼的证据。

（二）被害人陈述的对象

被害人陈述是在刑事诉讼过程中被害人向公安司法机关所作的陈述，被害人向公安司法机关以外的机关或者个人所作的陈述不属于被害人陈述。

（三）被害人陈述的形式

被害人可能以口头的方式进行陈述，也可能以文字的方式进行表述，即将自己的陈述转化为书面的文字材料，还可能以其他能被别人理解的意思表示，如聋哑被害人的手势、绘图等方式进行表述。如果是最后一种情况，司法机关有义务为被害人提供通晓聋哑手势的人进行翻译，并将翻译的内容转化为书面的被害人陈述笔录。

（四）被害人陈述具有人身不可代替性

被害人陈述只能由被害人本人提出，如果被害人年幼、死亡或因伤残而丧失表达能力，被害人的近亲属可以转述被害人遭受侵害的事实，但是他们的转述，就只能以证人证言的形式出现，而不属于被害人陈述的范畴。相比而言，如果被害人自身因为生理上、精神上的缺陷，无法提出诉讼请求，其法定代理人可以代理其提出诉讼请求。

二、被害人陈述的特点

被害人陈述是最容易同证人证言相混淆的刑事证据，而且在很多其他国家和地区的立法中，也都将被害人陈述视为证人证言。我国《刑事诉讼法》没有采纳英美法系国家的做法，将被害人陈述混同于证人证言，而是将被害人陈述作为一种独立的刑事证据，原因在于被害人陈述与证人证言存在以下显著的区别。

（一）陈述的主体不同

被害人陈述，是由受到犯罪行为直接侵害的人就其受到犯罪行为侵害的情况向司法机关提供的，而证人证言则是由没有受到犯罪行为直接侵害的第三者，就其所了解的案件情况向司法机关提供的。被害人陈述与证人证言的下述区别主要是由被害人与证人在刑事诉讼中所处的诉讼地位不同决定的。

（二）陈述的内容不同

被害人是犯罪行为的被害者，所以被害人陈述往往证明犯罪嫌疑人有罪或罪重；证人证言则是依据自己对案件的感受作出的，由于证人是独立于犯罪行为之外的第三者，所以证人证言既有可能是不利于犯罪嫌疑人、被告人的，也有可能是有利于犯罪嫌疑人、被告人的。基于上述不同之处，被害人陈述可能夸大案件事实，而证人证言则相对能够比较客观。

（三）收集的难易程度不同

被害人陈述一般比证人证言容易收集。公民或法人受到犯罪行为侵害后，为了维护自己的合法权益，一般都迫切要求司法机关及时揭露、证实犯罪，惩罚犯罪人，同时普遍有协助司法机关查破案件的极大积极性和主动精神，因此，大都能及时、准确地提供受到犯罪侵害的情况，揭发、检举犯罪人。证人则由于同案件没有直接的利害关系，他参加诉讼没有任何利益可获取，只不过是被司法机关要求而参加诉讼的，所以可能因为各种主客观原因而逃避自己的作证义务。

（四）故意作虚伪陈述的法律后果不同

被害人如果捏造犯罪事实，意图陷害他人，使他人受到刑事处分，则应承担诬告罪的刑事责任，而证人在侦查、审判过程中故意提供虚假证言，意图陷害他人的，则应承担触犯伪证罪的刑事责任。

对被害人陈述的审查和判断，参照前述对证人证言的审查和判断。但是，应当注意被害人陈述与证人证言的不同特征。

三、被害人陈述的意义

被害人陈述是刑事诉讼中一种重要的人证方式，具有重要的诉讼意义。被害人在被害之后，往往会基于报复和获得赔偿的愿望，控告犯罪行为人的罪行，所以被害人一般都能主动地向司法机关进行陈述，被害人陈述也是刑事诉讼中被广泛采用的一种证据。被害人一般对案件事实了解得比较清楚、具体，而且记忆深刻。特别是在强奸、仇杀、伤害、诈骗等案件中，被害人与犯罪嫌疑人、被告人大都有过直接接触，不仅了解犯罪的事实，而且了解犯罪嫌疑人、被告人的体貌特征。因此，被害人陈述对于司法机关查清犯罪事实和查获犯罪人，都具有重要的意义。具体来讲，被害人陈述有以下几个方面的作用。

（一）被害人陈述有利于司法机关查获犯罪嫌疑人和查明犯罪事实

在刑事诉讼中，司法机关最为重要的两项任务就是查获犯罪嫌疑人和查找相关的证据证明案件事实，被害人陈述有利于司法机关查获犯罪嫌疑人和查明犯罪事实。根据《刑事诉讼法》第82条的规定，公安机关对于现行犯或者重大嫌疑分子，如果有被害人指认他犯罪的，可以先行拘留。这一规定在某种程度上也说明了被害人陈述和指认的重要作用。被害人一般与犯罪嫌疑人有过直接接触，对犯罪嫌疑人的性别、年龄、身高、衣着、体貌特征、言谈举止、方言口音等比较了解；有的被害人在同犯罪嫌疑人搏斗中，可能使犯罪嫌疑人受到损伤，而在其身上留下特殊标记；有的被害人甚至认识犯罪嫌疑人；等等。因此，被害人向侦查人员指认或者陈述犯罪嫌疑人的特征，有利于侦查人员查获犯罪嫌疑人。从诉讼实践来看，有很多案件都是根据被害人陈述中提供的情况，经过调查研究而及时破案、定案的。有的被害人往往就是刑事案件的目击人，他在作案现场仔细观察犯罪嫌疑人的犯罪活动，亲自看到、听到犯罪嫌疑人实施犯罪的情况。在很多情况下，被害人对实施犯罪的时间、地点，使用的犯罪工具、手段和方法，犯罪的经过和造成的后果及犯罪嫌疑人的衣着外貌、方言口音、动作特征等，都可能直接了解；有的被害人因同犯罪嫌疑人有过交谈，可以提供犯罪嫌疑人的作案动机、目的等；有的被害人能够准确地讲述自己被损害的财物的数量、特征、规格、型号，被害人同其他人的关系，如谁同其有仇隙等。因此，被害人陈述对于司法机关判断案件性质，确定侦查方向和范围，收集其他证据，揭露犯罪和证实犯罪，有着特别重要的作用。

（二）被害人陈述有利于核实、印证其他证据

被害人与作为加害人的犯罪嫌疑人、被告人是刑事案件中处于对立的双方，他们的陈述有时会一致，有时会针锋相对。被害人陈述对于其他证据可以起到印证作用，特别是对于犯罪嫌疑人、被告人的供述和辩解而言，如果其与被害人陈述一致，就可以基本上确定

案件事实；如果犯罪嫌疑人、被告人做虚伪供述，用查证属实的被害人陈述也可以起到对质作用，用被害人陈述去揭穿他们的虚伪供述，促使他们认罪服法。

在强调被害人陈述的上述作用的同时，也要看到被害人陈述的弱点，如有的被害人可能夸大案件事实，有的被害人还有可能故意捏造事实，陷害他人。所以对被害人陈述这种证据，一定要进行认真的审查判断，只有查证属实的被害人陈述才能作为定案的根据。

第六节　犯罪嫌疑人、被告人供述和辩解

犯罪嫌疑人、被告人是刑事诉讼中最为重要的当事人。在英美法系中，犯罪嫌疑人、被告人具有证人资格，其所作的陈述相当于证人证言。在大陆法系，被告人的自白是一种区别于证人证言的人证形式，属于一种独立的证据。我国刑事诉讼法基本采用大陆法系国家的立法模式，将犯罪嫌疑人、被告人供述和辩解作为一种独立的证据种类。

一、犯罪嫌疑人、被告人供述和辩解的概念

犯罪嫌疑人、被告人供述和辩解，是指犯罪嫌疑人、被告人在刑事诉讼过程中，就与案件有关的事实情况向司法机关所作的陈述，简称犯罪嫌疑人、被告人口供。公诉刑事案件的诉讼过程中，犯罪嫌疑人与被告人是同一诉讼主体在被起诉前和被起诉后的不同称谓。在审判前的阶段，称犯罪嫌疑人；在被提起公诉后，称为被告人。因此，同一诉讼主体关于案件事实的陈述，在审判前的阶段作出的，就称为犯罪嫌疑人供述和辩解；在审判阶段作出的，就称为被告人供述和辩解。

在理解犯罪嫌疑人、被告人供述和辩解的概念时，应当注意以下几个方面的问题。

（一）犯罪嫌疑人、被告人供述和辩解的形式

犯罪嫌疑人、被告人供述和辩解可能呈现书面和口头两种形式。犯罪嫌疑人的供述和辩解一般表现为犯罪嫌疑人向侦查机关、检察机关所作的口头陈述，但是，经过侦查人员、检察人员许可，犯罪嫌疑人也可以自行书写成文字材料。但被告人的供述和辩解则只能采取口头形式，刑事被告人必须在法庭上接受讯问，并口头陈述其供述和辩解，即使他作为犯罪嫌疑人在侦查和审查起诉阶段书写了口供，在法庭审判阶段也必须转化成口述形式。

（二）犯罪嫌疑人、被告人供述和辩解的内容

一般认为，犯罪嫌疑人、被告人供述和辩解一般可能包括三部分内容。其一是犯罪嫌疑人、被告人的供述，即犯罪嫌疑人、被告人向公安机关、人民检察院或人民法院承认自己有犯罪行为和关于犯罪具体过程、情节的叙述；其二是犯罪嫌疑人、被告人的辩解，即犯罪嫌疑人、被告人否认自己有犯罪行为，或者虽然承认自己犯了罪，但就依法不应被追究刑事责任以及有从轻、减轻或免除处罚等情况所作的申辩和解释；其三是犯罪嫌疑人、被告人对他人犯罪的检举，即对其他公民犯罪行为的揭发。其中，前两部分内容应以犯罪嫌疑人、被告人供述和辩解的形式出现，而对于第三种内容能不能以犯罪嫌疑人、被告人供述和辩解的形式出现，需要具体问题具体分析。如果是对同案犯罪嫌疑人、被告人的检

举揭发，这种检举揭发的内容与检举揭发者自己的犯罪行为有一定联系，可以在本案中使用，因而属于犯罪嫌疑人、被告人供述和辩解的组成部分；如果是对非同案犯罪嫌疑人、被告人的检举揭发，与本案的事实无关，就不能作为证明本案的真实情况的证据使用，不属于“犯罪嫌疑人、被告人供述和辩解”的组成部分，而应在所检举揭发的案件中，以证人证言的证据形式出现。

(三) 犯罪嫌疑人、被告人供述和辩解的提供主体

在刑事诉讼中，犯罪嫌疑人、被告人既可能是自然人，也可能是单位。自然人犯罪后，他有能力也有义务就案件事实向司法机关进行陈述。而单位是一种社会组织体，它不能像自然人那样陈述案情。在单位犯罪的案件中，单位的法定代表人作为单位犯罪嫌疑人、被告人的代表参加刑事诉讼，就与单位犯罪有关的事实所作的陈述，就属于犯罪嫌疑人、被告人供述和辩解。法定代表人是单位意志的体现者和执行者，他对于单位是否犯罪以及如何犯罪等一般也是较为清楚的，因此他不仅有条件也有义务提供犯罪嫌疑人、被告人供述和辩解这种证据。

(四) 同案犯罪嫌疑人、被告人供述和辩解的性质

近几年来，无论在理论界还是在司法实践中，对同案犯罪嫌疑人、被告人供述和辩解的性质都存在较大的争论。有学者认为，同案犯罪嫌疑人、被告人兼有犯罪嫌疑人、被告人和证人双重身份，他就自己的问题所作的陈述，属于犯罪嫌疑人、被告人供述和辩解，就同案犯罪嫌疑人、被告人的问题所作的陈述，属于证人证言。而且，《刑事诉讼法》第62条第1款规定：“凡是知道案件情况的人，都有作证的义务。”同案被告人均是当事人，他们最了解自己与案件的真实情况；利用同案犯作证，不仅有利于准确认定案件事实，还有利于促使其他同案被告人认罪服法。[①] 还有学者认为，同案犯罪嫌疑人、被告人就案件事实所作的陈述，仍然属于犯罪嫌疑人、被告人供述和辩解，一般情况下不能作为证人证言使用，但是在特定情况下可以作为证人证言使用。[②] 我们认为，同案犯罪嫌疑人、被告人就案件事实的陈述，只能是犯罪嫌疑人、被告人供述和辩解，而不是证人证言。其理由：一是在刑事诉讼中，有关人员就案件事实向司法机关所作的陈述，是属于哪种形式的证据，主要取决于他们在诉讼中的地位，被害人所作的陈述叫被害人陈述，犯罪嫌疑人、被告人所作的陈述叫犯罪嫌疑人、被告人供述和辩解，与案件结果无直接关系的公民所作的陈述，则为证人证言。这样的划分，有利于分析各种证据的特点，便于对它们进行审查判断。二是如果把同案犯罪嫌疑人、被告人的陈述当作证人证言，会使某些司法人员规避我国《刑事诉讼法》第55条的规定，仅仅根据同案犯罪嫌疑人、被告人供述就予定案，容易造成冤假错案，不利于保护犯罪嫌疑人、被告人的合法权益。

二、犯罪嫌疑人、被告人供述和辩解的特点

(一) 犯罪嫌疑人、被告人供述和辩解的直接性

犯罪嫌疑人、被告人供述和辩解往往不需要结合其他证据就可以单独证明案件的主要事实，也即犯罪嫌疑人、被告人供述和辩解本身就可以证明犯罪嫌疑人、被告人是否实施

---

① 参见陈光中主编：《刑事诉讼法学》，224页，北京，中国人民公安大学出版社、人民法院出版社，2004。

② 参见聂世基、李建明：《刑事诉讼疑难问题思辨》，06页，北京，中国人民公安大学出版社，1991。

犯罪行为这一案件主要事实。而物证、书证等其他实物证据对于证明有罪来说，都难以单独证明案件中的主要事实，而需要结合其他证据才能对案件的主要事实予以证明。至于证人证言与被害人陈述则仅限于证言或陈述中能说明是谁实施犯罪的内容才具有证明案件主要事实的直接性。因此，犯罪嫌疑人、被告人供述和辩解一旦查证属实，就可以成为认定案件事实的直接证据，这是其他证据无法比拟的。

（二）犯罪嫌疑人、被告人供述和辩解的不稳定性

犯罪嫌疑人、被告人供述和辩解的不稳定性，主要体现在诉讼过程中，犯罪嫌疑人、被告人随时可能“翻供”。犯罪嫌疑人、被告人的思想受各种因素的影响，极易起伏波动。有的犯罪嫌疑人、被告人开始作了虚假供述，以后受到教育，真诚悔罪，又如实供述。有的犯罪嫌疑人、被告人在供述罪行以后，由于受到看守所里惯犯或“二进宫”等人的教唆，在后来的审讯中又推翻以前的供述。还有的犯罪嫌疑人、被告人时供时翻，屡供屡翻，使得案情复杂化。因而，犯罪嫌疑人、被告人供述和辩解的稳定性不仅无法同实物证据相比，而且不如证人证言、鉴定意见，甚至是被害人陈述。根据这种特点，在运用犯罪嫌疑人、被告人供述和辩解这种证据时，应当全面分析犯罪嫌疑人、被告人在刑事诉讼过程中的所有供述和辩解，研究其翻供的原因，是否有理，以判明其价值和真实性。

（三）犯罪嫌疑人、被告人供述和辩解的复杂性

犯罪嫌疑人、被告人供述和辩解的复杂性表现为犯罪嫌疑人、被告人供述和辩解的内容既有可能是真实的，也有可能是虚假的。刑事诉讼中的证明对象，主要是犯罪嫌疑人、被告人有无犯罪行为，以及在有犯罪行为的情况下，犯罪的具体过程和情节。犯罪嫌疑人、被告人是被司法机关立案追究刑事责任的人，他对于自己是否犯了罪以及犯罪的具体过程和情节，犯罪前后的主观心理状态，是最清楚的。他所作的有罪供述，会更直接、更全面地反映出其犯罪的动机、目的、手段、时间、地点、后果等事实根据或申辩理由，使司法人员了解案件的全貌；他所作的揭发举报同案犯犯罪行为的陈述，可以反映其犯罪的形成、分工和具体实施犯罪的全过程，还可以反映其认罪态度和思想状态。因此，只要办案人员收集这种证据的方法得当，程序合法，充分而正确地运用好审讯策略，犯罪嫌疑人、被告人的口供就有可能是真实的。

犯罪嫌疑人、被告人供述和辩解虚假的可能性很大，主要有以下两方面原因：其一，犯罪嫌疑人、被告人是被追究刑事责任的人．诉讼结果与他有切身的利害关系，在诉讼中是供述还是辩解，以及如何供述和辩解，都直接影响到司法机关对他的处理。因此，一般地说，犯罪嫌疑人、被告人在供述犯罪事实时，往往有隐瞒，避重就轻，不会痛痛快快地把案件事实全部讲清楚。为了逃避罪责，很可能编造谎言，进行狡辩。只有在极少数情况下，犯罪嫌疑人、被告人会为了掩盖某种隐私，把本来不是犯罪的行为供认为犯罪；或者为了给亲属开脱罪责，冒充犯罪人到司法机关投案自首；或者出于“哥们义气”，把别人的犯罪行为包揽在自己身上。其二，犯罪嫌疑人、被告人处在受刑事追究的特殊地位，以及在被拘留、逮捕的条件下，对于审讯人员的逼供、诱供、指供、暗示等行为，容易产生“顺杆爬”的特殊心理状态。

三、犯罪嫌疑人、被告人供述和辩解的意义

在刑事诉讼中，犯罪嫌疑人、被告人供述和辩解在司法人员认定案件事实中扮演着重

要的角色。犯罪嫌疑人、被告人供述和辩解对于全面分析、研究案情，正确认定案件事实，公正、准确地处理案件，不枉不纵，合理配置司法资源，降低诉讼成本，缩短办案周期，具有十分重要的价值。

首先，犯罪嫌疑人、被告人供述和辩解有利于办案人员迅速查明案情，提高效率，有助于实现公正。在刑事诉讼中，犯罪嫌疑人、被告人可能是实施了受到指控的犯罪的人，也可能是没有实施受到指控的犯罪的人。犯罪嫌疑人、被告人对自己是否实施了犯罪行为以及如何实施犯罪行为，比其他任何人都更为清楚，如果犯罪嫌疑人、被告人作出如实供述，则可以全面、详尽地反映其作案的动机、目的，作案的手段、过程。共同犯罪的犯罪嫌疑人、被告人的供述，还可以从各个侧面反映案件全貌。有罪供述经查证属实，可以成为认定案件事实的直接证据。如果犯罪嫌疑人、被告人如实辩解，可以提供证实其无罪或者罪轻的证据和证据线索，同样可以帮助办案人员正确分析案情，使公安司法人员克服主观臆断，做到兼听则明，及时发现和纠正办案中的偏差，防止无罪的人受到错误的刑事追究或者对有罪的人罚不当罪，促进办案人员进一步收集新的证据，查获真正的犯罪分子。

其次，犯罪嫌疑人、被告人供述和辩解有利于发现其他犯罪线索和犯罪嫌疑人。犯罪嫌疑人、被告人的有罪供述，常常可以为发现其他犯罪和犯罪嫌疑人提供有价值的线索，在共同犯罪案件中尤其如此，司法实践经验已充分证实了这一点。犯罪嫌疑人、被告人在其辩解中，也能够提供有利于查获真正犯罪人的情况。特别是犯罪嫌疑人和被告人的检举揭发，往往能给公安司法人员提供新线索、新证据，使一些陈年积案得以侦破。在共同犯罪案件中，犯罪嫌疑人、被告人供述和辩解对于正确确定各犯罪嫌疑人、被告人的责任，也具有十分重要的作用。

再次，犯罪嫌疑人、被告人供述和辩解有利于审查核实本案中的其他证据，更好地对其他证据作出正确判断。各种证据只有在相互比较、印证中才能审查核实，犯罪嫌疑人、被告人供述和辩解作为证据的一种，可以与其他证据相互比较、印证，发现和排除矛盾点，使案件最终得到正确处理。

最后，犯罪嫌疑人、被告人供述和辩解可以反映犯罪嫌疑人、被告人的悔罪态度，办案机关可以据此确定采用何种强制措施，审判机关可以据此进行量刑。通过对犯罪嫌疑人、被告人口供的分析，就可以判明其思想情况和实际表现，从而有利于对其更好地适用法律，作出公正处理。

犯罪嫌疑人、被告人的供述和辩解，虽然对查明案件事实有重要作用，但是，它只是一种普通证据，是一种依附性很强的证据。口供必须经过查证，并有其他证据加以证实以后，才能作为证据使用。司法机关不能单凭口供定案。所以说，口供作为诉讼证据没有独立的证明作用。《刑事诉讼法》第55条第1款规定："对一切案件的判处都要重证据，重调查研究，不轻信口供。只有被告人供述，没有其他证据的，不能认定被告人有罪和处以刑罚；没有被告人供述，证据确实、充分的，可以认定被告人有罪和处以刑罚。"法律规定的这个基本原则，说明了犯罪嫌疑人、被告人口供和其他证据的证明作用是不同的。只有口供是不能定案的，不能像封建社会的刑事诉讼那样，把口供看成是"最好的证据"。实行"无供不录案""罪从供定"，即没有口供就不能定案，即使有了其他证据，如果没有口供也不能定案；相反，虽然没有其他证据，但是，只要有了口供就可以定案。总之，我们不能把口供看作是主要的证据、唯一的证据。当然，也不能把口供看成是"最坏的证据"，认为犯罪嫌疑人、被告人永远都是在说假话，不说真话，根本否定口供的证据意义。

四、对犯罪嫌疑人、被告人供述和辩解的审查与判断

对犯罪嫌疑人、被告人供述和辩解，公安司法机关应当着重审查以下内容：(1) 讯问的时间、地点，讯问人的身份、人数以及讯问方式等是否符合法律、有关规定；(2) 讯问笔录的制作、修改是否符合法律、有关规定，是否注明讯问的具体起止时间和地点，首次讯问时是否告知被告人相关权利和法律规定，被告人是否核对确认；(3) 讯问未成年犯罪嫌疑人、被告人时，是否通知其法定代理人或者合适成年人到场，有关人员是否到场；(4) 讯问女性未成年犯罪嫌疑人、被告人时，是否有女性工作人员在场；(5) 有无以刑讯逼供等非法方法收集被告人供述的情形；(6) 犯罪嫌疑人、被告人的供述是否前后一致，有无反复以及出现反复的原因；(7) 犯罪嫌疑人、被告人的供述和辩解是否全部随案移送；(8) 犯罪嫌疑人、被告人的辩解内容是否符合案情和常理，有无矛盾；(9) 犯罪嫌疑人、被告人的供述和辩解与同案犯罪嫌疑人、被告人的供述和辩解以及其他证据能否相互印证，有无矛盾；存在矛盾的，能否得到合理解释。必要时，可以结合现场执法音视频记录、讯问录音录像、被告人进出看守所的健康检查记录、笔录等，对犯罪嫌疑人、被告人的供述和辩解进行审查。

《刑事诉讼法》第 56 条规定，采用刑讯逼供等非法方法收集的犯罪嫌疑人、被告人供述，应当予以排除。最高人民法院《关于建立健全防范刑事冤假错案工作机制的意见》第 8 条进一步规定，采用刑讯逼供或者冻、饿、晒、烤、疲劳审讯等非法方法收集的被告人供述，应当排除。除情况紧急必须现场讯问以外，在规定的办案场所外讯问取得的供述，未依法对讯问进行全程录音录像取得的供述，以及不能排除以非法方法取得的供述，应当排除。最高人民法院《解释》第 94 条规定，被告人供述具有下列情形之一的，不得作为定案的根据：(1) 讯问笔录没有经被告人核对确认的；(2) 讯问聋、哑人，应当提供通晓聋、哑手势的人员而未提供的；(3) 讯问不通晓当地通用语言、文字的被告人，应当提供翻译人员而未提供的；(4) 讯问未成年人，其法定代理人或者合适成年人不在场的。第 95 条规定，讯问笔录有下列瑕疵，经补正或者作出合理解释的，可以采用；不能补正或者作出合理解释的，不得作为定案的根据：(1) 讯问笔录填写的讯问时间、讯问地点、讯问人、记录人、法定代理人等有误或者存在矛盾的；(2) 讯问人没有签名的；(3) 首次讯问笔录没有记录告知被讯问人有关权利和法律规定的。

最高人民法院《解释》第 96 条规定，审查被告人供述和辩解，应当结合控辩双方提供的所有证据以及被告人的全部供述和辩解进行。被告人庭审中翻供，但不能合理说明翻供原因或者其辩解与全案证据矛盾，而其庭前供述与其他证据相互印证的，可以采信其庭前供述。被告人庭前供述和辩解存在反复，但庭审中供认，且与其他证据相互印证的，可以采信其庭审供述；被告人庭前供述和辩解存在反复，庭审中不供认，且无其他证据与庭前供述印证的，不得采信其庭前供述。

五、犯罪嫌疑人、被告人的沉默权

（一）沉默权的含义

对于沉默权的概念，国内外学术界仁者见仁，智者见智。有人认为，沉默权是指在刑

事诉讼中，犯罪嫌疑人或被告人享有的对司法人员，包括警察、检察人员、法官的讯问保持沉默，不证明自己有罪的权利。[①] 也有人认为，沉默权，即拒绝陈述权。[②] 还有人将沉默权与反对自我归罪权利紧密地联系在一起，把沉默权又称为反对自我归罪的特权。[③] 总体而言，对沉默权大致有广义和狭义的两种理解。广义上讲，沉默权包括一系列权利，具体有以下六项内容：(1) 任何人有权拒绝回答其他人或者机构的提问，不受强制；(2) 任何人有权拒绝回答可能自陷于罪的问题，不受强制；(3) 任何人因犯罪嫌疑而被警察或者其他有同等管辖权的官员讯问时，有权拒绝回答任何问题；(4) 任何刑事被告人在接受审判时不得被强制作证或者在被告人席上回答提问；(5) 任何人一旦受到刑事指控，警察或者其他有同等管辖权的官员不得再就有关被控犯罪的重要事项对他进行讯问；(6) 被告人不得因在审判前没有回答有关官员的提问或者在审判中没有提供证据而受到不利评论和推论(至少原则上是这样)。[④] 狭义上讲，沉默权专指在刑事诉讼过程中，犯罪嫌疑人、被告人对于来自警察和法庭的讯问，有拒绝回答和保持沉默的权利。我们将在狭义上使用沉默权这一概念，如果从沉默权的权利主体、保障主体和权利客体上进一步解读，我们不难发现，沉默权由下列要素构成：(1) 权利主体，即享有沉默权的主体，应当是被追诉者，包括犯罪嫌疑人和被告人；(2) 与权利主体相对应的是权利保障主体，即追诉者，包括公安司法人员，即警察、检察官和法官；(3) 权利客体应当是针对讯问拒绝陈述的行为。

(二) 沉默权的起源与演变

1. 沉默权在英国的产生和发展

西方学界传统观点认为，沉默权产生于17世纪后期的英国。在英国，关于沉默权的斗争可以追溯到12世纪早期，距今已经有800余年的历史。1066年，教会法院实行纠问式诉讼，要求被告人如实回答法官的提问并作承认犯罪的宣誓，否则，将对其判定有罪。出于维护人格尊严和自身利益，被告人本能地反对，并与教会展开激烈的斗争。英国17世纪发生的约翰·里尔本出版煽动性书刊案对沉默权制度的确立具有极其重要的意义。在该案的审判过程中，星座法院以被告人拒绝宣誓为由判定被告人犯有藐视法庭罪。两年以后议会掌权，认定星座法院的判决不合法，并且禁止在刑事案件中使用宣誓。到1642年，在议会审理的十二主教案中，沉默权被允许使用。到1688年，这一制度在英国开始推行，“并在英国站稳了脚跟”[⑤]。18世纪后期因辩护律师大量介入导致刑事审判对抗化之后，英国正式确立沉默权制度。美国学者约翰·朗贝恩认为，普通法上的“不被强迫自证其罪的特权”是18世纪后期辩护律师普遍参与刑事诉讼的结果，是在当事人主义刑事程序形成过程中逐步确立的，该特权的核心是被告人不说话的权利，其前提是被告人有由另一个人代替他说话的有效权利的存在。[⑥] 随后，1898年，英国的《刑事证据法则》最先以成文法的形式确立了被告人的沉默权。在《1912年法官规则》中，明确要求警察在讯问犯罪嫌疑人之前，

---

① 参见曾耀林：《简论沉默权对完善我国刑事诉讼制度的意义》，载《人民司法》，1999 (6)。

② 参见陈光中、张建伟：《联合国〈公民权利和政治权利国际公约〉与我国刑事诉讼》，载《中国法学》，1998 (6)。

③ 参见易延友：《沉默权与无罪推定原则的关系》，载《检察时空》，1999 (2)。

④ 参见孙长永：《侦查程序与人权》，278页，北京，中国方正出版社，2000。

⑤ “English Limits the Rights to Silence and Moves towards an Inquisitorial System of Justice”, *The Journal of Criminal Law and Criminology*, Vol. 85, No. 2 Fall 1994, p. 416.

⑥ 参见孙长永：《沉默权制度研究》，14页，北京，法律出版社，2001。

必须告知其享有沉默权。在这一阶段，沉默权主要表现为不得由于被告人沉默而作出对其不利的推定，因而是“消极”的。

2. 沉默权在美国的确立和发展

在英国法的影响下，美国1789年宪法第5条修正案明确规定了反对强迫自我归罪的特权。1966年美国联邦法院在“米兰达诉亚利桑那州（Miranda v. Arizona）”一案中确立了沉默权包括的四项权利，沉默权的内容得以具体明确。该案发生在1963年3月3日。根据被害人陈述，她在晚上回家的路上，被一男子塞进车内施暴，大约10分钟后被释放。警方根据被害人的描述，逮捕了米兰达。米兰达对自己的强奸行为供认不讳，并且在供认书上签了字。后来供认书被控方作为证据使用。被告人认为，在当时的环境下其意志受到强迫，警察的行为违反了联邦宪法第5条修正案的规定，因而供认书不能作为证据使用。美国联邦最高法院采纳了被告人的意见，认为被告人尽管身体上没有受到强迫，但审讯的气氛以及审讯的攻心之术对其造成了心理上的强迫。因而在这种场合下所做的供认可信度低，不予采纳。由此确认警察在审讯之前必须明确告知被告人享有以下权利：有权保持沉默；如果回答，所说的一切都将作为法庭的证据使用；审讯时有权要求律师在场；若由于经济条件限制而请不起律师，法庭有义务为其指定律师。米兰达规则的确立被视为沉默权发展的巅峰。

3. 大陆法系国家中沉默权的确立和发展

中世纪后期欧洲大陆法系国家盛行纠问式的诉讼制度，这种纠问程序在法国大革命后被弹劾式的诉讼模式所取代，1789年法国颁布的法律仿效英国法废除了对被告人要求宣誓后进行讯问的规定。但是，1808年的《治罪法》仍然规定，法院可以为发现案件真相，采用一切方法，对被告人进行讯问。1897年，法国才通过新的法律，要求在预审法官讯问嫌疑人时必须告知其沉默权和律师在场权。在现代法国刑事诉讼法中，任何人都没有义务自证其罪或者提供不利于自己的证据，已经成为一项基本原则。在法国的影响下，德国于1848年导入法国式的“经过改革的刑事诉讼法”，规定被告人是当事人，在法律上不再有供述的义务。然而在司法实务中，被告人仍然有如实供述的道德义务，而且被告人经常受到精神强制。在随后的德国基本法和诉讼立法中，沉默权得到进一步完善。根据《德国现行刑事诉讼法典》第136条第1款规定，犯罪嫌疑人和被告人在整个诉讼过程中都享有“不受限制的沉默权”。其他大陆法系国家（包括日本在内）都在很大程度上继受了德国法和法国法，对于沉默权作出了与其类似的规定。

4. 20世纪后半期，一些国家对沉默权的限制

沉默权制度确立之后，反对者也不乏其人，批评亦随之而来，“沉默权制度往往保护真正有罪的人”。美国实行米兰达规则之后不久就出现了如何对其限制的问题。1971年的“哈里斯诉纽约州案”确立了未执行米兰达规则的陈述，可用于法庭中控告方对被告人的对质，如被告人的供述前后矛盾，法庭可作出对其不利的判决。另外，该规则只适用于语言交流的证据，即侦查机关可以要求被告人为了鉴定而书写或说话，也可要求其站立，采取某种姿势行走或做某特定动作。[①] 1971年英国刑事法修改委员会建议，在特殊情况下，法庭可以因被告人沉默而作出对其不利的推断。新加坡1977年《刑事诉讼法》采纳了这种意见，规定如果被告人在审讯时不回答警察的合理提问，或者无正当理由拒绝在法庭作证，法庭

---

① 参见陈瑞华：《在公正与效率之间——英国刑事诉讼制度的最新发展》，载《中外法学》，1998（6）。

可以作出对其不利的推断。1988 年英国颁布《刑事证据法》，开始限制沉默权。其限制内容除了采用 1971 年刑事法修改委员会的建议之外，还增加了排斥沉默权适用的两种情况：一是如果在被告人发现处或者在其身上或衣服上发现有与犯罪有关的可疑物，被告人不解释原因的；二是如果被告人被发现在犯罪现场附近而又不能说明正当理由时，可以作出对其不利的推定。20 世纪 90 年代英国研究沉默权的成果认为，在有组织犯罪、武装抢劫等职业性犯罪以及商业欺诈等严重智能化经济犯罪案件中，沉默权不利于调查，不利于对犯罪分子的打击。因而，1999 年英国的《刑事诉讼和公共秩序法》在第 34 条至第 39 条对沉默权作了限制。该法除了对《刑事证据法》中的相关内容加以确认外，又规定：如果被告人在审判过程中或者经法庭传唤出庭作证时，无正当理由拒绝法庭提问或不作证的，法官和检察官可以要求法庭对其作出适当的推断，包括根据常识推断其未对控方证据作出适当解释而有罪。

5. 沉默权保障的国际化

随着联合国不断确立、推行刑事司法的国际化，特别是确立刑事司法领域最低限度人权保障标准的努力，沉默权得到联合国许多文件的确认。1966 年联合国通过的《公民权利和政治权利国际公约》在第 14 条第 3 款规定，刑事被告人有“不被强迫作不利于他自己的证言或强迫承认犯罪”的权利。1969 年的《美洲人权公约》第 8 条以及 1985 年的《联合国少年司法最低限度标准规则》也有关于沉默权的规定。1994 年 9 月世界刑法学协会第十五届代表大会《关于刑事诉讼中的人权问题的决议》第 16 条建议各国规定：被告人有权保持沉默，并且从警察或司法机关进行首次讯问起就有权知悉受控的内容。[①]

（三）沉默权与我国刑事诉讼制度

我国《刑事诉讼法》第 52 条规定，严禁刑讯逼供和以威胁、引诱、欺骗以及其他非法方法收集证据，不得强迫任何人证实自己有罪。该条文明确规定了不受强迫自证其罪原则。但是，《刑事诉讼法》第 120 条规定，犯罪嫌疑人对侦查人员的提问，应当如实回答。但是对与本案无关的问题，有拒绝回答的权利。侦查人员在讯问犯罪嫌疑人的时候，应当告知犯罪嫌疑人如实供述自己罪行可以从宽处理的法律规定。从某种程度上来讲，“不得强迫任何人证实自己有罪”和犯罪嫌疑人“如实回答”的义务之间存有矛盾。未来刑事诉讼法再修改时应当删除“如实回答”之规定。而且，沉默权本身还需要一系列的配套制度予以保障，诸如讯问时律师在场权、非法证据排除规则、讯问时的同步录音、录像制度等。2012 年修改后的刑事诉讼法也确立和完善了这些保障机制，如 2012 年《刑事诉讼法》第 54 条规定，采用刑讯逼供等非法方法收集的犯罪嫌疑人、被告人供述和采用暴力、威胁等非法方法收集的证人证言、被害人陈述，应当予以排除。最高人民法院《解释》和最高人民检察院《规则》也有类似关于排除通过刑讯逼供等非法手段取得的犯罪嫌疑人、被告人供述的规定。此外，《刑事诉讼法》第 123 条规定，侦查人员在讯问犯罪嫌疑人的时候，可以对讯问过程进行录音或者录像；对于可能判处无期徒刑、死刑的案件或者其他重大犯罪案件，应当对讯问过程进行录音或者录像。录音或者录像应当全程进行，保持完整性。这些规定都有助于沉默权在我国的确立，充分保障被追诉者的诉讼权利和人身权利，加强犯罪嫌疑人、被告人的防御力量，以维护诉讼结构的平衡，遏制刑讯逼供，防止无罪的人受到刑事追究，保证司法机关准确地起诉和定罪。

---

① 参见陈光中主编：《刑事诉讼法修正（实务）全书》，613 页，北京，中国检察出版社，1997。

第七节 鉴定意见

我国《刑事诉讼法》第 146 条规定："为了查明案情，需要解决案件中某些专门性问题的时候，应当指派、聘请有专门知识的人进行鉴定。"第 147 条第 1 款规定："鉴定人进行鉴定后，应当写出鉴定意见，并且签名。"对于这些规定中提到的鉴定人、鉴定和鉴定意见，应当明确其自身的含义。

一、鉴定的概念和种类

鉴定，是指鉴定人为了解决案件中的某种专门性问题，运用自己的专门知识所进行的科学鉴别、检验活动。根据刑事诉讼法的规定，凡是为了查明案情需要解决的专门性问题，都应当进行鉴定。刑事诉讼中需要鉴定的专门性问题很多，实践中经常遇到需要鉴定予以解决的专门性问题主要有以下几种：

（一）法医鉴定

法医鉴定，是依据法医学专门知识，对与尸体、活体以及人体上的各种物质有关的问题进行分析、鉴别和判断，从而得出死亡原因、伤害程度、凶器种类、血型分析等结论性意见。法医鉴定对于司法机关侦破和审理凶杀、伤害、强奸等案件有着十分重要的意义。

（二）司法精神病鉴定

司法精神病鉴定，是司法机关聘请或指派精神病学专家，对犯罪嫌疑人、被告人、被害人或证人的精神状态所进行的鉴定，其目的在于确定被鉴定人精神是否正常，有无行为能力和责任能力。司法精神病鉴定不仅对确定犯罪嫌疑人、被告人的刑事责任以及犯罪的危害后果（被害人精神方面的损害）有着重要的意义，而且具有程序方面的意义，例如，通过司法精神病鉴定，可以确定证人是否能够辨别是非和正确表达，并进而确定其是否具备证人资格。

（三）毒物分析鉴定

毒物分析鉴定，是运用分析化学的原理和方法，对投毒、吸毒、贩毒，以及其他涉及法律问题的中毒案件中的有关物质进行分析、检验，并得出结论，以确定毒物的种类、性质、含量、来源和被害者是否中毒或中毒致死，为侦破案件和定罪量刑提供依据。

（四）文书检验鉴定

文书检验鉴定，是对文件进行分析、比对、推断，以确定文字书写人、文件伪造方法及伪造人、印刷品的出处以及显现不易见的文字和文件等。目前我国的文书检验技术大体包括：笔迹检验、伪造文件和伪造票证检验、印章印文的检验、印刷文字检验、不易看见的文字的检验以及语言识别等。文书检验鉴定常用于危害国家安全犯罪和贪污、诈骗等犯罪案件的侦破。

（五）痕迹检验鉴定

痕迹检验鉴定，是利用痕迹检验技术对与犯罪有关的形象痕迹进行分析、比对、推断，从而得出同一或不同一认定的结论性意见。常见的痕迹鉴定有手印检验、足迹检验、工具痕迹检验、枪弹痕迹检验、牙齿痕迹检验、车轮痕迹检验、牲畜蹄迹检验、整体分离痕迹检验等。正确的痕迹检验鉴定，可以为侦查破案提供可靠的线索和依据。

（六）物品检验鉴定

这里所说的物品检验鉴定，是指对除了前述法医鉴定、毒物分析鉴定、文书检验鉴定的对象以外的所有与犯罪有关的物品，运用物理、化学、生物学等专门知识及现代仪器设备进行检验后，所作的结论性意见。常见的物品检验包括：纸张检验，浆、胶检验，墨水检验，消退文字的物质检验，圆珠笔油、油墨及印油的检验，涂料检验，炸药检验，油脂斑痕检验，纤维检验，塑料及其制品检验，金属粉末、碎片检验，尘土、砂石检验，生物物质检验，等等。

（七）工程技术鉴定

工程技术鉴定，是指在许多重大生产责任事故案件中，对造成事故原因的鉴定。常见的工程技术鉴定有：航海事故鉴定、建筑工程事故鉴定、矿山事故鉴定、电力事故鉴定、铁路运输事故鉴定、航空事故鉴定，等等。

（八）会计鉴定

会计鉴定，是指运用会计学等专门知识，对有关财务、账目进行的鉴定。会计鉴定的对象主要是贪污等经济犯罪案件中的账单、账册、发票、支票以及执行财会制度的情况等。会计鉴定常常是认定经济犯罪案件的主要依据。

二、鉴定人的条件及特点

（一）鉴定人的条件

鉴定人，是指具有一定的专门知识，接受司法机关的指派或聘请，解决司法机关向他提出的某些专门性问题的人。在刑事诉讼中，当事人无权聘请鉴定人，只能申请司法机关指派和聘请鉴定人进行鉴定。

在英美法中，鉴定人被称为专家证人，将鉴定意见作为专家证人提供的证言，而不作为一种独立的证据种类。与普通证人的不同之处在于，专家证人可以提供意见，而普通证人只能陈述事实。专家证人和普通证人一样，要出席法庭接受控辩双方的询问。在大陆法系国家，鉴定是一种证据方法，鉴定人应当出庭，对鉴定作出报告和说明，并接受询问。

鉴定人应当具备以下几个基本条件。

1. 鉴定人必须具有解决某种专门性问题的专门知识和技能，能够对案件中的某种专门性问题作出科学的鉴定意见。这是由进行鉴定的目的决定的。

2. 鉴定人必须与案件没有利害关系，能够公正无私地进行鉴定。因为如果鉴定人是本案的当事人或者当事人的近亲属，或者本人或其近亲属与本案有利害关系，就不能进行公正的鉴定。因此，根据法律规定，对本案应当回避的人，不能充当本案的鉴定人。

3. 鉴定人必须是自然人。机关、团体、企事业单位、医院、科研部门不能充当鉴定人。因为鉴定意见要由个人负责，故意虚假鉴定陷害他人或包庇犯罪嫌疑人、被告人的，要依法追究其法律责任。

为了加强对鉴定人和鉴定机构的管理，保障诉讼的顺利进行和实现司法公正，全国人民代表大会常务委员会于 2005 年 2 月 28 日通过了《关于司法鉴定管理问题的决定》。该决定从加强司法鉴定人和鉴定机构规范管理的角度，明确规定了司法鉴定人的鉴定资格准入制度；人民法院和司法行政部门不得设立鉴定机构；侦查机关内设的鉴定机构不得面向社会接受委托从事司法鉴定业务；实行鉴定人负责制和鉴定机构统一受理鉴定业务制度以及鉴定人经人民法院依法通知拒绝出庭作证应受到处罚等。

（二）鉴定人与证人的区别

鉴定人不同于证人，二者的主要区别有以下几点。

1. 鉴定人必须具有解决专门性问题的专门知识；而证人只要求了解案件某些情况，不要求具有专门知识。

2. 鉴定人是案件发生后，根据需要由司法机关指派或聘请的，具有选择性和可代替性；而证人是由案件本身决定的，具有不可选择和不可代替性。如果鉴定人事先了解案件的情况，就只能作为证人，而不能作为鉴定人。

3. 鉴定人受与案件有利害关系的限制，如果与案件有利害关系，就应当回避；而证人不受与案件有利害关系的限制，证人没有回避的问题。

4. 鉴定人和证人的职责、权利和义务是不同的。鉴定人的责任是运用自己的专门知识，对案件中的某些专门性问题作出鉴定意见，鉴定人可以要求查阅有关的案卷材料，了解有关案情，鉴定人之间可以互相讨论研究，有正当理由的可以拒绝鉴定；而证人的责任是如实地反映其所知道的案件事实情况，证人没有查阅案卷材料的权利，证人只能个别陈述，证人之间不能互相讨论研究，也不能拒绝作证。

（三）鉴定人与专家辅助人的异同点

《刑事诉讼法》第 197 条第 2 款规定："公诉人、当事人和辩护人、诉讼代理人可以申请法庭通知有专门知识的人出庭，就鉴定人作出的鉴定意见提出意见。"该条款确立了专家辅助人制度。专家辅助人有助于保障控辩双方更加有效地对鉴定意见进行质证，也有助于保障法院正确认定案件事实。专家辅助人与鉴定人有着一定的相似之处：第一，二者都具备专门的知识，能够对刑事案件中的专门性问题发表自己的意见；第二，二者在出庭作证上适用同样的规定，《刑事诉讼法》第 197 条第 4 款规定，专家辅助人的出庭，适用鉴定人的有关规定。但是，专家辅助人与鉴定人也有着一定的区别：首先，二者的条件不同。鉴定人应具备一定的资格，在司法行政机关注册和登记，而专家辅助人没有这方面的严格要求。其次，二者参与诉讼的方式不同。鉴定人经过公安司法机关的指派或聘请之后参与到诉讼中进行鉴定，而专家辅助人则是由公诉人、当事人和辩护人、诉讼代理人申请后出席法庭对鉴定意见发表意见的。再次，二者的作用不同。鉴定人的作用主要是帮助公安司法机关查明案件事实，而专家辅助人则主要是协助控辩双方进行质证。最后，二者所参与的诉讼阶段不同。鉴定人在侦查、审查起诉和审判阶段都可以参与，而专家辅助人只能在法庭审判阶段出庭。

三、鉴定人的诉讼权利和义务

（一）鉴定人的诉讼权利

鉴定人是一种独立的诉讼参与人，在执行鉴定职责时，依法主要享有以下诉讼权利：（1）有权了解和查阅鉴定所必需的案件材料，要求补充鉴定材料。必要时，可以参加勘验和检查。（2）有权要求明确鉴定目的和要求。如果自己不能胜任鉴定工作，有权拒绝鉴定。（3）有权独立地进行鉴定，不受外界的干涉和影响。同一案件如果有几个鉴定人时，他们有权互相讨论，进行研究，共同作出一个鉴定意见。如果几个鉴定人意见不一致时，每个鉴定人都有权单独作出自己的鉴定意见。(4) 有权在开庭 3 日以前收到法院送达的出庭通知书。(5) 非专职鉴定人还有权要求补偿鉴定费用和必要的报酬。(6) 鉴定人及其近亲属有权要求公安司法机关对其安全进行保护，具体参照上述对证人保护的相关论述。

(二) 鉴定人的诉讼义务

根据我国刑事诉讼法的规定，证人应当履行的诉讼义务主要有：(1) 鉴定人一经接受指派或聘请，应当根据司法机关的要求，认真负责，运用科学方法，按时作出鉴定意见并签名，以示对鉴定意见负责。没有正当理由，不得拒绝鉴定。(2) 应当公正无私地完成鉴定任务，妥善保管鉴定材料，遵守鉴定纪律。故意作虚假鉴定的，要负法律责任。我国《刑法》第 305 条规定，鉴定人对与案件有重要关系的情节，故意作虚假鉴定，意图陷害他人或者隐匿罪证的，要负伪证的刑事责任。(3) 鉴定人接到法院的通知后，应当按时出庭，对审判人员、公诉人、当事人、辩护人、诉讼代理人就鉴定意见所提出的问题，应当如实地回答。《刑事诉讼法》第 192 条第 3 款规定，公诉人、当事人或者辩护人、诉讼代理人对鉴定意见有异议，人民法院认为鉴定人有必要出庭的，鉴定人应当出庭作证。经人民法院通知，鉴定人拒不出庭作证的，鉴定意见不得作为定案的根据。最高人民法院《解释》第 99 条第 2、3 款规定，鉴定人由于不能抗拒的原因或者有其他正当理由无法出庭的，人民法院可以根据情况决定延期审理或者重新鉴定。鉴定人无正当理由拒不出庭作证的，人民法院应当通报司法行政机关或者有关部门。

四、鉴定意见的概念和特点

刑事诉讼中的鉴定意见，是指受司法机关聘请或指派，具有专门知识或技能的人，运用科学知识、技术或技能对刑事案件中某些专门性问题进行鉴别、分析和判断之后所得出的书面意见。鉴定的结果不是最终结论，仍然要经过司法机关结合全案情况和其他证据进行审查判断，查证属实之后才能作为定案的根据。2012 年刑事诉讼法再修改时将“鉴定结论”改为“鉴定意见”，与全国人大常委会《关于司法鉴定管理问题的决定》相一致。

鉴定意见作为一种独立的刑事证据，具有以下主要特点。

1. 鉴定意见是鉴定人对刑事案件中的专门性问题进行鉴定后提出的书面意见。在鉴定意见中，鉴定人不仅要叙述依据鉴定材料所观察到的事实，而且必须分析、研究这些事实，并以此为基础提出自己的意见。例如，解剖尸体的鉴定意见，不但要叙述在尸表检查中看到的情况（如身长、体重、尸斑等)、解剖时见到的情况（如死者的肺、胃、肠的情况)，还应就检查中看到的情况，通过分析作出有关死亡原因的意见，以便司法机关据以认定有关的案件事实。

2. 鉴定意见是鉴定人运用自己的专门知识技能，凭借科学仪器和设备，分析、研究案内有关专门性问题的结果。这种意见一般符合当时历史条件下的知识、技术水平，具有相对的科学性、客观性。但是，鉴定意见毕竟是依赖于鉴定人的知识技能作出的，是对案件中有争议的专门性问题进行检验、分析、鉴别后得出的判断性意见。鉴定意见反映了鉴定人的个人见解和看法，带有鉴定人个体的特征，具有一定程度的主观色彩，因此，可能会由于鉴定人的主观因素而使得鉴定意见带有某种程度的不确定性。

3. 鉴定意见是鉴定人对案件中应予查明的案件事实中的一些专门性问题所作的分析和判断，而不是就法律问题提供的意见。这是因为，后者属于司法机关的职权范围，只能由司法机关在查明案件情况的基础上，根据法律的有关规定自行作出决定。例如，在交通肇事案件中，进行汽车技术鉴定的鉴定人所能确定的，是该汽车的技术状况以及失修对该事故的影响，而不能是司机有无罪责的问题。

鉴定意见和证人证言，虽然在证据分类上同属于言词证据，但二者各有特点，其主要区别如下：一是鉴定意见是鉴定人对与案件事实有关的某些专门性问题进行鉴别、判断后所作出的意见。在鉴定过程中鉴定人要运用自己的专门知识和技能，因此，鉴定意见是一种具有科学根据的意见。而证人证言是证人就其所知道的案件事实情况所作的陈述，是对案件事实的如实反映，而不是对案件事实的评断。二是鉴定意见是司法机关为解决案件中的专门性问题，指派或聘请鉴定人而作出的书面意见，由于鉴定人是司法机关有选择地指派或聘请的，具有可替代性，因而鉴定意见也具有可替代性。而证人证言因证人的不可替代性而具有不可替代性。三是鉴定的内容是鉴定人对案件中某些专门性问题所作的判断意见，不是对有关事实作出的法律评价，并且是在案件发生后形成的。而证人证言是证人对案件事实所作的陈述，是在案件发生过程中形成的。

五、鉴定意见的作用

在刑事案件中，遇到某种专门性问题时，鉴定人就是司法人员不可缺少的重要助手，鉴定意见就是查明案件事实的重要证据，特别是随着科学技术的不断发展，犯罪人往往利用现代科学技术进行作案，运用鉴定意见来查明案件事实就显得更加重要。所以，鉴定意见在刑事诉讼中占有重要地位，对查明案件事实具有重要意义。具体说来主要有以下几点。

（一）确定其他证据与案件的相关性

在刑事案件中，司法人员往往会收集到许多痕迹、物品、文件等实物，而这些实物是否具有相关性，能否成为认定案情的证据，除当事人的辨认之外，主要靠鉴定意见来判明、确定。许多实物证据中所包含的信息，往往要通过鉴定意见才能被揭示出来，并进而对刑事案件发挥实际证明作用。此外，鉴定意见对审查犯罪嫌疑人、被告人供述和辩解、证人证言、被害人陈述是否真实可靠，具有重要意义。同时它也是鉴别、确定其他证据证明力大小的重要依据。

（二）认定案情

在刑事诉讼中，有许多专门性问题需要解决，从而证明案件的主要事实。这些专门性问题包括死亡原因、伤害程度、生理状态、精神状态、重大责任事故的原因等。只有通过鉴定意见，才能回答上述专门性问题，最终帮助司法人员认定案件事实。鉴定意见的这个作用常常是其他证据所代替不了的。例如，某人突然因腹痛死亡，经法医解剖鉴定，如果作出的结论是胃穿孔死亡，结合其他证据，并无谋杀现象，就可以认定该人属于病理死亡，没有犯罪行为发生；如果经解剖发现死者胃内有砒霜，系中毒死亡，结合其他证据，就有助于司法机关确认发生了杀人案以及杀人的方法和手段。

在充分肯定鉴定意见作用的同时，也应该看到，鉴定意见作为一种刑事证据并不是像刑事判决一样的最终结论。单从形式上看，鉴定意见作为一种意见证据，与裁判者作出的事实认定一样都是在一定事实的基础之上运用判断力得出的意见；同时，鉴定人在有关专业领域相对于普通人占有智识上的优势地位，这就使得其所作出的鉴定意见具有了较高的权威性。但是，这些都不足以使鉴定意见获得与裁判者作出的事实认定同样的终局性的效力。鉴定意见仍然仅仅是证据的一种，其证明力同样要接受裁判者的判断。其原因在于：首先，事实认定是司法权的一部分，只能由依据宪法享有司法权的主体作出，而鉴定人并非合法的司法权主体。其次，鉴定意见大都是建立在一定的科学知识基础之上的，这既是鉴定意见这种证据形式的优势所在，但同时又决定了其难以摆脱的局限性。科学是不断发展的，人们的认识永远达不到绝对真理的程度，因此，鉴定意见的证明力也并非无懈可击。将鉴定意见引入诉讼领域体现了对科学的尊重，但尊重绝不等于迷信。再次，鉴定意见往往只涉及案件事实的一部分内容，而具体案件处理过程中还可能存在大量其他形式的证据，裁判者应当全面考虑所有证据，而不能只把目光放在鉴定意见上面，最终导致一叶障目，不见泰山。最后，鉴定意见是一种意见证据，其中加入了鉴定人的主观判断，因此，即使其所依据的专门知识是明确的，也可能会由于鉴定人的主观因素而使鉴定意见带有某种程度的不确定性。鉴于上述原因，从各国立法情况来看，基本都将鉴定意见置于与其他证据形式同等的地位，交由法官或陪审员依照自由心证原则加以衡量。[①]

六、对鉴定意见的审查与判断

对鉴定意见应当着重审查以下内容：(1) 鉴定机构和鉴定人是否具有法定资质；(2) 鉴定人是否存在应当回避的情形；(3) 检材的来源、取得、保管、送检是否符合法律、有关规定，与相关提取笔录、扣押清单等记载的内容是否相符，检材是否可靠；(4) 鉴定意见的形式要件是否完备，是否注明提起鉴定的事由、鉴定委托人、鉴定机构、鉴定要求、鉴定过程、鉴定方法、鉴定日期等相关内容，是否由鉴定机构盖章并由鉴定人签名；(5) 鉴定程序是否符合法律、有关规定；(6) 鉴定的过程和方法是否符合相关专业的规范要求；(7) 鉴定意见是否明确；(8) 鉴定意见与案件事实有无关联；(9) 鉴定意见与勘验、检查笔录及相关照片等其他证据是否矛盾；存在矛盾的，能否得到合理解释；(10) 鉴定意见是否依法及时告知相关人员，当事人对鉴定意见有无异议。

鉴定意见具有下列情形之一的，不得作为定案的根据：(1) 鉴定机构不具备法定资质，或者鉴定事项超出该鉴定机构业务范围、技术条件的；(2) 鉴定人不具备法定资质，不具有相关专业技术或者职称，或者违反回避规定的；(3) 送检材料、样本来源不明，或者因污染不具备鉴定条件的；(4) 鉴定对象与送检材料、样本不一致的；(5) 鉴定程序违反规定的；(6) 鉴定过程和方法不符合相关专业的规范要求的；(7) 鉴定文书缺少签名、盖章的；(8) 鉴定意见与案件事实没有关联的；(9) 违反有关规定的其他情形。

第八节　勘验、检查、辨认、侦查实验等笔录

一、勘验、检查、辨认、侦查实验等笔录的概念

我国刑事诉讼中的勘验、检查笔录，是司法人员对于与犯罪有关的场所、物品、尸体

---

① 参见汪建成、孙远：《刑事鉴定结论研究》，载《中国刑事法杂志》，2001 (2)。

和人身进行勘验、检查所作的实况记录。勘验笔录是指办案人员对于与犯罪有关的场所、物品、尸体等进行勘查、检验后所作的记录。勘验笔录的形式，包括文字记载、绘制的图样、照片、复制的模型材料和录像等。勘验笔录记载的内容包括：接到报案的时间、案件发生或发现的地点、报案人、被害人等的基本情况以及他们对案件情况的叙述；保护现场的人员的姓名、职业、到达现场的时间以及对犯罪现场的保护情况；现场勘验指挥人员和参与勘验的人员；勘验开始和结束的时间，当时的气候、光线等条件；现场所在地的位置及周围环境；现场情况；提取物证、书证、视听资料的名称、数量；现场拍照的内容、数量；绘制现场图的种类和数量。检查笔录是指办案人员为确定被害人、犯罪嫌疑人、被告人的某些特征、伤害情况和生理状态，对他们的人身进行检验和观察后所作的客观记载。检查笔录以文字记载为主，也可以采取拍照、录像等其他有利于准确、客观记录的方法。辨认笔录是指侦查人员让被害人、犯罪嫌疑人或者证人对与犯罪有关的物品、文件、尸体、场所或者犯罪嫌疑人进行辨认所作的记录。侦查实验笔录是指侦查人员在必要的时候按照某一事件发生时的环境、条件，进行实验性重演的侦查活动形成的笔录。

勘验、检查笔录与其他证据存在相似之处，但是作为一种独立的证据形式又与其他证据形式在某些方面存在根本的区别。勘验、检查笔录不同于鉴定意见，因为它是司法机关的司法人员对与案件有关的场所、物品、尸体、人身进行观察，就所见作出的如实记录，而不是司法机关指派或聘请的具有专门知识的人对案件中的特定问题提供的判断性意见。勘验、检查笔录不同于书证，勘验、检查笔录虽然是以其记载的内容证明一定的案件事实，在证明方式上，类似书证，但它是案件发生后，由司法机关的司法人员对勘验、检查所见所作的一种纪实性的诉讼记录，因此不同于书证。勘验、检查笔录不同于物证，勘验、检查笔录虽然要详细记载现场、物品、人身、尸体的情况，并常附加绘图、照片等，使物证的某些情况得以固定，但是并不是物证本身。勘验、检查笔录以勘验人员、检查人员在勘验、检查活动中感知的情况起证明作用。证人证言和犯罪嫌疑人、被告人的供述、被害人陈述则以证人、犯罪嫌疑人、被告人、被害人自身对案件事实的感知起证明作用。在勘验、检查过程中对当事人、证人进行调查，了解案件发生的有关情况，对得到的情况也要记录，但这些内容并不是勘验、检查笔录的内容。勘验、检查笔录不同于视听资料。在进行勘验、检查时，经常需要采用照相、录像等方式对现场进行固定，所得的音像资料与视听资料有相同的形式，但是两者与待证事实的关系不同，视听资料记录的内容是发生时的情况，而作为勘验、检查笔录一部分的视听资料记录的则是勘验、检查过程中物质的存在状态。

二、勘验、检查、辨认、侦查实验等笔录的特点

相比较其他证据形式而言，勘验、检查、辨认、侦查实验等笔录具有下列显著特征。

（一）记录主体的特殊性

勘验、检查、辨认、侦查实验等笔录不是在实体事实发生过程中形成的，而是在实体事实发生以后对发现的情况进行的客观记载，因此，只能由特定的具有专业知识和能力的人进行制作。刑事诉讼中的勘验、检查、辨认、侦查实验在侦查阶段是一种侦查行为，应由侦查人员进行。虽然在必要的时候，侦查机关可以指派或者聘请具有专门知识的人参加，但是他们应在侦查人员的主持下进行勘验、检查、辨认、侦查实验。将勘验、检查、辨认、侦查实验的情况制作成笔录，无论由何人书写，都应由侦查人员主持，以利于全面、准确

地记载各种情况。人民法院办理刑事案件，在必要的时候，也可以进行勘验、检查。勘验、检查、辨认、侦查实验等笔录的制作，是勘验、检查、辨认、侦查实验等活动不可缺少的组成部分。在司法实践中，勘验、检查、辨认、侦查实验等笔录一般是由负责勘验、检查、辨认、侦查实验等的侦查、检察、审判人员指定专人制作，并应与勘验、检查、辨认、侦查实验等同步进行。勘验现场时，勘验人必须出示公安司法机关的证件。

（二）记载对象的特定性

勘验、检查、辨认、侦查实验等笔录记录的是勘验、检查、辨认、侦查实验等活动，与勘验、检查、辨认、侦查实验等有关的活动及勘验、检查、辨认、侦查实验等过程中的情况。这些活动的共同特征是要发现证据，并要了解证据被发现时所处的状态、位置、相互关系及其他有证明作用的情况。

对于勘验、检查、辨认、侦查实验等活动中发现的物品和痕迹等，可以采用适当的方法加以提取保存，以便日后作为证据使用。这些物品被发现时所处的位置、状态等情况与待证事实有关的，也具有证明的作用。但这些情况往往会随着勘验、检查、辨认、侦查实验等活动的进行或其后情况的演变而发生变化，如勘查现场时和发现有关证据时对物品的翻动和对痕迹的显现都会改变现场的原始状态，在诉讼中的法庭审理阶段我们无法将现场直接搬到法庭上。为了让人们了解收集证据的活动过程中发现的实物所处位置、状态等情况并使这些情况起到证明的作用，就需要将其记录下来。

除了现场的原始状态外，勘验、检查、辨认、侦查实验等活动中还存在其他具有证明作用的情况，如勘验、检查、辨认、侦查实验等由谁进行、有谁在场、采用了什么方法等。这些情况有的与证明勘验、检查、辨认、侦查实验等收集的证据的可靠性有关，有的与进一步检验以揭示所发现的实物证据与待证事实的关联性有关，对这些情况都需要加以记录。记录形成的材料称作勘验、检查、辨认、侦查实验等笔录。

（三）笔录内容的客观性

对于勘验、检查、辨认、侦查实验等的基本要求之一是对发现的情况进行客观的记载。为了寻找调查线索、确定调查方向的需要，勘验、检查、辨认、侦查实验等人员在勘验、检查、辨认、侦查实验等活动中对发现的情况需要进行分析，但这些分析的内容并不出现在笔录中。勘验、检查、辨认、侦查实验等笔录中的照片、录音、录像等材料能进一步保证笔录记载的内容的客观性。而且，应注意到，勘验、检查、辨认、侦查实验等笔录毕竟是由人记载的，由于人的认识的局限性，可能会产生漏记和误记的现象，有时也会掺杂反映人主观上对事物的认识的内容。即便是照相和录像，也可能存在由于采用的方法不当而导致不能如实反映客观事物的情况。这些是需要在审查勘验、检查、辨认、侦查实验等笔录时注意的。

勘验、检查、辨认、侦查实验等笔录记载的内容一般不包括反映人的思想内容的证据的情况。在搜集证据的过程中，除勘验、检查、辨认、侦查实验等活动外，需要制作笔录的情况还有很多，如在勘验、检查、辨认、侦查实验等活动中采取讯问、询问等措施对有关人员进行讯问、询问，也需要制作笔录，这些笔录记载的内容基本上反映人的思想，应属于书证或者证人证言的范畴。

（四）制作笔录方法的多样性

勘验、检查、辨认、侦查实验等笔录的形式不仅仅有用笔记载，或者说用文字记载，还包括照相、录音、录像、绘图等方式。以前笔录主要是采用文字记载，辅之以照相、绘图等方式制作笔录的附注。随着现代科学技术的发展，摄影、绘图、录音等方法越来越多地被用于对勘验、检查、辨认、侦查实验等活动的记录。这些技术方法较之于文字记载，能够更准确、全面地反映勘验、检查、辨认、侦查实验等活动中发现的证据及其状态、所处位置等情况，而且能动态地反映勘验、检查、辨认、侦查实验等活动的全过程，在记录中所占的比重和所起的作用有超过文字记载的趋势。

（五）证明作用的间接性

勘验、检查、辨认、侦查实验等笔录反映的不是单一事实，而是反映各种证据资料之间存在或形成所依据的具体环境条件和相互关系，体现为一种具有综合证明能力的证据形式和来源。勘验、检查、辨认、侦查实验等笔录除了证实勘验、检查、辨认、侦查实验等活动采用的方法是否科学可靠、程序是否合法等情况外，多数情况下记载本身并不直接证明某一事实，对待证事实的证明作用是通过记载的实物证据的状态、相互关系等事实来发挥的。

三、勘验、检查、辨认、侦查实验等笔录的种类

根据勘验活动的内容和对象不同，可以分为现场勘验笔录、物证检验笔录、尸体检验笔录、人身检查笔录、侦查实验笔录等。

现场勘验笔录是对现场勘验活动的过程和发现的情况的客观记录。在刑事案件中称为现场勘查记录，由现场勘查笔录、现场绘图、现场照相、现场录像、现场录音组成，现场勘查笔录仅指记录中用文字记载的部分。在民事和行政案件中，除由于案件本身的原因，现场所见同刑事案件相比有不同的特点之外，其他方面的内容则是基本相同的。

物证检验笔录经常作为现场勘验笔录的附件出现。这是由于许多物证都是在现场发现的，但现场笔录记录的是整个现场的状况，对具体物证的记载不够详细，不能满足证明案件有关事实的要求。对于勘验中搜集到的物证，有时需要立即进行初步的检验，对于检验所见的物证的性质、形状、位置等需要如实地记录。记录的方法有文字记载、照相、示意图和录像等。

尸体检验笔录是对尸体进行外表检验或解剖时所作的记录。验尸由侦查人员组织进行，必须有法医参加，检验尸体的笔录由法医制作。

人身检查笔录是在为了确定被告人、被害人的某些特征、伤害情况和生理状态时，对人身进行检查后对检查所见制作的记录。笔录的制作者一般为实施检查的医师。

辨认笔录是在侦查人员主持之下通过对犯罪嫌疑人、被害人、证人的询问，就其对人身、物品、照片、现场、尸体等的观察判断情况所作回答的一种书面记录。

侦查实验笔录是对侦查实验或其他实验活动所作的记录。在案件调查中，为了验证案件中的某些事实或情节是否存在或可能发生，可以进行模拟的演示实验。实验的过程和结果用笔录形式记载下来可以作为证据。

四、勘验、检查、辨认、侦查实验等笔录的作用

在刑事诉讼中，勘验、检查、辨认、侦查实验等是调查、核实证据的重要手段之一。勘验、检查、辨认、侦查实验等笔录相应的也是一种重要的刑事证据。大体而言，我国刑事诉讼中的勘验、检查、辨认、侦查实验等笔录具有以下几个方面的作用：首先，勘验、

检查、辨认、侦查实验等笔录是保全、固定证据的重要手段。司法人员对现场、尸体、物证的勘验和对人身的检查，可以将可能随着时间推移而变化或者消灭的物证和书证客观、全面地准确记载，以备事后在侦查、起诉和审理过程中作为证明案件事实的根据。其次，勘验、检查、辨认、侦查实验等笔录是鉴别案件中其他证据的重要依据。因为勘验、检查、辨认、侦查实验等笔录对案件发生的地点、现场和有关物证、书证，以及被害人、犯罪嫌疑人、被告人的某些特征、伤害情况或生理状态等情况，都要客观、全面地加以记录，可以反映全案的概况，而且可以同其他证据所反映的情况进行对照分析，起到审查判断其他证据是否真实可靠的作用。最后，勘验、检查、辨认、侦查实验等笔录是恢复案件中某些事实原状，判明案件真实情况的重要根据。在刑事诉讼过程中，为了研究和分析案情，往往要恢复某些案件事实的原状，例如，进行侦查实验，要模仿案件发生时的环境、条件。有了符合要求的勘验、检查、辨认、侦查实验等笔录，就可以为实现这一任务提供材料和根据。

五、对勘验、检查、辨认、侦查实验等笔录的审查与判断

对勘验、检查笔录应当着重审查以下内容：（1）勘验、检查是否依法进行，笔录制作是否符合法律、有关规定，勘验、检查人员和见证人是否签名或者盖章；（2）勘验、检查笔录是否记录了提起勘验、检查的事由，勘验、检查的时间、地点，在场人员、现场方位、周围环境等，现场的物品、人身、尸体等的位置、特征等情况，以及勘验、检查的过程；文字记录与实物或者绘图、照片、录像是否相符；现场、物品、痕迹等是否伪造、有无破坏；人身特征、伤害情况、生理状态有无伪装或者变化等；（3）补充进行勘验、检查的，是否说明了再次勘验、检查的缘由，前后勘验、检查的情况是否矛盾。

对辨认笔录应当着重审查辨认的过程、方法，以及辨认笔录的制作是否符合有关规定。辨认笔录具有下列情形之一的，不得作为定案的根据：（1）辨认不是在调查人员、侦查人员主持下进行的；（2）辨认前使辨认人见到辨认对象的；（3）辨认活动没有个别进行的；（4）辨认对象没有混杂在具有类似特征的其他对象中，或者供辨认的对象数量不符合规定的；（5）辨认中给辨认人明显暗示或者明显有指认嫌疑的；（6）违反有关规定、不能确定辨认笔录真实性的其他情形。

对侦查实验笔录应当着重审查实验的过程、方法，以及笔录的制作是否符合有关规定。侦查实验的条件与事件发生时的条件有明显差异，或者存在影响实验结论科学性的其他情形的，侦查实验笔录不得作为定案的根据。

第九节　视听资料

一、视听资料的概念

视听资料，是指以录音带、录像带等设备储存的音像信息证明案件事实的证据。它包

括录像带、录音带、电影胶片、微型胶卷、电话录音、雷达扫描资料等。例如银行的自动监控装置拍摄的录像，某些宾馆、超级市场的摄像镜头拍摄的录像带等。视听资料是随着近现代科学技术的发展而出现的一种新的诉讼证据，也是我国1996年刑事诉讼法中规定的一项诉讼证据。

严格说来，“视听资料”这个名称并不十分严谨，因为它同其他证据种类的划分标准是不一致的：其他证据种类均是以证据的存在和表现形式作为其命名的根据，而视听资料却是根据人们对这类证据的感受方式来命名的。如果从人们对证据的感受方式来看，几乎所有的证据都可以称为视听资料。所以有学者认为，视听资料以称为“音像资料”为宜。[①] 但是，由于我国三大诉讼法中都使用了“视听资料”的概念，其叫法似已约定俗成，且计算机数据也不能完全归入“音像资料”的范畴，所以我们认为还是尊重立法的选择，称作“视听资料”并无大碍。视听资料是一种独立的证据，具有既不同于物证又不同于书证的特点。在外国的诉讼立法或证据立法中很少有将视听资料作为一种独立种类的情况，要么将其作为书证，要么将其作为物证。例如，《美国联邦证据规则》和《英国民事诉讼证据法》都把唱片、磁带、声迹、相片或者看不见的图像资料等，列为书证的范畴。德国刑事诉讼法中没有明确规定视听资料属于何种证据形式，但根据联邦法院的判例和大部分学者的意见，认为视听资料属于物证。[②]

理解这一概念，需要把握以下几点。

（一）视听资料不同于书证

书证是以文字、符号、图画所表示的内容来证明案情的。而视听资料是通过声音、影像等信息资料所表现的内容来证明案件事实情况的，并非单纯运用文字和符号来表达思想内容，而且它独立地反映了部分或全部案件事实。因此，视听资料不属于书证的范畴。

（二）视听资料不同于物证

视听资料是以其记录的声音和形象对刑事案件起证明作用的，这使视听资料不同于物证。这也说明并不是所有的音像制品都能以视听资料的形式出现：有些音像制品不是以其记录的声音和形象对刑事案件起证明作用，而是以其存放的地点或外部特征对刑事案件起证明作用，那么，这样的音像制品就是物证，而不是视听资料。

（三）视听资料不同于人证

视听资料形成于案件发生前或发生过程中，它客观地记录案件事实情况，不存在人的主观因素。而证人证言、被害人陈述、犯罪嫌疑人、被告人供述和辩解等形成于案件发生后的诉讼过程中，是在诉讼过程中向司法人员所作的语言叙述，因而包含有叙述人的主观因素。

在理解视听资料的概念时，还要注意将其同实践中的一些采用多媒体出示的证据形式区别开。近年来，在有些法院的法庭审判中，出现了采用多媒体方式出示视听资料之外的其他证据的现象。这种做法是否合适有待进一步探讨，即使合适，也必须明确，它只是证据的出示方式的改变，而没有改变证据的形式，因此不能将其归为视听资料。具体应算作何种证据应以其具体内容来确定，如果演示的是物品或者物质痕迹，属于物证；如果演示的是现场照片或者现场绘图，属于勘验、检查笔录；如果演示的是证人的陈述笔录，则应属于证人证言。总之，这些证据虽然也采用了多媒体演示的形式，但却不是视听资料，而

---

① 参见陈一云主编：《证据学》，279页，北京，中国人民大学出版社，1991。

② 参见汪建成、黄伟明：《欧盟成员国刑事诉讼概论》，207页，北京，中国人民大学出版社，2000。

是其他证据种类。

二、视听资料的特点

视听资料与其他证据一样，都能够证明案件的真实情况，它们有某些共同的属性。但视听资料作为科学技术发展并被运用到一定阶段的产物，又具有不同于其他种类的证据的特点。

（一）视听资料的物质信息载体具有高度的科学技术性

同传统的各种证据比起来，视听资料的物质信息载体在记录、储存和反映案件情况的过程中，因受各种主观因素和客观因素的影响而失真的可能性较小。比如，保留在证人意识中的有关案件情况的信息，就可能由于证人感官的缺陷或者目睹事件发生时精神的高度紧张，以及记忆或者表达不准确而失真；物证也可能由于风雨的冲刷等各种自然因素的影响而失真，视听资料则不会或很难产生上述情况。

（二）视听资料具有各种言词证据所不具备的直感性

各种言词证据都是以语言、手势等方式来再现保存在意识中的有关案件情况的信息，因此这种信息反映方式，不能以直感形象和声迹来显现案件情况。视听资料通过运用一系列科技手段，再现与案件有关的形象和声迹，可以使人直接产生直感。比如，关于人的语言的录音资料，能够准确地反映出讲话人的音质、音高、语言习惯等；录音、录像则能把有关案件的实际状况直观地再现在人们面前。总之，视听资料再现案情时具有直观性、立体性的特点，使人如临其境、如见其人、如闻其声。当然，这仅是从其证据效果而言的，是否真实则只能通过审查判断来确定。

（三）视听资料具有各种物证都不具备的动态连续性

各种物证都是以静态的方式来反映案件情况的，因此，每一个物证只能反映案件的个别的、片段的情况。而视听资料则能够连续性地反映案件情况，是一个动态过程。比如，录音资料能够反映出在一定时间范围内持续的声响，录像资料能够以直观形象反映案件的某个动态过程。

（四）视听资料具有物质依赖性

作为视听资料的声音、图像等是以声、光、电磁以及其他粒子等媒体形式存在的，人们把这些单凭自己的感官无法直接感知为物质实体的声、光、电、磁等物质视为无形物质。要把这些无形物质原声、原貌地保存下来，必须运用现代技术手段，进行一系列能量转换，使之固定或储存在有形物质如录音带、录像带、激光唱盘和视盘等载体里。如果没有这些有形物质作依托，可以供人视听的信息资料就会转瞬即逝，无法捕捉。可见，视听资料必须借助于特定仪器、设备及其特殊功能才能形成。此外，审查、鉴定视听资料的真伪，也要依靠专门的精密仪器、设备才能进行。尤其是声音、图像等资料作为证据使用时，只有借助于录音机、录像机等现代化电子设备，才能显示出人们可以看见、听见和使用的原始资料。如果没有播放、检索、显现设备，无论多么生动形象、真实可靠的内容，也只能停留在磁带和存储器里，而不能被人们所感知，也不会直接出现在法庭上供法官作为证据使用。而诉讼活动中使用得最为普遍的物证，则是以具有一定形状、数量、质量、属性的物质实体或痕迹为表现特征的，大多可凭人的肉眼对这些特征直接进行分析判断，能够出示原物于法庭以供辨认确证，无须借助于特殊的显现设备。书证虽然是将具有一定思想内容的文字、图画记录在纸张、器皿、建筑物上，但是文字、图画本身并不是物质，它只是人们为交流思想而约定俗成的符号，它们与视听资料这类无形物质是有本质区别的。总之，视听资料的制作、收集、审查、鉴定与运用都有赖于高、精、尖的科学技术设备，这种物质依赖性是其他证据所不具有的。

（五）视听资料具有便利、高效性

视听资料记录和再现案件原始的真实情况，所蕴含的信息量极大，但不需要像其他证据那样建立宏大的档案资料库存，因为录音、录像的载体具有容量大、体积小、重量轻、便于保存的特点，只要保存好磁带、拷贝不致其变形、变质，就可以反复使用，于若干年后仍可重现当时的真实情况，具有较长时间的稳定性。利用高科技保存和使用视听资料，可以节约几倍、几十倍的人力、物力和时间，并极大地提高证据的利用率。对于司法机关来说，还能提高办案效率和办案质量，有利于实现司法现代化。

三、视听资料的种类

对视听资料这一新型证据如何进行分类，目前尚无定论。如果以其来源为标准，可分为原始的和复制的视听资料；如果以其所反映的内容与案件事实的关系为标准，可分为直接的和间接的视听资料。较为常见的，是以其获得的手段和存在的形式为标准所作的划分，一般分为以下两种。

（一）录音资料

录音资料，是指运用录音设备，将正在进行的谈话、演说、歌唱、呼叫、电话中的对讲以及爆炸、机械摩擦等声响录制下来，然而通过播放设备将其在诉讼中进行播放，再现这些声响，并证明案件中的某种事实的一种证据材料。其物质形式是录音磁带。

由于录音可以弥补人的记忆能力不足以及记录速度慢于谈话速度的弱点，人们在日常生活中，有时会使用录音这种手段达到记录某个事件的目的，而一旦这些录音资料与诉讼中处理的案件事实有关，就成为一种重要的诉讼证据。

录音资料对案件的证明方式有两种：一种是以录音资料的内容证明案件事实，例如有关遗嘱的录音、有关犯罪计划的谈话等；另一种不是以录音资料的内容对案件起证明作用，而是以录音中所反映出的语音、语调、音质、音素等特点对案件起证明作用，在这种情况下，其内容可能与案件事实毫无关系，但是其声音特点却可以说明发声人的某些特征，通过科学鉴定可以确定发声人的真实身份。

（二）录像资料

录像资料，是指利用录像设备将某件事情的过程或者某个片段摄制下来，然后通过放像设备将其在诉讼中演示，再现原始的形象，并证明案件事实的一种材料。其物质形式是录像磁带或者音像光盘。

录像资料有时和录音资料有重叠现象，即录像中既有形象又有声音，且两者都对案件事实起证明作用，这种情况下应当认定为录像资料，因为声音同发声者是不可分的。

录像资料具有生动形象的特点，有连续运动着的人物和运动着的背景，因此具有很高的证明价值，被广泛运用于诉讼过程中。银行、机场、车站、码头、宾馆等场所安装的监控设施所录制的录像，对于侦查犯罪具有重要的意义；预审过程中的全程录像，既可全面准确地收集预审中的所有信息和情况，弥补预审笔录择要而记、忽略细节、遗漏某些重要线索的情节的缺陷，又可以对预审过程实行程序性控制，防止出现刑讯逼供等违反诉讼程序的现象；庭审中运用录像资料这种证据，可以原声原貌地再现案件的事实，使参加诉讼的各方对案件事实形成一致或相近的认识，也有利于促使犯罪分子认罪服法。此外，对一审过程进行摄录，对于二审的顺利进行也具有重要价值。不少上诉和抗诉案件都是以一审违背诉讼程序或侵害了被告人的合法权益为由提起的。二审法院在审理这类案件时只需当场播放一审的录像资料，即可轻易查明一审的活动是否合法。

录像资料对案件的证明方式也有两种：一种是以主图像对案件事实起证明作用，即录像中的主画面本身就属于案件事实的一部分或者与案件事实有直接的联系，例如银行监控设备提供的有关抢劫过程的录像、当事人提供的有关合同签字仪式的录像等就属于这种情况；另一种则不是以主图像对案件事实起证明作用，而是以背景图像对案件事实起证明作用，例如，在摄制某一录像过程中无意中拍摄到的与犯罪有关的事实，主图像可能与案件事实毫无关系，而背景图像则对证明案件事实具有重要意义。对于这样的视听资料，在实践中要通过定格、放大、剪辑等技术进行处理，然后作为证据使用。

四、对视听资料的审查与判断

对视听资料，公安司法机关应当着重审查以下内容：（1）是否附有提取过程的说明，来源是否合法；（2）是否为原件，有无复制及复制份数；是复制件的，是否附有无法调取原件的原因、复制件制作过程和原件存放地点的说明，制作人、原视听资料持有人是否签名；（3）制作过程中是否存在威胁、引诱当事人等违反法律、有关规定的情形；（4）是否写明制作人、持有人的身份，制作的时间、地点、条件和方法；（5）内容和制作过程是否真实，有无剪辑、增加、删改等情形；（6）内容与案件事实有无关联。对视听资料有疑问的，应当进行鉴定。

视听资料具有下列情形之一的，不得作为定案的根据：（1）系篡改、伪造或者无法确定真伪的；（2）制作、取得的时间、地点、方式等有疑问，不能作出合理解释的。

第十节 电子数据

一、电子数据的概念

随着计算机、网络技术的日渐发达和普及，人们之间的联络、交易方式日益多样化、复杂化，随之而来的网络侵权、计算机犯罪便成为不同于传统意义上法律问题的新型法律问题。为了解决高科技给现行法律带来的难题，世界大多数国家和国际组织都不约而同地针对计算机、网络等方面的实体法和程序法进行了相关的修正与完善。计算机犯罪是瞬间发生的高智能犯罪，而且一般具有无痕性。随着计算机犯罪的日益增多，刑事诉讼面临着许多新的问题，其中最为重要的就是计算机犯罪过程中形成的电子数据问题。

电子数据，又称为电子证据，其大致有广义、狭义（或称为模糊型、明确型）两种界定方式。广义上讲，电子数据是指储存在计算机及网络中的以电子、数字、磁、光学、电磁等形式来证明案件真实情况的信息，它包括电子记录和电子记录的系统。这种以广义的形式界定“电子数据”含义的国外法律规范有：1998年联合国国际贸易法委员会增订的《电子商务示范法》、美国《电子商务示范法》、爱尔兰《电子商务法》等。[①] 在狭义的意义上，电子数据仅指局限于电子商务活动中的各种电子数据、记录及记录系统。加拿大《统一电子证据法》和欧盟的《欧洲电子商务提案》均采此种做法。比较这两种电子数据的内涵，广义的界定有助于增强成文法的包容性、现实适应性，起到挂一漏万的效果；狭义的界定只不过是立法者的权宜之计。故而下文的“电子数据”均在广义上使用。

电子数据可以作为证据使用，实际上已为各国司法机关所承认。有的国家已从法律上加以规定，例如，英国颁布的《1984年警察与刑事证据法》第19条第4款规定：“警察可以计算机中的情报作为证据”，其适用条件是：(1) 该证据是与警察在搜查中的犯罪或其他犯罪有关的证据；(2) 该证据是犯罪行为造成的结果；(3) 在有正当理由的情况下，为了防止该证据的隐藏、遗失、改变或消灭，可以命令在保证能阅读的前提下提取证据。(4) 1985年联合国国际法委员会发表了一份题为《计算机记录的法律价值》的报告，指出：司法程序中使用计算机记录，在普通法国家已经从理论上被普遍承认可行，在其他法律制度下也正推广着。该报告在促进各国证据法的完善方面无疑具有重要的推动作用。

二、电子数据的法律地位

电子数据的归属既关系到现行法律对其的可适用性，又涉及电子数据证明力的判定问题。为了给司法实务确定若干理论前提、假设，学术界围绕这一问题，争论不休，目前大致有如下几种观点。

第一种观点认为，电子数据应当包括在视听资料中。原因在于，其一，电子数据符合视听资料的几个特点，它们都具有可视性；存储形式均为非纸质的形式；都需借助于一定的设备才能被感知；都极易被伪造；两者的正本与复本都没有区别。其二，将电子数据归于视听资料最能反映其证据价值。[②]

第二种观点认为，电子数据应当属于书证的范围。原因在于，第一，计算机证据虽有多种表现形式，但无一例外以文字、符号、图画等内容证明案件事实，符合书证特征；第二，计算机数据在许多情况下以纸面、报表形式出现；第三，《合同法》已将传统的书面合同形式扩大到数据电文形式；第四，各国立法上尝试的“功能等价法”(functional equivalence) 亦在填平传统书面形式的证据与计算机证据之间的鸿沟。[③]

第三种观点认为，电子数据是若干传统证据的组合，它既不是一种新型的独立证据，也不是传统证据种类中的一种。有学者认为，“从承载介质看，如果输入、存储的信息记录在诸如硬盘、磁盘、光盘等介质上，即为准书证，在保证此类介质的内容能固定、不会消失或修改情况下，即可视为书证；计算机处理过的信息如果仍被存储在上述介质上，同样仍被视为准书证和书证；如果输出到打印纸上，理当为书证。从输出的形式来看，如果以纸张形式表现，即为书证；如果以声音、图像形式表现，即为视听资料。利用计算机模拟

---

① 参见韩波：《论加拿大〈统一电子证据法〉的立法价值》，载《政治与法律》，2001（5）。

② 参见陈志敏：《电子数据证据问题探析》，载（中国人民大学报刊复印资料）《诉讼法学、司法制度》，2001（11）；李学军：《电子数据与证据》，载《证据学论坛》，第2卷，北京，中国检察出版社，2001。

③ 参见张西安：《论计算机证据的几个问题》，载《人民法院报》，2000-11-07；[日] 石井一正：《日本实用刑事证据法》，26—27页，台北，五南图书出版公司，1999。

是根据已知条件和事实，依照法律程序和技术要求进行计算机演示，以确定犯罪的可能性概率。因而，模拟的结果可列为勘验、检查笔录。再者，对计算机及其系统进行测试，是运用软件按照法律程序对机器及系统的性能、受损情况等进行测量、测算、鉴定，从而确定犯罪的危害程度，因而可以列为鉴定结论证据”①。

第四种观点认为，电子数据属于物证。奥恩·凯西支持此种观点，他认为“尽管数字证据不像其他形式的物证（如指印、DNA、兵器、计算机软件等）那样有形，它仍然属于物证”②。

第五种观点认为，电子数据应是一种独立的证据形式。有学者认为，“若将电子证据纳入任何一种传统证据形式，必将对该传统证据形式独立存在所依据之独立性质产生冲击，即该传统证据形式由于电子证据的划入而影响其自身的独立性，从而很有可能削弱我国证据传统分类的学理基础”③。

在我国近年来的立法和司法实践中，电子数据才最终成为一种独立的法定证据种类。2010年最高人民法院、最高人民检察院、公安部、国家安全部、司法部联合发布的《办理死刑案件证据规定》第29条将电子证据列为单独的证据种类。2012年修改后的《刑事诉讼法》第48条第2款中也明确规定“电子数据”是与视听资料并列的独立的法定证据种类之一。依据《关于办理刑事案件收集提取和审查判断电子数据若干问题的规定》第1条的规定，电子数据是案件发生过程中形成的，以数字化形式存储、处理、传输的，能够证明案件事实的数据。电子数据包括但不限于下列信息、电子文件：（1）网页、博客、微博客、朋友圈、贴吧、网盘等网络平台发布的信息；（2）手机短信、电子邮件、即时通信、通讯群组等网络应用服务的通信信息；（3）用户注册信息、身份认证信息、电子交易记录、通信记录、登录日志等信息；（4）文档、图片、音视频、数字证书、计算机程序等电子文件。的确，电子数据与传统的书证、视听资料等证据形式的共性并不能掩盖电子数据的特殊属性，将电子证据纳入书证、视听资料的范畴中，会造成书证、视听资料的泛化，从而淹没了其本身原始的质的规定性。电子数据成为一种独立的证据种类，也体现了我国刑事证据法的现实适应性的要求。

三、电子数据的特点和意义

电子数据与其他证据一样，都能够证明案件真实情况，它们有某些共同的属性。但电子数据作为科学技术发展并被运用到一定阶段的产物，又具有不同于其他种类的证据的特点。电子数据和信息是以电信号代码（如0或1的组合）形式存贮在计算机各级存贮介质中（如RAM、ROM、磁盘、磁带、光盘），输出的文件资料中的数据和信息，都是以不可直接读取的形式出现。经计算机输入、处理、存贮、输出的数据和信息，均为二进制电磁代码。人们把这些凭自己的感官无法直接感知为物质实体的电子物质视为无形物质。要把这些无形物质保存下来，必须运用现代技术手段，进行一系列的能量转换，使之固定在各级计算机存贮介质等电子化的物质载体里。如果没有这些有形物质作依托，可以供人读取

---

① 蒋平：《计算机犯罪问题研究》，253—354页，北京，商务印书馆，2000。

② 转引自常怡、王健：《论电子证据的独立地位》，载《法学论坛》，2004（1）。

③ 常怡、王健：《论电子证据的独立地位》，载《法学论坛》，2004（1）。

的数据和信息就会转瞬即逝、无法捕捉。可见，电子数据必须借助于电子化的仪器、设备及其特殊功能才能形成。而且，审查、鉴定电子数据的真伪，也要依靠专门的电子仪器、设备和运行特定的程序才能进行。如果没有播放、检索、显现设备，无论多么形象、真实可靠的内容，也只能停留在计算机各级存贮介质中，而不能被人们所感知，也不会直接出现在法庭上供法官作为证据使用。这种对电子化物质载体的依赖性是电子证据的一个重要特点。此外，电子数据信息量大、内容丰富。这主要表现在三个方面：一是电子数据具有动态连续性。其他各种物证包括物品、文书、痕迹大多是以静态的方式来反映案件情况的，因此只能反映案件事实的某个片段或个别情况。而电子数据是现代高科技的产物，它能够再现与案件有关的文字、图像、数据和信息，生动形象地展现案件事实。而且它所反映的案件情况是一个动态的过程，特别是某一程序在将其运行以后才能发现最终有意义的结果，否则只是一些不知所谓的符号。二是电子数据具有高度的直观性和生动形象性。通过先进的科学技术手段，它可以将与案件有关的图像、声音、符号、文字、数据和其他信息，甚至案件发生的实际状况直观地再现在司法人员面前。三是电子数据的科技含量高，蕴藏的信息量极为丰富。一张 3.5 寸软盘储存的文字即可达到 72 万字左右，而一张光盘储存的图像信息即可播映几个小时。巨大的信息量为侦查破案提供了丰富的材料来源。

电子数据是现代科学技术不断发展的产物。在当今犯罪日益科技化、集团化、智能化、专业化的情况下，电子数据日益显示出其强大的证据作用。在计算机犯罪中，储存于软盘、硬盘、光盘等载体中的计算机信息数据经审查核实成为分析案情、认定犯罪的合法证据，同时也能为侦破案件提供生动、形象、准确的信息，以发现和搜集新的证据。这对于司法机关准确地查明案情、查获犯罪嫌疑人、正确地认定案件性质、审查判断其他证据等，都具有重要的意义。

四、对电子数据的审查与判断

对电子数据是否真实，应当着重审查以下内容：（1）是否移送原始存储介质，在原始存储介质无法封存、不便移动时，有无说明原因，并注明收集、提取过程及原始存储介质的存放地点或者电子数据的来源等情况；（2）是否具有数字签名、数字证书等特殊标识；（3）收集、提取的过程是否可以重现；（4）如有增加、删除、修改等情形的，是否附有说明；（5）完整性是否可以保证。

对电子数据是否完整，应当根据保护电子数据完整性的相应方法进行审查、验证：（1）审查原始存储介质的扣押、封存状态；（2）审查电子数据的收集、提取过程，查看录像；（3）比对电子数据完整性校验值；（4）与备份的电子数据进行比较；（5）审查冻结后的访问操作日志；（6）其他方法。

对收集、提取电子数据是否合法，应当着重审查以下内容：（1）收集、提取电子数据是否由二名以上调查人员、侦查人员进行，取证方法是否符合相关技术标准；（2）收集、提取电子数据，是否附有笔录、清单，并经调查人员、侦查人员、电子数据持有人、提供人、见证人签名或者盖章；没有签名或者盖章的，是否注明原因；对电子数据的类别、文件格式等是否注明清楚；（3）是否依照有关规定由符合条件的人员担任见证人，是否对相关活动进行录像；（4）采用技术调查、侦查措施收集、提取电子数据的，是否依法经过严格的批准手续；（5）进行电子数据检查的，检查程序是否符合有关规定。

电子数据的收集、提取程序有下列瑕疵，经补正或者作出合理解释的，可以采用；不能补正或者作出合理解释的，不得作为定案的根据：（1）未以封存状态移送的；（2）笔录或者清单上没有调查人员或者侦查人员、电子数据持有人、提供人、见证人签名或者盖章的；（3）对电子数据的名称、类别、格式等注明不清的；（4）有其他瑕疵的。

电子数据具有下列情形之一的，不得作为定案的根据：（1）系篡改、伪造或者无法确定真伪的；（2）有增加、删除、修改等情形，影响电子数据真实性的；（3）其他无法保证电子数据真实性的情形。

对视听资料、电子数据，还应当审查是否移送文字抄清材料以及对绰号、暗语、俗语、方言等不易理解内容的说明。未移送的，必要时，可以要求人民检察院移送。

第十一节　专门性问题的报告和事故调查报告

一、专门性问题的报告

专门性问题的报告，是指鉴定人以外的有专门知识的人经公安司法机关指派或者聘请后，对专门性事实问题出具的意见。在盗窃、诈骗、贪污等侵犯财产权的犯罪案件中，对相关财物出具的价格认定书即属于专门性问题的报告。

1979 年、1996 年、2012 年《刑事诉讼法》均未提及专门性问题的报告。2012 年，最高人民法院颁布的《关于执行〈中华人民共和国刑事诉讼法〉若干问题的解释》（以下简称“2012 年最高人民法院《解释》”）第 87 条规定：“对案件中的专门性问题需要鉴定，但没有法定司法鉴定机构，或者法律、司法解释规定可以进行检验的，可以指派、聘请有专门知识的人进行检验，检验报告可以作为定罪量刑的参考。对检验报告的审查与认定，参照适用本节的有关规定。经人民法院通知，检验人拒不出庭作证的，检验报告不得作为定罪量刑的参考。”该条文出台的背景是，在我国司法鉴定体制尚未建立之前，为了适应有些领域缺乏司法鉴定机构的司法实践需要而确立检验制度，这是一种“应急之策”。

根据全国人民代表大会常务委员会《关于司法鉴定管理问题的决定》第 2 条第 1 款的规定，国家对从事下列司法鉴定业务的鉴定人和鉴定机构实行登记管理制度：（1）法医类鉴定；（2）物证类鉴定；（3）声像资料鉴定；（4）根据诉讼需要由国务院司法行政部门商最高人民法院、最高人民检察院确定的其他应当对鉴定人和鉴定机构实行登记管理的鉴定事项。前三类毫无疑问属于法律规定国家实行登记管理制度的司法鉴定事项。具体而言，根据《关于司法鉴定管理问题的决定》第 17 条的规定，法医类鉴定，包括法医病理鉴定、法医临床鉴定、法医精神病鉴定、法医物证鉴定和法医毒物鉴定；物证类鉴定，包括文书鉴定、痕迹鉴定和微量鉴定；声像资料鉴定，包括对录音带、录像带、磁盘、光盘、图片等载体上记录的声音、图像信息的真实性、完整性及其所反映的情况过程进行的鉴定和对记录的声音、图像中的语言、人体、物体作出种类或者同一认定。对于第四类，则属于为其他事项纳入国家实行登记管理制度的司法鉴定事项范围做准备。环境损害司法鉴定即属于按照上述第 4 项规定，纳入统一司法鉴定管理的事项。最高人民法院、最高人民检察院、司法部于2016年1月联合印发了《关于将环境损害司法鉴定纳入统一登记管理范围的通知》，依据该通知，根据《关于司法鉴定管理问题的决定》和最高人民法院、最高人民检察院《关于办理环境污染刑事案件适用法律若干问题的解释》，将环境损害司法鉴定纳入统一登记管理范围。环境损害司法鉴定是《关于司法鉴定管理问题的决定》颁布10年来第一个经过司法部商“两高”程序实行登记管理的鉴定事项。但有的事项的专业鉴定，比如医疗事故、消防等，仍分别由卫生部门、消防部门等管理，尚未纳入司法行政部门统一登记管理的司法鉴定事项范围。也有些关于知识产权、司法会计、建设工程、产品质量、价格类、涉农类的鉴定机构在司法行政部门登记，但是，涉及这些事项的鉴定机构并未统一由司法部登记管理。也就是说，除了法医类鉴定、物证类鉴定、声像资料鉴定、环境损害司法鉴定以外的鉴定事项，可以由检验人进行检验，作出检验报告。当然，这里的“检验”一词可能被冠以“认证”“评估”等字样。

我国有些法律中规定了可以检验的事项，比如前述中提到的《种子法》第48条规定的种子质量检验以及《药品管理法》第6条所规定的药品质量检验等。我国司法解释中也规定了一些可以进行检验的事项，比如，最高人民法院《关于办理危害药品安全刑事案件适用法律若干问题的解释》第14条规定，是否属于《刑法》第141条、第142条规定的“假药”“劣药”难以确定的，司法机关可以根据地市级以上药品监督管理部门出具的认定意见等相关材料进行认定；必要时，可以委托省级以上药品监督管理部门设置或者确定的药品检验机构进行检验。最高人民法院《关于办理危害计算机信息系统安全刑事案件应用法律若干问题的解释》第10条规定，对于是否属于《刑法》第285条、第286条规定的“国家事务、国防建设、尖端科学技术领域的计算机信息系统”“专门用于侵入、非法控制计算机信息系统的程序、工具”“计算机病毒等破坏性程序”难以确定的，应当委托省级以上负责计算机信息系统安全保护管理工作的部门检验。最高人民法院《关于办理环境污染刑事案件适用法律若干问题的解释》第11条规定，对案件所涉的环境污染专门性问题难以确定的，由司法鉴定机构出具鉴定意见，或者由国务院环境保护部门指定的机构出具检验报告。最高人民法院《关于办理利用赌博机开设赌场案件适用法律若干问题的意见》第6条规定，对于是否属于赌博机难以确定的，司法机关可以委托地市级以上公安机关出具检验报告。

2012年最高人民法院《解释》第87条关于检验报告的规定过于简单粗疏，司法实践对检验报告存在不够清晰的认识，导致实践中对检验报告的运用存在一系列的问题，比如，在错误适用鉴定制度后再“降格”适用检验制度；超过法定的“四类内”范围而适用检验制度；将检验报告作为定罪量刑的证据来使用而非作为“定罪量刑的参考”来使用；司法机关违法采信检验报告的做法；对于控辩双方有异议检验报告，不通知检验人出庭，等等。

为了解决上述问题，2021年最高人民法院《解释》第100条第1款规定：“因无鉴定机构，或者根据法律、司法解释的规定，指派、聘请有专门知识的人就案件的专门性问题出具的报告，可以作为证据使用。”该条文正式将2012年最高人民法院《解释》第87条规定的“检验报告”明确为证据的一种。因为，出具报告的有专门知识的人不具有鉴定人资格，所以，专门性问题的报告不属于鉴定意见。专门性问题的报告在形成时间和制作主体等方面，与书证也存在一定的区别。所以，专门性问题的报告无法融入《刑事诉讼法》第50条规定的八种证据种类之中。我们认为，专门性问题的报告属于一种新的证据种类。依据最高人民法院《解释》第100条第2、3款的规定，对专门性问题的报告的审查与认定，参照鉴定意见的审查判断的有关规定。经人民法院通知，出具报告的人拒不出庭作证的，有关报告不得作为定案的根据。同时，公诉人、当事人及其辩护人、诉讼代理人可申请法庭通知有专门知识的人出庭，就专门性问题的报告提出意见，协助控辩双方对专门性问题的报告进行质证。

二、事故调查报告

事故调查报告是指在事故发生后，由政府部门或相关监管人员自行或者委托专业人员依法进行调查后出具的报告。事故调查报告中一般包含事故情况、事故发生原因、事故责任归属、对相关单位和人员的处理建议、事故防范和整改措施等内容。我国有的法律法规明确规定应在事故后出具的事故调查报告，比如《安全生产法》。根据事故类型，可将事故调查报告分为：航空事故调查报告、海上事故调查报告、生产安全事故调查报告、火灾事故调查报告、道路交通事故调查报告等。

事故调查报告中对事故发生过程、结果（人身和财产损失情况）的描述和对事故产生原因的分析和判断，有助于司法机关准确认定案件事实、适用法律、定罪量刑。事故调查报告中对事故性质和责任的认定、对应急处置工作的评估、对事故责任单位和人员提出的处理建议，可以作为司法机关处理案件的参考。

相比其他证据种类，事故调查报告具有以下特点：第一，事故调查报告一般以行政机关或者事故调查组名义出具，且很多时候是集体讨论的结果。第二，事故调查报告的内容多涉及单位就其职权范围，依照一定的程序对某一事实进行审查、认定。第三，事故调查报告技术性强，具有不可替代性。[①]

事故调查报告属于何种证据呢？有学者主张，作出事故调查报告的主体是特殊主体，即由国家专门机关就事故调查中的专门性问题指派的受过专业训练的人或委托的具备专业知识的人，符合鉴定意见的主体特征。在事故发生后，特殊主体基于对事故基本情况的调查和了解，运用自身专业知识和技术，对事故加以分析作出判断性意见。[②] 有学者认为，事故调查报告中调查员和相关专家对事故现场的描述、调查的部分应当被划分为证人证言。[③]有学者主张，事故调查报告是以文字为表现形式、通过记载的内容对待证事实的相关情况进行证明的书面资料，其内容表述了事故调查报告制作者的关于案件相关事实的思想和主张，且能够以其内容直接表明案件相关事实的情况。因此，事故调查报告符合书证的特征。[④] 有学者主张，事故调查报告的主要内容是对事故现场相关场所、物品、资料、尸体等痕迹进行勘验后作出的相关记录，与证据种类中的勘验笔录在形式和内容上都具备相似之处，因此应当将其认定为勘验笔录。[⑤] 还有学者认为，事故调查报告通过综合运用上述方法，对事故过程、事故发生原因、各方责任分担进行调查和判断，同时具备多种证据的特

---

① 参见李少平主编：《〈最高人民法院关于适用《中华人民共和国刑事诉讼法》的解释〉理解与适用》，227页，北京，人民法院出版社，2021。

② 参见张栋：《“交通事故责任认定书”的证据属性》，载《鉴定论坛》，2009（2）。

③ 参见王中石：《浅议生产安全事故调查报告在刑事诉讼中的证据效力》，载《吉林省教育学院学报（上旬）》，2015（8）。

④ 参见戎百全：《交通事故认定书的证据地位辨析》，载《学术交流》，2006（1）。

⑤ 参见蔡智玉：《调查报告在审理中的定位及运用》，载《人民法院报》，2011-08-24，第6版。

征。因此，应当将事故调查报告视为一种综合性证据。①

2021年最高人民法院《解释》第101条规定："有关部门对事故进行调查形成的报告，在刑事诉讼中可以作为证据使用；报告中涉及专门性问题的意见，经法庭查证属实，且调查程序符合法律、有关规定的，可以作为定案的根据。"该条文确立了事故调查报告的证据地位，但是其仍难以归入其他证据种类之中，属于一种新的证据种类。该条指出"报告中涉及专门性问题的意见，经法庭查证属实，且调查程序符合法律、有关规定的"，才能作为定案的根据。这就意味着事故调查报告中除了"涉及专门性问题的意见"以外的其他事项，有的可能与事实认定无关，有的可能不涉及对专门性问题的判断，即不具有证据性质，不能作为定案的根据。②

事故调查报告中涉及的对专门性问题的意见，类似于鉴定意见以及有专门知识的人出具的报告，对其的审查判断参照鉴定意见的审查判断规则。

第十二节　其他证据种类探讨

随着经济的发展、社会的进步，我国司法实践中出现了一些无法包容于《刑事诉讼法》第50条第2款规定的八种证据中的证据资料，或者无法辨别属于哪一种证据种类的证据资料，对于这些证据资料，学术界争论较多，以下对测谎结论、社会调查报告做一简介。

一、测谎结论

（一）测谎结论的应用

测谎是指专门技术人员按照一定规则，运用测试仪器设备记录被检测对象在回答预先设置的问题过程中某些生理参量的变化，并从这些参量变化中分析出被检测对象是否说谎的活动。用来进行心理测试检查的电子仪器通常称为"测谎仪"或"测谎器"，可以分为多参量心理测试仪、语言分析仪、脑电波测谎仪等不同类型。心理测试检查的基本原理是：人在说谎时的生理变化或者人记忆中的一些事件再现时人所产生的心理活动必然引起一系列生理变化（如血压、呼吸、脑电波、声音、皮肤电、瞳孔等的变化），它们一般只受植物神经系统的制约，而不受大脑意识控制。通过测试仪器记录这些生理参量的变化，可以分析其心理的变化，从而判断其对案件的了解程度。

测谎技术兴起于20世纪初期，1921年美国加利福尼亚州的伯克利警察局首次把测谎技术用于审讯中，之后测谎技术逐渐从美国传入加拿大、日本及一些欧洲国家的执法机关，并逐步推广起来。就心理测试检查结论的准确性问题，心理测试领域首席权威专家约翰·E.雷特在法院主持的一次有关心理测试仪器可靠与否的听证会上作证说，对35000个人的

---

① 参见肖辉：《交通事故认定书相关问题探究》，载《河北法学》，2018（12）。

② 李少平主编：《〈最高人民法院关于适用《中华人民共和国刑事诉讼法》的解释〉理解与适用》，227页，北京，人民法院出版社，2021。

测试鉴定及测试监督表明，有经验的测试鉴定员的测试准确率超过91%；美国测谎协会通过调查表明，测试准确率在87%至96%之间。[①] 虽然心理测试技术的科学性及其结论的准确性日益被人们所承认，但是对于心理测试技术在刑事程序中的使用，不同国家基于不同的价值判断作出了不同的选择。目前，美国、俄罗斯、加拿大、日本、韩国、土耳其、以色列、波兰、罗马尼亚等50多个国家都在不同程度地使用着心理测试技术；而另外一些国家则禁止在刑事程序中使用该项技术。即使在认可心理测试技术的国家，就使用该项证据的法律和政策问题也不乏争论。例如，在美国，尽管实践中已经普遍使用心理测试技术，有些联邦巡回区的地方法院也已承认心理测试检查结果的证据能力，但仍有持批评意见者。[②]

20世纪80年代，我国开始研究和引进心理测谎仪，并逐步将心理测试检查结果运用于刑事侦查和刑事审判活动中。1991年，我国自行研制了第一台心理测试仪，即PG—1型心理测试仪。近几十年来，随着我国心理测试技术的研究、应用和发展，我国各级公安机关、检察机关、监察机关等陆续配置了心理测试仪器，对疑难案件的办理起到重要的促进作用。

（二）测谎结论的效力

在我国，法律并没有对测谎结论予以规定。最高人民检察院1999年9月10日发布的《关于CPS多道心理测试鉴定结论能否作为诉讼证据使用问题的批复》中指出，CPS多道心理测试（俗称测谎）鉴定结论与刑事诉讼法规定的鉴定结论不同，不属于刑事诉讼法规定的证据种类。人民检察院办理案件，可以使用CPS多道心理测试鉴定结论帮助审查、判断证据，但不能作为证据使用。虽然存在最高人民检察院的上述司法解释，但目前我国学界仍存在有关心理测试检查结果是否具备证据资格的激烈争论。大体而言，有以下三种观点：第一种观点否认测谎结论的证据资格，也就是说测谎结论不能作为证据使用。持该观点的学者认为，判断测谎结论是否具有证据资格的关键之处在于其是否具有关联性，而测谎结论只能证明被测试人是否说谎，并不能证明案件事实，因此并不具有证据的关联性，不能作为证据使用。[③] 第二种观点则认为，心理测试检查结果具备证据资格，能够在诉讼中作为证据使用。支持该观点的理由主要有：第一，测谎技术的科学机理决定了测谎结论具有证据的客观性、关联性；第二，根据《国家安全法》和《人民警察法》关于技术侦查措施的规定以及刑事诉讼法关于证据的收集方法和种类的规定，测谎结论作为测试人员运用其知识和技能分析通过仪器记录的被测验人的生理反应所作出的判断结论，应具有证据能力。第三种观点对测谎结论持“有限肯定”的观点。持该观点的学者认为，测谎结论虽然具有相当的准确性，但是并不完全可靠，因为即使是无罪的人在受审的特殊情况下测试，也会因为紧张而引起生理参量的变化；相反，一个狡猾老练的惯犯，可能因心理训练有素，而在受审的特殊情况下没有明显的生理参量变化。基于上述原因，关于心理测试检查结果的证据资格应当进行限制。关于具体如何限定其证据资格，有学者认为，测试检查结果只能用来审查言词证据的真实可靠性，不能直接用来证明案件事实。具体来说，心理测试检查结果只能用来证明犯罪嫌疑人或被告人、民事诉讼的当事人以及证人的陈述是否真实可靠，不能直接用来证明刑事被告人是否有罪，或者民事诉讼的一方当事人应否承担责任。[④] 我们

① 参见文盛堂：《测谎技术及其在国外的刑事司法应用》，载《中国刑事法杂志》，1998（3）。

② 参见宋英辉、吴宏耀：《刑事审判前程序研究》，225页，北京，中国政法大学出版社，2002。

③ 参见杨旺年：《关于测谎及其结论的争议与评析》，载《法律科学》，2004（2）。

④ 参见何家弘：《测谎结论与证据的“有限采用规则”》，载《中国法学》，2002（2）。

同意最后一种观点，至少在目前我国测谎人员素质参差不齐，测谎技术尚不完善，与测谎相关的法律规范尚不健全的情况下，有必要对测谎结论的证据效力加以限制，它只能作为收集和审查判断证据的参考资料来使用。

二、社会调查报告

社会调查报告，是指社会调查机关（公、检、法机关及其委托的司法行政机关、共青团组织以及其他社会团体组织）对犯罪嫌疑人、被告人的性格特点、家庭情况、社会交往、成长经历、是否具备有效监护条件或者社会帮教措施，以及涉嫌犯罪前后的表现等情况进行调查，所形成的书面报告。在我国目前的刑事诉讼法及其相关规定中，社会调查主要针对的是涉案的未成年犯罪嫌疑人、被告人。最高人民法院《解释》第568条规定：对人民检察院移送的关于未成年被告人性格特点、家庭情况、社会交往、成长经历、犯罪原因、犯罪前后的表现、监护教育等情况的调查报告，以及辩护人提交的反映未成年被告人上述情况的书面材料，法庭应当接受。必要时，人民法院可以委托社区矫正机构、共青团、社会组织等对未成年被告人的上述情况进行调查，或者自行调查。最高人民法院、最高人民检察院、公安部、国家安全部、司法部《关于规范量刑程序若干问题的意见》第18条规定，人民法院、人民检察院、侦查机关或者辩护人委托有关方面制作涉及未成年人的社会调查报告的，调查报告应当在法庭上宣读，并进行质证。该条规定并未明确未成年人社会调查报告的地位。中央综治委预防青少年违法犯罪工作领导小组、最高人民法院、最高人民检察院、公安部、司法部及共青团中央六部门联合出台了《关于进一步建立和完善办理未成年人刑事案件配套工作体系的若干意见》，明确了在办理未成年人案件和执行刑罚时，应当综合考虑案件事实和社会调查报告的内容。最高人民法院《解释》第575条规定，对未成年被告人情况的调查报告，以及辩护人提交的有关未成年被告人情况的书面材料，法庭应当审查并听取控辩双方意见。上述报告和材料可以作为办理案件和教育未成年人的参考。人民法院可以通知作出调查报告的人员出庭说明情况，接受控辩双方和法庭的询问。根据最高人民法院《解释》第568条的规定，对未成年被告人情况的调查报告，以及辩护人提交的有关未成年被告人情况的书面材料，法庭应当接受。上述报告和材料可以作为办理案件和教育未成年人的参考。所以，在接下来的探讨中主要针对未成年人社会调查报告。我国的未成年人社会调查制度是从英美法系国家的量刑前调查制度中借鉴而来的。量刑前调查，是指接受法官委派的缓刑监督官（probation officer)，对被告人的犯罪行为、犯罪前科、量刑选择、个人特征、赔偿能力等情节进行调查，提出量刑建议，形成调查报告，帮助法官确定被告人的刑罚、帮助假释机关决定犯罪人是否假释、帮助执行机关决定对罪犯的改造方案等。尽管量刑前调查报告和我国的未成年人社会调查报告在制作主体、内容、功能和审查程序方面都存在一定的区别，但是，二者在理论基础等方面依然存在相似之处，尤其是二者都存在证据上的定位问题。

在英美法系国家，量刑前调查报告系品格证据，在定罪阶段不适用，只能适用于量刑阶段。在我国，对未成年人社会调查报告的法律属性，存有争议。关于未成年人社会调查报告的规定中，都未赋予未成年人社会调查报告以证据的属性，只是将其作为公、检、法机关办案、教育和量刑的参考。也有学者认为，未成年人社会调查报告在我国的使用面再广，也不能作为证据使用，只能作为司法机关处理未成年人刑事案件时的一种重要参考资料。主要理由是：首先，调查报告的内容与案件事实并不存在客观必然的联系。其次，从证据的本质特征来看，调查报告不完全符合证据客观性、关联性和合法性的特点。再次，从证据形式来看，调查报告并不归属于刑事诉讼法规定的法定证据形式的任何一类。[①] 但是，也有一些学者认为，未成年人刑事案件社会调查报告具备了证据的客观性、关联性和合法性，应当被视为证据。未成年人刑事案件社会调查报告是品格证据的一种。[②]

如果将未成年人社会调查报告定位为证据，那么，它属于《刑事诉讼法》第50条所规定的哪一种证据呢？有学者认为，社会调查报告是一种“特殊的”证人证言，是社会调查主体通过感觉器官对其观察、访谈的各种事项的感知、记忆，最后以书面的方式记录（表述）形成的书面报告，调查主体一般也满足证人资格的要求，即具有感知、记忆和表达能力，辨别是非能力，了解案件情况的自然人。[③] 也有学者认为，虽然调查员与证人对案件处理结果均无直接利害关系，但二者存在本质不同：一是，证人证言是证人就其所了解的案件情况向司法机关所作的陈述，而调查报告则是对案件事实外的情况的反映，体现了社会对未成年人的人格评价；二是，证人是通过刑事诉讼以外的途径了解案件有关情况的人，出具证言是其法定义务，但调查员是基于司法行政机关的聘任或委托，因而参加诉讼、了解案情的，其不符合证人的条件。[④] 有观点认为，可将社会调查报告视为鉴定意见。也有人认为，调查报告是调查主体对直接感知或传闻的案件事实的客观陈述、主观评价及建议意见，不涉及技术问题，不属于鉴定意见。[⑤] 还有学者认为，未成年人社会调查报告属于专家证据。[⑥]

我们认为，未来刑事诉讼法修改，应当明确社会调查报告的证据属性。但是，绝对不可忽视以下两点：第一，社会调查报告只能作为量刑的依据，不能作为定罪的根据。因为，社会调查报告往往记录有被告人的品行事实，这种事实与其有无犯罪、罪行轻重是没有相关性的。但是，这种品行与对被告人的量刑有着密切的联系，可以作为量刑的根据。第二，社会调查报告的内容是通过走访、查询等方式获得的信息，其中一些信息可能来自社会调查主体直接对未成年人家庭、邻居的观察，另外一些信息则来自与之相关的人员，这些信息传递给司法人员后，就变成了传闻证据。[⑦] 仅凭社会调查报告这种传闻来定案，往往是不大可靠的。这也是社会调查报告在刑事证据中难以名正言顺的重要原因之一。因而，运用社会调查报告的一个重要原则是，“规制社会调查运用的程序必须体现对犯罪嫌疑人、被告人权利的保障，而且能够发挥社会调查报告的效用”[⑧]。那么，在未成年人刑事案件办理过程中，如果欲将社会调查报告作为处理的依据，必须提前将其向相关诉讼参与人予以开示。社会调查主体应当对调查报告进行说明，接受司法机关和相关诉讼参与人的询问。

---

① 参见郭欣阳：《未成年人社会调查报告的法律性质及其在审查起诉中的运用》，载《人民检察》，2007（11）；郑圣果：《未成年人社会调查报告只能作为办案参考》，载《检察日报》，2011-06-11。

② 参见张静、景孝杰：《未成年人社会调查报告的定位与审查》，载《华东政法大学学报》，2011（5）；卢君、陈立洋：《社会调查报告可以作为未成年人犯罪的量刑证据》，载《人民司法》，2012（8）。

③ 参见王蔚：《未成年人刑事案件中社会调查报告的证据属性》，载《青少年犯罪问题》，2010（1）。

④ 参见郑圣果：《未成年人社会调查报告只能作为办案参考》，载《检察日报》，2011-06-11。

⑤ 参见郑圣果：《未成年人社会调查报告只能作为办案参考》，载《检察日报》，2011-06-11。

⑥ 参见罗芳芳、常林：《〈未成年人社会调查报告〉的证据法分析》，载《法学杂志》，2011（5）。

⑦ 参见汪贻飞：《论社会调查报告对我国量刑程序改革的借鉴》，载《当代法学》，2010（1）。

⑧ “Employment of Social Investigation Reports in Criminal and Juvenile Proceedings”, *Columbia Law Review*, Vol. 58, No. 5. (1958), p. 723.

不论是公安机关、检察机关在审前程序中要根据社会调查报告终止诉讼程序，还是法院在审理程序中将社会调查报告作为从重、从轻量刑的依据，都应当以相关诉讼参与人的意见为基础。

【问题与思考】

1. 简述我国刑事证据的法定种类存在的缺陷和完善对策。
2. 如何认识同案犯罪嫌疑人、被告人的口供？
3. 简述对物证、书证的审查判断。
4. 如何看待科技证据？
5. 我国法庭审判中对勘验、检查、辨认、侦查实验等笔录的调查存在哪些问题？
6. 如何看待单位证明材料的证据效力？
7. 如何认识测谎结论的证据效力？
8. 如何看待新刑事诉讼法中规定的“勘验、检查、辨认、侦查实验等笔录”这类证据？这类笔录证据和侦查人员出庭作证制度有何联系？
9. 鉴定人、专家辅助人和证人三者之间有何异同点？
10. 鉴定意见和专门性问题的报告有何异同点？
11. 如何评价刑事诉讼法中规定的侦查人员出庭说明情况和人民警察出庭作证？
12. 简述对事故调查报告的审查判断。
13. 如何看待侦查机关出具的“情况说明”？

【推荐阅读书目】

1. 刘品新．电子证据法．北京：中国人民大学出版社，2021.
2. 伊姆温克尔里德．科学证据的秘密和审查．北京：中国人民大学出版社，2020.
3. 马明亮．笔尖上的真相——解读刑事诉讼法新增笔录类证据．政法论坛，2014（2）.
4. 樊崇义，吴光升．鉴定意见的审查与运用规则．中国刑事法杂志，2013（5）.
5. 汪建成．司法鉴定基础理论研究．法学家，2009（4）.
6. 龙宗智．证据分类制度及其改革．法学研究，2005（5）.
7. 孙孝福．被害人陈述之比较研究．法学论坛，2004（3）.
8. 王进喜．刑事证人证言论．北京：中国人民公安大学出版社，2002.
9. 汪建成，孙远．刑事诉讼中口供规则体系论纲．北京大学学报，2002（2）.
10. 樊崇义，温小洁．视听资料研究综述与评价．北京：中国人民公安大学出版社，2002.
11. 何家弘．测谎结论与证据的“有限采用规则”．中国法学，2002（2）.
12. 福斯特，等．对科学证据的认定——科学知识与联邦法院．北京：法律出版社，2001.
13. 裴苍龄．论物证．法律科学，1994（2）.

第八章

刑事证据的理论分类

内容导读

刑事证据的理论分类是指从诉讼理论上，依照一定的标准和从不同的角度对刑事证据进行的划分。以证据存在和表现的形式为标准，可以把证据分为言词证据和实物证据；以证据对案件主要事实的证明方式为标准，可以把证据划分为直接证据和间接证据；以证据的来源作为标准，可以把证据划分为原始证据和传来证据；以证据对案件事实的证明作用为标准，可以把证据划分为不利于犯罪嫌疑人、被告人的证据与有利于犯罪嫌疑人、被告人的证据。本章重点阐释了依照上述标准对刑事证据进行划分的证据类别的特征以及运用规则。

第一节　刑事证据的理论分类概述

一、刑事证据的理论分类的概念和意义

刑事证据的理论分类是指从诉讼理论上，依照一定的标准和从不同的角度对刑事证据进行的划分。

刑事证据分类的目的在于对刑事证据进行科学的分组研究，揭示各类证据的特点，提出正确运用各类证据的一般规则，以利于收集、审查、判断证据的工作，使之进行得更自觉、更有效。由于证据分类的角度、标准不同，某一具体证据，依一种分类标准，属于这一类别，而按另一分类标准，则属于其他证据类别。如证人证言，不仅可以是直接证据或间接证据，也可能是原始证据或传来证据，还可能是有利于犯罪嫌疑人、被告人的证据或不利于犯罪嫌疑人、被告人的证据。从不同的角度、标准出发，进一步识别某一证据的类别特征，可以让我们从不同的方面加深对某一证据的认识，这无疑对刑事诉讼中的证明活动具有重要的实践指导意义。

二、对刑事证据进行理论分类应当遵循的原则

18世纪英国著名法学家边沁曾把证据分为：实物证据和人的证据；宣誓证据、言词证据和书证；直接证据和情况证据；原始证据和传来证据等。现代西方国家关于证据的分类主要有：直接证据与间接证据；原始证据与传闻证据；人证与物证；主证与反证（有罪证据和无罪证据，控诉证据和辩护证据）；积极证据与消极证据；通常证据与辅助证据；主证据与补强证据等。当然，证据的分类研究同各国的实际情况以及证据制度是紧密相关的，不同国家的证据理论，其分类标准和方法也不尽相同。

我们认为，对刑事证据进行理论分类，应当遵循以下两项原则：（1）应当让证据分类在刑事司法活动中具有可操作性，因为对证据的理论分类是人在主观上经过逻辑思维而确定的，它必须以明确、有效和实务的功能作用，为司法人员提供查明案件事实的证明手段，以实现科学、准确、高效地认定案件事实的宗旨；（2）应当按照严谨、合理的逻辑标准对刑事证据加以划分，即分类的标准要具有明确性、恒定性，避免含混不清或者模棱两可。同一类证据材料在同一标准下，只能归属于某一特定的类别；作为某一特定的证据分类序列，在概括功能上必须穷尽所有的证据形式。

我国学术界的传统观点认为，对刑事证据按照不同的理论分类标准，可以作如下四种划分：一是实物证据和言词证据；二是原始证据和传来证据；三是有罪证据和无罪证据（不利于犯罪嫌疑人、被告人的证据和有利于犯罪嫌疑人、被告人的证据，控诉证据和辩护证据）；四是直接证据和间接证据。上述每种证据分类都具有一定的意义：实物证据和言词证据的分类意义在于，使人们正确认识这两类证据的不同特点，并根据其特点采取不同的收集和审查判断的方法。原始证据和传来证据的分类意义在于，提醒司法人员以及诉讼参与人，原始证据相对来说要可靠一些，传来证据相对来说可靠性要小一些，而且传来证据的可靠程度同传递的次数成不规则反比。因此，司法人员在刑事诉讼中应当尽可能收集原始证据，在原始证据无法获取的情况下，也要尽可能收集同原始证据距离最近的传来证据。不利于被告人的证据和有利于被告人的证据的分类意义在于，要求司法人员在刑事诉讼中客观全面地收集证据，不能只收集不利于犯罪嫌疑人、被告人的证据，不收集有利于犯罪嫌疑、被告人的证据。直接证据和间接证据的分类意义在于，要求司法人员办理刑事案件时，正确分析和认定各种证据的证明力，防止将那些只能认定某些局部事实的证据，作为认定案件主要事实的唯一根据。

三、刑事证据的理论分类和法定种类的关系

证据种类是根据证据事实的表现形式，在法律上对证据所作的划分。证据的理论分类是从诉讼理论上，依照一定的标准和从不同的角度对刑事证据进行的划分。刑事证据的理论分类和法定种类之间的共同之处在于，两者从证据分类入手企图使复杂、凌乱的刑事证据条理化、系统化，以共同研究各类证据的特点、作用、规律等。

刑事证据的理论分类和法定种类之间的区别，主要表现在以下几个方面。

1. 划分的标准和数量不同。证据的法定种类只有一个划分标准即证据的存在形式，而证据的理论分类则有多个划分标准，如证据的表现形式、证据的来源、证据的证明作用、

证据对案件事实的证明方式等。

2. 是否具有法律约束力不同。证据的法定种类由刑事诉讼法加以明确规定，具有法律约束力，不符合法律规定的证据材料不得作为证据使用，同时，法律对每一种证据的收集、审查判断和运用都作了具体规定，司法人员和当事人等在诉讼过程中必须严格遵守；而证据的理论分类是一种诉讼理论上的划分，因而不具有法律上的约束力。

3. 能否全面反映证据的特点不同。证据的法定种类囿于划分标准单一而具有狭隘性，因此对证据的来源、证明力的强弱等均无法反映；而证据的理论分类，由于是按不同标准和从不同的角度对各类证据进行比较和分析，因而能够揭示各类证据的认识规律和运用规则，能弥补证据种类划分上的不足。

第二节 言词证据和实物证据

一、言词证据和实物证据的分类标准及其具体划分

根据证据存在和表现形式的不同，可以把证据分为言词证据和实物证据。

言词证据，是指以人的语言陈述形式表现证据事实的各种证据。证人证言、被害人陈述、犯罪嫌疑人、被告人供述和辩解、辨认笔录属于典型的言词证据。而鉴定意见虽然具有书面形式，但其实质是鉴定人就案件中某些专门性问题进行鉴定后所作的判断，而且在法庭审理时，当事人等有权对鉴定人就鉴定意见发问，鉴定人有义务对这种发问作出口头回答，以阐明或补充其鉴定意见，所以，鉴定意见也是言词证据。

实物证据，是指以客观存在的物体作为证据事实表现形式的证据。这类证据，或以物体的外部特征、性质、位置等证明案情，或以实体物质作为其载体。物证肯定是实物证据；书证是以纸张等物质材料为其载体的，视听资料、电子数据是以录音、录像磁带和计算机数据存储媒介等物质为其载体的，一般也属于实物证据；勘验、检查笔录不是对人的语言表述的记载，而是对勘验、检查的过程以及勘验、检查过程中所发现的物质情况的固定，所以可归为实物证据；侦查实验笔录是对侦查实验过程和结论的载体，也属于实物证据。

言词证据和实物证据的分类尽管是对刑事证据最基本的一种分类方式，但在划分标准、称谓上也存在着不同观点。国内外有的学者将这种分类称为人证与物证，划分的标准有来源说、形态与程序说等。所谓来源说，主要指以获得事实情况的来源是人还是物为划分标准，前者为人证，后者为物证。这种以来源划分的方法，同原始证据与传来证据的分类标准不易区分。所谓形态与程序说，是指人证与物证的划分，除了考虑到证据在形态上的区别外，还考虑到证据在取得和运用程序上的区别，即以这两方面作为分类的标准。这种分类不仅考虑证据本身，还将运用证据的程序作为划分标准。我们认为，人证说归根结底是以人的语言陈述也即以人的言词为证，而不是以其人为证，而且这种分类中的“物证”，与我国现行法律规定的证据种类中的物证概念又容易混同；此外，在这一分类中，犯罪嫌疑人、被告人供述与辩解不好归属，因为我们通常所说的“人证、物证俱在，被告人也供认不讳”中的人证不包括犯罪嫌疑人、被告人供述与辩解，当然它也不能归属于物证。因此，

还是以称言词证据和实物证据为宜。

二、言词证据和实物证据的特点

由于言词证据和实物证据的存在和表现形式不同，所以二者呈现不同的特点。这些特点呈互补性，也就是说，实物证据的优点正是言词证据之不足，而言词证据之优点又是实物证据所不及之处。

首先，实物证据有着较强的客观性，言词证据则有着较强的主观性。由于实物证据是以实体物质形态对刑事案件起证明作用的，所以不容易受人的主观因素的干扰，而且一经收集和固定就具有比较强的稳定性。言词证据则与此相反，言词证据是以人的语言表述对刑事案件起证明作用的，而一份言词证据的形成要经历感知、记忆和表述三个阶段，任何一个阶段上出现故障，都有可能影响证据的真实性；另外，由于其他人为的原因，如基于不良动机或外部压力而故意作虚伪陈述，也会使言词证据失真；同时，由于刑事诉讼中犯罪嫌疑人、被告人时供时翻，证人时证时翻的现象常常发生，因而言词证据还具有不稳定性。

其次，实物证据的收集较言词证据困难。实物证据容易受到自然因素的影响而灭失，如果不及时收集，就可能导致收集不到。此外，一些微量物证必须通过特定的仪器来发现和提取，一旦取证的方法不得当，也有可能使该实物证据的信息被破坏。而言词证据与此相反，言词证据可以通过人的记忆功能保留一段时间，言词证据的提供者在案件发生的一段时间之后，仍然能够将相关事实回忆、表述出来，所以，相对于实物证据而言，言词证据的收集相对容易。

再次，言词证据的信息量较实物证据大，言词证据证明案件事实较实物证据更为直接。言词证据的信息量比较大，常常能够指出案件的主要事实，而且言词证据具有明确的意思表示，它所表述的犯罪事实和过程，犯罪的动机、目的，容易为司法人员了解。较之实物证据需要通过推理才能认识其意义来说，言词证据的证明作用比较明显，特别是感受、记忆、判断、表述能力都很强而又如实陈述的人提供的言词证据，常常具有很强的证明力。但是言词证据的客观性常常受到陈述者主、客观条件的影响。实物证据是客观存在的实体物，具有可触性、可视性，司法人员通过勘验、审查，弄清其与刑事案件的客观联系，即可据以认定案件事实。人们所说的“铁证如山”，主要指的就是这类实物证据。但是，实物证据毕竟是“哑巴证据”，不能直接表达它对案情的证明作用，需要由办案人员经过复杂的推理才能确定其对案件的证明作用。

正是由于言词证据和实物证据的上述不同特点，所以对这两类证据在收集和审查判断上要采取不同的方法。第一，从收集证据的角度看，对言词证据一般要采用讯问或询问的方式，而对实物证据则要采用勘验、检查、搜查、查封、扣押等手段。第二，从审查判断证据的角度看，一是审查的重点不同，对实物证据要着重审查是否因为自然因素的影响而使其实体物质形态遭到破坏，而对言词证据则要审查其是否受到人的主观因素的干扰而失真；二是在审查方法上，言词证据多采用审查证据本身前后是否矛盾，与其他证据相印证，审查言词证据的提供主体的感知、记忆、表述能力是否正常，是否受到人为因素的影响，法庭审理时的讯问、质证等方法，而对实物证据的审查则多采用鉴定、辨认、侦查实验等方法。

三、言词证据和实物证据的运用规则

言词证据和实物证据的运用，包括对其收集、保全和审查判断。

言词证据的收集方法主要是讯问或询问。对犯罪嫌疑人、刑事被告人的审问称为讯问；对刑事被害人、证人等的问话被称为询问。讯问和询问应当按照法律规定的程序进行，以保证陈述人能够如实陈述，保证证据收集的合法性。辨认也是一种收集言词证据的方法，是一种特殊的讯问和询问。虽然辨认是对与案件有关的人或物进行辨别、确认的活动，但辨认的主体是人，在辨认过程中要对辨认人进行讯问或询问，辨认的过程及结果要以辨认笔录的形式记录下来，辨认笔录也是人的一种陈述。辨认必须按照辨认的规则进行，其结果方为有效。言词证据中的鉴定意见，一般是通过委托鉴定机构或鉴定人鉴定的途径取得。鉴定必须按照鉴定的法定程序进行。实物证据的收集，主要是通过勘验、搜查、查封、扣押、冻结、调取、当事人提供等方式进行的。采取上述措施收集实物证据，也必须依照法定的程序进行；对实物证据的取得，要履行必要的交接手续（如填写扣押物品清单、调取证据清单等）。收集实物证据，除针对实物证据容易灭失的特点，强调必须迅速及时地收集证据外，还强调要深入细致地收集，以保证能够提取到各种细微的痕迹物证。

因为言词证据和实物证据的表现形式不同，所以二者的保全方法也不一样。言词证据一般是以笔录的形式加以固定；证人、当事人也可以亲笔书写证词或供词，还可以采用录音、录像的方式加以记录。实物证据的固定保全，以不损毁、不变形、不丢失为原则，尤其是要注意分案分别保管，以防不同案件的证据相互混淆。对实物证据所拍摄的照片，也应注明证据的种类、拍摄的时间、地点、案别等。

言词证据和实物证据的审查判断有所差别。对言词证据，更着重于审查内容是否属实，如陈述人感知的事实是否准确，是否存在影响陈述人如实陈述的因素，陈述人是否如实陈述，等等。对实物证据的审查，则主要是查明与案件的关联性。如通过审查实物证据的来源，查明该物是否来源可靠、出处确切，确与本案有关；通过审查证据的保存情况，查明是否变形或被替换等；通过与其他证据相互印证，查明实物证据与本案有何种关联，能否证明案件事实，能证明案件事实的什么情节；等等。

言词证据与实物证据的运用，最佳途径和方法是把言词证据与实物证据结合起来使用，相互印证，相互补充，发挥各自的优势，克服各自的弱点。言词证据有动态证明的优点，能直接证明案件主要事实的证据可以成为直接证据，司法和执法人员据此可直接、迅速地认识案件的主要事实。但言词证据又容易出现虚假或失真，为避免在认定案情上出现差错，在运用言词证据时，就要把它与实物证据相互印证，发挥实物证据客观性、稳定性强的优点，克服言词证据的弱点。在运用实物证据时，则要注意运用言词证据挖掘实物证据的证明力，如用鉴定、辨认的方式，揭示实物证据与案件事实的联系，用当事人的陈述说明现场的情况等。实物证据具有较强的客观性和稳定性，一旦其证明意义被揭示出来，便成为证明力很强的证据。总之，在证据的运用中，综合运用证据，充分发挥两种不同证据各种不同的优势，克服各自的弱点，才能取得最佳的证明效果。

第三节　直接证据和间接证据

一、直接证据和间接证据的划分标准及其具体划分

直接证据和间接证据，是以证据对案件主要事实的证明方式为标准进行划分的。

凡是单独一个证据所包含的信息内容，能够直接指出案件的主要事实的，就是直接证据。常见的直接证据有：（1）犯罪嫌疑人、被告人承认实施某一犯罪行为的供述和否认实施某一犯罪行为的辩解。（2）被害人指控犯罪嫌疑人、被告人实施犯罪行为的陈述。（3）证人肯定或否定犯罪嫌疑人、被告人实施犯罪行为的证言。（4）载明犯罪嫌疑人、被告人实施或者未实施犯罪行为的书证。凡是单独一个证据所包含的信息不能直接指出案件的主要事实，而必须同其他证据联系起来才能说明案件的主要事实的，就是间接证据。常见的间接证据有：（1）刑事案件现场的状况；（2）证明犯罪嫌疑人、被告人有无犯罪目的和动机的事实；（3）说明犯罪嫌疑人、被告人有无犯罪条件的事实；（4）犯罪的工具及其来源和下落；（5）关于犯罪嫌疑人、被告人是否获得犯罪赃款、赃物及有关赃款、赃物下落的事实；（6）证明刑事案件发生的时间、空间的事实；（7）有关作案人行为特征的事实；（8）被害人死亡或损伤的状况及其鉴定意见；（9）微量物证及其鉴定意见；（10）各种物质痕迹及其鉴定意见；（11）犯罪嫌疑人、被告人案件发生前后的行踪及异常表现。需要指出的是，间接证据所含的信息虽然不能直接指出案件的主要事实，但间接证据仍然必须具备刑事证据的特点，不能把一些与案件事实毫无关系的事实作为间接证据。

在区分直接证据和间接证据时，应当注意以下几点。

1. 所谓案件的主要事实，是指犯罪事实是否发生和犯罪人是谁。简言之，就是犯罪嫌疑人、被告人是否实施了被追诉的犯罪行为。据此，在认定某一个证据是否属于直接证据时，关键是要看该证据的信息内容能否直接确认犯罪嫌疑人、被告人是否实施了某一犯罪行为。

2. 直接证据和间接证据的划分同证据的真假没有关系。在区分直接证据和间接证据时，不能想当然地认为直接证据就是确实可靠的，间接证据就是不确实的。不管是直接证据还是间接证据，都要经过查证属实以后，才能作为定案的根据。这就意味着，即使是直接证据也要经历一个审查核实的过程，在这个过程中同样需要其他证据去补强直接证据的证明力。因此，“孤证不能定案”的法则，在直接证据和间接证据上都是适用的。

3. 直接证据和间接证据的划分同证据的来源没有关系。也就是说，我们不能从一般意义上来理解“直接”和“间接”的含义，而应从证据对案件主要事实的证明方式上来理解这一区分标准。在证据学理论上，按证据的来源只能将证据分为原始证据和传来证据。因此，不能理解为原始证据就是直接证据，传来证据就是间接证据，实际上原始证据很可能是间接证据，传来证据也有可能是直接证据。

4. 直接证据同间接证据之间的主要区别在于，两者对案件主要事实的证明方式不同。直接证据对案件主要事实的证明是直接的，审查核实证据的过程也就是认定案件主要事实的过程；间接证据对案件主要事实的证明则是间接的，该证据虽然经过查证属实，还不能认定案件的主要事实，必须联系其他证据综合分析才能认定案件的主要事实。

二、直接证据和间接证据的特点

直接证据的优点，是它对案件主要事实的证明是直截了当的，直接证据无须借助于其他证据，就可以直接证明案件的主要事实。直接证据的这一特点使得直接证据运用起来比较便捷，一经查证属实便可用作认定案件事实的主要依据。对案件主要事实的直接证明性，是直接证据突出的优点。直接证据的缺点在于：一方面，直接证据的收集和审查判断较为困难。在证据的收集范围上，直接证据较窄，数量少，不易取得，在一些案件中甚至根本无法取得。如某些刑事案件没有目击证人或者被害人已经死亡，犯罪行为是谁实施的，是如何实施的，只有犯罪人本人最清楚，在犯罪嫌疑人、被告人拒不供述的情况下，就无法取得直接证据。另一方面，直接证据大多表现为言词证据，容易受主、客观因素的影响而出现虚假或失真，其客观真实性较难确定，而且稳定性也较差，只靠直接证据定案，一旦出现翻供翻证，案件的质量就没法保证。因此，在证据的运用中，除了要充分发挥直接证据证明直接这一优点外，还必须充分认识到直接证据的弱点，只有经过认真的审查，查证属实的直接证据才可以用作定案的根据。最根本的办法是要把功夫下在表现为实物证据的间接证据的运用上。

与直接证据相对应，间接证据是指这种证据不能独立地直接证明案件的主要事实，而只能证明案件事实的某些情况，证明和案件主要事实有关联的某一事实情节，必须与案内的其他证据结合起来，构成一个证据体系，才能共同证明案件的主要事实，对案件的主要事实作出肯定或否定的结论。间接证据多表现为实物证据，也有言词证据。例如，在犯罪现场留下的物品或痕迹，实施犯罪的工具，被害人的伤情等。

间接证据的特点表现在下列四个方面：一是间接证据的依赖性。间接证据具有互相依赖的特性，任何一个间接证据本身并没有单独的证明作用，它必须依赖其他证据，并且和其他证据结合起来才能具有证明作用。二是间接证据的关联性。任何一个间接证据的证明意义，都是由间接证据与案件事实之间的客观联系，以及与其他证据在证明过程中互相结合所决定的，这就叫间接证据的关联性。间接证据的作用，不仅取决于间接证据本身的真实可靠，而且取决于它在其他证据中的地位，以及它和案件之间的客观联系。这说明，运用间接证据查明案情，不仅要审查间接证据本身是否真实可靠，而且要审查间接证据之间，以及各个间接证据与证明对象之间的客观联系。从它们之间的客观联系中确定其证明作用。三是间接证据与直接证据相比，其证明过程复杂，必须有一个判断和推理的过程。四是间接证据的排他性。各个间接证据所能证明的事实必须是互相一致的，不能是互相矛盾的，必须排除其他的可能性。如果不能排除其他可能性，就应当深入地进行调查研究，进一步查明情况，否则，不能得出证明的结论。间接证据存在以上特点，决定了在运用间接证据时，必须经过复杂的过程，需要具体、综合地分析。

三、直接证据和间接证据的运用规则

（一）直接证据的运用规则

由于直接证据所包含的信息内容比间接证据要多得多，尤其是直接证据包含了有关案件主要事实的信息，所以可以肯定地讲，直接证据的证明作用要大于间接证据。但这种理解不能绝对化到以为有了直接证据就可以定案的程度。所以，在运用直接证据时，必须注意以下两个问题：一是任何一个证据都不能自己证明自己是真实的，因此直接证据也必须依赖其他证据得以查证属实，才能作为定案的根据。二是不同的直接证据能证明的情况的范围是不相同的，因此，不能仅靠一个直接证据来认定案件事实，而必须与其他直接证据或间接证据相结合，才能正确认定案件事实。特别是对于被告人供述和辩解，必须遵照我国《刑事诉讼法》第55条的规定处理，即“只有被告人供述，没有其他证据的，不能认定被告人有罪和处以刑罚”。

（二）间接证据的运用规则

相比直接证据而言，单独一个间接证据所包含的与案件主要事实相关的信息量要少得多，尤其是间接证据没有自然地包含案件主要事实的信息，但是，这并不是说间接证据就没有证明作用。一般认为，间接证据在刑事诉讼中的作用表现在以下几个方面：（1）间接证据是确定侦查、调查方向的向导。在实践中，除了犯罪人自首、被害人或目击证人扭送犯罪人以外，一般案件总是先有间接证据，然后通过分析间接证据，确定侦查和调查方向的。（2）通过间接证据可以获取直接证据。刑事案件的侦破工作，一般总是从收集间接证据入手，一步步扩大战果，在取得了大量的间接证据后，才逐步地集中指向犯罪嫌疑人，然后对他采取必要的强制措施，进而正面接触，通过预审，犯罪嫌疑人供述作案经过，取得直接证据，这是办理刑事案件的普遍规律。（3）运用间接证据能够鉴别、核实直接证据与其他间接证据的真伪。（4）间接证据对于排除作案嫌疑有重要的意义，例如，证明犯罪嫌疑人没有作案时间的证据，就可以排除其犯罪的可能性。（5）在直接证据无法取得的情况下，依靠确实、充分的间接证据，可以认定案件事实。

由于间接证据通常只能作为直接证据的补充或通常以间接证据的证据链来确认案件，所以，在完全依照间接证据定案的情况下，必须经过一个复杂的逻辑推理过程。在这个过程中，必须遵守下列规则：（1）每一个间接证据都必须查证属实，不能有任何怀疑；（2）每一间接证据都必须与案件事实有客观联系，即能证明案件中的某些事实、情节；（3）间接证据必须形成一个完整的证明体系，所有的证明对象都应有相应的间接证据证明；（4）间接证据之间、间接证据与案件事实之间必须协调一致，不能存在任何怀疑；（5）依据间接证据形成的证明体系足以得出肯定的结论，并且这一结论具有排他性。只有严格遵守上述间接证据的运用规则，司法人员才能准确地认定案件事实。最高人民法院《解释》第140条规定：“没有直接证据，但间接证据同时符合下列条件的，可以认定被告人有罪：（一）证据已经查证属实；（二）证据之间相互印证，不存在无法排除的矛盾和无法解释的疑问；（三）全案证据形成完整的证据链；（四）根据证据认定案件事实足以排除合理怀疑，结论具有唯一性；（五）运用证据进行的推理符合逻辑和经验。”

第四节　原始证据和传来证据

一、原始证据和传来证据的划分标准及其具体划分

原始证据和传来证据是以证据的来源作为标准划分的。凡是来源于第一手的证据都是原始证据，例如，刑事案件的被害人、自诉人、犯罪嫌疑人、被告人和证人关于案件事实

的亲身所为、亲自感受、亲见亲闻的陈述，物证的原物和书证、视听资料的原件以及鉴定意见、勘验笔录、检查笔录、现场笔录等；凡是来源于第二手或第二手以上的证据都是传来证据，例如，当事人、证人从其他人那里得知案件事实的陈述，物证、视听资料的复制品以及书证的副本、复印本等。

正确理解原始证据和传来证据的划分标准，应注意以下两个问题。

第一，确认是第一手还是第二手，应当有一个客观标准，这个客观标准就是某一个证据在司法人员和取证律师等接触之前处在证据的原始状态，而没有经过传递，即为第一手证据。因此，这种证据分类不是以是否为法院直接调查所得为标准，在公安机关、人民检察院和律师等收集之前，没有经过传递，都应视为第一手证据。这种证据分类也不是以是否为管辖该案的司法机关直接获取为划分标准，即使委托外地司法机关调查，外地司法人员询问案件事实的目睹人而作成的询问笔录，对委托机关的办案人员来说，虽然不是他亲自调查获得的，仍然是第一手的原始证据，因为这一证人叙述的证言内容是他亲自对案件事实的感受，并不是间接得知的。这种证据分类也不是以证据收集的主体为划分标准的，即使属于司法人员亲手收集的证据，也可能属于传来证据，而律师或者自诉人提交的证据，也可能是原始证据。

第二，原始证据和传来证据的划分是依照证据的来源对所有证据进行的划分，任何一个证据都可以依照这样的标准而归于相应的类别，它并不是针对某一类证据进行的分类。因此，这种分类同英美的原始证据和传闻证据的划分是不完全相同的，后者仅仅是针对言词证据这一类证据进行划分的。所以“传来”和“传闻”不仅指用词上的差别，也包含了内容上的区别。

二、传来证据和传闻证据的区别

在英美法系国家的刑事诉讼中，原始证据与传闻证据的区分是十分重要的。它涉及英美法系证据法中十分重要而又烦琐的“传闻证据规则”，也称传闻法则。所谓“传闻证据规则”，是指证人所陈述的非亲自经历的事实，以及证人未出庭作证时向法庭提出的文件中的主张，不得被采为证明所言事实之真相的证据。英美证据法之所以规定传闻规则，主要是因为认为传闻证据具有误传的极大危险，不可靠；原陈述人未到庭宣誓，又不接受反询问，缺乏“信用性”。但是，传闻证据规则在立法中有一系列例外，在英美等国，这些例外不下70条，而且很少有共同之处。就刑事诉讼而言，主要的例外有：（1）构成系争事实一部分的陈述，当提出这些陈述的目的仅仅是证明所述事实时，这些陈述可被采纳。（2）非正式自认。先前有不利于己的陈述，称为非正式自认。根据一个人不会作出不利于己的陈述的理论，先前陈述可以作为自认而予采纳。（3）供认。指在刑事诉讼中，起诉方提出的在没有胁迫、利诱的情况下，刑事被告人自愿作出的不利于己的陈述，可以采纳。（4）死者生前陈述。当能够证明陈述者已经死亡时，转述死者生前的某些陈述，可以采用。这包括谋杀或过失杀人的控告中被害人的“临终陈述”；死者生前所作有损于其金钱或财产利益的陈述；死者生前在执行职务过程中为了记录其行动而作的书面记载或口头陈述；死者在先前诉讼中提出的证言等。（5）1965年的《刑事证据法》规定的贸易或商业记录。该法规定，当所记录事实的直接口头证据可被采纳时，某些贸易或商业记录也可以在刑事诉讼中被采纳为证据。

大陆法系各国在刑事诉讼中采取职权主义模式，对证据的可采性很少加以限制，而只是强调重视调查证据的程序。卷宗之笔录或其他文书等传闻证据，如果经过法庭直接调查，并赋予当事人以辩解的机会，使判决法院能够形成正确的心证，也可作为证据采纳；即使证言来自他人的陈述，只要是确实有根据的，亦并非不可作为证据。

我国的传来证据不同于英美法系国家证据法上的传闻证据。传来证据与传闻证据的区别主要有：（1）传闻证据仅限于言词证据，而不包括实物证据，而我国的传来证据既包括言词证据，又包括实物证据。（2）传闻证据是以法庭审判为中心的，凡在法庭审判外所提供的证言，非证人亲自当庭口头陈述，或陈述内容是非本人亲自所看到、听到或以其他方式观察到的，均属传闻证据。而我国的传来证据不以法庭审判为中心，仅以该证据是否系从第一来源处直接获得为标准。（3）英美法系的传闻证据规则一般都排除传闻证据，只在少数例外的情形下才可采信传闻证据，这与我国传来证据的运用规则也不相同。

传来证据与传闻证据是两个外延有交叉的概念。传来证据中有一部分不属于传闻证据，如传来的实物证据；传闻证据中也有一部分不属于传来证据，如证人在庭外所作的证言笔录。英美法系的传闻证据规则对于保证言词证据的真实性和控辩双方的质证权有重要作用，我国在传来证据的研究上也应当借鉴传闻证据规则。

三、原始证据和传来证据的特点及划分的意义

由于原始证据和传来证据的来源不同，因而二者对案件事实的反映程度也有所差异。一般而言，原始证据是来源于第一手的事实材料，是对案件事实的直接反映；传来证据是来源于第二手或第二手以上的事实材料，是对案件事实的间接反映。原始证据的证明力一般优于传来证据，因为，由于技术设备、人的理解、转述能力等因素的影响，可能使经过转述、传抄、复制的内容发生差错。实践还证明，传来证据的可靠程度同传递的次数成不规则反比。所谓不规则反比，指的是一般来讲传递的次数越多，证据的可靠程度越小，但也不排除在某些情况下传递过程中传递者对证据的原始状态保持得很完美，使传来证据同原始证据相一致。

原始证据和传来证据的不同特点要求，司法机关在刑事诉讼过程中，要尽可能收集原始证据，在掌握传来证据的情况下，要本着探本求源的精神，通过传来证据收集原始证据，即使在收集不到原始证据的情况下，也要尽可能收集同原始证据最接近的传来证据；同时还应注意审查原始证据在转述、传抄、复制过程中是否发生错误。

强调原始证据和传来证据的上述特点及划分意义，并不等于说传来证据毫无价值。传来证据的作用主要体现在：（1）有利于司法机关发现和收集原始证据。在刑事诉讼中，有很多案件都是先发现传来证据，然后再以此为线索，才发现原始证据的。（2）有助于验证、核实原始证据。例如，某目击证人回家后，同时向家里的数人讲述了犯罪发生的过程，那么他家里的人在刑事诉讼过程中，将目击证人当时是如何讲的作为传来证据提供给司法机关，就可以对该目击证人的证言起到核实作用。（3）在无法收集原始证据的情况下，经查证属实的传来证据，同样可用作认定案件事实的根据。（4）在有些案件中，传来证据是提取和固定原始证据的手段，如一些大宗建筑物，就要通过照片这种传来证据起到提取和固定作用。

四、原始证据和传来证据的运用规则

根据原始证据与传来证据的可靠性和证明力特点，关于这两类证据的运用规则应从以

下几个方面加以理解和运用。

1. 在证据的收集中，要努力寻找、发现并尽可能地获得原始证据

对于书证，应当收集调取原件，只有当取得原件有困难时或者因保守国家秘密的需要，才可以收集调取副本或复制件。对于物证，应当收集调取原物，原物不便搬运、保存的，才可以拍摄足以反映原物外形或者内容的照片、录像。对于证人证言，应当尽可能寻找到原始证人，从直接耳闻目睹案件事实发生的证人那里获取证言。对于当事人的陈述，也不能满足于书面的证词或供词，而应当面询问或讯问，亲自听取他们的陈述。总之，司法和执法人员应当积极主动地追根求源，尽最大努力去发现原物、原件，直接听取原始证人、当事人的口头陈述，以获得对案件事实的最深入的了解。即使在无法取得原始证据的情况下，也应尽可能地获取最接近案件事实的传来证据。最高人民法院《解释》第 83 条规定，据以定案的物证应当是原物。原物不便搬运、不易保存、依法应当返还或者依法应当由有关部门保管、处理的，可以拍摄、制作足以反映原物外形和特征的照片、录像、复制品。必要时，审判人员可以前往保管场所查看原物。物证的照片、录像、复制品，不能反映原物的外形和特征的，不得作为定案的根据。物证的照片、录像、复制品，经与原物核对无误、经鉴定或者以其他方式确认真实的，可以作为定案的根据。最高人民法院《解释》第 84 条规定，据以定案的书证应当是原件。取得原件确有困难的，可以使用副本、复制件。对书证的更改或者更改迹象不能作出合理解释，或者书证的副本、复制件不能反映原件及其内容的，不得作为定案的根据。书证的副本、复制件，经与原件核对无误、经鉴定或者以其他方式确认真实的，可以作为定案的根据。

2. 传来证据的作用也不容忽视

对传来证据的运用，首先，要树立起传来证据也是证据的观念，不要对传来证据视而不见，不去主动收集，也不要未经查证而轻易舍弃。其次，要充分发挥传来证据的作用。传来证据是从原始证据派生而来的，收集到传来证据，往往可以寻根溯源，找到原始证据；传来证据还可以通过与原始证据相互印证、核实，增强原始证据的证明力；在难于收集到原始证据的情况下，可以用传来证据代替原始证据；传来证据经审查属实，也可用作定案的根据。但是，运用传来证据时，除遵守一般的证据规则外，还应遵守相应的特殊规则：（1）来源不明的材料，不能作为证据使用；（2）在运用传来证据时，应采取传闻、转抄、复制次数最少的材料；（3）只有传来证据时，定案必须持慎重态度，对案件事实不能轻易作出结论。

第五节 不利于犯罪嫌疑人、被告人的证据和有利于犯罪嫌疑人、被告人的证据

一、不利于犯罪嫌疑人、被告人的证据和有利于犯罪嫌疑人、被告人的证据划分的标准及其具体划分

不利于犯罪嫌疑人、被告人的证据与有利于犯罪嫌疑人、被告人的证据是以证据对案件事实的证明作用为标准划分的。凡是能够证明犯罪嫌疑人、被告人有罪或者罪重的证据，

就是不利于犯罪嫌疑人、被告人的证据；凡是证明犯罪嫌疑人、被告人无罪或者罪轻的证据，就是有利于犯罪嫌疑人、被告人的证据。

在我国学术界，有另外两种证据的划分方式近似于不利于犯罪嫌疑人、被告人的证据与有利于犯罪嫌疑人、被告人的证据划分的标准，这两种表达方式就是“有罪证据”和“无罪证据”、“控诉证据”和“辩护证据”。“有罪证据”和“无罪证据”是根据证据的证明作用是肯定还是否定被告人实施了犯罪行为为标准[①]；“控诉证据”和“辩护证据”则根据证据是由执行控诉职能的一方提出还是由执行辩护职能的一方提出为标准。

我们认为，“有罪证据和无罪证据”的划分方法，只有定性分析而没有定量分析，过于简单化。其结果是不能完全反映某一证据是否有利于犯罪嫌疑人、被告人的精神实质，使得一些本来是有利于犯罪嫌疑人、被告人的证据，却要归入有罪证据中。“有罪证据和无罪证据”的分类方法不仅会引起诉讼理论上的混乱，而且不符合刑事诉讼的实践。从我国刑事诉讼的实际运作过程来看，有罪证据和无罪证据两类在性质上泾渭分明的证据同时存在的现象虽然也有，但毕竟是少数，更多的则是表现为证明犯罪情节轻重的差异。在诉讼理论上仅仅作有罪证据和无罪证据的区分是不够的。更有实际意义的，是将证明犯罪嫌疑人、被告人罪重的证据和证明犯罪嫌疑人、被告人罪轻的证据区别开来，以使司法人员客观公正地利用两类证据来认定刑事案件事实。“不利于犯罪嫌疑人、被告人的证据和有利于犯罪嫌疑人、被告人的证据”的分类法正好可以弥补“有罪证据和无罪证据”分类法之不足，反映刑事诉讼的实践过程，满足刑事诉讼的需要。

“控诉证据”和“辩护证据”的分类法的不可取之处在于，它容易引起诉讼主体的诉讼职能的混乱。在诉讼理论上，控诉和辩护是一对相对应的诉讼职能，既不能互相混淆，也不能互相代替。从辩护职能的角度看，辩护人和犯罪嫌疑人、被告人提出的证据往往都是有利于犯罪嫌疑人、被告人的证据，如果将这一部分证据称为辩护证据，尚不会引起异议。但从控诉职能的角度看，人民检察院及其公诉人提出的证据，却既可能有证明犯罪嫌疑人、被告人罪重的证据，也可能有证明犯罪嫌疑人、被告人罪轻的证据。公诉人在论证被告人有罪的同时，也有责任提出被告人自首、防卫过当、中止、从犯等从轻、减轻或免除处罚的情节。公诉人提出的证明被告人有罪和罪重的证据固然可以称为控诉证据，而他们提出的证明被告人罪轻的证据，却很难有一个明确的归属。所以，我们认为不利于犯罪嫌疑人、被告人的证据和有利于犯罪嫌疑人、被告人的证据的分类法，可以使人们从这种二难推理的境地中解脱出来。按照这样的分类法，不管是谁提出的证据，凡是证明犯罪嫌疑人、被告人有罪或罪重的证据，都是不利于犯罪嫌疑人、被告人的证据；凡是证明犯罪嫌疑人、被告人无罪或罪轻的证据，都是有利于犯罪嫌疑人、被告人的证据。

不利于犯罪嫌疑人、被告人的证据和有利于犯罪嫌疑人、被告人的证据的划分，直接反映了各种证据同犯罪嫌疑人、被告人的切身利害关系，反映了两类证据的不同属性，直接指出了两类证据在刑事诉讼中的不同证明作用。这一划分还体现了法律规定的精神。我国《刑事诉讼法》第52条规定：“审判人员、检察人员、侦查人员必须依照法定程序，收集能够证实犯罪嫌疑人、被告人有罪或者无罪、犯罪情节轻重的各种证据。”在这一规定中，很明显地将有罪、罪重的证据同无罪、罪轻的证据对应起来。作为两类不同的证据，前者是不利于犯罪嫌疑人、被告人的证据，后者是有利于犯罪嫌疑人、被告人的证据。这一划分方法也符合

① 参见巫宇甦主编：《证据学》，103页，北京，群众出版社，1983。

刑事诉讼的实践。在刑事诉讼过程中，不利于犯罪嫌疑人、被告人的证据和有利于犯罪嫌疑人、被告人的证据总是交织在一起的，尤其是到审判阶段，既有公诉人的指控、被害人的发言，又有辩护人的辩护、被告人的辩解，两类证据同时呈现在审判人员面前。

因此，不利于犯罪嫌疑人、被告人的证据和有利于犯罪嫌疑人、被告人的证据的划分方法的意义就在于，要求司法人员一方面客观全面地收集证据，证据是否对犯罪嫌疑人、被告人有利，是由案件事实本身决定的，司法人员不能根据自己的需要，只收集不利于犯罪嫌疑人、被告人的证据，而不收集有利于犯罪嫌疑人、被告人的证据；另一方面，在定案时，以公正的态度对待两类证据，不能任意取舍证据，凡是出现了有利于犯罪嫌疑人、被告人的证据一定要经过认真的审查，确定其为不真实可靠时，才能排除在定案根据体系之外。

二、不利于犯罪嫌疑人、被告人的证据和有利于犯罪嫌疑人、被告人的证据的运用规则

犯罪嫌疑人、被告人是否有罪，或罪轻、罪重，是刑事诉讼中的一个核心问题，解决这一核心问题的关键还是要靠证据。不利于犯罪嫌疑人、被告人的证据与有利于犯罪嫌疑人、被告人的证据截然不同的区分，为办案人员认定案件的性质和适用法律提供了一个坚实的基础。但是，运用不利于犯罪嫌疑人、被告人的证据与有利于犯罪嫌疑人、被告人的证据认定案件事实，必须遵守运用证据的规则。就不利于犯罪嫌疑人、被告人的证据与有利于犯罪嫌疑人、被告人的证据而言，在使用时要做到以下三点：一是在证据的收集时，要坚持客观、全面的原则，在指导思想和具体的侦查或调查工作中，克服先入为主，既要注意收集与本案有关联的不利于犯罪嫌疑人、被告人的证据，又要注意收集有利于犯罪嫌疑人、被告人的证据，在两类证据的比较和鉴别之中，分清是非、划清界限，准确地认定案件事实。二是在证明标准和要求上，要按照不利于犯罪嫌疑人、被告人的证据和有利于犯罪嫌疑人、被告人的证据各自所固有的特征，即两者是相互排斥的，只有达到证明的要求和标准，即证据确实、充分的时候，才能否定对方。具体来说，就是只有不利于犯罪嫌疑人、被告人的证据达到了确实、充分的程度，才能排斥有利于犯罪嫌疑人、被告人的证据的存在；反之，只有有利于犯罪嫌疑人、被告人的证据达到确实、充分的程度，才能排斥不利于犯罪嫌疑人、被告人的证据的存在。三是在证明的过程中，不利于犯罪嫌疑人、被告人的证据与有利于犯罪嫌疑人、被告人的证据势均力敌，定也定不了，否也否不掉时，尽了最大的努力仍不能收集新证据，这时只有按照“疑罪从无”的原则，宣告被告人无罪。

第六节　刑事证据的其他理论分类

除了前述我国传统上对刑事证据从四个角度进行的理论分类，在20世纪80年代，一些学者还提出了一些新的证据分类形式，诸如按照诉讼证据与案件的发生有无因果关系，将证据分为主证和旁证；按照证据的证明作用大小，将证据分为证明力强的证据和证明力

弱的证据；以证据的证明对象是实体法事实还是程序法事实，将证据分为实体证据和程序证据；以证据能否对案件主要事实起主要的证明作用和一方对另一方是否有担保依赖关系为标准，将证据分为主证据和补强证据；按照证据所证明的案件事实的不同，将证据分为定罪证据和量刑证据。由于篇幅所限，我们以下只就主证据和补强证据、实体证据和程序证据、定罪证据和量刑证据作简要介绍。

一、主证据和补强证据

（一）主证据和补强证据分类的标准与概念

主证据与补强证据是以证据能否对案件主要事实起主要的证明作用和一方对另一方是否有担保依赖关系为标准所作的分类。所谓主证据，又称主要证据，是指基于证据本身的特殊性质，需要其他证据增强或担保其证明力方得认定案件主要事实的诉讼证据。补强证据是专指为了增强、担保主证据的证明力而提出的诉讼证据。

（二）主证据和补强证据的特点

主证据的特点有：（1）主证据具有证明案件主要事实的主要证明价值。如果证据不具有证明案件主要事实存在与否的主要证明价值，则不属于主证据。（2）主证据基于自身的特殊性质，为了确保其真实性，需要其他证据予以补充、担保其证明力。在诉讼证据中并非所有的用以证明案件主要事实存在与否的证据都是主证据。主证据只是用以证明案件主要事实的诉讼证据中的一小部分，是需要其他证据予以补充、增强其证明力方能认定案情的主要证据。主要证据未经补强，不能作为认定案件事实的根据。

补强证据的特点包括：（1）补强证据在诉讼证明中有明确的作用，即增强或担保主证据的证明力。（2）补强证据与主证据一样，都是证明案件主要事实的证据。补强证据应当具有对主证据的客观性和主证据证明的案件主要事实的客观真实性的双重证明作用。（3）补强证据的证明对象与主证据具有一定程度的重叠性。只有二者证明对象具有一定程度的重叠性，才能够与主证据相互呼应，避免错误认定事实。（4）补强证据可以是具有独立证明价值的各种证据，可以是直接证据，也可以是间接证据。

（三）补强证据适用的条件和规则

补强证据的适用条件：（1）某一证据已具证据能力，这是前提。也就是说，补强证据只能补强主证据的证明力，而不能补强主证据的证据能力。（2）主证据的品质有弱点，这是基础。（3）该弱点足以严重影响证据的证明力，即造成该证据没有完全的证明力，这是关键。（4）要克服该证据的弱点，必须补充一定数量的其他证据。补强证据的种类没有限制，但必须要有证据能力。补强证据的具体数量也没有要求，但应该满足法官的心证程度。

补强证据的运用规则：（1）补强证据应当是具有独立来源的证据。如果补强证据由主证据衍生而来，便很难起到增强和补充的作用。（2）补强证据应当与主证据具有共同的证明对象。补强证据只有与主证据具有共同的证明对象，才能起到印证、加强主证据证明力的作用，但是允许补强证据比主证据具有更强的证明力。（3）补强证据不能由补助证据来取代。（4）补强证据应当达到一定的充分性。（5）运用补强证据增强和担保主要证据的证明力，则补强证据本身同样必须具有客观性、关联性和合法性。

（四）补强证据在我国的适用

根据我国《刑事诉讼法》第55条的规定，只有被告人供述，没有其他证据的，不能认定被告人有罪和处以刑罚；没有被告人供述，证据确实、充分的，可以认定被告人有罪和处以刑罚。这一规定，强调了不能把被告人的供述作为定罪和处罚的唯一证据，口供必须得到其他证据的补强才具有证明力。由此可见，我国刑事诉讼法确立了口供需要补强的法则。关于证人证言的补强，最高人民法院《解释》第143条规定："下列证据应当慎重使用，有其他证据印证的，可以采信：（一）生理上、精神上有缺陷，对案件事实的认知和表达存在一定困难，但尚未丧失正确认知、表达能力的被害人、证人和被告人所作的陈述、证言和供述；（二）与被告人有亲属关系或者其他密切关系的证人所作的有利于被告人的证言，或者与被告人有利害冲突的证人所作的不利于被告人的证言。"

主证据与补强证据的分类的研究对于指导司法实践中如何运用一些特殊证据，具有非常重要的意义，如如何运用被追诉人的口供等，但必须指出的是，主证据与补强证据的分类，相对于前述几种证据分类而言，适用范围相对狭窄，并不适用于所有证据。只有法律规定某一证据的证明力必须由其他证据来补强、担保的，才会出现主证据和补强证据。

二、实体证据和程序证据

实体证据和程序证据是以证明对象的性质为标准划分的。据以证明实体法事实的证据，称为实体证据；据以证明程序法事实的证据称为程序证据。划分实体证据和程序证据的意义在于：（1）便于划清实体法事实和程序法事实的界限。划清这个界限不论在理论上还是在实践上都很重要。这个界限划不清，把实体问题和程序问题混淆在一起，既会影响对证据本质的准确理解，也会影响对证据的准确运用。（2）可以更好地掌握这两类证据的本质、意义和用途，便于更好地收集获取、审查判断和具体运用这两类证据。

实体证据和程序证据的分类，一方面明确指出了诉讼过程中存在的两类性质迥异的证明对象，更为重要的是，这一分类提升了程序法事实在诉讼证明中的地位，有助于纠正"重实体、轻程序"的错误倾向。

三、定罪证据和量刑证据

定罪和量刑是刑事诉讼中相互衔接的两个重要环节。依据证据与定罪和量刑的关系的不同，可以将证据分为定罪证据和量刑证据。定罪证据是指能够证明某一行为是否构成犯罪、构成何种犯罪的根据。量刑证据是指在行为成立犯罪的前提下，与犯罪行为或犯罪人有关的，体现行为社会危害性程度和行为人人身危险性程度，因而在量刑时，在从重、从轻或者免除刑罚时必须予以考虑的各种具体事实情况。① 量刑证据可分为纯正的量刑证据和不纯正的量刑证据。所谓纯正的量刑证据，是指与定罪无关、只影响量刑的证据，包括与被告人的前科劣迹、累犯事实，未成年人个人成长经历及一贯表现的事实，以及犯罪后自首、立功、坦白、认罪悔罪、退赃退赔、赔偿被害人经济损失及取得被害人或其家属谅解的事实相关的证据。所谓不纯正的量刑证据，是指既影响定罪也影响量刑的证据。这类证据既是定罪证据，也是量刑证据，比如与被告人是未成年人、盲、聋哑人、防卫过当、避险过当、犯罪预备、犯罪未遂、犯罪中止、从犯、胁从犯及教唆犯等事实以及犯罪数额、

① 参见樊崇义、杜邈：《定罪证据与量刑证据要区分》，载《检察日报》，2012-06-04。

犯罪次数、犯罪结果、特殊的犯罪性质、犯罪对象和犯罪时间等犯罪事实相关的证据。

定罪证据和量刑证据既有着一定的联系，也存在一些区别，主要有：

第一，证明对象不同。定罪依据的事实主要是犯罪构成要件事实，这些要件事实就是定罪证据的证明对象。量刑的依据不仅包括定罪信息，还包括各种法定或酌定的从重、从轻、减轻或者免除处罚情节，因此，量刑证据的证明对象更加广泛。①

第二，遵循的运用规则不同。量刑证据规则相比定罪证据规则更宽松。尤其是一些在定罪程序中适用的证据排除规则，在量刑程序中则不适用。比如，传闻证据、意见证据、非任意性自白、品格证据等都可能作为证明量刑事实的根据。

第三，证明案件事实的方式不同。相对于定罪证据而言，量刑证据的证明程序更为简化、自由。一般认为，对定罪证据的调查应实行严格证明，而对量刑证据的调查可以采自由证明模式。量刑证据证明案件事实所应达到的证明标准，相比较于定罪证据更低。在英美法系国家，对定罪事实的证明应达到排除合理怀疑的程度，而对量刑事实的证明一般达到盖然性优势的证明标准即可。当然，对于不同的量刑事实，又可能存在一定的差别。在证明责任的分配上，基于无罪推定原则的要求，对定罪事实（包括与量刑事实重合的定罪事实）的证明，控方承担不可转移的证明责任；而对于单纯的量刑事实的证明，则一般遵循“谁主张，谁举证”的规则。

划分定罪证据和量刑证据，不论在理论上还是司法实务上，都有着重要的意义。第一，它有利于促进量刑程序的独立性。尤其是在我国定罪程序和量刑程序相对分离的制度背景下，区分定罪证据和量刑证据，有利于凸显量刑程序的重要地位。第二，它有利于保证量刑的公正性。在实践中，公、检、法机关往往只注重对定罪证据的收集和审查，而忽视对量刑证据的收集和审查。强调量刑证据收集、审查的重要性以及量刑证据规则和定罪证据规则之不同，有利于保证量刑信息的全面性和量刑结论的公正性，进而实现罪刑相适应和刑罚的个别化原则。

【问题与思考】

1. 简述刑事证据的理论分类和法定种类的关系。
2. 勘验、检查、辨认、侦查实验等笔录属于言词证据还是实物证据？为什么？
3. 直接证据和间接证据的运用规则有何不同？
4. 传来证据和传闻证据有何区别？
5. 你认为刑事证据还可以从哪些角度进行分类？

【推荐阅读书目】

1. 汪建成．理想与现实——刑事证据理论的新探索．北京：北京大学出版社，2006.
2. 宋英辉．我国证据制度的理论与实践．北京：中国人民公安大学出版社，2006.
3. 宋英辉．证据法学研究述评．北京：中国人民公安大学出版社，2006.
4. 丛杭青．陈词证据研究．北京：人民出版社，2005.
5. 裴苍龄．论人证．现代法学，1996（2）.

---

① 参见樊崇义、杜邈：《定罪证据与量刑证据要区分》，载《检察日报》，2012-06-04。

第三编

刑事证明论

第九章
刑事证明概述

内容导读

证明论是我国证据法学的重要内容之一。在我国传统证据法学中，证据论与证明论是两个彼此相关但基本独立的研究主题。当前，许多学者融合证据于证明活动之中进行研究，或者在证明活动的动态过程中研究证据。在刑事证明的概念上，我国长期存在“大诉讼”与“小诉讼”、“大证明”与“小证明”的争议。前者认为，证明活动不仅存在于审判阶段，同样存在于审前阶段；后者认为，证明仅存在于狭义的诉讼中，即审判阶段。由于民事诉讼、行政诉讼不存在审前阶段，故而关于证明概念的争议，主要存在于刑事证据领域。有关刑事证明概念的争议不仅反映在特征、理念、体系上的“分野”，而且体现在证明的主体、对象、责任、标准、环节、方法和模式等方面的“差异”。

第一节　刑事证明的概念与特征

“证明”这一概念在日常社会生活中的使用极其广泛。根据《现代汉语词典》的解释，“证明”一词有两种含义：一是在动词意义上，是指“用可靠的材料来表明或者断定人或事物的真实性”；二是在名词意义上，是指“证明书”或者“证明信”。在逻辑学中，证明是主体间的一种说服活动，即说服特定主体相信特定的命题为真（证实）或为假（证伪）。在诉讼法、证据法中，证明又被称为诉讼证明、司法证明等，具有特定的含义。一般而言，诉讼法、证据法中的证明，是指诉讼主体按照法定的程序和标准，运用已知的证据和事实来认定案件事实的活动。在此，证明是一种具体的诉讼行为，直接受诉讼法、证据法等法律规范的调整。这是它与自然科学、社会科学中通常的证明活动和人类一般的抽象思维活动最大的差别。概括而论，在诉讼法、证据法中的证明，具有以下特征：一是证明主体是特定的诉讼主体，而非一般意义上的社会公众；二是证明对象是案件事实，而非自然现象或学科难题；三是运用的过程必须遵循法定的程序和标准。

相对于英美法系国家而言，在奉行职权主义的传统大陆法系国家和地区，有关证明的研究成果更为丰富，相关争论也较激烈。针对证明中的诉讼主体、程序、标准、对象等要素，证明与法官心证、事实对象、证据方法、调查程序等的关系，许多学者进行了认真而细致的讨论。具体而言，有关证明的概念，需要细致辨析证明与释明、严格证明与自由证明两组概念。在我国，由于对证明的基本要素的理解存在差异，因而存在“大证明”与“小证明”等的区分。

一、证明与释明

在大陆法系传统中，作为证据法学中的专门术语，“证明”一词包含着静态与动态两层含义：与释明相对应，证明是一个静态的概念，是指称裁判者所应达到或已达到的“主观确信程度”；与自由证明相对应，狭义的证明（严格证明）则是一个动态概念，指的是当事人说服裁判者所应遵循的过程性要件。①

证明与释明是大陆法系证据法学中的一对基本概念。从德国法学家的研究来看，证明与释明的差别在于法官确信程度的强弱之分。德国刑事法学者罗科信在其所著的《德国刑事诉讼法》中区分了证明与释明：“证明乃指，使法官对所指陈之事实产生确信。相对的，释明则使人相信其具可能性即可。例如对法官之回避、回复原状之声请中理由之释明及对拒绝证言时理由之释明。”② 德国民事诉讼法学者奥特马·尧厄尼希在其所著的《民事诉讼法》中指出：“完全证明（狭义的证明）被提出，如果法院对主张的真实性或者不真实性完全确信……疏明（释明）与完全证明相比，要求较小的可能性。即主张的真实性或者不真实性仅具有占优势的可能性、‘充分可能性’就足够了。”③

日本和我国台湾地区的一些学者对证明和释明进行了细致的研究，认为证明和释明除了心证程度的差异外，指向的事实对象也有所不同。日本学者兼子一、竹下守夫认为：“要作出裁判，法官必须对认定为判决基础的事项取得确信。这是一个原则。而达到这种确信状态时，就叫做该事项已被证明……不过，在终局性地确定实体权利关系的判决作出之前，暂且做出的保全处分或在诉讼程序进行中所提出的其他申请是否许可的决定，法律上往往只要求稀明（释明）就可以……稀明是指当事人对自己所主张的事实虽然没有达到证明的程度，但提出足以使法官推测大体上确实程度的证据就可以。法律承认稀明的目的是为了迅速地处理问题，因而稀明时所使用的证据方法也只限于能够立即进行调查的证据方法。”④ 我国台湾地区陈朴生教授认为：“证明，本有广狭两义。前者，包括狭义之证明及释明而言；后者则除释明外之证明。证明与释明，二者在法律上所要求之心证程度并不相同。盖证明，乃裁判官因而就某种事实得有确信之心证；而释明，则以裁判官得从而推定之程度为已足。一般所谓证明，系指狭义之证明而言；且应依证据证明之事实，并不限于实体法上事实，即诉讼上事实亦属之。为释明对象之事实，仅属诉讼程序上之事实。且释明其原因事实时，当事人仅以叙明其证明之方法为已足，毋庸提出证据；而证明，则不特应指出

① 参见宋英辉、吴宏耀、雷小政：《证据法学基本问题之反思》，载《法学研究》，2005（6）。

② ［德］克劳斯·罗科信：《德国刑事诉讼法》，吴丽琪译，207页，北京，法律出版社，2003。

③ ［德］奥特马·尧厄尼希：《民事诉讼法》，周翠译，258—259页，北京，法律出版社，2003。

④ ［日］兼子一、竹下守夫：《民事诉讼法》，白绿铉译，101页，北京，法律出版社，1995。

其证明方法，并应提出其证据。"① 我国台湾地区林山田教授也认为："提出证据而使法官获得完全之确信者，即为证明；惟提出证据，若仅使法官获得大概可信而形成较为薄弱之心证者，则非证明，而称为释明。""对于事实之认定，原则上应经证明；惟在程序有关之事实，则以释明，即为已足……"②

二、严格证明与自由证明

严格证明（狭义证明）与自由证明同样是大陆法系国家证明体系中的另一对基本概念。严格证明强调以法律规定的证据方法和法庭调查程序进行证明。在法庭调查程序中，严格证明必须以法律规定的证据方法进行。该项要求又包括两个方面：其一，用以严格证明的证据方法在形式上必须合乎法律规定。其二，该证据方法依法必须具有证明力。

严格注明一般针对实体性事实。在德国，严格证明一般适用于以下事项："对于攸关认定犯罪行为之经过、行为人之责任及刑罚之高度等问题的重要事项。"③ 在日本，成为严格证明对象的事实，是关于刑罚权是否存在及其范围的事实。具体包括：公诉犯罪事实；处罚条件及处罚阻却事由；刑法的加重或减免事由。④ 在我国台湾地区，严格证明仅限于对本案犯罪事实及其法律效果问题的认定，并且仅适用于审判程序。

相对而言，在德国，对于自由证明，立法则没有明文限定必须适用的调查程序，往往委诸法院根据具体情况裁量决定。实践中，自由证明可以"以一般实务之惯例"选择适当的证明手段，"亦即可不拘任何方式来获取可信性（例如，以查阅案卷或电话询问之方式）"⑤。在日本刑事诉讼中，自由证明的调查程序必须注重被告人辩护权的保障。⑥ 在自由证明的对象上，德国法规定，严格注明之外其他事项，原则上适用自由证明。在日本，自由证明的事项具体包括：犯罪的相关情况；诉讼法上的事实。⑦ 在我国台湾地区，除严格证明以外的其他事实，如程序争点事实，一般属于自由证明的范围。

三、"大证明"与"小证明"

究竟如何界定证明的概念？在我国证据法学界，尤其是刑事证据法研究中，争议较大。有的将之归纳为"大诉讼"与"小诉讼"的争议，有的将之归纳为"大证明"与"小证明"的争议。"大诉讼"与"大证明"、"小诉讼"与"小证明"之间其实是相互关联的。

（一）"大证明"

在我国，"大证明"又称广义的证明，是我国传统证据法学普遍采纳的一个概念。根据"大证明"的观念，证明是贯穿诉讼活动始终的各诉讼主体查明案件事实的一种认识活动。

---

① 陈朴生：《刑事证据法》，156页，台北，三民书局，1979。

② 林山田：《刑事程序法》，373页，台北，五南图书出版公司，2001。

③ ［德］克劳斯·罗科信：《德国刑事诉讼法》，吴丽琪译，208页，北京，法律出版社，2003。

④ 参见［日］土本武司：《日本刑事诉讼法要义》，董璠舆、宋英辉译，311—312页，台北，五南图书出版公司，1997。

⑤ ［德］克劳斯·罗科信：《德国刑事诉讼法》，吴丽琪译，208页，北京，法律出版社，2003。

⑥ 参见［日］田口守一：《刑事诉讼法》，刘迪等译，221页，北京，法律出版社，2000。

⑦ 参见［日］土本武司：《日本刑事诉讼法要义》，董璠舆、宋英辉译，311—312页，台北，五南图书出版公司，1997。

改革开放以来至21世纪初期，“大证明”是学术界通说。其相关背景是，依据“大诉讼”的观念，在刑事诉讼中，无论是侦查、起诉、还是审判，都是查明案件事实的重要阶段，都对事实真相负有不可推卸的责任。

在我国，较早将证明界定为查明，将证明活动界定为查明案件事实的认识活动并展开系统论述的是陈一云教授。其理论依据是辩证唯物主义认识论原理，这一理论主要由以下三个部分构成：一是决定论，即物质第一性，意识第二性，物质决定意识；二是反映论，即意识是对物质的反映；三是可知论，即人的认识可以正确反映客观世界。他在其主编的《证据学》一书中认为，“查明案件事实的过程，就是一个证明过程”；证明是“司法机关或当事人依法运用证据确定或阐明案件事实的诉讼活动”；“刑事诉讼中的人民法院、人民检察院和公安机关，民事诉讼和行政诉讼中的人民法院，都必须依法收集和审查证据，并根据证据查明案件事实”①。

之后，许多学者进一步从认识与实践的关系的角度阐述了证明的概念，认为证明是一种揭示、认识案情的自觉活动。崔敏、张文清教授在他们主编的《刑事证据的理论与实践》一书中指出：“马克思主义的唯物论告诉人们，物质是第一性的，认识第二性的。既然证据是客观存在的，那么人们就可以并能够加以认识。证明是司法实践和逻辑思维的统一。证明要求司法人员依靠群众，深入实际，调查研究，获取各种证据材料，反复进行综合、归纳、推理、判断，进行‘去粗取精、去伪存真，由表及里、由此及彼的制作过程’，逐步得出结论，直至完全证明案情为止。”②

一些学者结合实践论，深化了证明与诉讼阶段的关系。陈光中教授在其主编的《刑事诉讼法》教材中，将刑事证明界定为“侦查、检察、审判人员及其委托的辩护人、代理人依法收集、审查判断和运用证据，认定犯罪是否发生，谁是犯罪分子、罪责轻重以及其他有关案件事实的活动”③。刘金友教授在其主编的《证据法》一书中指出：“诉讼证明，从立案到结案，往往需要经过收集证据材料，进行推理判断，再收集证据材料进行检验，即从实践到认识，从认识到实践多次反复过程。以刑事诉讼而言，在侦查阶段，侦查人员提出假设、检查假设、就是这样的反复过程……在起诉阶段，检查人员进行证明同样也是经过从实践到认识、再到实践的反复过程……在案件的审判阶段更是如此。审判人员从实践中得到的关于案件事实情况的结论，同样要回到实践中去检验，如果确有问题，二审法院或再审法院要予以纠正。”④

根据“大证明”理论，证明在内涵上是一种来源于实践、回到实践的认识活动。确切地说，证明案件事实的过程就是反复认识案情的过程，是主观认识和客观存在相统一的过程。此外，证明在外延上涵括各诉讼阶段中的认定案件事实活动。证明存在于侦查、起诉、审判的各个阶段。凡参与证据收集、审查判断的诉讼法律关系主体，都是证明主体。基本上所有的案件事实情况，包括“犯罪是否发生、谁是犯罪分子、罪责轻重以及其他有关案件事实的活动”，都属于证明对象的范围。

客观而论，“大证明”理论对司法实践的法律指导功能在于：对于各刑事诉讼主体而言，他们共同参与证明并且受制证明后果；由此，刑事证明的概念构建了一个广泛的职责

① 陈一云主编：《证据学》，113页，北京，中国人民大学出版社，1991。

② 崔敏、张文清主编：《刑事证据的理论与实践》，71页，北京，中国人民公安大学出版社，1992。

③ 陈光中主编：《刑事诉讼法》，2版，178页，北京，北京大学出版社、高等教育出版社，2005。

④ 刘金友主编：《证据法学》，229—230页，北京，中国政法大学出版社，2001。

体系和义务体系，促进实质真实目标的实现。刑事证明的上述概念宣示了对案件事实认定的一种乐观信念：刑事诉讼主体发挥主观能动性，依据认识与实践的辩证关系，最终是能够达到客观真实的。许多学者都试图强化刑事诉讼主体在发现事实真相上的努力："在我国诉讼证明中，要层层把关，反复实践、反复认识，反复进行推理判断，反复进行调查验证，坚持真理，有错必纠，务必使案件事实达到证据确实充分，案件事实情况的认识达到客观真实。"①

(二)"小证明"

从21世纪初期开始，"大证明"概念受到许多学者的如下批驳：片面强调了证明的认识论属性，却忽略了认识论的辩证法；曲解了绝对真理与相对真理的辩证关系，并在司法过程中低估了可知的相对性，人的认识能力在主客观条件的制约下具有局限性和非至上性；忽视了价值论的应有地位和作用。其核心主张是，围绕诉讼主张而进行的证明活动是以确认法律权益、解决利益争端为直接目的的，尽管此种证明活动无疑包含有认识活动，但绝不仅仅就是认识活动，也不能完全等同于认识活动。王敏远教授主张，作为知道的认识，其过程是从不知到知，这与科学中的发现相似，因此，其所适用的规则是发现的逻辑；而诉讼中的证明，所适用的规则是证明的逻辑。科学中的发现与证明所需的是两种不同的智慧：发现必须仰仗灵感、顿悟；而证明可以全凭逻辑——演绎与归纳。② 卞建林教授在其主编的《证据法学》和《刑事证明理论》中系统阐述了"小证明"概念，即狭义的刑事证明概念：证明在本质上是特定主体提出诉讼主张并举证加以证明以说服裁判者的活动；在诉讼领域，证明是指国家公诉机关和诉讼当事人在法庭审理中依照法律规定的程序和要求向审判机关提出证据，运用证据阐明系争事实、论证诉讼主张的活动。③

许多学者围绕证明与认识的差异，论证了"小证明"概念的基本依据：(1)诉讼都是以解决利益争端为目的的活动，裁判者就争端的解决作出的裁判结论，并不一定非得建立在客观真实的基础上不可。(2)诉讼都是在程序法限制和规范下进行的活动，因此，诉讼中的证据运用即使算作一种认识活动，也只能属于极为特殊并受到程序法严格限制的认识活动。(3)典型的认识活动只存在于刑事诉讼的侦查阶段，而法庭上的活动实际是一种"向裁判者证明"甚至"证明给人看"的活动。(4)诉讼包含着一系列法律价值的实现和选择过程。面对客观存在的认识局限，现代证明制度在"求真"的大前提下，不得不作出一系列无奈的妥协性选择。例如，默认法庭在不存在合理怀疑状态下作出裁判的正当性，并附以必要的纠错制度；在诉讼认识只能达到半信半疑状态时，借助证明责任制度强行在当事人之间进行风险分配；借助推定等法律手段进行法律上的拟制，人为地确立特定事实间的因果关系；在民事诉讼中，策略性地放弃对纠纷事实原貌的探寻，"除证据之外"，尚得以辩论意旨作为认定事实之基础。④

归纳起来，依据"小证明"概念，证明的基本要素如下：(1)诉讼证明的主体是国家公诉机关和诉讼当事人。侦查人员、鉴定人员出庭作证或发表意见，不是诉讼证明的主体。

① 刘金友主编：《证据法学》，229—230页，北京，中国政法大学出版社，2001。

② 参见王敏远：《一个谬误、两句废话、三种学说》，载王敏远主编：《公法》，第4卷，253页，北京，法律出版社，2003。

③ 参见卞建林主编：《证据法学》，264页，北京，中国政法大学出版社，2000；卞建林主编：《刑事证明理论》，13页，北京，中国人民公安大学出版社，2004。

④ 参见黄东熊：《刑事诉讼法》，363页，台北，三民书局，1999。

(2) 诉讼证明的目的是阐明诉讼中的争议事实，论证己方的诉讼主张。(3) 诉讼证明只在审判阶段发生，法庭审理前收集、提取证据只是为在法庭上进行诉讼证明打下基础，创造条件。(4) 诉讼证明受证明责任的影响或支配。(5) 诉讼证明是一种具体的诉讼行为，直接受各类诉讼法律的规范和调整。

第二节　刑事证明的理念

刑事证明的理念，是指从刑事证据法的目的、原则、制度和规范中提炼出来的，能够体现证明活动的内在规律，反映证明活动的本质要求，对证据立法和司法具有指导意义的一系列观念、信念、理想和价值的总和。

我国传统的证明理念可以界定为“实事求是”的证明理念。其特征如下：(1) 在证明目的层面，把实质真实的发现作为核心目的。证明活动的本质是认识活动。辩证唯物主义认识论是其唯一的理论基础。(2) 在证明价值层面，强调实质真实，对案件事实的认定要达到确实、充分的标准。在价值权衡中，当实质真实与程序正义、诉讼效率等产生冲突时，往往选择实质真实。(3) 在证明模式层面，对实体法事实和程序法事实的证明标准未采取严格的区分，对证明活动真实性、客观性的过分追求，在一定程度上抑制了对证明活动正当性、合法性的守护。当前，“实事求是”的证明理念逐步进化至“多元化”状态：认识论仍被普遍视为我国证据制度的理论基础之一，但绝非唯一的理论基础；证明活动是一个特殊的受制于法定程序、标准和步骤的认识过程；“程序正义”“法律价值及其选择平衡”等理论也受到较为普遍的认可，并逐渐影响和促进了人们在证明理念上的观念革新。我国许多司法解释也日益强调证据裁判原则及法定证明标准。例如，最高人民法院《关于建立健全防范刑事冤假错案工作机制的意见》规定：“坚持证据裁判原则。认定案件事实，必须以证据为根据。应当依照法定程序审查、认定证据。认定被告人有罪，应当适用证据确实、充分的证明标准。”

结合现代证据制度和我国刑事证据的发展，我们认为，刑事证明的基本理念，可以划分为相对真实理念、正当程序理念、价值权衡理念等三个方面。

一、相对真实理念

从刑事证明过程来看，在现代诉讼中，基于证据裁判主义的要求，对犯罪事实的认定必须依据证据。证明活动主要是一个认识过程，对于裁判者而言，恰恰需要通过纠纷双方的证明活动来探求自己未知的事物。在此意义上，证明实质上是一种多主体所进行的运用证据推断已经发生之事实的回溯性认识活动。证明的目的以回归真实为基准，但需要在绝对真实与相对真实之间寻找到合理的立场。

需要注意的是，主观的人的认识，与客观世界或者客观发生的事情，不可能完全一致，而是只能达到最大限度的一致性。辩证唯物主义可知论是从人类在整体上，在无止境的时代更迭中所具有的对客观世界的无限认识能力或所能实现的终极认识目标上来说的，而不是说每一次具体认识活动都能发现或达到绝对真理。具体到诉讼领域，在有限的时空因素下所能查明的事实只能具有相对意义上的客观性，对案件的认识所能达到的“真理程度”不能绝对化。

在过程意义上，证明活动是由纠纷双方和裁判主体共同完成的。根据控审分离原则，在具体案件中，裁判事实能否“符合事实真相”，一方面，取决于控方提出的控诉主张是否符合客观存在的事实，控方是否提出了足以支持自己控诉主张的证据并进行了有效的诉讼证明，辩护方的辩护是否有助于展露事实真相；另一方面，取决于裁判者的个人因素，以及是否遵循经验规则和逻辑法则。法律价值的冲突和协调也容易造成证明的相对性。一种诉讼程序不仅要追求对案件事实的真理性认识，还要在正义、秩序、效率等价值之间作出适当协调。

在方法意义上，证明活动能否获取真理与信息论、概率论等关系密切。系统科学中的信息论表明，案件发生的经过是一个信息转移的过程。诉讼证明是一个案件信息获取、加工处理、反馈和传输的过程。概率论是有关概率问题的科学方法论。概率论对证明的影响主要是可用于评断单一证据的证明力、评断一组证据的证明力、评断全案证据的证明力、评断一方当事人是否有过失等。受制于信息传递、概率计算的影响，证明活动很难获知绝对真理或者完全的事实真相。

在结果意义上，“查明事实真相”作为诉讼活动的基本价值目标之一，是对诉讼制度、证据制度提出的整体性要求；这一价值目标的实现，依赖的是诉讼制度、证据制度的整体合力，而非某一具体制度的自身力量；取决于控、辩、审三方的共同作用。忽视裁判事实与客观存在的事实之间具有的或然性关系，就无法解释许多案件中裁判事实的可错性实践和从实体与程序等方面规范认定事实活动及设立尽可能完备的救济程序的必要性。

二、正当程序理念

从法律调整的角度看，在犯罪的实际认定过程中，刑事诉讼法与刑法、证据法具有一体性。① 根据刑事法律一体化原理，对人进行有罪确定时，要经过恰当的法律程序，依据充分的证据证明此人确实犯有刑法规定的罪行。这意味着，刑事诉讼行为实际上要受到程序法定主义、罪刑法定主义和证据裁判主义的三重规制：在程序法定主义的规制下，不得在法定程序之外事后创造不利于被追诉人的临时程序对其加以处置；在罪刑法定主义规制下，不得在刑事诉讼过程中，即在法院进行终局性定罪量刑前，对被追诉人施以法律上的有罪待遇；在证据裁判主义规制下，刑事诉讼裁判者应当依据具有证据资格的证据在法定程序中认定事实，无证据不得认定事实，尤其是在案件事实一般化、法律规范具体化的过程中不得任意裁剪或添加事实。

证明的过程必须遵循正当程序的理念。最高人民法院《关于建立健全防范刑事冤假错案工作机制的意见》规定：“坚持程序公正原则。自觉遵守刑事诉讼法有关规定，严格按照法定程序审判案件，保证准确有效地执行法律。”证明程序本身是诉讼程序的重要表现，应当遵循诉讼程序的正当性标准和要求。一些刑事诉讼程序的基本原则，如裁判中立、控审分离、控辩对等、直接言词等，应当在实际的证明过程中被遵循。就严格的法律调查和事

① 参见陈兴良：《刑法适用总论》，80—81页，北京，法律出版社，1999。

实认定过程来说，取证、举证、质证、认证等证明环节必须以正当程序为内在理念。我国《刑事诉讼法》以及相关司法解释在刑事证明的过程中进一步贯彻了正当程序原则。如在证据制度方面，进一步明确了“非法证据”的认定标准，建立、健全了申请排除非法证据的程序，以及对取证合法性的审查、调查程序等。

证明过程的正当性是正当程序的内在要求，其实质是尊重诉讼双方对证明的参与权，抑制公权力的滥用，保障事实认定的准确性。充分的、有效的程序参与，也有利于提升证明结论的可接受性。

三、价值权衡理念

证据法体现的价值是多元的。从法的总的实质合理性来看，自由、秩序与效率是必不可少的。证明不仅是认识活动，还涉及各种法律价值的选择和实现。在这些冲突和抵触的价值之间达致某种权衡或平衡，是证明活动的应有之义。

何家弘、刘品新在其主编的《证据法学》一书中主张，证据法所追求法律价值和其他价值之间的平衡，可看作如下不同领域正义观念的权衡：作为外部平衡的法律正义与道德正义，司法公正与经济效率，司法正义与传统文化、宗教信仰、社会观念之间的平衡；作为内部平衡的实体正义与程序正义、案件事实与纠纷解决、个体利益与社会利益之间的平衡。[①] 我们认为，在证明的各个环节，在法律价值内部以及法律价值与其他价值之间，也存在诸多平衡性问题。证明主体范围的宽窄、证明对象构成的内容（免证事由的范围等）、证明标准设置的高低、证明责任分配的彼此、证明环节的多寡等问题，往往都涉及诉讼公正、效率、权威等价值目标之间的取舍和选择。

价值权衡需要依据一定的法律方法，并且需要达到综合利益最大化的目标。这意味着，在证明活动中，价值权衡不要仅仅考虑一个环节的得失、一方主体的损益，或者一个区域的走向，而是要充分考虑利益得失的长期性、综合性、辐射性。以认识论和程序正义之间的权衡为例。在刑事证明中，完全否定证明活动的认识属性，或者完全根据程序正义作出取舍和选择，都可能不是最佳的价值权衡方案。我们认为，由于裁判事实与客观存在的事实之间具有或然性关系，因而证据法学的主要任务之一，应当是在进行价值权衡和平衡各种利益的基础上，寻求适当的法律程序与规则，保障关于案件事实的认识在最大程度上符合或者接近客观存在的事实，以达成合目的的相对真实。在我国《刑事诉讼法》及相关司法解释中，针对物证、书证的相对排除规则，针对瑕疵证据的采纳规则等规定，反映了立法者在实体真实与正当程序、人权保障等价值之间的综合权衡。

第三节　刑事证明的体系与模式

刑事证明的体系，是指刑事证明的逻辑构成和内容框架。在证据法中，对证明外延和

---

① 参见何家弘、刘品新：《证据法学》，58—70页，北京，法律出版社，2004。

内涵理解不同，可能对其体系的认识也会有所差异。陈一云教授在其主编的《证据学》教材中认为："诉讼中的证明，是由法律所调整的诉讼活动，它的证明主体，证据（证明根据），证明对象，证明任务，证明责任，收集、审查判断证据的规则和程序等，均不同于其他证明活动，而具有诉讼的特定性。"① 受此影响，我国证据法学的研究内容长期以来被分为四部分：史论、证据论、证明论、（证明）程序论；在证明论部分，一般包括以下内容：证明的概念、证明主体的范围、证明对象、证明责任、证明程度或证明标准。至于证据的审查判断，因主要涉及程序问题，一般被归入"（证明）程序论"。

在"大证明"概念受到许多学者的批驳之后，许多学者依据"小证明"概念对其体系进行了建构。从体系的构成来看，有的围绕证明主体、证明对象、证明责任、证明标准、证明手段、证明程序、证明方法等内容展开论述；有的围绕证明责任、证明对象、证明标准、免证事由等内容展开论述。我们认为，证明体系的构成不宜过宽，也不宜过窄。一方面，要考虑实现证明目标所必需的内容或方面；另一方面，要防止不必要的交叉或重复。以证明程序为例。证明程序通常在诉讼法中与一般诉讼程序混合规定在一起。诉讼的过程就是证明的过程，诉讼与证明很难截然分开。在证明环节中也有诸多证明程序的内容。因此，在证明体系中可以不再探讨证明程序。又如证明手段，它与证明根据、证明方法在语词上比较容易产生混淆或者歧义。加上一些学者在论述证明手段时，将证据、证据形式解释为证明手段；有些学者将证据裁判原则、证据规则作为证明手段的基本内容，进而引发了不少争议。因此，在证明体系中也不宜设置证明手段这一相对不确定性的范畴。关于证明的体系，本书主要探讨证明主体、证明对象、证明责任、证明标准、证明环节、证明方法与证明模式等内容。

一、证明主体

证明主体，是指依法承担证明义务、享受证明权利的主体。证明主体必须有自己的诉讼主张。只有提出了明确的诉讼主张，证明才能有针对性地进行，审判者才能明确审判的事项范围。在诉讼法学研究中，许多学者将证明主体与诉权结合，进一步明确了证明主体所具有的权力和权利属性。

证明主体不仅享有权力和权利，同时兼具责任和义务。证明主体必须实际承担提供证据证明自己所主张的事实成立的行为责任。证明主体有可能承担案件事实真伪不明时的结果证明责任，即证明主体未能充分履行证明责任以说服事实裁判者相信其诉讼主张时，其需承担败诉或其他不利的诉讼后果。

二、证明对象

证明对象，又称待证事实或要证事实，是指在诉讼证明活动中需要运用证据加以证明的案件事实。明确证明对象，才能确定举证责任的范围，明确控辩双方争议的焦点。刑事证明对象，需要与案件有关，具有诉讼意义，而且具有证明的必要性。证明对象一般包括实体法方面的事实和程序法方面的事实。一些学者主张将证据事实也纳入其中。当然，某

---

①　陈一云主编：《证据学》，113页，北京，中国人民大学出版社，1991。

些事实的作用是减轻证明的负担、提高诉讼的效率，因此没有必要运用证据进行证明，可以界定为免证事实。例如，众所周知的事实、自然规律及定理、法院生效裁判所认定的事实、仲裁机关生效仲裁裁决所认定的事实、公证机关公证文书所认定的事实等。

三、证明责任

证明责任与证明主体不可分离，谈到证明主体，必然涉及证明责任。证明责任是存在纠纷、提出主张、证明主张、承担风险等要素的统一体。刑事证明责任，是指控辩双方在刑事诉讼中为了避免对己不利的法律后果而承担的提出证据并证明其诉讼主张成立的一种法律负担。刑事证明责任的分配不仅影响到整个刑事诉讼的进程，指导着刑事诉讼主体的诉讼活动，而且决定了控辩双方之间的利益分配，并对刑事诉讼的最终结局产生重大影响。

四、证明标准

证明标准，是指运用证据对案件事实进行证明应当达到的程度。历史上曾经存在过的神示证据制度、法定证据制度和自由心证证据制度的证明标准分别是神示真实、法定真实和主观真实。在案件事实和证明标准的性质上，存在着客观事实与法律事实、客观真实与法律真实、绝对真实与相对真实、实质真实与形式真实等分歧。证明标准的性质应当是法律真实，法律真实为证明标准的多元化提供了制度性基础。在证明过程中，证明主体对案件事实的证明没有达到证明标准的，应当承担不利的法律风险。

五、证明环节

证明环节，是指在证明中收集、运用证据的基本步骤。许多学者主张，取证、举证、质证、认证是证据运用过程中四个依次进行的环节。其中，取证是对证据的发现、收集、固定和保全，其构成了刑事诉讼证明的第一环节，是举证、质证和认证的基础。举证是对己方证据的出示和提供，是衔接取证和质证的中间环节。质证是对对方证据的质疑和质问。举证是质证的前提。认证是审判人员对证据能力和证明力的认定。在刑事诉讼的证明环节中，认证是最关键的，是取证、举证、质证的目的和归宿，而认证又是为认定案件事实服务的。

六、证明方法与模式

证明方法，是指在证明中证明案件事实的具体方式。证明方法与人类的认识能力、推理能力等的发展变化有关。有学者将人类刑事诉讼史上的证明方法归纳为神示证明、法定证明、自由心证、印证证明等四种方法。有学者将常见的证明方法归纳为客观证明方法和情理推断方法。有学者将证明方法限定为逻辑推理、司法认知、推定等。

在如何实现证明标准的基本方式、证明方法上，在我国理论界和实务界长期存在关于证明模式的争论。许多学者主张，在我国，应当谨慎而适度地借鉴典型的自由心证证明方式；根据我国现行刑事诉讼法的规定，裁判者主要根据证据间的相互印证来审查证据，将获得印证性直接支持证据视为证明的关键，并由此形成通行的“印证证明模式”①。龙宗智教授主张，刑事印证证明在刑事诉讼中强调利用不同证据内含信息的同一性来证明待证事实，这里的同一性包括信息内容的同一与指向的同一；印证证明既适用于个别证据的判断，也适用于证据的综合判断，还适用于对证据真实性、合法性和相关性的判断。其作用机理一是真理（真实）融贯论，二是真理（真实）符合论，三是归纳逻辑与溯因推理；其考量因素包括参与印证的证据的品质、数量、清晰度，是否存在客观性证据，尤其是隐蔽性证据是否符合经验法则，是否合理嵌入整体的事实构造，以及是否存在合理差异等。② 应当说，“印证证明模式”与我国传统刑事诉讼中盛行非直接和非言词的审理方式等因素有关。当然，这一模式化的概括是否符合我国刑事证据法现实状况，以及其是否具有易把握与可检验的优点，存在不少争议。例如，汪海燕教授认为，在推进以审判为中心的诉讼制度改革背景下，印证规则内容亟待重新审视；无论是经验层面的验证方法，还是法律层面的印证规则，还不足以支撑我国证明模式为“印证证明模式”这一结论。③ 在理论研究中，也有学者依据证据的分类和证明难易度提出一些新的证明模式。如在自由证明、法定证明、印证证明等理论之外，将我国的刑事证明模式概括为以直接证据为核心的“验证模式”和完全使用间接证据的“体系模式”④。从证据法学的发展来看，针对证明模式的制度选择，有必要充分考虑其在事实认定能够达到的证明程度，尤其是在预防和救济冤假错案上的实际能力。

【问题与思考】

1. 如何理解刑事证明概念的静态性与动态性？
2. 刑事证明具有哪些理念？
3. 如何认识和评价“印证证明模式”？
4. 如何理解刑事证明与认识论、价值论的关系？

【推荐阅读书目】

1. 陈一云主编．证据学．北京：中国人民大学出版社，1991.
2. 陈朴生．刑事证据法．台北：三民书局，1979.
3. 崔敏，张文清．刑事证据的理论与实践．北京：中国人民公安大学出版社，1992.
4. 刘金友．证据法学．北京：中国政法大学出版社，2001.
5. 王敏远．一个谬误、两句废话、三种学说//王敏远．公法：第4卷．北京：法律出版社，2003.
6. 卞建林．证据法学．北京：中国政法大学出版社，2000.
7. 卞建林．刑事证明理论．北京：中国人民公安大学出版社，2004.
8. 何家弘，刘品新．证据法学．北京：法律出版社，2004.
9. 龙宗智．刑事印证证明新探．法学研究，2017（2）.

---

① 龙宗智：《印证与自由心证：我国刑事诉讼证明模式》，载《法学研究》，2004（2）。

② 参见龙宗智：《刑事印证证明新探》，载《法学研究》，2017（2）。

③ 参见汪海燕：《印证：经验法则、证据规则与证明模式》，载《当代法学》，2018（4）。

④ 褚福民：《刑事证明的两种模式》，载《政法论坛》，2015（2）。

第十章 刑事证明主体

内容导读

基于狭义的证明理论，刑事证明主体指的是在刑事审判过程中，提出诉讼主张并劝说法官按照自己的诉讼主张作出裁判的人员。刑事证明主体与刑事证明责任关系密切，根据刑事证明主体所承担的刑事证明责任的不同，可以进一步将刑事证明主体区分为刑事证明责任主体与其他证明主体。前者包括公诉人、自诉人、被告人和附带民事诉讼当事人；后者包括辩护人、被告人与附带民事诉讼当事人的法定代理人和附带民事诉讼当事人的诉讼代理人。

第一节 刑事证明主体概述

一、刑事证明主体的概念

证明主体，概而言之就是在诉讼活动中从事证明活动的主体。刑事证明主体概念的界定，需要在界定刑事证明概念的基础上展开。关于刑事证明的概念，我国理论界曾有过长期的争鸣，并逐步从广义的证明概念发展至狭义的证明概念。在有关刑事证明概念的讨论中，有两个方面的内容与如何界定刑事证明主体的概念直接相关。

一是刑事证明所对应的诉讼阶段。传统的广义证明理论认为，在刑事诉讼中，证明贯穿于侦查、审查起诉和审判等诉讼阶段。“一个刑事案件从立案开始，到收集、审查、判断、运用证据认定案情的全部过程都是在进行证明活动。只有在诉讼各个阶段都充分得到了证明，才能最终完成诉讼的任务。”[①] 狭义证明理论则认为，尽管在侦查、审查起诉阶段也存在查明事实的认识活动，但这些并非属于证明活动。由于起诉后才能确定证明的具体

① 崔敏、张文清主编：《刑事证据的理论与实践》，70页，北京，中国人民公安大学出版社，1992。

范围，因而证明只应该存在于审判阶段，即证明仅指国家公诉机关和当事人在法庭审理中依照法律规定的程序和要求，向审判机关提出证据、论证诉讼主张的活动。

二是刑事证明的内容。传统的广义证明理论认为，证明涵盖的内容非常广泛，包括公安司法机关和诉讼参与人收集证据、提出证据和审查判断证据等一系列活动。狭义证明理论则认为，证明是双方当事人为了“说服”事实裁判者——法官而进行的一种法律活动，证明的目标指向的是事实裁判者，也就是向裁判者证明。

基于上述两个方面的区别，不同证明理论对证明主体的界定也差别较大。传统的广义证明理论对证明主体的界定非常广泛。“证明的主体是特定的机关和诉讼参与人。刑事诉讼中的人民法院、人民检察院和公安机关，都应当依法收集和审查证据并根据证据查明案件事实；犯罪嫌疑人、被告人、被害人、自诉人、附带民事诉讼的原告人和被告人以及这些诉讼参与人的辩护人、代理人均需要依法提供证据证明自己的要求和主张。律师参加诉讼活动的，有权依照有关规定，查阅案件有关材料，向有关单位或个人调查取证。上述机关和诉讼参与人都是诉讼程序证明的主体。”① 与此相对，狭义证明理论下的证明主体则仅指在法庭审判阶段从事说服事实裁判者活动的人员。

从广义证明理论到狭义证明理论的演进与我国庭审方式的改革密切相关。1996 年《刑事诉讼法》的修改及之后相应的庭审方式改革，将法官从积极的调查者转变为相对消极、被动的裁判者。2012 年《刑事诉讼法》的再次修改，以及之后的“以审判为中心”和“庭审实质化”改革也基本延续了法官应当在庭审中扮演被动的被说服者的角色这一改革思路。我们认为，应当在狭义证明理论的基础上确立刑事证明主体的概念。基于以上分析，我们将刑事证明主体的概念界定为：在刑事审判过程中，提出诉讼主张并进行论证、说理以说服法官按照自己的诉讼主张作出裁判的人员。从这一概念出发，法院及法官毫无疑问不是证明的主体，而是证明指向的对象。需要进一步厘清的是，我国《刑事诉讼法》第 196 条的规定与法官是否是证明主体的关系。该条规定，“法庭审理过程中，合议庭对证据有疑问的，可以宣布休庭，对证据进行调查核实。人民法院调查核实证据，可以进行勘验、检查、查封、扣押、鉴定和查询、冻结”，从而赋予了法官庭外调查核实证据的权力，并规定了多种具体方式。法官有权主动调查核实证据是大陆法系国家职权主义诉讼模式的特点，赋予法官调查核实证据的权力主要是为了探明真相和帮助法官作出公正的裁决。法官调查核实的对象是控辩双方提出的证据，而不是代替控辩双方提出证据，法官调查核实后的证据同样应当经控辩双方质证，因此不能认为法官承担调查核实证据的责任就意味着法官成为证明主体。

二、刑事证明主体的特征

从刑事证明主体的概念出发，可以归纳总结出刑事证明主体的特征。

1. 刑事证明主体必须存在于审判过程中。刑事诉讼是一个前后相继的过程，除了审判阶段之外，还包括审判之前的立案、侦查、审查起诉阶段和审判之后的执行阶段。根据狭义的证明理论，审判以外的诉讼阶段虽然也存在查清案件事实的活动，但并非证明活动，只有在审判阶段说服事实裁判者的活动才能被称为证明。因此，刑事证明主体必须存在于

① 刘金友主编：《证据法学》，167—168 页，北京，中国政法大学出版社，2003。

审判过程中，不存在于审判过程或不在审判过程中出现的诉讼主体不是刑事证明主体。基于此，公安机关等其他侦查机关在侦查阶段承担了侦查职能，虽然其发现、提取并保全的证据材料是公诉机关在法庭审理过程中进行证明的主要依据，但由于其并不在审判过程中提出诉讼主张，因而其不是刑事证明主体。检察机关是我国唯一的公诉机关，其指派的公诉人在法庭审理中承担证明案件事实存在且系被告人所为的职责，毫无疑问其是刑事证明主体，但在审查批准逮捕和审查起诉过程中，批准逮捕和决定起诉的检察官则不是刑事证明的主体。

2. 刑事证明主体必须提出诉讼主张。诉讼主张是指诉讼主体在诉讼过程中提出的请求、声明和看法的统称，反映了诉讼主体对诉讼的态度和立场。只有提出了明确的诉讼主张，证明才能有针对性地进行，事实裁判者才能确定裁判的范围。在刑事诉讼中，诉讼主张由诉辩双方提出，法官则就双方的诉讼主张进行审理并作出裁判。诉讼主张的提出是成为证明主体的潜在前提，不提出诉讼主张就没有证明的必要。基于这一特征，审判过程中的证人、鉴定人和翻译人员等都不是刑事证明主体。公诉案件的被害人如果不是附带民事诉讼的原告人，未提出自己的诉讼主张，也不是刑事证明主体。

3. 刑事证明主体必须提供证据并进行论证说理，以证明其所提出的诉讼主张。证明是一个说服事实裁判者的过程，证明主体提出了诉讼主张，就必须提供相应的证据以支持自己的诉讼主张并在此基础上进行说理，否则就难以说服事实裁判者接受他的诉讼主张。从证明责任的角度看，证明责任可以区分为行为责任和结果责任，其中行为责任就是提供证据的责任和说服责任，证明主体必须承担行为意义上的证明责任。在刑事诉讼中，侦查机关发现、收集的证据是公诉人在法庭上提供证据说服法官的基础，因此侦查机关虽然不是证明主体，但却发挥了协助证明主体履行证明责任的功能。

三、刑事证明主体与刑事证明责任

证明责任与证明主体是两个紧密联系的概念。所谓证明责任，一般包括以下四个方面的含义：(1) 诉讼主张的提出是证明责任产生的前提。诉讼主张不但限定了法官的审理范围，而且是证明主体提出证据加以论证的对象。(2) 证明责任首先是指提供证据的行为责任。证明主体应当根据诉讼进行的状态，就其主张的事实或反驳的事实提供证据加以证明，这一证明责任也被称为“利用证据推进的责任”或“形式上的举证责任”。(3) 证明责任还包括说服责任，即负有证明责任的主体应当承担运用证据对案件事实进行说理、论证，使法官对案件事实形成确信的责任。也就是说，证明主体仅仅提出证据并不算完全履行了证明责任，还必须尽可能地说服法官相信其主张的事实存在或不存在。(4) 证明责任最终表现为不利后果的责任，即承担证明责任的主体不能提出足以说服法官确认自己诉讼主张的证据，则须承担败诉或其他不利的后果。①

明确刑事证明责任是确定刑事证明主体的前提。有的观点认为，证明主体与证明责任的关系根本就是同一个问题的两个方面，即证明主体就是承担证明责任的主体，证明主体需要在诉讼过程中承担上述四个方面的证明责任；反过来说，如果某一诉讼主体不须承担或不能承担上述全部四个方面的证明责任，就不是证明主体。在此基础上，证明主体被定

---

① 参见卞建林主编：《证据法学》，371—372 页，北京，中国政法大学出版社，2005。

义为："在诉讼中提出自己的诉讼主张，并根据证据证明其诉讼主张，而且在诉讼程序结束之际，如果案件事实处于真伪不明的状态，由其承担败诉或不利诉讼后果的一方当事人。简言之，证明主体必须有自己的诉讼主张并且需要承担证明责任（包括行为责任和结果责任）。"①

我们认为，刑事证明主体与刑事证明责任关系密切，但二者并非完全的对应关系。刑事证明主体毫无疑问要承担上述证明责任的前三项，即主张责任、提出证据责任和说服责任，但如果认为刑事证明主体同时也必须承担结果责任，则可能过分限缩了刑事证明主体的范围，也与刑事诉讼的特殊情况不相吻合。例如，刑事诉讼中的辩护人具有不依赖于被告人而提出辩护意见的独立属性，即辩护人的诉讼主张可以不同于被告人，例如对于被告人认罪认罚的，辩护人仍然可以进行无罪辩护，辩护人在承担主张责任、提出证据责任和说服责任的同时，却不承担结果责任，因为辩护人行为的法律后果仍归属于被告人。在刑事案件的法庭审理过程中，辩护人所发挥的证明辩方诉讼主张、推动审判进行的作用日益重要甚至不可或缺，但如果因为不承担结果责任而将其排除出刑事证明主体的范围，则是不恰当的。

基于以上分析，我们认为，应当按照刑事证明主体所承担的证明责任的内容，将刑事证明主体进一步区分为刑事证明责任主体和其他刑事证明主体。所谓刑事证明责任主体，指的是承担主张责任、提出证据责任、说服责任和结果责任四个方面刑事证明责任的证明主体，具体包括公诉人、自诉人、被告人和附带民事诉讼当事人。刑事证明责任主体是刑事证明主体的核心和主要组成部分。其他刑事证明主体则是指只承担主张责任、提出证据责任和说服责任，不承担结果责任的证明主体，具体包括辩护人、法定代理人和诉讼代理人。其他刑事证明主体能够帮助、替代刑事证明责任主体履行证明职责。之所以作这样的区分，主要是考虑到辩护人等其他证明主体在法庭审理过程中推动案件审理进度的作用非常重要，但其所扮演的角色又不同于承担结果责任的刑事证明责任主体。

第二节　刑事证明主体的范围

一、刑事证明责任主体

（一）公诉人

在公诉案件中，证明被告人有罪的责任由承担控诉职能的公诉人承担。公诉人作为控诉一方，在法庭审判过程中承担四个方面的证明责任：首先，提出明确的诉讼主张，即指控被告人的行为构成犯罪，并要求法院依法追究其刑事责任；其次，通过在法庭上提出侦查或调查机关收集的证据，就其主张的被告人的行为构成犯罪且应当追究刑事责任进行证明；再次，通过运用证据对案件事实进行说理、论证并与辩方展开辩论，以说服作为裁判者的法官确认并接受其对被告人的指控；最后，如果公诉人未能达到证明标准地证明被告

① 卞建林主编：《证据法学》，372页，北京，中国政法大学出版社，2005。

人实施了所指控的罪行并需要承担刑事责任，就要承担起诉失败的结果责任。在公诉案件中，公诉人是最主要的证明主体。

我国《刑事诉讼法》对检察机关和公诉人的证明主体地位作了明确规定。《刑事诉讼法》第51条规定，公诉案件中被告人有罪的举证责任由人民检察院承担。第189条规定，人民法院审判公诉案件，人民检察院应当派员出席法庭支持公诉。公诉人作为证明主体，除了对案件的实体问题进行证明外，还承担着对相关程序问题进行证明的责任，尤其是要对证据收集的合法性加以证明。与此同时，《刑事诉讼法》第59条第1款规定，在对证据收集的合法性进行法庭调查的过程中，人民检察院应当对证据收集的合法性加以证明。2018年《刑事诉讼法》修改后，对于犯罪嫌疑人认罪认罚的，人民检察院应当就主刑、附加刑、是否适用缓刑等提出量刑建议，而法院一般应当采纳人民检察院提出的量刑建议，除非量刑建议明显不当。因此检察机关和公诉人还承担了提出相应的量刑证据证明其量刑建议合理性的责任。

在“犯罪嫌疑人、被告人逃匿、死亡案件违法所得的没收程序”和“依法不负刑事责任的精神病人的强制医疗程序”两种特别程序中，检察机关作为国家代表向人民法院提出申请、出席法庭审理活动或移送相关证据材料，被指派出庭的检察员虽然不再被称为“公诉人”，但其也是承担证明责任的证明主体。在“犯罪嫌疑人、被告人逃匿、死亡案件违法所得的没收程序”中，人民检察院向人民法院提出没收违法所得的申请并提供与犯罪事实、违法所得相关的证据材料。最高人民检察院《规则》第529条规定，人民法院对没收违法所得的申请进行审理，人民检察院应当承担举证责任。人民法院对没收违法所得的申请开庭审理的，人民检察院应当派员出席法庭，向合议庭证明其所申请没收的财产确系违法所得或其他涉案财产。在开庭审理过程中，法庭应当依次就犯罪嫌疑人、被告人是否实施了贪污贿赂犯罪、恐怖活动犯罪等重大犯罪并已经通缉1年不能到案，或者是否已经死亡，以及申请没收的财产是否依法应当追缴进行调查；调查时，先由出庭的检察员出示有关证据进行证明，后由利害关系人、诉讼代理人、出示有关证据，进行质证并发表意见进行辩论。在利害关系人未参加诉讼的情况下，虽然不开庭审理，但人民检察院仍需要通过书面材料履行其证明责任并承担无法证明时的不利后果，其证明主体的地位并未改变，只是证明的方式发生了变化。

在“依法不负刑事责任的精神病人的强制医疗程序”中，对于公安机关移送的或者在审查起诉过程中发现的精神病人符合强制医疗条件的，人民检察院应当向人民法院提出强制医疗的申请，并提供相应的证明材料。人民法院对强制医疗案件开庭审理的，人民检察院应当派员出席法庭，法庭依次就被申请人是否实施了危害公共安全或者严重危害公民人身安全的暴力行为、是否属于依法不负刑事责任的精神病人、是否有继续危害社会的可能进行调查。调查时，先由检察员出示有关证据进行证明，出席法庭的检察员同样是证明主体。

（二）自诉人

自诉人是指在自诉案件中，以自己的名义向法院提起诉讼的人。在自诉案件中，自诉人是最重要的证明主体。《刑事诉讼法》第51条明确规定，自诉案件中被告人有罪的举证责任由自诉人承担。刑事自诉程序由于自诉人的告诉而启动，如果没有自诉人提出的被告人的行为构成犯罪且应当追究刑事责任的诉讼主张，就没有对自诉案件的审判。在法庭审理过程中，自诉人应当提出证据证明其诉讼主张并说服法官。如果其不能提供证据或所提供的证据不充分，不能证明被告人的行为构成犯罪且需要追究刑事责任，则要承担结果责任，即不利的诉讼后果，法官将驳回起诉或判定被告人无罪。《刑事诉讼法》第 211 条规定，人民法院对于缺乏罪证的自诉案件，如果自诉人提不出补充证据，应当说服自诉人撤回自诉，或者裁定驳回。

最高人民法院《解释》第 325 条规定，自诉案件当事人因客观原因不能取得的证据，申请人民法院调取的，应当说明理由，并提供相关线索或者材料。人民法院认为有必要的，应当及时调取，对于通过信息网络实施的侮辱、诽谤行为，被害人提出告诉但提供证据困难的，法院可以要求公安机关提供协助需要说明的是，这一规定只是通过要求人民法院协助取证来弥补自诉人取证能力的不足，并不是以人民法院调查取证来代替自诉人的取证和举证，并未改变自诉人证明主体的地位。

（三）被告人

基于“否认者不负证明责任”的法则和现代刑事诉讼“无罪推定”这一基本原则，无论是公诉案件还是自诉案件中的被告人，都不负证明责任。然而，被告人不承担证明责任只是一项概括性的原则，有原则必有例外，在法律规定的例外情况下，被告人仍要对特定事项尤其是证明其无罪或罪轻的一些事项承担部分证明责任。事实上，在坚持公诉人或自诉人承担证明被告人有罪的证明责任的前提下，要求被告人对一部分由其证明更为方便的无罪、罪轻事实也承担证明责任，不但不会损害对被告人权利的保护，而且有利于查清案件事实，提高诉讼效率。这些特殊情形一般包括：（1）成文法明确规定的应由被告人承担证明责任的情形或其他可反驳的法律上的推定。例如，在我国《刑法》第 395 条规定的“巨额财产来源不明罪”和其他持有型犯罪中，需要被告人证明其持有某些物品的合法性。（2）阻却违法性及有责性的事实。例如，因未达到刑事责任年龄、属于依法不负刑事责任的精神病人而不负刑事责任等。（3）被告人的某些积极抗辩主张。这种情况是指被告人针对控方的指控提出的新的主张，这一主张直接关系到控方的诉讼主张——罪与非罪及罪行轻重的认定，但这一事实未被控方所掌握。例如，被告人在案发时不在犯罪现场的抗辩。《刑事诉讼法》第 42 条规定，“辩护人收集的有关犯罪嫌疑人不在犯罪现场、未达到刑事责任年龄、属于依法不负刑事责任的精神病人的证据，应当及时告知公安机关、人民检察院”，即是对被告方承担关于阻却违法性及有责性的事实和不在犯罪现场这一积极抗辩证明责任的一种规定。（4）被告方独知的事实。依据某种只有他自己知道的事实而提出主张的当事人必须证明他所依据的事实。这种被告方独知的事实，由控诉方证明往往难度较大，需要由被告方承担证明责任。

在这些例外情况下，被告人承担上述四个方面的证明责任，因而成为刑事证明主体。以被告人主张案发时其不在犯罪现场为例，其承担如下证明责任：（1）主张责任。被告人提出案发时其不在犯罪现场，因此犯罪行为并非其所实施的主张。（2）提出证据的责任。被告人需要提供证明其犯罪发生时不在犯罪现场的证据，例如犯罪发生时与其在一起的人的证人证言、乘坐飞机前往外地或出境记录等。（3）说服责任。在提出相应证据的基础上，被告人还应运用这些证据说服法官认可其主张。（4）结果责任。当被告人不能证明犯罪发生时其不在现场时，就要承担结果责任，即其主张（案发时不在犯罪现场）不能成立。需要指出的是，被告人在特殊情形下承担证明责任成为证明主体时，其所承担的结果责任只是其主张不能成立，而不是被证明构成犯罪，证明被告人构成犯罪的责任仍由控诉方承担。

(四) 附带民事诉讼当事人

附带民事诉讼本质上是一种特殊的民事诉讼，适用民事诉讼法的相关规定。在证明责任的分配上，附带民事诉讼受"谁主张，谁举证"原则的调整。附带民事诉讼原告人对其民事赔偿请求所依据的事实应承担提出证据加以证实的责任以及说服责任。如果不能证明则承担结果责任，接受不利的诉讼后果。附带民事诉讼被告人则对其提出的抗辩事实负有证明责任。当附带民事诉讼被告人提出反诉而成为反诉的原告人时，也同样承担主张责任、提出证据责任、说服责任和结果责任。因此，附带民事诉讼原告人和被告人都是刑事证明主体。

与附带民事诉讼当事人类似的是犯罪嫌疑人、被告人逃匿、死亡案件违法所得没收程序中的利害关系人。根据《刑事诉讼法》和司法解释的规定，利害关系人可以申请参与违法所得没收程序，需要提供证明其对违法所得及其他涉案财产主张权利的证据材料，在开庭审理中可以出示证据、进行质证。利害关系人参与违法所得没收程序的目的是主张其对审理涉及的违法所得与涉案财产所具有的权利，而一旦其无法证明其所具有的权利，则要承担这些财产被没收的后果，因此其承担的证明责任包括主张责任、提出证据责任、说服责任和结果责任，也属于刑事证明责任主体。

二、其他刑事证明主体

(一) 辩护人

辩护人，是指接受犯罪嫌疑人、被告人的委托或法律援助机构的指定，帮助犯罪嫌疑人、被告人行使辩护权，以维护其合法权益的人。辩护人参与刑事诉讼的目的在于协助犯罪嫌疑人、被告人行使辩护权，保障其合法权益。虽然辩护人参与刑事审判并非争取对己有利的裁判，因而不负结果意义上的证明责任，但对于辩方的诉讼主张，其毫无疑问地承担事实上的主张责任、提出证据责任和说服责任。刑事诉讼的特殊性质决定了被告人因知识、能力有限或人身自由受到限制或剥夺，在绝大部分情况下很难较好地行使其辩护权，在法庭上难以独立地提出诉讼主张、提出相应的证据并进行说理论证。因此，辩护人需要在法庭审理过程中协助甚至代替被告人履行主张责任、提出证据责任和说服责任。为了保障辩护人履行这一职责，法律还赋予了辩护人（主要是辩护律师）一系列的权利以支持、保障辩护人履行这三项证明责任，例如会见权、调查取证权和阅卷权等。可以这么认为，辩护人的职责涵盖并主要指向其在法庭上提出辩方的诉讼主张、提出相应证据和进行论证说理以说服法官的行为。我国《刑事诉讼法》第37条明确规定，辩护人的责任是根据事实和法律，提出犯罪嫌疑人、被告人无罪、罪轻或者减轻、免除其刑事责任的材料和意见，维护犯罪嫌疑人、被告人的诉讼权利和其他合法权益。从这一角度来说，辩护人毫无疑问是证明主体。

最高人民法院《解释》第59条规定，辩护律师向证人或者有关单位、个人收集、调取与本案有关的证据材料，因证人或者有关单位、个人不同意，申请人民法院收集、调取，或者申请通知证人出庭作证，人民法院认为确有必要的，应当同意。第60条规定，辩护律师直接申请人民法院向证人或者有关单位、个人收集、调取证据材料，人民法院认为确有必要，且不宜或者不能由辩护律师收集、调取的，应当同意。需要说明的是，这些规定只是为了使辩护律师能够有效收集证据以保障被告人行使其辩护权，并不是以人民法院调查取证来代替辩护人的取证和举证，并未改变辩护人证明主体的地位，人民法院也不会因此成为证明主体。

此外，在我国刑事诉讼中，辩护人是具有独立地位的诉讼参与人，依自己的意志依法进行辩护，也不受犯罪嫌疑人、被告人意志的左右，可以提出与犯罪嫌疑人、被告人不同的、独立的辩护意见。在辩护人提出不同于被告人的辩护意见（诉讼主张）的情况下，辩护人毫无疑问应当承担就该辩护意见提出相应证据并进行论证说理的责任。这也从另一个角度说明了辩护人的证明主体地位。

当然，辩护人作为证明主体履行主张责任、提出证据责任和说服责任的后果全部归属于被告人，其不承担结果意义上的证明责任，不是刑事证明责任主体，但依此不能否认其作为其他刑事证明主体在刑事审判中所发挥的重要作用。

（二）被告人与附带民事诉讼当事人的法定代理人

法定代理人是由法律规定的对被代理人负有专门保护义务并代其进行诉讼的人。《刑事诉讼法》第 108 条第 3 项规定，法定代理人是指被代理人的父母、养父母、监护人和负有保护责任的机关、团体的代表。当刑事诉讼中的当事人或者某些诉讼参与人是未成年人、无行为能力或限制行为能力人时，就需要法定代理人代为参加刑事诉讼。法定代理人参加刑事诉讼依据的是法律的规定，在刑事诉讼中具有独立的法律地位，不受被代理人意志的约束，在行使代理权限时无须获得被代理人同意。法定代理人享有广泛的与被代理人相同的诉讼权利，可以在法庭审理中提出己方的诉讼主张、提出相应的证据并进行论证说理。当被代理人属于刑事证明主体时，其法定代理人也同样是刑事证明主体。因此，如果被告人或附带民事诉讼当事人系未成年人、无行为能力或者限制行为能力人，其法定代理人是刑事证明主体。公诉案件中的被害人如果不是附带民事诉讼的原告，则其法定代理人不是刑事证明主体。

法定代理人在承担主张责任、提出证据责任和说服责任的同时，也不承担结果意义上的证明责任，而是由被代理人承担该责任，因此其不是刑事证明责任主体。

与上述法定代理人类似的是缺席审判程序中被告人的近亲属。根据《刑事诉讼法》第 293、294 条的规定，适用缺席审判程序被告人的近亲属有权委托辩护人和上诉。最高人民法院《解释》第 603 条规定，对于缺席审判的案件，被告人的近亲属参加诉讼的，可以发表意见，出示证据，申请法庭通知证人、鉴定人等出庭，进行辩论。因此，缺席审判程序中被告人的近亲属同样承担主张责任、提出证据责任和说服责任，但结果意义上的证明责任仍然由被告人承担，属于其他证明主体。

（三）诉讼代理人

诉讼代理人是基于被代理人的委托而代表被代理人参与刑事诉讼的人。《刑事诉讼法》第 108 条第 5 项规定，诉讼代理人是指公诉案件的被害人及其法定代理人或者近亲属、自诉案件的自诉人及其法定代理人委托代为参加诉讼的人和附带民事诉讼的当事人及其法定代理人委托代为参加诉讼的人。诉讼代理人参与刑事诉讼的目的是协助被代理人履行诉讼职责，争取对被代理人有利的诉讼结果。除公诉案件被害人的诉讼代理人因被害人本身不是证明主体而不承担证明责任外，其他诉讼代理人在法庭审判阶段只承担主张责任、提出证据责任和说服责任，不承担结果责任，是其他刑事证明主体。

诉讼代理人的职责与权利来源于被代理人，因此公诉案件中的被害人如果不是附带民事诉讼的当事人，被害人本身不是刑事证明主体，其诉讼代理人同样不是刑事证明主体。

【问题与思考】

1. 如何理解刑事证明主体的概念？应当用什么标准来界定刑事证明主体？
2. 为什么要把刑事证明主体划分为刑事证明责任主体和其他刑事证明主体？
3.《刑事诉讼法》第五编规定的特别程序中刑事证明主体有哪些特殊性？

【推荐阅读书目】

1. 卞建林．刑事证明理论．北京：中国人民公安大学出版社，2004.
2. 卞建林．证据法学．北京：高等教育出版社，2020.
3. 何家弘．论司法证明的基本范畴．北方法学，2007（1）.

第十一章
刑事证明对象

内容导读

本章主要介绍刑事诉讼证明对象的概念、特征、范围及具体内容。刑事证明对象是刑事证明的出发点和归宿，只有明确了证明对象，才能讨论有关证明责任的分配、证明标准的确立等问题。合理界定刑事证明对象的范围，是建立科学的证明体系的前提和基础。刑事证明对象不仅包括与定罪量刑有关的实体法事实，也包括控辩双方对此有争议的程序法事实和证据法事实。

第一节　刑事证明对象概述

一、刑事证明对象的概念

证明对象，也称待证事实、要证事实或者证明客体，是指证明活动中需要证明的事实。诉讼中的证明对象，是指司法机关和诉讼当事人在诉讼中必须用证据加以证明的案件事实及有关事实。诉讼性质不同，证明对象也不同。刑事证明对象是指在刑事诉讼过程中，司法机关和诉讼当事人需要用证据加以证明的案件事实及有关事实。

证明对象是证明的首要环节，只有明确了证明对象，才会产生诸如证明主体、证明责任、证明标准、证明方法等问题，因此，证明对象既是证明的出发点，也是证明的归宿。具体而言，证明对象对于诉讼证明活动的作用主要体现在三个方面：（1）限定司法机关和当事人收集证据的范围。只有在明确证明对象的前提下，司法机关和当事人收集证据的活动才能有的放矢，避免被与案件无关的或者细枝末节的事实所干扰。（2）限定诉讼各方举证、质证的范围。诉讼证明主要围绕着诉讼各方的举证、质证活动展开，只有那些被列入证明对象的事实，才有必要由诉讼各方提出证据加以证明，并在此基础上进行质证和辩论。法律规定无须证明的事实，比如属于司法认知的事实，则不需要诉讼各方予以举证和质证，而由法官直接予以确认。(3) 限定法官认证的范围。对于诉讼各方所举的证据，法官首先必须进行关联性判断，以剔除那些与本案证明对象无关的证据，从而避免由于使用这些证据所导致的诉讼拖延或者不公正。

二、刑事证明对象的特征

研究刑事证明对象的特征，对揭示证明对象的本质和确定证明对象的范围有重要意义。刑事证明对象有以下几个特征。

1. 刑事证明对象是法律规定的要件事实。这里所说的“法律”既包括实体法律规范，也包括程序法律规范。要件事实是指判决、裁定和决定合法成立的事实。具体而言，在刑事诉讼中，要件事实包括实体法规定的要件事实和程序法规定的要件事实，前者即与犯罪行为有关的构成要件和量刑情节的事实，后者则是有关诉讼行为合法性的事实。法律没有规定的事实，不属于刑事证明的对象，无须诉讼各方提供证据加以证明。

2. 刑事证明对象是诉讼各方主张或者争议，并且应当提供证据加以证明的待证事实。在刑事诉讼过程中，控诉方或者辩护方往往会依照法律的规定提出各自的诉讼主张，为了使这些主张能够被审判者所采纳，各方必须提出相关的事实以支持其主张，但这种事实主张还仅是单方面的观念的产物，带有主观性。为了使审判者相信事实主张的客观性进而支持其诉讼请求，提出该事实的一方必须用证据对其提出的事实主张加以证明。这样，证明就将证据与事实主张联系起来了，在这个联系中，事实主张处在接受证据予以认知和论证的被动状态，因此便成了证明的对象。

3. 刑事证明对象是指诉讼中需要证据加以证明的事实。证明对象是法律规定的要件事实，但并非所有的要件事实都是证明对象。如果某一个事实因为法律的规定而处在已知状态，无须借助证据这一中介环节使之从未知变为已知，那么它就与证明无关了。证明对象自身则需要通过证据加以证明，在此之前证明对象是不确定的，因此证明对象又被称为待证事实。而那些根据法律规定无须通过证据加以证明的事实，可以通过司法机关的直接认定而成为判决、裁定或者决定的依据，因此又被称为免证事实。有关刑事诉讼中的免证事实，我国《刑事诉讼法》没有规定，根据最高人民检察院《规则》第401条的规定，在法庭审理过程中下列事实不必提供证据进行证明：(1) 对一般人共同知晓的常识性事实；(2) 人民法院生效裁判所确认的并且未依审判监督程序重新审理的事实；(3) 法律、法规的内容以及适用等属于审判人员履行职务所应当知晓的事实；(4) 在法庭审理中不存在异议的程序事实；(5) 法律规定的推定事实；(6) 自然规律或者定律。

第二节　刑事证明对象的范围

刑事证明对象的范围，既受法律的限制，又受控辩双方诉讼主张的制约，同时也受诉讼模式的影响，因此在不同的国家、不同的诉讼模式下，其内容也不尽相同。我国《刑事诉讼法》第52条规定：“审判人员、检察人员、侦查人员必须依照法定程序，收集能够证实犯罪嫌疑人、被告人有罪或者无罪、犯罪情节轻重的各种证据。”该法第 238 条规定：“第二审人民法院发现第一审人民法院的审理有下列违反法律规定的诉讼程序的情形之一的，应当裁定撤销原判，发回原审人民法院重新审判：（一）违反本法有关公开审判的规定的；（二）违反回避制度的；（三）剥夺或者限制了当事人的法定诉讼权利，可能影响公正审判的；（四）审判组织的组成不合法的；（五）其他违反法律规定的诉讼程序，可能影响公正审判的。”有学者认为，上述两个条文分别规定了我国刑事证明对象中的实体要件事实和程序要件事实。① 我们认为，这两条规定虽然在一定程度上揭示了我国刑事证明对象的内容，但没有全面阐释我国刑事证明对象的范围。目前，有关我国刑事证明对象范围的界定，学界仍存在争议，这主要体现在以下三方面。

一、程序法事实与证明对象

程序法事实，是指引起诉讼法律关系发生、变更和消灭的事实，也称为诉讼法律事实。关于程序法事实是否属于刑事证明对象，学界有三种不同的观点。

第一种观点为肯定说，认为程序法事实可以成为证明对象。其主要理由是：（1）诉讼法是从程序的角度保证实体法的正确实施，对有关程序法事实的查证属实，有利于司法机关依照法定程序办案，解决实体法方面的争端。（2）诉讼中对有争议的程序事实，有关司法机关特别是人民法院也要在查清的基础上，通过作出决定或者裁定的方法解决。其中，有的决定或裁定依法可以申诉或者申请复议，有的裁定可以上诉。因此，需要作出决定、裁定的程序法事实，应当是证明对象。（3）在诉讼过程中确实存在一些对解决诉讼程序问题具有法律意义的事实需要加以证明，否则，不能顺利地采取或继续有关的诉讼行为，从而妨碍诉讼的进程。②

第二种观点为否定说，认为程序法事实不能成为证明对象。其主要理由是：（1）证明对象是一种特殊的诉讼制度，正确地确定诉讼中的证明对象，就是要使整个收集、调查证据的活动过程具有明确的方向，以利于案件事实的切实查明。因此，诉讼中的证明对象，自然是仅指那些具有实体法意义的事实，即那些如果不查明就无法对案件进行实体处理的事实。只有这样正确理解证明对象，才有利于司法机关特别是人民法院在诉讼过程中分清主次，将注意力集中于那些如果不查清楚就不可能正确适用实体法的事实。（2）程序法事实，特别是一些据以作出决定、裁定的事实，虽然也有一个查明的问题，但是这与证明对象不能同日而语。严格意义上的证明对象，应当仅指具有实体法意义的事实，而不包括程序法上的事实。③

第三种观点为折中说或者有限肯定说，认为将程序法事实纳入证明对象，在一定意义上提高了程序法的地位，使程序法与实体法获得了同等的重要性，客观上有利于司法人员遵守法定程序。但是并非所有的程序法事实都是证明对象，因为在诉讼过程中有相当多的程序法事实是无须当事人证明的，例如，有些程序法事实，仅仅需要当事人提出足以达到使法官推测大体上确实的程度的证据就可以了，即达到释明（自由证明）的程度，而不必

---

① 参见何家弘主编：《新编证据法学》，291－292 页，北京，法律出版社，2000。

② 参见陈一云主编：《证据学》，2 版，137 页，北京，中国人民大学出版社，2000。

③ 参见陈一云主编：《证据学》，2 版，137 页，北京，中国人民大学出版社，2000。

达到证明的程度。因此，属于证明对象的程序法事实应受以下三个方面的限制：（1）能够成为证明对象的程序法事实必须是案件系争的主要事实；（2）必须是当事人能够以诉的方式加以主张的事实；（3）必须是法院非依职权调查的事实。根据此种观点，刑事诉讼中有关回避、强制措施、违反法定程序等事实均属于需要释明的事实，不属于证明对象。①

我们倾向于第一种观点，即程序法事实应当成为刑事证明对象，因为自由证明与严格证明只是对证明程度的不同要求，不能将此作为界定证明对象的标准。虽然有关管辖、回避、强制措施、诉讼期间、违反法定程序等程序法事实的证明程度一般应低于实体法事实，但并不能因此而得出其不属于证明对象的结论。在刑事诉讼中，只要需要由当事人以证据加以证明的事实，都应属于刑事证明对象。从其他国家的立法与理论研究来看，一般也将程序法事实列为证明对象。比如苏联学者蒂里切夫等人认为："广义的证明对象，包括对解决案件的实质问题或者个别程序问题具有法律意义的一切情况。"② 日本学者认为，需要证实的事实由实体法上的事实和诉讼法上的事实组成。实体法上的事实包括犯罪事实（构成要件事实、处罚条件事实）和犯罪事实以外的事实（影响法律上构成犯罪的事实，法律上加重、减免理由的事实，酌情减轻处罚或缓期执行条件的事实）。诉讼法上的事实包括作为诉讼条件的事实、作为诉讼行为要件的事实、证明证据能力和证明力的事实和其他诉讼法上的事实。③《意大利刑事诉讼法》第 187 条规定："证明的对象：（一）与控告、可罚性、刑罚或保安处分的适用有关的事实均为证明的对象；（二）与适用诉讼规范有关的事实也是证明对象；（三）如果设立了民事当事人，与因犯罪而产生的民事责任有关的事实也是证明对象。"

二、证据事实与证明对象

关于证据事实应否成为证明对象，学界也有不同的观点。有的学者认为，在实践中，证据材料要转化为作为定案根据的证据，必须通过查证和质证的方法以加强证明的真实性。因此对于司法人员来说，证据事实也属证明对象的范围。④ 有的学者认为，直接证据事实不应该成为证明的对象，或者说不必单列为证明的对象，因为它就是案件的主要事实；但是间接证据事实应该列为证明对象，因为间接证据必须互相印证、互相连接，才能构成案件证明的完整链条。⑤ 也有的学者认为证据事实只是证明手段，不能列为证明对象。最后一种观点目前是证据法学界的通说。

以上各种观点对证据的理解均停留在证据的客观性和真实性层面，而忽略了证据的法律属性。从证据的客观性与真实性角度来看，证据必须经过查证属实才能作为定案根据，但对证据的查证属实并不等于对证据事实的证明活动，证据是用以证明证明对象的，是证明的手段，而非证明对象。因此，在这个层面上，我们赞同通说的观点。但是就证据的法律属性而言，证据的合法性问题在诉讼过程中经常引起控辩双方的争议，并且争议一旦发生，就需要当事人提供证据加以证明，否则将影响该证据的证据能力和证明力。因此，我

① 参见卞建林主编：《证据法学》，205—207 页，北京，中国政法大学出版社，2002。
② ［苏］蒂里切夫：《苏维埃刑事诉讼》，张仲麟译，131 页，北京，法律出版社，1984。
③ 参见［日］田口守一：《刑事诉讼法》，刘迪等译，220 页，北京，法律出版社，2000。
④ 参见宋世杰：《证据学新论》，67 页，北京，中国检察出版社，2002。
⑤ 参见裴苍龄：《证据法学新论》，160—161 页，北京，法律出版社，1989。

国有学者认为证据法事实也应成为刑事证明对象，并可以纳入程序法事实的范围加以讨论。[①] 我们赞同此种观点。将证据法事实纳入证明对象的范围，对于我国刑事证据法的完善具有极为重要的意义：只有明确了证据法事实属于证明对象，才会产生针对此事实的证明主体和证明责任的分配问题，只有落实了证明责任的归属，证据法所规定的证据规则才能在实践中得以贯彻落实。以非法证据排除规则的早期发展为例，虽然彼时我国最高审判机关和最高检察机关均在各自的司法解释中对此规则进行了规定，但由于缺乏明确的证明责任分配机制，以至于该规则在实践中根本不能得到适用，司法解释的规定形同虚设。

三、争议事实与证明对象

刑事证明对象是否必须限定于控辩双方争议的事实，对此问题目前主要有两种观点。一种观点认为刑事诉讼的证明对象是指需要运用证据予以证明的一切案件事实，在刑事诉讼过程中，凡是与追究犯罪嫌疑人、被告人刑事责任有关的一切需要查明的事实，包括实体性事实与程序性事实，都是证明的对象。[②] 另一种观点认为刑事证明对象应当是诉讼中的争议事实，包括事实争议事实与法律争议事实。在刑事诉讼中，争议事实的范围受国家公诉机关和当事人诉讼主张的制约，与国家公诉机关和当事人诉讼主张无关的以及虽然与诉讼主张有关但对立双方无异议的事实应当排除在证明对象之外。[③]

根据现代刑事诉讼所秉承的控审分离、不告不理原则，刑事证明对象的范围应限于控辩双方所主张的事实。但是刑事证明对象是否应限于控辩双方有争议的事实，则是英美法系国家当事人主义诉讼模式与大陆法系国家职权主义诉讼模式在证明问题上的重要分歧。在英美法系国家当事人主义诉讼模式下，控辩双方主导诉讼的进程，证明对象的范围完全由控辩双方决定，法庭举证、质证的范围仅限于双方当事人有争议的事实，对于双方无争议的事实，法官直接予以认定而无须进一步查明。因此，双方无争议的实体性事实和程序性事实均不属于证明对象。在大陆法系国家职权主义诉讼模式下，对于控辩双方无争议的事实，法官也负有查明的职责，比如《德国刑事诉讼法典》第244条第3款就规定："为了查明事实真相，法院应当依职权将证据调查延伸到所有的对于裁判具有意义的事实、证据上。"因此，证明对象的确定还要受到法院的干预，并不仅仅限于控辩双方有争议的事实。正是由于这种诉讼模式上的差异，被告人的有罪供认在两大法系国家有着截然不同的效力：在英美法系国家，被告人在审前如果选择有罪答辩，则被视为控辩双方对案件事实无争议，法官无须经过庭审而直接对被告人作出有罪判决；而在大陆法系国家，即便被告人在公开的法庭上表示认罪，法官也不能据此直接作出有罪判决，而必须对全案的证据进行调查，然后综合全案证据作出被告人是否有罪的判决。

根据我国《刑事诉讼法》第55条的规定，对一切案件的判处都要重证据、重调查研究，不轻信口供。只有被告人供述，没有其他证据的，不能认定被告人有罪和处以刑罚。根据本条规定，即便是被告人自愿作出有罪供述，也不能直接导致有罪判决，人民法院仍有责任在全面查清案情的基础上作出被告人是否有罪的判决。由此可见，在我国现行法律

---

① 参见卞建林主编：《刑事证明理论》，143页，北京，中国人民公安大学出版社，2004。

② 参见陈光中主编：《刑事诉讼法》，2版，179—180页，北京，北京大学出版社、高等教育出版社，2005。

③ 参见卞建林主编：《刑事证明理论》，132—133页，北京，中国人民公安大学出版社，2004。

制度和诉讼模式下，作为刑事证明对象的案件实体要件事实并不限于控辩双方有争议的事实，与被告人定罪量刑有关的事实都在证明对象的范围之内。至于程序要件事实是否限于控辩双方有争议的事实，我国法律并无相关规定。从司法实践来看，对于控辩双方无争议的程序性事实，法院并不列入法庭调查和法庭辩论的范围。因此，准确地说，我国刑事证明对象的范围应当是控辩双方所主张的、与被告人定罪量刑有关的一切实体要件事实，以及控辩双方有争议的程序要件事实（其中包括证据法要件事实）。

第三节　作为刑事证明对象的实体法事实

关于作为刑事证明对象的实体法事实究竟包括哪些内容，最高人民法院《解释》第72条进行了规定："应当运用证据证明的案件事实包括：（一）被告人、被害人的身份；（二）被指控的犯罪是否存在；（三）被指控的犯罪是否为被告人所实施；（四）被告人有无刑事责任能力，有无罪过，实施犯罪的动机、目的；（五）实施犯罪的时间、地点、手段、后果以及案件起因等；（六）是否系共同犯罪或者犯罪事实存在关联以及被告人在共同犯罪中的地位、作用；（七）被告人有无从重、从轻、减轻、免除处罚情节；（八）有关涉案财物处理的事实；（九）有关附带民事诉讼的事实；（十）有关管辖、回避、延期审理等的程序事实；（十一）与定罪量刑有关的其他事实。"根据我国《刑法》《刑事诉讼法》的规定和上述司法解释，作为刑事证明对象的实体法事实主要包括以下几个方面。

一、有关犯罪构成要件的事实

犯罪构成要件是指被指控的犯罪行为得以成立的条件。有关犯罪构成要件的事实，是刑事诉讼中首先运用证据加以证明的对象，是证明对象的关键和核心部分。虽然我国《刑法》对不同的犯罪规定了不同的构成要件，但从学理上来说，尽管各种犯罪构成要件不尽相同，但一般都必须具备以下四个方面的要件，才能成立犯罪。这四个方面的要件是：(1) 犯罪客体，是指刑法所保护而为犯罪行为所侵害的社会关系；(2) 犯罪客观方面，是指行为人所实施的危害社会的具体的犯罪行为，以及与犯罪行为有关的各项客观事实，包括犯罪的时间、地点、手段、危害社会的结果等；(3) 犯罪主体，是指实施犯罪行为，达到一定的年龄并且具有刑事责任能力，依法对自己的罪行应当负刑事责任的人；(4) 犯罪的主观方面，是指行为人对其所实施的犯罪行为以及发生的危害结果所持的主观心理态度，即故意或过失，犯罪的动机、目的等。

为了便于掌握和指导司法实践，诉讼理论上将上述犯罪构成要件的事实，概括为"七何"要素，即何人、何时、何地、何种动机和目的、何种手段、何种行为、何种危害后果。英美国家证据法理论也有将此概括为几个"W"的，即 Who（何人）、When（何时）、Where（何地）、Why（为何实施犯罪行为）、How（如何实施犯罪行为）、Which（侵害何种对象）、What（产生何种危害后果）。在刑事诉讼中准确表明上述关于"七何"要素的案件事实、情节，对于正确认定罪与非罪、此罪与彼罪、重罪与轻罪，具有决定性意义。

二、有关量刑情节的事实

有关量刑情节的事实，将关系到对行为人处刑的轻重，因此也是刑事证明对象的重要组成部分。根据我国《刑法》的规定，量刑情节包括法定情节和酌定情节两种。

（一）法定量刑情节

法定量刑情节是指刑法明文规定的，量刑时应当或者可以据以从严、从宽或者免除刑罚处罚的各种事实情况。具体而言，包括从重、从轻、减轻、免除处罚四种情形。

1. 从重处罚的事实。比如组织、领导犯罪集团进行犯罪活动或者在共同犯罪中起主要作用；教唆不满 18 周岁的人犯罪；累犯等。此外，在刑法分则中也有许多涉及从重处罚的情节，比如武装掩护走私，伪造货币并出售或者运输伪造的货币，奸淫不满 14 周岁的幼女，冒充警察招摇撞骗，引诱未成年人参加聚众淫乱活动，非法拘禁他人具有殴打、侮辱情节，司法工作人员滥用职权非法搜查他人身体、住宅或者非法侵入他人住宅等。对于具有这些情节的被告人，法院可在法定刑幅度范围内判处较重的刑罚。

2. 从轻处罚的事实。如自首，从犯，未遂犯，预备犯，又聋又哑的人或者盲人犯罪，已满 14 周岁不满 18 周岁的人犯罪，尚未完全丧失辨认或者控制自己行为能力的精神病人犯罪等。对于具有这些情节的被告人，法院可在法定刑幅度范围内判处较轻的刑罚。

3. 减轻处罚的事实。如自首，从犯，胁从犯，预备犯，又聋又哑的人或者盲人犯罪，未遂犯，造成损害的中止犯，正当防卫、紧急避险明显超过必要限度造成不应有的损害，被教唆的人没有犯被教唆的罪，有重大立功表现等。对于具有这些情节的被告人，法院可在法定刑以下判处刑罚。

4. 免除处罚的事实。如自首且犯罪较轻，预备犯，没有造成损害的中止犯，犯罪后自首又有重大立功表现，又聋又哑的人或者盲人犯罪，正当防卫、紧急避险超过必要限度造成不应有的损害，个人贪污数额在 5 000 元以上不满 5 万元的并且犯罪后积极退赃，在收获前自动铲除非法种植的罂粟或者其他毒品原植物，行贿人在被追诉前主动交代行贿行为，介绍贿赂人在被追诉前主动交代贿赂行为等。对于具有这些情节的被告人，法院可依法作出有罪判决，同时免除其刑罚处罚。

（二）酌定量刑情节

酌定量刑情节，是指法律没有明文规定，而是根据刑事立法的精神和司法实践抽象概括出来的，在量刑时酌情予以考虑的情节。在量刑时考虑这些情节，对于提高办案质量，保证量刑适当具有重要意义。在刑事诉讼过程中，这些量刑情节也需有相应的证据加以证明，才能作为法院量刑的依据。因此，这些情节也是刑事诉讼中的证明对象。

酌定量刑情节是多种多样的，概括起来，主要有两类：一类是表明犯罪行为社会危害性的量刑情节，包括：

1. 犯罪对象的情况。由于犯罪侵害的对象具体情况不同，其社会危害性大小也有差异，因而处刑的轻重应有所不同。比如对老、弱、病、残、孕妇、未成年人等弱者进行犯罪侵害，其处刑要比侵害一般犯罪对象严厉。

2. 犯罪的手段。犯罪手段的残忍、隐蔽程度不同，在一定程度上反映了犯罪行为社会危害性的大小不同。对于犯罪手段特别残忍的犯罪行为，比如杀人碎尸行为，较一般的杀人行为，应处以较重的刑罚。

3. 犯罪时的环境和条件，特别是当时的政治、经济形势和社会治安状况。比如在抗震救灾期间实施盗窃、抢劫、强奸等犯罪行为，其社会危害性要比平时大得多；在社会治安状况不好的情况下实施杀人、抢劫、强奸等犯罪行为，其社会危害性要比社会治安状况好的时候大得多。对于具有这些情节的被告人，法院可判处较重的刑罚。

4. 犯罪的结果。犯罪结果是犯罪对客体所造成的损害结果，它直接反映了犯罪的社会危害性程度。因此，犯罪结果严重与否对量刑亦有重要影响。例如，强奸多人要比强奸一人严重，交通肇事罪造成多人死亡要比造成一人死亡严重，量刑相应也重。

另一类是说明犯罪人人身危险性大小的量刑情节，具体而言包括：

1. 犯罪动机。犯罪动机不同，其社会危害性也不相同。一般而言，犯罪动机卑鄙、恶劣的，其主观恶性大，社会危害性大，改造的难度也大，因此，对于这类行为人，法院量刑时可考虑在法定刑幅度内给予较重的处罚。反之，如果犯罪动机不那么卑劣，比如因为生活困难而盗窃、因为义愤而杀人等，相对而言其人身危险性、社会危害性都较小，改造的难度也较小，因此在量刑时可以考虑在法定刑幅度内给予较轻的处罚。

2. 犯罪人的一贯表现。犯罪人的一贯表现反映了其人身危险性的大小，对于量刑情节也有一定影响。如果犯罪人一贯遵纪守法，表现较好，偶尔失足犯罪，应给予从轻处理；反之，如果犯罪人一贯表现不好，存在前科劣迹，应受较重的刑罚处罚。

3. 犯罪人在犯罪后的态度。犯罪人在犯罪以后的态度如何，是真诚坦白悔罪、积极退赃、主动赔偿损失，还是负隅顽抗、拒不认罪、拒不退赃，甚至订立攻守同盟、毁灭罪证、伪造证据，在很大程度上反映了其人身危险性的大小和改造的难易程度。因此，法院在量刑时，应结合犯罪人的悔罪表现，予以区别对待。

三、有关排除行为违法性、可罚性或行为人刑事责任的事实

在司法实践中，虽然有的犯罪嫌疑人、被告人实施的行为符合法定的犯罪构成要件，但由于具有法律规定的排除行为违法性、可罚性或者排除行为人刑事责任的事实，从而被宣告无罪或者被免除刑事责任。根据《刑法》《刑事诉讼法》等有关法律的规定，这类事实包括以下几个方面。

（一）排除行为违法性的事实

这主要包括《刑法》所规定的正当防卫行为、紧急避险行为、意外事件以及依法行使职权行为等。这些行为虽然客观上造成了损害后果，但由于这些行为是以合法形式出现的，从根本上排除了行为的违法性，因而应依法宣告行为人无罪。

（二）排除行为可罚性的事实

这类事实一经发生，尽管行为人的行为构成犯罪，但不产生相应的刑事处罚责任。这主要指《刑事诉讼法》第 16 条第 2 项至第 6 项规定的情形，具体而言包括犯罪已过追诉时效期限的，经特赦令免除刑罚的；依照刑法告诉才处理的犯罪，没有告诉或者撤回告诉的；犯罪嫌疑人、被告人死亡的，以及法律规定的其他免予追究刑事责任的情形。

（三）排除行为人刑事责任的事实

此类事实主要指行为人没有刑事责任能力或正处在依法不负刑事责任的时期，前者是指行为人未达到法定刑事责任年龄；后者则指精神病人在不能辨认或者不能控制自己行为的时候实施危害社会的行为。在这两种情况下，虽然行为人的行为造成了危害后果，但我

国《刑法》规定对其不予追究刑事责任。

第四节　作为刑事证明对象的程序法事实

根据《刑事诉讼法》和有关司法解释的规定，作为刑事证明对象的程序法事实，主要包括以下几种情况：有关管辖、回避的事实；有关采取强制措施的事实；有关诉讼期限的事实；有关程序合法性的事实；有关证据规则适用的事实等。

一、有关管辖、回避的事实

刑事诉讼中的管辖主要涉及公、检、法机关在受理刑事案件方面的分工（立案管辖），以及人民法院系统内部在受理一审刑事案件方面的分工（审判管辖）。《刑事诉讼法》第二章对于管辖问题进行了明确的规定，公安司法机关应严格依照法律的规定，正确行使管辖权。实践中如果出现案件管辖错误或者出现可能导致对刑事案件有管辖权的法院不能公正审判情形时，当事人应有权提出管辖权异议[①]，并对其主张提供证据加以证明。

根据《刑事诉讼法》第29条的规定，审判人员、检察人员、侦查人员、书记员、翻译人员、鉴定人、勘验人有下列情形之一的，当事人及其法定代理人有权要求他们回避：(1) 是本案当事人或者当事人的近亲属；(2) 本人或者他的近亲属和本案有利害关系的；(3) 担任过本案的证人、鉴定人、辩护人、诉讼代理人的；(4) 与本案当事人有其他关系，可能影响公正处理案件的。如果当事人及其法定代理人申请上述人员回避，应当说明理由。

二、有关采取强制措施的事实

强制措施是公安司法机关为保障刑事诉讼的顺利进行，而对犯罪嫌疑人、被告人采取的暂时限制或者剥夺人身自由的各种强制方法。我国《刑事诉讼法》规定了拘传、取保候审、监视居住、拘留、逮捕五种强制措施。由于强制措施一旦适用，将会导致对犯罪嫌疑人、被告人人身自由的侵犯，为防止强制措施被滥用，《刑事诉讼法》明确规定了各种强制措施的适用条件，公安司法机关应当严格依照这些条件适用强制措施。以逮捕为例，根据《刑事诉讼法》第81条第1款的规定，其适用条件包括三个方面：(1) 有证据证明犯罪嫌疑人、被告人实施了犯罪事实；(2) 可能判处有期徒刑以上刑罚；(3) 采取取保候审、监视居住不足以防止发生社会危险性而有逮捕必要。只有在这三个条件同时具备的情况下所适用的逮捕措施才是合法的。因此，公安机关在决定适用强制措施时，必须有相应的证据支持其决定的合法性。这不仅要求公安机关对犯罪嫌疑人、被告人实施犯罪事实提供证据加以证明，而且要求其对犯罪嫌疑人、被告人存在逮捕必要性提供证据加以证明。根据

---

① 目前我国《刑事诉讼法》并没有规定当事人有提出管辖权异议的权利。我们认为，从保证诉讼当事人合法权利以及确保诉讼程序公正性的角度看，我国《刑事诉讼法》应增设管辖权异议制度。

《刑事诉讼法》第81条的规定，这些需要提供证据加以证明的问题包括：犯罪嫌疑人、被告人(1) 可能实施新的犯罪的；(2) 有危害国家安全、公共安全或者社会秩序的现实危险的；(3) 可能毁灭、伪造、隐匿证据，干扰证人作证或者串供的；(4) 可能对被害人、举报人、控告人实施打击报复的；(5) 可能自杀或者逃跑的；等等。

三、有关诉讼期限的事实

有关诉讼期限的事实包括两种情况：一种是有关当事人耽误诉讼期限并申请予以恢复的事实；另一种是有关公安司法机关是否超越法定期限办案的事实。《刑事诉讼法》第106条规定："当事人由于不能抗拒的原因或者有其他正当理由而耽误期限的，在障碍消除后五日以内，可以申请继续进行应当在期满以前完成的诉讼活动。"根据本条规定，当事人申请恢复诉讼期限的，应当提出相应的证据证明其耽误诉讼期限是因为有"不能抗拒的原因"或者其他正当理由。

为保证诉讼当事人的正当权利，防止诉讼过于拖延，《刑事诉讼法》对每一诉讼阶段适用的期限进行了明确的规定，其中包括强制措施的适用期限、侦查羁押期限、审查起诉期限、一审期限、二审期限、再审期限等，公安司法机关应严格依照这些期限办案。对于超越法定期限的情形，当事人有权采取相应的救济措施，比如申请解除强制措施或者提起上诉、申诉等。

四、有关证据合法性的事实

根据《刑事诉讼法》第58、59条的规定，当事人及其辩护人、诉讼代理人申请排除以非法方法收集的证据的，应当提供相关线索或者证据。在对证据收集的合法性进行法庭调查的过程中，由人民检察院对证据收集的合法性加以证明。根据上述规定，在控辩双方对证据的合法性产生争议的情况下，应分别对证据的取得方式或者收集程序的合法性承担相应的说明或者证明责任。对于经过法庭审理，确认属于以非法方法收集证据的，或者存在重大疑点，不能排除以非法方法收集证据可能性的，人民法院应对有关证据依法予以排除。

五、一审程序合法性的事实

根据《刑事诉讼法》第238条的规定，二审法院发现一审法院的审理有违反法律规定的诉讼程序的情形之一的，应当裁定撤销原判，将案件发回重审，这些情形包括：(1) 违反本法有关公开审判的规定的；(2) 违反回避制度的；(3) 剥夺或限制当事人的法定诉讼权利，可能影响公正审判的；(4) 审判组织的组成不合法的；(5) 其他违反法律规定的诉讼程序，可能影响公正审判的。根据本条规定，一审判决作出之后，控辩双方有权以一审程序不合法为理由提出上诉，并且在二审程序中就一审违反法定程序的事实提供说明或者证明。

六、其他有关程序合法性的事实

除上述列举的各项程序法事实之外，在刑事诉讼进行过程中，如果出现公安司法机关违反法定程序，侵犯犯罪嫌疑人、被告人及其他当事人、诉讼参与人的合法权利的情况，受害人有权提出申诉或者控告。另外，在刑事判决、裁定执行的过程中，如果出现法律规定的刑罚停止执行或者变更执行的情况，比如死刑的暂停执行或者停止执行、暂予监外执行、减刑、假释等，执行机关应当提供相应的事实材料，由人民法院或者其他决定机关依法作出裁断。

【问题与思考】

1. 在我国现行的刑事诉讼模式下，证明对象是否应限定为控辩双方有争议的事实？
2. 将程序法事实纳入刑事证明对象的范围，对于我国刑事证据法的完善有何重要意义？
3. 刑事证明对象与证明责任、证明标准、证明方法有何关系？

【推荐阅读书目】

1. 孙远．证明对象、要件事实与犯罪构成．政治与法律，2011（8）．
2. 闵春雷，刘铭．证明对象研究走向评析．吉林大学社会科学学报，2009（2）．
3. 樊崇义．刑事证据法的原理与适用．北京：中国人民公安大学出版社，2001．
4. 卞建林．刑事证明理论．北京：中国人民公安大学出版社，2004．
5. 塞西尔特纳．肯尼刑法原理．王国庆，等译．北京：华夏出版社，1989．
6. 华尔兹．刑事证据大全：第2版．何家弘，等译．北京：中国人民公安大学出版社，2004．
7. 熊谷弘，佐佐木史朗，浦边卫，松尾浩也．证据法大系Ⅰ证明．东京：日本评论社，1970．

第十二章
免证事实

内容导读

本章对免证事实所涉及的推定和司法认知加以阐述。关于推定，概述推定的概念、特征、刑事诉讼中适用推定的条件、刑事诉讼中涉及的推定和推定的分类。关于司法认知，概述司法认知的概念、特征、对象、种类、效力及程序，最后阐述我国有关司法认知规则的立法及完善问题。

第一节　免证事实概述

一、免证事实的概念

根据刑事诉讼法的规定，证据必须经过查证属实，才能作为定案的根据。原则上来说，认定案件事实，必须以证据为根据，而证据要通过司法证明活动查证属实。未经司法证明不应被认定为定案的事实依据。这就是证据裁判原则。但是，作为证据裁判原则的例外，某些事实无须举证证明，只要法院直接予以认可即可的事实，就是所谓的免证事实。对于免证事实，法院可以不经过举证证明直接确认该事实的真实性。因此，免证事实不属于证明对象。

在刑事诉讼中，替代举证证明的方法有推定和司法认知。推定是根据一定的基础事实来直接认定推定事实存在事实认定方法。在通过推定来认定案件事实时，作为推定前提的基础事实必须通过证据加以证明后，才能直接认定推定事实。而司法认知是英美证据法中的重要概念，是法院直接确认某些事实存在而无须当事人举证证明的诉讼证明方式。因此，推定事实与司法认知的事实在理论上属于免证事实。

二、我国免证事实的立法

在我国法律中，推定规则已经得到初步确立。司法认知规则在我国民事证据法已经初步确立，但在刑事证据法上尚未得以确立。只是在最高人民检察院《规则》第401条对刑事诉讼中的免证事实进行了规定。即："在法庭审理中，下列事实不必提出证据进行证明：（一）为一般人共同知晓的常识性事实；（二）人民法院生效裁判所确认并且未依审判监督程序重新审理的事实；（三）法律、法规的内容以及适用等属于审判人员履行职务所应当知晓的事实；（四）在法庭审理中不存在异议的程序事实；（五）法律规定的推定事实；（六）自然规律或者定律。"上述规定虽然只是在人民检察院的规则中作出的，但是它既是司法实践的需要，也是司法经验的总结，具有积极的意义。

但是，该规定中的第1、3、6项属于司法认知的对象，而第2、4、5项属于推定的对象。将司法认知与推定混同在一起的做法，还是有待修改及完善的。

第二节　推　定

一、推定的概述

（一）推定的概念及其特征

1. 推定的概念

所谓推定，是指根据法律规定或者按照经验法则，从已知的A事实推断出未知的B事实的存在，并允许当事人提出反证予以质疑乃至推翻的一种诉讼证明方式。在这里，已知的A事实被称为前提事实，也被称为基础事实，它是据以作出推断的事实，也就是进行推断所依据的事实；未知的推断出来的B事实被称为推定事实，也被称为结论事实，它是根据前提事实而断定其存在的事实。显而易见，推定是指在B事实需要证明的情况下，通过证明已知的A事实是B事实存在的前提，而推断出B事实的存在。

推定作为一项古老的证据法则，其源头可以追溯到古罗马时期，但学者对创立推定的理论一直存在争议。在英美法上，学者一般认为推定是一种根植于经验或者公共政策，便于认定事实的法则，建立这种法则，是为了在审判中寻求真实。在陪审制度下，法官会担心陪审员因为缺乏法律素养往往易受个人的偏见、对弱者的同情及其他各种不正当因素的影响。在这种情况下，法官应当以符合逻辑为前提，建立一定的推定法则给予陪审员指导，来控制陪审团对于证据的判断。[①]

推定的发生因其依据不同，可分为事实上的推定和法律上的推定。

依据经验法则和逻辑规则的推定被称为事实上的推定。一般来说，若A事实的存在被证明，在没有反证的情况下，则B事实的存在被推定，那么，B事实的存在没有证明的必

---

① 参见齐树洁主编：《英国证据法》，722页，厦门，厦门大学出版社，2002。

要。此外，一般的事实已经证明，则其他特别事实的不存在则无须证明。例如，犯罪构成要件的事实一经证明，则违法阻却事由无须证明。当对被推定的B事实的存在产生疑问时，则事实上的推定被推翻，需要证明B事实的存在。此时对B事实的存在负有举证责任的当事人就必须证明该事实确实存在。这是事实上的推定与法律上的推定的不同。事实上的推定无须积极地证明反对事实的存在，只要能够动摇法官的心证，事实上的推定就被推翻。因此，事实上的推定发挥了自由心证原则的功能。①

依据法律规定的推定被称为法律上的推定。法律上的推定是对司法实践中经常运用的相对成熟的事实上的推定在法律上的确认。法律上的推定又可分为允许反证的推定和不允许反证的推定。不允许反证的推定就是拟制（也就是"视为"的规定），它实质上是实体法要件的变更。② 如自然人经常居所与住所不一致的，经常居所视为住所（《民法典》第25条）等，都是对实体法要件的一种变更。刑事诉讼中法律上的推定一般属于狭义的推定，是指允许反证的法律上的推定。如果要推翻法律上的推定，必须积极地证明反对事实的存在。

2. 推定的特征

刑事诉讼中的推定，具有两个显著的特征。

其一，推定事实不用证据证明，从而减轻或者免除了一方当事人的举证责任，但是，另一方当事人有权提出反驳。这种对举证责任的作用大小依推定的不同而有所不同。在某些案件中，推定降低了对案件争议问题的证明要求，而在另一些案件中，推定甚至可能使当事人根本不需要证明，或者阻止另一方当事人提出任何证据进行反驳。但是，推定对于举证责任的作用不同于本章第三节中将要讲到的司法认知所带来的举证责任的彻底豁免。

其二，推定事实允许反驳。推定所依据的前提事实与推定事实之间的联系是一种常态的联系。由于还存在一种非常态的可能，因而这种推定不可能完全正确。可以说，较之证据证明的事实，推定事实在准确度上存在着某种程度的差异。为了准确地认定事实，允许当事人对于推定提出证据加以反驳。它可以减轻或者免除一方的举证责任。推定的存在可以节省时间、人力、物力和财力，并保护一定的身份和社会关系。

（二）推定的性质

推定是一种根据所证明的前提事实认定推定事实成立的方法。前提事实的成立是认定推定事实的前提；但是推定事实的成立并不是根据前提事实直接推导出来的，而是法官运用推定规则作出的法律认定。因此，在前提事实与推定事实之间并没有必然的因果关系。

对于推定的法律性质，英国学者认为，推定是一项法律规则，当一方当事人证明了前提事实时，如果没有相反的证据，则推定事实将视为被证明。③

（三）刑事诉讼中适用推定的条件

如果从前提事实推断出推定事实，当事人没有提出异议，则推定事实成立。但是，如果对于前提事实推断出的推定事实，当事人提出反驳，就会发生举证责任的转移；而如果是被告人提出异议，就会出现举证责任应当如何转移的问题。国外的学者对此持有三种不同的观点。

---

① 参见黄朝义：《刑事证据法研究》，275页，台北，元照出版社，2000。

② 参见［日］田口守一：《刑事诉讼法》，7版，451页，北京，法律出版社，2019。

③ See Peter Murphy, *Murphy on Evidence*, Blackstone Press Limited, 2000, p. 579.

其一，实质性举证责任转换说。实质性举证责任转换说认为，作为推定的效果，应将举证责任实质性地转换给被告人。但是，针对这一观点有批判者认为，如果举证责任转换给被告人，那么“被告人不是因为犯罪受到处罚，而是因为诉讼的手段拙劣才被处罚”①。

其二，证据提出责任说。证据提出责任说认为，推定只是将证据提出责任转换给被告人。但是，如果仅是将证据提出责任转换给被告人，有可能会发生只要被告人提出个证据，就可以阻止推定的效果，那么推定就失去了意义。

其三，修正的证据提出责任说。修正的证据提出责任说是在证据提出责任说的基础上，认为被告人对于有异议的推定事实应当提出合理的事实。② 修正的证据提出责任说，既发挥了推定的作用，又协调了推定与刑事诉讼原则的关系。因此有学者认为修正的证据提出责任说更为妥当。③

不论怎样理解举证责任的转换，当被告人不能完成其举证责任时，对法院所做的推定的效果都会产生影响。对此如何进行处理，国外的学者也有不同的观点。

第一种观点是推定义务说。该观点认为，法院对推定事实的认定负有义务。在日本民事诉讼中，强制对推定事实进行认定。推定义务说采取的是与此同样的解释。但是，在刑事诉讼中，如果也是这样，就有可能与无罪推定原则相矛盾或者冲突，而且从强制对推定事实进行认定这一点来说，还涉嫌违反自由心证主义。④

第二种观点是推定容许说。该观点认为，在被告人即使想提出证据也无法提出证据的情况下，应当把被告人没有完成证据提出责任本身作为一个情况证据，法院可以据此认定推定事实。在这种情况下，即使证明了前提事实，法院也并不是直接负有认定推定事实的义务，而是在考虑了被告人未能提出反证事实的基础上，认定推定事实，这与通常的事实认定相同。

我们认为，第二种观点比较妥当，也是可资借鉴的。基于推定容许说，在刑事诉讼中适用推定的条件是：第一，在有关推定的规定中，必须肯定前提事实与推定事实之间存在普遍的、合理的关联性，即紧密关联性。正因为适用推定存在着这样的条件，才使推定的设立在证据法上具有重要的意义。第二，应当为被告人证明推定事实不存在提供必要的便利。因为在苛求被告人提出反证的情况下设立有关推定的规定是不妥当的。

（四）刑事诉讼中涉及的推定

刑事诉讼中涉及的推定如下。

1. 预决的事实，包括已生效裁判确定的事实和仲裁机构裁决认定的事实，应当推定为真实，对此后审理的涉及该事实的其他案件起到预先决定的作用，除非有相反的证据足以推翻该事实。

2. 公证的事实。公证是国家公证机关根据当事人的申请，依法证明法律行为、有法律意义的文书和事实的真实性、合法性，以保护公共财产以及保护公民身份上、财产上的权利和合法利益的一种制度。

3. 身份证上记载的出生日期。出生日期涉及被告人承担刑事责任的年龄。我国实行居民身份证制度，被告人的年龄原则上以身份证上所记载的出生日期为准。但是，应允许提

---

① ［日］平野龙一：《刑事诉讼法》，187页，东京，有斐阁，1958。
② 参见［日］田宫裕：《刑事诉讼法》，新版，308页，东京，有斐阁，1996。
③ 参见［日］田口守一：《刑事诉讼法》，7版，452页，北京，法律出版社，2019。
④ 参见［日］铃木茂嗣：《刑事诉讼法》，改订版，191页，东京，青林书院，1990。

出医院的出生证明以及其他证据等推翻该推定。

4. 国家工作人员的巨额财产来源不明，推定为非法所得。我国《刑法》第395条规定，国家工作人员的财产、支出明显超过合法收入，差额巨大的，可以责令该国家工作人员说明来源，不能说明来源的，差额部分以非法所得论，处5年以下有期徒刑或者拘役；差额特别巨大的，处5年以上10年以下有期徒刑。财产的差额部分予以追缴。因此，除非他本人能够说明其巨额财产来源是合法的，否则推定为非法所得。

5. 国家禁止或者限制而又没有合法证明的一些行为，推定为犯罪。例如，根据我国《刑法》第155条第1款第2项的规定，在内海、领海、界河、界湖运输、收购、贩卖国家禁止进出口物品的，或者运输、收购、贩卖国家限制进出口货物、物品，数额较大，没有合法证明的，以走私罪论处。刑法所列举的上述行为被推定为走私，除非犯罪嫌疑人、被告人能够提出该行为合法的证明。

6. 对于"明知"的推定。根据最高人民法院等机关颁布的司法解释，对于行为人"明知"的推定，通常发生在毒品犯罪、走私犯罪、盗抢机动车犯罪、盗伐或者滥伐林木犯罪及销售假冒注册商标商品的犯罪案件中。例如，根据最高人民法院、最高人民检察院2004年颁布的《关于办理侵犯知识产权刑事案件具体应用法律若干问题的解释》第9条第2款的规定，具有下列情形之一的，应当认定为"明知"所销售的是假冒注册商标的商品：（1）知道自己销售的商品上的注册商标被涂改、调换或者覆盖的；（2）因销售假冒注册商标的商品受到过行政处罚或者承担过民事责任、又销售同一种假冒注册商标的商品的；（3）伪造、涂改商标注册人授权文件或者知道该文件被伪造、涂改的；（4）其他知道或者应当知道是假冒注册商标的商品的情形。

7. 犯罪目的的推定。我国刑法分则确立的一些金融诈骗类犯罪，都是以非法占有为目的的犯罪。在被告人拒不供述，案件也不存在其他直接证据时，认定行为人"以非法占有为目的"经常会面临困难。最高人民法院的司法解释中确立了推定规则。例如，根据最高人民法院2001年颁布的《全国法院审理金融犯罪案件工作座谈会纪要》的规定，对于行为人通过诈骗的方法非法获取资金，造成数额较大资金不能归还，并具有下列情形之一的，可以认定为具有非法占有的目的：（1）明知没有归还能力而大量骗取资金的；（2）非法获取资金后逃跑的；（3）肆意挥霍骗取资金的；（4）使用骗取的资金进行违法犯罪活动的；（5）抽逃、转移资金、隐匿财产，以逃避返还资金的；（6）隐匿、销毁账目，或者搞假破产、假倒闭，以逃避返还资金的；（7）其他非法占有资金、拒不返还的行为。

此外，在司法实践中，还涉及一些事实推定。例如，交通肇事后逃逸的，推定肇事司机有过失等。

综上所述，我国刑法确立了大量的推定规则。而最高人民法院等机关的司法解释也确立了越来越多的推定规则。这些推定规则已被确立在实体法中，按其性质都属于"法律推定"。

二、推定的分类

按照不同的分类标准，推定可以分为不同的类型。

1. 法律上的推定与事实上的推定

按照推定发生的依据不同，推定可分为法律上的推定和事实上的推定两种类型。

（1）法律上的推定

法律上的推定，是指在法律上有明确规定的推定。当确认某一事实存在时，就应当据以假定另一事实的存在，而这种被推定的事实不用加以证明。法律上的推定仅是一种假设，应当允许反证，且可以被推翻，应由推翻这一推定的当事人承担举证责任。法律上的推定也就是当法律明确规定，如果已知的前提事实（A事实）存在时，就可认定推定事实（B事实）的存在，除非有相反的证据足以推翻B事实。法律上的推定建立在事实推定的基础之上，是对司法实践中经常运用的、相对成熟的事实推定在法律上的确认。因此，当存在法律上推定的前提事实时，法院必须适用这一推定。

大多数学者认为，从举证责任分配的影响看，法律上的推定影响实体意义上的举证责任。实体意义上的举证责任，是指当事人提出证据证明其实体主张成立，以使法官最终作出对其有利判决的义务。在法律上预先规定可以适用推定的具体情况，就表明从法律上已对当事人之间的举证责任予以分配，而无须在司法实践中由法官根据案件的特定情况，以及对证明责任的认识，对当事人是否承担举证责任进行裁量。因此，从某种程度上说，法律上的推定免除了一方当事人实体意义上的举证责任，而要求承担法律规定的不利后果的一方承担这种硬性的举证责任。[1]

但是，我们认为，从严格的意义上说，推定并不是将推定事实的实质上的举证责任转移给另一方，而只是产生了需要对方承担举证推定事实不存在的责任。在适用法律上的推定的情况下，只要证明了前提事实，就强制认定了推定事实，而不需要再对推定事实进行举证。对方需要对反对事实进行举证。如果对方对反对事实的举证推翻了推定，举证责任方才有必要对推定事实进行举证。因此，在适用法律上的推定的情况下，并不是实质上地影响了举证责任。但是，由于法律上的推定强有力且没有反对事实就无法被推翻，因而如果反对事实真假不明时，推定事实就会被认定。其结果是，产生的效果与推定事实的实质举证责任转移给对方的效果一样，仅此而已。

（2）事实上的推定

事实上的推定，是指在诉讼过程中，根据已经确认的事实，按照一定的经验法则和逻辑规则，推断另一事实的存在。

事实上的推定是否对举证责任分配产生影响呢？理论界对此存在争议。而对于事实上的推定的不同定义，直接反映了事实上的推定能否对举证责任分配产生影响。

一种观点认为，事实上的推定，是指当法官在审判案件时，根据经验法则及两个事实之间的常态联系，在明确A事实存在时则推定B事实存在，享有推定利益的一方当事人，无须就B事实的存在承担举证责任。而且，事实上的推定只影响程序意义上的举证责任。所谓程序意义上的举证责任，是指当事人提出证据证明其程序主张成立，借此推动诉讼程序持续进行的义务。

另一种观点认为，事实上的推定，是指法官基于职务上的需要，根据一定的经验法则，以已知的事实作为前提事实，进而推论未知事实的证明手段。作为事实推定，其并无转移证明责任的功能，这也反映了事实推定在证明效果上要弱于法律规定的特征。即便是因前提事实被确认而使推定事实处于假定的存在状态，证明责任也并未就此转移给对方当事人，主张事实存在的一方当事人仍不能免除其证明责任。因为事实上的推定尽管是根据事物之

---

① 参见陈卫东、谢佑平主编：《证据法学》，240页，上海，复旦大学出版社，2005。

间的常态联系，如日常生活中的某些经验规则等作出的，但所推论出的事实在内容上具有相对性、或然性。如果事实上的推定能够导致证明责任的转移，这就在很大程度上可能使本来承担证明责任的一方当事人在举证不能或者所举证据不充分的情况下获得胜诉，也会使证明程度与证明责任之间的关系产生混乱。

从推定的功能看，事实推定的适用对证明责任的分配产生一定的影响。尽管事实上的推定不像法律上的推定那样对当事人之间的证明责任分配影响那样明显，但从事实推定的结果看，尤其是对案件事实的一个环节的事实推定，享受此方面推定利益的一方当事人的举证责任就会相应地减轻。

2. 不可反驳的推定与可以反驳的推定

按照在诉讼上所具有的法律效力的不同，推定可分为不可反驳的推定和可以反驳的推定两种类型。

（1）不可反驳的推定

不可反驳的推定（irrebuttable presumption），又称为结局性推定或者绝对推定，是指不允许当事人提出反证加以推翻的推定。

在英美法上，不可反驳的推定主要包括：1）知悉法律的推定。根据该项规定，任何人均不得以其不知道法律有此规定而提出反证请求免责，即任何人皆知法律，不允许以相反证据加以反驳或者推翻。这个推定来源于罗马法谚语："任何人均不容许不知法律"，即"任何人皆知法律"。2）预料行为当然结果的推定。一般而言，该项推定仅适用于精神正常的成年人，对于未成年人以及心神丧失者，则不能适用这种推定。

在英美法上，预料行为当然结果的推定又派生出以下四项具体推定：第一，以书面方式损害他人名誉的，推定有损害他人的意思，即有故意；第二，使用凶器或者毒物致人死亡的，推定有杀人的故意；第三，关于未成年人行为能力的推定，即未满 7 岁的未成年人推定为无犯罪能力，未满 14 岁的男子推定为无犯强奸罪的能力；第四，古文书的推定，即 30 年间有正当保管人保管且无任何涂改的文书，推定其为合法制作。

如前所述，就其实质而言，不可反驳的推定并非证据法意义上的推定法则。对此，英国证据法学者奥斯丁曾指出："所谓不可反驳的推定，在罗马法中从未见之，而为后人所捏造。它纯属实体法上而非诉讼法上的问题，也即实为法律上的设定，其效果等于实体法。"①

（2）可以反驳的推定

可以反驳的推定（rebuttable presumption），又称为相对推定，是指允许当事人提出反证加以反驳、推翻的推定。

在英美法上，较为典型和经常适用的可以反驳的推定有如下内容。

1）无罪推定。刑事诉讼法上的无罪推定原则的牢固性很强，为了驳倒它，必须将被告人的罪行证明到"排除一切合理怀疑"的程度。

2）婚姻推定。如果男女在外观上犹如夫妻一般共同生活，可推定其存在婚姻关系；由这种同居而引起的生育被推定为合法。

3）对行为方式的适当性或者习惯性的推定。根据该项推定，任何行为都被推定为是以适当的、习惯的方式实施的，任何政府机构的事务都是按照正常的程序进行的。例如，公文书推定为制作真实。

---

① 转引自江伟主编：《证据法学》，136 页以下，北京，法律出版社，2004。

4）关于精神状态的推定。每一个人都被推定为精神正常，除非得到反面证实。

5）关于保持现状的推定。即任何事物的现存状态都会持续一段时间。

6）关于所有权的推定。财产（包括动产和不动产）的拥有人被推定为该财产的全权所有人；相应的，不动产的拥有人又被推定为该不动产的无条件继承人。

3. 推论推定与直接推定

按照是否需要前提事实为标准，推定可分为推论推定和直接推定两种类型。

（1）推论推定

推论推定，又称为需要前提事实的推定，是指只有在前提事实成立的情况下，才能推断出相应的结论事实。证据法意义上的推定都需要以特定的前提事实为前提条件。主张该项推定的当事人，为了获得有利于己的推定事实，必须先对前提事实提出有效的证明。也就是说，推定并非免除了主张推定方的举证责任，而是将其举证责任的事实对象由推定事实转换成了更容易证明的前提事实。在此基础上，对方当事人则负有推翻推定事实的举证责任。对于推定事实的举证责任，则是通过推定转换给了对方当事人。

（2）直接推定

直接推定（direct presumption），又称为没有前提事实的推定（presumption without basic facts），是指不需要证明前提事实即可直接适用的推定，否定这种推定事实的当事人应当承担举证责任。最典型的没有前提事实的推定是无罪推定和精神正常的推定。如“所有受刑事控告的人，有权在未经依法确定有罪之前，被推定为无罪”（《公民权利和政治权利国际公约》第 14 条第 2 款）。基于无罪推定原则，犯罪嫌疑人、被告人对其无罪不负举证责任，而控诉方应当承担证明被告人有罪的责任。精神正常的推定，则是指每一个人都被推定为精神正常的人，除非相反情况得到证明。

所谓直接推定，其功能主要不在于认定事实，而在于通过该项推定，预先分配举证责任。因为主张该项推定的当事人不需要证明前提事实，而反对方则对推定事实负有举证责任，所以，对于反对方，其举证责任并非来自对方，而是直接来自法律上所确立的直接推定。故此，有学者认为，直接推定不是真正的推定。

第三节　司法认知

一、司法认知概述

（一）司法认知的概念

司法认知（judicial notice），又称为审判上的认知或者审判上的知悉，是指对于应当适用的法律或者某一待认定的事实，法官依照申请或者依其职权直接予以认定，而无须当事人举证证明的一种诉讼证明方式。

关于司法认知的起源，赛耶曾引证古代的法谚“显著之事，无须证明”（What is known need not be proved），认为司法认知可以追溯到罗马法时代或者寺院法时代。而在成文法中对司法认知加以规定始于由英国高等法院法官斯蒂芬起草的印度证据法（1892 年开始施行）。

各国的法律及法院，无论是大陆法系国家还是英美法系国家，不论法律有明文规定还是没有明文规定，都有司法认知的事项以及存在的相应问题。我国对于司法认知的研究还处于初级阶段。关于司法认知的规则，还没有明确的法律规定，人民法院也缺乏司法认知的观念。但是，在司法实践中存在司法认知的应用。

司法认知规则是由“众所周知的事实无须证明”演变而来。即使在刑事诉讼法中没有明确的规定，对于众所周知的事实也不需要证明。其理由在于，众所周知的事实，即使通过证据证明，其证明力也不会有实质性的变化；即使证明力有所变化，也只是微小的增长，而其信用性本来就合理地存在着。因此，只依据众所周知的事实，既不存在在刑事审判中错误认定事实的可能性，也不会损害事实认证的公正性。[①]

（二）司法认知的特征

1. 司法认知的主体是法官。司法认知专属于人民法院，只能由人民法院的法官作出。法官是审判活动中具有主观能动性的主体，享有法律赋予的包括自由裁量权在内的审判权。司法认知是法官在审判活动中对特定事实予以确认的职权行为，是法官基于对特定事实的感知，以及综合社会公民对该事实的理解、熟知程度而作出的。司法认知具有直接的法律约束力，直接影响案件的处理结果。法官可以依其职权直接确认司法认知事实，也可以依照当事人的申请对特定事实进行司法认知。当事人只能提出申请，而无权自行采取司法认知。司法认知只是在审判活动中，由法官进行。

2. 司法认知的客体是特定事实。司法认知的特定事实必须是明确的、显而易见的事实，或者是当事人没有合理争议的，不得对需要进一步证明的、存在合理争议的事实采取司法认知。

二、司法认知的对象

（一）司法认知的对象的属性

为了论述司法认知的对象，需要先了解它的属性。司法认知的对象具有下列两个属性：

1. 客观性。司法认知的对象是法律、众所周知的事实、科学规律及经验定理，这些事项都是客观存在的、不以个人主观愿望为转移的事实。

2. 公认性。司法认知的事项为大众所周知，并得到普遍的认可。而推定事实并不需要具有公认性，故这一特征使其与推定区别开来。

（二）司法认知的对象

司法认知的对象包括法律和事实两个部分。这里的“法律”，是法官在审判过程中行使其职责，在查清案件事实的基础上，将它准确地适用于特定的、真实的事实。因此，认知法律就成为法官的义务。就“事实”而言，是指社会上已成为常识或者众所周知的、无可争辩的事实，法官作为社会中的一个成员，同样应该知晓这些事实，并负有对其进行认知的责任。

---

① 参见［日］冈部泰昌：《众所周知的事实》，载［日］熊谷弘、佐佐木史朗、浦边卫、松尾浩也编：《证据法大系Ⅰ证明》，42页，东京，日本评论社，1970。

1. 法律

作为司法认知对象的法律，包括本国法、国际条约及外国法。法官必须认知法律是诉讼的基本准则。

（1）本国法。本国法包括宪法、各种法律、行政法规及地方性法规等。

关于宪法的认知，在单一制国家，是指统一的国家宪法；在联邦制国家，包括联邦宪法及其修正案以及州宪法。

法院对各种法律的认知，在单一制国家，是指统一的国家立法机关制定的法律；在联邦制国家，联邦法院必须认知联邦的及每个州的法律，但管辖上诉案件的法院，则只需认知下级法院所应知道的法律；州法院必须认知该州现行的法律。大陆法系国家以成文法为认知对象；英美法系国家除对制定法或者成文法进行认知以外，还包括大量普通法或者判例法。

法院对行政法规的认知，在单一制国家，是指中央政府所制定的行政法规，及其各个政府部门所制定的行政规章。在联邦制国家，联邦议会通过的公共事项法案，以及影响力波及全国或者一州的行政命令或者公告，属于联邦法院和各州法院认知的对象；各州法律赋予法律效力的行政规章属于各州法院认知的对象。

在单一制国家，对于需对地方性法律予以认知，尚缺乏实证资料。不过从理论上讲，我们认为应当采取予以认知的态度，特别是在信息化、网络时代，已经使认知具备了物质条件。当然具体是采取无条件的认知还是附条件的认知，还有待进一步的探讨。

在联邦制国家，如美国，过去依照普通法传统，州法院对于国内其他州的成文法或者判例法是不予认知的，但是现在这种状况已有改变。美国“涉外法律统一认知法案”规定，对于他州之法律应该予以认知。此规则已被多数州所采用。现在美国一半以上的州法院对其他各州的法律都采用司法认知。①

（2）国际条约。在理论和实践上，无论是多边的还是双边的国际条约，只要是缔约国依法定程序参加、接受，从而对其产生约束力的，都应属于司法认知的对象。美国联邦宪法规定：“以合众国之权力所缔结的条约，应视为本国之最高法律，即使与任何州之宪法或者法律有抵触时，各州法官均应受其约束。”英国要求对欧共体条约、欧共体的官方公报以及欧洲法院作出的判决和意见采取司法认知。②

（3）外国法。外国法包括成文法和判例法。对于外国法的司法认知，存在着不同的主张。

在英美法系国家，传统上视外国法为待证事实。在大陆法系国家，外国法一般不作为事实看待，至少不作为纯粹的事实看待。法院没有认知外国法的义务，但有确定外国法的义务。法院可以参考书籍，询问本国的大学和研究所、外国使领馆。当事人可以提出国内外法学学者的书面意见以支持其论点。③ 我们认为，根据国家主权原则，外国法原则上不能采用司法认知，应视为待证事实，由证据加以证明。

2. 事实

（1）众所周知的事实，亦称为常识性的事实、显著的事实，是一般人对该事实的存在

---

① 参见［美］乔恩·R. 华尔兹：《刑事证据大全》，何家弘等译，328页，北京，中国人民公安大学出版社，1993。

② 参见齐树洁主编：《英国证据法》，760页，厦门，厦门大学出版社，2002。

③ 参见沈达明编著：《比较民事诉讼法初论》上，323页，北京，中信出版社，1996。

都没有疑问的事实。对于何谓众所周知的事实，学者们的见解各不相同。有的学者认为，这是指在一定的地域范围内为公众所普遍了解的事实①；有的学者认为，这是指一定区域内大多数人都知道的事实②；有的学者认为，这是指具有一般知识的人都知道的事实③；有的学者认为，这是指在负责审理案件的法院的地域管辖范围内众所周知的事实④；还有的学者认为，凡一国之内，一省之内，一县之内，社会大众都知悉的事实，或者按经验规则众所周知的事实，均可视为众所周知的事实。⑤ 我们认为，众所周知的事实中的"众所周知"是相对的，其事实并不需要作为全国领域内的问题，只要在特定的一个地方、一定的时间是众所周知的就可以。

是否是众所周知的事实，根据其所发生的时间不同也有所不同，即使在一定时期是众所周知的事实，过了这个时期也可能就不为人所周知。众所周知的事实不需要证明，没有收集证据的必要性，但是众所周知性因时间、地点的不同是相对的。因此，在对众所周知性产生疑问的时候，应该允许对众所周知的事实进行证明。也就是说，即使是众所周知的事实，也允许提出反证证明其不具有周知性或者真实性。⑥

究竟什么样的事实被认为是"众所周知的事实"。美国的刑事判例认为，这一类的司法认知包括：违禁品常常被偷偷带进监狱的事实；刀子和其他小型武器可能藏在皮夹内；在一般情况下，宣读大约40页的证词用不了一个小时；一个人出现了醉酒的症状，但未必丧失形成犯罪意图的能力；出售和使用毒品者经常把毒品放入口中咽下，试图消灭其有罪的证据；"红色""红鬼""圣诞树"指的是巴比妥类镇静药等。⑦ 英国学者经常列举的作为司法认知对象的众所周知的事实包括：妇女的怀孕期约为9个月；猫是家畜；圣诞节的日期和维多利亚女王的忌日；伦敦的街道上交通拥挤，因而一个孩子骑自行车通过街道是危险的；看电视是日常生活中一种普遍的消遣方式；囚犯的生活谈不上什么幸福；普通英语词汇的含义；万能钥匙常用于盗窃等。⑧ 日本学者在论述众所周知的事实时，经常引用的案例有：麻将的胜负主要由偶然的事情所左右（大判昭10·3·28刑集十四·三四三）；特定的某人在某日进行的某市长选举中作为候选人当选（最判昭31·5·17刑集十·五·六八五）；东京都内汽车的最高时速原则上是40千米的规定由东京都公安委员会设置的道路标识表示（最判昭41·6·10刑集二十·五·三六五）。⑨

（2）易于确证的事实，主要包括一些自然规律和科学原理。自然规律，是客观存在的，能够反映客观事物在一定条件下所发生的本质联系和必然趋势。科学原理，是指在科学活动过程中被反复证明，已为人们采用的原理性、具有普遍意义的命题和公式。对于自然规律和科学原理，法官可以直接予以认知，无须再花费时间、精力进行试验等论证来举证证明。

---

① 参见何家弘主编：《新编证据法学》，288页，北京，法律出版社，2000。

② 参见卞建林主编：《证据法学》，314页，北京，中国政法大学出版社，2000。

③ 参见陈一云主编：《证据学》，154页，北京，中国人民大学出版社，2000。

④ 参见卞建林主编：《刑事证明理论》，146页，北京，中国人民公安大学出版社，2004。

⑤ 参见叶自强：《民事证据研究》，2版，31页，北京，法律出版社，2002。

⑥ 参见［日］石井一正：《刑事实务证据法》，3版，237页，东京，判例时报社，2004。

⑦ 参见［美］乔恩·R. 华尔兹：《刑事证据大全》，何家弘等译，322页以下，北京，中国人民公安大学出版社，1993。

⑧ 参见齐树洁主编：《英国证据法》，757页以下，厦门，厦门大学出版社，2002。

⑨ 参见［日］增井清彦：《简明刑事证据法》，13—14页，东京，立花书房，1985。

（3）裁判上显著的事实，是指虽不是众所周知的事实，但是法官在职务上明确知道的事实。与法官的职务没有关系，纯属于依个人经验所知的事实，不能成为裁判上显著的事实，是需要证明的。

三、司法认知的种类

在英美证据法上，司法认知分为强制司法认知和任意司法认知。

（一）强制司法认知

强制司法认知，是指不论当事人是否提出司法认知的请求，法院都必须采取的司法认知。强制司法认知的对象，主要是法律明确规定的某些事项，如众所周知的事实、国内法、国际条约等。根据《美国加利福尼亚州证据法典》第 451 条的规定，对于以下问题，法院应当主动采取司法认知：加州和联邦法律，包括判例法、宪法性法律和公共成文法；加州市郡的宪章规定；加州法庭规则；加州律师协会职业行为规则；单词、短语和合法表达；普遍为人所知的事实。对于上述法律或者事实进行司法认知是强制性的，如果法院没有进行司法认知，则属于程序上的瑕疵。

对于强制司法认知的事项，即使法官不知，控辩双方都可以提供信息，协助法官作出认知。认知一旦作出，便具有绝对的效力，不允许控辩双方进行反驳。

（二）任意司法认知

任意司法认知，是指因当事人申请而进行的司法认知。任意司法认知的对象，包括经验定理、习惯、行业惯例、地方性法规、外国法等。这些内容是可以借助不容置辩的合理手段加以确认的。例如，《美国加利福尼亚州证据法典》第 452 条规定："在未被第 451 条涵盖的范围内，可以对下列问题进行司法认知：（a）合众国任何州的判例法、宪法性法律和成文法，以及合众国法令和本州立法机关的决议和私法法案；（b）由合众国当局或者合众国的任何公共实体颁布的条例和立法法令；（c）合众国和合众国各州的立法、行政、司法部门的官方法案；（d）（1）本州任何法院的记录，或者（2）合众国或者合众国各州任何法院的纪录；（e）（1）本州任何法院的法庭规则，或者（2）合众国或者合众国各州任何法院的法庭规则；（f）国家一个团体的法律，外国以及外国公共实体的法律；（g）在法院的司法辖区内，作为常识的事实和主张，它们不可能成为争议的内容；（h）合理地不会被争议的事实和主张，能够及时和精确地通过诉诸其不可置辩的准确性来源进行裁决的。"

如果控辩一方提出请求，并向法庭提供了相应的信息，法官必须就该问题是否能够进行司法认知作出裁定。对于任意司法认知的事项，允许控辩双方提供证据进行反驳，如果控辩的一方有充分的证据推翻认知，则该事项将归于待证事实的范围，需要运用证据来加以证明。

四、司法认知的效力

司法认知是证据法的内容，以下主要从证据的角度来说明司法认知的效力。

1. 无须举证，即免除当事人的举证责任，这是司法认知的首要效力。无论是待证的主要事实，或者是用以证明主要事实的证据事实，均可认知而免于举证。

2. 凡是法律规定必须认知的事项，当事人及其诉讼代理人可以通过行使请求认知权请求法院认知。对于当事人或者其律师依法提出的认知主张，法官应当认知；即使当事人没有提出认知的主张，法官亦应给予认知，此为法院的一项义务。

3. 对于一般性常识，法官可予以认知。至于案件的特定当事人是否知道此事项或者具备此常识，则不是认知的范围，而是属于推定的范围。因为法官对于该事项已经给予认知，在判例上也通常认为当事人必知悉。

4. 法官认知事实，对于证明其他事实可以构成证明的逻辑链条。在司法实践中，认知的采用，往往可以促成证据的许可。如果认知的结果，使一组事实成为证据，则可构成证明的逻辑上的链条，也就是说，该项认知行为，导致了一系列的证据，从而在逻辑上构成一条完整的证明链。

5. 在判例上，法院就常识、自然规则和一般性经验，以及众所周知的事实予以认知，即使存在与之相冲突的意见（如证人的证言以及专家的意见等），法院亦必须维持认知而不采信这些意见。在这里，认知的效力是绝对的。①

五、司法认知的程序

司法认知一般遵循以下程序。

（一）主动认知或者接受申请认知

在法庭审判中，法官对于有关事项可以主动进行司法认知；当事人也可以提出申请，要求法院进行司法认知。如果法官认为当事人提出申请的事项不属于司法认知的范围，可以拒绝认知。② 但是，对于法律及众所周知的事实，不需当事人的申请，法官必须自动予以认知；对于国家权力机关的议案、政府机关的行政法规或者规章、外国法等事项，不需当事人申请，法官可以主动认知。

（二）告知控辩双方

法官对某一事项进行司法认知时，负有将其告知控辩双方的义务，以使控辩双方了解认知的内容以及作出认知决定的适当性。在有陪审团参加审判时，法官应当指示陪审团将已认知的事实作为结论性事实加以采纳③；在无陪审团参与时，法官应在纪录中载明该事实是援用司法认知原则确定的。

（三）上级法院的认知

上级法院可以对未被下级法院认知的事实加以认知。如果控辩双方对下级法院作出的认知有争议，可以在上诉审程序中提出有关请求。下级法院的认知或者拒绝认知，均应记载明确，以供上级法院审查。

（四）认知前的调查程序

法院在认知之前，可以要求控辩双方提供相关资料，法官也可以咨询有关人员并利用有关资料。这种调查不同于对待证事实所进行的证明。

---

① 参见叶自强：《民事证据研究》，2版，35页以下，北京，法律出版社，2002。

② 参见《美国联邦刑事诉讼规则和证据规则》，卞建林译，第201（d）条，北京，中国政法大学出版社，1996。

③ 参见《美国联邦刑事诉讼规则和证据规则》，卞建林译，第201（g）条，北京，中国政法大学出版社，1996。

（五）裁判前的反驳

法院在对某一事实进行司法认知前，应当将该事实告知控辩双方，控辩双方可以就该事项是否属于认知范围提出反对意见。如果该事项属于必须认知的事实，则各级法院均可作出同样的认知；而且在下级法院未认知时，上级法院仍可以认知。如果该事项属于法官不应认知的事实，则须视为待证事实。

【问题与思考】

1. 免证事实的概念是什么？
2. 司法认知的概念是什么？司法认知的对象包括什么？
3. 免证事实与司法认知的区别是什么？
4. 推定的概念是什么？
5. 推定可以有哪些分类？

【推荐阅读书目】

1. 陈瑞华．刑事证据法．3 版．北京：北京大学出版社，2018.
2. 宋英辉，汤维建．证据法学研究述评．北京：中国人民公安大学出版社，2006.
3. 卞建林．刑事证明理论．北京：中国人民公安大学出版社，2004.
4. 齐树洁．英国证据法．厦门：厦门大学出版社，2002.
5. 叶自强．民事证据研究．2 版．北京：法律出版社，2002.
6. 华尔兹．刑事证据大全．何家弘，等译．北京：中国人民公安大学出版社，1993.
7. 熊谷弘，佐佐木史朗，浦边卫，松尾浩也．证据法大系Ⅰ证明．东京：日本评论社，1970.

第十三章
刑事证明责任

内容导读

刑事证明责任是刑事证据法学的一个核心问题。在我国刑事诉讼的理论与实践中，什么是刑事证明责任以及如何分配刑事证明责任是一个众说纷纭的话题。本章不仅系统论述了刑事证明责任的一般理论，如刑事证明责任的含义、性质、分配原则、倒置以及两大法系国家刑事证明责任的理论与实践，而且对我国刑事证明责任的分配、承担主体等问题进行了初步分析。

第一节　刑事证明责任的含义与性质

一、刑事证明责任的含义

刑事证明责任是刑事证据法中的一个核心问题。因为刑事证明责任的分配不仅影响到整个刑事诉讼的进程，指导着刑事诉讼主体的诉讼活动，而且决定了控辩双方的利益分配，并对刑事诉讼的最终结局产生重大影响。或许正是基于证明责任在诉讼活动中的重要地位，德国一句有名的法律谚语将证明责任称为“诉讼之脊梁”①。刑事证明责任是一个博大精深的理论话题。自古罗马以来，无论是在大陆法系国家还是在英美法系国家，学术界关于刑事证明责任的研究和争论就从来没有停止过。

对我国而言，刑事证明责任这个概念无疑是个舶来品。我国对刑事证明责任的引进始于清朝末年。当时清朝政府借鉴的对象主要是日本。而日本关于刑事证明责任的理论与实践又来源于德国。新中国成立以后，我国又开始学习苏联的证明责任理论。近年来，随着程序正义理论的兴起，我国理论界又对英美法系的刑事证明责任理论产生了浓厚的兴趣。

---

① ［德］汉斯·普维庭：《现代证明责任问题》，吴越译，30页，北京，法律出版社，2000。

令人遗憾的是，由于我国在学习国外刑事证明责任理论与实践的过程中忽略了各国法律制度、司法传统等方面的差异，再加上翻译方面的问题，因而我国目前的刑事证明责任理论显得比较混乱，甚至存在一些似是而非的认识。例如，仅就证明责任与举证责任之间的关系而言，学术界就存在并列说、大小说、种属说、包容说、前后说、性质区别说等多种观点。[①] 而近年来随着我国学者对国外刑事证明责任理论的理解越来越深刻，学术界又越来越倾向于认为证明责任与举证责任在本质上其实是一个概念，只是翻译或者用语习惯不同而已。[②] 又如，自20世纪80年代以来，学术界对于公安机关与法院在刑事诉讼中究竟是否应该承担证明责任问题一直争论不休，迄今为止仍然没有达成比较统一的意见。尤其值得一提的是，在学习和研究两大法系国家的证明责任制度与理论的过程中，不少学者"简单地把大陆法系的行为责任比做英美法系的提供证据责任，把大陆法系的结果责任比做英美法系的说服责任，甚至得出结论认为，在两种法系的证明责任理论中，后者均是前者在刑事诉讼中的映射或者反映"[③]。

在我们看来，我国目前的刑事证明责任理论之所以比较混乱，一个重要的原因在于我国学者对于证明责任的理解还没有达成广泛的共识。总体而言，随着两大法系国家证明责任分层理论的引入，我国学者很少再从一个角度去理解证明责任的含义[④]，而是普遍将证明责任当成是一个复合的概念。但证明责任究竟应该包括哪些具体的含义，以及应该如何表述证明责任，在理论界仍然存在较大分歧。如有的学者认为，证明责任是指司法机关应当收集证据证明其所认定的案件事实，某些当事人应当提供证据证明有利于自己的主张，否则，将承担其认定或主张不能成立的危险的责任。[⑤] 有的学者认为，证明责任就是诉讼当事人在审判中向法庭提供证据证明其主张之案件事实的责任。[⑥] 有的学者认为，证明责任是指证明主体为了使自己的诉讼主张得到法院裁判的确认，所承担的提供和运用证据支持自己的主张以避免对于己方不利的诉讼后果的责任。[⑦] 有的学者认为，证明责任是指争议双方当事人提供证据证明有利于己的案件事实的责任，以及因证明不能（事实真伪不明）而应承担的不利风险。[⑧] 还有学者认为，理论和实践中一般是从行为和结果两个方面来理解证明责任的含义，行为意义上的证明责任是指当事人负责证实事实的责任，是当事人在审理某种事实时提出一定证据的责任；结果意义上的证明责任是指当事实真相真假不明时，在法律

---

① 参见樊崇义主编：《刑事诉讼法学研究综述与评价》，263页，北京，中国政法大学出版社，1991；崔敏主编：《刑事诉讼证据理论研究综述》，89—91页，北京，中国人民公安大学出版社，1990；樊崇义等：《刑事证据法原理与适用》，271页，北京，中国人民公安大学出版社，2001。

② 参见何家弘、刘品新：《证据法学》，295—296页，北京，法律出版社，2004；樊崇义主编：《证据法学》，3版，275—276页，北京，法律出版社，2003；叶青主编：《诉讼证据法学》，241—242页，北京，北京大学出版社，2006。值得注意的是，经过2012年3月14日第十一届全国人民代表大会第五次会议修正之后的《刑事诉讼法》第49条明确采用了举证责任这个称谓。

③ 黄永：《刑事证明责任分配研究》，73页，北京，中国人民公安大学出版社，2006。

④ 例如，行为责任说认为，证明责任就是提供证据这种行为的责任；结果责任说认为，证明责任是在案件事实不清的情况下，由负证明责任的一方当事人承担不利后果的责任；等等。参见江伟主编：《证据法学》，82—83页，北京，法律出版社，1999。

⑤ 参见陈一云主编：《证据学》，2版，165页，北京，中国人民大学出版社，2000；樊崇义主编：《证据法学》，3版，275页，北京，法律出版社，2003。

⑥ 参见何家弘、刘品新：《证据法学》，295—297页，北京，法律出版社，2004。

⑦ 参见卞建林主编：《证据法学》，325页，北京，中国政法大学出版社，2000。

⑧ 参见黄永：《刑事证明责任分配研究》，97页，北京，中国人民公安大学出版社，2006。

判断上处于不利地位的当事人承担的责任，它实际上是一种承担不利判决的责任。[①]

研究上述含义之后不难看出，我国理论界对于证明责任的理解似乎难以摆脱两大法系国家证明责任分层理论的影响，在界定证明责任的含义时总是有意或者无意地带有法律移植的痕迹，即要么是模仿大陆法系国家的证明责任理论，要么是模仿英美法系国家的证明责任理论，或者是将二者搅和在一起。我们认为，对于证明责任的界定，当然应当参考两大法系国家已经发展得比较成熟的证明责任分层理论。但是，我们在借鉴两大法系国家证明责任分层理论时，应当充分考虑它们各自产生的制度背景、逻辑结构和表述方式，并在此基础上深刻领悟证明责任的一般规律，而不是简单奉行拿来主义。我们认为，对于证明责任的界定，无论是大陆法系国家的证明责任分层理论，还是英美法系国家的证明责任分层理论，均离不开以下四个基本要素。

第一，存在争议。诉讼当事人双方之间存在争议既是裁判产生的前提，也是证明责任产生的必要条件。如果没有争议，也就无所谓裁判；而没有裁判，证明责任也就无从谈起。值得说明的是，争议的存在并不必然导致证明责任问题。这是因为，一方面，两个人之间虽然存在争议，但是争议的内容有可能不属于法律调整的范围，而无法通过诉讼的方式解决他们之间的争议，如道德、情感、学术上的争议等；另一方面，尽管两个人之间的争议具有法律意义，但是他们有可能通过其他的渠道而不是诉讼的方式来解决他们之间的争议。

第二，提出主张。提出主张是产生证明责任的基本前提。如果没有主张，那么不可能有证明责任问题。这是因为，一方面，诉讼主张是诉讼证明的逻辑前提。在诉讼过程中，只有当一方当事人提出了明确的诉讼主张之后，该当事人才需要进一步提出证据来证明自己的主张，而对方当事人才有可能反驳其诉讼主张。如果诉讼案件没有诉讼主张，诉讼证明活动就会因为失去需要加以证明的对象而成为无源之水，不可能正常进行，也没有必要进行。另一方面，诉讼主张既是法庭审判的对象，也限定了法庭审判的范围。换句话说，诉讼主张既是法庭审判的起点，也是法庭审判的归宿。在诉讼过程中，基于司法的被动性和中立性，法庭审判活动只能围绕诉讼主张来展开，而不可能脱离当事人的诉讼主张而独立存在。如果没有诉讼主张，法庭审判活动就会成为空中楼阁，没有现实意义。

第三，证明主张。从人类的经验和常识来看，只要某个人提出了一定的主张，他就应该证明他的主张是正确的；否则，没有人相信他的主张。同样，在诉讼活动中，一方当事人提出诉讼主张之后，也需要证明自己的诉讼主张。这是因为，一方面，当事人提出了诉讼主张以后，并不意味着该诉讼主张就能够自然而然地成立，并且获得法庭的支持。要想使该诉讼主张能够成立和得到法庭的支持，提出诉讼主张的当事人必须提出证据来证明它。另一方面，一方当事人提出诉讼主张以后，对方当事人为了保护自己的利益，将会想方设法反驳该诉讼主张。而提出诉讼主张的一方当事人为了预防或者应付对方当事人的反驳，他同样需要证明自己的诉讼主张。

第四，承担风险。在诉讼过程中，一方当事人提出诉讼主张以后之所以需要提出证据加以证明，不仅在于逻辑上他应当那样做，而且更重要的是，按照法律的规定，如果他无法证明自己提出来的诉讼主张，他就会有可能因此而承担对己不利的法律后果。值得说明的是，这种不利的法律后果仅仅是一种潜在的风险。因为只有当提出诉讼主张的一方当事人无法证明自己的诉讼主张成立时，他才有可能因此而承担对己不利的法律后果。经过一系列

---

① 参见陈卫东、谢佑平主编：《证据法学》，280页，上海，复旦大学出版社，2005。

的诉讼证明活动之后，如果他提供的证据能够证明自己的诉讼主张，他就无须承担对己不利的法律后果。承担不利法律后果的风险既是证明责任的本质要素，也是证明责任最重要的一个要素。如果没有这种风险，诉讼当事人就没有必要提出证据来证明自己的诉讼主张。

证明责任是存在纠纷、提出主张、证明主张、承担风险四个要素的统一体。缺少任何一个因素，都无法准确地界定证明责任的含义，也无法圆满解释证明责任在诉讼证明活动中所体现出来的逻辑、心理和程序结构。在构成证明责任时，上述四个要素相互依存、不可分割。例如，只有在当事人之间存在争议的情况下，一方当事人才会为了维护自己的利益而向法院提出一定的诉讼主张；而为了使诉讼主张能够得到法庭的支持，并且为了避免其诉讼主张无法成立而承担不利的法律后果，该当事人必须提出一定的证据来证明自己的诉讼主张；在一方当事人提出诉讼主张而无法证明其诉讼主张成立时，法庭符合逻辑的做法就是让其承担不利的法律后果。综合上述四种因素，可以将证明责任定义如下：提出诉讼主张的一方当事人为了避免对己不利的法律后果而承担的提出证据并证明其诉讼主张成立的一种法律负担。准确地理解证明责任除了弄清证明责任的四个构成要素之外，还必须结合证明标准这个概念来解释。因为提出诉讼主张的一方当事人只有在无法证明其诉讼主张能够成立的情况下才会承担对己不利的法律后果，而证明标准就是衡量当事人证明其诉讼主张是否成立的一种尺度。如果当事人对其诉讼主张的证明达到了法律规定的要求，那么该诉讼主张就能够获得成立；反之，如果当事人对其诉讼主张的证明无法达到法律规定的要求，那么该诉讼主张就不能够成立。从这个角度讲，刑事证明责任与民事证明责任在本质上是一致的，其区别主要在于诉讼当事人对诉讼主张的证明所要达到的标准有所不同。一般而言，刑事证明标准高于民事证明标准。

在弄清了证明责任的概念之后，刑事证明责任的概念也就不言而喻了。我们认为，所谓刑事证明责任是指，控辩双方在刑事诉讼中为了避免对己不利的法律后果而承担的提出证据并证明其诉讼主张成立的一种法律负担。据此不难看出，刑事证明责任实际上包含四层含义：第一，控辩双方提出诉讼主张。从理论上讲，诉讼主张既包括事实方面的主张，也包括法律方面的主张。但值得注意的是，这里的“诉讼主张”是指事实上的主张，而不是法律上的主张。因为，证明责任的设立宗旨就是为了解决要件事实真伪不明时法官无法裁判的问题。第二，为了证明其诉讼主张，控辩双方提出相应的证据。第三，控辩双方用各自提出来的证据证明其诉讼主张。第四，如果控辩双方不能证明其诉讼主张，那么承担对己不利的法律后果。因此，刑事证明责任是与诉讼主张、诉讼证明以及法庭审判等因素密切相关的一个概念。如果没有诉讼主张、诉讼证明以及法庭审判，刑事证明责任就没有用武之地。综合两大法系刑事证明责任的理论与实践，刑事证明责任在刑事审判过程中的运用实际上是一个动态的过程。这个过程包含三个层次：其一，形成争点。这是指控辩双方为了获得对己有利的裁判结果，而促使法官将自己的诉讼主张列为法庭的裁判对象。其次，说服事实裁判者。这是指控辩双方说服事实裁判者对事实认定作出有利于自己的裁判。最后，提供证据。这是指控辩双方在法庭审判过程中为了形成争点或者说服事实裁判者，而向法庭提供一定的证据，推进诉讼的前进。[①] 很显然，提供证据既是控辩双方形成争点的

---

① 在我国，也有不少学者将上述三个层次分别称为形成争点的责任、说服责任和提供证据的责任。为了避免上述概念与证明责任之间产生混淆，我们没有采用“责任”这样的概念，而是直接使用形成争点、说服事实裁判者和提供证据。

需要，也是控辩双方说服事实裁判者的必然要求。

二、刑事证明责任的性质

刑事证明责任的性质取决于证明责任的性质。在我国理论界，如何界定证明责任的性质也是一个众说纷纭的话题。目前，理论界比较具有代表性的观点是权利说、义务说、责任说以及负担说。① 权利说认为，证明责任是诉讼当事人所享有的一项权利。其理由主要有两点：第一，因为诉讼是法律赋予公民的一项权利，所以当事人在诉讼中提出事实主张和运用证据进行证明也是一种权利。第二，当事人对诉讼标的有处分的权利，而提出诉讼主张和运用证据进行证明正是这种处分权的体现。② 义务说认为，证明责任是诉讼当事人的一种义务。这是因为，既然当事人向法庭提出某种事实主张，就应该向法庭承担相应的证明义务，如果当事人不进行相应的证明，就必须承担不利的法律后果。如果当事人对自己主张的事实不履行证明义务，法官在认定该事实时就会作出对其不利的裁判。③ 责任说认为，证明责任既不是权利也不是义务，而是诉讼当事人的法律责任，这种责任既包括当事人提供证据证明其主张、司法机关收集证据以便证明据以认定案件事实的责任，也包括在不能证明时，承担其主张或认定不能成立的风险的责任。④ 负担说认为，证明责任属于诉讼当事人的负担，即当事人为了获得胜诉判决而不得不接受的负担。因为，负有证明责任的当事人不进行证明或者没有完成法律所要求的证明，就必须面对不利的诉讼后果。如果其不愿意接受不利的诉讼后果，就必须在诉讼中接受证明的负担。⑤ 目前，我国学者多数持负担说。⑥

我们认为，应当从不同的角度去理解证明责任的性质。因为，证明责任本身就是一个复合的概念，我们很难从单一的角度去把握它的性质。一方面，从诉权的角度出发，为了使胜诉的资格转化为胜诉的现实，诉讼当事人在法庭审判过程中有权提出证据，以便证明自己的诉讼主张。这对当事人来说显然是一种权利，而不是一种义务。因为，在法庭审判过程中，诉讼当事人既可以提出证据来证明自己的诉讼主张，也可以不这样做。另一方面，在法庭审判过程中，由于负有证明责任的当事人如果证明不力或者证明不能，就必须面临对己不利的法律后果，因此，负有证明责任的当事人为了避免这种对己不利的法律后果，他不得不提出足够的证据，以便证明自己的诉讼主张能够成立。在这种情况下，对当事人来说，证明责任很难说是一种权利，而是体现了义务的特性。考虑到责任、负担与义务这三个概念之间并没有本质上的差异，而责任、负担这两个概念又比较模糊，我们认为证明责任既不是纯粹的权利，也不是纯粹的义务，而是权利与义务的一种混合体。

---

① 在国外，证明责任的性质同样是一个争议比较大的问题。例如，对于证明责任究竟是一项义务、一项权利、一个责任或者一个实际需要等问题，德国学者就存在较大分歧。参见［德］莱奥·罗森贝克：《证明责任论》，庄敬华译，56—63页，北京，中国法制出版社，2002。

② 参见何家弘、刘品新：《证据法学》，297—298页，北京，法律出版社，2004。

③ 参见何家弘、刘品新：《证据法学》，298页，北京，法律出版社，2004。

④ 参见陈一云主编：《证据学》，153页，北京，中国人民大学出版社，1991。

⑤ 参见何家弘、刘品新：《证据法学》，298页，北京，法律出版社，2004。

⑥ 参见何家弘主编：《新编证据法学》，362页，北京，法律出版社，2000。

第二节　刑事证明责任的分配

一、刑事证明责任分配的一般规则

经过双方当事人的举证、质证和辩论之后，系争事实的证明结果不外乎真实、虚假和真伪不明这三种情况。显而易见，经过诉讼证明之后的系争事实无论是真实的还是虚假的，都不影响法官根据法律作出相应的裁判。但是，当诉讼证明活动结束以后系争事实仍然真伪不明时，法官将会面临如下问题：一方面，基于裁判职责的需要，尽管法官无法直接作出适用或者不适用某个法律规范的判决，但是法官并不能以系争事实真伪不明为由拒绝作出裁判；而另一方面，基于裁判确定的需要，法官又不能按照真伪不明的系争事实作出模棱两可的裁判。一般认为，设立证明责任制度的初衷就是为了解决法官在系争事实真伪不明时所面临的无法裁判而又不能拒绝裁判的尴尬处境。进一步而言，当系争事实真伪不明时，证明责任为法官将不利的法律后果裁判给未能完成其证明责任的一方当事人提供了法律依据。显然，当事人是否完成其证明责任的逻辑前提必然是该当事人承担相应的证明责任。而当事人是否承担证明责任以及承担什么样的证明责任，就是证明责任分配所要解决的问题。所谓证明责任的分配，也叫证明责任的分担或者证明责任的承担，它是指在诉讼证明过程中，根据一定的标准或者原则，决定由谁来承担证明责任的一种证据制度。由于证明责任的分配既在程序法上决定了诉讼当事人的诉讼证明活动，又在实体法上影响到诉讼当事人实体利益的实现，因而证明责任的分配是证明责任制度与理论的一个核心范畴。在现代刑事诉讼中，证明责任的分配应当遵循一定的规则。根据证明责任分配的基本原理和刑事诉讼的特点，无罪推定原则以及“谁主张，谁举证”原则是刑事证明责任分配的一般规则。

（一）无罪推定原则

在现代刑事诉讼制度中，无罪推定原则是人类文明进步以及刑事诉讼走向科学与民主的重要标志，它与刑法中的罪刑法定原则一起构成了现代刑事法律制度的基石。正因如此，无罪推定原则不仅在现代法治国家的刑事诉讼法甚至宪法中得到了广泛的确认，而且是国际社会公认的一项刑事司法准则。尽管在不同国家或者不同国际法律文件中，无罪推定原则的语言表述有所不同，但其基本含义都是一致的。简而言之，无罪推定原则的基本含义包括如下两个方面。

一方面，任何人只有由法院经过法定的程序才能被确定为有罪。由于犯罪是国家和社会对公民极为严重的否定性评价，因而一旦某个公民被国家贴上犯罪的标签，就不可避免地承受各种各样的不利后果。这决定了国家对一个公民的定罪是非常严肃而又十分慎重的事情。正因如此，无罪推定原则对公民的定罪问题进行了严格的限制。首先，在现代法治社会，法院作为国家专门解决纠纷的机构，是确定公民有罪的唯一适格主体，而其他任何机构或者个人都无权将公民确定为有罪。所谓“确定为有罪”，是指法院通过发生法律效力的裁判判定受到刑事指控的被告人有罪；而法院作出的有罪判决一旦发生法律效力，就意味着国家可以对被告人的行为追究刑事责任，被告人也因此被国家贴上罪犯的标签。其次，在现代法治社会，法院只有经过法律规定的诉讼程序之后才能确定某个公民有罪，而不能随心所欲地作出有罪裁判。理解上述含义时需要强调指出的是，尽管追诉机关的刑事指控必须建立在其认为被追诉者触犯刑律的基础之上，但是追诉机关的这种认识只是其主观认识，并不必然带来被追诉者有罪的法律效果，更无法与法院判定被追诉者有罪相提并论。也正因如此，在被追诉者受到刑事审判之前，包括追诉机关在内的所有组织和个人只能将被追诉者作为犯罪嫌疑人看待，而不能将其作为罪犯看待。

另一方面，任何人在被法院依法确定有罪之前，应当被视为或推定为无罪的人。尽管被推定为无罪并不等同于被追诉者在事实上就是无罪之人，但是这种法律上的假设仍然具有十分重要的诉讼意义。因为在被推定为无罪的情况下，被追诉者不仅应该被当作无罪的人来看待，而且享有法律规定的各种诉讼权利。尤其对于司法人员来说，他们除了依照法律规定的程序对被追诉者进行证据调查或者采取强制措施之外，应该充分尊重被追诉者的人格和尊严，将其视为与社会其他人员在权利上并无二致的社会主体，而不能像对待罪犯那样对待被追诉者。[①] 相反，如果司法人员在法院依法确定被追诉者有罪之前就将其当作罪犯看待，不仅极易形成被追诉者有罪的舆论氛围，使其无法在社会民众面前摆脱随之而来的负面评价，而且可能导致司法人员在办案过程中缺乏对被追诉者的应有尊重，而将本来作为预防性的强制措施当作惩罚性的强制措施，对被追诉者的人身自由随意加以剥夺或者限制。

在现代刑事证据法中，无罪推定原则最重要的意义就是，它为刑事证明责任的分配奠定了基础。因为从无罪推定原则所蕴含的逻辑来看，无罪推定原则可以推导出最基本的两项刑事证明责任分配规则：第一，追诉机关承担证明被告人有罪的义务。由于被告人在法院依照法律程序确定有罪之前被推定为无罪的人，因而追诉机关要想完成指控犯罪的目的，不得不承担证明被告人有罪的义务。换句话说，只有当追诉机关对被告人的有罪指控得到足够的证据加以证明时，法院才能判决被告人有罪。第二，被告人不承担证明自己无罪的义务。正因为被告人在法院根据法定程序判决其有罪之前已经事先被视为或者推定为无罪的人，所以被告人没有承担证明自己无罪的义务。进一步而言，证明无罪对被告人来说是一种权利。这意味着在刑事审判过程中，被告人既可以通过一定的证据证明自己无罪，也可以仅仅对追诉机关提出的证据或者主张进行反驳，以便达到使控方指控不能成立的目的。当被告人放弃这种权利或者无法证明自己无罪时，法院也不能因此而推定被告人有罪，而只能根据追诉机关的指控是否达到有罪判决的证明标准来确定被告人是否有罪。

无罪推定原则在本质上是一种可以反驳的推定。因为公民被推定为无罪只是法律上的一种假设，它既不等同于对客观事物的真实描述，也不是对被追诉者作出无罪的判定或终结性结论。只要追诉机关提供的证据能够达到有罪判决证明标准的程度，法院就应该判决被追诉者有罪，除非被追诉者能够提供新的证据或者主张来推翻追诉机关的指控。而在法

① 也就是说，被推定为无罪实际上就是被追诉者所享有的一种法律待遇。毕竟，犯罪嫌疑人与罪犯所享有的权利在法律上不可同日而语。但值得注意的是，尽管被追诉者应当被推定为无罪的人，但是他还不能与社会上的普通人完全画等号，因为被追诉者毕竟是追诉机关根据法律和事实认为“有可能实施犯罪行为”的人（犯罪嫌疑人）。虽然追诉机关的主观认识还需要等待法院的检验，而且被追诉者在法律上仍然应该被视为无罪的人，但是被追诉者在诉讼程序上毕竟处于受追诉的地位，而这种地位决定了被追诉者有义务接受国家授权的司法机关对其“可能实施的犯罪行为”进行的刑事追诉活动。

院判决被告人有罪的情况下，被追诉者也因为追诉机关推翻无罪的假设而失去无罪推定原则的保护。由于证明责任作为诉讼上的一种风险负担，是同当事人的诉讼主张以及当事人证明不力时所要承担的不利法律后果相联系的一个特定概念，因而，一旦控方的证明活动无法达到法定的证明标准，即没有履行其证明被告人有罪的证明责任（或义务），法官合乎逻辑的做法就是作出有利于被告人的解释，作出被告人无罪的判决。这在理论上被称为疑罪从无原则。在法院判决被追诉者无罪的情况下，基于无罪推定原则而假设的无罪就会在法律上转化为确定的无罪，被追诉者也因为法院判决其无罪而不再需要无罪推定原则的保护。

除了疑罪从无原则之外，无罪推定原则还可以推导出与证明责任分配密切相关的不被强迫自证其罪规则。在刑事诉讼过程中，由于追诉机关需要承担证明被告人有罪的义务，而被追诉者没有证明自己无罪的义务，因而面对追诉机关的刑事指控，被追诉者既可以选择合作而主动交代自己的犯罪行为，也可以选择不合作而拒绝陈述任何案件情况。当被追诉者选择沉默时，追诉机关和审判机关既不能据此作出不利于被追诉者的推断，也不能采取肉体上的或者精神上的强制性手段而强迫被追诉者证明自己有罪。而为了确保犯罪嫌疑人、被告人陈述的自愿性，现代刑事诉讼法明确规定了不被强迫自证其罪原则。

（二）“谁主张，谁举证”原则

“谁主张，谁举证”原则起源于古罗马时期。一般认为，“谁主张，谁举证”原则包含两项具体规则：第一，一方当事人对自己所主张的事实，有提出证据证明的义务，否认的一方没有证明责任；第二，双方当事人对自己的主张都提不出足够的证据时，负证明责任的一方败诉。由此不难看出，“谁主张，谁举证”原则的本质要求就是，证明责任由提出积极主张的当事人来承担，如果对方当事人对该积极主张仅仅持消极否定态度，而没有提出自己的积极主张，那么他不承担证明责任。尽管随着证明责任理论的不断发展，“谁主张，谁举证”原则遭到越来越多的批评，但是该原则作为确定证明责任分配的一项古老原则和基本原则，仍然具有旺盛的生命力。

长期以来，在刑事诉讼法学界，不少学者认为“谁主张，谁举证”原则是民事证明责任分配的一项原则，而不适用于刑事证明责任的分配。这不仅是对“谁主张，谁举证”原则的误解，也是对刑事诉讼的一种误解。我们认为，“谁主张，谁举证”原则完全可以作为刑事证明责任分配的一项基本原则。首先，无罪推定原则无法完全解决刑事证明责任的分配问题。由于刑法规范既包括犯罪构成要件方面的法律规范，也包括阻却违法、阻却责任等方面的法律规范，因而在刑事法庭审判过程中，系争事实不仅包括控方指控的犯罪事实是否符合犯罪构成要件，而且包括辩护方提出的阻却违法事由或者阻却责任事由是否符合刑法规范。而根据无罪推定原则，它只解决了刑事证明责任分配中的核心问题——由谁来承担证明被告人有罪的责任，而并没有解决阻却违法事由或者阻却责任事由的证明责任的分配问题。而“谁主张，谁举证”原则既可以解释犯罪构成要件的证明责任问题，也可以解释阻却事由的证明责任问题。一方面，按照证明责任的定义，为了避免出现对控方不利的法律后果，控方必须对犯罪构成要件承担证明责任；另一方面，阻却事由的证明责任不可能由控方来承担。这是因为，在犯罪构成要件与阻却事由相互对立——犯罪构成要件的成立意味着阻却事由不成立，而阻却事由的成立则意味着犯罪构成要件不成立——的情况下，控方既不可能同时提出有关犯罪构成要件和阻却事由的诉讼主张，也不可能同时承担犯罪构成要件与阻却事由的证明责任。因为，公平的刑事诉讼制度不可能要求控方在履行其提供证据的责任时先发制人地否定辩护方所有可能存在的积极主张。这就意味着，在控方已经提出有关犯罪构成要件的诉讼主张并且承担证明责任的情况下，只能由从阻却事由中获取利益的辩护方提出该诉讼主张并承担相应的证明责任。[①] 其次，在刑事法庭审判过程中，辩护方面对控方的刑事指控时，他既可以采取消极抗辩的方式，也可以采取积极抗辩的方式。当辩护方仅仅采取消极抗辩的方式，无法促使法官对被告人是否有罪作出合理的怀疑，或者不足以动摇法官对被告人形成有罪的内心确信，从而导致被告人即将面临有罪判决的情况下，辩护人只能采取积极抗辩的方式。而辩护人一旦采取积极抗辩的方式，就必须提出相应的积极主张。对于辩护方的积极主张，只能由辩护方来承担证明责任；否则，辩护方所提出来的积极主张既不会成为系争事实，也无法构成法庭裁判的对象。因此，辩护方就其积极主张承担证明责任是“谁主张，谁举证”原则的一种具体表现。

根据无罪推定原则，证明被告人有罪的证明责任永远只能由控方来承担，但是这并不意味着被告人对所有的无罪事由同样不承担证明责任。从诉讼证明的具体过程来看，当控方已经顺利完成其证明责任从而导致被告人即将面临被判决有罪时，无罪推定原则对被告人的保护就宣告结束。而在无罪推定原则被推翻的情况下，为了避免被告人被判决有罪，辩护方往往不得不提出自己无罪或者足以使法官作出无罪判决的诉讼主张。但是，这种诉讼主张并不能达到一经提出立即成立的效果。因为，根据“谁主张，谁举证”原则，辩护方必须提出一定的证据证明其诉讼主张能够成立。从国外刑事证明责任分配的理论与实践来看，根据“谁主张，谁举证”原则，当辩护方提出下列事实主张时，辩护方应当承担相应的证明责任：（1）阻却违法或者阻却责任的事实，如正当防卫、紧急避险、精神不正常、不可抗力、意外事件等；（2）某些积极的抗辩主张，如不在犯罪现场等；（3）某些程序性事实，如证据的可采性等；（4）被告人独知的事实。[②] 值得强调的是，尽管被告人在某些特殊情况下承担证明责任，但是辩护方承担证明责任的证明标准应当低于控方，如辩护方的证明责任通常只需要达到优势证明的程度，而控方的证明责任则需要达到排除合理怀疑的程度。

二、刑事证明责任分配的特殊规则

有原则就有例外，刑事证明责任的分配同样如此。尽管无罪推定原则和“谁主张，谁举证”原则从总体上解决了刑事证明责任的分配问题，但在某些特殊情况下，基于程序正义、诉讼经济、政策、公平等方面的考虑，刑事证明责任的分配表现出与无罪推定原则以及“谁主张，谁举证”原则大不相同的规则。从国内外刑事证明责任制度的理论与实践来看，刑事证明责任分配的特殊规则主要包括以下两个方面。

（一）刑事推定

推定在证据法学中是一个颇具争议的概念。就刑事推定而言，代表性的观点认为，刑

---

① 值得注意的是，在坚持无罪推定原则的情况下，辩护方并没有必要总是证明阻却事由的存在。只有在控方已经证明犯罪构成要件成立的情况下，辩护方才有必要提出并证明存在阻却事由。当辩护方证明阻却事由存在时，控方则需要进一步证明犯罪构成要件能够成立，否则，法官应当判决被告人不构成犯罪。

② 参见卞建林、郭志媛：《刑事证明主体新论——基于证明责任的分析》，载《中国刑事法杂志》，2003（1）；何家弘：《刑事诉讼中举证责任分配之我见》，载《政治与法律》，2002（1）；陈永生：《论刑事诉讼中控方举证责任之例外》，载《政法论坛》，2001（5）。

事推定是指在刑事诉讼中，依照法律规定或者由法院按照经验法则，从已知的基础事实推断未知的推定事实存在的一种证据法则。刑事推定包括以下几个基本要素：（1）推定涉及两种事实，即已知事实和未知事实，或者基础事实和推定事实。（2）推定的依据是法律的规定或者经验法则。（3）推定的救济方法是反证，即对于可反驳的推定，允许当事人提出反证，推翻推定事实，进而使推定规则失去作用。

刑事推定在性质上可以看成是刑事证明责任分配的一种特殊规则。这是因为，一方面，在由已知事实推定未知事实的过程中，实际上包含了证明责任的分配。根据推定的基本原理，只要一方当事人能够证明基础事实存在，那么该当事人就无须证明推定事实的存在，推定事实由法院直接加以认定。但是，当该推定事实是一项可以被反驳的推定时，对方当事人可以提供一定的证据证明该推定事实不存在。一旦对方当事人能够证明该推定事实不存在，那么一方当事人所提出的基础事实也就不能成立。另一方面，在推定过程中，尽管存在证明责任的分配，但是这种分配主要不是基于无罪推定原则或者“谁主张，谁举证”原则方面的考虑，而更多的是基于公共政策、诉讼公平、证明便利等方面的考虑。毕竟，控方对于某些事实的证明在客观上确实存在非常大的难度。如果不免除控方在这些事实上的证明责任，那么控方往往无法完成对被告人的犯罪指控。在我国刑法中，比较典型的刑事推定是巨额财产来源不明罪和非法持有型犯罪。对于 1997 年《刑法》规定的巨额财产来源不明罪，之所以由辩护方证明差额财产的合法性，一个重要的原因在于，即使被告人的差额财产的确是非法所得，由控方证明差额财产的非法性也比较困难，而如果被告人的差额财产确实有合法的来源，那么让辩护方进行证明还是比较方便的。在非法持有型犯罪中，只要控方能够证明被告人持有国家明文禁止的物品（如毒品、国家绝密文件等），就可以推定被告人是非法持有这些物品，除非被告人能够证明他持有这些物品是合法的。如果被告人无法证明其合法地持有这些物品，那么他应当构成非法持有型犯罪。另外，值得一提的是，为了加大反腐败的力度，我国已经批准生效的《联合国反腐败公约》对腐败犯罪的主观构成要件也实行了刑事推定规则。《联合国反腐败公约》第 28 条规定，根据本公约确立的犯罪所需具备的明智、故意或者目的等要素，缔约国可以根据客观实际情况予以推定。《联合国反腐败公约》之所以通过推定的方式降低控方对腐败犯罪的主观要件的证明责任，主要是因为控方很难证明腐败犯罪行为人的主观心理状态。毕竟，腐败犯罪案件的犯罪主体的文化层次往往比较高，犯罪嫌疑人在作案之前往往进行周密的计划，作案手段也比较隐蔽、先进，犯罪嫌疑人通常具有比较强的反侦查能力，其主观心理状态很少留下相关的证据。而且，降低控方对于腐败犯罪主观要件的证明责任，显然更加符合《联合国反腐败公约》关于高效而有力地预防和打击腐败的宗旨。

根据不同的标准，可以对刑事推定作出不同的分类。首先，根据推定的依据不同，可以将推定分为事实推定和法律推定两种类型。事实推定是指法院根据经验法则，由已知事实推定与之相关的需要证明的未知事实存在的一种推定。例如，在被告人身边发现被盗窃的赃物，而被告人又无法说出该赃物的取得途径，那么法官可以根据经验法则，推定该赃物系被告人通过非法手段获得的。法律推定是法院根据法律的规定，由已知事实推定与之相关的需要证明的未知事实存在的一种推定。例如，无罪推定就是一种法律推定。对于事实推定，一般由法官进行自由裁量，而对于法律推定，法官不享有自由裁量权，在辩护方无法提出反证的情况下，法官只能适用法律关于推定的规定。尽管事实推定不依赖于法律的规定，但是立法机关可以通过立法的方式将事实推定上升为法律推定。其次，根据被推定的事实是否可以反驳为标准，可以将法律推定分为可反驳的推定和不可反驳的推定两种类型。可反驳的推定是指根据法律的规定，由已知的基础事实推定未知的推定事实的存在，除非对方当事人能够提出相反的证据证明推定事实不存在。无罪推定就是一种可反驳的推定。不可反驳的推定是指根据法律的规定，从已知的基础事实必然得出推定事实能够成立，或者无法用任何反证来推翻推定事实的一种推定。例如，如果法律规定刑事责任年龄为18周岁，那么对于不满18周岁的被告人，必然得出该被告人无刑事责任能力从而无罪的结论。最后，根据推定事实是否有利于被告人，可以将推定分为有利于被告人的推定和不利于被告人的推定两种类型。例如，无罪推定就是一种有利于被告人的推定，巨额财产来源不明罪中的推定就是不利于被告人的推定。一般而言，有利于被告人的推定有助于提高被告人的防御能力，而不利于被告人的推定有助于减轻控方的证明责任。

（二）刑事证明责任的倒置

证明责任倒置是相对于证明责任分配的一般原则来说的，因为如果没有证明责任分配的一般原则，也就没有所谓的证明责任的倒置问题了。因此，证明责任分配的一般原则可以称为证明责任的正置。而在某些特殊情况下对证明责任的非常规性配置就是证明责任的倒置。所谓证明责任的倒置，是指基于政策、公平等因素的需要，法律规定不是按照一般原则进行证明责任的分配，而是由本该承担证明责任的一方当事人的相对方来承担证明责任。值得注意的是，这里被倒置的证明责任是指败诉风险意义上的证明责任，即两大法系双层次证明责任理论中的说服责任或者结果责任，而不是提供证据意义上的证明责任，即两大法系双层次证明责任理论中的提供证据责任或者行为责任。由此不难看出，证明责任倒置的本质就是法律将本来应当由一方当事人承担的不利法律后果的风险交给对方当事人来承担。根据无罪推定原则，由于控方始终承担证明被告人有罪的证明责任，因此，根据无罪推定原则进行的证明责任分配不存在刑事证明责任的倒置问题。这实际上意味着在刑事诉讼中，证明责任倒置只能是与“谁主张，谁举证”相反的一种证明责任分配方式。综上所述，我们认为刑事证明责任倒置是指，在刑事诉讼中，本来应当由一方当事人承担某刑事法律要件事实存在的证明责任，却转由另一方当事人就不存在该要件事实承担证明责任。

在刑事诉讼中，有可能构成证明责任倒置的是刑讯逼供等非法取证行为的证明责任。按照“谁主张，谁举证”原则，在法庭审判过程中，如果辩护方提出控方证据是通过刑讯逼供等非法取证行为所获取的，那么辩护方对于刑讯逼供等非法取证行为的事实主张应当承担证明责任。但是，在侦查程序封闭性较强而辩护方的举证能力非常有限的情况下，让辩护方承担刑讯逼供等非法取证行为存在的证明责任几乎是一件不可能完成的事情。而且，根据无罪推定原则和程序法治的理念，控方不仅需要承担被告人有罪的证明责任，而且必须运用合法的证据来证明被告人的犯罪行为。如果控方证据不需要由检察机关证明其合法性，那么刑讯逼供等非法取证行为就会成为侦查机关收集证据的法宝。而在这种情况下，刑事诉讼的正当性就会丧失殆尽。相比较而言，由控方来证明侦查程序的合法性或者没有实施刑讯逼供等非法取证行为要比由辩护方证明存在刑讯逼供等非法取证行为方便得多。有鉴于此，我们可以对刑讯逼供等非法取证行为实行证明责任倒置，即在法庭审判过程中，在辩护方提出初步理由或者一定证据，从而促使法院对控方证据的合法性产生怀疑之后，控方就应当承担取证行为合法的证明责任。如果控方无法证明取证行为的合法性，那么法院就应当认定辩护方关于控方存在刑讯逼供等非法取证行为的主张成立，从而按照非法证据排除规则的要求排除控方的非法证据。

值得注意的是，尽管非法取证行为的证明责任可以倒置给控方，但是这并不意味着辩护方对于非法取证行为的争点形成责任也可以倒置给控方。这是因为，尽管辩护方的非法证据排除申请一经提出即告成立的做法更有助于保障被告人的利益，但是这势必会增加“无聊申请”的比例，从而增加控方乃至法庭的负担，造成诉讼的拖延。进一步而言，在提出控方存在非法取证行为从而申请排除非法证据的主张之后，如果辩护方不用承担任何证明责任，那么，即使控方不存在非法取证行为，辩护方为了争取对其有利的判决结果也会抱着侥幸的心态不断地提出排除非法证据的申请。而为了避免控诉失败，控方只好不断地证明取证行为的合法性。法庭也需要不断地展开专门调查，以便确认控方证据是否具有合法性。但是，在司法实践中，同控方所获得的合法证据相比，非法证据毕竟是少数。如果不让辩护方承担一定的证明责任，那么势必导致许多本来不需要加以证明其合法性的控方证据也被“强行”纳入法庭针对非法证据所举行的专门调查之中。其结果必然是司法资源的不必要浪费和诉讼效率的下降，甚至导致刑事审判因为过于冗长而面临崩溃的危险。有鉴于此，在提出控方存在非法取证行为的主张时，辩护方应当承担提出证据推进诉讼的责任，或者说是促使法院对控方证据的合法性产生怀疑从而启动非法证据排除程序的争点形成责任。[①] 这就意味着，在法庭审判过程中，如果辩护方仅仅提出控方存在非法取证行为的主张，而没有提出相应的证据或者理由引起法院对控方证据合法性的怀疑，那么法院可以不启动非法证据排除调查程序，而控方也没有必要举出证据来证明取证行为的合法性。只有当辩护方提出一定的证据或者理由促使法院对控方证据的合法性产生怀疑时，控方才会面临控诉证据被排除的风险，进而需要向法庭提交证据证明取证行为的合法性，以便履行其被倒置的证明责任。

从上面的论述我们不难看出，在证明责任倒置过程中，存在刑事推定的因素。或者说，刑事推定本来就是实现刑事证明责任倒置的一种重要途径。这是因为，在推定的过程中，主张推定事实的一方当事人被免除其证明责任，而是由对方当事人承担推定事实不存在的证明责任。如果按照证明责任分配的一般原理，一方当事人所主张的推定事实存在的证明责任属于法律规定通常所说的说服责任或者客观责任，那么对方当事人承担的推定事实不存在的证明责任实际上相当于承担被倒置的证明责任。这意味着，如果一方当事人主张的推定事实存在的证明责任属于提供证据责任，那么这种推定就不存在刑事证明责任的倒置问题。换句话说，在推定的过程中，如果存在证明责任倒置问题，那么主张推定事实的当事人仍然需要对基础事实的存在承担证明责任，而不能将基础事实和推定事实的证明责任同时倒置给对方当事人；只有当该当事人完成基础事实的证明责任之后，才能将推定事实不存在的证明责任倒置给对方当事人。

或许正因如此，许多学者将我国刑法规定的巨额财产来源不明罪、非法持有型犯罪的证明责任当作证明责任倒置来看待。而根据前文所述刑事推定与刑事证明责任倒置之间的

---

① 值得注意的是，尽管辩护方在排除非法证据的过程中应当承担争点形成责任，但是为了更好地促使侦查机关严格依法收集证据以及检察机关尽可能将合法证据作为指控犯罪的根据，立法者应当为辩护方设置较低的证明标准。否则，辩护方的非法证据排除申请很难促使法院启动非法证据排除调查程序。在非法证据排除调查程序难以启动的情况下，非法证据排除规则在抑制程序违法方面的功能就会大打折扣。相对于辩护方而言，由于控方承担的证据合法性之证明责任是说服法院排除非法证据嫌疑的证明责任，因而立法者应当为控方证据的合法性设置较高的证明标准。

有机联系来看，这两种犯罪的证明责任分配实际上既有刑事推定的因素，又有刑事证明责任倒置的因素。以1997年《刑法》规定的巨额财产来源不明罪为例。[①] 一方面，按照刑事证明责任分配的一般原理，检察机关本来应当对被告人明显超出合法收入的巨额财产的非法来源直接承担证明责任，但是这对检察机关来说几乎是不可能完成的诉讼任务。有鉴于此，为了加大惩治腐败的力度，再加上被告人更容易证明其财产的来源，就有必要通过证明责任倒置来减轻检察机关的证明负担，由被告人对明显超出合法收入来源的巨额财产的合法性承担证明责任。如果被告人无法承担该证明责任，那么被告人就应当承担被判构成巨额财产来源不明罪的不利后果。另一方面，巨额财产来源不明罪的证明责任分配中也存在推定因素。进一步而言，检察机关需要对被告人的财产或者支出明显超过合法收入而且差额巨大这一基础事实承担证明责任。只有在检察机关完成这一证明责任之后，被告人才需要对差额巨大的财产或者支出的合法来源承担证明责任。如果被告人无法证明其合法来源，那么差额巨大的财产或者支出就会被推定为被告人的非法所得，从而构成巨额财产来源不明罪；反之，如果被告人能够证明其合法来源，那么就不构成巨额财产来源不明罪。

此外，我们还应当避免这样的一种推论或者倾向：在刑事诉讼中，由于控方承担证明责任是一项基本原则，因而在例外的情况下被告人承担证明责任时，也属于刑事证明责任的倒置。根据无罪推定原则，控方承担被告人有罪的证明责任的确是一项基本原则，但是，一方面，刑事证明责任的内容不仅包括控方承担被告人有罪的证明责任，而且涵盖形成争点的证明责任以及提供证据的责任；另一方面，刑事证明责任分配的一般原则不仅包括无罪推定原则，而且包括“谁主张，谁举证”原则。在刑事证明责任的分配中，尽管根据无罪推定原则，被告人不应当承担证明自己有罪或者无罪的责任，但是根据“谁主张，谁举证”原则，被告人在某些情况下承担证明责任是再正常不过的事情。而当被告人根据“谁主张，谁举证”原则承担证明责任时，这是刑事证明责任分配的常规性配置，而不属于刑事证明责任分配的倒置。

第三节　两大法系刑事证明责任

一、英美法系刑事证明责任

1890年美国著名证据法学家赛耶在《哈佛大学法律评论》发表了《证明责任》一文，指出证明责任包含两层含义：一层含义是指各方当事人对正在争议的问题，有提出主张的责任，如果他不提出主张，那么他就会败诉；另一层含义是指不论在案件开始时还是在庭

---

① 值得注意的是，根据2009年2月28日第十一届全国人民代表大会常务委员会第七次会议通过的《中华人民共和国刑法修正案（七）》，尽管经过修改的巨额财产来源不明罪的证明责任仍然存在倒置或者推定问题，但是由犯罪嫌疑人、被告人承担的证明内容已经发生较大变化，即被追诉人原来需要就差额财产的合法性承担证明责任，而现在被追诉人只需要证明差额财产的来源即可，而不必证明其合法性。

审、辩论的过程中，当事人都具有推进辩论或者提供证据的责任。① 在赛耶之后，许多英美证据法学家对上述理论进行了完善，并最终形成了著名的证明责任双层次理论。目前证明责任双层次理论已经成为英美证据法的通说。根据证明责任双层次理论，证明责任包括两个层次：第一，提供证据责任（the production burden），又称提出证据推进诉讼的责任（the burden of putting forward with evidence），它是指当事人承担的提供证据，并且促使事实裁判者对某一争议事项加以考虑的责任。第二，说服责任（the persuasion burden），它是指当事人承担的证明某一争议事实存在或者不存在的责任。下面结合刑事诉讼，对英美法系证明责任双层次理论进行简单的论述。

（一）提供证据责任与说服责任的区别

一般认为，提供证据责任与说服责任的区别主要表现在以下几个方面。

第一，发生顺序和阶段不同。提供证据责任产生于说服责任之前。这是因为，提供证据责任具有设定争议事项的功能，一方当事人的主张能否在法庭审判过程中被确定为裁判的对象，首先要由法官审查该当事人完成提供证据责任的情况。只有在当事人完成提供证据责任的情况下，法官才将当事人的主张提交陪审团进行裁决。只有在法官已经将当事人的事实主张提交陪审团裁决后，当事人才需要承担说服责任，即说服陪审团确信争议事实是真实的。正因如此，提供证据责任贯穿于整个庭审阶段，而说服责任仅仅发生于定罪阶段。

第二，针对的裁判者不同。提供证据责任与说服责任的区分主要是由于英美法系职业法官与陪审团之间的分工而产生的。职业法官主要裁决法律问题，如控方指控是否受理、证据是否表面成立，以及程序性的事实等。而陪审团只裁决事实问题，如被告人是否有罪，以及辩护方的事实主张是否成立等。由于职业法官和陪审团之间的分工，英美法系的刑事审判被分成两个组成部分：一个是职业法官的审查，另外一个就是陪审团的审查。当职业法官对证据或者控辩双方的事实主张进行审查时，当事人承担提供证据责任；当陪审团对证据或者事实主张进行审查时，当事人承担说服责任。职业法官对事实主张的审查只是从法律或者程序的角度进行初步的审查，一般不对事实主张是否成立进行评价。陪审团则需要对控辩双方的事实主张进行最终的审查，并明确给出被告人是否有罪的裁决。正因如此，提供证据责任的目的在于使法官将争议事项提交陪审团审理，或者继续听审，以便审查新的证据；而说服责任的目的是使事实裁判者最终就争议事实作出有利于自己的裁决。

第三，承担责任的程度不同。提供证据责任只需要达到表面成立即可，不需要当事人对证据的内容或者证明力进行解释和阐明。而说服责任则需要当事人对证据的内容或者证明力进行详细的解释和阐明，并说服陪审团或者法官确信争议事实是真实的。当事人需要说服的争议事实不同，其说服需要达到的标准也有所不同。对于控方而言，无论是说服事实裁判者相信被告人实施了被指控的犯罪，还是对每一个犯罪构成要件的证明，其说服责任都应当达到排除合理怀疑的程度；对于辩护方而言，说服责任无须达到排除合理怀疑的最高证明标准，一般只需要达到优势证据标准即可。

第四，承担责任的法律后果不同。由于证明责任是与不利法律后果相联系的一个概念，因而无论是控方还是辩护方，在无法完成提供证据责任或者说服责任的情况下，都需要承

---

① See James B. Thayer, "The Burden of Proof", *Harvard Law Review*, Vol. 4, No. 2. (May 15, 1890), pp. 45—70.

担不利的法律后果，但是控辩双方承担不利法律后果的内容并不相同。对于控方而言，如果不能完成提供证据责任，那么法官可以裁定案件不交给陪审团裁决，或者直接判决被告人无罪，辩护方也没有必要提出证据；如果不能完成说服责任，那么陪审团将裁决被告人无罪。对于辩护方而言，如果不能完成提供证据责任，那么辩护方应当承担其事实主张不被陪审团加以考虑的不利后果；如果不能完成说服责任，那么将承担陪审团对其主张的事实的不利判断。值得强调的是，受无罪推定原则的影响，即使辩护方未能完成其提供证据责任或者说服责任，也不必然导致有罪判决。

第五，能否发生转移不同。在法庭审判过程中，提供证据责任可以在控辩双方之间发生转移。在法庭审判过程中，通常是由控方提出证据证明某一事实主张，当达到表面成立时，控方解除了提供证据责任，被告方进入危险区域。而被告人为了避免被定罪的危险，有必要承担提供证据责任，以便反驳控方的事实主张。一旦辩护方完成提供证据责任，控方就进入危险区域。控方为了避免败诉的风险，就需要再次提出证据以便将败诉的风险转移给辩护方。这样，通过提供证据责任的相互转移，控辩双方不断地推进法庭审判。对于说服责任而言，其无法在控辩双方之间进行转移。这是因为，陪审团对于事实争议的裁判是在控辩双方结束举证、辩论的情况下作出的最终裁决。正因如此，提供证据责任有时被称为暂时的责任（provisional burden），而说服责任被称为固定的责任（fixed burden）。

（二）刑事证明责任的分配

在英美法系证据法中，刑事证明责任分配的一项基本原则是，对于有争议的指控犯罪事实，提供证据责任和说服责任都由控方承担。简要说来，在任何刑事案件中，凡是由于被告人不认罪而进入正式审判程序的，控方必须先向法庭举证，并且说服事实的裁判者相信被告人确实犯了指控的罪行，而且控方对每一构成要件的证明均须达到“排除合理疑问”的程度。控方如果不能提供充分的证据，或者提供的证据不能使事实的裁判者相信被告人犯了被指控的罪行，它将承担败诉的不利后果：要么是案件在控方举证结束后即被法官裁定“无辩可答”或直接判决被告人无罪；要么是控辩双方举证、辩论以后，经过陪审团评议裁决被告人无罪。在定罪之后的量刑程序中，如果对有关加重罪责的事实或情节（如存在适用死刑的加重情节等）存在争议，也由控方承担证明其存在的责任。①

尽管控方承担被告人有罪的证明责任是英美法系证据法的一项基本原则，但是在某些特殊情况下，被告人也应当承担提供证据责任或者说服责任。如有学者指出，在英国证据法中贯穿着这样一条金线：除非要证明被告人无罪或者在任何实体例外的情况下，证明被追诉者有罪的责任在控诉方。② 在英国证据法中，由被告人承担证明责任的特定事项主要包括：（1）受胁迫；（2）必要性（“情景胁迫”）；（3）正当防卫；（4）受挑衅；（5）合法使用武器；（6）自动症（梦游）；（7）非自愿事件（机械事件）；（8）认识错误；（9）同性之间性行为的“合意”和合法性；（10）不在犯罪现场。③ 在美国，根据《模范刑法典》《联邦刑事诉讼规则》的规定，由被告人承担提供证据责任的特定事项包括：（1）执行军事命令；

---

① 参见孙长永：《论刑事诉讼中的证明责任》，载《中外法学》，2004（3）。

② See John A. Andrews & Michael Hirst, *Andrews & Hirst on Criminal Evidence*, Jordan Publishing, 2001, p. 58.

③ 参见孙长永：《论刑事诉讼中的证明责任》，载《中外法学》，2004（3）。此外，在英国刑事证据法中，对于被告人承担证明责任的情形，还可以参见齐树洁主编：《英国证据法》，183—186页，厦门，厦门大学出版社，2002。

(2) 醉酒；(3) 受胁迫；(4) 正当行为（如具有必要性的行为，执行公务或协助执行公务，正当防卫，处于执行法律、监管、监护或类似责任而合法使用强制力等)；(5) 精神失常；(6) 受强迫；(7) 不在犯罪现场。由被告人同时承担提供证据责任和说服责任的特定事项包括：(1) 自动症；(2) 无知或认识错误；(3) 被害人同意；(4) 警察圈套。[①] 由此可见，在英美法系证据法中，在特殊情况下，被告人不仅要承担提供证据责任，而且要承担说服责任。但是，我国不少学者认为，在英美法系证据法中，被告人只承担提供证据责任，而不承担说服责任。我们认为，这种观点并不贴切。这主要是因为，在被告人承担提供证据责任的某些事实主张中，不仅需要职业法官进行初步的审查，而且需要陪审团作出最终的评判。既然如此，被告人就有必要对某些事实主张承担说服责任。对于这些事实主张，如果被告人仅仅承担了提供证据责任，而没有进一步承担说服责任，那么同样有可能承担对己不利的法律后果，即被告人的某些事实主张不被陪审团采纳。

二、大陆法系刑事证明责任

在大陆法系国家，传统上一直遵循古罗马时期确立的“谁主张，谁举证”原则，但是，随着诉讼制度的不断发展和完善，“谁主张，谁举证”这项古老的证明责任分配原则逐渐被更复杂的证明责任规则所取代。这种复杂的证明责任规则便是大陆法系国家关于证明责任分配的分层理论。1883 年德国学者格拉泽最早提出了证明责任的分层理论，他将证明责任分为实体的证明责任（实质的证明责任）和形式的证明责任（诉讼上的证明责任）两种类型。[②] 随后德国学者不断地对证明责任分配问题进行研究，并使用了诸多分类方法，如主观责任与客观责任、抽象责任与具体责任、本证责任与反证责任、证明责任与确定责任等。[③] 尽管上述各种分类方法的名称有所不同，但都采用了两分法。我们姑且将这称为德国式的证明责任分层理论。目前这种理论已经成为大陆法系国家证明责任理论中最具有代表性的一种理论。

(一) 主观证明责任与客观证明责任

在德国证明责任分层理论中，关于证明责任最重要的分层方法是将证明责任分为主观证明责任和客观证明责任两种类型。[④] 主观证明责任，又称形式证明责任或者行为责任，它是指当事人为了避免败诉而通过自己的活动对争议事实进行证明的一种责任。主观证明责任又可分为抽象证明责任和具体证明责任两种类型。抽象证明责任是指抛开具体的诉讼程序和具体的案件事实，根据法律对要件事实的抽象规定，应当由谁在诉讼中对该要件事实提供证明的责任。具体证明责任是指在一个特定的诉讼中，当法官对某一特定的要件事实已经形成临时的心证时，需要由哪一方当事人承担提供证据的责任。客观证明责任，又称实质证明责任或者结果责任，它是指法律规定的要件事实在法律审理的最后阶段仍然真伪不明时，由对该要件事实负有主张责任的当事人承担不利后果的责任。

---

① 参见孙长永：《论刑事诉讼中的证明责任》，载《中外法学》，2004 (3)。

② 参见［德］莱奥·罗森贝克：《证明责任论》，庄敬华译，19 页，北京，中国法制出版社，2002；［德］汉斯·普维庭：《现代证明责任问题》，吴越译，11 页，北京，法律出版社，2000。

③ 参见［德］汉斯·普维庭：《现代证明责任问题》，吴越译，9—21 页，北京，法律出版社，2000；［德］莱奥·罗森贝克：《证明责任论》，庄敬华译，12 页，北京，中国法制出版社，2002。

④ 参见［德］汉斯·普维庭：《现代证明责任问题》，吴越译，10 页，北京，法律出版社，2000。

主观证明责任与客观证明责任既有区别又有联系。就联系而言，客观证明责任在原则上总是符合抽象证明责任，或者说抽象证明责任的分配应当完全按照客观证明责任来进行。主观证明责任与客观证明责任的区别主要表现在如下几个方面：第一，功能或者目的不同。客观证明责任要解决的问题是，当要件事实真伪不明时不利法律后果由哪方当事人承担的问题。而主观证明责任要解决的问题是，哪一方当事人应当对具体的要件事实进行证明。第二，由于客观证明责任已经由法律事先加以规定，而且任何法律都不可能详细规定具体案件的责任分配，因而客观证明责任总是属于抽象的证明责任。而主观证明责任既可以是抽象的，也可以是具体的。在诉讼程序开始之前，由谁来证明通常是抽象的证明责任；而在诉讼程序进行当中，由谁来提出证据证明特定的事项则属于具体的证明责任。第三，是否发生转移不同。客观证明责任的分配是由实体法决定的，对某个具体的案件而言，客观证明责任已经事先由法律分配完毕，因此它在整个诉讼程序中不能发生转移。尽管在诉讼程序开始之时，抽象证明责任与具体证明责任一定是相符的，但是随着诉讼程序的进行，当法官形成了临时心证后，具体证明责任开始与抽象证明责任发生分离，而在双方当事人之间相互转移。第四，客观证明责任是实体法上的风险分配，它独立于具体诉讼案件而存在，因此它纯粹是一个法律问题。而主观证明责任则属于诉讼法的范畴，离不开具体的诉讼案件。在诉讼过程中，具体证明责任取决于每一次的证明评价，因此它属于事实问题，原则上它仅仅是作为法官对事实评价的附随而存在。

（二）刑事证明责任的分配

在大陆法系国家，由于实行无罪推定原则，因而在刑事诉讼中，证明被告人有罪的客观证明责任总是由控方来承担。当控方证据不能证明被告人有罪达到使法官内心确信的程度时，法官应当判决被告人无罪，即实行疑罪从无原则。因此，德国学者认为，在检察官和刑事被告人之间进行客观证明责任的分配，一般是按照“遇疑义时有利于被告”的原则进行。① 根据德国刑法典的规定，在某些特殊情况下，被告人也承担一定的客观证明责任。例如，根据德国刑法典第186条的规定，被告在“当事实不能证明为真时”，将因为“毁谤性言词”而受到惩罚；根据德国刑法典第69条、第330条的规定，如果被诉人所主张的要件事实不清，被诉人将承担证明责任。②

根据德国证明责任分层理论，在主观证明责任的分配中，抽象证明责任的分配应当完全按照客观证明责任来进行。这是因为，一般说来，同一个证明责任规范不仅分配了主观证明责任，而且分配了客观证明责任。③ 从这个角度讲，对于主观证明责任的分配，主要是对具体证明责任进行分配。但是，由于德国证明责任分层理论主要是基于民事诉讼和民法而言的，再加上德国民事诉讼实行辩论主义，而德国刑事诉讼传统上实行职权主义，因而上述主观证明责任的分配在刑事诉讼中面临一定困境。这是因为，在德国等大陆法系国家传统上实行职权主义的情况下，法官在诉讼中为了追求案件的事实真相，可以主动进行证据调查活动，而不必依据当事人的举证。在这种情况下，主观证明责任分配往往形同虚设。有的德国学者甚至宣称，在刑事诉讼中的法官职权探知主义原则领域，根本不存在主观证明责任。④ 德国刑事立法也显示了这一点。例如，在德国，公诉犯罪事实、违法阻却事由或

① 参见［德］汉斯·普维庭：《现代证明责任问题》，吴越译，59页，北京，法律出版社，2000。
② 参见［德］汉斯·普维庭：《现代证明责任问题》，吴越译，58页，北京，法律出版社，2000。
③ 参见［德］汉斯·普维庭：《现代证明责任问题》，吴越译，43页，北京，法律出版社，2000。
④ 参见［德］汉斯·普维庭：《现代证明责任问题》，吴越译，55页，北京，法律出版社，2000。

责任阻却事由、加重或减免刑罚处罚的情节等，均由法院依职权加以调查，检察官和被告人没有提出证据加以证明的责任。[①] 但是，在司法实践中，为了避免对己不利的法律后果，控辩双方还是愿意积极地提供证据，对某些争议事实进行证明。德国和法国的一些判例也认为，被告人在某些特殊情况下也应当承担证明责任，如德国判例认为，被告人应当对自己犯罪时无责任能力承担证明责任，如果被告人不能证明自己无责任能力，则应对醉酒状态下实施的犯罪承担刑事责任；法国判例认为，违法阻却事由（如正当防卫、受合法当局指挥等）和责任阻却事由，应当由被告人承担提供证据责任。[②]

三、两大法系刑事证明责任之比较

在理论上两大法系刑事证明责任都可以被称为证明责任分层理论。对于这两种理论，我国有的学者认为存在一一对应关系：大陆法系的客观责任对应英美法系的说服责任，大陆法系的主观责任对应英美法系的提出证据责任。[③] 但也有学者认为，尽管两大法系在刑事证明责任的设置上确有某些相似之处，但并不能简单地认为两者之间具有一一对应关系。因为，不仅在结果责任的意义上，客观证明责任与说服责任的侧重点不同，而且主观证明责任与提出证据责任在结构上也不相同。[④] 我们认为，尽管大陆法系和英美法系都从分层的角度对证明责任进行界定和分配，但是二者存在明显的区别。这是因为，大陆法系证明责任分层理论主要是建立在职权主义的诉讼制度以及实体法规范基础之上，并以事实真伪不明的不利后果的分配作为出发点，来映射主观证明责任；而英美法系的证明责任分层理论主要是建立在当事人主义的诉讼制度以及法官和陪审团之间职能分工的基础之上。这就决定了很难对二者的概念体系进行简单的对比。[⑤] 但是，由于现代刑事诉讼都奉行无罪推定原则和疑罪从无原则，因而两大法系在刑事证明责任的设置上仍然具有诸多相同之处。例如，两大法系的刑事证明责任分配中均包含了事实真伪不明时不利法律后果的分担问题。再如，两大法系一般不要求被告人证明其无罪，被告人只有在某些特殊情况下才承担一定的证明责任。

第四节　我国的刑事证明责任

一、控方的刑事证明责任

尽管根据无罪推定原则，控方应当承担被告人有罪的证明责任，但是 1979 年《刑事诉

① 参见孙长永：《论刑事诉讼中的证明责任》，载《中外法学》，2004（3）。

② 参见孙长永：《论刑事诉讼中的证明责任》，载《中外法学》，2004（3）。

③ 参见卞建林、郭志媛：《刑事证明主体新论——基于证明责任的分析》，载《中国刑事法杂志》，2003（1）。日本学者也认为，客观证明责任与说服责任相对应，主观证明责任与提出证据责任相对应。参见［日］田口守一：《刑事诉讼法》，刘迪等译，226 页，北京，法律出版社，2000。

④ 参见黄永：《刑事证明责任概念的比较法分析》，载《政治与法律》，2003（6）。

⑤ 参见黄永：《刑事证明责任分配研究》，99—100 页，北京，中国人民公安大学出版社，2006。

讼法》和1996年《刑事诉讼法》及其司法解释都没有直接对控方的刑事证明责任问题作出非常明确的规定。直到2012年3月14日第十一届全国人民代表大会第五次会议通过《关于修改〈中华人民共和国刑事诉讼法〉的决定》以后，《刑事诉讼法》第49条才明确规定："公诉案件中被告人有罪的举证责任由人民检察院承担，自诉案件中被告人有罪的举证责任由自诉人承担。"2018年修订的《刑事诉讼法》第51条重复了以上规定。考虑到1996年修改《刑事诉讼法》之后，我国刑事审判方式已经由职权主义向当事人主义过渡，因此，我们拟以英美法系证明责任双层次理论作为参考，对我国刑事证明责任问题加以分析。根据2018年修改后的《刑事诉讼法》以及有关司法解释的规定，控方的刑事证明责任主要体现在如下两个方面。

（一）控方的说服责任

从理论上讲，由于指控被告人犯罪是控方的一种主张，因而根据"谁主张，谁举证"原则，控方应当承担证明责任。而且，根据无罪推定原则，控方应当承担被告人有罪的证明责任。在1996年、2012年、2018年全国人大先后三次修改《刑事诉讼法》之后，尽管我国《刑事诉讼法》一直没有对无罪推定原则作出明确的规定，但是有不少规定已经体现了无罪推定原则的基本精神，如未经法院依法判决，任何人不得被确定有罪原则；不被强迫自证其罪原则；疑罪从无原则，以及犯罪嫌疑人与被告人之间的区分等。既然我国刑事诉讼法已经体现了无罪推定原则的基本精神，那么控方承担被告人有罪的说服责任也就顺理成章了。这在《刑事诉讼法》第200条中得到了最为明显的体现。根据《刑事诉讼法》第200条的规定，在被告人最后陈述后，审判长宣布休庭，合议庭进行评议，根据已经查明的事实、证据和有关的法律规定，分别作出以下判决：（1）案件事实清楚，证据确实、充分，依据法律认定被告人有罪的，应当作出有罪判决；（2）依据法律认定被告人无罪的，应当作出无罪判决；（3）证据不足，不能认定被告人有罪的，应当作出证据不足、指控的犯罪不能成立的无罪判决。这意味着，在我国刑事诉讼中，公诉机关对被告人的指控必须达到案件事实清楚、证据确实充分的程度，法官才能作出有罪的判决；如果公诉机关对被告人的指控无法达到案件事实清楚、证据确实充分的程度，那么法官将作出证据不足、指控的犯罪不能成立的无罪判决。这表明刑事诉讼的最终结局与公诉机关的控诉主张之间产生了直接的联系。换句话说，在法庭审判结束以后，如果公诉机关的犯罪指控仍然无法达到法定的证明标准——没有说服法官确信被告人构成犯罪，那么公诉机关必须承担由此带来的对己不利的法律后果，那就是指控主张不能成立，法官应当判决被告人无罪。由此不难看出，在公诉案件中，公诉机关应当承担被告人有罪的说服责任。

在自诉案件中，自诉人和公诉机关一样，也应当承担被告人有罪的说服责任。这是因为，根据最高人民法院《解释》第333条的规定，自诉案件审理结束之后，法官仍然应当按照刑事诉讼法规定的有罪判决证明标准，衡量自诉人是否完成证明被告人有罪的说服责任。一旦自诉人对被告人的指控无法达到犯罪事实清楚、证据确实充分的程度，法官就会作出对自诉人不利的法律后果——判决被告人无罪。

（二）控方的提供证据责任

在我国刑事诉讼中，既然控方需要承担被告人有罪的说服责任，那么控方承担被告人有罪的提供证据责任也就水到渠成了。这是因为，在法庭审判过程中，如果控方不承担提供证据责任，那么控方不可能完成其证明被告人有罪的说服责任；而为了达到指控犯罪的目的，或者为了避免对己不利的法律后果，控方只能提供相应的证据使法庭审判朝着有利于自己的方向发展。我国《刑事诉讼法》的有关规定实际上已经体现了控方的提供证据责任。根据《刑事诉讼法》第 52 条的规定，公安机关和检察机关应当收集能够证实犯罪嫌疑人、被告人有罪或者无罪、犯罪情节轻重的各种证据。根据《刑事诉讼法》第 162 条的规定，公安机关侦查终结的案件，应当做到犯罪事实清楚，证据确实、充分，并且写出起诉意见书，连同案卷材料、证据一并移送同级人民检察院审查决定。根据《刑事诉讼法》第 176 条的规定，人民检察院认为犯罪嫌疑人的犯罪事实已经查清，证据确实、充分，依法应当追究刑事责任的，应当作出起诉决定，按照审判管辖的规定，向人民法院提起公诉，并将案卷材料、证据移送人民法院。显而易见，上述活动无不是公诉机关为了顺利完成提供证据责任所做的必要准备。根据《刑事诉讼法》第 186 条的规定，在庭前准备阶段，人民法院需要对起诉书是否具有明确的指控犯罪的事实进行审查。在起诉书中如果没有明确的指控犯罪事实，人民法院将有权拒绝将案件交付法庭审判。同时根据《刑事诉讼法》第 191 条、第 192 条、第 194 条、第 195 条、第 197 条的规定，在法庭审理过程中，公诉机关应当根据起诉书所指控的每一个犯罪构成要件，通过讯问被告人，申请传唤证人、人民警察、鉴定人出庭作证，向被害人、证人、人民警察、鉴定人等发问，宣读笔录，以及出示实物证据等方式，承担其证明被告人有罪的提供证据责任。在法庭审判过程中，如果公诉机关无法承担上述提供证据的责任，那么公诉机关就有可能面临败诉的风险。

同样的道理，在自诉案件中，自诉人也必须承担证明被告人有罪的提供证据责任。如果自诉人针对自己的控诉主张不承担提供证据的责任，那么在庭前审查阶段，其案件将不被法院受理，而在法庭审判阶段，自诉人将面临败诉的风险。

二、被告人的刑事证明责任

在我国刑事诉讼中，控方承担被告人有罪的证明责任是一项基本原则，而被告人一般不承担证明责任。在被告人不提出证据证明自己无罪的情况下，并不必然产生自己有罪的不利后果。因为，在刑事审判过程中，被告人是否有罪，主要取决于控方是否完成被告人有罪的证明责任。但是，根据我国《刑事诉讼法》和《刑法》的有关规定，被告人在特殊情况下也应当承担一定的证明责任。最明显的例证就是，我国刑法典在刑事推定方面的规定。例如，根据《刑法》第 395 条的规定，被告人应当承担差额财产来源的证明责任；根据《刑法》第 282 条第 2 款的规定，被告人应当承担合法持有国家绝密、机密文件、资料、物品的证明责任。此外，尽管我国《刑法》和《刑事诉讼法》没有作出十分明确的规定，但在刑事司法实践中被告人对于某些事实实际上也承担一定的证明责任。例如，根据《刑法》第 128 条第 1 款的规定，被告人承担合法持有枪支、弹药的证明责任；根据《刑法》第 348 条的规定，被告人承担合法持有毒品的证明责任。又如，根据《刑法》和《刑事诉讼法》的有关规定，被告人对于某些积极抗辩事由，如正当防卫、紧急避险、意外事件、不可抗力、不在犯罪现场、某些程序性的事实（如非法证据排除、回避、管辖等），以及有关减轻、从轻或者免除刑事处罚情节的事实（如自首、立功等）等，也承担一定的证明责任。尽管根据我国刑法以及司法实践中的实际做法，被告人对于某些特定的事实也承担一定的证明责任，但是被告人承担的证明责任究竟应该达到什么标准，法律缺乏明确的规定，完全依赖于法官的自由裁量。此外，在司法实践中，对于被告人承担的证明责任究竟是提供证据责任还是说服责任，也不明确。但是我国学者一般认为，被告人承担证明责任的标准应当低于控方承担证明责任的标准；被告人只承担提供证据责任，而不承担说服责任。

三、侦查机关和法院是否承担证明责任

从两大法系证明责任双层次理论来看，刑事证明责任只能在控辩双方之间进行分配，而与刑事诉讼中的其他主体无关。但在我国刑事诉讼中，侦查机关和法院是否应当承担证明责任曾经是一个饱受争议的话题。[①] 翻阅目前使用比较广泛的教科书，受广义刑事证明观的影响，仍然有不少学者认为侦查机关和法院应当承担证明责任。不少学者之所以认为侦查机关和法院也应当承担证明责任，主要是因为，一方面他们将诉讼证明当作贯穿于整个诉讼过程的一种认识活动，认为在探求案件事实真相的活动中起主导作用的公安司法机关都是诉讼证明的主体，因此，公安机关、人民检察院和人民法院都应当承担证明责任。另一方面他们认为证明责任不是来自当事人的诉讼主张，而是来自公安司法机关运用证据查明、证实和确定案件事实的一种法定职责，因此，证明责任理所当然地由各个诉讼阶段主持诉讼的公安司法机关来承担。[②] 我们认为，刑事证明责任只能由控方或者辩护方来承担，而不可能由侦查机关和法院来承担。

首先，证明责任离不开诉讼证明活动。由证明责任的四个构成要素我们不难看出，证明责任是与诉讼证明活动紧密相连的一个概念。如果没有诉讼证明活动，那么不可能产生证明责任的分配问题。而诉讼证明又是与法庭审判相联系的一个特定概念。毕竟，诉讼证明活动指的是承担证明责任的诉讼主体在裁判者面前提出诉讼主张并运用证据加以证明的过程。因此，如果没有法庭审判，也就无所谓诉讼证明问题。这就决定了侦查机关在刑事诉讼中不可能承担证明责任。一方面，侦查机关的侦查活动是自我说服、自我证明的一种活动，这种活动由于不存在控、辩、裁三方构造，因而不是诉讼证明活动。另一方面，侦查机关的诉讼职能是收集证据，为公诉机关提起公诉做准备，侦查人员即使参与法庭审判，也不可能成为法庭审判三方构造当中的一方。[③]

其次，提出诉讼主张是承担证明责任的逻辑前提。如前文所述，证明责任产生的前提条件是与案件存在利益关系的一方当事人提出自己的诉讼主张。如果没有诉讼主张，证明责任的分配也就无从谈起。在刑事诉讼中，无论是侦查机关还是法院，都没有自己的诉讼主张，这就决定了侦查机关和法院都不能成为证明责任的承担主体。一方面，尽管侦查机关与案件结局存在直接的利益关系，但是侦查机关不是法庭审判的一方诉讼主体，它无法在诉讼证明活动中提出自己的诉讼主张。侦查机关的利益主要是通过公诉机关在法庭审判过程中的控诉来实现，这决定了控方证明责任的承担主体是公诉机关而不是侦查机关。另

---

① 从新中国成立之后到20世纪90年代初期，学术界曾经就侦查机关和人民法院是否承担证明责任问题进行过激烈的争论。参见崔敏主编：《刑事诉讼证据理论研究综述》，100—105页，北京，中国人民公安大学出版社，1990；樊崇义主编：《刑事诉讼法学研究综述与评价》，264—265页，北京，中国政法大学出版社，1991。

② 为了自圆其说，不少学者还将证明责任与举证责任区分开来，认为证明是国家专门机关的一种职权活动，而举证是当事人的一种诉讼行为，因此公安司法机关按照职权责任原则承担证明责任，而诉讼当事人按照“谁主张，谁举证”原则承担举证责任。长期以来，我国学者之所以对证明责任和举证责任之间的关系争论不休，恐怕与上述观点有极大的关系。

③ 考虑到侦查机关和检察机关在性质上均属于追诉机关，再加上侦查机关收集的证据又是决定公诉成败的关键，尽管侦查机关在刑事审判过程中不承担刑事证明责任，我们也不妨将侦查机关依法收集证据的义务视为辅助性的刑事证明责任；或者说，侦查机关是检察机关履行刑事证明责任的辅助承担者。

一方面，由于法院属于中立的裁判者，它在刑事诉讼中并没有自己的具体利益，因而法院不可能在刑事诉讼中提出自己的诉讼主张。

再次，承担败诉风险是证明责任主体证明不力时的逻辑结果。在诉讼证明活动中，诉讼当事人之所以需要承担证明责任，以便证明自己的诉讼主张能够成立，一个最重要的原因在于，如果他不这样做，将会导致对己不利的法律后果。换句话说，如果不是因为承担败诉的风险，诉讼当事人根本没有必要承担证明责任。因此，证明责任实际上是一种风险负担，它是与当事人的诉讼主张以及当事人证明不力时所要承担的不利法律后果相联系的一个特定概念。而在诉讼证明活动中，由于公安机关和法院既没有独立的诉讼主张，又不需要承担败诉的风险，因而，它们不可能成为证明责任的承担主体。

最后，法院承担证明责任不仅违背程序正义原则，而且破坏证明责任分配机制的生存空间。在现代刑事诉讼中，法官没有具体的诉讼主张和诉讼利益，裁判的最终结果与其没有直接的利害关系，因此，法官参与刑事诉讼的重要目的在于以中立、消极的第三者身份对控辩双方的争议作出权威的裁判。如果让法官承担证明责任，不管是证明被告人有罪，还是证明被告人无罪，都会形成法官既证明又裁判的局面，法官在裁判时很难对自己证明的案件事实保持客观、公正而冷静的心态，从而不偏不倚地作出公正的判决。进一步讲，为了完成自己的证明责任，法官就会主动地调查案件事实真相，其结果不仅破坏了法官的消极、中立性，而且导致案件事实不会存在真伪不明的情况，承担证明责任的一方即使证明不力也不会带来相应的法律后果。[①] 这些无不从根本上破坏了证明责任分配机制的生存空间。

【问题与思考】

1. 设立证明责任的目的是什么？
2. 证明责任具有哪些功能？
3. 如何理解无罪推定原则与“谁主张，谁举证”原则之间的关系？
4. 刑事推定与刑事证明责任倒置之间的关系如何？
5. 刑事证明责任是否存在转移问题？
6. 两大法系刑事证明责任分配理论具有哪些异同？
7. 陪审团审判对刑事证明责任分配有什么影响？
8. 我国刑事证明责任分配存在哪些问题和缺陷？
9. 如何理解部分教科书所提到的证明职责？证明职责与证明责任之间有什么关系？
10. 如何理解非法证据排除规则中的证明责任分配？

【推荐阅读书目】

1. 黄永．刑事证明责任分配研究．北京：中国人民公安大学出版社，2006.
2. 叶自强．举证责任及其分配标准．北京：法律出版社，2005.

---

① 案件事实真伪不明以及举证不能时的风险承担是证明责任分配的基本要件。但在法官承担证明责任的情况下，这两个要件不可能存在。一方面，即使案件事实真伪不明，或者没有达到法定的证明标准，法官也不会直接作出相应的裁判，而会主动地调查案件事实，直到查明案件事实真相为止。另一方面，即使控方举证不能，也不会承担相应的败诉风险。因为，当控方举证不能时，法官也无法完成自己的证明责任，即判决无法建立在犯罪事实清楚、证据确实、充分的基础之上，从而使自己的判决存在错判的可能。而为了避免错判的风险，确保判决的正确性，法官就会主动地通过各种调查活动来查明案件事实真相。

3. 斯特龙．麦考密克论证据．汤维建，等译．北京：中国政法大学出版社，2004.
4. 李浩．民事证明责任研究．北京：法律出版社，2003.
5. 罗森贝克．证明责任论．庄敬华，译．北京：中国法制出版社，2002.
6. 普维庭．现代证明责任问题．吴越，译．北京：法律出版社，2000.
7. 卞建林，郭志媛．刑事证明主体新论——基于证明责任的分析．中国刑事法杂志，2003 (1).
8. 孙长永．论刑事诉讼中的证明责任．中外法学，2004 (3).
9. 左卫民，周光权．刑事证明责任分配机制的法理学分析．现代法学，1993 (3).
10. 王兆鹏．刑事举证责任理论——由英美法理论出发．台大法学论丛，1999 (4).

第十四章
刑事证明标准

内容导读

证明标准是证据法学的一个基本理论问题，它指的是运用证据对案件事实进行证明应当达到的程度。历史上曾经存在过的神示证据制度、法定证据制度和自由心证证据制度的证明标准分别是神示真实、法定真实和主观真实。在案件事实和证明标准的性质上，存在客观事实与法律事实、客观真实与法律真实、绝对真实与相对真实、实质真实与形式真实四对基本范畴。证明标准的性质应当是法律真实，法律真实为证明标准的多元化提供了制度性基础。英美法系国家有罪判决的证明标准是“排除合理怀疑”，大陆法系国家有罪判决的证明标准是“内心确信”。我国法定的刑事证明标准“案件事实清楚，证据确实、充分”在理论上存在着缺陷，在实务中导致陷入困境，应当予以改革，以法律真实为基础，构建多元化的刑事证明标准。

第一节　证明标准的概念

一、证明标准的概念

证明标准是证据法学的一个基本理论问题。证明标准这一术语源自西方国家诉讼法或者证据法。因此，要明确证明标准的概念，应当追根溯源，到西方国家的诉讼法或者证据法中去探究。然而，以法国、德国为代表的大陆法系国家尽管在认定案件事实过程中有相对的证明标准，但由于在传统上更重视实体法规范，并不存在一般意义上的证据法典，没有一系列证据规则，实行的是较完全的自由心证，因而证明标准的重要性不如英美法系国家那样突出，学者们的关注也相对较少。以美国和英国为代表的英美法系国家素有注重程序法规则的传统，其证据规则之丰富自不待言，并伴有成文的证据法典和大量的经典判例，证明标准无论在理论上还是在实践中都是法官、学者们关注的热点问题。

在英美法系国家的证据法中，证明标准一般以“standard of proof”“the degrees of proof”等词汇表述。关于证明标准的含义，英国学者墨菲指出：“‘证明标准’术语，是指卸除证明责任必须达到的范围或程度。它是证据必须在事实审理者头脑里形成的确定性或盖然性程度的尺度；是负担证明责任的当事人在有权赢得诉讼之前必须运用证据说服事实审理者的标准，或是他为获得有利于己的认定而对某个事实争议进行证明所应达到的标准。因此，从卸除证明责任的角度看，它是证据的质量和说服力应达到的尺度。”① 艾里欧特认为，证明标准是“承担证明责任的当事人举证的分量相对于对方当事人举证分量来说，应当超过多少?”② 理查德·梅认为：“证明标准意指证据应当被确立的标准或程度。”③ L. B. 科尔森认为：“必须有与主张的严重性相当的使人信服的证据，证明标准即是关于此的一种盖然性的平衡。”④ 美国学者彼得·G. 伦斯特洛姆认为：“证明标准是在法律争议中提交的证据所应当达到的说服力程度。证明标准确立了举证责任，即必须把案件中争议的事实明确地用证据加以证实。”⑤ 约翰·M. 玛盖瑞等则用“提出证据责任的负担”和“说服责任的负担”来阐述证明标准，并使用了“要求多少证据”的字眼。⑥ 可见，在英美证据法中，证明标准即是运用证据对案件事实进行证明应当达到的程度，它与证明责任密切相关，是法定责任的卸除标准，是案件事实得到证明对证据的质和量所提出的具体要求。简而言之，证明标准就是运用证据对案件事实进行证明应当达到的程度。

在我国，就证明标准，还曾存在过一些与之类似的说法，如证明任务、证明要求。有些学者认为证明标准与证明任务、证明要求的含义相同，如“诉讼中的证明任务，或称证明要求，是指诉讼中对案件事实证明所要达到的程度或标准”⑦；证明要求“是指司法人员在诉讼活动中运用证据证明案件事实需要达到的程度，也就是为了实现证明目的在证据的数量和质量上应达到的标准”⑧。但也有一些学者认为证明标准与证明任务、证明要求不是同义词，不能混用，其理由是：“要求”“任务”与“标准”的内涵不一样，“要求”意指希望达到或者满足某种愿望，而要实现这种愿望，往往需要树立具体的参照物作为标准；“任务”系指某一主体被指定（或法定）担任的工作，或者被指定（或法定）承担的责任。证明任务是主体的责任，证明标准是一个客观尺度，证明标准虽然是证明任务是否完成、证明要求是否达到的参照物，但任务和要求不等于标准本身。⑨ 我们认为，语言是约定俗成的，只要人们在使用中不会造成误解和歧义，就没有必要过分苛求字面含义与概念内涵的统一。在人们长期的使用过程中，既然已经赋予了证明要求、证明任务与证明标准等同的含义，就没有必要硬性加以区分。在通说已经基本摒弃证明任务、证明要求等术语的今天，

---

① Perter Murphy, *Murphy on Evidence*, Blackstone Press Limited, 2000, p. 119.

② Phipson and Elliot, *Manual of The Law of Evidence*, Sweet & Maxwell, 1980, p. 70.

③ Richard May, *Criminal Evidence*, Sweet & Maxwell, 1990, p. 56.

④ ［英］L. B. 科尔森：《朗文法律词典》，398页，北京，法律出版社，2003。

⑤ ［美］彼得·G. 伦斯特洛姆编：《美国法律辞典》，202页，北京，中国政法大学出版社，1998。

⑥ See John M. Maguire, Jack B. Weinstein, James H. Chadbourn, John H. Mansfield, *Evidence: Cases and Materials*, Foundation Press, 1973, pp. 1023—1030.

⑦ 陈一云主编：《证据学》，2版，115页，北京，中国人民大学出版社，2000。

⑧ 崔敏、张文清：《刑事证据的理论与实践》，85页，北京，中国政法大学出版社，1992。

⑨ 参见徐静村：《我的“证明标准”观》，载陈光中主编：《诉讼法理论与实践》上，199页，北京，中国政法大学出版社，2002。

接受并使用证明标准这一术语是合适的。

证明标准对诉讼活动具有指导意义。首先，证明标准是衡量诉讼当事人（包括刑事诉讼中的公诉方）是否完成法律所要求的证明责任的尺度，因此可以引导负有证明责任的当事人积极有效地收集证据和提供证据；其次，证明标准是衡量法官对案件事实的认定是否达到法律要求的尺度，因此可以指导法官对证据的审查与评断。

二、证明标准与证明责任的关系

证明标准与证明责任关系密切，其是法定证明责任的卸除标准。按照《美国加利福尼亚州证据法典》第 115 条的规定，证明标准“是指当事人一方有义务通过证据在事实裁定者和法庭心目中建立有关事实的必需的可信度”。在诉讼过程中，证明标准就像一支晴雨表，昭示着当事人的证明责任能否解除。当事人提供的证据达到了证明标准，我们便说，当事人履行完了他的证明责任，这意味着，当事人不会因为该特定待证事实的证明问题而受到诉讼中的不利益；反之，如果当事人提供的证据未能达到证明标准，我们便说，当事人的证明责任没有能够履行完毕，这意味着，当事人将因为该特定待证事实的证明问题而受到诉讼中的不利益。因此，证明标准和证明责任本质上是一物两面的概念，它们是从不同的角度就同一个诉讼现象进行考察所得出的不同概念。证明责任是从诉讼主体角度观察的证明标准，实质上是证明标准的主体化；证明标准是从诉讼客体角度观察的证明责任，实质上是证明责任的客体化。证明责任回答的问题是，就特定的待证事实，应当由谁提供证据加以证明；证明标准回答的问题是，就特定的待证事实，当事人应当提供多少证据加以证明。证明责任确定了提供证据的主体，证明标准确定了提供证据的内容。证明标准是在证明责任的基础上产生的概念，证明责任在诉讼过程中演变到某个特定的时间点或状态点，便呈现出了证明标准的诉讼价值。没有真正意义上的证明责任制度，便没有真正意义上的证明标准制度。没有证明标准，证明责任便是毫无内容、毫无目标、毫无约束性的空中楼阁。由此，证明责任和证明标准便成为一对相互匹配的概念，形影相随，密不可分。对于这一点，我们从《美国加利福尼亚州证据法典》第 115 条对“证明责任”的进一步解释即可得知，该条规定：“……证明责任可以要求一方提出有关事实存在或不存在的合理怀疑，或一方通过优势证据，或通过清楚和令人信服的证明，或通过超出合理怀疑的证明来确认一个事实的存在或不存在。”

三、证明标准的特点

根据《现代汉语词典》的解释，标准是指衡量事物的准则。[①] 也就是说，标准是人们评价事物的尺度。证明标准也是人们评价事物的尺度，只不过，它是人们在诉讼过程中评价证据的质和量以及证明力是否达到能够证明案件事实程度的尺度。证明标准具有以下特征：

第一，证明标准是主观的，但离不开一定的客观基础。这是因为任何标准都是人制定的并为人所用，选择一个什么样的标准必须发挥人的主观能动性。同时，标准的适用也离不开人的主观因素，因为标准本身不能去主动评价客体，评价只能是人的一项有意识、有

---

① 《现代汉语词典》，5 版，89 页，北京，商务印书馆，2005。

目的的活动，离开了主体，标准就无法与被评价物发生联系。而任何标准的制定都离不开一定的客观基础，这些基础包括物质基础、社会经济文化基础、历史基础等，这些基础都是不以人的意志为转移的，我们制定的标准只有建立在这些基础之上并反映这些客观实际才是科学的和可行的。同时，标准一经制定就能在特定领域发挥评价尺度的作用，从而使该领域的评价带有确定性和可预测性，并指导人们的行为，使之符合标准的要求。

第二，证明标准是衡量事物的尺度，但它又不是被衡量的事物本身。标准应当是外在于客观事物本身，是人的发明与创造，就像人类发明了长度单位去测量距离，发明了重量单位去测量质量一样，被测量的物体并不是标准本身。标准外在于被评价的事物，属于主观范畴，这也使得运用标准对事物进行评价的过程带有浓重的主观色彩。对同一事物，不同的人可能有不同的评价。当然，这并不意味着我们将支持所有的评价，特别是在证明标准适用的问题上，我们所支持的只是法律所认可的、符合诉讼目的和价值取向的评价。

第三，证明标准应当是确定的、稳定的，但并不排斥灵活性。标准的确定性意味着它不是朝令夕改、变化无常的，我们可以认识它、把握它，这也正是使用标准去衡量事物的前提。人们之所以需要标准的原因之一就在于有了它，我们就可以用同一尺度去评价事物。任何标准都应当具有一定的确定性，只有具有确定性的标准才能成为评价、衡量的尺度，但标准的确定性并不排斥灵活性。确定、稳定的证明标准是法治的体现和保障，但灵活性使得证明标准不是一把僵硬的尺子，而是一个开放的体系，可以包含更多的价值目标和利益追求，更加贴近现实生活。

第二节 历史上存在过的几种证据制度的证明标准

与人类从野蛮走向文明、从蒙昧走向科学的进程相伴随，证据制度也经历了神示证据制度、法定证据制度和自由心证证据制度，而不同类型的证据制度又有着不同的诉讼证明标准。证明标准是随着社会的发展而变化发展的，逐步从非理性走向理性。

一、神示证据制度下的证明标准

神示证据制度是人类历史上最原始的一种证据制度，普遍存在于亚欧各国的奴隶社会。在当时的历史条件下，出于维护阶级统治的需要，加之生产力发展水平十分低下，人们不可能通过科学的方式正确认识各种自然现象和社会现象。那时的人们普遍信奉神灵，认为神是人类的主宰，是无所不知的。因此，对于难以查明的案情和难以决断的争议，人们便求助于神灵来判断是非、解决争端。神示证据制度中具有代表性的显示神意的方式有对神宣誓、水审法、火审法、热油审、抽签审等。那时的当事人不是用证据来说服法官或陪审员接受他的主张，而是求助于超自然的力量或神明的“示意”来证明其主张。法庭审判无非是为求得这种“神明示意”提供一个舞台，并将“神明示意”的结果作为认定案件事实的手段和判断是非曲直的标准。同时，由于人们对神盲目崇拜，对神示的结果深信不疑，因而根本就不会考虑到可能有其他结果。可见，当时的诉讼证明标准是“神示真实”。

二、法定证据制度下的证明标准

随着社会的进步，法定证据制度登上历史舞台。所谓法定证据制度，是指一切证据的证明力的大小，以及对它们的取舍和运用，都由法律预先明文加以规定，法官在审理案件过程中不得自由评断和取舍的一种证据制度。由于这种证据制度只要求法官查证案件情况是否符合法律事先规定的各项规则，而不问其是否符合案件的客观真实情况，故又称形式证据制度。法定证据制度的证明标准是“法定真实”或“形式真实”。

三、自由心证证据制度下的证明标准

随着产业革命的完成和资产阶级人权思想的诞生，自由心证证据制度取代了法定证据制度，使人类证据制度向前迈出了关键性的一步。所谓自由心证证据制度，是指一切证据证明力的大小以及证据的取舍和运用，法律不预先作出规定，而是由法官根据自己的良心、理性自由判断，并根据其形成的内心确信认定案件事实的一种证据制度。与法定证据制度相比，自由心证证据制度有两个主要特点：一是将审查判断证据的权力赋予法官，由法官凭借自己的良心、理性自由判断、运用证据；二是法官在其“良心”的基础上“自由”地发挥其“理性”，审查判断各种证据，在其内心形成心证。当这种心证达到深信不疑或排除合理怀疑的程度，也就产生了确信，案件事实便得以认定，法官据此进行裁判。因此，相对于法定证据制度下的“法定真实”或“形式真实”证明标准，自由心证证据制度下的证明标准可称为“主观真实”或“诉讼上的真实”。

第三节 关于证明标准性质的理论探讨

案件事实能够证明到什么程度，在学理上有着不同的概括和认识。在对学理上的争论进行介绍和评析之前，有必要分析与案件事实相关的几对哲学范畴。

一、与案件事实相关的哲学范畴

（一）客观事实与法律事实

客观事实与法律事实是关于案件事实性质的一对重要范畴。客观事实即客观存在的事实。就诉讼证明活动而言，是指确实在客观世界中发生的案件事实。法律事实是法律意义上的事实，是由法律规范所调整或认可的，可以引起一定法律后果的事实。在诉讼活动中，法律事实指由证据证明的案件事实，是经过人的主观活动明确或确认的案件事实。

法律事实是以客观事实为基础的，是由客观事实决定的。但是，法律事实并不完全等同于客观事实。在任何案件的诉讼活动中，法律事实和客观事实都存在着质和量的差异。在质上，法律事实是由证据证明的事实，而用证据证明是一种人的行为，带有主观性，因此法律事实并不完全是客观的东西，其中或多或少都会掺杂一定的人的主观因素或作用。在量上，一般来说，案件中客观事实的数量都会大于法律事实的数量，因为并非所有与案件有关的客观存在或发生的事实都可以由证据加以证明，都可以成为法律事实。

（二）客观真实与法律真实

客观真实和法律真实是以客观事实和法律事实为基础的一对范畴，但是客观真实和法律真实的概念并不完全等同于客观事实和法律事实的概念。客观事实和法律事实回答的是“什么是诉讼证明中的事实”这一问题；客观真实和法律真实回答的是“诉讼证明中的认识怎样才为真实”这一问题。

所谓客观真实，是指在诉讼活动中人们对案件事实的认识完全符合客观的实际情况，即符合客观标准的真实。所谓法律真实，是指在诉讼活动中人们对案件事实的认识符合法律所规定或认可的事实，是法律意义上的真实，是在具体案件中达到法律标准的真实。

法律真实是建立在客观真实基础之上的真实，是包含有客观真实内容的真实，但法律真实并不等同于客观真实。按照客观真实的要求，诉讼证明的结果都是符合客观实际情况的，必须是完全正确的，不能有任何误差。法律真实是法律认可的真实，其中既包含有符合客观实际情况的内容，也可能包含有不符合客观实际情况的内容。众所周知，法官认定案件事实离不开证据，但证据中存储的与案件事实有关的信息并不等于客观存在的案件事实，可能是真实的，也可能是虚假的，还有可能是真假混杂的。即便是法官采信的证据，往往也包含有不真实的成分。法律真实就是建立在这种证据基础之上的真实。

但法律真实并不属于主观真实的范畴。所谓主观真实，是指在诉讼活动中人们对案件事实的认识符合主观的标准，是脱离客观事实情况的真实。换言之，检验一个认识是否真实的标准不是客观实际情况，而是主观认识，是用权威性的认识去检验具体诉讼证明中的认识。法律真实不是这种意义上的真实。

（三）绝对真实与相对真实

诉讼证明是人的活动，因此就存在认识结论是否真实以及在何种程度上真实的问题。绝对真实和相对真实即是关于这个问题的一对范畴，是由客观真实和法律真实衍生出来的。所谓绝对真实，就是说诉讼证明所确认的案件事实完全符合客观发生的或存在的事实，是100%的真实。所谓相对真实，是说诉讼证明所确认的案件事实只是一定程度上符合客观发生或存在的事实，不是100%的真实，可能只是90%、80%或51%的真实。

人类的认识能力具有相对性，诉讼证明的结果也具有相对性。只有在无限发展的认识进程中，人类的认识能力和诉讼证明的结果才能摆脱相对性的约束，进入绝对真实的王国。换言之，绝对真实不是在一次具体的认识活动中完成的，而是在无限发展的认识进程中实现的。审判人员对案件事实的认定属于认识的“个别实现”，因此，在任何一个具体案件中，审判人员对案件事实的认定都不可能是100%的“真实”，而只能是不同程度的“真实”。即便是正确的判决也并不一定要求所有案件细节都达到100%的真实。当然，相对真实与绝对真实也并不是完全对立或者截然分开的，相对真实中总会或多或少地包含着绝对真实的内容。正是在这个意义上讲，诉讼证明的结果中也包含有相对真实的内容。

（四）形式真实与实质真实

所谓实质真实，是指证明活动的结果在实质上符合客观真实，是实质内容的真实。所谓形式真实，是指证明活动的过程和形式符合证明规律的要求，是形式所表见的真实。在诉讼活动中，诉讼证明的形式真实通常表现为程序的正当与合理，因此其又可称为程序真实，或程序意义上的真实。

实质真实和形式真实，在一定程度上反映着诉讼证明活动的内容与形式之间的关系，二者是对立的统一。但是在具体的诉讼证明活动中，如何阐释实质真实和形式真实之间的关系，学界主要有三种观点。这三种观点也在一定程度上反映了实质真实和形式真实之间对应关系的三种基本模式。

第一种模式为实质真实决定形式真实，实质真实被奉为诉讼证明中唯一的而且是神圣的目标。这种模式强调的是结果意义上的真实。第二种模式为实质真实和形式真实相互融合、不可分割，二者在功能上是互补的，在地位上是对等的。这种模式强调的是过程意义上的真实。第三种模式为形式真实决定实质真实。诉讼证明的内容确定之后，形式的合理与否、程序的正当与否，就成为决定性因素。这种模式强调的是程序意义上的真实。①

二、关于证明标准性质的理论观点

以诉讼证明活动中的案件事实的性质是客观事实还是法律事实为基础，关于诉讼证明标准的性质，存在着客观真实和法律真实、绝对真实和相对真实、实质真实和形式真实三对范畴。而对于诉讼证明标准性质的认识，也相应存在着客观真实说、主观真实说、法律真实说、相对真实说等学说。

客观真实说认为，诉讼中对事实的证明，应当达到客观真实的程度。查明案件的客观真实，不但是必要的，而且是完全可能的。② 客观真实说的主要理由包括：第一，马克思主义认识论认为，存在是第一性的，意识是第二性的，存在决定意识；人类具有认识客观世界的能力，能够通过调查研究认识案件的客观真实，查明客观真实具有科学的理论根据。第二，客观上已经发生的案件事实，必然在外界留下这样或那样的物品、痕迹，或者为某些人所感知，这为查明案件的客观真实提供了事实根据。③ 我国的司法实务人员也自觉或不自觉地在诉讼活动中将“客观真实说”作为指导原则。这种观点在国外也有不少人支持。客观真实说从一定程度上注意到了案件事实的客观性，这是正确的。但是，人的认识能力在具体的时空条件下是受到限制的，比如，受到诉讼期限的限制，司法人员不能无穷无尽地去探求案件的真相；受到证据规则的限制，不适格的证据不能作为定案根据。此外，现代诉讼以审判为中心，而审判的主要目的是解决纠纷。如果要求最终证明的案件事实与客观上发生的事实完全一致，则有点理想化了，这在现实中是做不到的，也没有必要在每个案件中做到。此外，客观真实说完全忽视了人的认识活动中主观性的一面，也是不正确的。

主观真实说认为，在诉讼中证明的案件事实，实际上是一种主观真实。法官或事实认定者对案件事实的认识中不可避免地渗透了人的主观意志，其发现和认定的事实，并不是诉讼之前在特定时间、地点发生的“客观事实”，而是属于主观认识的范畴。④ 例如，有的西方学者指出，法院所能判明的只能是“主观的真实，无论如何不能是客观的真实”；有的台湾学者也认为，证明要求“发生高度之确信”，即“主观信其为真实”⑤。这种观点强调了

① 参见何家弘、刘品新：《证据法学》，328—334页，北京，法律出版社，2004。

② 参见樊崇义：《客观真实管见》，载《中国法学》，2000（1）。

③ 参见樊崇义等：《刑事证据法原理与适用》，285页，北京，中国人民公安大学出版社，2001。

④ 参见何家弘、杨迎泽：《检察证据教程》，120页，北京，法律出版社，2002。

⑤ 陈一云主编：《证据学》，2版，117页，北京，中国人民大学出版社，2000。

人的思维或者认识活动的主观性的一面，有可取之处，但是，它将人的思维或者认识活动的客观性的一面完全忽视了，因此，也是不正确的。

相对真实说认为，诉讼证明因其自身的特殊性，即证明主体、证明客体、证明时空和资源的局限性，以及受到证明程序和证据规则的制约，在大多数情况下达不到证明结果与案件客观事实完全一致的程度，只可能达到近似真实，“最大限度的盖然性”，而不可能达到绝对真实。[①] 然而，相对真实论者否认了真实的相对性和绝对性之间的辩证统一关系，因此，也是不可取的。

法律真实说认为，在法律世界中，没有什么“本来是”真实的东西，没有什么“绝对的”事实，有的只是有关机关在法律程序中所确定的事实。因此，被证明的案件事实是一种法律上的真实，它同时包含着客观性、主观性和法律性三种性质。实际上，这种事实的客观性和主观性，也可以看作是法律要求的结果。由于这种事实既非原来发生的客观事实，又非单纯的主观产物，因此称之为法律事实。[②]

我们认为，一切案件都是发生在过去的事件，法官不可能亲眼看见案件发生的过程和结果。在刑事诉讼过程中，受到主、客观条件的限制，要使法官认定的案件事实完全符合客观发生的案件事实，几乎是不可能的。法官只能根据控辩双方在法庭上提交的证据，遵照法律程序，通过合理的推理、判断，认定案件的事实情况。法官认定的事实是在法律程序中确定的事实，是建立在客观证据的基础之上所确定的事实。在这里，证据是“事”，案件事实的真实与否是“是”，这正是一个实事求是的过程。同时，诉讼证明是一种法律活动，它不仅要追求证明的真理性，还要追求证明的正当性。尊重法律和法律程序，正是证明活动具有正当性的表现。某些证据规则的存在，在客观上限制了真实的发现。此外，证明标准的确定还需要在不同的价值取向之间寻求平衡。

诉讼证明的结果应当是法律真实，法律真实是诉讼证明活动必须达到的真实。任何一个国家的法律都必须为诉讼活动规定具有现实意义的证明标准。诉讼证明标准不能是难以实现的客观真实，而应是切实可行的法律真实。据此，把“法律真实”作为诉讼证明的标准是比较合适的，它既形象地描述了审判人员所认定的案件事实的性质，又准确地体现了诉讼证明标准所要求的正当性与合理性。然而，法律真实只是界定了诉讼证明标准的性质，并没有具体回答诉讼活动中的证明标准是什么。各国对于诉讼证明标准的具体表述并不一致，甚至在同一国家，对于不同种类诉讼、不同种类案件、诉讼不同阶段、不同证明主体、不同证明对象的证明标准的表述也存在差异。

第四节　诉讼证明标准的多元化

在一个国家的诉讼制度中，证明标准是否应分为不同的等级或层次，这是一个很值得研究和讨论的问题。在这个问题上存在两种观点或做法：一种是“一元化”的标准；一种

---

① 参见卞建林、郭志媛：《论诉讼证明的现对性》，载《中国法学》，2001（2）。

② 参见樊崇义等：《刑事证据法原理与适用》，286—287页，北京，中国人民公安大学出版社，2001。

是“多元化”的标准。所谓“一元化”标准，就是说在一个国家的诉讼活动中只有一种统一的证明标准。所谓“多元化”标准，就是说在一个国家的诉讼活动中有多种证明标准，证明标准可以根据案件和诉讼阶段的不同而有所区别。例如，在美国证据法则和证据理论中，将证明的程度分为九等：第一等是绝对确定。由于认识论的限制，这一标准无法达到。第二等为排除合理怀疑。这为刑事案件作出定罪裁决所要求，也是诉讼证明方面的最高标准。第三等是清楚和有说服力的证据。某些司法区在死刑案件中当拒绝保释以及作出某些民事判决时有这样的要求。第四等是优势证据。这是作出民事判决以及肯定刑事辩护时的要求。第五等是可能的原因。适用于签发令状，无证逮捕、搜查和扣押，提起大陪审团起诉书和检察官起诉书，撤销缓刑和假释，以及公民扭送等情况。第六等是有理由的相信。适用于“拦截和搜身”。第七等是有理由的怀疑。适用于将被告人宣布无罪。第八等是怀疑。适用于开始侦查。第九等是无线索。适用于不采取任何法律行为。[①] 我们认为，采用“多元化”的证明标准，有利于诉讼活动中各种价值目标的平衡，也有利于司法实务人员对证明标准的掌握和运用。法律事实和法律真实为证明标准的多元化提供了制度性基础，也就是说，不同种类诉讼、不同种类案件、不同诉讼阶段、不同证明主体、不同证明对象适用不同的证明标准有了理论上的可能。

一、不同种类诉讼证明标准的差异

不同种类的诉讼活动可以适用不同的证明标准。一般来说，刑事案件有罪判决的证明标准应该高于民事案件的证明标准。在英美法系国家，刑事诉讼中作出有罪判决的证明标准是“排除合理怀疑”，而民事诉讼中的证明标准是“优势证据”。对于刑事诉讼证明标准和民事诉讼证明标准的差异，英国著名的丹宁勋爵于 1947 年在 Miller v. Minister of Pensions 一案中进行了经典的阐述：“在刑事案件中，当被告被认定有罪之前，必须就证据所具有的说服力应具备的标准等级予以妥当确定……排除合理怀疑的证明并不意味着连怀疑的影子都必须排除掉，如果法律允许幻想的可能性妨碍司法的过程，它就不能有效地保护社会。如果不利于被告人的证据十分有力，以致有利于被告人的可能性甚微，就应当以如下裁决来驳回这种可能性，‘当然，它是可能的，但一点也不确实’。倘若如此，此案的证明即已达到了排除合理怀疑的程度，但任何小于此种程度的证明都不够充分。”[②] “在民事案件中，证明责任何以卸除，其证据所具有的说服力应根据具备的标准等级予以妥当确定。它必须能达到合理的盖然性程度，但不必有刑事案件中要求的证明标准程度高。如果证据如同法庭所说，‘我们认为是的可能性比不是的可能性高’，则证明责任得到卸除，但如果可能性相同，则证明责任不能卸除。”[③] 美国的华尔兹教授则解释道：“这两种标准可以用一个简单方法来说明：在 1 至 10 分的评分表上，超出合理怀疑的证明需要 9 分，而优势证明只需要 6 分。”[④]

至于大陆法系国家，虽然刑事案件中的证明标准和普通民事案件中的证明标准都可以

---

① 参见《美国联邦刑事诉讼规则和证据规则》，卞建林译，22 页，北京，中国政法大学出版社，1996。

② [1947] 2 All E. R. 373.

③ [1947] 2 All E. R. 372.

④ [美] 乔恩·R·华尔兹：《刑事证据大全》，何家弘等译，313 页，北京，中国人民公安大学出版社，1993。

表述为“内心确信”，但二者仍然有区别。法国《拉鲁斯大百科全书》（第16卷）即叙述道：“证明刑事被告人有罪的责任远较民事原告为重，当证据显然不足时，应该释放被告人，因为证据‘有疑点是有利于被告人的’。”[①]

为何刑事诉讼中有罪判决的证明标准要高于民事诉讼的证明标准？这在很大程度上是因为案件性质不同。刑事诉讼解决的是被告人的刑事责任问题，它往往关涉人的生命、自由；而民事诉讼解决的是当事人之间的民事权利、义务关系，关涉的通常是财产责任。错误的刑事判决比错误的民事判决带来的后果更为严重，会导致生命被剥夺和自由的丧失，而生命被剥夺和自由的丧失不像财产的转移那样可以得到回复。因此，相比民事诉讼，在刑事诉讼中说服裁判者时对证据质和量的要求更高，这也是程序正义的要求。

至于行政诉讼，其客体是被诉行政行为的合法性，直接涉及公共利益和公民、法人或者其他组织的财产权及一定范围的人身权。相比而言，行政诉讼客体对公共利益和个人利益的影响要比民事诉讼高、比刑事诉讼低，因此，行政诉讼的证明标准也应当高于民事诉讼、低于刑事诉讼。

二、不同种类案件证明标准的差异

案件的种类不同，适用的证明标准可以不同。对于刑事案件，英国学者塞西尔·特纳指出：“犯罪的性质越严重，必要的证据最低要求就越高。”[②] 例如，死刑案件的证明标准就应当高于普通刑事案件的证明标准，这是由死刑案件犯罪性质严重、判决结果事关人的生命所决定的。在美国，认为死刑案件较一般刑事案件应当适用更高的证明标准为一些人士所主张，“一个最常提出的改革方案就是在判处被告人死刑之前提高陪审团判处被告人有罪的确定性”[③]，如有的律师在纽约上诉法院中提出对死刑案件适用“新的、更高的证明标准：排除任何怀疑（beyond any doubt）”[④]，也有人主张对死刑案件实行高于排除合理怀疑的排除一切怀疑（beyond all doubt）的证明标准[⑤]，还有人主张排除一切可能的怀疑（beyond all possible doubt）的证明标准。[⑥] 在联合国有关死刑的法律文件中，死刑案件适用的证明标准即被规定为“明确和令人信服的证据并且对事实没有其他解释余地”[⑦]。所谓“对事实没有其他解释余地”，实际上就是要求证明事实的排他性和绝对肯定性[⑧]，这显然高于“排除合理怀疑”的证明标准。

在我国，对于不同刑事案件（尤其是死刑案件与普通刑事案件）是否适用不同的证明

---

① 转引自黄道主编：《诉讼法》，213页，北京，知识出版社，1981。

② ［英］塞西尔·特纳：《肯尼刑法原理》，王国庆等译，549页，北京，华夏出版社，1989。

③ Erik Lillquist, “Absolute Certainty and the Death Penalty”, *42 Am. Crim. L. Rew*, p. 45.

④ “New York Ponders ‘Beyond Any Doubt’ Standard for Capital Cases”, available at http://www.Daubertontheweb.com/2004/01/new-york-pnders-beyond-any-doubt.html, October 24, 2005.

⑤ See “Death Penalty Standard Should Be Beyond All Doubt”, available at http://talkleft.com/new _ archivers/010060.html, October 26, 2005.

⑥ See “Impose Death Only When the Proof of Guilt is Beyond All Possible Doubt”, available at http://patterico.com/2004/01/26/1176/impose-death-only-when-the-proof-of-guilt-is-beyond-all-possible-doubt, November 2, 2005.

⑦ 《关于保护死刑犯权利的保障措施》第4条，载程味秋等编：《联合国人权公约和刑事司法文献汇编》，205页，北京，中国法制出版社，2000。

⑧ 参见陈光中等：《刑事证据制度与认识论》，载《中国法学》，2001（1）。

标准，学者有不同看法。有学者认为，死刑案件与普通刑事案件应适用相同的证明标准，理由是：第一，如果规定死刑案件的证明标准高于普通刑事案件，将会导致普通刑事案件定罪标准降低、案件审判质量下降；第二，对死刑案件的高标准、严要求完全可以通过严格的程序、制度来实现，如上审判委员会、死刑复核程序等，没有必要规定比普通刑事案件更高的证明标准。①

然而，也有不少学者主张，应区分死刑案件与普通刑事案件的证明标准，前者应当高于后者。例如，有学者认为，"一般案件有罪判决的证明标准应当和死刑案件的证明标准具有不同层次，一般刑事案件的证明标准为案件事实清楚，证据确实、充分，排除合理怀疑；死刑案件的证明标准应当为案件事实清楚，证据确实、充分，具有排他性和唯一性。即是说，死刑案件的证明标准要比一般刑事案件的证明标准更为严格"②。有学者主张，"宜将证据确实、充分作为普通刑事案件的证明标准，而将对事实没有任何解释余地作为死刑案件的证明标准"③。

此外，还有学者提出，有罪判决的证明标准可分为三个层次：确定无疑、排除合理怀疑、有确实证据的推定。其中，确定无疑即证据确实充分、排除其他可能性，是我国作出有罪判决的最高标准，也是一般的证明标准。排除合理怀疑指的是"高度盖然性""最大限度真实性"。该标准可适用于以下情形：（1）个别危害大、取证困难的刑事案件。（2）对案件犯罪构成的主观要件的证明。（3）对被告人自愿认罪的轻罪或较轻罪案件的证明。（4）对某些有利于被追诉人而又需要证明的事实的证明。有确实证据的推定，反映的只是一种高度的可能性，通过推定认定的事实一般没有达到排除合理怀疑的证明程度，因此有确实证据的推定在证明程度上是不同于确定无疑和排除合理怀疑的另一种类型。如我国刑法规定的巨额财产来源不明罪、非法持有国家绝密、机密文件、资料、物品罪等，都存在推定。④

根据最高人民法院、最高人民检察院、公安部、国家安全部、司法部于2010年6月13日颁布的《办理死刑案件证据规定》，我国死刑案件的证明标准是"结论的唯一性"，该标准高于《刑事诉讼法》规定的普通刑事案件有罪判决所适用的"案件事实清楚，证据确实、充分"这一证明标准。

三、诉讼不同阶段证明标准的差异

在我国，一个公诉案件有罪判决的作出，大抵要依次经过立案侦查、逮捕、移送审查起诉、提起公诉和判决等几个阶段。在刑事诉讼过程中，立案侦查的案件可能被撤销，犯罪嫌疑人被逮捕的案件可能并不移送审查起诉，侦查终结移送审查起诉的案件经审查后可能作出不起诉的决定，提起公诉的案件被告人可能被判无罪。无论从程序的角度还是从实体的角度来看，当刑事诉讼活动随着诉讼阶段的不同而依次推进时，后一阶段对证据的质和量的要求应当高于前一阶段。也就是说，立案侦查的证明标准应当低于逮捕的证明标准；

---

① 参见李玉华：《刑事证明标准研究》，197页，北京，中国人民公安大学出版社，2008。

② 黄芳：《死刑适用的国际标准与国内法的协调》，载《法学评论》，2003（6）。

③ 何家弘、南英主编：《刑事证据制度改革研究》，326—327页，北京，法律出版社，2003。

④ 参见陈光中：《构建层次性的证明标准》，载陈光中主编：《诉讼法论丛》，第7卷，3—10页，北京，法律出版社，2002。

逮捕的证明标准应当低于侦查终结移送审查起诉的证明标准；侦查终结移送审查起诉的证明标准应当低于提起公诉的证明标准；提起公诉的证明标准应当低于作出有罪判决的证明标准。这是符合诉讼进程和证明的客观规律的。

诉讼不同阶段证明标准的差异并不只是存在于我国，如前所述，美国的证明标准在不同阶段也存在差异。此外，在大陆法系国家，例如德国，证明标准的层次性也很明显。根据《德国刑事诉讼法典》第 112 条的规定，逮捕须具有“重大嫌疑”且“根据一定事实”可以确定被指控人有逃跑或隐藏、逃亡之虞以及干扰作证等行为。对于起诉，该法典第 152 条第 2 款规定，须“在有足够的事实根据时，检察院具有对所有的可予以追究的犯罪行为作出行动的义务”。在检察院起诉之后，则由对案件审判享有管辖权的法院裁判是否启动审判程序或暂时停止程序。此时，根据该法典第 203 条的规定，须“认为被诉人有足够的犯罪行为嫌疑”，方可裁定启动审判。对于有罪判决，适用“自由心证”的证明标准，该法典第 261 条对此作了相应的规定。

四、不同证明主体证明标准的差异

在刑事诉讼中，证明主体不同，证明标准也应当有所不同。以英美法系国家的刑事诉讼为例，在一般情形下，证明被告人有罪的责任由公诉方承担，被告方不承担证明自己无罪的义务，在法庭上可以不用举出任何证据。公诉方对被告人罪行的证明必须达到“排除合理怀疑”的程度，如果法官或陪审团对被告人的罪行存在任何合理的怀疑，都应当判决被告人无罪。

在例外的情形下，也就是在被告方提出积极抗辩的情形下，被告方对于抗辩事实承担说服性的证明责任，其必须举出证据予以证明，但其不用像公诉方那样达到“排除合理怀疑”的证明程度，只需要达到“优势证据”的证明程度即可。

五、不同证明对象证明标准的差异

证明对象不同，证明标准也可以有所不同。一般来说，实体法事实的证明标准要高于程序法事实的证明标准；案件主要事实或犯罪构成要件事实的证明标准要高于案件次要事实的证明标准。例如，有些国家和地区的法律把证明分为严格证明和自由证明。前者是指对某些案件事实的证明必须达到很高的程度，符合较高的证明标准，如“案件事实清楚、证据确实充分”或者“排除合理怀疑”；后者是指对某些案件事实可以采用较低的证明标准，例如有基本的“心证”或者内心确信就可以了。

第五节 英美法系国家的刑事证明标准

在英美法系国家，在刑事诉讼中认定被告人有罪时适用的法定证明标准是“排除合理怀疑”。按照这一标准，公诉方必须在法庭上运用证据“排除合理怀疑”地证明被告人实施了所指控的罪行。乔恩·R. 华尔兹教授指出："要想使陪审员们认定被告人犯有指控的罪名，就必须说服他们相信该犯罪的全部要素都已经得到了超出合理怀疑的证明。"① 只要公诉方的证明没有达到"排除合理怀疑"的程度，或者说裁判者对被告人有罪的证明还存在合理的怀疑，就应该在认定案件事实时作出有利于被告的推定或解释，就应该判决被告人无罪。

排除合理怀疑证明标准的形成有一个较长的历史过程。据美国学者威格莫尔考证，英国最早在判例法上确立"排除合理怀疑"的证明标准，是在18世纪初期，但那时这一标准仅适用于死刑案件，而对其他刑事案件并未作如此要求。在其他刑事案件中，最初适用的证明标准乃是对被告人的定罪量刑必须具有"明白的根据"。直到1798年在苏格兰首府都柏林审判的叛乱案中，"排除合理怀疑"始作为一个固定的名词，一直沿用至今。②

然而，究竟什么是"合理怀疑"，制定法很少有明确的回答，法官在审理案件时所作的指示差异很大，学者们也都各有不同的理解。英国戈达德勋爵在1955年的R. v. Hepworth and Fearnley案中甚至指出，"关于什么是合理怀疑以及什么不是合理怀疑的特定解释通常特别难以遵循，并且特别难以告知陪审团什么是合理怀疑。给陪审团解释说合理怀疑不是一个合理的怀疑，就等于没有作出任何真正的指导；告知陪审团合理怀疑是使他们在自己的事务中产生犹豫的那种怀疑，在我看来也没有提出任何特殊的标准。因为，一位陪审员认为会犹豫的事，另一位陪审员可能会说那件事对他来说根本不会犹豫。"③ 美国联邦最高法院则以敷衍的姿态，宣称"合理怀疑"一词是不言而喻的，因此本质上无法作出更进一步的明确定义，也不需要对"排除合理怀疑"进行任何详细的阐述或者解释。联邦最高法院宣称："试图解释'合理怀疑'此一词语，反而往往无法让陪审员更加明白其意涵何在。"④ 然而，制定法、法官和学者们还是努力地对"合理怀疑"作出了一些定义或解释。英国的枢密院和上诉法院认可的含义是："当你们在处理自身事务的重要问题时，能以各种方式影响你作出决定的那种性质和种类的怀疑。"⑤ 在美国法院中得到普遍使用的定义是Devitt v. Blackmar案的法官对陪审团作出的指示："合理怀疑是依据理智和常识的怀疑——某种会使得有理智的人在行动时犹豫不决的怀疑。"因此，排除合理怀疑的证明必须是非常令人信服的，以至于"一个有理智的人在其处理自己最为重要的事务时会毫不犹豫地依赖它并遵照它来行事"⑥。另一个得到广泛引用的定义是《美国加利福尼亚州证据法典》第1096条的规定："它不仅仅是一个可能的怀疑；因为任何与人类事务相关并且依赖于品行证据的一切事情都可能有某种可能的或者虚构的怀疑。它是指该案的状态，在经过对所有证据的总的比较和考虑之后，陪审员的心理处于这种状况，他们不能说他们对指控罪行的真实性得出永久的裁决已达到内心确信的程度。"英国学者塞西尔·特纳认为，所谓合理的怀疑，指的是陪审员对控告的事实缺乏道德上的确信，对有罪判决的可靠性没有把握时

---

① ［美］乔恩·R. 华尔兹：《刑事证据大全》，何家弘等译，314页，北京，中国人民公安大学出版社，1993。

② 参见汤维建、陈开欣：《试论英美证据法上的刑事证明标准》，载《政法论坛》，1993（4）。

③ ［1955］2 Q. B. 600；39 Cr. App. R. 152.

④ ［美］艾伦·德肖微茨：《合理的怀疑》，高忠义、侯荷婷译，105页，台北，商周出版社，2001。

⑤ Walters v. R. ［1969］2 A. C. 26.

⑥ Devitt & Blackmar, *Federal Jury Practice and Instruction* 11.14 (3d ed. 1977).

所存在的心理状态。[①]我国台湾地区学者李学灯认为：所谓怀疑，当然只是一种可以说出理由的怀疑，而不是无故怀疑。否则，对于任何纷纭的人、事，都可以发生想象的或幻想的怀疑。因此，所谓合理之怀疑，必非以下各种的怀疑：非任意妄想的怀疑；非过于敏感投机的怀疑；非仅凭臆测的怀疑；非故为被告解脱以逃避刑责的怀疑。如果属于以上各种怀疑，即非通常有理性的人，所为合理、公正诚实的怀疑。[②] 美国学者布莱克则认为，所谓排除合理怀疑，“是指全面的证实、完全的确信或者一种道德上的确定性；这一词汇与清楚、准确、无可置疑这些词语相当。在刑事案件中，被告人的罪行必须被证明到排除合理怀疑的程度方能成立，意思是，被证明的事实必须通过它们的证明力使罪行成立”。“排除合理怀疑的证明，并不排除轻微可能的或者想象的怀疑，而是排除每一个合理的假设，除非这种假设已经有了根据；它是‘达到道德上确信’的证明，是符合陪审团的判断和确信的证明，作为理性的人的陪审团成员在根据有关指控犯罪是由被告人实施的证据进行推理时，是如此确信，以至于不可能作出其他合理的推论。”[③]

无论对“合理怀疑”或者“排除合理怀疑”如何解释或定义，制定法、法官和学者们的共识是：这是一个很高的证明标准，但是并非要求排除一切怀疑，而是要求排除确有理由、确有根据的怀疑，不是无中生有、主观臆测的猜疑。话虽如此，但陪审团在审判中究竟应如何把握它呢？事实胜于雄辩。且让我们来分析一下陪审团在辛普森案中对合理怀疑的理解和对排除合理怀疑证明标准的把握，这将有助于我们更好地认识这一标准。

在辛普森一案中，审理案件的伊藤法官这样定义“合理怀疑”：“这不仅只是可能的怀疑，因为任何与人相关的事物都存在某种可能或想象的怀疑。‘合理的怀疑’是指整个指控，在经过对所有证据全盘的比较与考量之后，陪审团心里仍然觉得没办法一直全然确信公诉方所指控的事实。”[④] 在这种指导下，辛普森一案中陪审团的怀疑究竟“合理”与否呢？该案的辩护律师之一德肖微茨教授指出：“当然我们永远无法确知这个答案，因为我们没有办法了解每一个陪审员当时的思维过程。”[⑤] 但德肖微茨教授在案件审理后对几位陪审员进行了访谈，对陪审团的思维模式进行了分析，认为有些陪审员可能是这么想的：（1）我们认为那五位警察对搜证过程有所欺瞒。（2）我们怀疑公诉方提出的警察证人范耐特可能将携带在身上的辛普森的血液，洒在袜子与后门上。虽然我们无法确定，但确实有这个可能，尤其是因为有关采集的血液的数量前后证词不一、原先报告中没有提到的血渍、不在录影带里搜索物清单上的袜子、袜子上血迹散布的情况、里头含有 EDTA 成分的事实以及在新鲜血液中才会发现的高浓度 DNA。（3）我们无法信任公诉方提出的警察证人富尔曼跟我们说的任何事情，特别是在这些说辞无法被独立证实的情况下。他对我们说谎，也是个有种族偏见的人。我们必须怀疑富尔曼有假造手套证据的可能性，尽管这也有可能不是真的，不过照一切情形看来，他还是有栽赃的机会与动机。而令人怀疑的是，在富尔曼声称寻获到手套的现场周围，并未发现有任何血迹的反映。再者，手套并不符合辛普森手掌的尺寸。我们亲眼看到这个事实。（4）姑且不提以上三点，还是有其他更多的证据可以证明辛普森

① 参见［英］塞西尔·特纳：《肯尼刑法原理》，王国庆等译，549页，北京，华夏出版社，1989。

② 参见李学灯：《证据法比较研究》，667页，台北，五南图书出版公司，1989。

③ 转引自樊崇义主编：《证据法学》，219页，北京，法律出版社，2001。

④ 转引自［美］艾伦·德肖微茨：《合理的怀疑》，高忠义、侯荷婷译，107—108页，台北，商周出版社，2001。

⑤ ［美］艾伦·德肖微茨：《合理的怀疑》，高忠义、侯荷婷译，108页，台北，商周出版社，2001。

的罪行，不过上述三点使得我们也对其他证据起了疑心。假使我们相信其他一切证据都是未受破坏的，这仍然有可能将他定罪。但是我们对遗留在汽车上的血迹，以及其他一些证据仍然心存怀疑。我们也听了许多专家针对血液采集与分析的意见，其中包括各种相互冲突的意见。（5）综观一切，此案给人一种不舒服的感觉。因为有些证据已经遭到破坏；其他证据也因为小小的疏失而受到质疑；我们不晓得相信谁，也不知道该信任谁的说辞；而那些毫无意义的证据，也相当暧昧而无法作出明确的决定。（6）法官曾经指示我们，倘若发现证人对某个论点说谎，我们应该对他其余的证据也抱怀疑的态度，甚至可以全盘否定他的证词。换句话说，如果我们相信公诉方所提出的证据有部分是刻意伪造、变造的，我们对其他证据就应该也抱怀疑的态度。这样听起来才合理。我们也真的对检察官提出的警察证人失去了信心，还记得主诉检察官克拉克在结辩中发表了一段感言，谈到自己为什么会成为一位检察官，原因就是她只想传唤会说出真相的证人出庭。令人百思不解的是，说这番话的检察官竟然传唤进行非法搜索的警官富尔曼、范耐特和其他警员出庭作证。（7）因此，尽管我们不见得认定辛普森是清白的，不过对他的罪嫌也有合理的怀疑。[①]

第六节 大陆法系国家的刑事证明标准

关于大陆法系国家的刑事证明标准，我国学者通常概括为“内心确信”。1808 年的《法国重罪审理法典》第一次用立法的形式对内心确信这一证明标准作出明确规定。[②] 自此之后，法国的刑事证明标准基本上沿袭之。现行《法国刑事诉讼法》第 353 条规定：“在重罪法庭休庭前，审判长应责令宣读下列训示，并将内容大写书写成布告，张贴在评议室最显明处：法律并不考虑法官通过何种途径达成内心确信；法律并不要求他们必须追求充分和足够的证据；法律只要求他们心平气和、精神集中，凭自己的诚实和良心，依靠自己的理智，根据有罪证据的辩护理由，形成印象，作出判断。法律只向他们提出一个问题：你是否已形成内心确信？这是他们的职责所在。”

1808 年《法国重罪审理法典》确立的内心确信的证明标准对世界各国的证据制度产生了广泛而深远的影响。欧洲大陆各国普遍采用了这一证明标准。《德国刑事诉讼法典》第 261 条“自由心证”规定：“对证据调查的结果，由法庭根据它在审理的全过程中建立起来的内心确信而决定。”有学者就自由心证原则展开了论述，认为该原则“要求法官根据他个人的自由确信而确定证据。法官的个人确信，是指他的个人确认。这种确认，必须依据明智推理，建立在对证据结果之完全、充分、无相互矛盾的使用之上”[③]。

在亚洲的日本，1996 年的日本《刑事证据法》第 318 条“自由心证主义”规定：“证据

---

① 参见［美］艾伦·德肖微茨：《合理的怀疑》，高忠义、侯荷婷译，134—136 页，台北，商周出版社，2001。

② 参见卞建林、刘玫：《外国刑事诉讼法》，150 页，北京，人民法院出版社、中国社会科学院出版社，2002。

③ ［德］约阿希姆·赫尔曼：《〈德国刑事诉讼法典〉中译本引言》，载《德国刑事诉讼法典》，李昌珂译，17 页，北京，中国政法大学出版社，1995。

的证明力由法官自由判断。”日本学者田口守一、松岗正章将证明分为自由证明与严格证明两种类型，严格证明系指用有证据能力的证据并经过正式的证据调查程序作出的证明；自由证明系指依据证明力不完全充足的证据、调查证据的程序不严格所得出的证明。[①] 其中，严格证明要达到“内心确信”的程度，自由证明要求“低度的确信”（相当于英美法中的优势证明）[②]。对于实体法中作为犯罪构成要件的事实，倾向于从重、加重被告人刑罚的事实，要进行严格证明，其他的实体法事实则可进行自由证明；对于程序法事实，只需进行自由证明。可见，在日本，定罪的事实需要严格证明，要达到“内心确信”的程度。不过，随着其诉讼结构的当事人化，内心确信和排除合理怀疑这两项证明标准在日本已经达到了高度统一，如田口守一教授指出，“日本传统证明标准是高度的盖然性”，“现在要求证明的程度必须是无合理怀疑”[③]。

苏联刑事诉讼中采用的是内心确信的证据制度。俄罗斯联邦刑事诉讼中继续沿用该证据制度。《俄罗斯联邦刑事诉讼法典》第 71 条“评定证据”规定：“法院、检察长、侦查员和调查人员，应遵循法律和社会主义意识，依靠以全面、充分和客观地审核案件全部情况为根据所形成的自己的内心确信来评定证据。任何证据对于法院、检察长、侦查员和调查人员，都没有预定的效力。”这里，“内心确信”主要是指审判员心理上对案件所作结论的正确性和可靠性的信念。这种信念是审判员通过对各种证据的调查研究、综合分析以后产生的复杂心理思维活动的结果，它使审判员内心深处深信其对案件的认定和裁判是正确的。审判员的内心确信由主、客观两方面的因素形成。客观因素即证据，是形成内心确信的根据和基础，主观因素是指审判人员的社会生活经验、业务能力、世界观、法律意识。内心确信的形成是主、客观因素相互作用的结果。虽然苏联的证据理论认为内心确信证据制度与自由心证证据制度有着本质的区别，即它以社会主义法律意识和“社会主义良心”取代资产阶级法律意识和良心，但是现代学者已基于内心确信证据制度与自由心证证据制度具有实质上的共同点——由判断主体主观确定有关证据问题，而将其归入自由心证证据制度之中。[④] 我们赞成这一观点，认为苏联和俄罗斯联邦采用的内心确信证据制度实质上即是自由心证证据制度，在刑事诉讼中实行的是内心确信的证明标准。

由上可知，大陆法系国家，包括日本、俄罗斯，实行的是内心确信的刑事证明标准。在证据法理论中，也有学者将其概括为“高度盖然性”，这与英美法系国家“排除合理怀疑”的刑事证明标准的要求在实质上是一致的，具有明显的同一性。具体表现在：第一，它们要求达到的证明程度是相同的，即在信念上确信，并且这种确信出于良知或者是真诚地形成的，是理性的；第二，无论是“排除合理怀疑”，还是“内心确信”，都并不是完全主观和任意的，它们也都要求据以形成确信的证据基础；第三，都要通过这种要求，来防止法官或陪审团错误地认定案件事实。但我们要看到的是，“排除合理怀疑”和“内心确信”体现的思维方式并不相同。“内心确信”是对证明标准的正向表述；“排除合理怀疑”是对证明标准的反向表述。不过，在诉讼证明中，只有“排除合理怀疑”，才能达成“内心

---

① 参见［日］田口守一：《刑事诉讼法》，刘迪译，北京，法律出版社，2000；［日］松岗正章：《严格证明与自由证明》，载《法学译丛》，1981（5）。

② 参见熊秋红：《对刑事证明标准的思考——以刑事证明中的可能性和确定性为视角》，载《法商研究》，2003（1）。

③ 转引自王以真主编：《外国刑事诉讼法学参考资料》，182 页，北京，北京大学出版社，2000。

④ 参见卞建林、刘玫：《外国刑事诉讼法》，89 页，北京，人民法院出版社、中国社会科学出版社，2002。

确信”；而要达成“内心确信”，又必须“排除合理怀疑”。此二者互相渗透、互相贯通，是对同一证明标准的两种不同表述。如果说二者之间有所区别的话，那么这种差别表现在：内心确信的表达方式更为强调证明标准的主观方面，而排除合理怀疑的表达方式则同时强调了证明标准的客观基础，注意了主、客观之间的平衡。同时，这种表达方式更为接近事实认定的实际过程。[①]

此外，应当注意的是，由于“排除合理怀疑”与“内心确信”的基本立场一致，加上近代两大法系的融合，大陆法系国家与英美法系国家在证明标准上已相互借鉴，兼采并用，而使证明标准趋于同一，例如日本。只不过由于英美法原则的普遍化以及英美法系国家的证明标准可能更具操作性，因而“排除合理怀疑”的适用具有更普遍的趋势。

第七节　我国的刑事证明标准

一、案件事实清楚，证据确实、充分

（一）有罪判决的证明标准

2018年《刑事诉讼法》第200条规定：“在被告人最后陈述后，审判长宣布休庭，合议庭进行评议，根据已经查明的事实、证据和有关的法律规定，分别作出以下判决：（一）案件事实清楚，证据确实、充分，依据法律认定被告人有罪的，应当作出有罪判决；（二）依据法律认定被告人无罪的，应当作出无罪判决；（三）证据不足，不能认定被告人有罪的，应当作出证据不足、指控的犯罪不能成立的无罪判决。”据此，一般认为《刑事诉讼法》规定的有罪判决的证明标准是“案件事实清楚，证据确实、充分”。

但是，何谓“案件事实清楚，证据确实、充分”？在2010年《关于办理死刑案件审查判断证据若干问题的规定》颁布前以及2012年《刑事诉讼法》修改前，立法和司法解释均没有作出明确的解释或规定，理论界和实务界的认识也不完全一致。有些学者从总体上对“案件事实清楚，证据确实、充分”进行把握，认为这一标准可作如下理解：（1）据以定案的证据均已查证属实。这是指作为定案根据的每一个证据都具有证据的本质属性，即客观性、关联性和合法性。（2）案件事实均有必要的证据予以证明。这是指司法机关所认定的对解决争议有意义的事实均有证据作根据，不得认定没有证据证明的事实。（3）证据之间、证据与案件事实之间的矛盾得到合理的排除。办案中收集到的证据可能与其他证据和案件事实有矛盾，这时，必须继续收集证据，深入调查研究，有根据地排除矛盾，弄清事实真相。绝不可置矛盾于不顾，勉强作出结论。（4）对案件事实的证明结论是唯一的，排除了其他的可能性。以上四点必须同时具备，才能认为达到了案件事实清楚、证据确实充分的标准。[②]另一些学者在此基础之上，进一步认为“犯罪事实清楚，证据确实、充分”要求证据间的相互印证性和不矛盾性、证据锁链的闭合性、证明结论的唯一性和排他性，以及司

---

① 参见江伟主编：《证据法学》，271页，北京，中共中央党校出版社，2002。

② 参见陈一云主编：《证据学》，118页，北京，中国人民大学出版社，2000。

法人员在此基础上形成的内心确信。[①]

有些学者则把“案件事实清楚，证据确实、充分”拆开来理解，认为：所谓案件事实清楚，是指凡与定罪量刑有关的事实和情节，都必须查清。至于那些不影响对被告人定罪量刑的细枝末节的事实，则没有必要都搞清楚。所谓证据确实、充分，是对定案证据的质和量的总的要求。“确实”是对定案根据质的方面的要求，其含义首先是指据以定案的单个证据必须查证属实；其次是指经查实的单个证据必须具有证明力，也就是和待证、待查的犯罪事实之间存在客观联系，可以据此推论出犯罪事实。“充分”是对定案证据量的方面的要求，指具有上述质的属性的证据在数量上必须符合法律关于定罪的要求。其含义首先是指所有证据在总体上已足以对犯罪实施者得出确定无疑的结论，并排除其他一切可能；其次是指属于犯罪构成各要件的事实均有相应的证据加以证明。[②] 上述不管哪种观点都提到证明结论的唯一性或者排除其他一切可能，但这仅是学者的看法，并没有得到立法和司法解释的认可。

虽然此前的立法和司法解释均未对“案件事实清楚，证据确实、充分”作出明确的解释和规定，但最高人民检察院 1999 年颁布的《人民检察院刑事诉讼规则》（已失效）第 286 条具体规定了属于“证据不足”的情形：据以定罪的证据存在疑问，无法查证属实的；犯罪构成要件事实缺乏必要的证据予以证明的；据以定罪的证据之间的矛盾不能合理排除的；根据证据得出的结论具有其他可能性的。最高人民检察院 2019 年颁布的《人民检察院刑事诉讼规则》第 368 条第 3 款将“证据不足”的情形具体规定为：犯罪构成要件事实缺乏必要的证据予以证明的；据以定罪的证据存在疑问，无法查证属实的；据以定罪的证据之间、证据与案件事实之间的矛盾不能合理排除的；根据证据得出的结论具有其他可能性，不能排除合理怀疑的；根据证据认定案件事实不符合逻辑和经验法则，得出的结论明显不符合常理的。这是从反面对原《刑事诉讼法》规定的证明标准的内涵的一种阐释。此外，2010 年颁布的《办理死刑案件证据规定》第 5 条第 2 款对死刑案件中的“证据确实、充分”规定的条件是：定罪量刑的事实都有证据证明；每一个定案的证据均已经法定程序查证属实；证据与证据之间、证据与案件事实之间不存在矛盾或者矛盾得以合理排除；共同犯罪案件中，被告人的地位、作用均已查清；根据证据认定案件事实的过程符合逻辑和经验规则，由证据得出的结论为唯一结论。

2012 年《刑事诉讼法》修改时在第 53 条增加了对于普通刑事案件中“证据确实、充分”的解释性规定，即：“证据确实、充分，应当符合以下条件：（一）定罪量刑的事实都有证据证明；（二）据以定案的证据均经法定程序查证属实；（三）综合全案证据，对所认定事实已排除合理怀疑。”2012 年《刑事诉讼法》首次采用“排除合理怀疑”的表述，为法官综合全案证据，对案件事实最终形成确定无疑的内心确信提供了指引。2018 年《刑事诉讼法》第 55 条全文保留了这一规定。《刑事诉讼法》的这一规定，合理吸收了前述司法解释对于证据确实、充分的具体衡量标准的规定，对于统一司法实务部门对于证明标准的认识具有重要意义。

此外，根据《刑事诉讼法》的规定，立案侦查的证明标准是“认为有犯罪事实需要追

① 参见徐静村：《我的“证明标准”观》，载陈光中、江伟主编：《诉讼法论丛》，第 7 卷，13—14 页，北京，法律出版社，2002。

② 参见陈光中主编：《刑事诉讼法学（新编）》，165—166 页，北京，中国政法大学出版社，1996。

究刑事责任”，逮捕的证明标准是“有证据证明有犯罪事实”，移送审查起诉、提起公诉与作出有罪判决的证明标准一样，表述都是“证据确实、充分”。

（二）证据合法性以及排除非法证据的证明标准

最高人民法院、最高人民检察院、公安部、国家安全部、司法部 2010 年 6 月 13 日颁布的《非法证据排除规定》就控方对被告人审判前供述合法性的证明标准进行了规定。根据《非法证据排除规定》第 7 条的规定，对被告人审判前供述的合法性的证明责任，由控方承担。根据《非法证据排除规定》第 10、11、12 条的规定，控方对被告人审判前供述合法性的证明须达到的证明标准是“证据确实、充分”。排除非法取得的被告人审判前供述的证明标准则是公诉人不提供证据加以证明或者已经提供的证据不够确实、充分。辩护方在例外情况下负有对证据合法性的证明责任，即如果检察人员认为辩护人提出的未到庭证人的书面证言、未到庭被害人的书面陈述是非法取得的，那么作为举证方的辩护人应当对其取证的合法性予以证明，但《非法证据排除规定》对辩护方所须达到的证明标准没有作出规定。

2018 年《刑事诉讼法》合理吸收了《非法证据排除规定》的内容并有所发展，即进一步明确了非法证据的范围、排除后果和适用程序。不过，2018 年《刑事诉讼法》并没有对证据合法性的证明标准进行规定，而是对非法证据排除的证明标准进行了规定。2018 年《刑事诉讼法》第 60 条规定：“对于经过法庭审理，确认或者不能排除存在本法第五十六条规定的以非法方法收集证据情形的，对有关证据应当予以排除。”据此，对于非法证据排除的证明标准，2018 年《刑事诉讼法》的规定比《非法证据排除规定》的规定的适用范围更广泛，可操作性更强。首先，从适用对象上来看，前者针对《刑事诉讼法》第 56 条规定的所有形式的非法证据，包括非法言词证据和非法实物证据，即非法取得的犯罪嫌疑人、被告人供述，证人证言，被害人陈述，物证和书证；而后者仅仅针对非法取得的被告人审判前的供述。其次，两者都规定了排除非法证据的证明标准，但是具体内容不同。前者是确认或者不能排除存在非法取证行为；后者是公诉人不提供证据加以证明或者已经提供的证据不够确实、充分。根据 2018 年《刑事诉讼法》的规定，只要法庭不能确信证据系合法取得的，不管是已经确认证据系非法取得，还是怀疑取证非法，在处理结果上都是一样的，即合法性有争议的证据应当予以排除。这是对《非法证据排除规定》“已经提供的证据不够确实、充分”的补充和完善，使得非法证据排除的证明标准更有可操作性。最高人民法院、最高人民检察院、公安部、国家安全部、司法部 2017 年颁布施行的《关于办理刑事案件严格排除非法证据若干问题的规定》在 2018 年《刑事诉讼法》第 60 条的基础上进一步细化，其第 34 条规定：“经法庭审理，确认存在本规定所规定的以非法方法收集证据情形的，对有关证据应当予以排除。法庭根据相关线索或者材料对证据收集的合法性有疑问，而人民检察院未提供证据或者提供的证据不能证明证据收集的合法性，不能排除存在本规定所规定的以非法方法收集证据情形的，对有关证据应当予以排除。”此外，最高人民法院 2017 年印发的《人民法院办理刑事案件排除非法证据规程（试行）》第 6 条亦规定：“证据收集合法性的举证责任由人民检察院承担。人民检察院未提供证据，或者提供的证据不能证明证据收集的合法性，经过法庭审理，确认或者不能排除以非法方法收集证据情形的，对有关证据应当予以排除。”

不过，2018 年《刑事诉讼法》和相关司法解释对辩护方所提供的非法证据的排除所须达到的证明标准没有作出规定。

（三）公诉案件当事人和解的证明标准

公诉案件的当事人和解，可以简称为刑事和解。近年来，在构建和谐社会和贯彻宽严相济刑事政策的背景下，我国各地多家公、检、法机关开始探索和试点在公诉案件中鼓励当事人和解的办案方式，并取得了积极的效果。刑事和解迅速成为理论界和实务界的热门话题，并最终被2012年《刑事诉讼法》规定为四种特别程序之一，即“当事人和解的公诉案件诉讼程序”。刑事和解被《刑事诉讼法》规定，体现了立法者对实践探索及其价值的认可，并希望通过法律上的明确规定对其具体操作予以规范。

早在2012年《刑事诉讼法》在立法上确立“当事人和解的公诉案件诉讼程序”之前，我国各地司法实务部门就对这种新的案件处理方式进行了探索和试点，其基本内容是：经由办案机关或者其他机构、人员主持，加害人与被害人在平等、自愿的基础上进行对话、协商，通过赔礼道歉、经济赔偿、提供特定服务和宽恕等方式达成双方和解，从而修复被犯罪破坏的社会关系；办案机关在当事人达成和解协议的基础上，综合案件情况，特别是犯罪的危害性、加害人悔过、赔偿情况及被害人态度，作出撤销案件、不起诉决定或者在量刑上从宽处理。① 根据现行《刑事诉讼法》的规定，刑事和解指的是犯罪嫌疑人、被告人真诚悔罪，通过向被害人赔偿损失、赔礼道歉等方式获得被害人谅解，被害人自愿和解的，双方当事人可以和解；公安机关、人民检察院、人民法院听取当事人和其他有关人员的意见，对和解的自愿性、合法性进行审查，并主持制作和解协议书；对于达成和解协议的案件，公安机关可以向人民检察院提出从宽处理的建议。人民检察院可以向人民法院提出从宽处罚的建议；对于犯罪情节轻微，不需要判处刑罚的，可以作出不起诉决定。人民法院可以依法对被告人从宽处罚。

刑事和解是否需要以“案件事实清楚，证据确实、充分”为前提，或者说，刑事和解的证明标准是什么？在2012年修改《刑事诉讼法》之前，理论界和实务界对在适用刑事和解时案件事实清楚的程度尚存在争议，观点有四：（1）认为能够进行刑事和解的前提之一是案件事实清楚，只有案件事实清楚才能确定加害人所应当承担的责任，才能进行刑事和解。例如，江苏省南京市人民检察院2006年6月出台的《南京轻罪案件公诉政策运用指导意见（试行）》的规定。有的地区，例如江苏省苏州市平江区公安机关、人民检察院和人民法院联合制定的《关于公检法机关在刑事和解工作中进一步加强配合与监督的若干意见（试行）》甚至指出，事实不清、证据不足的案件，不得适用刑事和解程序。（2）认为只要基本事实清楚即可适用和解。例如湖南省人民检察院《关于检察机关适用刑事和解办理刑事案件的规定（试行）》的规定。（3）认为刑事和解对证据和事实的要求是“有证据证明有犯罪事实”。例如烟台市《关于推行平和司法程序实施意见》第3条的规定。（4）认为只要当事人自愿，就应当允许和解。② 其中，主张刑事和解的前提应是案件事实清楚的学者的理由如下：公诉案件的利益争端存在于加害人、被害人和公共政府之间。与自诉程序以纠纷解决为基本取向，只要能恰当地调和自诉人与被告人之间的利益冲突就可以对案件事实本身在所不问不同，公诉程序蕴含了公共利益的追诉愿望，责任的确定与承担必须以明确

① 参见宋英辉等：《我国刑事和解实证分析》，载《中国法学》，2008（5）。

② 例如，有学者主张，存疑的刑事案件同样可以实行刑事和解。参见刘品新：《查明真相：刑事和解的必要前提?》，载《检察日报》，2006-07-26。还有学者主张，有的案件证据不充分，但犯罪嫌疑人自己承认，如果适用和解，刚好解决了证据不充分的问题，因此，条件过严也不好。参见李建明等：《刑事和解适用的案件范围和条件》，载《国家检察官学院学报》，2007（4）。

的案件事实为前提。以审查起诉阶段的和解为例，刑事和解是不起诉裁量的前置程序，在公诉机关的权威性决定作出之前，必须对案件事实有清楚的确认。[①]

从2012年修改《刑事诉讼法》之前试点地区的实践来看，既有侦查阶段的和解，也有审查起诉阶段的和解，还有审判阶段的和解，甚至有执行阶段的和解。而根据2012年《刑事诉讼法》的规定，侦查阶段、审查起诉阶段和审判阶段均可和解。侦查阶段、审查起诉阶段和审判阶段对事实清楚的程度的要求是依次递进的，在侦查阶段很难做到事实清楚。既然事实清楚只是法律真实下的事实清楚，那么，要求每个诉讼阶段的刑事和解的事实清楚的程度统一是不符合证明的客观规律的。在实践中，既有因为事实尚未完全查清而和解不成功的案件，也有案件事实尚未完全查清也成功和解的案件。[②] 据此，我们认为，案件事实清楚、证据确实充分并不是刑事和解的必要条件。

还有一个问题就是，刑事和解主要解决的是民事问题，民事诉讼采用的证明标准是优势证据；刑事诉讼中认定有罪的证明标准是排除合理怀疑。同样的证据，以民事诉讼证明标准来看，可能是事实清楚，但以刑事诉讼证明标准来看，则事实不清楚。从这个角度来讲，要求刑事和解的必要条件是事实清楚也存在内在的逻辑矛盾。

此外，要求查清事实后再进行刑事和解，并不符合刑事和解的效率价值。例如，甲、乙、丙、丁四人素昧平生，一日发生群殴，甲受轻伤。法医鉴定表明，被害人的创伤系一人行为所致，与另外两人无关。但所有证据都不足以表明谁是直接致伤者，即无法判断何人有罪。此时，若乙、丙、丁三人均表示可以共同赔偿来换取刑事结案，甲亦表示认同，那么此案可以直接和解吗？我们认为，至少在这种难以查明损害责任归属的轻伤害案件中，要求对犯罪事实已经查清之后才能进行刑事和解，是完全多余的。

不过，说刑事和解不要求“案件事实清楚，证据确实、充分”，并不是说刑事和解完全可以不以证据和事实为依据。在有关学者所进行的针对司法工作人员的调查问卷中，大部分人认为刑事和解需要有一定的事实和证据基础，占84.6%。具体如下：37.3%的人认为应查清全部案件事实；38.3%的人认为有证据证明有犯罪行为发生且有证据证明加害人实施了犯罪行为即可；9.0%的人认为有证据证明有犯罪行为发生即可；只有14.4%的人认为只要当事人双方无争议，就不需要查清案件事实。[③]

从法理上来讲，刑事和解制度中对案件事实的要求并不像传统刑事司法那样，要求案件事实清楚、证据确实充分，但要求对案件事实的掌握达到一定的程度。因为在刑事和解制度中，只有在犯罪事实基本确定的基础上，才能够进一步考量被害人受到的伤害以及加害人所应该承担的赔偿责任及其他义务。同时，这也是为了避免和解双方在以后因某种原因未能履行达成的和解协议时，因时过境迁无法收集证据查明案件事实而导致诉讼无法进行。[④] 据此，我们认为，刑事和解的前提条件仍然是基础事实清楚，即对于证明“加害人是否有罪，属于何罪”的事实仍然要求证据确实、充分。

2018年《刑事诉讼法》修改时，全文保留了2012年《刑事诉讼法》对于“当事人和解

---

① 参见向朝阳、马静华：《刑事和解的价值构造及中国模式的构建》，载《中国法学》，2003（6）。

② 这种案件主要包括故意伤害、寻衅滋事等加害人与被害人均有过错的案件。这些案件既有可能因双方责任难以彻底查清，加害人与被害人“各执一词”而无法达成和解协议，也有可能因加害人与被害人“各退一步”而达成和解协议。参见宋英辉等：《公诉案件刑事和解实证研究》，载《法学研究》，2009（3）。

③ 参见宋英辉等：《公诉案件刑事和解实证研究》，载《法学研究》，2009（15）。

④ 参见侯静：《刑事和解制度研究》，吉林大学硕士学位论文，39页，2007。

的公诉案件诉讼程序”的规定。最高人民法院2021年颁布的《关于适用〈中华人民共和国刑事诉讼法〉的解释》、最高人民检察院2019年颁布的《人民检察院刑事诉讼规则》、公安部2020年颁布的《公安机关办理刑事案件程序规定》对适用刑事和解的案件的证据和事实条件进行了规定。根据最高人民法院《解释》第587条的规定以及最高人民检察院《规则》第492条的规定，和解的公诉案件应当事实清楚，证据确实、充分。公安部《规定》第335条“公安机关应当审查案件事实是否清楚”的规定也体现了和解的公诉案件应当事实清楚，证据确实、充分。据此，根据上述解释性规定，适用刑事和解时所要达到的证明标准是案件事实清楚，证据确实、充分。

二、“两个基本”原则

1981年5月，彭真同志在“全国五大城市治安座谈会”上指出：“现在，有的案件因为证据不很完全，就判不下去。其实，一个案件，只要有确实的基本证据，基本的情节清楚，就可以判。一个案件几桩罪行，只要主要罪行证据确凿也可以判，要求把每个犯人犯罪的全部细节都搞清楚，每个证据都拿到手，这是极难做到的，一些细枝末节对判刑也没有用处。”① 这个标准在理论上和实务上通常被称为“两个基本”，即基本事实清楚、基本证据确实充分。2001年4月13日，最高人民法院在关于严厉打击犯罪活动的“通知”中强调，要在证明标准问题上实行“两个基本”原则，即案件审判要保证基本事实清楚、基本证据扎实。② 原最高人民检察院副检察长张穹在2001年发表的《关于“严打”整治斗争中的法律适用问题》一文中，提出要全面理解和适用“两个基本”原则，他说：“‘基本事实清楚、基本证据确凿’是实践中办理刑事案件的证明要求，适用‘两个基本’认定案件，必须达到确定无疑的程度，必须排除其他可能性，保证对被告人定罪量刑的正确。”③

从官方文件上来看，“两个基本”原则只适用于特定时期的特定案件，即“严打”时期的某些特殊案件。

三、结论的唯一性

最高人民法院、最高人民检察院、公安部、国家安全部、司法部于2010年6月13日颁布的《办理死刑案件证据规定》对死刑案件的证明标准进行了规定。《办理死刑案件证据规定》第5条第1款规定：“办理死刑案件，对被告人犯罪事实的认定，必须达到证据确实、充分。”死刑案件所要求的“证据确实、充分”与普通刑事案件所要求的“证据确实、充分”有无区别？《办理死刑案件证据规定》第5条第2款对此进行了规定：“证据确实、充分是指：（一）定罪量刑的事实都有证据证明；（二）每一个定案的证据均已经法定程序查证属实；（三）证据与证据之间、证据与案件事实之间不存在矛盾或者矛盾得以合理排除；（四）共同犯罪案件中，被告人的地位、作用均已查清；（五）根据证据认定案件事实的过程符合逻辑和经验规则，由证据得出的结论为唯一结论。”与2018年《刑事诉讼法》

---

① 转引自崔敏主编：《刑事证据理论研究综述》，83页，北京，中国人民公安大学出版社，1990。

② 参见朱捷：《“两个基本”原则之合理性分析》，载《检察日报》，2001-09-27。

③ 张穹：《关于“严打”整治斗争中的法律适用问题》，载《检察日报》，2001-07-23。

第55条对于普通刑事案件中“证据确实、充分”的解释性规定相比，《办理死刑案件证据规定》对于死刑案件中“证据确实、充分”的界定，多了一个条件——“结论的唯一性”。结论的唯一性，相当于联合国《关于保护死刑犯权利的保障措施》中所规定的“对事实没有其他解释余地”的表述方式。如果说排除合理怀疑是第二等级的证明标准；那么结论的唯一性是第一等级的证明标准，显然高于排除合理怀疑的证明标准。也就是说，死刑案件的证明标准必须是最高、最严的，以确保判处死刑的案件万无一失。

死刑案件的证明标准要求“结论的唯一性”，是否所有事实的证明均要求达到“结论的唯一性”呢？最高人民法院、最高人民检察院、公安部、国家安全部和司法部有关负责人就《办理死刑案件证据规定》和《非法证据排除规定》的基本精神和主要内容涉及的相关问题回答记者提问时指出，并不是普通刑事案件所有事实都要适用这样的证明标准，对于不影响定罪量刑的事实，或者对被告人从轻处罚的事实不需达到这样的证明标准即可予以采信。《办理死刑案件证据规定》第5条第3款规定了“被指控的犯罪事实”，包括认定被告人有罪的事实和对被告人从重处罚的事实，必须达到事实清楚，证据确实、充分的程度，并对被指控的犯罪事实的具体内容进行了列举：“办理死刑案件，对于以下事实的证明必须达到证据确实、充分：（一）被指控的犯罪事实的发生；（二）被告人实施了犯罪行为与被告人实施犯罪行为的时间、地点、手段、后果以及其他情节；（三）影响被告人定罪的身份情况；（四）被告人有刑事责任能力；（五）被告人的罪过；（六）是否共同犯罪及被告人在共同犯罪中的地位、作用；（七）对被告人从重处罚的事实。”这样规定，既可以避免司法实践中因一些细枝末节的问题使案件久拖不决，还突出了对指控的犯罪事实的证明必须达到“确实、充分”的证明标准。[①] 据此，死刑案件并不要求对所有事实的证明都达到“结论的唯一性”；而只是对于关键事实要求“结论的唯一性”；对于其他事实，例如犯罪目的、犯罪动机等，并不要求“结论的唯一性”。

《办理死刑案件证据规定》虽然规定了死刑案件证明标准的结论的唯一性，但对于关键事实的证明达不到“结论的唯一性”的案件应当如何处理，却没有明确规定。司法实践中的做法一般是发回重审，而不是疑罪从无。也就是说，司法实践中的做法是保证不错杀，但并不保证不错判。

四、我国刑事证明标准的改革

（一）“案件事实清楚，证据确实、充分”标准的实务困境

在我国，不论是将“案件事实清楚，证据确实、充分”作为一个整体来理解，还是将其拆开来解释，传统的看法都认为这里的“事实”指的是“客观事实”。以客观事实这个范畴为基础，传统的观点认为我国刑事诉讼中的证明标准追求的是客观真实，进而形成了关于证明标准的客观真实说。

“案件事实清楚，证据确实、充分”是我国的法定刑事证明标准，我国的司法实务人员也自觉或不自觉地在诉讼活动中将客观真实说作为指导原则。那么，在实践中，这个标准是否容易认识和把握呢？曾有人在2000年对从事基层审判工作的法官进行了问卷调查，其中有题目是考察法官对“确实、充分”证明标准的可把握性的认识，调查结果显示，认为

---

① 参见《五部委有关负责人就两个“证据规定”答问》，载新华网，2010-05-30。

该标准不好把握的占 54.3%，认为该标准较好把握的占 45.7%，而认为该标准很好把握的没有一个人。①

我国另有法官在 2001 年查阅了 57 个作出有罪判决的刑事案件，发现法官在判决书中判定属于犯罪事实清楚、证据确实充分和犯罪基本事实清楚、足以认定的有 34 件，占总数的 59.6%；此外，尚有 33.3%的案件或者是证据基本能够印证和采信，法官比较勉强地认定案件事实，或者是间接证据基本能够形成锁链，犯罪事实可以认定，或者是因证据力较弱而降格处理，还有个别的案件严格说是基于不相关因素降低了最低证明要求而将“疑罪”认定为犯罪。这说明我国的法定证明标准与实践中运用的情况距离比较大，立法标准与实践标准之间有很大距离，立法并不符合实际，或者说司法实务无法达到法律规定的要求。②

综上可知，我国《刑事诉讼法》规定的“案件事实清楚，证据确实、充分”的证明标准不够明确、具体，缺乏可操作性，在实践中难以把握。现行《刑事诉讼法》虽然在第 55 条增加了对于普通刑事案件中“证据确实、充分”的解释性规定，但并不能改变该标准的实质。该标准以客观真实说为指导，既忽视了人的认识活动的主观性以及诉讼活动的特殊性，又对法官运用证据认定案件事实提出过高的要求，把诉讼证明追求的目的误认为是诉讼证明的标准。证明标准应当以正当性的最低限度为标准，而不是以所要追求的最高理想为标准。“案件事实清楚，证据确实、充分”实际上是最高证明标准而非原本意义上的最低证明标准，准确说应当是证明目的。

（二）我国法定刑事证明标准的改革方向

一个国家在立法上设定证明标准，至少需要考虑以下几个方面的因素：首先，应当坚持主观与客观相结合的原则。如前所述，证明标准离不开一定的客观基础，但它却是主观的，是审判人员在实体法和程序法的规范和约束下依赖证据对事实进行主观认识的结果，不应脱离开主观而设定所谓的纯粹的客观标准，但也不应脱离客观设定纯粹的主观标准。其次，证明标准应当是一种明确的、具体的、可操作的法律标准，因为诉讼中确立证明标准的目的就是为诉讼当事人和审判人员进行相应的诉讼行为提供基准和参照，所以将证明标准理解为一种应然模式和理想状态不符合诉讼实践的需要。最后，证明标准应当是大多数诉讼在时空限制和资源许可的情况下所能达到的标准。诉讼证明总是在特定的时空范围内进行的，受到有限资源的制约，必须考虑成本、效益、效率等因素。若对履行证明责任的诉讼一方要求过高，则不利于保护当事人的合法权益；若要求司法机关为寻求某案件的绝对真实而不惜一切代价、不计任何成本，同样也是脱离司法实际的。这里有一个不同价值取向之间相互平衡的问题，不能单纯以认识论为转移。这三点是在立法上设定证明标准时应当坚持的原则。

如前所述，用“法律真实”来界定诉讼证明的标准是比较合适的。法律真实说即主张用“排除合理怀疑”来表述刑事诉讼中认定被告人有罪的证明标准。而“排除合理怀疑”标准完全符合上述三个原则，它符合审判人员依赖证据认定案件事实的过程，在实践中容易把握、操作，所要排除的怀疑都是合理的、有客观依据的，在一定的时空条件下，如果审判人员不能依赖公诉方提供的证据对公诉方针对被告人有罪的指控排除合理怀疑，则应

① 参见陈碧：《关于刑事审判中认证问题的思考》，载何家弘主编：《证据学论坛》，第 2 卷，479 页，北京，中国检察出版社，2001。

② 参见胡建萍：《证明标准问题之司法实务考察》，载曹建明主编：《诉讼证据制度研究》，27 页，北京，人民法院出版社，2001。

当宣判被告人无罪。因此，我国在立法上设立“排除合理怀疑”的刑事证明标准是适当的。

虽然 2012 年刑事诉讼法修改时，再次在立法上确认了定罪标准为“案件事实清楚，证据确实、充分”，但在对“证据确实、充分”进行解释时，使用了“排除合理怀疑”的表述方式。这无疑是一个巨大的进步。基于“案件事实清楚，证据确实、充分”标准在实务中理解和适用上的困境，我们建议，对于刑事诉讼有罪判决的证明标准，可以使用“证据确实、充分，排除合理怀疑”的表述方式。“证据确实、充分，排除合理怀疑”是在审判阶段作出有罪判决时应当达到的标准，即定罪标准；如果公诉方举出的证据不能达到“确实、充分”的程度，不能“排除合理怀疑”地证明被告人有罪，应当宣告被告人无罪。此外，系统性地构建刑事诉讼中的证明标准还应当注意以下几点：（1）应当区分不同种类案件的证明标准。“证据确实、充分，排除合理怀疑”只是认定被告人有罪的最低标准，在某些特殊类型的案件，如死刑案件中，适用的标准应当高于“证据确实、充分，排除合理怀疑”，可以表述为“证据确实、充分，结论唯一性”，但这并不违反“排除合理怀疑”的法定标准，也不是该标准的例外，这是由死刑案件犯罪性质严重、判决结果事关人的生命决定的。尤其是在最高人民法院收回死刑复核权的大背景下，可以将死刑案件的证明标准表述为“证据确实、充分，结论唯一性”，以高于普通刑事案件的证明标准“证据确实、充分，排除合理怀疑”。（2）在刑事诉讼中，应当构建层次性的证明标准，即随着诉讼阶段的推进而设置从低到高的证明标准。可以将立案侦查的证明标准表述为“合理犯罪嫌疑”，逮捕的证明标准表述为“优势证据”，侦查终结移送审查起诉和提起公诉的证明标准表述为“明晰可信”，有罪判决的标准表述为“证据确实、充分，排除合理怀疑”。（3）应当明确在刑事诉讼中，被告方承担说服性证明责任时的证明标准低于公诉方证明被告人有罪时应当达到的证明标准，可以表述为“优势证据”。

【问题与思考】

1. 试论述证明标准的客观性与主观性。

2. 如何理解证据法上关于证明标准性质的几种学说，如“客观真实说”“法律真实说”“主观真实说”？

3. 试比较英美法系国家的刑事证明标准“排除合理怀疑”和大陆法系国家的刑事证明标准“内心确信”之间的异同与优劣。

4. 如何理解诉讼证明标准的多元化？

5. 如何理解“基本事实清楚，基本证据确实”的刑事证明标准？

6. 如何理解最高人民法院、最高人民检察院、公安部、国家安全部、司法部《办理死刑案件证据规定》对死刑案件证明标准所规定的“结论唯一性”？

7. 公诉案件刑事和解需要达到什么样的证明标准？

8. 试论述我国法定刑事证明标准的缺陷及其完善。

9. 1994 年 6 月的一天，美国橄榄球明星辛普森的前妻尼科尔·布朗·辛普森和男友罗纳德·戈德曼被发现死于距离好莱坞影城不远的布莱特伍德区的一座住宅里。辛普森被认为有重大嫌疑而被警方逮捕，并被送上法庭。该案的审判持续了一年多的时间。1995 年 10 月，辛普森在所谓的“世纪审判”中被陪审团宣告无罪。这个无罪判决在法律意义上的含义是：由于公诉方的证据没能“排除合理怀疑”地证明辛普森有罪，因而陪审团认为辛普森不一定是杀人凶手，只能宣布其无罪。但在后来的民事审判中，基于同样的证据，另一个陪审团认为辛普森“有罪”，判决其承担巨额民事赔偿。试分析为什么辛普森在刑事诉讼中胜诉，但在民事诉讼中败诉了。

【推荐阅读书目】

1. 李浩．证明标准新探．中国法学，2002（4）．

2. 何家弘．论司法证明的目的和标准．法学研究，2001（6）．

3. 樊崇义．客观真实管见．中国法学，2000（1）．

4. 张继成，杨宗辉．对“法律真实”证明标准的质疑．法学研究，2002（4）．

5. 王圣扬．论诉讼证明标准的二元制．中国法学，1999（3）．

6. 韩象乾．民、刑事诉讼证明标准比较论．政法论坛，1996（2）．

7. 汤维建，陈开欣．试论英美证据法上的刑事证明标准．政法论坛，1993（4）．

8. 廖明．“排除合理怀疑”标准在英美国家的理解与适用//何家弘．证据学论坛：第 7 卷．北京：中国检察出版社，2004．

9. 廖明．论刑事和解的客体．比较法研究，2012（5）．

10. 廖明．我国死刑案件证据制度之完善．昆明理工大学学报（社会科学版），2009（11）．

11. 李学宽，汪海燕，张小玲．论刑事证明标准的层次性．中国法学，2001（5）．

12. 王敏远．公法：第 4 卷．北京：法律出版社，2003．

第十五章
刑事证明环节

内容导读

证明的准备、举证、质证、认证是证据运用过程中四个依次进行的环节，这四个环节构成了一条流水线，缺一不可。离开任何一个环节，刑事诉讼证明都会成为残缺的链条，证明的任务也就很难科学地完成。其中，证明的准备主要是指取证，是对证据的发现、收集、固定和保全，其构成了刑事诉讼证明的第一环节，是举证、质证和认证的基础。举证是对己方证据的出示和提供，是衔接取证和质证的中间环节。质证是对对方证据的质疑和质问。举证是质证的前提。认证是审判人员对证据能力和证明力的认定。在刑事诉讼的证明环节中，认证是最关键的，是证明的准备、举证、认证等活动的目的和归宿，而认证又是为认定案件事实服务的。

第一节　证明的准备

如果从狭义上来理解证明，证明仅包括举证、质证、认证三个环节。如果从广义上来理解证明，证明还应包括证明的准备环节。证明的准备环节主要是指取证。我国的刑事司法在很大程度上仍然以侦查程序为中心，因此，证明的准备环节，特别是取证，就显得尤为重要。

一、取证的概念

刑事诉讼中的取证，是指法定的机关和人员，在法律规定的权限范围内，依照法律规定的程序，发现、提取、固定和保全证据的活动。

刑事诉讼中的取证作为一种诉讼活动，具有以下几个特点。

1. 主体特定。并非所有参与刑事诉讼诉讼活动的人都可以取证，只有法律规定的机关或者人员才有取证的权力或权利。

2. 权限特定。从取证的手段是否具有强制性这一角度，可以将取证分为任意性取证和强制性取证两种类型。任意性取证是指在不侵犯他人基本权利的前提下，包括在征得证据提供者同意的前提下收集证据；强制性取证是指采用一定的对他人基本权利有所限制或者侵犯的强制方法收集证据。不同的取证主体在能否使用强制性手段收集证据的权限上是不同的，为防止公民的基本权利受到任意侵害，法律对哪些主体能够使用强制方法收集证据应当作出明确规定。

3. 程序特定。由于强制性的取证方法会对公民的人身自由、财产或者隐私造成一定的限制或者侵犯，因而法律有必要从程序上对这种取证活动加以约束，取证主体应当严格依照法律规定的程序收集证据。

4. 内容特定。取证不仅仅体现为对证据的发现和提取，还包括及时对提取到的证据进行及时的固定和保全，以防止证据因为各种主、客观原因发生变化，从而影响其对案件事实的证明作用。

取证和审查判断证据是紧密联系的。一般来说，取证在前，审查判断证据在后。但在某些情况下，取证时就需要判断。例如，侦查人员在杀人现场发现一把水果刀，它是不是本案的证据？应否将它收集归案？对此，就需要判断。此外，取证的工作不是一蹴而就，而是从多方面不断进行的。在审查判断证据时，发现现有证据之间有矛盾或现有证据还不能证明案件事实时，就需要再次取证。因此，取证和审查判断证据又是互相渗透、交替进行的，不能截然分开。

二、取证的主体

取证的权力或权利是由法律明确规定的，在刑事诉讼过程中，只有法定的主体，才能取证。根据我国《刑事诉讼法》和相关司法解释的规定，刑事诉讼中的取证主体包括：

1. 人民法院及其审判人员。《刑事诉讼法》第 54 条规定："人民法院、人民检察院和公安机关有权向有关单位和个人收集、调取证据。"第 52 条规定："审判人员、检察人员、侦查人员必须依照法定程序，收集能够证实犯罪嫌疑人、被告人有罪或者无罪、犯罪情节轻重的各种证据。"据此，人民法院及其审判人员是取证的重要主体。《刑事诉讼法》第 43 条规定："辩护律师经证人或者其他有关单位和个人同意，可以向他们收集与本案有关的材料，也可以申请人民检察院、人民法院收集、调取证据，或者申请人民法院通知证人出庭作证。"第 196 条规定："法庭审理过程中，合议庭对证据有疑问的，可以宣布休庭，对证据进行调查核实。人民法院调查核实证据，可以进行勘验、检查、扣押、鉴定和查询、冻结。"据此，人民法院及其审判人员调查取证有两种情况，一种是在庭审前，依辩护律师的申请调查收集证据；另一种是在法庭审理过程中，对证据有疑问时，对证据的调查核实。

2. 刑事侦、控机关及其工作人员。刑事侦、控机关是指在刑事诉讼中享有刑事侦查权和刑事起诉权的公安司法机关。在我国，刑事侦查机关包括公安机关、人民检察院、国家安全机关、军队保卫部门、中国海警局、监狱和海关缉私部门；公诉机关则只有人民检察院。

根据《刑事诉讼法》第 52 条和第 54 条的规定，公安机关、人民检察院及其工作人员都有权取证，是取证的适格主体。《刑事诉讼法》第 4 条规定：“国家安全机关依照法律规定，办理危害国家安全的刑事案件，行使与公安机关相同的职权。”《刑事诉讼法》第 308 条规定：“军队保卫部门对军队内部发生的刑事案件行使侦查权。中国海警局履行海上维权执法职责，对海上发生的刑事案件行使侦查权。对罪犯在监狱内犯罪的案件由监狱进行侦查。”据此，国家安全机关、军队保卫部门、中国海警局和监狱，在刑事诉讼过程中也有取证的权力。另外，从 1998 年开始，国家在各级海关均设有走私犯罪侦查部门，专门负责对走私案件的侦查工作，在侦查活动中，享有与公安机关相同的职权。根据国务院办公厅《关于海关总署走私犯罪侦查机构职能调整和更名的复函》，各级海关走私犯罪侦查部门从 2003 年 1 月 1 日起更名为缉私部门，具体规定如下：“海关总署走私犯罪侦查局”更名为“海关总署缉私局”；“海关总署走私犯罪侦查局广东分局”更名为“海关总署广东分署缉私局”；“××海关走私犯罪侦查分局”更名为“××海关缉私局”；“××海关走私犯罪侦查支局”更名为“××海关缉私分局”。另外，在未设支局的隶属海关（办事处）新设立的科级机构命名为“××海关缉私科”。作为享有国家侦查权的部门，海关所辖缉私部门也属于刑事诉讼中的专门机关，具有与公安机关同等的地位。

刑事侦、控机关及其工作人员的取证，有以下几个特点：（1）取证的方法最为广泛；（2）取证的手段具有明显的强制性；（3）取证的目的是打击犯罪。

3. 辩护律师。《刑事诉讼法》第 43 条规定：“辩护律师经证人或者其他有关单位和个人同意，可以向他们收集与本案有关的材料，也可以申请人民检察院、人民法院收集、调取证据，或者申请人民法院通知证人出庭作证。辩护律师经人民检察院或者人民法院许可，并且经被害人或者其近亲属、被害人提供的证人同意，可以向他们收集与本案有关的材料。”可见，辩护律师的取证并无强制性，因为法律不仅没有规定律师调查时相对方有义务接受律师的调查，而且规定律师在进行调查时必须经有关单位或者个人同意。这种规定会使律师的取证活动遇到相当大的困难。

在刑事诉讼中，对于刑事公诉案件，取证基本上是在侦查阶段由公安机关或人民检察院进行。但是，在审查起诉阶段，人民检察院为了查明案件事实，不仅可以根据当事人或者律师的申请调取证据，而且可以主动取证。例如，人民检察院审查公安机关移送起诉的案件时，如果发现犯罪事实不清，证据不足，需要补充侦查的，可以自行侦查、取证。在刑事审判阶段，在一审人民法院审理案件的过程中，合议庭如果认为公诉方或辩护方提供的证据存有疑问，有权宣布休庭，对证据进行调查核实，并进行勘验、检查、扣押等活动而收集新证据。在当事人对一审判决不服提出上诉后，二审人民法院经过审理，如果发现原判决事实不清或者证据不足的，可以自行取证以查清事实。人民法院的取证一般是在开庭审理案件以后，由人民法院在控辩双方举证的基础上根据需要而进行的。

三、取证的步骤

取证通常包括发现、提取、保全三个环节，每个环节都有各自的任务和特点。

1. 发现证据

发现证据是指运用某种手段和方法看到或者找到能够证明案件事实情况的材料。只有发现了证据，才能取得证据。刑事案件的情况非常复杂，许多证据是不易发现的，因为犯罪分子为了逃避惩罚，其犯罪活动一般都是采取隐蔽的形式和狡猾的手段进行。他们犯罪之后，往往又伪造现场，毁灭罪证，制造假象，千方百计地掩盖罪行，力图欺骗、迷惑公安司法人员，阻挠他们发现犯罪证据。同时，随着时间的推移，犯罪现场和其他场所留下的能够反映犯罪活动的痕迹、物品也会发生变化，如痕迹消失、犯罪工具被损坏等。知情人也可能因时间久远而记忆不清，不能准确地提供情况；或者因心存顾虑，不敢如实地反映案情。诸如这些情况，都会给证据的发现工作带来一定困难。但是，任何犯罪活动，都是在特定的时空条件下发生的，只要犯罪分子实施了犯罪活动，不论他如何狡猾、诡秘，善于伪装，总会在作案过程中留下有关犯罪活动的痕迹和物品。因此，只要采用正确的方法，进行深入细致的调查研究，就一定能够发现与案件相关的证据。

2. 提取证据

提取证据是指运用一定的方法、手段和设备去获取已经发现的证据材料。办理案件是一项面对社会的工作，公安司法人员不仅要自己弄清案件事实，而且在审理时还要当庭展示证明案件事实情况的证据。因此公安司法人员一旦发现了证据，还必须采取一定的方法把它提取出来。提取证据的方法是多种多样的，根据《刑事诉讼法》的规定，提取证据的方法包括讯问、询问、辨认和鉴定等。不论采取何种方法提取证据，都要保持证据的原状和真实性，防止因提取而导致其发生变化。总之，要尽可能使取得的证据与被发现的证据保持一致。

3. 保全证据

保全证据一般称为"证据保全"，包括证据的固定和保管，是指运用一定的方法、手段或者设备将已经发现或提取的证据固定下来，妥善保管，以便在以后的诉讼活动中证明或认定案件事实时使用。证据保全是取证活动的重要环节，是收集证据工作过程中不可分割的组成部分。提取证据的目的是使用这些证据证明案件事实。但是，无论在时间上还是空间上，提取证据与使用证据之间都有一定的距离。如果因保全措施不当而使提取到的证据受到损坏甚至灭失，那么收集证据的任务就等于没有完成，而且很可能再也无法完成了。因此，为了实现收集证据的目的，必须重视证据保全工作。

四、取证的原则

取证是一项重要的诉讼活动，为了保证其顺利进行和取得成效，为正确处理案件提供可靠的依据，必须遵循一定的原则。

1. 合法性原则。为了保证一切与案件有关或者了解案情的公民，有客观、充分地提供证据的条件，防止可能出现的偏差和错误，使取证工作能够有效地进行，取证必须遵循合法性原则。该原则包括三个具体要求：其一，取证主体合法。只有依法享有调查收集证据权力或权利的机关或者个人，才能在刑事诉讼中向犯罪嫌疑人、被告人、证人、被害人、鉴定人等收集证据。尤其是那些强制性的证据收集手段，比如讯问，只能由法律明确授权的主体使用。其二，取证手段合法。一方面，不同的取证主体只能使用法律授权范围内的各种手段去收集证据；另一方面，有些取证手段，即便是依法享有强制调查收集证据权力的机关也不能采用，比如刑讯逼供、诱供或者骗供。其三，取证程序合法。在法律授权的范围内收集证据，还必须遵守相应的程序性规定。我国《刑事诉讼法》明确规定，司法人员应当按照法定程序收集与案件有关的各种证据。我国《刑事诉讼法》还规定了各种具体的取证方式、方法。此外，为了保证公安司法人员依照法定程序取证，法律还对采用某些非法方法取证的行为，规定了制裁措施。例如，我国《刑法》第 247 条规定了刑讯逼供罪。

2. 及时性原则。能够证明案件事实情况的证据，要由一定的物品、痕迹或者人的语言文字表现出来。一般来说，离案发时间越近，这些能反映案件事实情况的物品、痕迹就越容易查找，知情人对案件事实的记忆也越清晰，表达会越清楚；相反，离案发时间越远，能够证明案件事实情况的物品和痕迹就会发生变化或者消失，知情人对案件事实的记忆就容易模糊，难以表述清楚。犯罪人也会隐匿证据，或者伪造一些对自己有利的证据。在这种情况下，要取得确实、充分的证据，就会非常困难，甚至形成疑难案件。因此，公安司法人员在刑事诉讼过程中必须及时取证。一般来说，公安司法人员在发现有犯罪事实后，应尽快赶赴犯罪地点，抓住发案不久，犯罪痕迹比较明显、罪证容易收集的有利时机，及时进行勘验、检查、搜查、扣押，询问受害人、证人等专门性调查工作，以利于发现和提取确实、充分的证据。

3. 客观、全面原则。为了查明案件的真实情况，认识案件事实的本来面目，公安司法人员在取证时，必须采取实事求是的科学态度。对于客观存在的证据，不能加以夸大或缩小，也不能用主观想象代替客观事实，按照主观设想的框框去取证；更不能弄虚作假，歪曲事实，制造虚假的证据。只有全面取证，才能查明犯罪发生的时间、地点、动机、目的、手段、方法、过程、危害后果、犯罪人；才能据以正确确定是故意犯罪还是过失犯罪；是共同犯罪还是个人犯罪；被告人应否负刑事责任。该原则是针对刑事诉讼中的国家专门机关尤其是侦查机关所提出的特别要求。我国《刑事诉讼法》第 52 条明确要求公、检、法机关及其工作人员应当客观、全面地收集证据。根据这些规定，公安司法人员在取证时，必须克服先入为主的观念和片面性。在刑事诉讼过程中，不能只注意收集证明犯罪嫌疑人、被告人有罪和罪重的证据，而不注意收集证明犯罪嫌疑人、被告人无罪和罪轻的证据；也不能只注意收集加重犯罪嫌疑人、被告人罪责的证据，而不注意收集可以从轻、减轻或者免除犯罪嫌疑人、被告人罪责的证据。

4. 深入、细致原则。犯罪分子实施犯罪后，往往制造各种假象，混淆视听。公安司法人员不能被表面现象所迷惑，必须到案发地和其他有关场所，深入群众，收集那些不易被发现或被当事人掩盖、隐匿的证据，以便查清案件事实。如果收集到的证据是传来证据，还应追根溯源，尽可能地查找原始证据。案件中的各种证据，有许多是不易被发现的，例如，一根毛发、一个指纹、一滴血迹、片纸只字、微量泥土等。这些看起来似乎微不足道的物品和痕迹、无关紧要的“平常情况”，很可能成为证明案件事实的有力证据。因此，取证必须细致，要注意那些不明显的证据，更不能放过任何疑点。

五、取证的方法

取证的方法既包括刑事诉讼法和相关司法解释明文规定的各种调查措施和手段，也包括法律、法规未明确规定的方法。刑事诉讼法和相关司法解释规定的取证方法包括询问、讯问、辨认、搜查、勘验、检查、采集生物样本、侦查实验、鉴定、技术侦查。然而，刑事诉讼法和相关司法解释显然并不能囊括司法实践中采用的所有取证方法，使用那些尚未得到法律确认的取证方法亦是普遍现象，例如悬赏取证、“收买取证”，以及一些在学理上暂无约定名称的取证方法等。不论采用何种具体的取证方法，取证人员都必须遵守法制要求，依法办事。

按照不同标准可以对取证方法进行多种分类。除了前面提到的任意性取证和强制性取证的分类外，依据法律规定的不同，可以将取证分为询问、讯问、辨认、搜查、勘验、检查、采集生物样本、侦查实验、鉴定、技术侦查以及保全方法等。依据主体的权限的性质不同，可以将取证分为权力型取证与权利型取证，前者是指公安司法机关及其工作人员开展的强制性收集与保全证据的做法，后者是指辩护律师开展的非强制性收集与保全证据的做法。依据事务是否经过委托，可以将取证分为本调查与受托调查，前者是指由承担取证义务的主体收集与保全证据的做法，后者是指某人本来不承担取证义务，在接受他人的委托后而收集和保全证据的做法。依据涉及的区域不同，可以将取证分为国内取证与国际取证，当前我国开展的国际取证主要包括国际协查、国际联查与域外取证。

第二节 举 证

一、举证的概念

刑事诉讼中的举证具有特殊的含义，它主要指控辩双方在审判或者证据交换过程中，向法庭提供证据证明其主张之案件事实的活动。它囊括将证据提交给法庭的各种工作，如讯问被告人，询问被害人、证人、鉴定人，宣读未到庭证人的证言、被害人的陈述、鉴定人的鉴定意见，出示有关的物证、书证，播放视听资料等。

从这个概念可以看出，举证的主体应当是刑事诉讼中的控辩双方，而不包括审案的法官。虽然按照刑事诉讼法的规定，人民法院在特定条件下可以依职权调查收集一部分证据，但这些证据不宜由法官在法庭上出示，而应当由某一方当事人出示。因为这些证据总是对一方当事人有利，对另一方当事人不利。如果由法官出示的话，就会形成不便于质证，甚至法官不中立的局面。因此，我们认为，那些由法官获取的证据对控辩哪一方有利，就应交由哪一方去完成举证程序。

举证的客体是对本方当事人有利的证据，即本证。在我国刑事司法实践中，侦查人员在侦查阶段可能收集到了一些证明被告人无罪、罪轻的证据，但公诉人在审查过程中认为这些证据不属实，不属于指控范围的证据，没有向法庭移送；而辩方律师通过种种渠道知道了控方掌握着证明被告人无罪、罪轻的证据，遂在法庭上要求公诉人当众出示或宣读，结果往往遭到公诉人的拒绝。我们认为，这些潜在的证据属于控方的反证、辩方的本证，故不宜由控方出示，否则控方便难以对之展开质证了。现实的做法是，辩方可以向法庭提出申请，由控方将所掌握的对被告人有利的特定证据交给值庭法警，并转交辩护人出示，然后控方可以对此发表质证意见。

举证主要发生在庭审阶段，也包括庭前的证据交换。庭审时当事人各方出示证据会产生明确的法律后果，属于真正的举证。除此之外，在庭审前的证据交换过程中，诉讼各方在法庭的主持下要按照一定规则和程序把己方证据告知对方，以便对方在开庭前做好相应准备，这就是所谓的证据交换行为、证据展示行为或证据开示行为。这可以视为举证的预备程序，也可以称之为宽泛意义上的举证。这种制度早已为世界上许多国家所采用，我国刑事诉讼实践中也在积极探索。

二、举证的顺序

（一）举证顺序的基本原则

在刑事诉讼中，举证顺序必须遵循控诉方先行举证的原则。控诉方先行举证原则，是指控诉方先行举证，然后由辩护方进行举证；在第一轮举证之后，如果双方还有反驳证据，可以再按照先控诉方后辩护方的顺序进行第二轮、第三轮的举证。控诉方先行举证，不是说控诉方有优先权或特权，而是基于控诉方的职责以及控方和辩方的关系设定的。控诉方执行控诉职能，处于积极追诉地位，其行为会带来被告人利益的丧失，这些利益包括财产、自由、人格尊严，甚至生命。控诉人提出被告人实施了犯罪行为的事实主张，直接使被告人处于不利的法律地位，因此，控诉人必须先行向法庭提供证据来证实自己的事实主张。如果控诉人不能提出证据，辩方就无须举证，控方的事实主张就不会被法庭支持。辩方实际上是处于消极的、被引起的地位，没有控方的控诉，就没有辩方的辩护。辩方的举证基于辩护权的行使产生，如果控方不控诉且举证，则辩方的举证就没有前提条件或引起条件。总之，控方先行举证，实质上是对被告人的保护，不是控方享有优先权的体现。

（二）几种常见的举证顺序

由于控方承担举证责任，且要在法庭出示大量证据，而辩方的举证是为辩驳控方的证据，所以辩方的举证受制于控方的举证，要根据控方的举证情况来安排举证活动。这样，辩方的举证顺序就是随机应变的，而控方要在庭前周密安排，确定举证顺序。因此，下面所列举的几种常见的举证顺序主要是针对控方而言的。

1. 按照事件发生的时间顺序进行举证

犯罪行为的实施一般都需要一个过程，在这个过程中包含着先后实施的多个行为、动作，这样就可以按照时间的顺序，即事件发生的先后顺序来进行举证。这种举证顺序主要适用于两类案件：一是犯罪行为是由一系列相对独立而且时间顺序清楚的具体活动构成；二是同类数罪案件。如被告人被指控先后实施了多起同类犯罪行为，如盗窃、抢劫，控诉方就可以按照犯罪行为实施的先后顺序来进行举证。对于异种数罪，如果没有特别必要，也可按照时间顺序来进行举证。如果被告人被指控间隔一段时间实施了同种数罪和异种数罪，例如被告人先实施了盗窃，间隔半个月实施了抢劫，又间隔半个月实施了盗窃；对这种情况，公诉人可以先就同种数罪按照时间先后进行举证，然后再按照时间先后举证异种罪。这种举证顺序的优点在于：能够清晰地向法庭展示犯罪发生、发展的脉络，符合人们的认知规律。缺点是：有些突发性案件和犯罪过程极短、行为之间时间先后顺序不明显的案件，就不适宜用这种举证顺序。另外，这种举证顺序难以突出重点。

2. 按照事实要素在案件中的重要程度进行举证

在有些案件的诉讼活动中，由于案件事实要素之间的时间顺序不太明显，或者不太重要，所以举证不宜按照事件发生的时间顺序进行。每一个案件都是由一系列的案件事实要素构成，各个事实要素在案件中的重要程度不同，而且层次比较清晰，控诉方便可以根据各事实要素在案件中的性质和地位安排举证顺序。这种举证顺序一般有两种情况：第一种是“从内向外”的举证顺序，即先就案件的核心事实要素进行举证，然后再就案件的外围事实要素进行举证；第二种是“从外向内”的举证顺序，即先就案件的外围事实要素进行举证，然后再就案件的核心事实要素进行举证。这种举证顺序有利于突出重点，分清主次矛盾，适用于案情复杂、证据庞杂的案件。

3. 按照事实要素之间的因果关系进行举证

在有些案件的诉讼活动中，由于案件事实或行为之间的因果关系比较明确，所以举证可以按照事件的因果关系进行。具体可以分为两种情况：一是先因后果的举证顺序，即先就案件中的原因进行举证，然后再就案件中的结果进行举证；二是先果后因的举证顺序，即先就案件中的结果进行举证，然后再就案件中的原因进行举证。这种举证顺序有利于把握案件事实之间的关系。

4. 按照共同被告人在案件中的主次地位进行举证

在共同犯罪案件中，一般存在主犯、从犯之分，实行犯、帮助犯、教唆犯和组织犯之分。对此，一般可采取两种举证顺序：一是先主犯后从犯的举证顺序。由于主犯在共同犯罪中起到主要作用，一般是犯罪的策划者、组织者、有力的实施者，先对其实施的犯罪进行举证有利于全面了解案件的情况。二是先实行犯后非实行犯的举证顺序。实行犯是犯罪实行行为的实施者，其行为表明整个犯罪行为的性质，先对其进行举证，有利于把握整个案件的性质，也有利于对非实行犯进行举证。另外，如果主犯不认罪，举证也可以先从从犯开始。这种方法，又称换位举证。这样先易后难，即运用迂回包抄、竭泽而渔的策略，首先对从犯讯问举证，扫清外围，待犯罪事实被合议庭确认之后，再集中全力攻克主犯，有利于举证的顺利进行。①

此外，在附带民事诉讼的刑事案件中，一般应当按照“先刑事后民事”的顺序分别就有关的案件事实或主张进行举证。

三、举证的方法

举证方法，是指控辩双方向法庭出示证据所采取的方法。举证方法得当与否，直接关系到举证的效果。如果采取的举证方法不合适，导致证据展示不全面、不清晰，就会影响证据的证明力。当然，不同种类的证据所采取的举证方法也不相同。同一类法定证据，在不同案件中也会采取不同的举证方法。举证方法的选择要根据证据本身的特点和证明的需要来确定。

（一）举证的基本方法

对于单个证据来说，应注意这三项规则：

（1）言词证据的举证方法应该以口头陈述为主，以书面陈述和笔录等为辅。证人证言、被害人陈述、被告人的供述或辩解、鉴定意见等这些言词证据，原则上都应该以证人、被害人、被告人、鉴定人到庭直接陈述的方式提供，有关的书面陈述和笔录等作为对照和补充。这主要是因为，在控辩式庭审中，实行直接言词原则，任何言词证据都要在法庭上经过控辩双方质证。如果言词证据不以直接陈述方式举证，那么就无法进行质证，认证也无法进行，同时也影响证据的证明力。在某些特殊情形下，如果证人、被害人、鉴定人不便出庭，可以采取屏蔽作证、远程作证的方式让证人、被害人、鉴定人接受控辩双方的质证。

---

① 参见何家弘、杨迎泽：《检察证据教程》，226—227 页，北京，法律出版社，2002；何家弘、南英主编：《刑事证据制度改革研究》，311—313 页，北京，法律出版社，2003。

当然，在我国，审判实践中还是实行以书面证据为中心的模式，笔录和书面陈述大量在审判中运用。在这种情况下，如果对书面陈述和笔录的内容有争议或疑问时，法官应当传唤书面陈述和笔录的制作人出庭说明有关情况。

（2）实物证据的举证方式应该以原始物为主，以复制物为辅。例如，物证应提供原物，书证应提供原件，视听资料应提供原带等。之所以这样规定，是因为在一般情况下，原始证据比传来证据更有证明力。当然，在确实无法提供原始物的情况下，经法官许可，可以以复制物的方式举证，但是在对证据内容有争议或疑问时，法官应当传唤复制物的制作人或提取人出庭说明有关情况，或者要求当事人举出其他证据进行“补强”。

（3）出示证据时，要对证据进行必要的说明。对证据进行说明是举证的当然内容。对证据进行必要说明，有利于法庭对证据的认识、了解。一般来讲，在出示某一项证据时，应向法庭说明将出示的是什么证据、该证据的获得情况、证据的基本内容、要证明的事实主张、与案件事实和其他证据的联系等。

（二）多媒体示证

为了生动形象地说明证据的内容或特征，控辩双方可以在法庭上采用多媒体方式进行举证。多媒体示证，是指在法庭开庭审理过程中，控辩双方运用计算机多媒体技术向法庭出示各种证据的举证方式。近几年，多媒体示证在检察机关出庭公诉活动中得到运用，如在北京、上海、广东等省、市、区的检察系统已得到广泛应用。在成克杰案、胡长清案和厦门远华走私案等案件的庭审过程中，检察机关都运用了这种举证方式，并取得了良好的社会效果。

多媒体法庭示证系统由两部分构成：一是软件部分，包括法庭示证系统软件、数据库、操作系统、应用软件等；二是硬件部分，包括电脑、投影机、投影屏幕、数码相机、红外线扫描仪、摄像机、录像机、视频采集盒等。运用多媒体法庭示证系统的基本方法是，在出庭前，把需要在法庭上出示的各种证据材料通过扫描、照相、录像等方法形成数据信息，借助输入设备储存到电脑中，按照举证顺序，根据各个证据材料的特点，进行编辑制作，然后输入、储存在电脑中或刻制成光盘。开庭时，依据出庭预案操作多媒体投影机，出示电脑中储存的证据。①

总体来说，计算机多媒体技术在举证中的运用，减轻了劳动强度，突破了语言表述的局限，增强了证据的证明力，很好地体现了审判公开、民主的宗旨，适应了庭审改革的发展趋势。具体来说，多媒体示证的优点在于：一是提高了效率。过去，一些证据，如物证等，要在法庭上传看、辨认，浪费时间，现在直接用大屏幕等工具向法庭展示，能够让大家同时观看、认知、分析，减少了传送时间。二是生动、具体、简洁、直观、形象。无论多么庞大或微小的证据，都可以以适当的面积在屏幕等载体上显示，并且可以多角度、多层次显示，避免了对于一些不便出示的证据仅凭举证方口头描述或图片举证所可能引起的歧义，也避免各方产生厌倦情绪。三是提高质证的针对性。多媒体示证，可以根据质证的需要，将证据或其部分内容固定显示，以便控辩双方进行质证，避免双方空口而谈，无法直接指认证据上的问题，这样做使双方能更有针对性地进行质证。

多媒体示证有很多优点，但也有它的不足：一是它需要技术和金钱的支持，增加了诉讼成本。目前，控方使用多媒体示证也仅发生在经济发达的地区。辩方使用多媒体示证的

---

① 参见姜伟、钱舫、徐鹤喃：《公诉制度教程》，395页，北京，法律出版社，2002。

情况还不多。二是并非针对所有证据运用多媒体进行举证都会有良好的效果。八种法定证据中，首先，物证、视听资料、电子数据很适合采取多媒体进行举证。物证是以其自身属性、特征或存在状况证明案件事实的物品和物质痕迹。多媒体示证可以多角度、多层次、立体地展示物证，尤其对于能够证明案件事实的部分，可以采取定位、放大或缩小等手段让法庭仔细辨认、分析。另外，对一些微小的物证可以放大处理，对于体积很大不便当庭出示的物证，多媒体示证也可以充分展现其特征。视听资料、电子数据本来就属于高科技证据，运用多媒体进行举证，更具灵活性和高效性。其次，对于书证、鉴定意见、勘验检查笔录，要根据情况确定是否采取多媒体示证。一般来说，对于简单的书证，鉴定人、勘验检查人未到庭的鉴定意见和勘验检查笔录，就不必采取多媒体进行举证。如果书证比较复杂，例如一些票据、图表等，还有一些书证同时还是物证，这就要采取多媒体进行举证。鉴定人、勘验检查人到庭直接陈述鉴定意见、勘验检查笔录，如果结合多媒体进行举证，就会获得更好的效果。最后，对于证人证言、被害人陈述、被告人的供述或辩解等言词证据，就不必采取多媒体示证。①

（三）屏蔽作证、远程作证

2018年《刑事诉讼法》第64条规定："对于危害国家安全犯罪、恐怖活动犯罪、黑社会性质的组织犯罪、毒品犯罪等案件，证人、鉴定人、被害人因在诉讼中作证，本人或者其近亲属的人身安全面临危险的……采取不暴露外貌、真实声音等出庭作证措施……"第154条规定："如果使用该证据可能危及有关人员的人身安全，或者可能产生其他严重后果的，应当采取不暴露有关人员身份、技术方法等保护措施……"不暴露外貌、真实声音、身份的出庭作证措施目前主要是指屏蔽作证。屏蔽作证指的是，证人、被害人、鉴定人不出现在法庭里，而是在特定的证人作证室内，通过视频和音频的连接同步作证，并接受控辩双方的交叉询问。2009年3月23日，全国首例证人屏蔽作证案在上海市第一中级人民法院开庭审理。屏蔽作证主要有三个功能：一是对证人、被害人、鉴定人的隔离功能。证人、被害人、鉴定人通过视频方式作证，不必在法庭上直接面对被告人及旁听人员，可以一定程度上消除证人、被害人、鉴定人的紧张情绪，打消其出庭作证的顾虑。二是对证人、被害人、鉴定人的屏蔽保护功能。在视频作证方式下，通过技术操作，可以使证人、被害人、鉴定人的真实面貌和声音不在庭审公开质证时暴露，以防止对证人、被害人、鉴定人的打击报复。三是对证人的隐名作证功能。在视频作证和证人面貌、声音被屏蔽的情况下，法庭可以在庭审中不公布某些特殊证人的真实姓名，进行隐名作证。

远程作证是指在案件审理期间，对于无法出席法庭但可以作证的证人、被害人、鉴定人，法院运用互联网视频技术，让法官和控辩双方直接向证人、被害人、鉴定人发问，完成证据的举证和质证。在司法实践中，证人、鉴定人出庭率极低，尤其是对于交通不便、路途遥远、工作繁忙的证人、被害人、鉴定人，如果通过远程的方式，法院利用网络视频让证人、被害人、鉴定人远程作证，约定好作证时间通过视频连接作证，就不会耽误证人、被害人、鉴定人太多时间，节约了诉讼成本；在当地作证不需长途跋涉，又给证人、被害人、鉴定人作证提供了便利；尤其是通过网络视频作证，不影响控辩双方及法官对证人、被害人、鉴定人的询问、质证，与证人到庭作证效果一样，因此值得推广。

屏蔽作证和远程作证是两种不同的作证方式。在某些特殊情形下，屏蔽作证和远程作

---

① 参见何家弘、南英主编：《刑事证据制度改革研究》，326—327页，北京，法律出版社，2003。

证可以一并使用；或者说，在某些特殊情形下的作证兼具屏蔽作证和远程作证的特点，因此，可以称之为远程屏蔽作证。例如，证人在外地而不能到达案件审理地，并且不能暴露证人的外貌、真实声音、身份，这个时候就要采取远程屏蔽作证的方式了。

四、庭前会议制度

庭前会议制度是2012年《刑事诉讼法》新增设的制度，2018年《刑事诉讼法》原文保留。2018年《刑事诉讼法》第187条规定："在开庭以前，审判人员可以召集公诉人、当事人和辩护人、诉讼代理人，对回避、出庭证人名单、非法证据排除等与审判相关的问题，了解情况，听取意见。"2021年最高人民法院《解释》第226条规定："案件具有下列情形之一的，人民法院可以决定召开庭前会议：（一）证据材料较多、案情重大复杂的；（二）控辩双方对事实、证据存在较大争议的；（三）社会影响重大的；（四）需要召开庭前会议的其他情形。"第228条规定："庭前会议可以就下列事项向控辩双方了解情况，听取意见：（一）是否对案件管辖有异议；（二）是否申请有关人员回避；（三）是否申请不公开审理；（四）是否申请排除非法证据；（五）是否提供新的证据材料；（六）是否申请重新鉴定或者勘验；（七）是否申请收集、调取证明被告人无罪或者罪轻的证据材料；（八）是否申请证人、鉴定人、有专门知识的人、调查人员、侦查人员或者其他人员出庭，是否对出庭人员名单有异议；（九）是否对涉案财物的权属情况和人民检察院的处理建议有异议；（十）与审判相关的其他问题。"第229条规定："庭前会议中，审判人员可以询问控辩双方对证据材料有无异议，对有异议的证据，应当在庭审时重点调查；无异议的，庭审时举证、质证可以简化。"第230条规定："召开庭前会议应当通知公诉人、辩护人到场。庭前会议准备就非法证据排除了解情况、听取意见，或者准备询问控辩双方对证据材料的意见的，应当通知被告人到场。有多名被告人的案件，可以根据情况确定参加庭前会议的被告人。"

庭前会议并非每个刑事案件的必经程序，为充分体现繁简分流的原则，应准确把握庭前会议的适用范围。原则上，庭前会议应适用于事实较为复杂、证据量大、法律适用困难、争议较大、社会影响大的案件。对于以上案件，通过提前召开庭前会议，明晰争议焦点，可以有力保障庭审中集中、充分和高效的审理。

庭前会议的目的主要是将程序性争议在开庭之前解决，以及使控辩双方明确主要争议焦点，以便于庭审集中于与犯罪事实有关的实质性问题，使庭审更加实质化、高效化。庭前会议可以进行证据开示，帮助控辩双方更为全面地了解对方的诉讼主张，开展有针对性的庭前准备，但不应把庭前会议变成"小庭审"，控辩双方不应针对案件事实及证据发表实质意见或进行辩论，否则会违背庭前会议制度的立法初衷和本身的存在价值。而且，将与案件有关的实质性问题留在庭审时解决，也更有利于保护被告人的合法权益。

庭前会议解决的大部分事项涉及被告人权益，如回避、管辖异议等程序性问题和非法证据排除申请等事项。庭前会议准备就非法证据排除了解情况、听取意见，或者准备询问控辩双方对证据材料的意见的，应当通知被告人到场。有多名被告人的案件，可以根据情况确定参加庭前会议的被告人。

庭前会议是由控、辩、审三方共同参与的正式司法活动。控辩双方在庭前会议中就有关事项达成一致意见，在庭审中反悔的，除有正当理由外，法庭一般不再进行处理。当然，庭前会议毕竟不同于庭审程序，如果在庭审过程中一方确实有合理理由能够证明，在庭前会议中达成合意的内容确实与事实或法律不符，或者发现新证据与新事实的，应当允许推翻合意，并以庭审中重新认定的内容为准。

庭前会议仅仅是非法证据排除的申请环节，在庭前会议中，当事人、辩护人、诉讼代理人可以向法官提供非法证据排除的线索与证据，检察机关可以进行说明或在庭前会议后进行调查，由法官决定是否在庭审中启动非法证据排除程序，而不应在庭前会议中对非法证据进行排除。概言之，针对非法证据排除，庭前会议的意义在于给双方提供一个初步阐述排除理由和说明情况的平台，为正式庭审时合议庭作出是否启动非法证据排除程序提供准备。

第三节　质　证

一、质证的概念

刑事诉讼中的质证，指的是控辩双方在审判过程中针对对方举出的证据所进行的质疑和质问。简而言之，质证就是对对方证据的质疑和质问。

首先，从词源上说，“质”与“疑”“问”等字组合时，所表达的意思都是“质疑问难”“质问大义”①，“问人而正其是非”，“心有所疑，就正于人”②。质证就是有疑有问、因疑而问、问以解疑、问以证疑。仅仅出示证据，没有对方的质疑和质问，并不是质证。从本方角度、中立角度对证据的审查、评述、判断，也不是质证。只有从对立的角度对证据进行质疑和质问才是质证。在质证活动中，质疑和质问是相辅相成、不可偏废的。二者既有联系，即都是对对方证据有所疑问；又有区别，质疑是质证的根本目的，即对对方证据产生怀疑，质问是质证的基本形式，即对举出证据的人（包括证人、鉴定人、勘验人、检查人等）提出问题。

其次，质证的本质就是要攻击对方证据的弱点，排除其可采性，动摇其可信性。对对方证据的认可和接受，不是质证；而仅仅对对方证据提出不同看法，也不是真正意义上的质证。

质证是刑事诉讼证明的基本环节之一，是控辩双方反驳和攻击对方证据的重要手段。在诉讼证明活动的四个环节中，举证是质证的前提，没有举证，就无从质证；而认证与质证也有区别，质证是控辩双方的行为，认证是法官的行为。质证是认证的必要前提，质证是为认证服务的，是帮助和影响法官认证的重要途径，通过控辩双方的质证，使得法官能够更好地认证。

在古今中外的诉讼实践中，质证活动都是普遍存在的。但是在很长的一段时间内，人们并没有把质证作为一个专门术语在理论上加以阐释和在法律上加以界定。在我国，1979年《刑事诉讼法》和1982年《民事诉讼法（试行）》都没有明确使用“质证”这一概念。

---

① 《辞海》，269页，上海，上海辞书出版社，1979。

② 《辞源》，2972页，北京，商务印书馆，1983。

当时在职权主义诉讼模式的影响下，法律的着眼点是司法人员对证据的审查判断。人们更关注的、更有实际意义的是司法人员怎样认定和采用证据，当事人对证据的对质常常是被忽略的，实际作用也不大。1991 年《民事诉讼法》首次在法律上明确了当事人的质证权，规定“证据应当在法庭上出示，并由当事人互相质证”。1996 年《刑事诉讼法》也使用了“质证”这一概念，规定“证人证言必须在法庭上经过公诉人、被害人和被告人、辩护人双方讯问、质证”。这样，两部关于诉讼程序的基本法律都直接、明确地使用了“质证”这一概念。但在司法实践中，质证问题并未引起足够的重视，仍然没有成为独立的诉讼证明环节。直到 20 世纪 90 年代中期，伴随着审判方式的改革，尤其是对证据问题的重视和当事人举证责任的加强，以及法官居中裁判等观念的出现，质证问题才越来越受到重视，学者和司法人员越来越多地、深入而广泛地讨论质证问题。“质证”一词日渐频繁地出现在司法实务和学术论著之中。“质证”概念的明确和强化，在一定程度上反映了诉讼模式和司法理念的转变。2012 年《刑事诉讼法》第 59 条再次，2018 年《刑事诉讼法》第 61 条复次明确了刑事诉讼中控辩双方的质证权，规定“证人证言必须在法庭上经过公诉人、被害人和被告人、辩护人双方质证并且查实以后，才能作为定案的根据”。

二、质证的模式

在现代诉讼制度中，各国的质证制度具有许多共性。例如，未经质证的证据不得作为定案根据。尽管如此，受到法律传统、文化背景、立法者价值选择等社会因素的影响，各国的庭审方式以及由此决定的质证模式仍然存在着较为显著的差异。其中，根据法官与当事人的相互关系，以及在证据调查活动中的地位和作用之不同，一般将证据调查制度分为两种模式：当事人主义模式与职权主义模式。前者以英美法系国家为代表，后者以大陆法系国家为代表。

（一）当事人主义模式

在以当事人主义为主要特征的质证模式下，质证活动主要由当事人控制，并由当事人主导进行；在质证过程中，法官始终处于消极地位，或者说，法官仅仅是法庭质证活动的组织者与管理者。在庭审阶段，质证主要以交叉询问的方式进行，并且主要围绕证人（包括一般证人、被害人、放弃沉默权出庭作证的被告人、专家证人等）展开。

在交叉询问中，调查什么证据、按照何种顺序出示证据、如何展开针对单个证据的法庭调查等事项，主要由双方律师负责，裁判者的任务仅仅在于保证法庭调查的有序进行。

总之，在当事人主导模式中，当事人是质证的主导者、实施者和责任人。当事人双方通过彼此的举证、质证、再举证、再质证，以确定各证据的证明力大小，再现案件事实。

（二）职权主义模式

在以职权主义为主要特征的诉讼模式下，法官主持质证活动并始终指挥质证活动的进行；在质证过程中，当事人的质证活动仅仅是法官调查证据的必要补充，并受到法官的控制。换句话说，在质证过程中，法官是质证的主导者，当事人双方仅处于一种辅助地位。

在职权调查模式中，法庭调查的中心任务在于“查明案件的事实真相”，因此，质证更多地表现为一种“对客观事实的司法性调查”，而非当事人之间的诉讼对抗。其中，就法院而言，在此模式中，法院负有澄清案件真相的义务。据此，第一，法院应当依职权对案件加以调查，该调查不受其他诉讼参与人申请的约束。第二，除免证事实外，法院对所有与判决有重要关系的事实均应提出证据。第三，法院必须对所有可以使用的证据加以利用，尤其是尚未被剔除但对澄清事实有帮助的证据。而且，该项证据调查无须考虑当事人是否已经提出调查证据的申请。

在以职权主义为主要特征的质证程序模式下，以法官为主开展询问，效果虽不错，但容易滋长法官唯我独尊的恶习，从而压制当事人的质证权利。相比较而言，当事人主义模式下的质证更能够契合当代社会尊重个体权利的氛围，而且有助于调动当事人参与法庭证据调查的主观能动性。因而，强化当事人在质证活动中的主导地位，已成为当今证据制度发展的基本趋势之一。其中，就刑事诉讼而言，日本于第二次世界大战后率先完成了从职权调查到当事人主义的转变；1989 年意大利刑事诉讼法也基本上是以此为目标进行了较大的制度变革；在我国台湾地区，2003 年修改“刑事诉讼法”的基本目标即在于实现“改良式的当事人主义”。

（三）我国质证制度的基本特点与主要内容

在 1996 年修改《刑事诉讼法》之前，我国采用的是强职权主义模式，所谓法庭调查证据，几乎完全成了法官的“独角戏”；当事人虽然形式上参与了法庭审理，却不能有效地行使自己的质证权。1996 年修改《刑事诉讼法》后，我国的质证模式逐渐转变为职权主义和当事人主义的混合。根据《刑事诉讼法》和相关司法解释的规定，我国已经基本上确立了以当事人为主导、法院调查为补充的质证模式。2012 年《刑事诉讼法》修正时对刑事诉讼中的质证制度进行了完善，2018 年《刑事诉讼法》修正时对刑事诉讼中的质证制度进一步予以完善。

我国的质证制度具有以下特点：（1）从法官的地位和作用来看，我国的法官不再是质证的主要承担者，而更多地转变为质证活动的指导者、管理者。一方面，立法大大削弱了法官调查证据的职权和职责。法官不再负有全面调查收集证据的职责，也不再像以前那样负责在法庭上出示证据，宣读有关证据、传唤询问证人。另一方面，立法又保留了法官在必要时依职权调查证据的权力。（2）当事人成为法庭调查证据的主导者。一项证据只有经过当事人质证，才能作为定案的根据。

我国质证制度的主要内容包括：（1）未经当事人质证，有关证据材料不得作为定案根据。该项规则包含了两方面的内容：第一，所有定案根据，必须经过当庭质证。第二，质证必须在当事人参与下进行，否则，不具有法定效力。（2）初步确立了交叉询问规则。在法庭审理程序上，借鉴当事人主义的质证模式，加强了控辩双方的积极性和主动性。（3）基本确立了当事人双方平等对抗的质证模式，即改变了以往公诉人和法官具有同等地位，公诉人对证人、鉴定人发问是其当然权力的做法，从而使当事人和公诉人在诉讼地位上趋于对等。

我国刑事诉讼制度改革的方向是进一步当事人主义化，因此我国质证模式的改革和完善也应当是进一步当事人主义化。据此，关于质证环节的介绍将以我国《刑事诉讼法》和相关司法解释的规定为基础，并补充当事人主义质证模式下的某些制度、程序和规则。

三、质证的主体

质证的主体，就是在法庭审理过程中，有权对证据提出质疑和进行质问的人。从法律规定和法理推导来看，很容易得出控辩双方是刑事诉讼中当然的质证主体的结论。

在我国，1996年《刑事诉讼法》没有对质证的主体作出直接、明确的规定，但是全国人大法工委原主任顾昂然在《关于〈刑事诉讼法修正案（草案）〉的说明》中指出："为了更好地加强庭审，发挥控辩双方的作用，草案作了以下修改补充……至于证据是否确实，在法庭上由双方质证，进行核实……由公诉人、辩护人、向法庭出示证据，公诉人、当事人和辩护人可以对证据和案件情况发表意见，互相质证……"① 同时，在1996年《刑事诉讼法》中，对质证主体也作出了一些间接的规定，这些规定主要包含在有关法庭调查的条文当中。1996年《刑事诉讼法》第155条规定："……公诉人可以讯问被告人。被害人、附带民事诉讼的原告人和辩护人、诉讼代理人，经审判长许可，可以向被告人发问。审判人员可以讯问被告人。"第156条规定："……公诉人、当事人和辩护人、诉讼代理人经审判长许可，可以对证人、鉴定人发问……审判人员可以询问证人、鉴定人。"第160条规定："经审判长许可，公诉人、当事人和辩护人、诉讼代理人可以对证据和案件情况发表意见并且可以互相辩论。"

一方面，在上述《关于〈刑事诉讼法修正案（草案）〉的说明》中，立法机关明确了其立法意图，将质证权赋予了公诉人、当事人和辩护人；另一方面，在刑事诉讼法的有关规定中，又赋予了公诉人、被害人、附带民事诉讼的原告人和辩护人、诉讼代理人讯问被告人或者向被告人发问的权利，赋予了公诉人、当事人和辩护人、诉讼代理人对证人、鉴定人发问的权利，赋予了公诉人、当事人和辩护人、诉讼代理人对证据发表意见的权利，而这些诉讼权利，在刑事审判过程中，正是质证权的具体体现。2012年《刑事诉讼法》保留了上述列举的1996年《刑事诉讼法》第155、156、160条的规定，分别将其作为2012年《刑事诉讼法》的第186、189、193条；2018年《刑事诉讼法》继续保留上述规定，分别将其作为第191、194、198条。由此可见，在我国当前的刑事证据法律制度下，质证的主体是指参与刑事诉讼的公诉人、当事人及其辩护人、诉讼代理人，具体来看，包括公诉人、被告人、被害人、自诉人、附带民事诉讼的原告人和被告人、辩护人、诉讼代理人。简而言之，也就是刑事诉讼中的控辩双方。

另外，在刑事诉讼法中，明确规定了法官作为审判人员，有权讯问被告人，有权询问证人和鉴定人，并且这些规定与赋予质证主体质证权的规定往往出现在同一法律条文之中；而在我国传统的法庭审判活动中，法官也并不是单纯的消极裁判者，在举证、质证、认证各个环节都发挥着非常积极的作用，尤其是在法庭调查阶段，当法官对控辩双方举出的证据有所疑问时，可以积极主动地向举证者提出问题，要求其作出进一步的解释和说明。由于法律规定不明确，以及我国庭审实践中长期的习惯做法，法官的地位在有关质证主体的问题上是比较模糊的。

我们认为，在审判的质证环节，法官也是处在有独立功能的主体的地位，但是法官并不是质证的主体，而是审判主体，具体来说，他是主持、指挥质证活动的主体。我们应当从狭义上来理解质证的含义，不能把一切对证据的质疑和询问都理解为质证，只有那些对对方举出的证据的质疑和询问才能理解为质证。所谓的质证，带有"当面对抗"的含义，而法官对证据提出质疑和询问时，处于中立的立场，并没有对抗的性质，因此不能够理解为质证。法官当然也要参与质证活动，质证要在法官的主持下进行，但法官的主要任务是

---

① 《〈中华人民共和国刑法〉〈中华人民共和国刑事诉讼法〉及相关配套司法解释》，182页，北京，中国方正出版社，1998。

"听证"，主要职责是保障质证的公正和有序。虽然法官在必要时也可以对证人、鉴定人等提出问题，但那是审查证据的需要，是法官行使审判权的需要。法官在审查证据时，对证据提出质疑并且向有关当事人进行询问，并不意味着法官就是质证的主体。

四、质证的对象

质证的对象，又称为质证的客体，是指在法庭审判中由一方提出并由对方进行质疑或质问的证据。质证的对象所要解决的是哪些证据应该被质证的问题，质证的对象是证据。

关于质证的对象包括哪些，学界存在两种不同的观点。一种观点认为，质证的对象包括刑事诉讼法规定的全部八种证据。如，"刑事质证的对象是诉讼双方向法庭提交的全部刑事证据"①。另一种观点认为，质证的对象仅包括言词证据，不包括实物证据，因为实物证据是"哑巴证据"，质证主体不可能对它进行"询问"②。更有甚者，将质证对象的范围仅限定为证人证言。如，"质证是对证人证言进一步提出问题，要求证人作进一步的陈述，以解除疑义，并确认证明作用的诉讼活动"③。

我们认为，质证的对象不应仅限定为言词证据或者是证人证言，而应包括刑事诉讼法规定的全部八种证据。理由如下：首先，我国《刑事诉讼法》和相关司法解释并没有把质证的对象局限于言词证据或者证人证言。例如，最高人民法院1998年公布的《关于执行〈中华人民共和国刑事诉讼法〉若干问题的解释》第58条第1款规定："证据必须经过当庭出示、辨认、质证等法庭调查程序查证属实，否则不能作为定案的根据。"最高人民法院2012年公布的《关于适用〈中华人民共和国刑事诉讼法〉的解释》第63条规定："证据未经当庭出示、辨认、质证等法庭调查程序查证属实，不得作为定案的根据，但法律和本解释另有规定的除外。"2021年最高人民法院《解释》第71条规定："证据未经当庭出示、辨认、质证等法庭调查程序查证属实，不得作为定案的根据。"其次，从学理上讲，只要将质证作为法官认定案件事实的前置程序，或者说，未经庭审质证的证据，不能作为确认裁判事实的基础，那么，立法上应将可能成为事实认定基础的任何一种证据都视为质证的对象。最后，在司法实践中，物证、书证、证人证言、被害人陈述、犯罪嫌疑人与被告人的供述和辩解、鉴定意见、勘验、检查、辨认、侦查实验等笔录、视听资料、电子数据等所有类型的证据其实都可以成为质证的对象。诚然，针对不同种类的证据，质证的方式可能有所不同。针对证人证言、被害人陈述、犯罪嫌疑人、被告人供述和辩解等言词证据来说，质证的基本方式是质问或交叉询问。针对物证、书证、视听资料、电子数据等实物证据来说，质证的主要方式是对证据的内容或特征提出质疑，也包括对收集、提取、保管、提交该实物证据的人进行交叉询问。可见，将质证对象仅限于言词证据，尤其是证人证言，太囿于法庭的直观表现，是不正确的。

在讨论质证对象的问题时，法院调查收集的证据应否接受质证及如何接受质证，是一个不容回避的问题。由于我国目前采取的不是彻底的抗辩式诉讼模式，而是当事人主义与职权主义相结合的诉讼模式，所以法官在审判中还有自行调查收集证据的职责。其调查收

---

① 田国宝：《刑事质证程序研究》，载《中国刑事法杂志》，2000（6）。
② 金友成主编：《民事诉讼制度改革研究》，185页，北京，中国法制出版社，2001。
③ 《法学辞典》编辑委员会编：《法学辞典》，562页，上海，上海辞书出版社，1984。

集证据有两种情况：一种是在庭审前，依辩护律师的申请调查收集证据；一种是在法庭审理过程中，对证据有疑问时，对证据的调查核实。对法院自行收集的证据应否质证、如何质证，我国《刑事诉讼法》及相关司法解释都没有明确规定。我们认为，由法院调查收集的证据并不一定比当事人收集的证据更加具有客观性、关联性、真实性、合法性，不应具有优越地位。虽然人民法院的中立地位有助于保证其所调查取得的证据具有可靠性，但是由于受到各种主客观因素的影响，证据的可靠性仍得不到百分之百的保证。如果不让当事人对法院调查收集的证据进行质证，实际上剥夺了当事人对这部分证据的质证权，庭外调查最终将会演变成法官的自我取证、自我评价、自我裁断，不利于法院查清案件事实。因此，法院自行调查收集的证据也应当经过当事人的质证，特别是要接受该证据可能对其不利的一方当事人的质证，才能作为定案的根据。至于质证的具体方式，应该与当事人提供的证据一样，根据证据种类的不同，相应地采取当面质疑或质问的方式。

在诉讼活动中，证据一般都要经过质证程序，才能作为定案的根据。2018 年《刑事诉讼法》第 198 条规定："法庭审理过程中，对与定罪、量刑有关的事实、证据都应当进行调查、辩论。"然而，并非所有的证据都必须进行质证，也就是说，并非有证必质。就具体的质证程序而言，证据成为质证对象应考虑以下四个方面的问题：一是该种证据质证的必要性，有疑才质；二是该种证据质证的可能性；三是兼顾诉讼效率；四是在法庭上出示。总体上来说，我们认为，考虑到诉讼成本、诉讼效率、保守机密等方面的要求，法官可以决定对某些证据免于质证。这主要有两种情况：其一，对于双方当事人均已认可的证据，无须进行质证。由于质证是当事人的一种诉讼权利，所以这也可以视为当事人放弃了进行质证的权利。其二，对于那些涉及国家机密、商业秘密、个人隐私而且不宜让对方当事人知晓具体内容的证据，法官可以决定不再进行质证，自行审查后直接认定。不过，并非所有涉及国家机密、商业秘密和个人隐私的证据都可以免于质证。其中有些证据只是不宜向社会公开，无须向对方当事人保密，因此仍然可以质证，只要采用不公开的方式进行质证即可。

必须注意的是，免于质证的证据与不必提出证据进行证明的事实（免证事实）之间不能画等号。免证事实是相对于证明对象而言的，而质证的例外情况是相对于质证对象而言的。即便免证事实被对方提出的反证予以推翻，该事实是否成立仍然不是质证的对象，而是证明的对象。用来证明或者证伪该事实成立的证据才是质证的对象。因此，免于质证指的是在庭审中提出的证据，因为某些特殊情况，而不用质证或不能质证即可将其作为定案根据或经过审查核实后将其作为定案根据。简而言之，质证的例外情况是对经过举证程序的证据免于质证。

五、质证的内容

质证就是要对证据的证据资格和证明力进行质疑和质问。其中，证据资格是质证的首要内容，对证据资格进行质证，主要是对证据的关联性和合法性提出质疑；证明力是质证的次要内容，对证明力进行质证，主要是对证据的真实性和充分性提出质疑。

1. 证据的关联性

证据必须具有关联性，证据的关联性所要解决的是证据的内在根据问题。对于证据的关联性，我们认为可以从以下两个方面来理解：（1）证据必须与案件事实有客观联系；

(2) 证据必须能据以证明案件的待证事实。在对证据的关联性进行质证时，必须从以上两个方面出发，质疑证据是否与案件事实存在客观联系，能否据以证明待证事实，对不具备关联性的证据应当予以排除。

2. 证据的合法性

证据的合法性指的是证据应当由具有法定资格的人依照法定程序和方法收集，并具备法定形式。在质证过程中，质证双方应当从以下几个方面对证据的合法性进行质证：(1) 证据应当由法定人员依法定程序和方法予以收集；(2) 证据必须具备法定形式；(3) 证据的来源必须合法。据此，针对证据合法性的质疑和质问应当从这三个方面着手，对不具备合法性的证据应当予以排除。

3. 证据的真实性

证据的真实性是质证的主要内容。对于具备证据资格、获准进入诉讼程序的证据，对方当事人仍然可以对其真实性提出质疑。对证据真实性的质疑主要是对证据客观性的质疑。证据要真实可靠，就必须符合客观实际，任何主观想象和猜测，都不得作为证据使用。据此，对证据的真实性进行质证，主要涵盖以下两个方面的内容：一是对证据内容的客观性进行质证；二是对证据来源的客观性进行质证。

4. 证据的充分性

对于真实可靠的证据，控辩双方仍然可以对其证明价值提出质疑，即质疑该证据能否充分地证明其所要证明的案件事实。证据的充分性是由证据与待证事实之间的关联形式和性质所决定的，因此，对证据的充分性提出质疑要以关联的形式和性质为基础，看其关联的形式是直接的还是间接的，关联的性质是必然的还是偶然的。虽然证据的关联性与证据的充分性考察的都是证据与待证事实的相互关系，但证据的关联性考察的是证据与待证事实之间证明关系的有无；而证据的充分性考察的则是证据与待证事实之间证明关系的大小强弱。

综上，质证就是要对证据的关联性、合法性、真实性、充分性进行质疑和质问。对于不具备关联性或合法性的证据，应当通过质证排除其证据资格；对于具备关联性和合法性的证据，则还应当从证据的真实性和充分性两个方面通过质证攻击、动摇其证明力。

六、质证的原则

在质证的制度和程序方面，要保障当事人充分有效地行使质证权，最重要的一点就是要在质证过程中切实贯彻“平等对抗”和“直接言词”的诉讼原则。这既体现了司法公正的价值取向，也反映了诉讼证明的客观规律。具体来说，我们应当在制度上和程序上确立平等质证、当庭质证、直接质证、公开质证、全面质证、法官辅助等原则，以保障质证目标的实现。

（一）平等质证

平等质证指的是控辩双方在质证活动中地位平等，都享有和充分享有质证的权利。

平等质证的必要性在于：(1) 从整个刑事诉讼活动来看，平等质证是控辩双方诉讼地位平等这一刑事诉讼基本原则在质证问题上的延伸或内在要求。在“等腰”的刑事诉讼三角构造中，控辩平等是题中之意。在具有对抗性的法庭诉讼中，平等意味着公平竞争。控辩双方对等地提出证据和为自己的主张进行抗争是实现地位平等、机会均衡的核心要求。

(2) 保障控辩双方在质证上的平等地位，是实现控辩双方充分质证的基本前提之一。只有控辩双方处于平等的地位，双方才能够平等地获得相关的证据信息，也才能够进行平等的对抗和充分的意见交流。

平等质证原则的前提是法官始终处于中立地位。在法官中立的前提下，坚持平等质证原则，对控辩双方而言，要求双方同等地享有以下三项权利：(1) 平等的质证申请权，即只要是控辩一方在法庭上出示的证据，对方都有权要求对之进行质证；(2) 平等的发问权，即控辩双方都享有平等的询问权和反询问权，双方都可以对法庭上出示的证据进行与案件事实有关的询问和反询问；(3) 平等的异议权，即控辩双方都有权对对方的与案件事实无关的提问或不适当的提问向庭审法官提出异议。

(二) 当庭质证

当庭质证指的是各个质证主体的所有质证活动都必须在法庭审判中当庭进行。这一原则主要是从质证活动的时间和空间方面进行规制，将质证活动的时间和空间严格地限制在法庭开庭审判的当时和当地的范围之内；而控辩双方在庭审以外对彼此所举出的证据的质疑和质询，不具有质证的效果和作用，对相关的证据则视为没有经过质证。关于当庭质证，我国《刑事诉讼法》没有作出明确的规定，但是相关的司法解释体现了当庭质证的精神。例如，最高人民法院 1998 年公布的《关于执行〈中华人民共和国刑事诉讼法〉若干问题的解释》第 58 条第 1 款规定："证据必须经过当庭出示、辨认、质证等法庭调查程序查证属实，否则不能作为定案的根据。" 2021 年最高人民法院《解释》第 71 条规定："证据未经当庭出示、辨认、质证等法庭调查程序查证属实，不得作为定案的根据。"

当庭质证对于保证质证的质量和效率有着非常重大的意义。它既是质证主体有效行使质证权的保障，也是法官有效地审查证据的保障。此外，它还有利于提高法官素质，促进司法廉洁。同时，当庭质证原则一旦确立，必将促使控辩双方充分利用开庭审理的时间和空间，对对方举出的证据提出质疑和进行质问，使整个审判活动实现高效的运作。

(三) 直接质证

直接质证指的是一切证据都必须经过控辩双方在法庭上的直接质疑和质问，才能作为定案的根据。具体来说，直接质证与间接质证相对，直接质证的意义在于限定证据在法庭上被质疑和质问的方式，即质证只能采取直接的方式，而不能采取间接的方式。质证主体在行使质证权的时候，必须在法庭上，直接针对质证对象进行，质证主体和质证对象之间的关系必须是直接的，中间不能有任何的其他环节或者媒介。例如，证人出庭作证，当庭接受对方质证主体的质询，就是直接质证；而证人不出庭作证，而是由某一方的举证主体在法庭上代为宣读证人证言，而对方质证主体无法直接对证人进行质询，只能对书面证言提出质疑，这样的质证不是直接的，而是间接的通过书面证言这一媒介进行的，这就是间接质证。

直接质证是在质证环节必须明确确立和彻底贯彻的一个原则。无论是言词证据还是实物证据，直接质证都是非常必要的。我国《刑事诉讼法》和相关司法解释有许多条文都涉及直接质证原则。例如，2018 年《刑事诉讼法》第 61 条规定："证人证言必须在法庭上经过公诉人、被害人和被告人、辩护人双方质证并且查实以后，才能作为定案的根据。"第 195 条规定："公诉人、辩护人应当向法庭出示物证，让当事人辨认，对未到庭的证人的证言笔录、鉴定人的鉴定意见、勘验笔录和其他作为证据的文书，应当当庭宣读。"鉴于此前司法实践中，证人和鉴定人普遍不出庭的现象，2018 年《刑事诉讼法》第 192 条规定了关键证人出庭作证制度和鉴定人出庭作证制度，其中第1款规定：“公诉人、当事人或者辩护人、诉讼代理人对证人证言有异议，且该证人证言对案件定罪量刑有重大影响，人民法院认为证人有必要出庭作证的，证人应当出庭作证。”第3款规定：“公诉人、当事人或者辩护人、诉讼代理人对鉴定意见有异议，人民法院认为鉴定人有必要出庭的，鉴定人应当出庭作证。经人民法院通知，鉴定人拒不出庭作证的，鉴定意见不得作为定案的根据。”2018年《刑事诉讼法》第192条第2款还就警察出庭作证问题进行了规定：“人民警察就其执行职务时目击的犯罪情况作为证人出庭作证，适用前款规定。”为了保障证人、鉴定人出庭作证，2018年《刑事诉讼法》第193条、第63条和第64条、第65条还分别就强制证人出庭制度、证人保护制度、证人作证的经济补偿制度进行了规定。

（四）公开质证

质证应当具有公开性。所谓公开质证，就是说，质证活动应当在开庭审理时公开进行，除特殊情况外，不能用书面审理、秘密审理代替公开质证。

公开质证是审判公开这一现代刑事诉讼基本原则的内在要求，也是这一原则在质证环节的具体体现。2018年《刑事诉讼法》第11条规定：“人民法院审判案件，除本法另有规定的以外，一律公开进行。”最高人民法院1999年公布的《关于严格执行公开审判制度的若干规定》第1条规定：“人民法院进行审判活动，必须坚持依法公开审判制度，做到公开开庭，公开举证、质证，公开宣判。”

质证活动应当在开庭审理时公开进行。无论是“新”证据还是“旧”证据，无论是当事人提供的证据还是法院自行收集的证据，都要经过法庭上的公开质证，才能作为定案的根据。未经公开质证的证据，不能作为认定案件事实的根据。按照公开质证的要求，质证必须向所有的诉讼参与人公开。如果是依法应当公开审理的案件，还要向旁听群众公开，向社会公开，允许新闻记者公开报道，甚至电视转播。这种公开性，有利于揭露伪证和非法证据，有利于防止司法腐败，实现司法公正，是诉讼民主性的体现。

与审判公开原则存在一些例外情形相同，公开质证原则也应存在一些例外。不公开质证的证据包括涉及国家秘密、商业秘密或个人隐私的证据。然而，就像审判公开包括向当事人、其他诉讼参与人公开和向社会公开两个方面一样，公开质证也可以分为两个层次：一是向当事人和其他诉讼参与人公开；二是向社会公开。我们认为，不公开审理的案件，其质证当然是不能向社会公开的，但并不代表其不能向当事人和诉讼参与人公开。有的证据，不但不能向社会公开，也不能向当事人和其他诉讼参与人公开，这时就不能进行质证，应当由法院依职权审查核实后予以认定。在公开审理的案件中，某些涉及国家秘密、商业秘密或个人隐私的证据不能向社会公开，应当在无人旁听、没有新闻记者采访和报道的情况下质证。当然，在公开审理的案件中，也存在既不能向社会公开，也不能向当事人和其他诉讼参与人公开的证据，这些证据应当由法院依职权审查核实后予以认定。

（五）全面质证

全面质证指的是所有证据都应在法庭上出示并经过充分质证，证据未经质证，不能作为判决的依据。也就是说，不论是当事人收集、提交的证据，还是人民法院调查收集的证据；不论是证人证言，还是其他种类的证据；不论是在庭审前收集的证据，还是在庭审后收集的证据，以及当存在疑问时为调查核实而进一步收集的证据，都应当质证。

然而，质证并非有证必质。总的来说，质证的范围应该包括法律规定的所有证据，但理论上的可能性并不等于现实中的必要性。控辩双方所举之证有时可以免于质证。考虑到诉讼效率和司法成本，对于当事人双方均已认可的证据，无须进行质证。由于质证是当事人的一项诉讼权利，这可以视为当事人放弃了进行质证的权利。又由于证据的保密性要求，某些涉及国家秘密、商业秘密、个人隐私的证据既不能向社会公开，也不能向当事人和其他诉讼参与人公开，因而完全不能公开质证，而应当由法官依职权审查核实后予以直接认定。这两种情况就是我们前面所说的免于质证。

（六）法官辅助

法官辅助是指在庭审活动中，质证要在法官的支持和引导下进行，主持质证活动的庭审法官本着查清案件事实的需要，可以就控辩双方质证活动中出现的某些有助于查清案件事实的问题进行提问、咨询和质疑。

如前所述，法官在庭审活动中必须坚持中立，然而，法官在质证活动中并不是完全消极的。主持庭审质证即是法官职责的体现。作为案件事实的查明者，为了查明案件事实，在庭审质证过程中，法官也有权进行辅助性的询问。法官辅助询问是指在以控辩双方直接询问和交叉询问为主的前提下，对一些未澄清的关键问题，法官可以继续询问证人。在庭审中以控辩双方直接询问和交叉询问为主、以法官询问为辅的制度设计，是大陆法系职权主义的审问制度与英美法系的直接询问和交叉询问制度相融合的结果。这种庭审询问模式既调动了控辩双方的积极性，又发挥了法官的控制和主导作用，有利于查清案件事实真相。

据此，法官辅助原则，并不是要求法官帮助控方或辩方进行质证，而是基于主持庭审活动的职能，为了查清案件事实的需要而进行的活动。

七、质证的顺序

质证的顺序，就是在庭审过程中，控辩双方对对方证据进行质疑和质问的时间顺序或先后顺序。很显然，这个问题与举证密切相关。因为在诉讼活动中，质证是举证的后续环节，没有举证，就没有质证。这样，质证的顺序在很大程度上依赖于举证的顺序。因为只有把证据举出来，对方才有可能质疑和质问，但在具体操作过程中，还会因不同案件、不同审判人员而有所区别。

在刑事诉讼中，质证的基本顺序与举证应该是相同的。举证的基本顺序是先公诉方后辩护方，因此，质证的基本顺序也应该先是公诉方的证据然后是辩护方的证据。因为刑事程序是由公诉方启动的，公诉方负有证明被告人犯有所指控罪名的责任，自然应先由公诉方举证。不言而喻，也应该先由辩护方对公诉方所举出的证据进行质证。

（一）质证顺序的决定者

在职权主义诉讼模式下，质证的顺序完全是由法官决定的。法官先查阅案卷，对所指控的罪名和事实有了简单了解，自己确定了庭审的重点和提纲，列出了要查明的问题，在庭审过程中，依自己的意见要求公诉方、辩护方出示证据并进行辩论。质证完全在法官的主持和控制之下进行。

在诉讼模式由职权主义转向当事人主义之后，审判无疑还是在法官的主持之下进行，但具体到举证、质证的顺序这样的问题，应该由公诉方、辩护方自行决定，以充分发挥其各自的创造性。因为每个案件的被告人不同、事实不同、证据不同，应该从哪个问题开始举证，各个证据之间怎样衔接，怎样更清楚、明确地证明自己所要证实的问题，应该让公诉方、辩护方自己考虑。当然，为了节省时间和提高效率，公诉方、辩护方也可以就质证的顺序与法官交换意见。在质证过程中，控辩双方也可以提出自己对质证顺序的要求和意见，由法官最后决定；但基本来说，公诉方的证据先质证，辩护方的证据后质证，这一基本顺序不能改变。

（二）质证的具体顺序

1. 单个被告单个犯罪的质证顺序

一名被告因一项犯罪事实被指控触犯一个罪名，这是比较典型的普通刑事犯罪追诉形式。对于这类犯罪的质证顺序，通常有以下几种顺序可供选择：（1）按照犯罪行为发生的时间顺序进行质证。这一质证顺序是指按照被告人实施犯罪行为的时间顺序来组织证据进行质证，以证明被告人犯了所指控的罪名。（2）按照犯罪构成要素的顺序进行质证。在一个犯罪中，总有一些事实属于犯罪构成要素事实，而且这些事实在性质和地位上又有所不同，有些属于关键的核心事实，有些属于次要的外围事实。在质证过程中，可以先对核心事实进行质证，然后延展到外围事实，也可以先对外围事实进行质证，然后接近核心事实。（3）按照犯罪因果关系顺序进行质证。在一些案件中，犯罪行为与犯罪结果之间的因果关系非常清楚，质证可以按照从原因到结果的顺序，或者从结果到原因的顺序进行质证。

2. 单个被告多个犯罪的质证顺序

一个被告实施数个罪行触犯同一罪名，比如一人多次盗窃，或者一个被告实施多个罪行触犯不同的罪名，比如一个人既犯伤害罪，又犯诈骗罪等，都是实践中较常见的现象。对这类犯罪的质证，比前述单人单行为单罪的情况要复杂得多。质证的基本顺序应该是一个事实一个事实地质证，一个罪行一个罪行地质证。

3. 共同犯罪案件的质证顺序

共同犯罪也是一种常见的犯罪现象，即多个被告共同实施同一个犯罪行为。对这类犯罪的质证，情况更复杂，必须考虑两个因素：第一，共同犯罪人之间互相均为证人；第二，在证实别人犯罪的同时也证实自己的罪行，并且证实自己在共同犯罪中的地位和作用。这样，对于共同犯罪案件的质证顺序，应该遵循两条原则：其一，一个被告一个被告地质证；其二，一件事实一件事实地质证。质证的过程不能太概括、太笼统。当然，如果按一件事实一件事实的顺序质证，可以将实施该事实行为的多个被告人按先后顺序依次质证。这样，待该事实质证完毕后，即完成了对一个犯罪事实的质证。

综上所述，可以进一步明确：质证的顺序应以举证的顺序为基础，但又不必过于僵化、死板，应留给控辩双方较大的灵活性，允许他们根据具体案件、具体事实、具体证据确定质证顺序，以求达到充分质证、查明案件事实真相的目的。

八、质证的方式

在诉讼活动中，只要进行质证，就需要选择一定的质证方式。如前所述，质证的基本顺序与举证是一样的，但质证的方式则是相对独立的，并不依赖于举证的方式。在质证方式问题上，起决定作用的不是举证方，而是质证方和法官。当然，法官享有最后决定权。

（一）单个质证

单个质证又可以称为“一证一质”，即每一个证据在法庭上被一方举出之后，立即由另一方对该证据进行质证。这一方式有两个基本要求：第一，每一个证据被举出后，必须立即由对方进行质证，不能拖延，也不能等若干证据被举出后再进行质证；第二，每一个证据被举出后，对方必须立即对该证据进行质证。如果对方不进行质证，即视为对该证据没有意见，放弃了对该证据进行质证的权利，并由此失去了对该证据进行质证的机会。无论从司法证明的自身规律，还是从司法实践的客观需要来看，单个质证都是一种基本的质证方式，尤其对于一些重要的、关键的证据或者控辩双方认识分歧较大的证据，更应该一证一质。

（二）分段质证

分段质证又可以称为"一组一质"，即把相关证据按一定原则或标准分成若干组，一组一组地进行质证；举证方出示一组证据后，质证方对该组证据进行质证；质证时可以针对其中一个证据发表意见，也可以针对几个证据一起发表意见。与单个质证相比，这种质证方式不是当举证方举出一个证据之后马上对其进行质证，然后再进行下一个，而是待一组证据一起举完后，再由质证方发表质证意见。当然，质证意见的基本元素，仍然是就一个一个证据发表意见。分段质证不能作为质证的基本方式，而只能作为单个质证的补充，与单个质证结合使用。

分段质证关键在于如何分组。我们认为，应该由举证方决定怎样分组。至于应怎样进行分组，我们认为，分组的标准因案件性质、事实、被告人状况等的不同而有所不同，应该是多种多样的，既可以根据犯罪构成要素进行分组，也可以按照犯罪行为发生的时间顺序进行分组，还可以按照证据的种类进行分组。

（三）单方质证

单方质证又可称为"一方一质"，即质证过程以一方为单位，先由一方完成自己的举证，然后再由另一方对其所举全部证据进行质证；双方交替进行。比如，公诉方就其所指控的犯罪行为及其结果全面举证之后，辩护方对其进行质证；然后，辩护方举出自己的全部证据，由公诉方进行质证。

单方质证方式的缺点非常明显：质证不细致，囫囵吞枣，粗枝大叶。我们认为，这一方式只有在下述情况下才可以使用：第一，与单个质证、分段质证结合使用，作为它们的补充；第二，案件事实清楚、简单，证据少，控辩双方对证据的分歧小，被告人认罪的案件。从审判程序的种类来看，单方质证比较适合于简易程序。

（四）综合质证

综合质证又可以称为"全案一质"，即控辩双方都完成举证后，由一方对对方的全部证据进行质证，同时结合己方的证据，发表质疑、质问、辩驳及辩论意见。严格讲，这种方式已经不再是质证，至少不能算作是一个独立的证明环节，因为这种方式过于简单和粗糙，不仅使得质证流于形式，也使得整个审判也流于形式。

上述四种质证方式优劣利弊明显。我们的基本见解是：在质证方式的选择上，法官应该给控辩双方较大的自由度，而且不一定拘泥于一种方式，应该根据具体案件情况、证据情况、证人情况、被告人情况等选择一种或多种方式。具体到四种质证方式上，我们认为应以单个质证为基础，凡是重要的、关键的、有分歧的证据，都应当单个质证。控辩双方对某一或某些证据提出单个质证要求时，应尽量满足。对于一些分歧较小、数量较多、重要性较轻的证据，可以根据具体情况采用分段质证的方式，具体如何分段，可以由举证方决定，但每段所包含之证据不能太多。对于那些案情简单、清楚，证据数量少、分歧小，被告人认罪的案件，可以考虑单方质证的方式。在简易程序中，也可以以单方质证、分段质证为基本方式，辅之以单个质证方式。需要强调一点，无论在何种类型的案件中，只要控辩双方的任何一方对某一证据提出单个质证要求时，如无特别理由，都应采纳。这是司法程序公正的实质要求。至于综合质证方式，我们认为其从根本上抹杀了质证程序存在的价值，使质证变成可有可无的东西，使质证变得毫无意义，因此应该废止。

九、质证的基本方法：交叉询问

在质证的模式部分，我们提到，在英美法系国家，受当事人主义诉讼模式的影响，庭审调查的基本方法是以当事人为主的交叉询问，包括“主询问”和“反询问”。在大陆法系国家，受职权主义诉讼模式的影响，庭审调查的基本方法是以法官为主的询问和审查。虽然大陆法系国家的立法没有就交叉询问作出明确的规定，但是在司法实践中，交叉询问还是存在的，只不过法官在指导和限制当事人进行交叉询问的问题上具有很大的自由裁量权。日本原来一直采用大陆法系国家的庭审调查模式，但是在第二次世界大战以后，受美国的影响，在庭审中引入交叉询问机制，形成了当事人询问与法官询问相结合的庭审调查模式。

我国《刑事诉讼法》没有对质证的方法作出正面的规定，但是从有关的司法解释和诉讼实践中的做法来看，我国目前采用的是法官查证与当事人质证相结合的方式，而且在一定程度上包含了交叉询问。我们认为，交叉询问比较好地体现了司法活动的宗旨和要求，也符合我国审判方式改革的方向，应该明确将其作为诉讼活动中质证的基本方法。

（一）交叉询问的概念

交叉询问被一些英美法学者誉为发现真实的最重要的法律装置，同时也是使诉讼体现出对抗性质的最重要的法律机制。交叉询问的对象是证人（包括一般证人、被害人、放弃沉默权出庭作证的被告人、专家证人等）。交叉询问的基本程序如下。

1. 举证方的主询问（examination-in-chief）。请求传唤证人的一方对该证人首先进行询问，这被称为“主询问”，或称直接询问（direct-examination）。询问的内容应当针对与案件基本事实相关的问题。主询问以举证方的开庭陈述为基础，其意义在于为举证方的诉讼主张从正面提供证据的支持。举证方首先说明关于证人的姓名、住址、职业、与案件的关系等预备性问题，然后采用问答的方式引导证人逐步向法庭展示其所了解的对举证方有利的情况。控辩双方都必须通过主询问来证明自己的诉讼主张。

2. 对方的反询问（cross-examination）。在主询问结束后，对方当事人可以针对证人在主询问时陈述的内容或与此相关的事项，对该证人进行反询问。反询问有两个目的：（1）暴露对方证人证词的矛盾、错误或不实之处，以降低其作为证据的价值，或者证明这个证人是不可靠的；（2）使对方证人承认某些有利于本方的事实。这两个目的常常交叉混合在一起，难以截然分开。

反询问是英美证据调查中最具有特色的方法，它贯穿了一种质疑的精神。在诉讼实践中，质疑对方证人及其证言可以运用多种技术，例如：（1）感觉缺陷。即通过询问证明，该证人由于某种感觉缺陷（如视力差、视觉模糊、听力差等）而实际上无法看到、听到、闻到、触觉到或品味到他在主询问中所陈述的内容。（2）证人的品格。即通过揭示某人的不良品格，以证明其证言不可信。英国一直允许自由质疑证人，但美国多数司法管辖区不允许查问证人以前不端行为的具体事件，除非涉及重罪或者与本案实质性问题有相关性。《美国联邦证据规则》则对品格质疑的约束放得较宽。《美国联邦证据规则》第608条第2项规定，为了抨击某证人的可靠性，可以在对该证人的反询问中或者对其他为被告人诚实品格作证的证人的反询问中，查问有关该证人或被告人过去行为的具体事件。（3）证人的精神状态。即通过反询问证明证人心理状态不正常，如精神不正常、嗜毒、醉酒等，以质疑其证明能力。(4) 证人的重罪前科。英美普遍承认关于重罪前科的证据可以用来质疑一个证人的可靠性。但在美国不同的司法管辖区，对证据进行质疑时可以使用的重罪前科的种类有所不同。例如，有些州只允许使用涉及诸如伪证罪等道德上卑鄙行为的重罪证明，有几个州还允许使用轻罪的证明——如果该犯罪涉及道德上卑鄙行为的话。(5) 该证人以前自相矛盾的陈述。包括出庭作证的被告人在内的证人，可以因其在审判前曾提供不相一致（自相矛盾）的证言而受到质疑。(6) 证人一方的利益或偏见。如通过质询说明控方证人由于被免予起诉或保证减刑而作证，说明被告方的证人与被告有亲戚关系或系密友，说明证人受到威胁或利诱等。有时还将证人作证及鉴定人鉴定所获得的优厚待遇与报酬作为对证言可靠性的质疑。①

3. 举证方的再主询问（re-examination)。反询问结束后，举证方可以再次询问，使证人对其在反询问时回答的问题进行解释和补充，以维护和恢复主询问时证词的证明能力，抵消反询问的不利影响。同时，对反询问中引出的新的事项进行探究。再主询问还有一个作用，就是补充信息，即对主询问时注意不够而反询问时未涉及的事项进行询问，但通常需经法庭酌定许可。

4. 对方的再反询问（recross-examination)。再主询问结束后，对方当事人可以针对证人在再主询问时陈述的事项进行再反询问，而且对于其他事项，经法庭酌定许可，也可以进行询问。

5. 举证方结束询问。交叉询问通常由举证方结束询问。这种询问相当于一次再主询问。

交叉询问所使用的证人调查方法属于问答式，而不是叙述式。所谓叙述式作证，又称会话式作证，指证人站在证人席上进行系统的案情陈述，或者宣读一份较长的关于案情的证言，而后再由法官或控辩双方提出一些问题并由证人回答，如实行审问制的大陆法系国家的证人作证。但按照英美法系国家的法律和司法实践，控辩双方调查证人时必须采用一问一答的问答方式。问答式的意义在于：一是问题相对集中，证言与案件的关联性较强，可以防止证人陈述杂乱无章，陪审团听审不得要领；二是便于制止可能误导事实审理者（陪审团或法官）的不当提问和回答。因为问答式使相对一方能够及时发现不适当、不合法的提问并提出异议，通过法官的及时制止而防止事实审理者听到和接受不适当的证言。②

（二）交叉询问必须遵守的规则

交叉询问必须遵守一些规则。有一些规则，主询问和反询问都必须遵守；有一些规则，是仅仅主询问必须遵守的；还有一些规则，是专门针对反询问的。

1. 主询问规则

对于在主询问中传唤证人出庭作证的一方而言，在对己方证人的直接询问中，应当严格遵守这样一些规则：(1) 直接询问应仅限于与案件具有关联性的事实，即关联性规则；(2) 当事人不得以反询问或者其他方式质疑或者攻击自己的证人，即不得质疑己方证人规则；(3) 不得进行诱导性询问，即禁止诱导性询问规则；(4) 询问不得以导致答复的问题为依据。③ 这里仅介绍不得质疑己方证人规则和禁止诱导性询问规则。

---

① 参见［美］乔恩·R. 华尔兹：《刑事证据大全》，何家弘等译，120 页，北京，中国人民公安大学出版社，1993。

② 参见龙宗智：《刑事庭审制度研究》，290—293 页，北京，中国政法大学出版社，2001。

③ 参见刘善春等：《诉讼证据规则研究》，464—465 页，北京，中国法制出版社，2000。

（1）不得质疑己方证人规则

在审判庭上接受主询问的证人，在庭前已经接受过举证方的询问，甚至有的已经受到检察官或律师的训导，一般情况下所提供的证言是在举证方的预料之中。但在某些情况下，证人也会说出一些出乎举证方预料的情况，包括明显对举证方不利的事实。在这种情况下，举证方能不能对证人进行质疑性询问？英美证据法的一般要求是禁止质疑己方证人，其基本理由是，控辩双方律师应当为其传唤出庭的证人的诚实性或可靠性担保，并保障交叉询问的有序进行，防止举证和诉讼秩序的混乱。然而，这一传统规则正在弱化，例外的情况不断增加。这种例外主要集中在以下几类证人：1）提出意外证言的证人；2）那些经其回答证明怀有敌意的证人；3）经传唤出庭但不愿作证的证人；4）证人是对方当事人或与对方当事人有某种特殊关系的人。在一般认可不得质疑己方证人规则的国家或司法管辖区，传唤证人一方如果适用例外规定，应经庭审法官审查批准。

（2）禁止诱导性询问规则

诱导性问题，是指在提问中明示可能的答案，从而强烈地暗示证人按提问者的答案作出回答的问题。例如，在伤害案件中，辩护律师问被告："你根本没有动那把刀，这是不是事实?"这是典型的可能产生误导的诱导性提问。又如，询问证人："你是否干了……"这是貌似中性的诱导性提问。反对诱导性询问是各种证明体制中对证人询问的一般原则，其意义在于保证证言的客观可靠性，防止受到询问人的主观影响。然而，在证人询问时还需注意询问的有效性、所获信息的充分性，以及诉讼效率，因此，贯彻这一规则时对一些技术性问题需要妥当把握。

在主询问中，为实现证明的有效性和效率，适用禁止诱导性询问规则也允许某些例外。英美法系国家刑事庭审大致允许以下例外：（1）在涉及与案件核心问题无直接关系的预备性、入门性、过渡性事务时，允许使用诱导性问题。例如，问："你是在大华公司工作，对吗?"（2）当证人作出意外回答时，可以提出诱导性问题。如证人的陈述与其在预审听证或大陪审团调查中提供的证言有实质性区别，法官通常允许参考其过去的证言进行诱导性询问。（3）在对理解能力有限的证人，如智力低下的人或孩子，进行主询问时，也可以视情况使用诱导性问题。（4）对于那些显然可以启发其记忆的证人可以适时提出诱导性问题。这是指对有些证人，答案就在嘴边却想不起来，此时使用诱导性问题唤醒其记忆，在某些情况下（如征得法官同意）是合适的。（5）对鉴定人，即所谓的专家证人，提出诱导性问题常常是允许的。（6）对于明确为有敌意的证人可以使用诱导性问题。

2. 反询问规则

反询问是一种比主询问更具灵活性、对抗性的问答形式。法律上一般对它所作的限制要比主询问更少。根据《美国联邦证据规则》的规定，反询问限于直接询问时的主题和与证人诚信有关的问题。法庭经斟酌决定，可以允许像直接询问那样对附加的问题加以询问；反询问可以允许一般的诱导性问题。

除在成文法上制定了相关规则外，从英美法的一些判例中还可以找到以下规则：（1）对一方当事人不利的证据，除非他有在反询问中予以考验其真实性的机会，否则是不可采纳的；（2）反询问不限于在主询问中证明的事实，能针对一切争执中的事实或有关联性的事实，以及尽管没有关联性但可以用来质疑证人信用或可靠性的事实，比如他过去所作的不一致的陈述；（3）导致答复的问题可以提出，且证人必须答复；（4）反询问应针对事实，而不是针对论据；（5）如果认为本来属于不可采纳的文书，但因是在反询问中提出的，而予以采纳，那将是错误的；（6）不反询问证人可能等于接受他对某一事实的陈述；（7）除仅为提出书面申请证人出庭外，所有证人都能受到反询问；（8）法官可以在反询问中不准许提出他认为是强人所难或无关联的问题。①

3. 再主询问规则

再主询问采用的方式与主询问基本上相同，只是较为放宽了对诱导性询问的限制。再主询问的规则主要有：（1）凡未进行交叉询问的问题，不得进行再询问。未经法官许可，当事人或律师不得在再主询问中提起在主询问或交叉询问时所遗漏的问题。（2）再主询问应限于反询问中出现的事项。未经法官的许可，不得引进新的事项，除非由于对方的反询问引出了新的事项，形成了这样做的必要。（3）不得提出诱导性问题，但就同一事项，在主询问中已允许提出诱导性问题的，不在此限。②

4. 主询问和反询问共同遵守的规则

除此之外，主询问和反询问都还要遵守反对复合式及其他混乱性问题的规则、异议规则。

（1）反对复合式及其他混乱性问题的规则

所谓复合式问题是指一句问话中包含两个以上的问题。因为证人难以记住太多的问题，所以这种问题几乎总会导致意思不完整的回答。因此，在直接询问和交叉询问过程中最好还是一次只问一个问题。

所谓混乱性问题是指因问话中用语不当，会导致含义不清的回答的问题，或者违反逻辑要求的问题，以及对假定未经证明之事实进行询问的问题。应尽量避免在问题中使用否定词，因为它会导致产生歧义的回答。另外，询问问题时应用简单的、明确的语言，尽量避免用生僻的专业术语。

（2）异议规则

异议规则是指若一方的询问违反了直接询问和交叉询问的规则，则另一方有权提出反对，并由审判人员裁定该反对是否有效。若裁定该反对有效，提问或回答则予以排除；若裁定该反对无效，则证人的陈述可以作为证据予以采纳。

第四节　认　证

一、认证的概念及与审查判断证据的关系

1. 认证的概念

长期以来，对于证据的认定，理论界和实务界通常使用证据的审查判断这一概念。由于证据的审查判断的主体比较宽泛，因而往往无法展现法官对于证据的认定的特殊性。自20世纪90年代中期我国实行庭审方式改革以来，最高人民法院逐渐提出了“认证”这个概

---

① 参见刘善春等：《诉讼证据规则研究》，478—479页，北京，中国法制出版社，2000。

② 参见刘善春等：《诉讼证据规则研究》，466页，北京，中国法制出版社，2000。

念。1993年11月24日最高人民法院发布的《全国民事审判工作座谈会纪要》在谈到进一步改进审判方式时曾经指出，要支持当事人举证制度。从根本上改变那种由法官包揽一切的做法，真正做到法官在法庭上主要是听取双方当事人的举证、质证和辩论，以便查明事实，核实认定证据，分清是非责任，正确适用法律。这既有利于加快办案速度，也有利于提高办案质量。之后，最高人民法院将法官“认定证据”简称为“认证”。1997年4月20日最高人民法院原副院长李国光在全国民事审判工作座谈会上的总结讲话中运用了“认证”这一术语。他指出：“正确理解当庭认证的含义，提高认证水平……这是目前审判方式改革中的一个薄弱环节……认证是非常严肃而又十分重要的诉讼环节，认证的正确与否直接关系到案件实体上是否正确。”1999年3月8日最高人民法院发布的《关于严格执行公开审判制度的若干规定》第5条明确使用了“当庭认证”这个概念。1999年10月20日最高人民法院发布的《人民法院五年改革纲要》第10条将“认证制度”作为法院改革的一项重要内容。尽管最高人民法院提出了“认证”这个概念，但由于其并没有对这个概念加以明确的界定，再加上国外又没有与之直接相对应的词汇，因而无论是在司法实践部门，还是在理论界，对于认证的程序与规则的认识都比较混乱，甚至存在各种各样的模糊认识。

《关于严格执行公开审判制度的若干规定》第5条规定：依法公开审理案件，案件事实未经法庭公开调查不能认定。证明案件事实的证据未在法庭公开举证、质证，不能进行认证，但无须举证的事实除外。缺席审理的案件，法庭可以结合其他事实和证据进行认证。法庭能够当庭认证的，应当当庭认证。由此不难看出，认证的含义应当包括如下几个方面：第一，认证的主体是独任法官或者合议庭的法官。第二，认证的对象是证据。第三，认证是在诉讼活动中继当事人举证、质证之后的一个重要环节。第四，认证在性质上是法官专门享有的一项职能，是法官行使审判权的重要组成部分。

据此，认证是指审判人员在审判过程中对诉讼双方提供的证据材料，或者审判人员自行收集的证据材料，经过审查判断，对证据材料的证据能力和证据效力进行确认的活动。简而言之，认证就是确认证据材料的证据能力和证据效力。

2. 认证与审查判断证据的关系

认证与对证据的审查判断之间既有联系又有区别。就其联系而言，认证也是一种对证据的审查判断。就其区别而言，对证据的审查判断并不仅仅限于审判阶段。在刑事诉讼中，对证据的审查判断贯穿于侦查、起诉、审判的全过程。凡是使用证据的人，都要对证据进行审查判断。在侦查阶段，侦查人员依法行使收集、审查判断证据、查清犯罪事实的职责和权力。侦查终结后，侦查人员如认为犯罪事实已经查清，证据确实、充分的，依法制作起诉意见书，连同案卷材料和证据一起移送同级人民检察院的起诉部门审查。在审查起诉阶段，检察人员对于侦查人员所认定的事实和证据，必须进行进一步的审查判断。审查后，如果认为证据不足或不确定，需要补充侦查的，审查起诉部门既可以退回侦查部门补充侦查，也可以自行侦查。如果认为证据确实、充分，依法应当追究被告人刑事责任的，则作出起诉决定，向人民法院提起公诉。就辩护律师而言，他们对于自己收集或他人提供的证据材料也要进行审查判断，进而决定取舍。但是，无论是侦查人员、检察人员，还是辩护律师，他们对证据材料进行审查判断的结果都只能作为其今后行动的方向，不具有认证的性质和效力。因此，就外延而言，对证据材料的审查判断的外延要大于认证的外延，其主体也不限于审判人员。

二、认证的主体

认证的主体是指在诉讼活动中，依法享有对所收集、出示的证据材料进行审查判断，决定证据材料的取舍和证明力大小等权利，并运用所认定的证据确认案件事实的特定的司法机关和特定的司法人员。认证是在诉讼过程中所进行的一项诉讼活动，认证的主体必然是诉讼的主体，但并非所有参与诉讼的单位和个人都能够成为认证的主体。根据我国《宪法》的规定，人民法院是国家的审判机关，只有人民法院才依法享有审判权。人民法院作为一个组织，是由具体的人组成的。人民法院审理任何案件，也都是由依法享有审判权的人进行的。因此，任何诉讼案件，认证的主体只能是人民法院中依法享有审判权的人，而不可能也不允许是其他任何机关和个人。根据人民法院组织法的规定，人民法院中依法享有审判权的人包括审判员（又称法官）和人民陪审员；而人民陪审员在人民法院执行职务期间，是他所参加的审判庭的组成人员，同审判员有同等权利。据此，在我国认证的主体应该是从事具体案件审判的法官和人民陪审员。

三、认证的对象

认证是对证据的证据能力和证据效力进行确认的活动，因此认证的对象是证据。在刑事诉讼活动中，各种证据都需要认定，案件事实也需要认定。认定证据与认定案件事实是两个密切相关又相互区别的概念。认定证据是认定案件事实的基础和手段，认定案件事实是认定证据的目的和归宿。在诉讼活动中，认定证据都是为认定案件事实服务的，但是认定证据并不等于认定案件事实，二者不应混为一谈。

就诉讼认识活动而言，认定证据和认定案件事实是法官“决策”过程中两个相互衔接又相互区别的认识阶段。一方面，认定证据并不等于认定案件事实，即使确认了案件中所有证据的效力，也不等于完成了对案件事实的认定。另一方面，认定案件事实也不等于认定证据，司法人员不能用认定案件事实的活动笼统地代替对案件中各种证据的认定活动，后者应该在程序和方法上具有相对的独立性。

四、认证的内容

所谓认证的内容，是指法官在认证的时候要解决的问题。认证的内容包括两个方面：一个是证据的证据能力，另一个是证据的证明力。

证据的证据能力，又称证据资格或者证据的适格性，是指证据能否满足诉讼活动对证据的基本要求。就司法审判而言，即证据是否具备诉讼的“准入资格”。证据的证据能力是大陆法系国家所采用的概念。大陆法系国家一般不对证据的证据能力作出积极的规定，而是对没有证据能力或者限制证据能力的情形作出规定。在英美法系国家，与证据的证据能力相对应的概念是证据的可采性。证据的可采性是指证据为法律所允许，可用于证明诉讼中的待证事实。证据的可采性以证据的关联性为前提，即证据是否可以被采纳，首先取决于它同诉讼中的待证事实有无关联。凡是可以采纳的证据，都必须具有关联性。但是，具有关联性的证据不一定都可以采纳，仍有可能出于各种利益的考虑，或者由于某种特殊规则，而不具备可采性。概括来讲，证据能力的主要内容是证据的关联性和合法性。

证明力是指证据对案件中待证事实的证明效果和力量，换言之，是指证据是否能够达到法定标准地证明待证事实，亦称为证据力或证据效力。证据的证明力是证据本身固有的属性，是客观存在的。这表现在以下两个方面：一方面，证据是客观存在的事实，而不是主观想象、猜测或者捏造的产物；另一方面，证据对案件事实有无证明力，以及证明力的大小，取决于证据与案件事实有无联系，以及联系的紧密、强弱程度。一般来说，证据与案件事实之间的联系越紧密或者越强，证据的证明力就越大。在现代刑事诉讼制度中，对于证据的证明力问题，法律一般没有也不适宜预先作出明确的规定，而是由司法人员依照法定的程序予以审查判断。概括来讲，证明力的主要内容是证据的真实性和证明价值。

证据的证据能力与证据的证明力是两个完全不同的概念。其区别主要体现在以下几个方面：（1）解决的问题不同。证据的证据能力所要解决的是某个证据能否提交到法庭予以裁判的问题。如果某个证据被认为不具备证据能力，那么该证据就不应当出现在法庭之上。而证据的证明力所要解决的是某个证据对于案件事实有无证明作用及其证明作用大小的问题。（2）角度不同。证据的证据能力是从证据的形式方面去考察某个证据在法律上有无资格作为法庭调查的对象。而证据的证明力是从证据的实质方面去考察某个证据对于待证事实的证明作用和证明价值。（3）性质不同。证据的证据能力属于法律问题，它必须由法律预先作出明确的规定，法律以什么标准、什么规则以及什么方式来设定证据的证据能力，包含着人们的一系列价值判断与选择过程。而证据的证明力判断属于经验问题、逻辑问题，法律不应当也无法人为地预先设置它们的表现形式、大小强弱，而只能交给法官凭借良心、逻辑、经验等进行自由裁量。

虽然证据能力和证明力的区分是绝对的，但在具体的认证活动中，确认证据能力与确认证明力之间既有联系又有区别。确认证据能力是确认证明力的基础，确认证明力是确认证据能力的前提。没有对证据能力的确认，就无从谈起对证明力的确认；但确认了证据能力，并不意味着它足以作为定案的根据。

此外，证据能力的内容和证明力的内容，即证据的关联性、合法性、真实性、证明价值之间往往是相互交叉、相互影响的。例如，证据的证明价值不能与证据的关联性截然分开，前者在很大程度上是以后者为基础的。证据与案件事实的关联越近，其证明价值就越高；直接关联的证据当然要比间接关联的证据具有更高的证明价值；与案件事实具有必然联系的证据当然比与案件事实具有偶然联系的证据的证明价值更高。实际上，法官在认定证据能力和证明力时都要考察证据的关联性，只不过考察的层面有所不同：前者所要考察的主要是证据与案件事实有没有关联；后者所要考察的则是证据与案件事实之间关联的性质、形式和程度。与案件事实没有关联性的材料当然不具有证据能力，但是具有关联性的证据并不一定就具有充分的证明力。

又如，证据的真实性与证据的关联性及合法性之间也有一定的联系。虚假的证据当然也包括与案件事实具有虚假关联的证据；而法律规定排除某类证据或者限制某类证据在诉讼中的使用时，既要考虑保护人权和司法公正等价值取向问题，又要考虑该类证据的真实性问题。在司法实践中，明显虚假的证据当然是不能获准进入诉讼程序的。另外，由于证据的证明价值是以证据的真实性为前提的，所以对证明价值的认定也离不开对证据真实性的认定。从这个意义上讲，真实性是一个贯穿于整个认证活动的概念，甚至可以说是认证活动的中心内容。法官在审判实践中对每个具体证据的认定，主要解决的问题就是该证据是否真实、是否可靠。但是，我们不能用真实性代替关联性，也不能用真实性代替证明价值。①

五、认证的阶段

刑事诉讼中的认证可以分为采纳证据和采信证据两个阶段。

证据的采纳和采信是两个既有联系又有区别的概念：前者的核心字是“纳”，即证据能不能被纳入诉讼程序；后者的关键字是“信”，即证据是否可信，是否具备足以作为定案根据的证明价值。用通俗的话说，“采纳”解决的是证据能否“进门”的问题，“采信”解决的是能否用这些证据定案的问题。证据的采纳，主要是对证据能力的认定；证据的采信，则主要是对证明力的认定。

无论是采纳证据还是采信证据，都要对证据进行审查判断，但是二者的审查方式和要求有所不同。就审查的方式来说，证据的采纳主要是对单个证据的审查判断；而证据的采信既包括对单个证据的审查判断，也包括对一组证据乃至全案证据的审查判断。就审查过程来说，采纳是对证据的初步审查，采信是对证据的深入审查。

就法官在刑事审判中的认证过程来说，采纳是采信的基础，采信是采纳的延续。就认证结果来说，没有被采纳的证据当然谈不上采信，但是采纳了的证据也不一定都被采信。简言之，采纳只是对证据的初步认可；采信才是把证据用作定案的根据。不过，在每一起具体案件的审判活动中，法官并不一定总要明确区分证据的采纳和采信。这就涉及认证方式中的一步认证和两步认证的问题了。

六、认证的方式

刑事诉讼中认证的方式，是指在刑事诉讼过程中法官对经过举证、质证的证据材料认定为证据所采取的形式。认证的方式根据不同的标准，可以有不同的分类。

（一）庭前认证与庭审认证

以法官认证的阶段为标准，可以将认证分为庭前认证与庭审认证。庭前认证是指法官在庭审准备阶段，对当事人提交的证据是否具备证据能力进行的认定。这在英美法系国家的庭前动议程序中比较普遍。在美国的刑事诉讼过程中，当事人能够提出多达几十种动议。如直接裁决动议（motion for directed verdict）、撤案动议（motion to dismiss）、要求法庭作出与陪审团裁决相反的判决的动议（motion for judgment notwithstanding the verdict）、请求作出无罪判决的动议（motion for judgment of acquittal）、重新审理的动议（motion for new trial）、简易判决的动议（motion for summary）、删除动议（motion to strike）、防止偏见的动议（motion in limine）、证据禁止动议（motion to suppress）、证据开示动议（discovery motion）等。动议的提出时间既可以是在开庭审理之前，也可以是在法庭审判过程中或者法庭审判之后。其中，证据禁止动议（motion to suppress）是被告人经常使用的一项非常重要的审前动议（pretrial motion）。② 证据禁止动议的目的一般是要求法官禁止控方使用不

① 参见何家弘、刘品新：《证据法学》，257页，北京，法律出版社，2004。

② 根据《美国联邦刑事诉讼规则》第12（b）条（3）的规定，排除证据的申请应当在审判前提出。

具备可采性的证据。在辩护方提出证据禁止动议之后，法庭应当组织排除证据的听证程序（suppression hearing）。在听证过程中，辩护方可以基于美国宪法第4条修正案或者第5条修正案及其相关判例，主张控方的证据系非法所得，从而要求法庭禁止控方将这些证据材料在正式的法庭审判过程中作为指控被告人的证据，而控方也可以进行有针对性的反驳；控辩双方都可以传唤证人出庭作证，或者出示相关的证据，对是否排除证据展开辩论。听证程序结束之后，法庭一般应当根据听证的结果，作出是否排除非法证据的裁决。法庭对证据禁止动议所作出的裁决在以后的正式审判程序中发生法律效力。

庭审认证是指法官在正式的法庭审判过程中，对当事人提交的证据是否具备证据能力以及证据的证明力进行的认证。从上面的定义不难看出，庭审准备阶段的认证主要是解决证据的证据能力问题，而法庭审判阶段的认证则不仅要解决证据的证据能力问题，而且要解决证据的证明力大小问题。

（二）当庭认证与庭后认证

根据认证活动的时间和地点不同，认证可以分为当庭认证和庭后认证。所谓当庭认证，就是在庭审过程中，主持审判的法官对于一方诉讼当事人举出并经过对方质证的证据，在法庭上当即作出认证。所谓庭后认证，则是指主持审判的法官对于诉讼当事人举出并经过质证的证据，不在法庭上当即进行认证，而是在庭审之后再行认证。

当庭认证是审判方式改革的要求和发展方向。时任最高人民法院院长肖扬在第九届全国人民代表大会第二次会议上所作的《最高人民法院工作报告》中指出，法官开庭审理案件实行当庭举证、质证、认证。① 时任最高人民法院副院长刘家琛也曾指出："经过当庭质证和辩论，法官要当场确认证据。"② 但是，很多法官在审判活动中都感到当庭认证比较难操作，担心前面认定的证据被后面的证据否定，进而出现误认和错认。

客观地说，证据是形形色色的，案情是错综复杂的，仅仅根据法庭上对一个或一组证据的举证和质证，往往很难对证据作出全面的判断。特别是证据的真实性和证明价值问题，一般都需要综合评断案件中的各种相关证据甚至全部证据才能作出恰当的判断，而这往往只能在庭审结束之后才能进行。

一般情况下，法官应该或者尽量当庭认证。但是，法官应当当庭认证什么，是证据能力，还是证明力呢？我们认为，法官当庭认证应该主要解决证据能力问题，即证据能否获准进入诉讼程序的问题。具体来说，法官在审判中对于控辩双方举出并经过质证的各种证据，应该就其证据能力当庭作出裁判。至于这些被裁定具有证据能力的证据是否真实可靠，究竟有多大证明价值，则可以等到庭后评议时再作出判断。这是因为：一方面，由于证据的证据能力所要解决的是当事人拟向法庭提交的证据在法律上有无资格作为法庭调查的对象的问题，因而法官必须当庭对当事人提交的证据是否具备证据能力进行认证。否则，法庭审判将无法继续进行下去。另一方面，在法庭审判过程中，每一证据的证明力之有无及大小，都不能靠该证据本身得到证明，而必须通过对证据本身的情况、证据与其他证据之间能否相互印证、证据在全案证据体系中的地位等问题进行全面的衡量，才能作出合理的判断。③ 换句话说，对于证据的证明力问题，由于通常需要法官综合评价相关证据甚至全部

① 参见《人民日报》，1999-03-21。

② 刘家琛：《把刑事审判工作推向新阶段》，载《瞭望》，1996（21）。

③ 参见陈瑞华：《刑事诉讼的前沿问题》，377页，北京，中国人民大学出版社，2000。

证据之后才能作出恰当的判断，因而法官往往无法进行当庭认证。更何况，法官当庭认证证据的证明力还会带来如下风险：经过“合法”的举证、质证程序而被法官采纳的证据，很可能在法庭审理的最后被发现是不真实的，甚至与本案的证明对象毫无关系。[①] 从这个意义上讲，就这两种认证方式而言，尽管法官可以进行当庭认证，但法官当庭能够认证的主要是证据的证据能力，对于证明力的认定则只能采取庭后认证的方式。

另外，如果我国在法律上建立了审判之前的“证据交换”制度，并赋予诉讼当事人在审前提出证据排除动议的权利，那么法官对证据应否采纳问题的裁定也就会相应地提到审判之前。换言之，对证据可采性的认定就会包括当庭认证和庭前认证两种方式。从这个意义上讲，第一种分类中的庭审认证实际上包括第二种分类中的当庭认证和庭后认证。

（三）个人认证与合议认证

根据认证主体数量的不同，认证可以分为个人认证与合议认证两种方式。个人认证一般发生在独任制审判中，由独任法官一人认证。在合议制审判中，则应当由合议庭进行认证。审判长一人不能代替其他法官，因此不宜由审判长一人进行认证。但是，由于当庭认证只解答证据能力的问题，一般比较简单，所以为了节省诉讼时间和保持庭审的流畅性，也可以由审判长进行个人认证。如果证据问题比较复杂，审判长则可以在法庭上与其他审判员简单交换意见甚至暂时休庭讨论后，再决定是否采纳。

在合议制审判中，对于证据真实性和证明价值的认定，应当采用合议认证的方式。因为证据的采信问题比较复杂，由合议庭成员集体对证据的真实性和证明价值进行判断和确认，有利于充分发挥集体智慧，克服个人认知的局限性和片面性，从而更好地保障认证结果的客观性和准确性。合议庭在进行认证时，应当遵循少数服从多数的原则。

（四）直接认证与间接认证

根据认证主体对证据审查方式的不同，认证可以分为直接认证和间接认证两种方式。所谓直接认证，是指法官在对证据进行直接审查的基础上进行的认证。所谓间接认证，是指法官在对证据进行间接审查的基础上进行的认证。一般来说，法官在认证时应当坚持直接认证的原则。主持审判的法官应当亲自在法庭调查中直接审查诉讼双方举出的证据，并在此基础上作出能否采纳和是否采信的结论。直接认证是司法程序公正的基本要求，是正确查明案件事实的基本要求，也是诉讼活动中“直接言词原则”的体现。但是在某些情况下，为了节省司法资源，法官也可以进行间接认证。例如，一般来说，在刑事第一审审判中，法官对证据材料的审查均是直接审查，对证人证言、书证、物证等证据材料认证时，应根据证据须同时具备客观性、关联性、合法性，对证据能力和证明力同时作出审查，才能作出正确的认定。在刑事第二审程序中，对一审认定的事实和证据无异议的，二审法官在审查判断证据时，经常采用间接认证这种方式，即书面审。但在二审开庭审判的案件中，对有关争议焦点的证据材料进行认证时，法官不能采用间接认证这种方式，而要采用直接认证。对这些有争议的问题，在法庭上一定要重新进行举证、质证，在充分质证的基础上，作出认证。

（五）单一认证与综合认证

根据作为认证对象的证据数量的不同，认证可以分为单一认证与综合认证两种方式。所谓单一认证是指法官每次对一个证据进行的认证，即一证一认。综合认证是指法官一次

① 参见陈瑞华：《刑事诉讼的前沿问题》，378页，北京，中国人民大学出版社，2000。

对多个证据进行的认证，它既包括对一组证据的综合认证，又包括对全案证据的综合认证。一组证据的综合认证是指对于几个相互关联的、用于证明同一个案件事实的证据，经过分别举证和质证之后，法官可以把它们集中起来加以综合认定；全案证据的综合认证是指在案件全部证据已经经过举证、质证之后，法官对全部证据进行全面系统的分析、归纳、审查、判断，并在此基础上作出综合认定。根据证据能力与证明力的特点，单一认证一般适合于对证据的证据能力加以认证，综合认证一般适合于对证据的证明力加以认证。这是因为，一方面，证据的证据能力问题通常属于法律问题，相对于证据的证明力来说，法官比较容易判断，因而可以采取单一认证的方式。另一方面，证明力涉及证据的关联性、真实性等问题，难以对一个证据单独作出认定。并且，控辩双方提供的证据常常互相矛盾，只有采用综合认证的方式认定证据，才能对案件事实作出正确的认定。如果案情比较复杂、待证事项较多且相对独立，可以采用一组证据综合认证的方式；如果案情复杂而且证据之间紧密交织，则可以采用全案证据综合认证的方式。

（六）口头认证与书面认证

根据认证结果的表现形式的不同，认证可以分为口头认证与书面认证两种方式。所谓口头认证是指法官用口头语言形式所表达的认证。所谓书面认证是指法官用书面文字形式所表达的认证。在审理案件的过程中，可以用口头方式对证据作出认定，但最终还应以书面形式即以判决书的形式具体体现出来。在判决书中，对控辩双方提出的证据一定要进行分析论证，阐明采信与否的理由，让人信服。

（七）一步认证与两步认证

根据法官对证据的认定过程是否划分为采纳与采信两个阶段，认证可以分为一步认证与两步认证两种方式。所谓一步认证，即法官对证据的认定过程不分采纳与采信两个阶段，而是一次性完成对证据能力和证明力的认定。所谓两步认证，即法官对证据的认定过程分为采纳与采信两个阶段，分别完成对证据能力和证明力的认定。对案情和证据比较简单的案件往往采用一步认证的方式，而对案情和证据复杂的案件通常采用两步认证的方式。

从法官对证据的认识过程来看，将认证过程分为采纳与采信是合理的。在英美法系国家实行的陪审团审判中，对证据的认定明显可以分成两个阶段。对证据的采纳是由法官完成的，而对证据的采信则是由陪审团完成的。在法庭调查过程中，主持审判的法官要当庭对有争议的证据作出是否采纳的裁定。但是，法官裁定采纳的证据是否真实可靠、是否有足够的证明价值，还要由陪审团在庭审之后进行评议和认定。

最高人民法院、最高人民检察院、公安部等 2017 年颁布的《关于办理刑事案件严格排除非法证据若干问题的规定》第 34 条规定："对依法予以排除的证据，不得宣读、质证，不得作为判决的根据。"根据该规定，对于非法证据，我国初步确立了两步认证方式。

七、认证的方法

审判人员对刑事证据的认证，实际上是审判人员主观上对客观事物的分析、判断和认定的过程。认证必须掌握正确的方法，否则要达到查明案件事实的目的，只能是一句空话。因此，借助正确的认证方法是十分必要的。在审判实践中，认证的一般方法可以分为分析方法和验证方法。

(一) 分析方法

分析方法包括逐一甄别法、相互对比法和综合认定法。

1. 逐一甄别法。所谓逐一甄别法，是指审判人员对于在法庭上举出并经过控辩双方质证的证据逐一地进行单个审查，判断其证据能力和证明力的方法。逐一甄别法是对证据进行认证的常见形式，它通常作为对有关证据加以初步筛选、审查和判断的必要手段。运用逐一甄别法对证据进行认证，要求依据客观事物发生、发展、变化的一般规律和常识去识别证据的真伪，辨别其是否具有证明力。

2. 相互对比法。相互对比法也叫比较法，是指对案件中两个或两个以上的具有可比性的证据进行比较或对照，发现和寻找它们的共同之处和差异之点的方法。相互对比法是法官在对证据进行认证时所经常采用的一种方式。在一般情况下，经过比较，认为证据包含的信息相符或者一致，没有矛盾，很可能就是真实可靠的；反之，其中某个证据有问题，或者两者都有问题，均需要结合其他证据进一步加以审查判断。相互对比法以证明对象的同一性为基础，也就是说，用来进行比较的若干证据，都是用来证明同一事实要素的。

3. 综合认定法。综合认定法也叫印证法，是指将若干证据所包含的信息内容结合起来进行验证，以考察它们之间是否相互呼应、协调一致的方法。按照事物相互联系的辩证原理，案件发生后，证据和证据之间，证据和案件事实之间必然存在一定的联系。这样，为判断证据的真伪及是否具有证明力，就可以把该证据和其他相关证据结合起来，考察它们之间能否相互证实或协调一致。综合认定法就是通过查明所有证据与证据之间、证据与案件事实之间的矛盾，分析出现矛盾的原因，正确地解决这些矛盾。这一印证过程既是分析矛盾、解决矛盾的过程，也是证据的真伪被鉴别、证据与案件事实的内在必然联系被揭示的过程。综合认定法与相互对比法相比，不要求证明对象同一，只要求与需要证明的事实之间存在客观联系，因而可以在更广泛的范围内适用。

(二) 验证方法

验证方法包括调查验证法、对质法、辨认法、鉴定法和现场实验法。

1. 调查验证法。调查验证法是指法官通过有针对性的进一步调查而进行验证的方法。这种方法的具体做法通常是：(1) 先根据已有的证据或已作出的事实结论，推断应当存在或不存在某种事实；(2) 深入实践调查收集有关证据，看存在或不存在该项事实；(3) 根据存在或不存在该项事实，对原证或原结论的真实性进行验证。

2. 对质法。对质法是指法官为了确认某一事实的真实性，而依法组织了解该事实的两个或两个以上的人，就有关事实情况进行相互质询、诘问的活动。对质通常是在当事人与证人、被害人之间或在证人与证人之间、证人与被害人之间进行。对质的前提是有关人员均声称他们对某一事实的陈述是真实可靠的，而他们的陈述却存在尖锐的矛盾。必须注意的是，质证不同于对质，质证是单方面进行的，而对质是双方共同进行的。

3. 辨认法。辨认法是指由证人、被害人、刑事被告人观察向他出示的客体，以便使其确定该出示的客体是不是以前观察到的那个客体所进行的活动。

4. 鉴定法。鉴定法是指法官对涉及专门知识的有关问题，通过指定或聘请鉴定人进行鉴定或要求重新鉴定、补充鉴定予以查明的方法。凡涉及必须查明的专门性问题，必须通过鉴定来解决。

5. 现场实验法。现场实验法是指法官为了验证某一现象在一定的时间、空间、条件下，能否发生，而依法在相同的时间、空间、条件下进行现场实验的方法。现场实验的目的包括：确定在一定的条件下有关人员能否看到、听到、感觉到有关声音或形象；确定在一定的条件下能否发生某种现象，或有关人员能否完成有关动作；确定用某种工具是否会留下有关痕迹等。

八、认证的标准

（一）认证标准的概念

1. 认证标准的概念

所谓认证标准，是指法官对证据的证据能力的有无，以及证明力大小与强弱的认定所应当遵循的标准。如前所述，认证包括证据的采纳和采信两个阶段，因此认证的标准也应当包括证据的采纳标准和采信标准。证据的采纳标准与采信标准是两个既有联系又有区别的概念：前者的作用是确定证据进入诉讼程序的“门槛”，即什么样的证据可以在诉讼中被采纳；后者的功能是明确司法裁判对证据可信度和证明价值的要求，即什么样的证据足以作为定案的根据。从法官对证据的认识过程来看，采纳标准属于“初始准入”，而采信标准属于“终局裁判”，采信标准当然要高于采纳标准。但是从诉讼过程的职能分工来说，二者的制定依据又不完全相同：制定证据的采纳标准，主要依据的是证据法中关于证据可采性的规则或关于证据能力的规则；而制定证据的采信标准，主要依据的是人类认识活动的规律和司法证明的原理。

证据的采纳标准和采信标准是不同层面上的两个标准，符合采纳标准的证据不一定都能够满足采信标准的要求，即具备关联性与合法性的证据不一定都能满足真实性和充分性的要求。另外，二者又是从不完全相同的角度加以阐释的，从理论上讲，符合采信标准的证据不一定都符合采纳标准，例如，具备了真实性和充分性的证据不一定都能满足合法性标准的要求。当然，由于采纳在前，采信在后，因而实际上不会出现已经采信却不能采纳的证据。

2. 认证标准与证明标准的关系

应当明确的是，对某一证据的认证标准与对整个案件所涉及的有关待证事实的证明标准是两个概念，两者既有联系又有区别。两者的主要联系体现在：其一，主体一致，都是法官行使审判职权的一种必要方式；其二，均属于主观对作为客观存在的证据加以认识的范畴，其目的在于形成一种作为裁判基础的内心确信；其三，作为主观认识的结果均体现一定实质意义上的盖然性，即这两种标准均无法实现百分之百的客观真实。两者的主要区别在于：其一，前者的认识对象是证据，后者的认识对象是案件事实；其二，前者是对证据的证据能力和证据力的认定，后者是对案件事实的认定；其三，前者涉及证据的证据能力的有无，以及具有证据能力的证据在证明力上的大小与强弱，它表明某一证据是否将被采纳和采信仍处于未决状态，而后者涉及的是所有已被采纳和采信的证据对于案件事实的证明程度。

（二）认证标准的确定

1. 证据的采纳标准

在不同种类的案件中，证据的采纳标准并不完全相同；而针对不同种类的证据，采纳标准也可能有所不同。例如，刑事诉讼和民事诉讼的证据采纳标准就有所不同；证人证言和物证、书证等不同种类的证据的采纳标准也会有所不同。不过，证据的采纳标准中存在一些共性的内容，即“一般采纳标准”。按照证据法的原理，它主要包括采纳证据的关联性标准和合法性标准。当然，针对各种具体的证据，法律还应该规定具体的采纳标准，如被告人供述的采纳标准、鉴定意见的采纳标准等。

证据的采纳标准包括关联性标准和合法性标准。关联性标准指的是在控辩双方提交法庭的各种证据中，只有确实与案件事实存在关联性的证据才可以被采纳为诉讼中的证据。不具备关联性的证据不得采纳。合法性标准指的是诉讼双方提交法庭的证据必须在证据的主体、形式以及收集提取证据的程序和手段等方面都符合法律的有关规定，才能被采纳为诉讼中的证据。不具备合法性的证据不得被采纳。不同国家的法律文化传统不同，证据采纳标准也不完全相同。

有些国家的法律规定比较简单、宽泛，凡是对案件事实具有证明力的证据都可以被采纳为诉讼中的证据；有些国家的法律规定则比较具体、详细，不仅有从正面规定的采纳规则，还有从反面规定的采纳规则，即证据排除规则。一般说来，大陆法系国家的证据采纳标准比较宽松，英美法系国家的证据采纳标准比较严格。

综观英美法系国家的证据法和大陆法系国家的诉讼法，可知证据制度发达的国家往往在证据法或诉讼法中将证据的采纳标准具体化为非法证据排除规则、传闻证据规则、意见证据规则、品格证据规则、最佳证据规则等证据排除规则。

2. 证据的采信标准

采信标准是指法官对证据的证明力大小与强弱进行认定所应当遵循的标准。采信标准的依据应是客观的，采信标准的内容也应是具体的、客观的。但是，采信标准的形式却是抽象的和主观的，这是由法官的自由裁量权而产生的对某一证据证明力的内心确信程度所决定的。自由裁量或自由心证的本旨在于，在特定诉讼原则与证据规则的约束下，法官在法律许可的范围和限度内，在对证明力所产生的多重价值进行抉择时，有权选择、认可其中的一种而取舍、规避另一种的裁判定式。

证据的采信标准包括真实性标准和充分性标准。真实性标准指的是只有经审查属实的证据才能作为定案的根据。审查证据是否具有真实性，一般是就单个证据而言的。也就是说，对案件中的证据，审判人员应当逐一审查其是否真实、可靠。充分性标准指的是对案件事实的认定，必须以具有充分证明力的证据为根据。审查证据是否充分，主要是对证据的证明价值进行分析与评断。从理论上讲，可以是就单个证据而言的，也可以是就案件中的一组证据或全部证据而言的。就案件事实中的某个事实或情节而言，证据的充分性考察的是一个证据或一组证据的证明价值是否足以证明该事实或情节存在或不存在。就整个案件而言，证据的充分性考察的是案件中全部证据的证明价值是否足以证明案件的真实情况。

2018 年《刑事诉讼法》第 200 条规定："在被告人最后陈述后，审判长宣布休庭，合议庭进行评议，根据已经查明的事实、证据和有关的法律规定，分别作出以下判决：（一）案件事实清楚，证据确实、充分，依据法律认定被告人有罪的，应当作出有罪判决；（二）依据法律认定被告人无罪的，应当作出无罪判决；（三）证据不足，不能认定被告人有罪的，应当作出证据不足、指控的犯罪不能成立的无罪判决。"可见，我国刑事诉讼法所确认的认证标准为"确实、充分"。这里的"确实"指的是证据的真实性标准，"充分"即证据的充分性标准。对某一证据在"心证"上达到"确实、充分"的程度，是法官的主观反映，是一种抽象的思维方式。证明力在法官主观反映上的效力如何，是否"确实、充分"，是鉴别证明力大小与强弱的关键所在。所谓"证据不足"，则表明证明力较弱或不足，尚达不到作为裁判基础的基本要求或程度。

九、认证公开和认证说理

认证公开指的是在庭审时及庭审后的裁判中，法官公开其对证据和案件事实的认定过程、认定理由和认定结果。认证说理指的是在庭审时及庭审后的裁判中，法官就其对证据和案件事实的认定予以充分的说理和论证。认证公开和认证说理往往是联系在一起的，它们要求法官对于证据和案件事实的认定，一是要予以公开，二是要说明理由。认证公开和认证说理可以分为庭审结束前的认证公开和认证说理，以及庭审结束后的认证公开和认证说理。

1. 庭审结束前的认证公开和认证说理。庭审结束前的认证公开和认证说理指的是法官在庭审结束前，就其为何采纳或排除某一证据或某一组证据，某一证据或某一组证据能否采信，以及其证明力大小是如何认定的等问题进行公开认定，并说明和解释其采纳、采信和认定的理由。庭审结束前的认证公开和认证说理一般采取口头形式。

2. 庭审结束后的认证公开和认证说理。庭审结束后的认证公开和认证说理主要体现在对裁判文书的要求上，也就是要求法官在裁判文书中完整地反映案件的举证、质证、认证过程，有层次地分析、说明、解释法官采纳、采信的证据以及内心确信的案件事实。如果当事人或利害关系人对裁判文书中关于证据的采纳、采信或案件事实的认定有疑问，法官还应当判后答疑，针对当事人或利害关系人提出的问题进行书面或口头答疑。

【问题与思考】

1. 试论述刑事诉讼中取证和侦查的异同。
2. 试论述取证、举证、质证和认证的关系。
3. 试论述认证和认定案件事实的关系。
4. 试论述认证标准和证明标准的异同。
5. 试论述我国的取证制度应当如何改革和完善。
6. 试论述我国的举证制度应当如何改革和完善。
7. 试论述我国的质证制度应当如何改革和完善。
8. 试论述我国的认证制度应当如何改革和完善。

【推荐阅读书目】

1. 何家弘．证据调查．2 版．北京：中国人民大学出版社，2005.
2. 孙长永．现代侦查取证程序．北京：中国检察出版社，2005.
3. 何家弘．刑事审判认证指南．北京：法律出版社，2002.
4. 龙宗智．刑事庭审制度研究．北京：中国政法大学出版社，2001.
5. 龙宗智．刑事诉讼中的证据开示制度研究（上、下）．政法论坛，1998（1），（2）.
6. 田国宝．刑事质证程序研究．中国刑事法杂志，2000（6）.
7. 廖明．论刑事质证的原则//崔敏．刑事诉讼与证据运用：第 4 卷．北京：中国人民公安大学出版社，2008.
8. 廖明．论死刑案件中口供的审查判断．山东警察学院学报，2010（6）.
9. 胡锡庆，张少林．刑事庭审认证规则研究．法学研究，2001（4）.
10. 何家弘．证据的审查认定规则．北京：人民法院出版社，2009.
11. 李昌钰．重返犯罪现场．廖明，译．北京：中国政法大学出版社，2018.

图书在版编目（CIP）数据

刑事证据法学/王超主编. --3版. --北京：中国人民大学出版社，2022.9
现代刑事法学系列教材
ISBN 978-7-300-31033-6

Ⅰ.①刑… Ⅱ.①王… Ⅲ.①刑事诉讼-证据-法的理论-中国-高等学校-教材 Ⅳ.①D925.213.1

中国版本图书馆CIP数据核字（2022）第176668号

中国刑法学研究会推荐教材
现代刑事法学系列教材
刑事证据法学（第三版）
主　编　王　超
Xingshi Zhengju Faxue

出版发行	中国人民大学出版社		
社　　址	北京中关村大街31号	**邮政编码**	100080
电　　话	010－62511242（总编室）		010－62511770（质管部）
	010－82501766（邮购部）		010－62514148（门市部）
	010－62515195（发行公司）		010－62515275（盗版举报）
网　　址	http://www.crup.com.cn		
经　　销	新华书店		
印　　刷	北京密兴印刷有限公司	**版　　次**	2007年6月第1版
规　　格	185 mm×260 mm　16开本		2022年9月第3版
印　　张	25.75 插页1	**印　　次**	2022年9月第1次印刷
字　　数	623 000	**定　　价**	78.00元

《　　　　　　》※任课教师调查问卷

为了能更好地为您提供优秀的教材及良好的服务，也为了进一步提高我社法学教材出版的质量，希望您能协助我们完成本次小问卷，完成后您可以在我社网站中选择与您教学相关的1本教材作为今后的备选教材，我们会及时为您邮寄送达！如果您不方便邮寄，也可以申请加入我社的**法学教师QQ群：436438859（申请时请注明法学教师）**，然后下载本问卷填写，并发往我们指定的邮箱（cruplaw@163. com）。

邮寄地址：北京市海淀区中关村大街31号中国人民大学出版社806室收

邮　　编：100080

再次感谢您在百忙中抽出时间为我们填写这份调查问卷，您的举手之劳，将使我们获益匪浅！

基本信息及联系方式：※

姓名：__________ 性别：__________ 课程：____________________

任教学校：____________________ 院系（所）：________________

邮寄地址：____________________ 邮编：____________________

电话（办公）：__________ 手机：__________ 电子邮件：____________

调查问卷：※

1. 您认为图书的哪类特性对您选用教材最有影响力？（　　）（可多选，按重要性排序）

A. 各级规划教材、获奖教材　　B. 知名作者教材

C. 完善的配套资源　　D. 自编教材

E. 行政命令

2. 在教材配套资源中，您最需要哪些？（　　）（可多选，按重要性排序）

A. 电子教案　　B. 教学案例

C. 教学视频　　D. 配套习题、模拟试卷

3. 您对于本书的评价如何？（　　）

A. 该书目前仍符合教学要求，表现不错将继续采用

B. 该书的配套资源需要改进，才会继续使用

C. 该书需要在内容或实例更新再版后才能满足我的教学，才会继续使用

D. 该书与同类教材差距很大，不准备继续采用了

4. 从您的教学出发，谈谈对本书的改进建议：____________________

____

____

选题征集：如果您有好的选题或出版需求，欢迎您联系我们：

联系人：黄　强　宁丹丽　联系电话：010-62515955/5536

索取样书：书名：______________________________

书号：__________________________________

备注：※ 为必填项。